中古語過去・完了表現の研究

ひつじ研究叢書〈言語編〉

【第76巻】格助詞「ガ」の通時的研究　山田昌裕 著
【第77巻】日本語指示詞の歴史的研究　岡﨑友子 著
【第78巻】日本語連体修飾節構造の研究　大島資生 著
【第79巻】メンタルスペース理論による日仏英時制研究　井元秀剛 著
【第80巻】結果構文のタイポロジー　小野尚之 編
【第81巻】疑問文と「ダ」－統語・音・意味と談話の関係を見据えて　森川正博 著
【第82巻】意志表現を中心とした日本語モダリティの通時的研究　土岐留美江 著
【第83巻】英語研究の次世代に向けて－秋元実治教授定年退職記念論文集　吉波弘・中澤和夫・武内信一・外池滋生・川端朋広・野村忠央・山本史歩子 編
【第84巻】接尾辞「げ」と助動詞「そうだ」の通時的研究　漆谷広樹 著
【第85巻】複合辞からみた日本語文法の研究　田中寛 著
【第86巻】現代日本語における外来語の量的推移に関する研究　橋本和佳 著
【第87巻】中古語過去・完了表現の研究　井島正博 著
【第88巻】法コンテキストの言語理論　堀田秀吾 著
【第89巻】日本語形態の諸問題－鈴木泰教授東京大学退職記念論文集　須田淳一・新居田純野 編
【第90巻】語形成から見た日本語文法史　青木博史 著
【第91巻】コーパス分析に基づく認知言語学的構文研究　李在鎬 著
【第92巻】バントゥ諸語分岐史の研究　湯川恭敏 著
【第93巻】現代日本語における進行中の変化の研究－「誤用」「気づかない変化」を中心に　新野直哉 著

ひつじ研究叢書〈言語編〉第87巻

中古語過去・完了表現の研究

井島正博　著

ひつじ書房

目次

第九章 完了助動詞と動詞の自他 171

第十章 完了助動詞の非現実用法 215

第十一章　完了助動詞のテクスト機能　265

第十六章 古典語完了助動詞の研究史 435

序説

最初に、本書で実際にどれほどのことが実現できたかどうかはひとまず措いておいて、どのようなことを目指そうとしたのかを簡単に示しておきたい。

一言で言えば、次の三点ほどにまとめられる。

1　文法的事実の重視
2　先行研究による多角的なアプローチの容認
3　言語事実に合わせた柔軟な理論的モデルの構成

第一点について、従来の古典語文法の研究は、用例の解釈のみに依存する場合が多かった。確かに精確な解釈に務め、それをもとに立論することは必要なことであろう。しかし他方では、解釈は個人によりぶれが大きく、そのように解釈する客観的な根拠を挙げることは難しい。それというのも、古典本文にはいわゆる無規定箇所というものが無数に見出され、それらを、語学的知識、ストーリーの展開の自然さあるいは文化的背景など、さまざまな知識を総動員して補填することによって特定の解釈に到達するものだからである。解釈者によって、動員されるそのような有形無形の知識が異なり、そのためにたどり着く解釈が千差万別であることも珍しくない(このことは、和歌の解釈についてしばしば如実に経験することである)。そしてまた、その際に動員された知識の違いを明示的に示すことも困難である。

もとより、精確な解釈が最も根本にあることを否定するものではないが、もっと客観的で明示的な事実を論拠として議論を組み立てたいという思いは、古典語文法の研究者の共通の思いなのではないだろうか。そこで注目されるのが、文法的事実である。たとえば、ある意味機能を持つと思われる複数の形式があった場合、その前後に承接しうる他の形式を数量的に比較するということは、客観的に行えることであり、また思いの外違いが見出される。もちろん、これまでの文法研究が文法的事実をまったく無視してきたというわけではない。個別的な議論としては、これまでもたびたび指摘されてはきた。しかるに、体系的に文法的事実をもとに立論するということは非常に稀なことであったように思われる。その点、近藤泰弘『日本語記述文法の理論』(二〇〇〇・二)には、雑誌に掲載された論文の段階から教えられることが多く、また同じような問題意識のもと、中古語の推量助動詞を中心に文法的事実を系統的に明らかにしようという意図に貫かれた、高山善行『日本語モダリティの史的研究』(二〇〇二・二)は、筆者の問題意識と共通するものがあり、同時代の研究者として大いに共感するところがある。

第二点について、先行研究を踏まえるということは、後続の研究者のモラルとして、当然のことであり、あえて触れるまでもないことかもしれない。しかし、本書では、単に先行研究を踏まえるというだけではなく、それを一つの方法論として採用しようと考えている。

しばしば、先行研究は、論文の著者の論旨と共通することを先に述べた論者に対する挨拶、あるいはプライオリティの承認のために挙げたり、著者の論旨に反するものに対する反論のために挙げたり、議論に関わりのあるデータを示しているものを挙げたりされる。すなわち、著者の議論の主旨の観点から、多くの先行研究の中から採り上げられるものが取捨選択され、さらに採り上げられたものが同意されたり反論されたりするのである。

しかしそれでは、複雑で多面的な言語現象の一側面しか見ていないことになる。本研究では、テンスならテンス、アスペクトならアスペクトと領域を見定めたなら、そのことに関して論じられている論考を可能な限り網羅的に読み進め、当該の研究領域にはどのような側面があり、それぞれに関してどのように論じられてきたかを、体系立ててまとめてみる、という作業を一つの研究方法として採用しようと考える。

従来、日本語資料をもとに各時代における日本語そのもののありかたを研究する日本語学に対して、その日本語学の研究の歴史を研究する日本語学史というメタ学問は、一段低く見られてきた。確かに、それぞれの時代の研究者とその研究書についての書誌的な研究にとどまるものに関しては、そのような見方は必ずしも間違ってはいないかもしれない。しかし、ある時代に研究者がどのような方向から当該の研究領域にアプローチをしたかを知ることは、当該の研究領域にどのようなアプローチの可能性があるかを知るためにも、また現在の研究者のアプローチのしかたを相対化するためにも(現在の研究のありかたが絶対的ではないことを知るためにも)、有効な方法であろう。

そして、そのような観点に立つと、みずからが議論を展開するにあたって、すでに構築された理論的枠組にのっとって議論を展開するとしても、その理論的枠組が、慣れ親しんだものであるために不可視になることなく、歴史的に構築された枠組であることが認識できることになるし、新たに理論的枠組を構築するのであれば、部分的な問題に対処するだけの理論では不充分で、理論が満たすべき条件としてどのようなものがあるかを知ることができる。

幸い、古典語の過去・完了助動詞に関しては、近代以降百年あまりの間に、それぞれ三〇〇点を越える研究文献が見出される。ここで論じたような、学史的な研究方法を適用するのに充分な量である。

第三点については、さらに詳しく説明したい。文法的議論は、先入観のない完全に中立的な議論はありえない、文法的議論の背後には必ず何らかの先入観がある、とは時枝誠記の言である。ついでながら、ある理論に立つと、その理論によってはっきりと見えてくる領域があるが、その理論に立ったために、死角となって見えない領域というものも同時に存在する、とは、フッサールの言である。

このように、理論というものに完璧を求めることは不可能なのかもしれないが、理論同士を比較すれば、一方が他方よりも言語事実に即している、あるいは一方が他方よりも多くの側面を扱える射程の広いものである、という

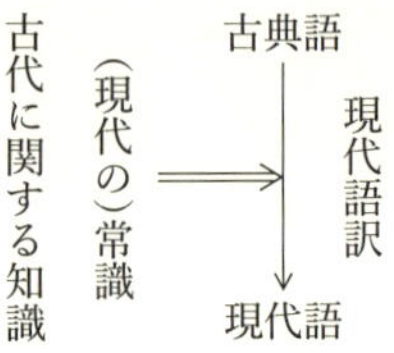

図表一　解釈文法による古典語研究 a

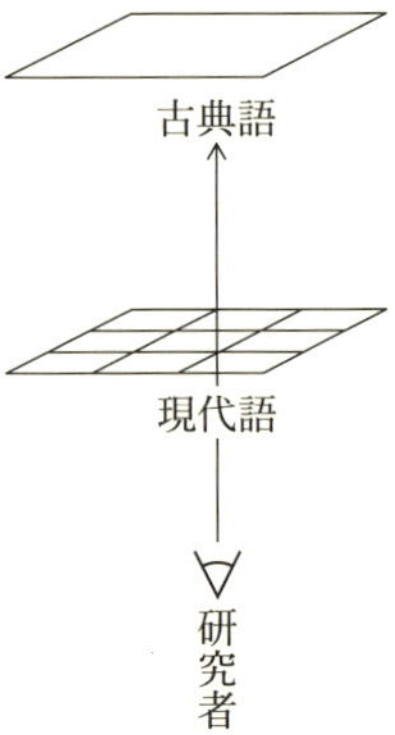

図表二　解釈文法による古典語研究 b

ことは実際にあるように思われる。

従来、古典語文法を扱う文法理論は、およそ解釈文法と呼ばれる理論であったと言っても過言ではない。解釈文法を、今、理論と言ったが、実は理論以前の擬似理論であると言う方が適当かもしれない。すなわち、解釈文法とは、ある程度の長さの古典語の文章を、そこで描かれている状況を想像し、古代に関する知識も勘案されるが、それ以外は実際のところ現代の常識で補って、現代語に翻訳する、そしてそのことを通して、古典語のある表現とそれに対応する現代語の表現を結び付けることによって、文法研究に代用させたものであると言うことができる（図表一）。

このことは、言い換えれば、古典語は現代語の認識の枠を通してしか了解できないということである。現代人は結局現代語の認識のしかたから逃れられない、というこの悲観論は、確かにそれなりの説得力は持っている（図表二）。

しかし、ここで言う、現代人が越えられないという認識の枠の具体的な例とはどのようなものだろうか。たとえば、過去助動詞ケリは現代語でタと訳せる場合とダナア・コトヨのような訳しか充てられない場合とがあり、前者を「過去」、後者を「詠嘆」のように呼び分ける、すなわちそこに意味の違いがあると認識する。また、完了助動詞ヌ・ツは現代語でタと訳せる場合とキット…テシマウのような訳しか充てられない場合とがあり、前者を「完了」、後者を「確述」と呼び分け、タリ・リは現代語でタと訳せる場合とテイルと訳せる場合とがあり、前者を「完了」、後者を「存続」のように呼び分け、それぞれそこに意味の違いがあると認識する、というわけである。

古代人は、現代人の認識のしかたとして「過去」「詠嘆」と区別してしまうところに、いずれもケリが用いられる、あるいは「完了」「確述」「存続」と区別してしまうところにヌ・ツ、あるいはタリ・リが用いられるのだから、共通する何らかの意味を了解しているはずであるが、それは現代人には了解不可能だ、というのである。

しかし、ここで例示したようなことは、古典語の意味は結局現代人には了解できない、と諦めなければならないほどの障害だろうか。現代の日本語話者は、少なくともコミュニケーションに事欠かないくらいには英語や中国語などの外国語に習熟することは可能である。確かに、言葉の肌ざわりといったような究極的な違いが了解できないことはあるかもしれないが、知的に了解できる範囲は、思いの外広いと考えるべきだろう。古典語においても、了解が諦められていた範囲もまだまだ実際には了解が可能であると思われる。

それではどうしてこれまでそんなに早い段階で分析が諦められてきたのか。それは人間の了解能力の限界のせいではなく、解釈文法という理論の限界のためであろう。現代語訳を通して古典語を了解しようというやり方を採る限り、現代語の言葉の使い分けがそのまま分析の精度となってしまうような、粗い分析とならざるをえない。そもそも、解釈文法は、理論的な究明が不充分な段階で、それでも何らかの文法的記述を行おうとする場合に、次善の策として採用された擬似〝理論〟であったと考えられる。

もっと確乎とした理論的枠組の上に立って議論を展開したいと考えるのは、研究者の抑えがたい欲求であろう。そのために、生成文法のような、既成の理論的枠組に立って議論をしようとする向きも見られる。しかしながら、生成文法は、普遍文法を目指しているとはいうものの、英語をベースに構築された理論である。そのうえ、一般的にどんな文法理論もなにがしかの構文現象に焦点を当てて構築されているはずであるが、少なくとも生成文法は、テンス・アスペクトに焦点を当てた理論ではない。単に、樹状構造の中で、テンスの位置が示されるに留まる。実際、生成文法の枠組で日本語のテンス・アスペクトの分析を行った興味深い研究は、寡聞にして知らない。

生成文法に限らず、他言語、あるいは他の研究領域で構築された理論を、無批判に適用しようとすれば、当該の理論が問題の言語現象にそぐわない場合が出てくることを覚悟しておかなければならない。あたかも度の合わない

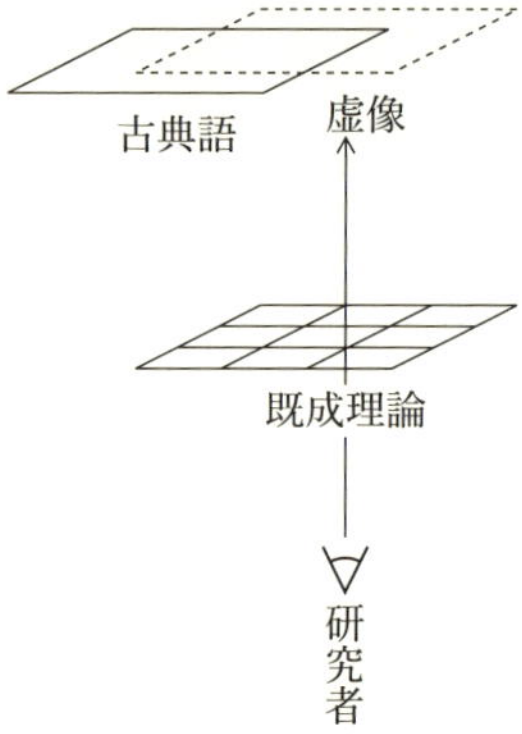

図表三　既成理論による古典語研究

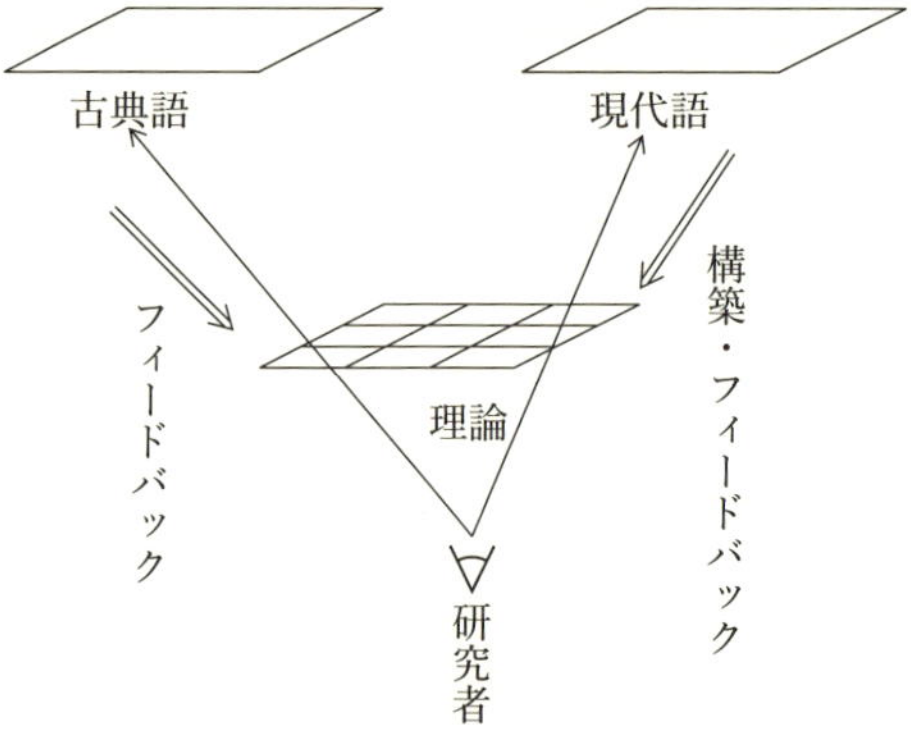

図表四　本書の立場による古典語研究

眼鏡で外界を眺めるように、像がぼけたり、ありもしないところに虚像を見たりすることになりかねない。すなわち、問題の言語現象をゆがめた形で記述したり、回りくどい不自然で不必要な記述をしてしまう可能性が避けきれない(図表三)。

それでは、望ましい理論とはどのようなものであろうか。

当該研究領域に見出されるさまざまな構文現象を可能な限り虚心に、すなわち、従来の理論に惑わされることなく見渡し、それらをいずれも満足できるような理論的枠組を発見するということしか考えられない。ここには、直観的な飛躍が存在する。そのような意味では、この理論構成のしかたは、生成文法がよって立つ数学的、自然科学的な言語観とはむしろ対極的なものということになる。生成文法は、個々の言語現象に対して、無前提に立てられた公理から演繹する「説明」という方法を用いているが、西洋哲学にはもう一つ、問題の本質を直観的にとらえる「理解」という方法を採る解釈学の流れがある。物理的実在を対象とする自然科学に関して、説明という方法が有効であったのは否めないが、言語という心理的存在に立ち向かうのにも、説明という方法を採るのは、対象と方法とが齟齬を来していると言わざるをえない。言語の分析には、むしろ積極的に理解という方法を採るべきではなかろうか。

実際の手順としては、まずは言語的直観の働く現代語に対して、当該研究領域のさまざまな構文現象をもとにして、当該研究領域は本質的にどのような次元で働くのか見当を付け、直観的に一次的な理論を構築する。そして、組み立てられた理論に不備な点はないか検討を重ねるとともに、古典語、さらには系統の異なる言語にも適用することによって、可能な限り普遍性を高めていく、ということになるだろう(図表四)。

本書は、ここにあらかじめ示したような考えを、中古語を中心とした古典語に適用して分析を試みたものである。もとより、筆者の力不足のため、それがどの程度実現されたかは明らかでない。

なお、本論は、各章で扱うテーマの違いに従って、中古語を中心としているとはいっても、『源氏物語』のみを資料としている章もあり、『万葉集』など上代のものから、『今昔物語集』など中世のものまでを資料としている章もある。また、文体的にも、和文だけを扱った章もあれば、和歌やその詞書・左注、漢文訓読文、宣命や祝詞、消息文などを扱った章もある。それらの本文その他については、巻末に一括して提示した。

また、先行研究については、古典語の過去助動詞に関するものは十五章末、古典語の完了助動詞に関するものは十六章末、それ以外のものは結語末というように三箇所に分けて発表年順に挙げている。過去・完了助動詞とも、すでに厖大な先行研究を擁し、それぞれ全体を通覧するには、通例とは異なるが、この形が望ましいという判断による。諒とせられれば幸いである。

第一部　中古語を中心とする過去表現

第一部では、中古語を中心として過去表現の全体像を素描することを目指す。

まず、第一章では、まず従来の時制研究が、現実の実在的・物理的な一次元的時間の流れを無自覚に据えて、発話時を現在と位置付け、それ以前を過去、それ以後を未来と考えるという、理論的枠組に立っていたことを批判して、新たな枠組を提示する。すなわち、理論的には、従来の枠組は、現実の実在的時間がそのまま言語の時制表現に反映された時間であるという誤謬を犯している。言語現象的には、会話文のみならず地の文にも同じように用いられている時制表現に、そのような会話文中心の時制理論を適用することは非常に困難である。そこで、物語の中で描かれている世界である物語世界と、その物語を語る語り手と聞き手とが存在する世界である表現世界という二つの世界を設定し、その二つの世界を流れる時間、すなわち物語時と表現時との関係のありかたによって時制表現が成り立つと考える。すなわち、物語時の現在の出来事は、語り手が物語の現在に視点を移行したウチの視点で描くときは、過去助動詞のない(φ)物語時制現在を用い、語り手があくまで表現時の現在に留まるソトの視点で描くときは、表現時現在を物語時のずっと未来に定位して、そこから振り返ってケリを用いる相対時制過去を用いる。それに対して、物語時の過去、ないし表現時の過去には、キが用いられる。ここで用いられた枠組は、実在的・物理的時間ではなく、物語を語る際、あるいは聴く際に、主体の中に構成される時間関係をもとに構成されており、また会話文のみならず、地の文の構造の解明にも有効である。ちなみに、キは経験過去ないし目睹回想、ケリは非経験過去ないし伝承回想であるという、細江逸記に遡る説が通説となっているが、細江説では説明に窮する地の文の過去助動詞の用法も、この考え方に立てば無理なく説明ができる。

第二章では、第一章で示した時制理論をもとにして、今度は逆に、これまでさまざまに提示されてきた過去助動詞の意味がどのように派生されるかを見ていく。すなわち、特に、あくまで表現時現在に視点を置き、ソトの視点で物語時現在の出来事を描く相対時制過去の表現であるケリは、表現時と物語時という二つの時間の流れの乖離を認識させる表現となっており、このことを「時間的ギャップ」と呼ぶことにする。表現世界と物語世界とが質的に異なる(異質世界)地の文のケリには、まさにこの時間的ギャップが明確に現われるが、表現世界と物語世界とが重なる(同質世界)会話文のケリには、表現時と物語時も重なるために、時間的ギャップは目に付きにくくなる。それでも二つの世界は原理的に乖離しているために、さまざまなギャップのある表現として了解される。話し手がそれまで知らなかった出来事に初めて気が付いたり、忘れていたことを思い出したりといった「知覚的ギャップ」からは、「気付き・発見」の意味が、現実の出来事から身を引いてそのことについて注釈を加える「認識的ギャップ」からは、「説明」の意味が、現実の出来事を当事者としてではなく第三者的な立場からの感興を表出する「情意的ギャップ」からは、「感嘆・詠嘆」の意味が生じると考えられる。

第三章では、第一章で提示した時制理論は、実は一文の中で働きを全うするものではなく、テクストというさらに広い領域で機能するものであるということから、資料ごとに異なるテンスの現われ方をもとに、中古の和文資料を中心に、現代人にはあまり認識されない表現類型について考察する。まず第一に、視点のウチ／ソトの使い分けに関して、『伊勢物語』や『今昔物語集』本朝篇などは物語全体にケリを用い、ソトの視点を中心に描かれるのに対して、『栄花物語』などはφが多く、ウチの視点を中心に描かれている。『竹取物語』や『源氏物語』などは、φとケリとの入れ替わりが多く、視点のウチ／ソトを使い分けている。第二に、『蜻蛉日記』や『枕草子』の日記的章段には、語り手の経験した出来事をキで枠付けている個所が見られるが、実際に経験したことでなくても、経験したように見せかけるためにキが用いられたものとして、『大鏡』のような枠物語の語り部分や『今昔物語集』本朝篇の中の編纂時に近い記事の冒頭の表現が挙げられる。第三に、φを用いて脱テンスで表現しているものとして、『枕草子』に見られる毎年反復される出来事や、『今昔物語集』天竺・震旦篇に見られる漢文に典拠を持つ物語が挙げられる。

第四章では、連体ナリに対して、過去助動詞がどのように承接し、それがどのような表現効果を持っているかを考察する。大ざっぱに見ると、キは連体ナリに上接し、ケリは下接する(ただしケリは上接するものもある)ことから、階層的陳述論の立場に立てば、キは客観的、ケリは主観的という結論になりそうに思われる。しかし、さらに詳しくその用法を検討してみると、ケリの下接しない連体ナリはおよそ会話文に現われ、ケリ（および推量助動詞）の下接する連体ナリはそのような制約はない。これは、前者は物語世界のウチで用いられるのに対して、後者はソトで用いられていると了解できる。さらに、後者は特に物語内の出来事の因果関係を説明する個所で用いられている。それに対して、連体ナリに上接するキ・ケリは単に物語内の出来事が事実であることを表わしていると解釈できるということを論証する。

第五章は、時制表現と関わりの深い「今」「昔」のような絶対時制名詞に関して、特に物語の冒頭にしばしば用いられる「今は昔」という表現の意味することと結び付けて論じる。物語時と表現時という二つの時間の関わりを考える本書のような立場に立てば、「今」には物語時現在と、表現時現在という二つの解釈が可能になるが、実際の用例も両者のうちいずれかに分類される。ただし、物語の進行中に用いられるのは物語時現在の「今」ばかりであり、表現時現在の「今」は、『今昔物語集』の末尾近くで、物語が終わり、その物語に関わるものの現在のありさまを述べるような個所に現われる。『竹取物語』『落窪物語』にもそれに準じるような「今」が見られる。奇しくも、これらの作品は冒頭に「今は昔」が用いられるものばかりである。すなわち、物語の枠が結末部に現われる作品の冒頭には、「今は昔」が用いられるわけである。であるとすれば、冒頭の「今は昔」の「今」も結末部に現われる物語の枠に用いられる「今」と同じく、表現時現在の今であると考えるのが妥当なのではなかろうか。すなわち、「今となっては昔のこととなりましたが」と解釈する通説的な解釈の方が妥当なのではないだろうか。

第六章は、直接は時制表現と関わりのない、丁寧語ハベリ（および下二段タマフ）と係助詞ナム（上代語ないし漢文訓読語ではナモ）が、会話文的であると言われることに関して検討を加える。第一部で検討するテンスの理論的枠組は、実は地の文と会話文との関わりに関して考える際にも適用することが可能である。尊敬語や謙譲語が表現世界の語り手から、物語世界（話題世界）の登場人物（為手や受け手）に対する敬意であるのに対して、丁寧語ハベリは、同じ世界に存在する聞き手への敬意である（時枝敬語論）。同様に、係助詞ナムは同じ世界に存在する聞き手に対して重要な情報を明示する機能を持つと考えられる。すなわち、同じ世界にいる話し手から聞き手への何らかの働きかけを表わす表現が、会話文的であると言われていることがわかる。ただし、丁寧語ハベリと係助詞ナムの使用個所には、資料により食い違いが見られるが、丁寧語ハベリが①特定の人物に対して用いられ、②その特定の人物は語り手より社会的地位が上位ないし同等である場合に用いられる、係助詞ナムが①不特定の人物に対して用いられ、②場合によっては聞き手に対して僭越な態度を表わすことになる、という特徴を設定することによって説明が可能であることを論証する。

第一部で用いる資料は、第一、二章が理論的な枠組を議論するために、『源氏物語』だけによったのに対して、第三章ではさまざまな文体的広がりを見るために、中古のさまざまな和文資料から中世の『今昔物語集』までを扱った。さらに第四章では、連体ナリの用例数の広がりを見るために、上代から中古にわたるさまざまな資料を見渡した。第五章では、物語の全体的な構造を見渡すために、中古の和文資料から中世の『今昔物語集』までを扱った。第六章では、丁寧語ハベリと係助詞ナムの使用状況を総体的に見るために、上代から中世にかけて、和文・和歌資料、上代の『続日本紀宣命』『延喜式祝詞』、仮名消息、『今昔物語集』と広く見渡すこととなった。

第一章　過去助動詞の機能

はじめに

古典語過去助動詞キ・ケリの相違に関しては、それを中心に論じた論攷に限っても三〇〇点に近く、もはや論じ尽くされたかのようにも見える。また、そこに示された諸説の広がりは、第十五章で類型化を試みるように、多岐にわたり、これまでこの問題の究明にどれほど研究者が精力を傾けてきたかを伺い知ることができる。しかしながら、現在においても、通説とされているものは、八〇年前に提出された細江逸記説である。その後、『源氏物語』などにおいて、一例一例詳細な検討が行われて、細江説には少なからぬ例外が存在することが明らかになり、また、原理的に特に地の文には適用しにくいことが認識されてきたにも拘わらずである。

その理由は、これまでの研究者が、発話言語を中心として、現実の一次元的時間関係を理論の基礎に据えてきたからではなかろうか。そのように、疑われることなく踏襲されてきた理論の基盤(パラダイム)そのものを改めて疑ってみずには、研究の新たな進展は見られないのではないだろうか。したがって、本章は従来の諸説を批判的に検討して、新たな観点から時制理論を提案することを主眼とする。ただ、新しい理論的枠組を提案するといっても、実は、従来の研究の中にも、具体的な用例の解釈に関して、本章の示す枠組から得られる解釈と一致するものが少なくないのであって、本章では、そのような解釈の背後に、どのような理論的枠組を設定すべきであるかを明示的に定式化しようと試みる。

1　従来の諸説の検討

キ・ケリの使い分けに関する従来の諸説は、第十五章で概観するが、ここでは簡単にそれらの諸類型を確認しておきたい(1)。

さて、そのうちで、上代、あるいは中古以降でも訓点語に特有な「文内アスペクト説」とでも呼ぶことができる説は、ここでは議論の対象とはしない。すなわち、ケリは、現代語でテイルあるいはテアルが結果存続の意味を担っているように、過去の出来事の結果的状態が現在にまで残存していることを表わす、さらにはキも文献時代以前には同様の機能を担っていた形跡が上代の用例に見られる、とする議論がある(春日政治(一九四二・一二)、山口佳紀(一九八五・一)など)。しかし、この議論は、本章で問題にしたい中古和文のキ・ケリの意味機能についての議論ではなく、また上代語と中古語とには語彙・文法などの面で大きな断絶のあることが周知の事実であることに鑑み、ここでは深くは論じない。

そのうえで、中古和文におけるキ・ケリの使い分けに関する従来の諸説は、およそ以下のように類型化できるように思われる。

第一に、キ・ケリを何らかの時間関係として規定しようとする「文内テンス説」とでも呼ぶことのできるグループがある。〝テンス〟説のグループは、表現内容が発話時以前に生起した、いわゆる過去であるという点においては、キもケリも共通している。それに加わった他の条件が異なることになる。

1a　キは直接経験した過去、ないし「目睹回想」を表わし、ケリは直接経験したものでない過去、あるいはより限定的に「伝承回想」を表わすとする説(細江逸記(一九三二・二)から加藤浩司(一九九八・一〇)に至るまで多数)。

1b　キは過去に生起した出来事が現在に何も影響を及ぼしていない場合、すなわち「アオリスト」を表わす場合で、ケリは過去に生起した出来事が現在に何らかの影響を及ぼしている場合、すなわち「インパーフェクト」を表わす場合であるとする説(橋本進吉(一九三一＝一九六九・一一)、原田芳起(一九六四・五)、鈴木泰(一九八四・一二)など)。

1c　キは時間的にも空間的にも特定される過去の一回的出来事を表わす場合、すなわち「アクチュアル」な出来事の場合で、ケリは時間的にも空間的にも特定できない反復的・一般的な出来事を表わす場合、すなわち「非アクチュアル」な出来事の場合であるとする説(鈴木泰(一九九二・五＝一九九九・七)など)。

第二に、キ・ケリのうちでも特にケリに関して、何らかの心的活動の表現として規定しようとする「文内ムード説」とでも呼ぶことのできるグループがある。ただし、ここで〝ムード〟という術語はかなりルーズに用いている。

2a　ケリは過去に生起した出来事ないしそれが現在にまで持続している出来事を「気付き・発見」したことを表わし、また、場合によっては、キは間違いなくその出来事が過去に起こったと「確信」していることを表わすとする説(安田喜代門(一九二八・三)、松下大三郎(一九二八・四)、大野晋(一九六八・二)など)。

2b　ケリはある出来事に関して話し手が何らかの「判断・説明」を加えることを表わすとする説（三矢重松（一九三二・九）、山崎良幸（一九六五・一二）など）。

2c　ケリ（の少なくとも一部）はある出来事に関して話し手が「詠嘆・感嘆」の気持ちを抱いていることを表わすとする説（大槻文彦（一八九七・一）、松尾捨治郎（一九三六・九）、北原保雄（一九八一・一一）など）。

第三に、キ・ケリのうちでも特にケリの機能は、文の中で完結しているものではなく、テクストないし語りの構造の上で考えなければならないとする「テクスト機能説」とでも呼ぶことのできるグループがある。

3a　ケリは、物語のプロットの冒頭と結末部分に用いられて、プロットを「輪郭付ける」ために用いられるとする説（阪倉篤義（一九五六・一一、一九五七・一〇）など）。

3b　ケリは、展開中の物語内容とは異質な内容をさしはさむ場合、言い換えれば「あなたなる世界」に言及する場合に用いられるとする説（竹岡正夫（一九六三・一一、一九七〇・五）など）。

3c　ケリは、語り手が語りの「今・ここ」の視点から物語内容に「介入」して物語る部分に用いられるとする説（片桐洋一（一九六九・九）、辻田昌三（一九七九・九）、糸井通浩（一九九五・二）、藤井貞和（二〇〇一・三）など）。

これらの説は相互に排除的な説というわけではなく、同じ例に対してそれぞれの観点から解釈を与えるものである。

たとえば(1)は、伝聞とは言えないにしても、直接経験とは言いにくく（1a）、現在にまで効力があり（1b）、時間的にも空間的にも特定できない（1c）。また、そのような事実にその時気付いたとも言え（2a）、幼少の源氏の様子をそのように判断・説明しているとも言えなくもないし(2b)、そのことに詠嘆・感嘆の気持ちを抱いていると言っていいだろう(2c)。さらに、さすがにプロットを輪郭付けているとは言えないにしても、一般論という「あなたなる」内容を導入しており(3b)、そこに話し手が介入しているとは言えるかもしれない(3c)。

(1)　ものの心知りたまふ人は、(源氏のことを)かかる人も世に出でおはするものなりけりと、あさましきまで目を驚かしたまふ。　『源氏物語』桐壺　一・97

また、(2)の左馬頭の発話は、直接経験した内容であり(1a)、現在の状況とは断絶しており(1b)、過去の一回的出来事であり(1c)、また直接経験しているわけだからその出来事が起こったことは確信している(2a)と言うことができるだろう。

(2)　左馬頭「はやう、まだいと下臈にはべりし時、あはれと思ふ人はべりき。…」　同　帚木　一・147

ただし、用例によっては、自然な解釈を与える説と、その説を用いると不自然な解釈になってしまう場合がある。言うまでもなく、キ・ケリの意味・機能という場合には、できるだけ多くの用例にあてはまるものの方がすぐれていることになる。

しかしながら、地の文には、そのような判断を許さない用例が多く見出される。そのうちでも、「体験話法」あるいは「中間話法」ないし「自由間接話法」と呼ばれる[2]、地の文ではありながら、登場人物の心話ないし心内の描写である表現(広義の心内文)は除いておきたい。というのも、このような表現に現れる過去助動詞は、会話文中とおよそ並行的に分析可能だからである。

要するに、ここで問題となるのは、語り手が直接語っていると判断される地の文に限られる。過去助動詞が用いられているかどうかに注目すれば、それは次の三種類に分けられる。すなわち、ⅰケリが用いられる節、ⅱキが用いられる節、ⅲケリもキも用いられない節(φで示す)である。この三種類の節の関係が説明できなければならない。具体的には、(3)のような場合である。基調としては、キ・ケリのない一節に、ケリが用いられる一節が挟まっており(【　】で囲ってある)、そのそれぞれにキが用いられる部分が散らばっている(「　」で囲ってある)といった様相を示している(主に文末の形に注目する)。文中のキ・ケリがない述語の処理は前後関係で判断する)。

(3)　朱雀院の帝、「ありし‖御幸」の後、そのころほひより、例ならず悩みわたらせたまふφ‖。もとよりあつしくおはします中に、このたびはもの心細く思しめされて、《朱雀院》「年ごろ行ひの本意深きを、后の宮のおはしましつるほどは、よろづ憚りきこえさせたまひて、今まで思しとどこほりつるを、なほその方にもよほすにやあらむ、世に久しかるまじき心地なむする」などのたまはせて、さるべき御心まうけどもせさせたまふφ‖。【御子たちは、春宮をおきたてまつりて、女宮たちなん四ところおはしましける‖。その中に、「藤壺と聞こえし‖」は、先帝の源氏にぞおはしましける‖、「まだ坊と聞こえさせし‖時参りたまひて、高き位にも定まりたまふべかりし‖」人の、とり立てたる御後見もおはせず、母方もその筋となくものはかなき更衣腹にてものしたまひけれ‖ば、「御まじらひのほども心細げにて、大后の尚侍を参らせたてまつりたまひて、かたはらに並ぶ人なくもてなしきこえたまひなどせし‖ほどに、気おされて、帝も御心の中にいとほしきものには思ひきこえさせたまひながら、おりさせたまひにしか‖ば、かひなく口惜しくて、世の中を恨みたるやうにて亡せたまひにし‖」】、その御腹の女三の宮を、あまたの御中にすぐれてかなしきものに思ひかしづききこえたまふφ‖。そのほど御年十三四ばかりおはすφ‖。

「今は、と背き棄て、山籠りしなん後の世にたちとまりて、誰を頼む蔭にてものしたまはんとすらむ」と、

ただ、この御ことをうしろめたく思し嘆くφ‖。　　同　若菜上　冒頭　一・11、12

さて、この三種類の節の関係を、従来の諸説がうまく説明できるかどうかを見ていきたい。文内テンス説から見ていく。まず、1a説であるが、これを地の文にも適用しようとすると、物語の語り手を物語中の人物の次元に取り込んで、キはその人物が直接目にしたあるいは経験した過去の出来事であり、ケリはその人物が伝聞したあるいは間接的に知りえた過去の出来事であると強弁せざるをえなくなる。すなわち、一般的に、語り手は物語を創作ないし聞き伝える人物であると了解するならば、語り手が物語の内容を直接経験するも間接的に知るもなくなってしまう。おそらくそのようなキ・ケリの使い分け説も手伝って、かつて物語音読論に始まる『源氏物語』を中心とした語り論では、『源氏物語』には源氏の傍近く仕える女房が語り手として組み込まれている、という議論が展開されたのだろう。しかし、『源氏物語』以外の物語のすべてにも、物語内の登場人物としての語り手が組み込まれている、と考えることは強引に過ぎるだろう。また、議論を『源氏物語』に限り、また物語内の語り手を認めたとしても、それだけですべてのキ・ケリの用例が説明できるわけではないことはすでに明らかにされており[3]、なによりⅲのキもケリも用いられない節の説明は、前後の文から独立して当該の文だけを取り出したのではつけられない。

次に、1b説も、キ・ケリの使い分けは当該の出来事が現在にまで影響を及ぼしているかどうかであるとすると、語られた世界とは異次元に位置する語り手に、語られた世界の出来事が影響を与えるかどうか、という問題設定そのものが不自然なものでしかないことになる。それでも1b説が地の文において有効であると主張したいとすれば、そのような物語の内容が伝承として語り手にまで伝わっている、という形で語り手の現在に影響を及ぼしていると考えるしかない。これは1aで見たケリの「伝承回想」の用法に相当すると思われるが、こう考えると、物語のすべての内容が現在にまで伝承されたという意味で、地の文全文にケリが用いられなくてはならないことになってしまう。これでは、実状に合わない。

また、１ｃ説は、当該の内容が時間・空間に特定できるかどうかという基準が、会話文であろうと地の文であろうと区別なく適用できる、という意味では、１ａ・ｂ説に比べて確かに射程の広い説であるということができる。しかしながら、一文一文の用法を個別に見ていく分には、この説の説明能力がかなり大きいことは認めざるをえないだろう。しかしながら、この説でもⅲのキもケリも用いられない節も含めて考察されているわけではない。

さらに、文内ムード説に移れば、２ａの、ケリは気付き・発見を表わすとする説は、地の文では説得力に乏しい。語り手がケリの文で、かつて見聞きしたのに忘れていた、眼前にあるのに気付かずにいたことに、その時気付いたこと、発見したことを表わしている、と言われても素直には納得できない[4]。語り手は創作ないし伝承として、当該の物語を語っている、という表現態度が物語の自然な姿であろう。ましてや、キの節は、経験しているので確信している内容である、というのも不自然であるし、キもケリも用いられない節は、どのように位置付けられるのかも不明確である。

２ｂのケリが判断・説明を表わすとする説は、確かに地の文にもかなり有効な説であると言わざるをえない。ただし、ナリ－ケリなどの限られた用法の説明としてふさわしいのであって、これをケリのあらゆる用法に拡大しようとすれば、この説明はほとんど有名無実となってしまう。言うまでもなく、この説ではキの節、キもケリも用いられない節の説明はつかない。

２ｃのケリが詠嘆・感嘆を表わすとする説は、主に和歌の用例のため案出された説明であって、直観に訴えるという以上の論証は不可能に近い。さらに、物語文、それも地の文の用法の説明に対する有効性はほとんど期待できない。ましてて、キの節、キもケリも用いられない節の説明など視野にないと言わざるをえない。

以上、従来の研究のうち、キ・ケリの用法をあくまで文内で、すなわち一文ごとに規定しようとする説のあらましを見渡してみた。そして、そのような考え方では、会話文はまだしも地の文にいたってはなおのこと、キ・ケリの用いられ方による節の類型ⅰ・ⅱ・ⅲの関わりが明らかにならないことを見てきた。

従来の研究では、何とかしてキ・ケリの使い分けを、文内の意味機能によって説明しようと努力してきた。ところで、先の例で、キが用いられた節は物語の展開の中での現在に対してそれ以前(過去)を表わしているのであり、ケリが用いられた節は語り手の語りの現在に対して物語の内容全体が以前(過去)であることを表わしているのである、というように説明することは、従来もしばしば見られたし、そのように説明すれば解釈上説得的であることは否めない。しかし、かつてはこの説明はいずれかの文内テンス説の文体的拡張であると、あまり反省されることなく論じられてきたように見受けられる。しかしながら、文内で如何に巧妙に意味機能を規定しようと、テクスト全体にわたるキ・ケリの用法は説明できないということは、特に地の文に注目して如上で確認してきた。すなわち、文内テンス説の理論的枠組の中には、キが物語展開中の現在に対する過去であり、ケリが語り手の語りの現在に対する過去であることを支える理論的装置は、何ら組み込まれてはいなかったのである。

そこで発想を逆転して、キ・ケリの用法をむしろテクストの側から規定してみるとどうなるだろうか。そしてもし、テクスト上の意味機能から、逆に従来指摘されてきた文内の意味機能が説明できるとすれば、むしろキ・ケリの本質はテクスト的な意味機能にあり、従来指摘されてきた文内の意味機能はその影に過ぎないことになる。そのような意味で、テクスト機能説、3a・b・cはそのほかの説のように批判的に検討するのではなく、むしろその背後にある理論的な装置を究明し、その中にそれぞれの説を位置付けてみたい。ここで要求される理論的装置は、話し手・聞き手の世界(時間を含む)と、物語の世界(時間を含む)との区別、ひいては、文内で時制の議論を完結させるのではなく、テクスト全体の語られ方の相違までも含み込んだ理論構成が迫られるものと考えられる。

以下では、そのような問題意識に沿って、トップ・ダウン式にそのような理論のあらましを概観していきたい。

2　理論に要求される条件

本章では中古語における過去助動詞の使い分けを解明したいのであるが、そのためには、どのような問題関心のもとに理論を組み立てなければならないであろうか。最初に、概念的にここで理論に要求される条件を列記しておきたい。

1　書記言語の組み込み：これまでの言語研究は、書記言語は二次的なものであり、あくまで発話言語が本質的なものであるという暗黙の了解のもとに進められてきた。実際、古典語研究のための資料の価値は、どれほど当時の発話言語を忠実に反映しているか、に置かれてきた。しかしながら、現在に残っている言語資料はすべて書記言語としてでしかない。そのため、書記言語は発話言語を再構築するために取り払わなくてはならない夾雑物と認識されてきた。その影響で、文法研究も発話言語を根本に据え、書記言語までを視野に入れた理論構成をしようという発想は生まれにくかった。しかし、言語資料に即した研究をしようとすれば、まず書記言語の機能を解明し、それを通して発話言語の解明に向かわなければならないはずである。

2　表現の場と話題内容の二重構造：書記言語までを組み込んだ時制理論とは、どのようなものになるだろうか。発話言語では、暗黙のうちに、現実に起こった出来事を発話内容とするものが典型とされていたのではないだろうか。そこで、いずれも現実世界に属す発話と出来事との時間的前後関係を一次元的に比較し、発話時以前が過去、発話時と同時が現在、発話時以後が未来と比定することができた。しかし、書記言語の典型である物語の内容は、原則としてフィクションであって、それを作者が書き綴っている現実世界とは次元を異にしている。ここで改めて考えてみると、話題内容とその表現行為(発話および書記を含めて)とが同一次元に属すか別次元に属すかという問題は、実は発話言語、書記言語という表現形態の相違に依存するものでは必ずしもない。物語はそれこそ口頭で語るのが本来の形であったろうし、日記は脚色されているとはいえ作者に現実に起こった出来事を綴ったものであろう。では、話題内容と表現行為とが同一次元にある場合と、別次元にある場合との二つの場合があると言えばよいのか。むしろ、理論的には、話題の世界と表現の世界とは独立したものであって、その特殊な場合として表現の世界を話題にすることもあるのだ、と考える方が一貫するのではないだろうか。

ここで参考にしたいのは、時枝誠記『国語学原論』(一九四一・一二)の、過去助動詞に関する議論ではなく、むしろ敬語に関する議論である。そこでは、言語表現の対象となる出来事が属す「話題の場」と、言語表現が生み出される「対話の場」とを区別する(時枝誠記(一九四一・一二)の表現に従えば、正確には「素材」と「場面」)。たとえば、「私」という一人称表現は、〝話し手〟そのものではなく、「対話の場」における〝話し手〟に対応する人物が「話題の場」に登場した場合に用いられる表現である。このように、精密な議論を展開するためには、「話題世界(＝話題の場)」と「表現世界(＝対話の場)」とを区別しなければならない。これは、過去助動詞を分析する上でも必要な措置であろう。

3　客観的時間関係の否定：これまでの時制研究では、発話時と出来事時との物理的・客観的な時間的前後関係をもとにして時制が規定されてきた。しかしながら、以上のように話題世界と表現世界とを区別して時制理論を組み立てるべきであるということは、出来事も客観的現実世界に位置するものではなく、話題世界という心的時空に位置付けられることを意味する。すなわちあたかも現実の出来事が話題に上っているような場合でも、心的に再構成された話題世界の出来事を語っているということになる。

実は、このことも決して先蹤がなかったわけではない。山田孝雄『日本文法論』（一九〇八・九）においても、「哲学的にいへば時間は実有のものなり。然れども吾人が之を認識するは主観の存在を第一条件とせざるべからず。」と述べ、時間そのものは物理的実在かもしれないが、時制表現はそれを主体が認識した主観的存在であるということを強く主張している。山田孝雄（一九〇八・九）以来、〝過去〟助動詞は〝回想〟助動詞と呼ぶことが慣例化してきたが、その趣旨は、上のように、言語表現として実現されるのは、物理的・客観的時間ではなく、認識的・主観的時間である、ということであった。しかるに、それ以後、「回想の助動詞」という名称のみは受け継がれるものの、その実質的な部分は、理論構成には反映されてこなかったように思われる。それというのも、単線的に流れる時間という、直感的にも強力なパラダイムが、認識的・主観的時間を理論に組み込むことを阻害してきたからではないかと考えられる。

4　二重の時間構造をもとにした時制規定：もはや時制理論を組み立てるにあたって、従来のように無批判に、物理的・一次元的時間構造を受け入れることはできない。話題世界に属す話題時と表現世界に属す表現時という二つの時間の関係付けとして時制理論を組み立てなければならない。

5　意味ではなく機能の規定：最後に、そのような時制理論を反映した形式としての過去助動詞は、それだけを取り出していわゆる〝意味〟を記述できるようなものではなく、その背後にある時制システムの中でどこに位置付けられているのか、すなわち〝機能〟が記述されなくてはならない。ただし、現代語ではタという一形式しかないために、機能が目に付きにくかったが、古典語におけるキ・ケリの二形式は、まさに時制システム上の機能の違いを反映しているものと思われる。

これまでの古典語過去助動詞の研究は、キ・ケリのそれぞれの意味を規定することに重点が置かれた。しかし、これまでの研究史をたどれば、キ・ケリの意味を、根元的な意味およびそれからの派生として規定しようとする試みは、概してうまくいかなかった。そこで、ここでは、意味ではなく機能にその本質を求めてみようと考える。

3　理論的枠組

3・1　物語時(話題時)／表現時

ここで、「話題世界」という術語は、どちらかと言えば話し言葉を念頭に置いて用いてきたが、ここでは中古の物語を論じようとしているので、以下では「物語世界」という術語に置き換えることにしたい。とりあえず、「物語世界」は、物語を論じる際の「話題世界」のことである、すなわち「話題世界」の下位概念であると考えておきたい。

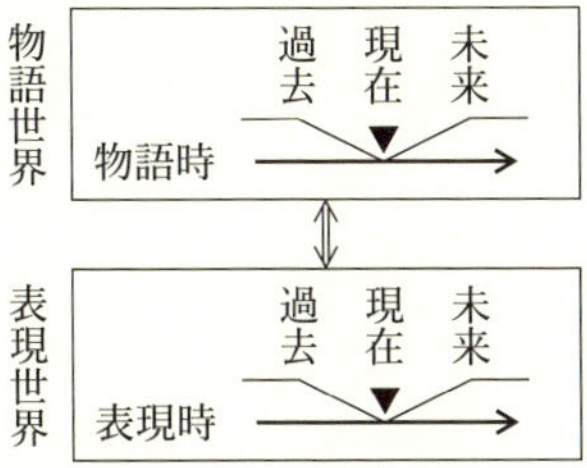

図表一　物語の世界構造

その上で前節に示したような認識に基づき、ここで古典語過去助動詞を「物語世界」と「表現世界」、そのうちでもそれぞれの世界の時間、すなわち物語時と表現時との相互関係と規定することによって、時間の認識的・主観的側面を理論内に導入することにしたい。ここで、物語世界と表現世界とには、それぞれに現在を中心とする一次元的時間が流れているものと考える(図表一)。

たとえ、会話文において眼前の〝現実〟の出来事を述べている場合でも、その〝現実〟は表現世界そのものではなく、物語世界がたまたま表現世界に一致した特殊な場合に過ぎない、ということになる。むしろ、物語のように、対話の場とはまったく異質な世界を話題の場とするような構造の方が、一般的な時間構造を反映していると言うことができる。ここに、それまでは理論の中に組み込むことが困難であった、物語の地の文における過去助動詞の用法を理論の中に組み込む契機が生じる。

ここで注意を喚起しておきたいのは、ここで言う〝物語〟とは、筆記された文学作品としての〝物語〟には限らない、ということである。しばしば指摘されるように、〝物語〟とはそもそも口誦されたとりとめもない話の謂いであり、それが一貫した筋を持つようになって、いつしか筆記されるようになったものである。近年盛行している社会言語学ないし会話分析で行われる「物語 tale, narration」分析における、〝物語〟にむしろそれは近い概念である。言い方を変えれば、そもそも発話言語の段階から、〝物語〟を語ることを可能にする機能は備わっていたのであり、またその機能を活用した芸術作品が「物語」であると言うことができる。

3・2　ウチ／ソトの視点

しかし、単に物語世界には物語時が流れ、表現世界には表現時が流れていると言うだけでは、時制表現は成立しない。時制表現とは、この二系統の時間をどのように結び付けたかが表現に反映したものであると考えられる。そしてその結び付け方は、視点の置き方と密接に関連していると考えられる。単純に言えば、語り手は物語世界の出来事を、出来事に密着してあたかも物語世界の中にいるかのように描く、ウチの視点をとるか、物語世界の出来事をそれとは別次元の表現世界にいるものとして描く、ソトの視点をとるかということである。

これを原理的に考えた場合、ウチの視点は、語り手の視点は物語世界のウチといっても、いずれかの登場人物内に置かれることもあれば、どの登場人物からも独立していることもあるが、いずれにせよ、表現世界の語り手の視点が、物語世界のどこかに「移行」していると言うことができる。したがって、物語時現在の出来事は、現在形で

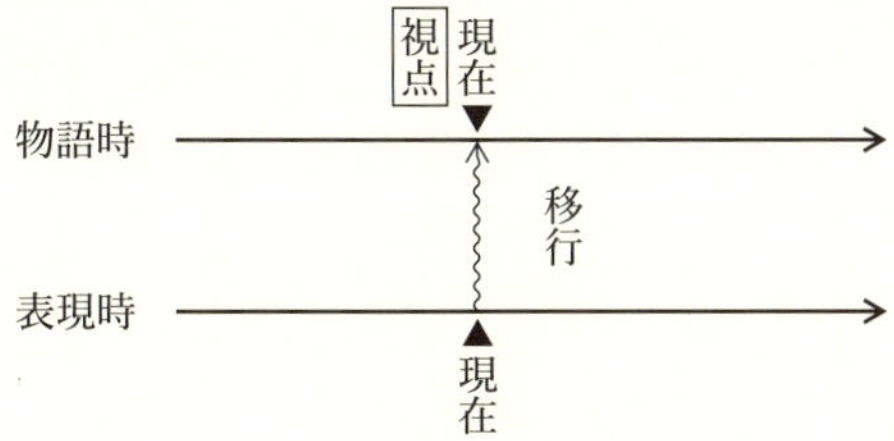

二—a　　ウチの視点
物語時制現在

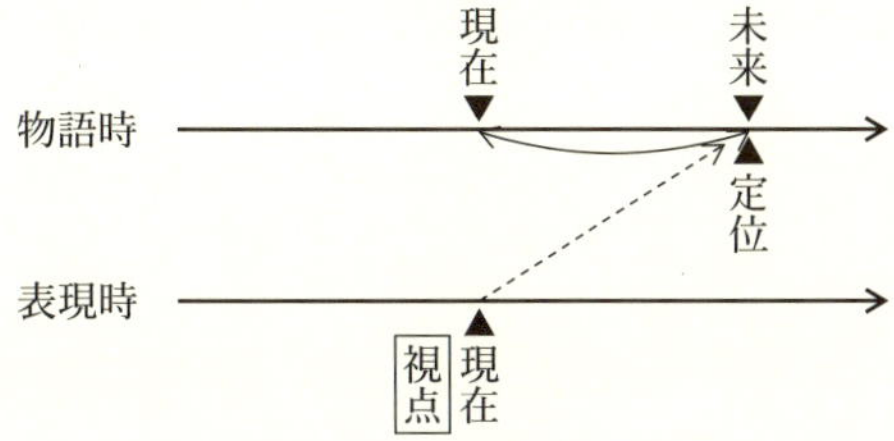

二—b　　ソトの視点
相対時制過去

図表二　物語時現在を描くウチの視点・ソトの視点

描かれることになる。このような描かれ方をした表現を、そのまま「物語時制現在」と呼ぶことにしたい。

またソトの視点は、語り手の視点はあくまで表現世界の表現時現在に置かれることになる。そしてそこから物語時現在の出来事を描くことになるが、これが時制表現として実現されるには、もう一つ表現時現在と物語時現在との時間的関係、端的に言えば、表現時現在は物語時現在に対して以前、同時、以後のいずれになるか、仮構しなくては実現されない。一般的には、表現時現在は、物語時現在のずっと未来に「定位」され、そこから振り返ってしばしば全知の立場で描くという表現方法が、最も好まれて用いられてきた。すなわち、物語時現在は、定位された表現時現在に対して相対的に過去として位置付けられることになるので

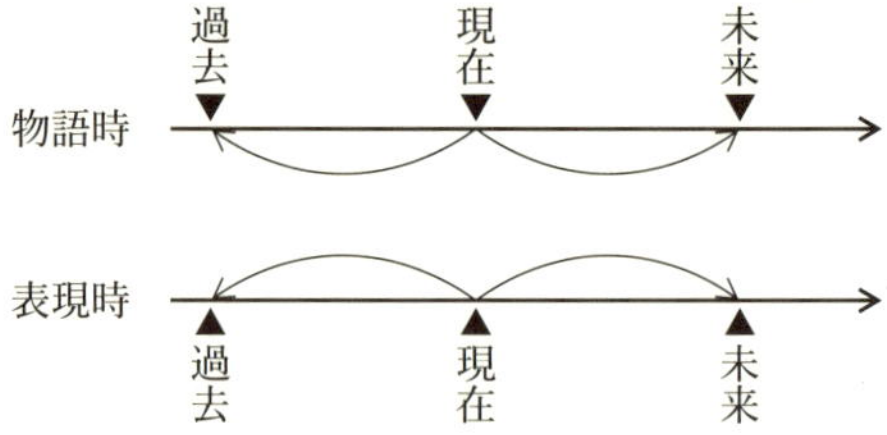

図表三　物語時制と表現時制

あり、このような表現を、「相対時制過去」と呼ぶことにしたい(図表二)。

さて、上で議論したのは、あくまで物語時現在の出来事の描かれ方であった。しかし描写される出来事には、それ以外にも「物語時過去」「物語時未来」、あるいは「表現時過去」「表現時現在」「表現時未来」の出来事も考えられる。物語時制の過去・未来が物語展開上の現在に対してその以前・以後の出来事を描く場合に用いられるのは勿論であるが、表現時制の過去・現在・未来は、語り手の「語っ」たり「書い」たりする行為に自己言及する場合に用いられるもので、従来「草子地」と呼ばれてきた表現に相当する。(厳密に言えば、語り手自身の行為に自己言及した表現をした段階で、自己の行為はもう一段後退した物語内容となってしまうのであるが。)(図表三)

ここで、古典語では、ケリが用いられるのは、相対時制過去の場合であり、キが用いられるのは、「物語時制過去」ないし「表現時制過去」の場合であると言えるのではなかろうか。そうして、物語時現在の出来事が描かれる場合には、ケリが用いられればソトの視点で描かれていることを、φ(過去助動詞なし)であればウチの視点で描かれていることを表わしていると考えられる。

3・3　再解釈

ここで改めて、テクスト機能説を振り返ってみたい。物語というものは、語り手が聞き手に語りかけるソトの視点で始まり、物語が展開し始めるとウチの視点に変わり、最後には再び聞き手に語りかけるソトの視点で終わるというパターンが典型なのではないだろうか。これが『竹取物語』のような古い形を残す物語にはプロットごとに繰り返されていることに注目したところに、3aの「輪郭付け」説が生まれたのだろう。しかし、物語の展開中であっても、場合によっては語り手がソトの視点で何らかのコメント・説明を加える必要に迫られる場合がある。これが3bの「あなたなる世界」説ということになる。さらにこれを総合的に一括しようとする試みが3cに見た「介入」説と位置付けることができる。

以上のような枠組をもとにして、先の『源氏物語』若菜上冒頭の一節(二十頁)を分析してみたい。この一節は、ウチの視点すなわち物語時制現在(φ)で、朱雀院の、前巻、藤裏葉巻以降の様子が時を追って描写されている部分であるが、その途中に朱雀院の子供たちの一人、女三の宮の母である藤壺女御の説明が、語り手によるソトの視点で相対時制過去(ケリ)で挟み込まれている。そしてさらに、何箇所かにわたって物語の現在進行している時以前の出来事(「御幸」のことは藤裏葉巻に記事がある)が物語時制過去(キ)で折り込まれている。このような構造をしていることは、従来の解釈と大きく隔たるものではないが、そのような解釈が成り立つ背後には、ここに示したような理論的枠組を前提とする必要があったのではないだろうか。ここで一つ注意しておけば、ここで見たテクストの切れ目は、文の切れ目と一致するものではない。【　】で示した六行にわたる長い相対時制過去の一節は、「その御腹の女三の宮」を修飾する要素である。

4　従来の諸説との関係

以上のように、テクスト機能を中心に立てたキ・ケリの分析を行ってきたが、ここで改めて従来の諸説との関係を見ておきたい。関係と言っても、先に、文内テンス説・文内ムード説では、特に地の文におけるキ・ケリの用法の説明ができない、ひいてはテクスト機能説を導くことができない、ということを見た。ここでは逆に、テクスト機能説の観点から、文内テンス説・文内ムード説がどのように位置付けられるかを確認しておきたい。

まず文内テンス説に関して、１ａ説が有効に機能する会話文においては、キは表現世界が物語世界と一致していると認識された場合に用いられると考えられる。したがってキで括られた内容は発話時から見た過去であることになり、話し手が直接経験した出来事である可能性が高くなるだろう。またケリは表現世界と物語世界とを独立して認識している場合に用いられるのであるから、伝聞・伝承も含んだ直接経験したわけではない出来事である公算が高い。

１ｂ説にしても、キは、物語時制現在に対立するものとしての物語時制過去ないし表現時制現在に対立するものとしての表現時制過去を表わすのであるから、それぞれの過去の出来事は現在の状態とは異なっている、言い換えれば現在に影響を残していないという含みを持つことになるだろう。また異なった世界同士を結び付けるケリは、定位された基準点をまだ出来事の影響の残る物語時現在近くに置くことも可能であり、またそもそも次元の異なる物語世界の内容を語り手が語るということは、伝聞・伝承という形で語り手にその内容が伝わったとも了解されることも含めて、広い意味で現在に何らかの影響を及ぼしていると言えることが多いだろう。

１ｃ説に関しても、キは、物語時・表現時現在に対してそれ以前であることを示す機能を持っているために、時空を備えた物語世界・表現世界にしか用いられないので、特定の一回的出来事を内容とするのに対して、ケリは、表現世界にある語り手の視点を物語世界に定位することに重きが置かれるために、物語世界そのものは何も時空を備えた世界である必要はなく、一般的・抽象的真理の世界、伝承・伝説の世界などさまざまな場合がありうる。

次に文内ムード説に移れば、おおよそケリが含意するムード的意味は、語り手が表現世界から物語世界内の出来事を語るという構造から導かれるように思われる。２ａ説にしても、会話文において外界の物理的世界の出来事が、それ以前には話し手に認識・知覚されておらず、その時初めて認識・知覚されるところに、気付き・発見の契機があると思われるが、このような物語世界と表現世界（心的世界）との断絶の意識がケリの構造にあてはまるのであろう。なお、この場合、基準点はほとんど物語時現在に重なっている。
　2b説も、物語の出来事を語り手が表現世界から語るというところに、語り手の何らかの判断・説明が加わっているると認識されるのであろう。同様に、2c説もそこに語り手の詠嘆・感嘆の気持ちを読み込んだところに生じたのであろう。

おわりに

　助動詞の意味・機能は文内で決定されており、テクストあるいは語りの構造とは独立したものである、という先入観は、文法研究者には根強いものであり、文学研究者の作品解釈や、文学研究に近い立場で組み立てられた時制理論には、本書で言うテクスト機能説、あるいはそれに近いものが決して少なくないにも拘わらず、現在でも文内機能説が大勢であるように思われる。本章では、文内機能説には限界があり、テクスト機能を説明することができないが、逆にテクスト機能説からは文内機能が説明できるということを、理論的に論じた。本論の立場に立てば、時制理論は、テクストあるいは語りの構造を背景とした、視点理論の一角に位置することになる。視点理論の全体像に関してはまた別の機会に論じたい。

注

（1）　第十五章には筆者が参観することのできた論攷を網羅的に挙げた。中でも藤井貞和『平安物語叙述論』（二〇〇一・三）は、筆者の立場と非常に近いものである。

（2）ドイツ語圏では「体験話法」、英語圏では「中間話法」ないし「自由間接話法」という呼称が用いられている。
（3）吉岡曠（一九七七・三 a、b、一九九一・三＝一九九六・六）において、キ・ケリの全用例が細江説をベースに分類整理されているが、むしろ、細江説では多くの例がカバーできないことを示す結果となっている。中でも、『源氏物語』の冒頭の一節に用いられたケリはどの分類にもあてはまらない例外であると処理されている。ただし、吉岡氏自身は、あくまで分類基準として通説としての細江説を採用したのであって、細江説を支持しているわけではないという。
（4）大野晋（一九六八・二）は、ケリの気付き・発見説の立場に立ち、物語の冒頭に用いられる場合も、「昔のことであるが、忘れていたそのことを、伝承を語るたびごとに、「昔……ガアッタトイウコトダ」と、昔を今の時点で新たに確認する意味で使うのである。」と説明している。

第二章　過去助動詞の意味解釈

はじめに

第一章では、中古語過去助動詞に関する諸説を、文内テンス説、文内ムード説、テクスト機能説(さらに、上代語には文内アスペクト説と呼ぶことができるものもある)に分けた。そして、そのうち前二者にはそれぞれ問題があることを指摘し、むしろ阪倉篤義(一九五六・一一、一九五七・一〇)の「輪廓付ける」ケリ説、竹岡正夫(一九六三・一一、一九七〇・五)の「あなたなる世界」説に淵源するテクスト機能説こそが、過去助動詞の本質的な機能を解明する正しい方向を示していると考えた。ただ、それらの説は、いまだ理論化が不充分であるために、単なる〝文体〟研究のように見えるきらいがあったが、そこに理論的整備を施すことによって、文法あるいはテクスト文法の中に位置付けられることを示した。

本章の議論の背景には、過去・完了助動詞の本質は、個々に記述できるようないわゆる〝意味〟、あるいは二項対立的に構成される〝意味対立〟ではなく、その背後に時間表現を司る認知的な枠組が伏在しており、その中でどこに位置付けられているか、そのような意味での〝機能〟であるという考えがある。ここで〝意味解釈〟という言い方を用いたのは、そのような時間的枠組の中での位置付けから、個々の用例の置かれた文脈的な条件によってさまざまないわゆる〝意味〟に解釈されると考えられるからである。

実は第一章でもそのような議論をしたのであるが、意味解釈の部分が必ずしも充分に説明できていなかった。本章はその部分を補うものである。なお、ここで扱う地の文と会話文の過去助動詞のうちでも、特に意味解釈が問題となるのは会話文のケリに関してである。しかしそれ以外の場合も、意味解釈という観点からどのような様相を呈するか、ひとわたり見渡してみたい。

1　過去助動詞の理論的モデル

過去助動詞が用いられるにあたって、その背後に存在すると思われる認知的枠組は、以下に図式的に示すような、二世界モデルである(図表一)。すなわち、一般的に、何らかの言語表現をなすにあたっては、表現される内容にあたる「物語世界(＝話題世界)」と、その内容に表現を与える「表現世界」とが必要で、その交渉の中で言語表現が織りなされていくと考える。このように、二世界モデルは、過去助動詞のためだけに構成されたものではなく、時枝誠記(一九四一・一二)に淵源する敬語論において、「話題の場」「対話の場」として一般化された敬語モデルと、実は同じものである。このように、二世界モデルは、敬語にも適用できるものであるが、それ以外にも、現場指示の指示語、人称表現など、さまざまな領域に適用できるものであり、井島正博(一九九三・三a、b)では、結局、二世界モデルは「視点」という研究分野の根本原理の一つと位置付けられることを示した。そうすると逆に、過去助動詞も視点表現の一つであり、そのためにそこには二世界モデルが適用される、ということになる。

さて、物語世界も表現世界も、〝世界〟という限りは、時間も空間も存在し、そこには人間関係も存在する。物語世界における時間、空間をそれぞれ「物語空間」「物語時」と呼べば、そこで主人公や脇役などの登場人物が動き回ることになる。また、表現世界における時間、空間をそれぞれ「表現空間」「表現時」と呼べば、そこには語り手や聞き手が存在することになる（図表一）。

ここではそのうち時間表現について議論しようとするのであるから、それぞれの世界の中から物語時と表現時とを取り出して議論を進めたい。語られる時間である物語時と語る時間である表現時とは、何らかの形で相互に結び付けられなくては時間表現は成り立たない。そしてその結び付け方は、視点と関わって大きく二つに分けられる。「ウチの視点」と「ソトの視点」とである。ウチの視点は、語り手は本来は表現世界に存在するのであるが、あたかも物語の中にいるかのように視点を「移行」させて、過去助動詞を用いないφで描く描き方（「物語時制現在」）である。それに対してソトの視点は、あくまで語り手は表現時現在に身を置いて描くのであるが、その表現時現在を物語時のどこかに「定位」しなければ時制表現は成り立たない。理論上、物語時の過去に定位して物語内容を未来のこととして描く「予想型」、物語時現在に一致させて物語内容を現在進行中のこととして描く「実況型」、物語時の未来に定位して物語内容を過去のこととして振り返って描く「回想型」とがありうるが、一般的に物語の語りは語り手は物語の顛末をすべて知っているという全知の立場から行われることからしても、そのうち回想型が、古代現代を問わず、洋の東西を問わず、物語の語りには用いられている。そうすると、ソトの視点には、視点が定位された物語時未来から振り返って、過去助動詞ケリで描く描き方（「相対時制過去」）が用いられることになる（図表二）。

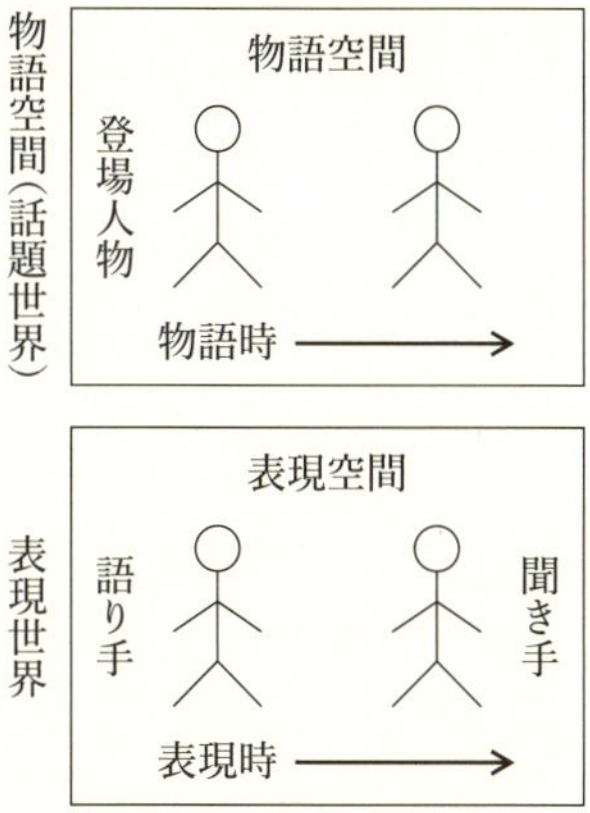

図表一　物語の世界構造

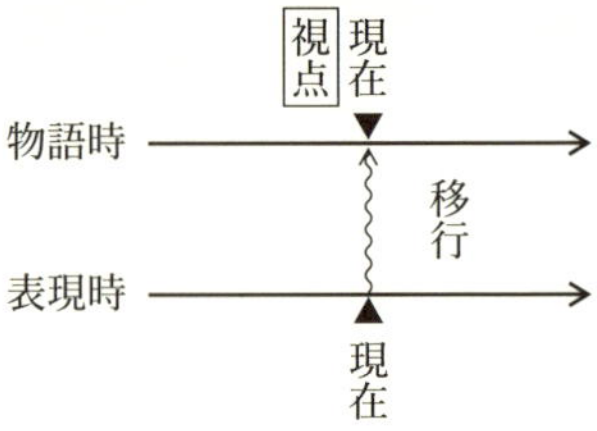

二—a　ウチの視点
物語時制現在

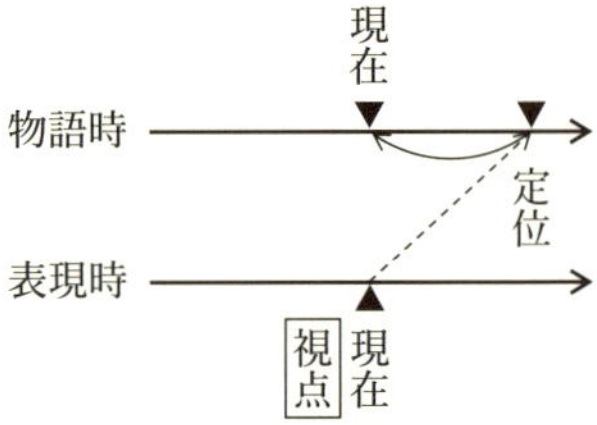

二—b　ソトの視点
相対時制過去

図表二　物語時現在を描くウチの視点・ソトの視点

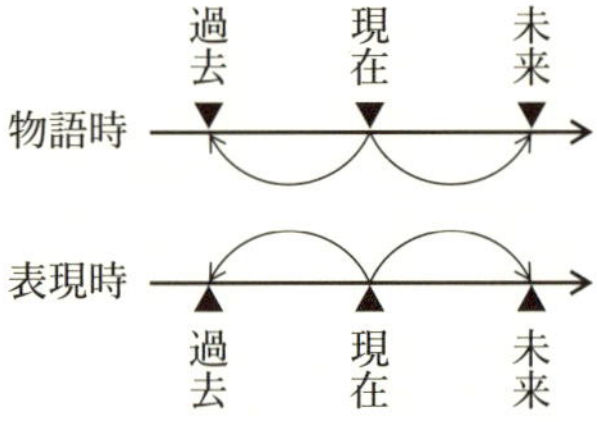

図表三　物語時制と表現時制

さてここまでウチの視点、ソトの視点と描き方は変わっても、描かれているのはあくまで物語時現在の出来事であった。しかるに、描かれるのは、物語時現在の出来事に限ったことではなく、物語時過去、物語時未来の出来事も折に触れて描かれることがあり（物語時制過去、物語時制未来）、また表現時過去、表現時未来も、いわゆる「草子地」という形で描かれることがある（表現時制過去、表現時制未来）。その場合、理論的には、臨時にもう一段、世界の埋め込みが行われ、もとの表現世界を物語世界として、さらにその外側に新たに表現世界が設けられていると考えられる。この物語時制過去、表現時制過去に、キが用いられる（図表三）。

以上、簡単に時制表現の原理を振り返った。このような枠組をもとに、過去助動詞のさまざまな意味用法がどのように派生されるかを見ていきたい。

2　過去助動詞の諸用法

2・1　地の文の過去助動詞の意味解釈

まず、物語の地の文について考察を加えてみたい。従来、過去助動詞の機能は、会話文をもとに説明されており、地の文の過去助動詞の機能に関しては、会話文で構成された理論を厳密に適用できない、周縁的なもの、付随的なもの、〝文体的〟なものという扱いを受けてきた。そして、説明としては、ケリは伝承回想、キは目睹回想という細江逸記説をあまり検討することなく適用したり、ケリは物語の地の文であることを示す形式なのだ、と言って済まされることが多かった。しかし細江説も会話文をもとに立てられた説であり、地の文のケリは物語内容が他者から伝聞したものであることを表わすと言われても俄には信じがたいし(中古の物語はすべて他者からの伝聞であるという想定で書かれているというのだろうか)、ましてや地の文でキを用いた部分は語り手の直接経験したことであると言われるに至っては、矛盾も甚だしいと言わざるをえない。弥縫策として(むしろ、草子地の表現を解釈するためではあったが)『源氏物語』には源氏付きの女房が語り手として組み込まれているのだ、と論じられたこともあったが、勿論そのような論理が中古の物語すべてに適用できるはずもない。

物語に描かれている内容は、現実の世界の出来事ではないことは、話し手は勿論、聞き手も了解している。そのような意味では、物語が語られている状況は物語世界と表現世界とが乖離している(異質世界)ことは納得しやすい。さて、物語の地の文でケリが用いられると、ソトの視点をとる、すなわち物語世界から身を引いて、表現世界から物語を描くことになる。時間に関して言えば、異質世界であるということは、虚構である物語時は現実の表現時上には位置付けえないことを認識することになる。このことは竹岡正夫(一九六三・一一、一九七〇・五)では、

「あなたなる世界」と呼ばれたが、ここではこれを「時間的ギャップ」を表わしていると考えたい。

また、地の文のケリについても「伝承回想」説が適用されることがあった。はたして地の文のケリには、〝伝承〟というような意味があるだろうか。たとえば(1)aの冒頭の一節を伝承回想と解釈することは、『源氏物語』全体を他者からの聞き伝えであると了解することを意味し、ひいてはケリで始まる物語全体をそのように了解することに繋がるが、なぜそこまでして伝承回想説を適用しなければならないのか、根拠が明らかではない。

また、地の文のケリには、それ以外にも時間的ギャップに起因するさまざまなニュアンスを帯びたものが見出される。詠嘆・感嘆を表わすように見えるもの（1）b前例、ここで「悲し」と判断しているのは母尼を中心とする桐壺更衣の周囲の人々だろうか、語り手だろうか）、説明を補っているように見えるもの（1）b後例、ただし連体ナリと承接していることにもよると思われる）などがある。これらについては、会話文のケリについて考察する次節で検討したい。

(1) a　いづれの御時にか、女御更衣あまたさぶらひたまひける中に、いとやむごとなき際にはあらぬが、すぐれて時めきたまふありけり。　桐壺　一・93

b　内裏より御使あり。（亡き桐壺更衣に）三位《みつ》の位贈りたまふよし、勅使来て、その宣命読むなん、悲しきことなりける。（桐壺帝は）女御とだに言はせずなりぬるが、かず口惜しう思さるれば、いま一階《ひときざみ》の位をだにと、贈らせたまふなりけり。　桐壺　一・101

c　（桐壺帝は）さるべき契りこそはおはしましけめ、そこらの人のそしり、恨みをも憚らせたまはず、この御ことにふれたることをば、道理をも失はせたまひ、今はた、かく世の中の事をも思ほし棄てたるやうになりゆくは、いとたいだいしきわざなりと、他の朝廷の例まで引き出で、ささめき嘆きけり。　桐壺　一・113

d　（源氏は）わざとの御学問はさるものにて、琴笛の音にも雲ゐをひびかし、すべて言ひつづけば、ことごとし

う、うたてぞなりぬべき人の御さまなりける‖。　桐壺　一・115

次に、地の文のキについて検討したい。たとえば(2)aのキを目睹回想あるいは経験過去と解釈することについては、そもそも地の文で物語の内容を直接目撃したとか、経験したということは意味をなさない。キが用いられているその箇所だけを見ていたのでは埒が明かないが、その前後を見渡せば、物語の時間的展開上、ここは源氏が誕生した場面であり、それが物語の時間の現在であることがわかる。そこに源氏が誕生する前、桐壺更衣が桐壺帝に寵愛されながらも不遇であった様子が差し挟まれているわけであり(【　】で囲む)、これは物語の時間の上での過去(物語時過去)ということができる。地の文でキが用いられる場合は、ほとんどの場合がこの物語時制過去であり、〝目撃した〟とか〝経験した〟とかいう他の意味合いを読み取る必要はないし、不自然である。(2)bのように、どうしても語り手の体験の回想とは見なすことができないキがあることも吉岡曠(一九七七・三a・b・c＝一九九六・六)に指摘されている。

(2) a　(桐壺更衣に)前の世にも御契りや深かりけん、世になくきよらなる玉の男皇子さへ生まれたまひぬ。〈中略〉【(桐壺更衣は)はじめよりおしなべての上宮仕したまふべき際にはあらざりき‖。おぼえいとやむごとなく、上衆めかしけれど、わりなくまつはさせたまふあまりに、さるべき御遊びのをりをり、なにごともゆゑある事のふしぶしには、まづ参う上らせたまふ、ある時には大殿籠りすぐして、やがてさぶらはせたまひなど、あながちに御前去らずもてなさせたまひし‖ほどに、おのづから軽き方にも見えし‖を】、この皇子生まれたまひて後は、いと心ことに思ほしおきてたれば、坊(東宮)にも、ようせずは、この皇子のゐたまふべきなめりと、一の皇子の女御は思し疑へり。　桐壺　一・95

b　(亡くなった夕顔が)ありしながらうち臥したりつるさま、うちかはしたまへりし‖が、わが御紅の御衣の着ら

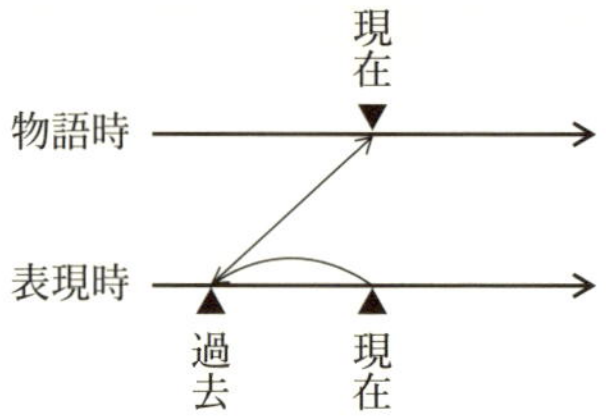

図表四　地の文における語りの時間の過去

れたりつるなど、いかなりけん契りにかと、(源氏は)道すがら思さる。

夕顔　一・254

ただ、極めて稀に、語り手の時間の過去を表わすキ(表現時制過去)と思われるものも見出されないわけではない。これは『枕草子』の日記的章段や、『蜻蛉日記』などにしばしば見出される、語り手(この場合は現実の著者と一致)が以前経験したことを振り返る場合に用いられるキと同じものであると考えられる。たとえば(3)は、帚木巻の冒頭の草子地、あるいはそれに続く一節であるが、帚木巻では源氏はまさに中将なのであり、ここで述べられていることは物語時現在の内容である。それを語り手(この場合は虚構の語り手)が語りの時間の過去に擬してキが用いられているもの(表現時制過去)と考えられる(図表四、第三章第3節の「経験表現」参照)。

(3)　(源氏が)まだ中将などにものしたまひし時は、内裏にのみさぶらひようしたまひて、大殿には絶え絶えまかでたまふ。忍ぶの乱れやと疑ひきこゆることもありしかど、さしもあだめき目馴れたるうちつけのすきずきしさなどは好ましからぬ御本性にて、まれにはあながちにひき違へ、心づくしなることを御心に思しとどむる癖なむあやにくにて、さるまじき御ふるまひもうちまじりける。

帚木　一・130、131

2・2　会話文の過去助動詞の意味解釈

次に、会話文について考えてみたい。ここでは、心内文も会話文に含めておく。あるいは、第1節で提示した枠組は、物語の地の文に焦点が当てられており、会話文の分析には不向きであるという印象を持たれるかもしれない。しかしそれは、普段身の回りのことを話しているときは、話題となっていることは現実の世界の出来事である(同質世界)ために、話題世界(＝物語世界)と表現世界との次元が異なっていることには気付きにくいためである。しかし、時枝誠記(一九四一・一二)に淵源する敬語論において、話題の場と対話の場とを区別するのと同じ機構が、時制にも適用されると考えることに、何の問題もないのではないだろうか。(図表五、六)。

ただしそのように論じてすぐに矛盾することを言うようであるが、普段身の回りのことを話しているときには、話し手も聞き手も話題世界と表現世界との齟齬は意識していない。話題世界と表現世界とは同じものであるかのように振舞っている。これは、第1節で論じた「視点の移行」そのものであって、話し手はウチの視点で語っているのである。しかるに、しばしば会話文中にもケリが用いられることがある。するとその部分はソトの視点で語られているということになるはずであるが、同質世界では物語時と表現時とが重なるので、時間的ギャップは生じないことになってしまう。それでも、あえてケリを用いるということは、話題世界と表現世界との乖離を話し手が意識

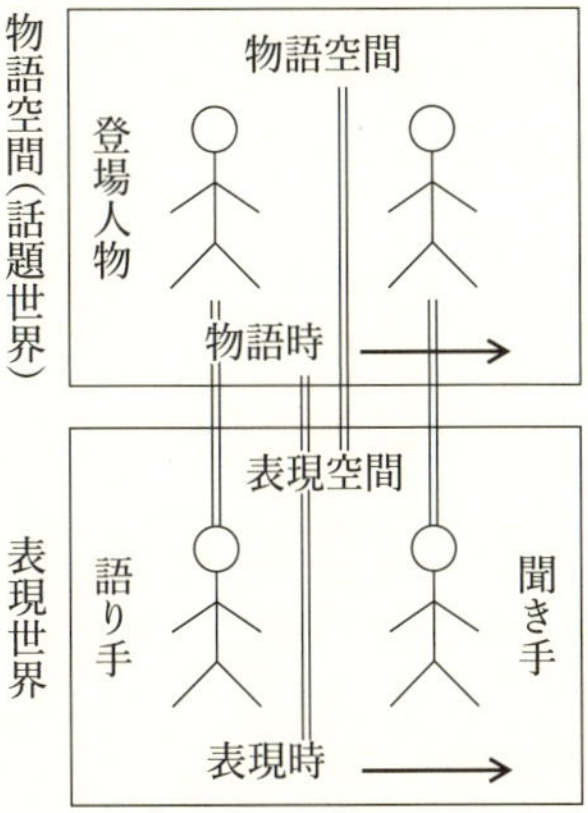

図表五　会話文における世界構造

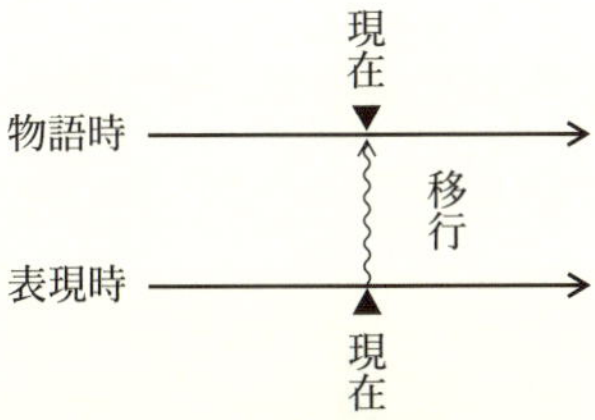

六―a　ウチの視点
物語時制現在

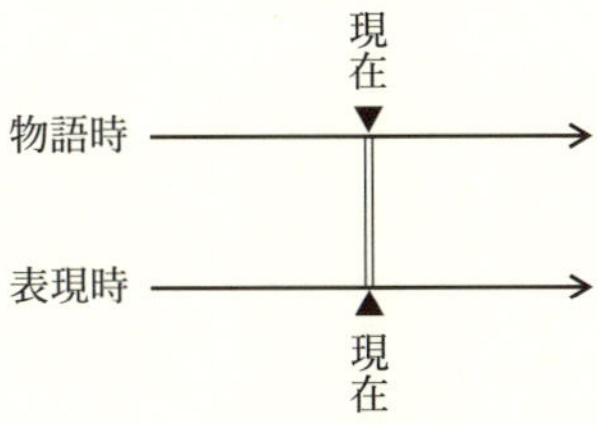

六―b　ソトの視点
相対時制過去

図表六　会話文におけるウチの視点・ソトの視点

している、話題の内容との間に何らかの距離を感じている、ということを表わしているのではないだろうか。勿論、物語の地の文に用いられたケリにも同様の働きがあるのであろうが、時間的ギャップに隠れて見えにくくなっているものと思われる。それが、会話文の場合、時間的ギャップが背後に退いた分、表立って見えるようになるのであろう。以下に、いくつかのギャップの類型を提示するが、これらはそれぞれ矛盾・対立するわけでも、これら以外のものが考えられないわけでもない。場合、場合によっていずれかのギャップがより強く感じられる場合があるという に留まる。

まず、「知覚的ギャップ」というものが考えられる。それまで知らずにいた、気付かずにいた出来事に、その時突然気付いたような場合、話し手は当該の出来事との間にギャップを感じるであろう。そのような場合に用いられたケリに〈気付き・発見〉といった表現効果が感じられるのは、そのような経緯があるのではないだろうか。以前にそのことは知っていたにも拘わらず、失念していたり、注意が逸れていたり、違うことだと思っていたようなときに、突然そのことだと思い知ったような場合を〈気付き〉、そもそものことを知らなかったところ、その時初めて知った場合を〈発見〉と呼び分けることもあるが、要は当該の出来事が現実に起こっていた、存在していたにも拘わらず、話し手は発話時直前までそのことが念頭になかったが、何かのきっかけでその時点でその出来事が現実であると認識するという点では共通する。

(4)ｃはケリが続いて現れている部分であるが、二つめの「誰ならむ、心かけたるすき者ありけり」が心内語中の発見のケリである。その前後の「もとより立てる男ありけり」「頭中将なりけり」は、地の文と見ればソトの視点での語り手の説明となろうが、むしろ源氏の心内を表わす間接話法と見てこれもそれぞれ発見・気付きのケリと考えるべきかもしれない。その後に続くケリはソトの視点での語り手による経緯の説明である。

(4)ａ　(源氏は)さらば、その子(紫の上)なりけり、と思しあはせつ。　　若紫　一・287

b　(源氏が帝に)詳しう奏したまへば、帝→源氏「(僧都は)阿闍梨などにもなるべきものにこそあなれ。行ひの労は積もりて、おほやけにしろしめさざりけること」と、らうたがりのたまはせけり。　若紫　一・299

c　(源氏が)透垣《すいがい》のただすこし折れ残りたる隠れの方に、立ち寄りたまふに、もとより立てる男ありけり。誰ならむ、心かけたるすき者ありけりと思して、蔭につきてたち隠れたまへば、頭中将なりけり。この夕つ方、内裏よりもろともにまかでたまひける、(源氏が)やがて大殿(左大臣邸)にも寄らず、二条院(源氏の邸)にもあらで、引き別れたまひけるを、いづちならむと、ただならで、我も行く方あれど、あとにつきてうかがひけり。あやしき馬に、狩衣姿のないがしろにて来ければ、え知りたまはぬに、さすがに、かう異方に入りたまひぬれば、心も得ず思ひけるほどに、物の音に聞きついて立てるに、帰りや出でたまふと、した待つなりけり。　末摘花　一・345

d　(頭中将は)例の隔てきこえたまはぬ心にて、頭中将→源氏「しかじかの返り事は見たまふや。こころみにかすめたりしこそ、はしたなくてやみにしか」と愁ふれば、(源氏は)さればよ、言ひ寄りにけるをやとほほ笑まれて、　末摘花　一・349

e　(源氏が)二条院におはしたれば、紫の君、いともうつくしき片生ひにて、紅はかうなつかしきもありけり、と見ゆるに、無紋の桜の細長なよらかに着なして、何心もなくてものしたまふさま、いみじうらうたし。　末摘花　一・378

次に、「認識的ギャップ」といったものも考えられる。現実の何らかの出来事に対して、注釈・説明を加えようとする場合、話し手は、当該の出来事をいわば対象化して、ソトの視点に立っており、出来事とそれに注釈・説明を加える話し手との間にギャップが生じている。このような場合に用いられるケリに〈注釈・説明〉あるいは〈一般論〉というような表現効果が生じるのであろう。また、連体ナリにも〈説明〉といった働きがあるため、しばしばナリ―ケリという形が用いられることになる。

(5) a 随身→源氏「かの白く咲けるをなむ、夕顔と申しはべる。花の名は人めきて、かうあやしき垣根になん咲きはべりける」　夕顔　一・210

b 女房「あはれ、さも寒き年かな。命長ければ、かかる世にも逢ふものなりけり」とて、うち泣くもあり。女房「故宮おはしましし世を、などてからしと思ひけむ。かく頼みなくても過ぐるものなりけり」とて、飛び立ちぬべくふるふもあり。　末摘花　一・364

c 源氏「かの空蝉の、うちとけたりし宵の側目には、いとわろかりし容貌ざまなれど、もてなしに隠されて口惜しうはあらざりきかし。劣るべきほどの人なりやは。げに品にもよらぬわざなりけり。心ばせのなだらかにねたげなりしを、負けてやみにしかな」と、もののをりごとには思し出づ。　末摘花　一・371

さらに、「心理的ギャップ」といったものも考えられる。今の認識的ギャップの構成に似て、話し手は現実の出来事を対象化して、一歩退いて見るのであるが、それは注釈・説明するためではなく、話し手がその出来事に対して詠嘆・感嘆の気持ちを抱いているというような場合がある。そのような場合、やはり話し手と当該の出来事との間にはギャップが生じている。このような場合に用いられるケリに〈詠嘆・感嘆〉というような表現効果が生じることになる。ただし、ケリが表わすのは、強い感情とは言っても、「うれし」「悲し」といった、切羽詰まった我が身に切実な出来事に対する感情ではない。あくまで、「あはれ」といった、第三者的な出来事に対する、あるいは我が身のことであっても第三者的に突き放した観照的な感情である。

(6) a 源氏→夕顔「いざ、ただこのわたり近き所に、心やすくて明かさむ。かくてのみはいと苦しかりけり」と、のた

まへば、　夕顔　一・231

a　源氏→夕顔「かれ聞きたまへ。この世とのみは思はざりけり」と、あはれがりたまひて、　夕顔　一・232

c　（源氏は）などて（葬送の車に）乗り添ひて行かざりつらん、（夕顔が）生きかへりたらん時いかなる心地せん、見捨てて行きあかれにけりと、つらくや思はむと、心まどひの中にも思ほすに、御胸せき上ぐる心地したまふ。　夕顔　一・247

d　人は（藤壺の懐妊のことが）思ひよらぬことなれば、この月まで奏せさせたまはざりけること、と驚きこゆ。　若紫　一・307

e　源氏→女房たち「いとあはれに見たてまつる（紫の上の）御ありさまを、今はまして片時の間もおぼつかなかるべし。明け暮れながめはべる所に渡したてまつらむ。かくてのみはいかが。もの怖ぢしたまはざりけり」とのたまへば、　若紫　一・320

f　（紫の上は）行く先の身のあらむことなどまでも思し知らず、ただ年ごろたち離るるをりなうまつはしならひて、（尼君が）今は亡き人となりたまひにける、と思すがいみじきに、　若紫　一・324

また、〈詠嘆・感嘆〉のケリと呼ばれるものは、多く和歌に用いられている（むしろ、ケリに〈詠嘆・感嘆〉という意味を認める論攷は例文に和歌を用いている）が、それは、「うれし」「悲し」といった切実な感情が描かれるのは散文であり、和歌ではたとえ我が身のことであっても距離をおいて「あはれ」といった観照的な感情が詠み込まれるからであろう。さらに、和歌には三十一文字という内容の制約があるために、物語的な筋の展開をたどることはできない。そのため、ここに時間的ギャップが生じにくいことも関わっていると言えるだろう。ただ、物語中の和歌は、その歌が詠まれた文脈から物語の時間の中に組み込むことができる。

(7) a 源氏「(末摘花に代わって詠んだ侍従の歌は)めづらしきが、なかなか口ふたがるわざかな。
いはぬをもいふにまさると知りならがおしこめたるは苦しかりけり」　末摘花　一・357

b 源氏「(葵祭見物によい場所を)いかで得たまへる所ぞと、ねたさになん」とのたまへば、よしある扇の端を折りて、
女「はかなしや人のかざせるあふひゆゑ神のゆるしのけふを待ちける
注連の内には」とある手を思し出づれば、かの典侍(源典侍)なりけり。　葵　二・23

次に会話文のキについて検討したい。会話文中において、キは一貫して発話時現在(=物語時現在)以前の出来事に言及する際に用いられる。たとえば、(8)aでは左馬頭が以前に通った女性のことを語っており、(8)bでは僧都が源氏に紫の上の母である按察大納言の娘の経歴について語っている。会話文中で過去のことに言及する場合、実際に経験したことである場合が多いであろうが、それは単に相関性が高いというだけであり、キに〝経験〟あるいは〝目睹〟といった意味があると考えることは間違っているだろう。

(8) a 左馬頭→源氏たち「さて、また同じころ、まかり通ひし所は、人も立ちまさり、心ばせまことにゆゑありと見えぬべく、うち詠み走り書き、かい弾く爪音、手つき口つき、みなたどたどしからず見聞きわたりはべりき。見るめも事もなくはべりしかば、このさがな者をうちとけたる方にて、時々隠ろへ見はべりしほどは、こよなく心とまりはべりき。…」　帚木　一・153

b 僧都→源氏「(按察大納言に)むすめただ一人はべりし。亡せてこの十余年にやなりはべりぬらん。故大納言、内裏に奉らむなど、かしこういつきはべりしを、その本意のごとくもものしはべらで、過ぎはべりにしかば、ただこの尼君ひとりもてあつかひはべりしほどに、いかなる人のしわざにか、兵部卿宮なむ、忍びて語らひ

つきたまへりけるを、もと北の方、やむごとなくなどして、安からぬこと多くて、明け暮れものを思ひてなん、亡くなりはべりにし‖。もの思ひに病づくものと、目に近く見たまへし‖」など申したまふ。若紫　一・287

以上見てきたように、意味解釈上、特に問題となるのは、会話文中のケリである。それは会話文では物語時と表現時とが重なってしまうため、表現時現在を物語時未来に定位してそこから物語時現在を振り返るという、相対時制過去の表現ができないことによる。そのため、あえてケリを用いてソトの視点を採ることは、時間的ギャップの表現とはなりえず、知覚的ギャップ（気付き・発見）、認識的ギャップ（注釈・説明あるいは一般論）、心理的ギャップ（詠嘆・感嘆）などさまざまな意味解釈が行われることとなる。

おわりに

過去助動詞に対しては、従来、キは目睹回想、ケリは伝承回想であるという細江逸記説を始め、特にケリには気付き・発見、注釈・説明、詠嘆・感嘆など、さまざまな意味があると論じられてきた。本章では、そのような意味解釈が行われる背後に時制表現の一般的な理論的な仕組みがあると考え、それをモデルとして提示して、そこからそれらの意味解釈が行われる経緯をたどろうと試みた。

第三章　過去助動詞のテクスト機能

─中古和文の類型─

はじめに

本章では、前章で展開した時制理論の枠組を用いて、中古和文（本章では院政期の和漢混淆文である説話までを含めることにする）の表現の広がりを概観したい。それによって、中古和文にも、作者によって選択された、あるいはさまざまな制約によって強いられた、幅広い表現方法の可能性があったことを窺い知ることができると思われる。

1　語りの構造

最初に第一章で提示した語りの構造の枠組を略述しておきたい。

語りが成立するためには、語られる素材としての「物語世界」が必要であるのは勿論であるが、それだけでは言

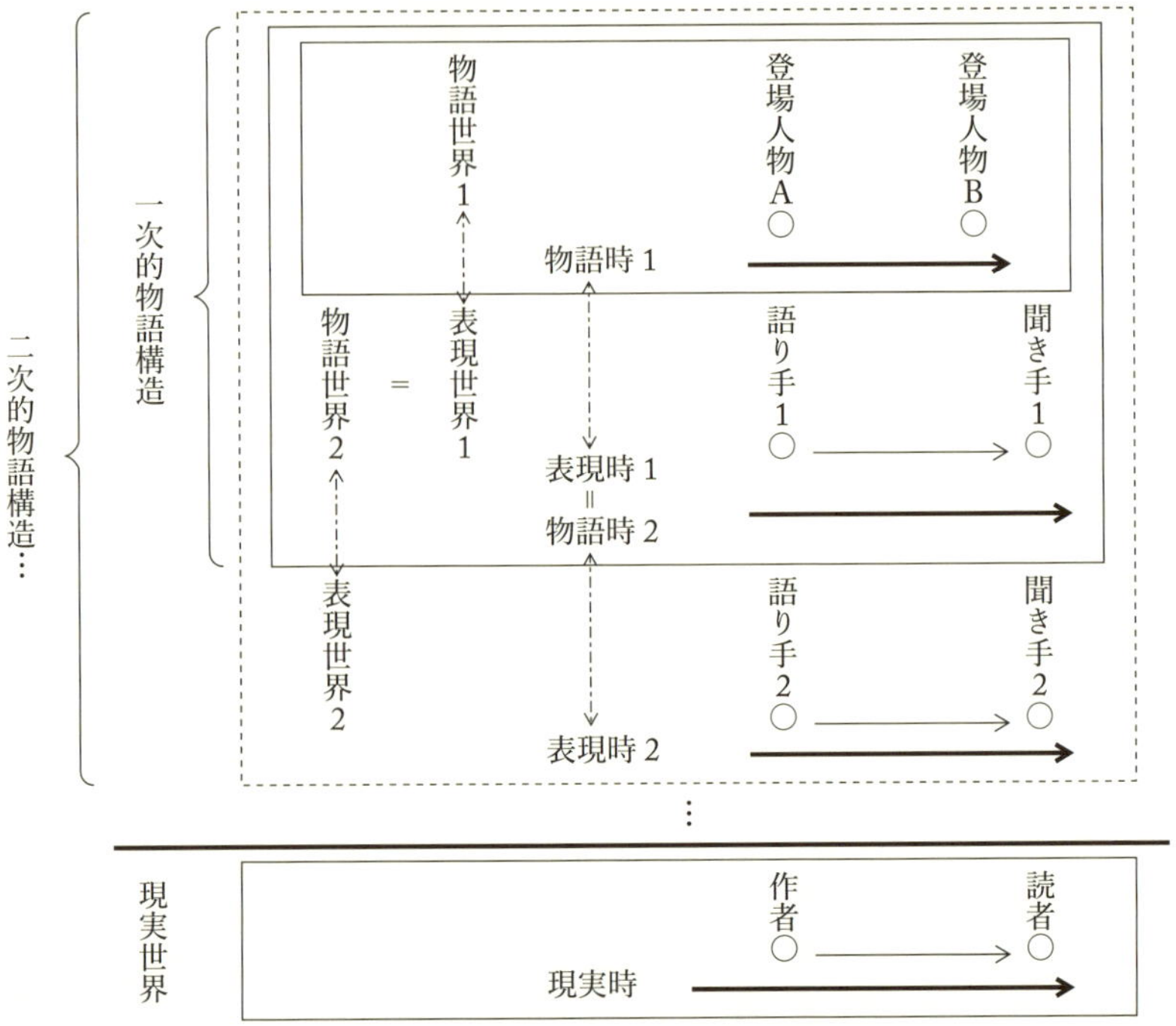

図表一　何重にも埋め込み可能な物語の世界構造

語表現にはならない。さらに物語世界の出来事をある語り方で語る「表現世界」も不可欠で、最低この二つの世界がなければ語りは成り立たない。この場合、表現世界の語り手(あるいは聞き手)は潜在的な存在で、言語表現には現われない。しかしながら、物語中に語り手(あるいは聞き手)が顔を出すこと(草子地と呼ばれる)も、決して稀なことではない。その場合、もとの表現世界を二次的な物語世界として、さらにそれを語る二次的な表現世界がその背後に存在していることになる。このような、物語世界—表現世界の埋め込みは、理論的には無限に可能であるが、複雑な構造は理解を困難にする原因ともなるため、何らかの意図のもとにわざと複雑な構造を採用することはあるにしても、頻繁に用いられるわけではない。また、このように、物語世界・表現世界というものは、語りの構造の内部に位置付けられる機能的構築物なのであって、現実の作者と読者とが存在する世界を「現実世界」と呼ぶとすれば、両者はまったく異質なものであり、無限に乖離している(図表一)。

本章では以上のような語りの構造と、第一、二章で設けた時制理論をもとに議論していく。

2 中古和文の表現類型①「語り表現」

—ウチ／ソトの使い分けによる類型—

一般的に、素朴な物語の展開において、まず語り手は聞き手に向かって、物語の展開する時間・空間を提示し(それを不確定な形で提示した出だしが「昔々、あるところに…」)、主要な登場人物を紹介する(「〈誰々〉がありました。」)ことによって、物語世界を創出する。この物語世界成立以前の表現は、原則として物語世界に対してソトの視点において行わざるをえない(詳しくは第五章で論じる)。しかし、いったん物語世界が成立し、物語が進行し始めると、物語の展開に語りが集中するに従って、物語世界内に視点を移したウチの視点の表現が中心となる。

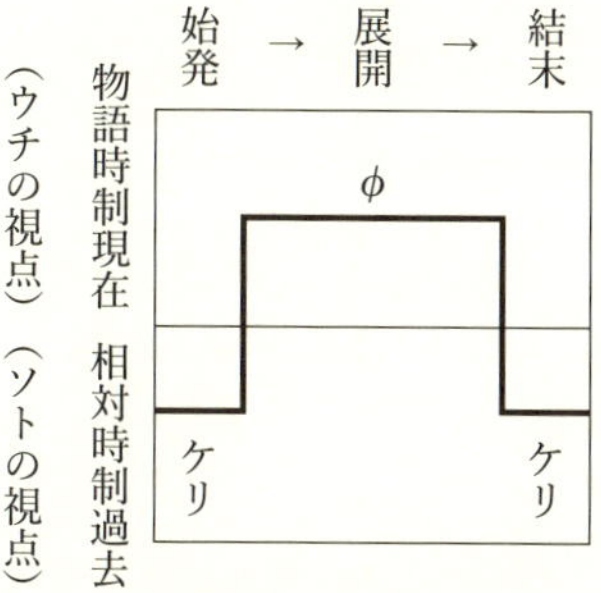

図表二 典型的な物語の展開における時制の現われ方

そして、プロットないし物語の結末部分に至って、再び語り手は聞き手に向かって物語の終結を宣言する、ソトの視点の表現を用いる。このような物語の展開のありさまは、『竹取物語』に関して、阪倉篤義(一九五六・一一、一九五七・一〇)において過去助動詞ケリの分布の問題として展開された。すなわち、ケリは各プロットの冒頭部と結末部に「輪郭付け」るように集中し(ナムの分布(波線で示す)もケリとほぼ重なる)、物語展開部においては、φ(過去助動詞なし)が用いられるという(図表二)。

(1)

いまは昔、竹取の翁といふもの有けり‖。野山にまじりて竹を取りつゝ、よろづの事に使ひけり‖。名をば、さかきの造となむいひける‖。その竹の中に、もと光る竹なむ一筋ありける‖。あやしがりて寄りて見るに、筒の中光りたりφ‖。それを見れば、三寸ばかりなる人、いとうつくしうてゐたりφ‖。翁いふやう、「我あさごと夕ごとに見る竹の中におはするにて、知りぬ。子となり給べき人なめり」とて、手にうち入れて家へ持ちて来ぬφ‖。妻の女にあづけてやしなはすφ‖。うつくしき事かぎりなしφ‖。いとをさなければ、籠に入れて養ふφ‖。

竹取の翁、竹を取るに、この子を見つけて後に竹とるに、節を隔てゝよごとに、金ある竹を見つくる事かさなりぬφ‖。かくて翁やう／＼豊になり行φ‖。

この児、養ふ程に、すく／＼と大きになりまさるφ‖。三月ばかりになる程に、よき程なる人に成ぬれば、髪上げなどさうして、髪上げさせ、裳着すφ‖。帳のうちよりも出ださず、いつき養ふφ‖。この児のかたちけうらなる事世になく、屋のうちは暗き所なく光満ちたりφ‖。翁心地あしく苦しき時も、この子を見れば、苦しき事もやみぬφ‖、腹立たしきことも慰みけり‖。翁、竹を取る事久しくなりぬφ‖。いきほひ猛の者に成にけり‖。この子いと大きに成ぬれば、名を御室戸斎部のあきたをよびてつけさすφ‖。あきた、なよ竹のかぐや姫とつけつφ‖。この程三日うちあげ遊ぶφ‖。よろづの遊びをぞしける‖。をとこはうけきらはず呼び集へて、いとかしこく遊ぶφ‖。

世界の男、貴なるも賤しきも、いかでこのかぐや姫を得てしかな、見てしかなと、おとに聞きめでゝまとふφ‖。その辺りの墻にも、家のとにも、をる人だにたはやすく見るまじき物を、夜るは安きいも寝ず、闇の夜に出て、穴をくじり、かいばみまどひあへりφ‖。さる時よりなむ、よばひとは言ひける‖。

『竹取物語』冒頭　29、30

次に、歌物語としての『伊勢物語』の構造を考えてみたい。

（2）
むかし、をとこ、うひかうぶりして、平城の京、春日の里にしるよしして、狩に往にけり。その里に、いとなまめいたる女はらから住みけり。このをとこ、かいまみてけり。おもほえず、ふるさとに、いとはしたなくてありければ、心地まどひにけり。をとこの着たりける狩衣の裾を切りて、歌を書きてやるφ。そのをとこ、しのぶずりの狩衣をなむ着たりける。

春日野の若紫のすり衣しのぶのみだれ限り知られず

となむおひつきていひやりける。ついでおもしろきことともや思けん。

みちのくの忍もぢずり誰ゆゑにみだれそめにし我ならなくに

といふ歌の心ばへなり。昔人は、かくいちはやきみやびをなんしける。

『伊勢物語』第一段　111

ここに見られる語りの構造は、原則として、一貫してソトの視点で語られており、物語のウチに入り込もうとはしない。これは、歌物語が、和歌を中心に構成されており、最終的に和歌が、要となる一種の会話文として全体を締め括る物語構造を成していることに起因するものだろう[1]。すなわち、当該の和歌は、歌物語が成立する以前に、文化共同体の共通の文化資源として存在していたとすれば、語り手、聞き手の存在する表現世界に留まって、それより深い物語世界に埋め込むことは困難なことだろう。であるとすれば、当該の和歌の成立の経緯を語る歌物語は、ウチの視点に移行することが大きく制約されることになる。そのような不自由な語りの形式は、非常に短い間しか持続できないために、断片的な多数の段の集積としてしか存在しえないだろう。そのため、歌物語とはいえ、各段が物語的展開を伴ってある程度の分量を持つ『大和物語』は、段によってはウチの視点に移行して物語の展開を含み込むことになったと考えられる。

次に、作り物語・歌物語の集大成としての『源氏物語』に目を転じてみると、確かに『源氏物語』は要所要所に和歌が配されて歌物語的な体裁を残しているが、長大な物語世界を維持していくためには、終始一貫してソトの視点で描く表現法では無理が生じてしまう。かといって、『竹取物語』のような単純なプロット構成では、複雑な物語世界を描ききることはできない。要するに、基本的には次々に展開される物語時現在の出来事をφで進めつつ、語り手の註釈をケリで挿入し(【　】で示す)、場合によっては懐古的に物語時過去の出来事をキで振り返る(「　」で示す)、という手法で表現されていると考えられる。

(3)　【いづれの御時にか、女御更衣あまたさぶらひたまひける‖中に、いとやむごとなき際にはあらぬが、すぐれて時めきたまふありけり‖。】はじめより我はと思ひあがりたまへる御方々、めざましきものにおとしめそねみ給ふφ‖。同じほど、それより下臈の更衣たちはましてやすからずφ‖。朝夕の宮仕につけても、人の心をのみ動かし、恨みを負ふつもりにやありけん、いとあつしくなりゆき、もの心細げに里がちなるを、いよいよあかずあはれなるものに思ほして、人のそしりをもえ憚らせたまはず、世の例にもなりぬべき御もてなしなりφ‖。上達部、上人なども、あいなく目を側めつつ、いとまばゆき人の御おぼえなりφ‖。【唐土にも、かかる事の起りにこそ、世も乱れあしかりけれ‖】と、やうやう、天の下にも、あぢきなう人のもてなやみぐさになりて、楊貴妃の例も引き出でつべくなりゆくに、いとはしたなきこと多かれど、かたじけなき御心ばへのたぐひなきを頼みにてまじらひたまふφ‖。

【父の大納言は亡くなりて、母北の方なむ、いにしへの人のよしあるにて、親うち具し、さしあたりて世のおぼえはなやかなる御方々にもいたう劣らず、何ごとの儀式をもてなしたまひけれ‖】ど、取りたてて、はかばかしき後見しなければ、事ある時は、なほ拠りどころなく心細げなりφ‖。

前の世にも、御契りや深かりけん、世になくきよらなる玉の男皇子さへ生まれたまひぬφ‖。いつしかと心もとながらせたまひて、急ぎ参らせて御覧ずるに、めづらかなるちごの御容貌《かたち》なりφ‖。

【一の皇子は、右大臣の女御の御腹にて、寄せ重く、疑ひなきまうけの君と、世にもてかしづききこゆれど、この御にほひには並びたまふべくもあらざりけれ‖】ば、おほかたのやむごとなき御思ひにて、この君をば、私ものに思ほしかしづきたまふこと限りなしφ‖。

「はじめよりおしなべての上宮仕したまふべき際にはあらざりき‖。おぼえきとやむごとなく、上衆めかしけれど、わりなくまつはさせたまふあまりに、さるべき御遊びのをりをり、なにごとにもゆゑある事のふしぶしには、まづ参う上らせたまふ、ある時には大殿籠りすぐして、やがてさぶらはせたまひなど、あながちに御前去らずもてなさせたまひし‖ほどに、おのづから軽き方にも見えし‖」を、この皇子生まれたまひて後は、いと心ことに思ほしおきてたれば、坊にも、ようせずは、この皇子のゐたまふべきなめりと、一の皇子の女御は思し疑へりφ‖。

『源氏物語』桐壺　冒頭　一・93〜95

これまでは、作者たちの実生活ないし史実とは無縁な、フィクションを内容とする物語類を見てきた。それでは、次に作者たちの実生活や史実を題材とした日記文学・随筆や歴史物語、いわゆるノンフィクションの内容の表現方法を見ていきたい。

　結論から先に言えば、日記文学は物語の表現方法と大きく異なっているわけではない。φを基体として、語り手が介入するときにはケリが、物語時よりも過去のことを描写するときにはキが用いられている。このことは、日記の内容は確かに作者の経験した内容を描いてはいるとはいうものの、表現する段になると、自己対象化の操作を経て、作者とは距離を置いた出来事として描いていると言わざるをえない。実際、それぞれの物語の冒頭には、次のように、ことさら作者が登場人物ではないかのようなコメントが目立つ。このように、一方では作者が登場人物（主人公）であることは当時の読者層には自明視されていたと思われるのに、あえてそのような言い訳がましいコメントを加えた背景には、一つには表現方法の選択という意味合いもあったはずである。すなわち、我が身のことでも、客観化してソトの視点で描こうとする選択の結果が、現在見る日記文学の表現となったのであろう。さらにその背後には、ソトの視点で描きたかった、あるいは描かざるをえなかった動機があるのであろうが、それはここでの問題関心ではない。

(4)　a　男もすなる日記といふものを、女もしてみんとてするなり。それの年の十二月《しはす》の二十日余一日《はつかあまりひとひ》のひ戌《いぬ》のときに、門出《かどで》す。その由《よし》、いさゝかものにかきつく。　『土佐日記』冒頭　27

b　かくありしときすぎて、世中にいとものはかなく、とにもかくにもつかで、よにふる人ありけり。かたちとても人にもにず、こゝろたましひもあるにもあらで、かうものの要《えう》にもあらであるも、ことわりとおもひつゝ、たゞふしおきあかしくらすまゝに、世中におほかるふるものがたりのはしなどをみれば、世におほかるそらごとだにあり、人にもあらぬ身の上までかき日記して、めづらしきさまにもありなん、天下の人のしなたかきやと、とはんためしにもせよかしとおぼゆるも、すぎにしとし、つきごろのことも、おぼつかなかりければ、さてもありぬべきことなん、おほかりける。　『蜻蛉日記』冒頭　109

c　あづまぢの道のはてよりも、猶おくつかたに生ひいでたる人、いか許かはあやしかりけむを、いかに思ひはじめける事にか、世中に物語といふ物のあんなるを、いかで見ばやと思ひつゝ、　『更級日記』冒頭　479

ただし、僅かではあるが、直接経験した過去の出来事として表現時制過去のキを用いる場合も見られるが、その点に関しては次節で触れる。

ところで、歴史物語は、中古の物語文学の展開の中では、語りの構造の革新を果たしたと考えられる。というのも、語られる内容が、現実世界と切り離されたまったくの架空の出来事というわけではなく、歴史的な過去の事実であったことが大きく関わっているだろう。歴史的な事実の大半は、著者の直接経験したことではなく、聞き伝えや書物による間接的な知識であるが、それにも拘わらず、我々はそれを客観的事実であると認識している。ここに歴史を語ることの二重性、あるいはどっちつかずの特徴が露呈する。そのような歴史の語りには、どのような語り方がありうるだろうか。現代で好まれるのは、時間的な特定化を避けて、あたかも超越的な時間に立った客観的描写を装う、第4節に見る脱時制表現の方法(いわゆる「歴史的現在」のこと)であろうが、当時もそのような超越的な時間描写の方法が、若干時代は下がるが、漢文の影響を受けた説話に存在するにも拘わらず、歴史叙述に採用されることは滅多になかった。おそらく歴史叙述には生き生きとしたリアリティが要求されたものと思われ、そのためには一方では、語り手が物語時現在に視点を移行してウチの視点で描く(『栄花物語』など)か、他方虚構の登場人物が直接経験した出来事としてやはりウチの視点で描く(『大鏡』など)などの手法が用いられたものと思われる。『大鏡』の表現は次節で採り上げることにして、ここでは『栄花物語』の表現について考察したい。『栄花物語』は「今年は年号かはりて安和元年といふ。」(上45)に見る「今(年)」のような表現がしばしば現われることに顕著に示されるように、物語の展開が物語時制現在で語られていることを強調する。(2) その少し後の次の一節も、物語の展開の中に、物語時過去の内容をキで、語り手の解釈がケリで埋め込まれている。

(5)　源氏のおとゞは、式部卿の宮の御事を、いとゞへだて多かる心地せさせ給ふべし。[宮の御おぼえの世になうめでたく珍かにおはしましゝも、世の中の物語に申思ひたるに、さしもおはしまさゞりしかば」、皆かくおはしますめり。【みかどゝ申すものは、安げにて、又かたき事に見ゆるわざになんありける。】[式部卿の宮の童におはしましゝ折の御子日の日、帝・后諸共にゐたゝせ給て、出したて奉らせ給ひし程、御馬をさへ召し出でゝ、御前にて御装置かせなどして、鷹犬飼までの有様を御覧じいれて、弘徽殿のはざまより出でさせ給し。御供に左近中将重光朝臣・蔵人頭右近中将延光朝臣・式部大輔保光朝臣・中宮権大夫兼通朝臣・兵部大輔兼家朝臣など、いと多くおはしきや。」その君達、あるは后の御兄達、同じき君達と聞ゆれど、延喜の御子中務のみやの御子ぞかし。今は皆おとなになりておはする殿ばらぞかし。「をかしき御狩装束どもにて、さもをかしかりしかな。船岡にて乱れたはぶれ給ひしこそ、いみじき見物なりしか。后の宮の女房、車三つ四つに乗りこぼれて、大海の摺裳《すりも》うち出したるに、船岡の松の緑も色濃く、行末はるかにめでたかりしことぞや」と語り続くるを聞くも、今はをかしうぞ。

『栄花物語』巻一　月の宴　上・56

その他にも、各巻の冒頭結末部分に必ずしもケリが用いられないばかりでなく、次のように、冒頭部分であっても「今年」のような物語時現在を表わす表現が頻出して、物語展開が物語時制現在で進められることを強く打ち出している。このような表現の採用は、あたかも眼前で歴史上の出来事が進行しているかのようなリアリティを出すことを目的としていたと考えられる。

(6) a　とのゝ若君たづ君十二ばかりになり給。今年の冬枇杷殿にて御かうぶりせさせ給。
(今年＝長保五年)　同　巻八　はつはな　冒頭　上・239

b　今年東宮七にならせ給。長和三年といふに、御書始の事あり。
(今年＝長和三年)　同　巻十二　たまのむらぎく　冒頭　上・361

c　かくて内大臣殿の上、今年廿四ばかりにや、この程に君達五六人ばかりになり給へるを、又今年もたゞにもあらで過させ給へるが、…
(今年＝治安三年)　同　巻二十一　後くゐの大将　冒頭　下・131

一方、『今昔物語集』の多くの話は「トナム語リ伝ヘタルトヤ」で結んでいるように、物語内容全体が一種の会話文として描かれているはずである。したがって、その内容は、次節で見るように、キで描かれてしかるべきであると思われるかもしれないが、本朝篇の多くの話ではケリによる描写が主となっている。これは、語り手があくまで物語世界を対象化して視点を表現世界から移行することなく描いているためであると考えられる。すなわち、キで描かれるか、ケリで描かれるかは、会話文か地の文かの相違に直接対応しているわけではなく、むしろ物語世界を表現世界と同質なものと見做すか、異質なものと見做すかに応じて使い分けられていると言うべきである。

(7)　今昔、丹波ノ国□ノ郡ニ住ム者アリ、田舎人ナレドモ、心ニ情有ル者也ケリ。其レガ妻ヲ二人持テ、家ヲ並ベテナム住《スマセ》ケル。本ノ妻ハ其ノ国ノ人ニテナム有ケル。其レヲバ静《アヂキナゲ》ニ思ヒ、今ノ妻ハ京ヨリ迎ヘタル者ニテナム有ケル、其レヲバ思ヒ増《マサリ》タル様也ケレバ、本ノ妻心疎《ウ》シト思テゾ過ケル。

而ル間、秋、北方ニ、山郷ニテ有ケレバ、後ノ山ノ方ニ糸哀レ気ナル音ニテ鹿ノ鳴ケレバ、男今ノ妻ノ家ニ居タリケル時ニテ、妻ニ、「此ハ何《イカ》ガ聞給フカ」ト云ケレバ、今ノ妻、「煎物ニテモ甘シ、焼物ニテモ美《ムマ》キ奴ゾカシ」ト云ケレバ、男、心ニ違ヒテ、『京ノ者ナレバ、此様ノ事ヲバ興ズラム』トコソ思ケルニ、少シ心月无シ」ト思テ、只、本ノ妻ノ家ニ行テ、男、「此ノ鳴ツル鹿ノ音ハ聞給ヒツカ」ト云ケレバ、本ノ妻此ナム云ケル、

ワレモシカナキテゾキミニコヒラレシイマコソコヱヲヨソニノミキケ

ト。男此ヲ聞テ極ジク哀レト思テ、今ノ妻ノ云ツル事、思ヒ被合《アハセラレ》テ、今ノ妻ノ志失ニケレバ、京ニ送テケリ。然テ本ノ妻トナム棲ケル。

思《オモフニ》、田舎人ナレドモ、男モ、女ノ心ヲ思ヒ知テ此ナム有ケル。亦、女モ心バヘ可咲《ヲカシ》カリケレバ、此ナム和歌ヲモ読ケルトナム語リ伝ヘタルトヤ。

『今昔物語集』巻三十・十二話　五・240、241

このように、『今昔物語集』本朝篇の多くの話でソトの視点が多用されるのは、これらの物語が他者からの聞き伝えであると装うことと深く関わっているだろう。すなわち、先行する文献を披見のうえでまとめられていることが明らかであるにも拘わらず、しばしば次のように、何重にも伝承されてきたものであるかのような仮構を施す。

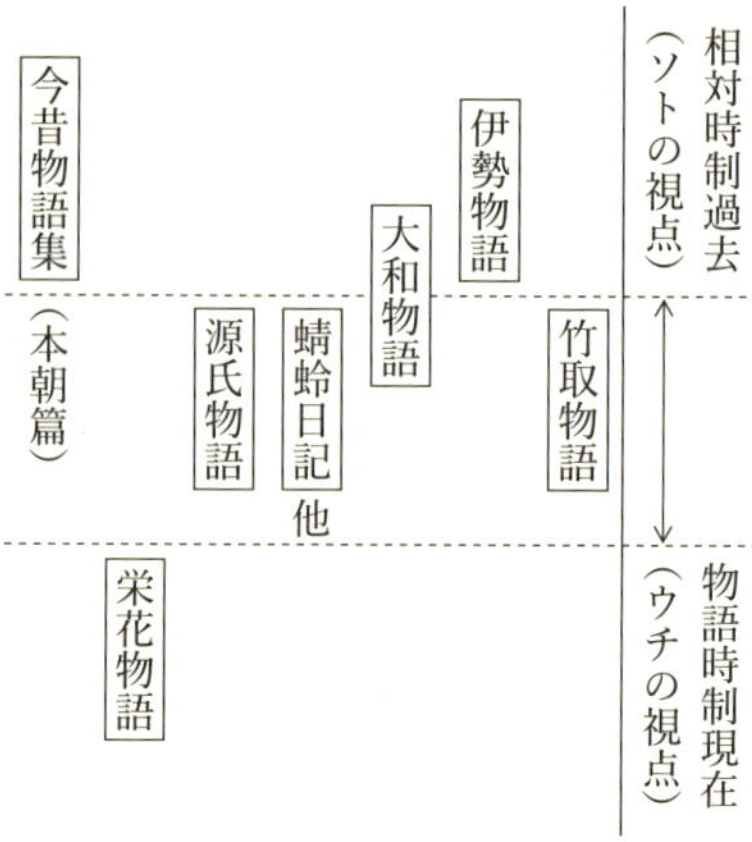

図表三　中古の作品ごとの主たる視点の置き方

これも、文字化された物語は絵空事ととられやすいことを考慮して、当事者から連続する伝承の道筋を示すことによって、当の物語のリアリティを増すことを意図したものと思われる。(3)

(8) a　僧、此レヲ聞テ、貴ビテ、返テ、世ニ語リ伝ヘタル也。其レヲ聞キ継テ語リ伝ヘタルトヤ。　同　巻十四・七話　結末　三・289

b　此ノ事ハ其ノ語リ聞《キカ》セケル僧ノ語ケルヲ聞タル者ノ此ク語リ伝ヘタルトヤ。　同　巻二十九・四十話　結末　五・208

以上をまとめると、中古の和文資料の中でも、視点構造という観点から見通してみると、作品によってさまざまなヴァラエティがあることが窺い知れる。動機はさまざまでも、『伊勢物語』のような歌物語や、『今昔物語集』本朝篇のような説話などは全体としてソトの視点で描かれている一方、『栄花物語』などは物語時現在としての「今」を強く押し出してウチの視点を強調した表現が多用される。そのような広がりのなかほどに、『竹取物語』や『源氏物語』などの物語類あるいは日記類が位置付けられるものと思われるが、阪倉氏が『竹取物語』を素材に「輪郭付け」説を提示し(阪倉篤義(一九五六・一一、一九五七・一〇))、竹岡氏が『源氏物語』を中心に「あなたなる世界」説を提示した(竹岡正夫(一九六三・一一、一九七〇・五))のも、『竹取物語』や『源氏物語』がソトの視点とウチの視点とがしばしば入れ替わって、そこに表現効果を見出しやすかったためであろうと、推定することができる(図表三)。

3　中古和文の表現類型②「経験表現」
—同質世界／異質世界による類型—

以上で見てきたのは、物語世界を表現世界とは異質の世界として表現しようとする、すなわち物語をフィクションとして描こうとする表現法の種々相であった。そこでは、たとえ自分のことを描く日記であっても、自己対象化の操作が行われ、多く冒頭部分には登場人物と語り手とが異なった人物である旨を記してフィクション化をはかっていた。ただし、このことは、必ずしも内容的に自己客観化が行われているということを意味するのではなく、あくまで表現上採用された方法の問題として論じているに過ぎない。

しかし他方、むしろ積極的に物語世界を表現世界と異質の世界として表現しようとする資料群がある。そこでは、話題として進行中の現在(物語時現在)であっても、表現時現在から見た過去の出来事である(表現時過去)としてキが用いられることになる。むしろこれが、常識的な〝過去〟にあたるものであり、会話文や消息文などに観察される時制表現である。ただ、表現時制過去の表現は、ある程度まとまった筋を描くのには適していなかったものと思われ、その場合、たとえ表現時制過去で始まっても、次第に相対時制過去／物語時制現在の表現に取って代わられる。たとえば、『枕草子』の日記的章段は、自分の直接経験談として表現時制過去のキで始められる段が多く見られるが、物語が展開し始めると、φおよびケリが用いられるようになる。

(9)　雨のうちはへ降るころ、けふも降るに、御使にて、式部の丞信経まゐりたりφ‖。例のごと褥さし出でたるを、つねよりも遠くおしやりてゐたれば、「誰が料ぞ」といへば、わらひて、「かかる雨にのぼり侍らば、足がたつきて、いとふびんにきたなくなり侍りなん」といへば、「など。せんぞく料にこそはならめ」といふを、「これは、御前にかしこう仰せらるるにあらずφ‖。信経が足がたのことを申さざらましかば、えのたまはざらまし」

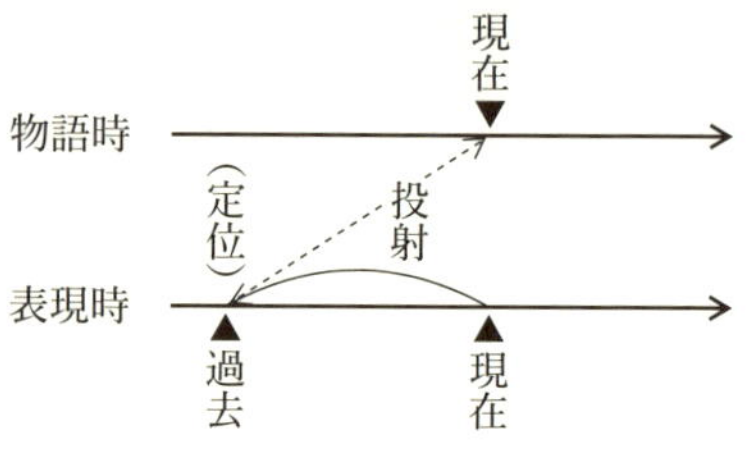

図表四　経験表現（表現時制過去）

と［いひしこそをかしかりしか。］

〈中略〉

作物所の別当するころ、【誰がもとにやりたりける】にかあらん、ものの絵やうやるとて、「これがやうに仕うまつるべし」と書きたる真名のやう、文字の、世に知らずあやしきを見つけて、そのかたはらに、「これがままに仕うまつらば、ことやうにこそあべけれ」とて、殿上にやりたれば、【人々とりて見て、いみじうわらひける】に、［おほきに腹立ちてこそにくみしか。］

『枕草子』第百三段　157〜159

このような物語世界と表現世界とを同質世界として描く場合は、表現時過去の出来事を物語時現在に投射して表現していると考えることができる。ただし、現実の過去の出来事を描く場合には、表現時制過去を必然的に採らざるをえないように思われがちだが、表現時制過去はあくまで表現手段なのであって、次に見るように、フィクションの場合にも、その内容を表現時過去に定位して、それを物語時現在に投射して描く場合も見られる（図表四）。

前節では日記は原則として語り表現を用いていると論じたが、『蜻蛉日記』の次の一節は、思わず語り手が表現時制過去を使ってしまった例であると了解できる。(4)

(10)　その泉川もわたりて、橋寺といふところにとまりぬφ。酉のときばかりにおりてやすみたれば、旅籠ところとおぼしきかたより、きりおほね、物のしるして、あへしらひて、まづいだしたりφ。［かゝる旅だちたるわざどもをしたりしこそ、あやしうわすれがたうをかしかりしか。］

『蜻蛉日記』上　164、165

そのような観点からすれば、物語の冒頭をキで始める（この点に関して諸本に異同はない）『落窪物語』も了解できる。確かに、通常の物語では、物語時現在を、ケリではなく、キで表現することは非常に稀である。しかし、物語表現というものは、固定的なものではなく、常にさまざまな方向からリアリティを模索して、新しい表現方法を探求していくものである。ここでも、あたかも表現時の過去における出来事であるかのように装うことによってリアリティを高めるために、冒頭にキが用いられたのであると考えられる。ただし、それ以降は基本的に物語は第2節で見た語り表現で展開していく。

(11)　［今は昔、中納言なる人の、御娘あまたもち給へるおはしき‖。］大君、中君には婿どりして、西の対、東の対に、花々として住ませ奉り給ふに、三四の君、裳着せ奉り給はんとて、かしづきそし給ふφ‖。

『落窪物語』巻一　冒頭　43

また、『今昔物語集』にも、若干ではあるが、冒頭がキで始まる話が確認できる。それらはいずれも、話の内容が『今昔物語集』採録時に近く、語り手が実際に経験したと比定できるものであるという[5]。しかしこれも、額面通り、現実の作者が直接見聞した内容であると考える必要はないであろう。むしろ、『今昔物語集』採録時に近い話題であることを利用して、直接見聞したという語り方を選ぶことによって、話のリアリティを高める手段とした、と考えるべきだろう。

(12)　a　今ハ昔、駿河前司橘季通ト云人有キ‖。　『今昔物語集』巻二十三・十六話　四・252

b　今ハ昔、丹後前司高階俊平朝臣ト云者有リキ‖。　同　巻二十四・二十二話　四・309

c　今ハ昔、児共摩《ナデ》行《アルキ》シ観硯聖人ト云者有キ‖。　同　巻二十六・十八話　四・463

d　今昔、傅大納言ト云フ人御シキ。名ヲバ道綱トナム云シ。家ハ一条ニナム有シ。　同　巻二十八・四十三話　五・126

e　今昔、右少弁藤原ノ師家ト云フ人有キ。　同　巻三十一・七話　五・259

以上のように、話題が発話時に対してそれ以前の出来事である（一般的には現実に起こった出来事と認識される）場合には、表現時過去としてキが用いられることになる。

さて次に、そのような観点から、日本における枠物語的構成を持つ歴史物語の嚆矢としての『大鏡』を見ていくと、そもそもの冒頭から、キが用いられていることが気にかかる。

(13)　先つ頃、雲林院の菩提講に詣でて侍りしかば、例の人よりはこよなう年老い、うたてげなる翁二人、嫗といきあひて、同じ所に居ぬめりφ。あはれに、同じやうなるもののさまかなと見はべりしに、これらうち笑ひ、見かはしていふやう、…　『大鏡』序　33

このことに関して、次の一節は、大宅世継・夏山繁樹たちが語っている枠部分においても、さらにそれを語る〝記者〟の発話が記述されているように、〝記者〟が組み込まれていることを明確に示すものである。そもそも、冒頭部分でも、ハベリのような会話文的敬語（一重の傍線で示す）や、「見（る）」のような語が、〝記者〟の存在を暗示していた。

(14)　また、世継「世継が思ふことこそ侍れ、便なきことなれど、明日とも知らぬ身にて侍れば、ただ申してむ。〈中略〉皇太后宮にいかで啓せしめむと思ひはべれど、その宮の辺の人に、え会ひはべらぬが口惜しさに、ここら集りたまへる中に、もしおはしましやすらむと思うたまへて、かつはかく申しはべるぞ。ゆく末にも、よくいひけるものかなと、思しあはすることも侍りなむ」といひし折こそ、記者「ここにあり」とて、さし出でまほしかりしか。

『大鏡』道長上　末尾　372

このことは、枠物語的構造を持った『大鏡』の実質的部分、すなわち歴代天皇や藤原氏たちの事跡は、大宅世継や夏山繁樹たちが実際に経験したことを語ったかのように、キ（およびハベリ・下二段タマフ）を主体とする会話表現が用いられている（勿論、物語の展開する部分はケリ／φの語り表現に移行する）が、大宅世継や夏山繁樹たちが登場する枠部分も、さらにその外側に存在する〝記者〟が実際に見聞きしたことを語っているかのようにキが（およびハベリ・下二段タマフ）を主体とする会話表現が用いられている、というように二重の相同的な構造から構成されていることを示している。

このように、現実の歴史を描き出すのに百歳を越える架空の人物を造形するのは、一見リアリティを高めるためには逆効果であるようにも思われるが、作者の意図としては、歴史的事実の証言者としての大宅世継や夏山繁樹たちを登場させ、その人物たちの会話の傍聴者としての〝記者〟（語り手に擬せられる）を登場させることによって、直接経験の連続としてのリアリティの増進を図ろうとしたものと忖度することができる。

4　中古和文の表現類型③「脱時制表現」

—時制表現の採用／不採用による類型—

時制表現の類型を尽くすとすれば、もう一つ、時制表現を用いない類型の存在を挙げなければならない。この場合、過去助動詞がないのであるから、あるいは物語時制現在の表現を採っている可能性もあるが、物語時制現在（φ）はテクスト上で相対時制過去（ケリ）としばしば交替して、視点のウチ／ソトの切り替えをするところに存在意義があった。しかるに、ほとんどケリが用いられないテクストは物語時制現在の表現であるとは言いがたい。そのような場合は、むしろ表現時現在との時間的な関係付けを放棄した「脱時制表現」であると考えたい。

脱時制表現を用いる動機はさまざま考えられうる。第一に、当該の物語が漢籍や仏典を出典とするような場合に、出典の漢文が時制表現をほとんど用いないのに牽かれて、日本語に翻されても脱時制表現を用いた、という事情が考えられる(6)。そのような成立事情を持つ作品としては、説話、中でも『今昔物語集』で言えば天竺・震旦篇がおおよそそれにあたる。

(15) 今昔、震旦ノ斉ノ代ニ僧有リφ‖、名ヲ曇鸞ト云フφ‖。其ノ人、震旦ノ仙経十巻ヲ伝ヘ得テ、此レヲ見テ、「長生不死ノ法、此ニ過タルハ非ジ」ト深ク思テ、閑ナル所ニ隠レ居テ、専ニ仙術ヲ学スφ‖。
其後、曇鸞、三蔵菩薩ニ値テ問テ云ク、「仏法ノ中ニ、長生不死ノ法ノ、此ノ土ノ仙経ニ勝レタル、有ヤ否ヤ」ト。三蔵驚テ宣ク、「此ノ土ニ、何ノ所ニカ長生不死ノ法有ラム。縦ヒ、命ヲ延ブル事ヲ得タリト云フトモ、遂ニ年尽ム事疑ヒ无シ」ト宣テ、観無量寿経ヲ以テ曇鸞ニ授テ宣ハク、「此ノ大仙ノ法ヲ修行スレバ、永ク生死ヲ離レテ解脱ヲ得ル也」。

曇鸞、此レヲ聞テ悔ヒ悲テ、忽ニ火ヲ以テ仙経ヲ焼ツφ‖。其ノ後、自ラ命終ラム事ヲ知テ、香炉ヲ取テ西方ニ向テ仏ヲ念ジ奉テ命終ヌφ‖。

其ノ時ニ空中ニ音楽有テ、西ヨリ来テ須臾ニ還ヌφ‖。世ノ人此レヲ聞テ語リ伝ヘタルトヤ。

『今昔物語集』巻六・四十三話　二・112

第二に、時空を持たない抽象的話題、あるいは時空を持つには持っても一回的な特定の出来事でないような場合には、話題内容を表現時現在と時間的に関係付けることはできない。このような表現を用いている作品としては、たとえば『枕草子』の随想的章段・類聚的章段や、歌論などが挙げられる。次の『枕草子』の一節は、年中行事を列挙しているが、特定の一回的出来事としてではなく、毎年反復される出来事として表現されているために脱時制表現が用いられていると考えられる。

(16)　三月。三日はうら〳〵とのどかにてりたるφ‖。
　梅の花のいま咲はじむるφ‖。柳などをかしきこそさらなれ、それもまだまゆにこもりたるはをかしφ‖。ひろごりたるはにくしφ‖。花もちりたる後はうたてぞ見ゆるφ‖。

　『枕草子』第三段　6

このように、動機はさまざまありうるだろうが、時制表現を用いない表現類型というものも、時制表現のヴァリエーションの中に位置付けておく必要があるだろう。

おわりに

中古和文(説話の和漢混淆文も含む)の表現を、時制という観点から類型化すると、第一に視点のウチ／ソトに応じて物語時現在をφ／ケリで表現し分ける語り表現、第二に物語時現在の出来事も表現時過去に位置付けてキで表現する経験表現、第三に物語世界の出来事を特に表現時との関わりで述べようとしないためにφを用いる脱時制表現に分けられる[7]。以上の表現は、実は次のような階層をなすと考えられる(図表五)。

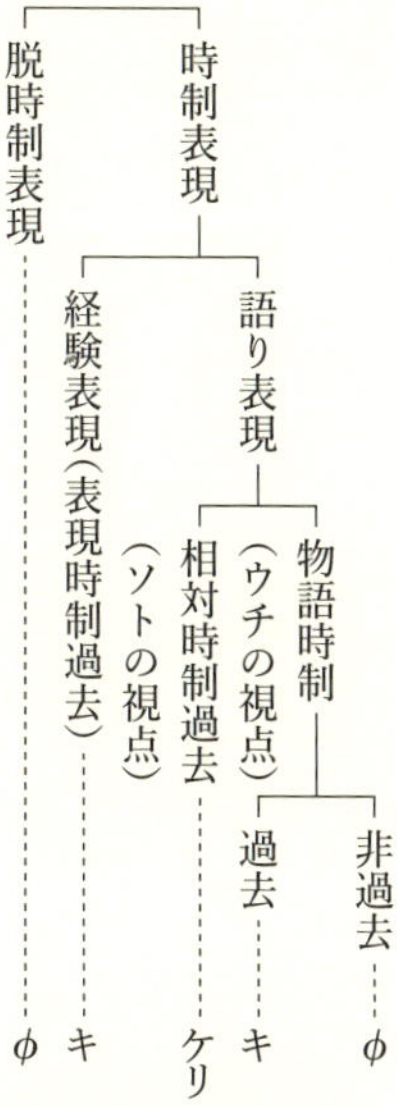

図表五　時制表現の階層

さらに、第一の語り表現はウチ／ソト表現の分布のしかたの相違によってさらにある広がりを持つ。そして、その使い分けの動機にはさまざまな側面があるが、作者が意図的に語り方を選べる場合には、リアリティを高めるさまざまな工夫として了解できるのではないだろうか。ただし、本章の議論は散文に限った議論であり、韻文は、散文とは若干異なった分布を示すように思われるが、その点はまた改めて論じることにしたい。

注

（1）歌物語の和歌の位置付けについては、藤井貞和（二〇〇一・三）に従う。

（2）福永進（一九八五・七）の、『栄花物語』の表現に関する以下の指摘は、物語時制現在の表現が顕著であることと受け取れる。「作者が時間軸にそって叙述の立脚点を平行移動させ、事象現在に叙述の立脚点を設定し、事象現在で事象と対面、没入することによって、叙述が行われていくのだといえよう。「今」という時間が時間軸に次々と刻み込まれ、個々一回的に諸事象の叙述がなされていく、そういう歴史叙述のありさまが想定されてくるのである。」

（3）小峯和明（一九八五・一二）では、『今昔物語集』に顕著な伝聞形式について、「執拗に反復される伝聞の型は、今昔物語集が伝承をなかだちとして物語世界との距離を保とうとする意図の現われにほかなるまい。」と論じるが、本論では、さらにそれを通して物語のリアリティを高めることが意図されていたと考えたい。

（4）『蜻蛉日記』の地の文に表現時制現在のキが若干混入していることは、加藤浩司（一九九八・一〇）に指摘がある。

（5）寺本正彦（一九八七・三）の調査・分析による。

（6）ここで、脱時制表現の場合にも、天竺や震旦の話を語り手の存在する世界を超越した時空の出来事であると位置付けようとする語り手の意図を読み取ることができるかもしれない。また、キ・ケリが用いられていない物語にも、ヌ・ツ・タリ・リは出現するが、完了系の形式は、事態の継時的な位置付けに関わって、筋の展開には不可欠なもので、物語世界と表現世界との関係を表わす過去系の形式とは機能が異なるものと思われる。

（7）本章で提示した語り方の三類型は、訓点資料や『今昔物語集』に代表される説話に限った議論ではあるが、概略としては、大坪併治(一九七七・一二)および、大坪併治・野田美津子(一九七八・三)で提示された三類型に対応する。

思ふに、平安末期から、院政期にかけて、説話を叙述するのに三種の形式が存在し、そのいづれを選ぶかは、各領域における伝統や出典の影響による他、説話の語手や書手の、説話に対する態度の相違によることもあつたのではあるまいか。つまり、説話を過去にあつた出来事としてそのまま叙述する場合にはキを用ゐるが、これに語手や書手の情意を加へて叙述する場合にはケリを用ゐる。そして、原形は、説話から「過去」といふ「時」を捨象して、いはば超時間的な形で、出来事だけを叙述しようとする場合に用ゐたと、見ることはできないであらうか。

大坪併治・野田美津子(一九七八・三)

第四章　連体ナリと過去助動詞

はじめに

キとケリとの相違、および連体ナリと終止ナリとは別の語か、別の語ならどう異なるかという問題については、何度かの論争もあり、すでに多くの論攷が公にされている。本章では、それらを踏まえつつ、キ・ケリと連体ナリとの交渉、特に相互承接に焦点を当て、両者に一貫した体系を浮かび上がらせてみたい。

上＼下		Ⅰ φ	Ⅱ ケル	Ⅲ キ
a	φ	φ-ナリ-φ	φ-ナリ-ケリ	φ-ナリ-キ
b	ケリ	ケル-ナリ-φ	ケル-ナリ-φ	ケル-ナリ-キ
c	キ	シ-ナリ-φ	シ-ナリ-ケリ	シ-ナリ-キ

図表一　キ・ケリと連体ナリとの可能な承接形

1　キ・ケリと連体ナリとの相互承接

中古和文資料を見渡すと、連体ナリはその上下にキ・ケリを承接しうるように見える。そこでその用法を実際

III			II			I			助動詞型／作品名
c	b	a	c	b	a	c	b	a	
シ-ナリ-キ	ケル-ナリ-キ	φ-ナリ-キ	シ-ナリ-ケリ	ケル-ナリ-ケリ	φ-ナリ-ケリ	シ-ナリ-φ	ケル-ナリ-φ	φ-ナリ-φ	
0	0	0	0	0	0	0	0	1	記紀歌謡
0	0	0	0	0	0	0	0	0	仏足石歌
0	0	0	0	0	0	0	0	58	万葉集
0	0	0	0	0	0	0	0	2	歌経標式
0	0	0	0	0	0	0	0	1	続日本紀宣命
0	0	0	0	0	0	0	0	1	琴歌譜
0	0	0	0	1	4	0	0	28	竹取物語
0	0	0	0	0	5	0	0	15	伊勢物語
0	0	0	0	0	6	0	0	28	古今和歌集
0	0	0	0	0	3	0	1	19	土佐日記
0	0	1	0	1	22	4	3	127	落窪物語
0	0	0	1	1	8	1	0	110	蜻蛉日記
0	0	0	0	0	6	0	0	21	大和物語
0	0	20	1	1	25	18	4	678	宇津保物語
0	0	0	0	0	13	5	7	150	枕草子
0	0	5	2	4	121	14	17	603	源氏物語
0	0	0	0	0	1	0	1	10	源氏物語絵詞
0	0	0	0	0	2	2	0	34	更級日記
0	0	0	0	0	7	0	1	61	堤中納言物語
0	0	26	4	8	223	44	34	1947	合計

図表二　上代・中古におけるキ・ケリと連体ナリとの承接形の出現数

に調査する前に、そのすべての可能な場合を尽くすと、図表一のようになる。

以上の場合について、上代・中古和文資料における出現状況を調査した。その結果は、図表二の通り。ただし、1．まずは、終止ナリも、分離困難なので含めておく。2．断定助動詞ナリの連用形ニは除いておく。3．図表二に限り、キ・ケリ以外の助動詞は無視する。

図表二の調査結果を分析してみたい。

第一に、夙に指摘のあることだが、上代にはⅠaのφ−ナリ−φの形しかなく、さらにそのφ−ナリ−φの例は、キ・ケリ以外の助動詞とも承接せず、すべて用言の終止形に承接しており、しかも、必ず終止用法である。これらのことから、上代には終止ナリしかなく、まだ連体ナリは発生していなかったと考えられる。そこで、以後は中古に関して議論を進める。

中古に関して、まず、図表二のⅢaのφ−ナリ−キの例を解釈すると、すべて終止ナリの意味に解釈される（言うまでもないと思うが、名詞など＋ナリ−キはすべて断定助動詞ナリであるが、今議論しているのは用言終止形ないし連体形＋ナリ−キである）。解釈されるだけでなく、形態的にも終止ナリであることを示すア−ナリ−キ・ザ−ナリ−キ・ス−ナリ−キも現われ（(1)a・b・c）、また、Ⅲb・cのケル−ナリ−キ・シ−ナリ−キがないことも、終止ナリは過去助動詞を上接しないと一般に言われていることと一致し、Ⅲ段には終止ナリしか現われないという結果を支持する。逆に言えば、連体ナリはキを下接しない。すなわち、連体ナリはⅠ・Ⅱ段にしか現われない。

(1) a　これやこの腹立つ大納言のなりけんと見ゆれ。かたへはひが言にもやありけん。かやうに、ことなるをかしきふしもなくのみぞあなりし。　『源氏物語』宿木　五・472

b　君、「さねたゞのあそんのためには。『きゝにくき事いふ』とて、もとより、ようもしたてまつらざなりき。…」　『宇津保物語』国譲上　690

c	b	a	上＼下	
キ	ケリ	φ		
		終止	φ	I
連	体		ケリ	II
ナ	シ	終止	キ	III

図表三　連体ナリと終止ナリとの分布

ケル-ナ-ナリ	ケル-ナル-ベシ	ケル-ナラ-ム	ケル-ナ-メリ	ケル-ナリ-ケリ	ケル-ナリ-φ	助動詞型／作品名
0	0	0	0	1	0	竹取物語
0	0	0	0	0	0	伊勢物語
0	0	0	0	0	0	古今和歌集
0	0	0	0	0	1	土佐日記
0	0	0	3	1	0	落窪物語
0	0	0	0	1	0	蜻蛉日記
0	0	0	0	0	0	大和物語
0	0	1	0	1	3	宇津保物語
1	1	2	2	0	1	枕草子
1	5	1	8	4	2	源氏物語
0	0	1	0	0	0	源氏物語絵詞
0	0	0	0	0	0	更級日記
0	0	0	1	0	0	堤中納言物語
2	6	5	14	8	7	合計

図表四　中古におけるケル-ナリ-xの出現数

c　中納言「…よるひるいりゐ給へれば、宮人らは、うへのもしものも、わび事をこそすなりしか。…」　同　国譲中　766

また、I・II段においても、終止ナリは過去助動詞を上接しないのであるから、a列にしか現われないのであるが、さらにケリの下接したIIaのφ-ナリ-ケリはすべて連体ナリであり、終止ナリの用例は見あたらない。以上で連体ナリと終止ナリとの分布が明らかとなったので、図表三に示す。

次に、以上で求められた連体ナリの出現範囲の中での連体ナリの用法の差異について、論を進めることにしたい。

連体ナリは、下にはケリのみしか承接しないことは明らかとなったが、上接するキ・ケリの差異はいまだ明らかではない。そこで、b列とc列、すなわちケル-ナリ-xとシ-ナリ-xとの用例を、キ・ケリ以外の助動詞も含めて、下接する助動詞に関して再分類したものが、図表四・五である。

図表四・五によると、ケル-ナリ-xはケル-ナリ以下

に助動詞を承接しない例は少なく、多くはさらに過去・推量助動詞を下接するのに対して、シ-ナリ-xはシ-ナリ以下に助動詞を承接しない例が圧倒的に多い。ケル-ナリ以下に助動詞を承接しない例をさらに検討すると、異文を持つなどの不確実性のある例、条件節になる例などが含まれ、助動詞を下接しないケル-ナリ-φは特殊な形であったと考えられる。ここで、ケル-ナ-メリ・ケル-ナラ-ム・ケル-ナル-ベシなどの中の連体ナリを、形態上、直接には承接しえない助動詞相互を、〝つなぎ〟として、承接させる形態的な機能のみを持つと解釈することもできる。しかし、その場合も、他の連体ナリと同様、終止用法のみしかないことなど、意味的機能も担っていると考えられる例があるので、この解釈は採らない。

以上、連体ナリにはケリのみ下接しキは下接しない、キは過去・推量助動詞を下接していないナリ-φに上接する傾向があるのに対し、ケリは何らかの過去・推量助動詞を下接したナリ-xに上接する傾向がある、という結果を得た。

作品名＼助動詞型	シ-ナリ-φ	シ-ナリ-ケリ	シ-ナ-メリ	シ-ナラ-ム
竹取物語	0	0	0	0
伊勢物語	0	0	0	0
古今和歌集	0	0	0	0
土佐日記	0	0	0	0
落窪物語	4	0	0	0
蜻蛉日記	1	1	0	0
大和物語	0	0	0	0
宇津保物語	16	1	2	0
枕草子	4	0	0	1
源氏物語	14	2	0	0
源氏物語絵詞	0	0	0	0
更級日記	2	0	0	0
堤中納言物語	0	0	0	0
合計	41	4	2	1

図表五　中古におけるシ-ナリ-xの出現数

2　階層的陳述論による理論的説明

以上見てきたような結果を、理論的にどのように説明することができるだろうか。まず思いつくのが、陳述論的に、客観―主観というスケール上で、あるいは階層的モダリティ論的に、命題―モダリティのスケール上で、キを客観あるいは命題側に、ケリを主観あるいはモダリティ側に位置付けることができるのではないか、ということである。

種＼類	甲種	乙種
第1類	だ	せる(させる) れる(られる) たい そうだ
第2類		ない た
第3類		う(よう) まい

図表六　渡辺実『国語構文論』における助動詞の分類

　ここで思い合わされるのが、渡辺実『国語構文論』(一九七一・九)において、相互承接する助動詞群が、相対的に客観的なもの(「叙述」)である第1類、相対的に主観的なもの(「陳述」)である第3類および、その両側面を持つ中間にある第2類に分類されたことである。ここで過去(完了)のタはそのうち第2類に配属されている。このことは、過去助動詞は客観―主観、あるいは命題―モダリティの境界に位置付けられるということを意味しているのであろう(図表六)。

　また、もう一つ、三上章『現代語法序説』(一九五三・六)の中で、タがノダと承接する場合、上に承接するか、下に承接するかで働きが異なると論じている。タ-ノダのようにノダの上に承接したタは「単純時」の過去であるが、ノダッ-タのようにノダの下に承接したタは「反省時」の過去であるという。

　これを参考に、ノダとの承接のテストを助動詞全体に及ぼしてみると、先ほどの第1類はノダの上にしか承接せず、第3類はノダの下にしか承接しない。そして、ノダの上にも下にも承接するのは第2類である。

ナ-ノダ
(サ)セル-ノダ
(ラ)レル-ノダ
タイ-ノダ

ソウナ–ノダ
ナイ–ノダ　ノデ（ハ）–ナイ
ター–ノダ　ノダッ–タ
ノダロ–ウ（ノ–ダロウ）

このように、ノダは、助動詞が第1類から第3類までのどこに位置するかを検証するテスターとして用いることができる。そして、現代語のノダにあたるものは、古典語では連体ナリである。連体ナリは古典語の各助動詞が客観―主観スケール、ないし命題―モダリティスケール上のどこに位置しているかを確認するテスターとして有効であることが期待される。

実際、北原保雄『日本語助動詞の研究』（一九八一・一一）では、そのような議論が展開されており、図表三に見たように、連体ナリの上にはキ・ケリともに承接するが、連体ナリの下にはケリだけが承接し、キが承接することはないという事実を確認し、キは客観側ないし命題側、ケリは主観側ないしモダリティ側であると結論付けられている。

確かに、現代語ではタという形態一つしかないために、客観側ないし命題側で働いているのか、主観側ないしモダリティ側で働いているのか、ノダのようなテスターとの相互承接がなければ区別が難しい。しかし理論的には、客観側ないし命題側で働いているものと、主観側ないしモダリティ側で働いているものとの区別が普遍的に存在するのであれば、その両者に異なった形態が充てられても不思議ではない。古典語では、前者にキが、後者にケリが充てられると考えることは、自然な議論の流れである。

たとえば、和歌でキとケリとが共起する時、ほとんどキがケリの上にある。

(2) a　み立たしの島の荒磯《ありそ》を今見れば生ひざりし草生ひにけるかも(不生有之草生尓来鴨)　『万葉集』巻二　一八一

b　今日降りし(今日零之)雪に競《きほ》ひて我がやどの冬木の梅は花咲きにけり(花開二家里)　同　巻八　一六四九

このような事実も、キが客観側ないし命題側で働き、ケリが主観側ないしモダリティ側で働いていることを支持しているように思われる。

ところで、いかにもこれで綺麗に問題が片付いたかのように見えるが、果たしてそうだろうか。連体ナリとの相互承接でも、キが連体ナリに下接しないことは、キが客観側、命題側にある根拠とされたが、ケリは連体ナリの上にも下にも承接することができた。このことは理論的説明をするにあたって、不当に軽視されていた。また、図表四、五に見たような、ケル－ナリはさらにその下にケリや推量助動詞が承接することが多いのに対し、シ－ナリはむしろそれ以上助動詞が承接しないことが多いことを見た。これらの事実はどのように説明することができるだろうか。さらに究明を進めるためには、単に数量のみを見ていたのでは埒が明かない。次に、キ・ケリおよび連体ナリが、どのような意味機能で用いられているかを検討してみたい。

3　キ・ケリと連体ナリとの意味機能

まず、各段をタテに比較した時に、Ⅰ段の中でもさらに推量助動詞も下接しない連体ナリと、残りの推量助動詞を下接する連体ナリおよびⅡ段のケリを下接する連体ナリとでは、後者が会話文と地の文とに偏りなく出現するのに対し、前者は会話文に集中するのに気付く。

(3) a　常陸の介出で来たり。「などいと久しく見えざりつる」と言へば、「何かは。いと心憂き事の侍りしかば」と言ふ。「何事ぞ」と問ふに、「なほかく思ひはべりしなり」とて、ながやかによみ出づ。

『枕草子』第九十一段　191

b　(命婦は源氏の来訪を知り)今しも驚き顔に、命婦「いとかたはらいたきわざかな。しかじかこそおはしたなれ。常にかう恨みきこえたまふを、心にかなはぬよしをのみ、いなびきこえはべれば、源氏『みづから(末摘花に)ことわりも聞こえ知らせむ』とのたまひわたるなり。…」
『源氏物語』末摘花　一・354

c　左近少将「…されど、さびしう事うちあはぬみやび好める人のはてはては、ものきよくもなく、人に人ともおぼえたらぬを見れば、すこし人に譏らるとも、なだらかにて世の中を過ぐさむことを願ふなり。…」とのたまふ。
同　東屋　六・19

d　時方「いと恐ろしく占ひたる物忌により、京の内をさへ避りてつつしむなり。外の人寄すな」と言ひたり。
同　浮舟　六・145

けれども、助動詞を下接しない連体ナリの中にも、地の文に現われるものが若干存在する。それらは、準体句を主語とする時は必ず格助詞ガを伴う。また、準体句を主語としても、連体ナリで結ばれない時には格助詞ガは伴わない(たとえば、(4)の破線部のように)。

(4)　ねずもちの木、人なみなみになるべきさまにもあらねど、葉のいみじうこまかに小さきが、をかしきなり。棟《あふち》の木。山橘。山梨の木。椎の木は、常磐にいづれもあるを、それしも、葉がへせぬためしに言はれたるもをかし。
『枕草子』第四十七段　132

このことは、中古において、ガが主格格助詞となっても連体格助詞的性格を持っていたことと考え合わせると、

上＼下		a	b	c
		φ	ケリ	キ
I	φ	主に会話文	ナシ	主に会話文
I	ベシ・ムなど	推量 ↕	原因理由説明	
II	ケリ	事実	原因理由説明	

図表七　連体ナリの機能分担

この文は一種の名詞述語文であると考えることができる。すなわち、［［［葉のいみじうこまかに小さき］が、をかしき］なり］のように、主語「葉のいみじうこまかに小さき」は準体の述語「をかしき」で結ばれていると考えるべきなのだろう。現代語の「PノハQノダ」に近いようにも思われるが、現代語の場合「［Pノ］ハ［Qノ］ダ」のように、主語、述語がそれぞれ独立した節を構成する点が異なる。

次に、Ⅰ段の中でも、推量助動詞の下接する連体ナリと、Ⅱ段のケリの下接する連体ナリとは、確定条件節を承けるものがあるなど、相似た面がある。(5)a・bは確定条件節を承ける例で、(6)a・bは、因果関係を主述構文で表わす例である。

(5) a　かく騒がるらんとも知らで、冠者の君(夕霧が大宮邸に)参りたまへり。一夜も人目しげうて、思ふことをもえ聞こえずなりにしかば、常よりもあはれにおぼえたまひければ、夕つ方おはしたるなるべし。　『源氏物語』少女　三・41

b　こなたの廊の中の壺前栽のいとをかしう色々に咲き乱れたるに、遣水のわたり石高きほどいとをかしければ、(浮舟は)端近く添ひ臥してながむるなりけり。　同　東屋　六・54

(6) a　右近の司の宿直奏《とのゐまうし》の声聞こゆるは、丑になりぬるなるべし。　同　桐壺　一・112

b　まして、容貌ありや、をかしやなど、若き御達(女房たち)の消えかへり心移す中少将(柏木と弁少将)、何くれの殿上人やうの人は、何にもあらず消えわたれるは、(冷泉帝が)さらにたぐひなうおはしますなりけり。

同　行幸　三・283

これらはともに、原因・理由あるいは説明を表わしていると考えられる。ここに用いられたケリとベシなど推量助動詞との対立は、事実と推量との対立であると考えられる。

以上の機能分担をまとめて図表七に示す。このように、連体ナリには種々の機能があると考えられる。

4　再び理論的説明

ここで再度、理論的説明を試みたい。今度は、第一、二、三章で提示した、キは物語時過去（あるいは表現時過去）、ケリは相対時過去という考え方で連体ナリとキ・ケリの相互承接に関わる諸現象に関して検討を加えてみたい。

まず、ナリ-φが会話文に集中するのに対して、ナリ-ケリ（あるいはナル-ベシ、ナラ-ムなど）が、主に地の文に用いられることがどのように説明できるだろうか。

地の文では、フィクションである物語世界は、語り手の存在する表現世界とは次元を異にする（異質世界）。そこで、語り手が表現世界に視点を置く、すなわちソトの視点で語る場合には、物語世界の時間である物語時と表現世界の時間である表現時とを結び付けるためにケリが用いられた。さらに、語り手が物語世界のものごとに対して説明、特に原因・理由に関して説明を加えるために連体ナリを用いる場合にも、ソトの視点に立つことになる。そこにナリ-ケリという形が用いられる契機がある（(5)b、(6)b）。ただし、原因・理由の説明を事実として提示するのでなく、語り手または登場人物の推量として提示する場合にはナル-ベシ、ナラ-ムなどが用いられることになる（(5)a、(6)a）。

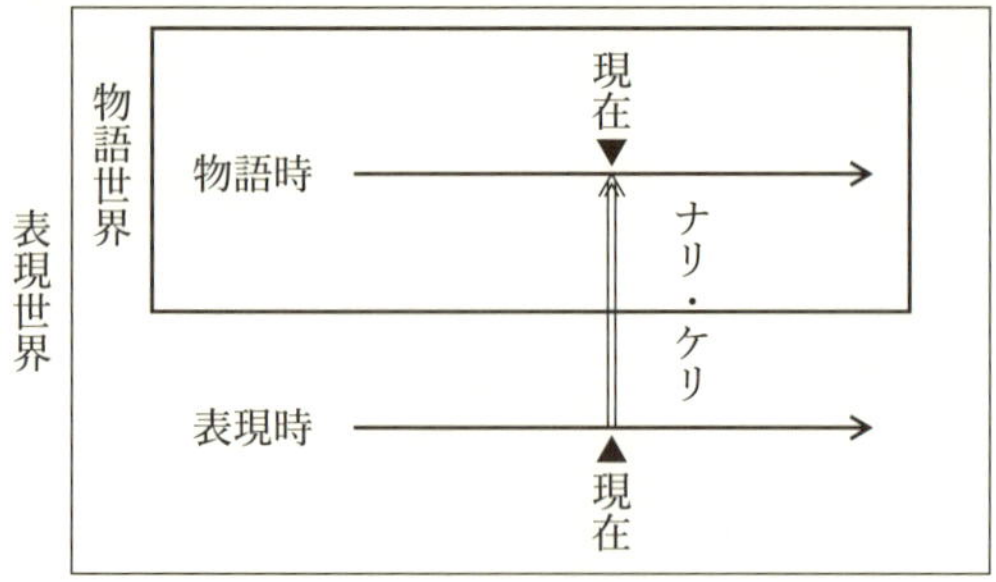

図表八　地の文における連体ナリの機能

なお、会話文でナリ‐ケリあるいはナル‐ベシ、ナラ‐ムなどが用いられる場合も、登場人物が物語世界の出来事を一歩退いた視点で説明するものと考えれば、これに準じて解釈することができる(図表八)。

それに対して、会話文は当該の会話を発する登場人物が話題にする内容は、物語世界と同一世界に属することであることが多い(同質世界)。その点、現実に行われる日常の会話文と同じことである。要するに、登場人物は身の回りのことを話題にすることが多い。その場合に、登場人物は、話題内容とあえて距離をおくケリを用いることなく、φで語ることになるだろう。会話文中での連体ナリの機能は、現代語のノダの機能もまだ充分に解明されていない現状では、あまり強い主張はできないが、(3)a〜dの連体ナリもおよそノダで訳すことができる。ケリも連体ナリも語り手(登場人物)が何らかの意味でコメントを差し挟む、あるいは説明するような個所に用いられるという点で共通性を持つ(だからこそ、ナリ‐ケリという複合した形をしばしば目にする)のであるが、ケリが身を一歩引いてソトの視点からコメントするのに対して、連体ナリは同じ世界の中で、他者ないし自分の行為や発話などに対してコメントする場合にも用いることができる、ということなのであろう。勿論、会話文中で、登場人物がその場から一歩身を引いて、ナリ‐ケリでコメントを加えることも自由である。要は、フィクションとしての物語(すなわち異質世界)を語る語り手が、表現世界からコメントを差し挟む場合には、常にケリを用いなければならない、ということである(図表九)。

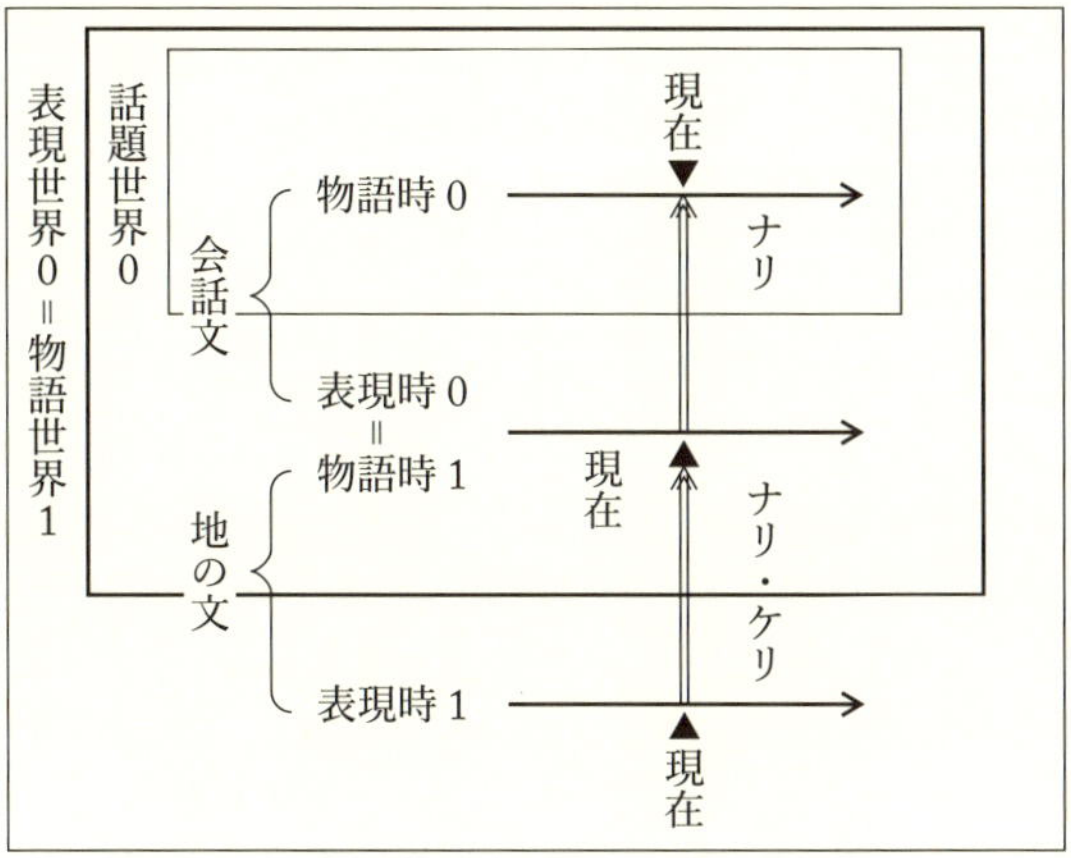

図表九　会話文における連体ナリの機能

もう一つ、連体ナリの上に承接するケリについて考察しなければならない。すなわち、連体ナリの上に承接するケリと下に承接するケリとは同じものか、違うものか。あるいはケル-ナリとナリ-ケリとは同じなのか、違うのだろうか。

　ここで、現代語のノダとタとの承接から考えてみたい。三上章(一九五三・六)では、ノダに下接するタは「反省時」の過去と呼び、ノダに上接する「単純時」の過去と区別した。必ずしも、「反省時」の過去と相対時過去、「単純時」の過去と物語時過去とがそれぞれ一致するわけではないだろうが、(7)に見るように、ノダのない第一文(「御者台に帰つた。」)のタが物語の展開中の現在、すなわち相対時過去を表わしているのと同じく、ノダの上下に承接するそれ以降のタも相対時過去を表わしているようである(第二文「遠慮してゐたのだが」は、「先ほどまでは~」ということであれば、物語時過去かもしれない)。すなわち、相対時過去のタがノダに上接することは現代語でも見られることのようである。相対時過去のタを伴った事態を、語り手のコメントとしてさらにノダを伴って提示するということは不自然なことではないだろう。

(7)　勘三は舌打ちして御者台に帰つた。ついぞ見慣れない高貴に美しい少女は海岸の別荘にでも来てゐるのだらうと思つて勘三は少し遠慮してゐたのだが、三度も飛び下りてもつかまらないから腹が立つたのだ。もう一里もこの少女は馬車にぶら下がつて来てゐるのだつた。それがいまいましいばかりに勘三は大変愛する馬を鞭打つてさへ走つたのだつた。　川端康成『夏の靴』

中古語でも同様に、連体ナリに相対時過去のケリが上接することは不思議ではないだろう。中でも、ケル－ナリ－ケリと、ケリが連体ナリの上下に重なった(8)a～cのような場合は気に懸かるが、このような例でも、連体ナリに上接するケリは、ケリ単独で用いられるものと同じく、語り手がソトの視点から語る相対時過去を表わし、下接するケリは連体ナリと重なったナリ－ケリの形で、理由を事実として説明をする(8)aは、帝から多くの下され物があった理由、(8)b・cは、「PだからQのだ」と理由節を伴った形で、中の君のことをいとしく思っているから、六の君の許へこっそり通うのだ(8)b)、浮舟が一番年かさなのが不憫なので、左近少将への縁談に最初に紹介したのだ(8)c)という働きをしているものと思われる。このように、用法は異なるとはいうものの、いずれも相対時過去であるとは言えそうである。

(8)a　六条院より、御酒、御くだものなど奉らせたまへり。(源氏が)今日仕うまつりたまふべく、かねて(帝の)御気色ありけれど、御物忌のよしを奏せさせたまへりけるなりけり。　『源氏物語』行幸　三・285

b　宮(匂宮)は、なかなか今なん(六の君に通うことを中の君に)とも見えじ、心苦し、と思して、内裏におはしけるを、御文聞こえたまへりける、御返りやいかがありけん、なほいとあはれに思されければ、忍びて渡り

たまへりけるなりけり。　　同　宿木　五・391

c　仲人「何か。北の方(中将の君)も、かの姫君(浮舟)をばいとやむごとなきものに思ひかしづきたてまつりたまふなり。ただ、中のこのかみにて、年もおとなびたまふを心苦しきことに思ひて、そなたにとおもむけて申されけるなりけり」と聞こゆ。　　同　東屋　六・26

このことを敷衍するために、ケル–ナル–ベシとφ–ナル–ベシとを比較してみたい。まずケル–ナル–ベシが用いられている(9)a～cは、賤しい男たちが目を覚まして何事か言い交わす声が聞こえるのは、夜明けが近くなったからであろう((9)a)と推量し、とりとめもないことを返事に書いたのは、心が取り乱していたからであろう((9)b)と推量し、匂宮を深く慕っていたので、浮舟は乱心して入水したのだろう((9)c)と推量している。すなわち、根拠と結論とが逆転することはあっても、根拠と結論とはいずれも事実内容である。すなわち、(9)a・bは、「[事実内容]結論―根拠[事実内容]ケル–ナル–ベシ」という構造で、「～のは～からであろう」と訳すことができ、(9)cは、「[事実内容]根拠―結論[事実内容]ケル–ナル–ベシ」という構造で、「～から～のだろう」と訳すことができる。しかしいずれにせよ、ケル–ナル–ベシが下接する命題は事実内容を表わしている点では共通している。根拠も結論も事実内容であるとすると、ベシが表わす推量は何を〝推量〟しているのだろうか。それは、二つの事実内容の間の因果関係であると考えられる。再び(9)aに戻れば、夜明けが近くなったという事実内容と、賤しい男たちが目を覚まして何事か言い交わしているという事実内容との間に、原因―結果という因果関係があると推量していることになる((9)b・cも同様)。

(9)a　八月一五日夜、隈なき月影、隙多かる板屋残りなく漏り来て、見ならひたまはぬ住まひのさまもめづらしきに、暁近くなりにけるなるべし、隣の家々、あやしき賤の男の声々、目覚まして、「…」など、言ひかは

すも聞こゆ。　同　夕顔　一・229

b　御返りは、命婦「さらに聞こえさせやりはべらず。(東宮の)御前には啓しはべりぬ。(源氏が)心細げに思しめしたる御気色もいみじくなむ」と、そこはかとなく、心の乱れけるなるべし。　同　須磨　二・175

c　侍従「…この(匂宮の)御ことをば、(浮舟は)人知れぬさまにのみ、かたじけなくあはれと思ひきこえさせたまへりしに、御心乱れけるなるべし。…」と、さすがにまほならずほのめかす。　同　蜻蛉　六・197

それに対して、φ‐ナル‐ベシが用いられている(10)a〜cは、源氏が朧月夜のことをあれこれ思うのは、朧月夜に心が傾いているからなのだろう(10)a)と推量し、源氏が夜が明けるのを早く感じるのは、明石の姫君への思いが深くなっているからなのだろう(10)b)と推量し、大内記は薫近く仕える家司の婿だから、秘密にしていることも耳にするのだろう(10)c)と推量している。すなわち、(10)a・bは、「[事実内容]結論—根拠[推論内容]φ‐ナル‐ベシ」という構造で、「〜のは〜からであろう」と訳すことができ、(10)cは、「[事実内容]根拠—結論[推論内容]φ‐ナル‐ベシ」という構造で、「〜から〜のだろう」と訳すことができる。いずれにせよ、φ‐ナル‐ベシが下接する命題は推論内容を表わしている点で共通している。こちらも、(10)aに戻ると、朧月夜に心が傾いているかどうかは直接知りうることではない。そこで源氏が朧月夜のことをあれこれ思っているという事実内容を根拠として、朧月夜に心が傾いていると推論しているのである((10)b・cも同様)。

(10)　a　源氏「…(朧月夜は)さて絶えなむとは思はぬ気色なりつるを、いかなれば、言通はすべきさまを教へずなりぬらん」など、よろづに思ふも、心のとまるなるべし。　同　花宴　一・429

b　(源氏は明石の姫君との)かうあながちなりける契りを思すにも、浅からずあはれなり。御心ざしの近まさりするなるべし、常は厭はしき夜の長さも、とく明けぬる心地すれば、人に知られじと思すも、心あわたた

しうて、こまかに語らひおきて出でたまひぬ。　同　明石　二・247

c　この人(大内記)は、かの殿(薫)にいと睦ましく仕うまつる家司の婿になむありければ、隠したまふことも聞くなるべし。　同　浮舟　六・107

すなわち、ナル‐ベシにケリが上接するかしないかによって、命題が事実内容であるか、推論内容(非事実内容)であるかという区別が生じていることがわかる。このことは、連体ナリに上接するケリは、相対時過去という形で物語世界での事実内容を表わすという実質的な働きを担っていることを意味している。つまり、相対時過去という形で物語世界に位置付けられるということは、物語世界の中での事実内容でなければならない。

それに対して、連体ナリに下接するのがケリか、ム・ラム・ベシなどの推量助動詞であるかの違いは、語り手がその根拠―結論という関係を、疑いようのない事実であると認めているのか、そのような関係があるとその場で推量するのか、という違いであった。さらにナリ‐ケリとケリが用いられることは、その根拠―結論関係全体が、そのまま物語世界に属している事実内容であると認めることでもある。

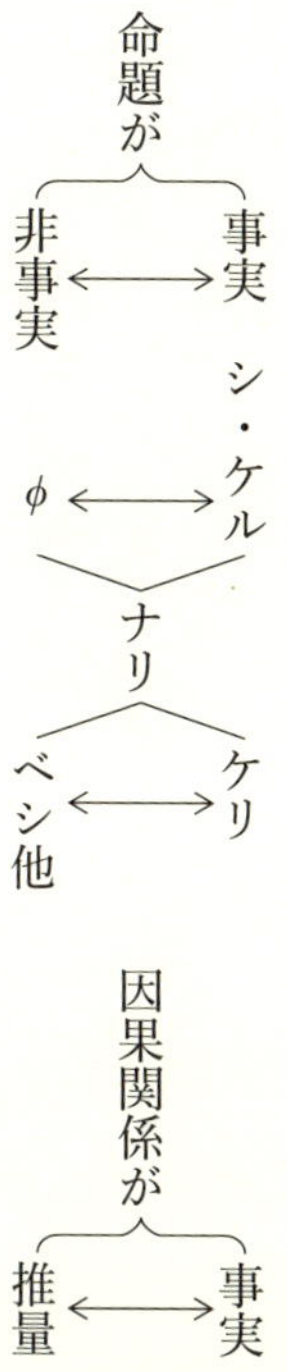

このように、連体ナリに上接するケリも、いずれも相対時過去を表わすという点に関しては共通していると思われるものの、置かれた環境によって、命題の表わす事態に対してそれが働くのか、命題間の因果関係にそれが働くのか、という違いが生じると解釈したい。

おわりに

連体ナリと、キ・ケリとの承接は、キは連体ナリに上接するものしかなく、ケリは上接も下接もすることから、一見過去助動詞の間にも客観―主観スケールをあてはめて、キは客観的でケリは主観的であると割り切りたくなる。しかし、さらに過去助動詞の振舞いを詳細に見ていくと、そのような単純な割り振りでは説明がつかないことが多々見出される。

そこで、ここに物語世界／表現世界という理論的枠組を導入すると、まず、連体ナリに何も助動詞が下接しないものは、およそ会話文に用いられるが、これは物語世界の登場人物が物語世界内のことがら(同質世界)について説明しているために、ケリは用いられないものと考えられた。

また、キは物語世界内の過去の事態そのものを表わすために、説明に用いられる連体ナリに下接することはない。

それに対して、連体ナリにケリあるいはム・ベシなどの推量助動詞が下接したものは、ソトの視点で、すなわち物語世界とは質的に異なる表現世界(異質世界)から、語り手が主に因果関係に関して説明を加える場合に用いられ、ここでケリと推量助動詞とは、事実か推量かという対立をなしている。さらに、連体ナリに上接するケリは、物語世界の出来事そのものをソトの視点から描き、その出来事が事実であることを表わす点で、ϕが非事実であることを表わすのと対立している。

このように、連体ナリに上接するケリと下接するケリとは、出来事が事実であることを表わすか、因果関係が事実であることを表わすか、という点で異なるのであるが、これは用いられる環境が異なるのであって、ソトの視点で語り手が注釈を加えるという働きそのものは変わらない。

第五章　絶対時制名詞
―「今は昔」に関する研究を中心に―

はじめに

物語の冒頭に多く見出される「今は昔」はどのような意味を表わしているのかに関しては、これまでさまざまな見解が提出されている。もちろん「今は昔」は物語の全体的な構造に関わっており、議論はその点に集中しているのであるが、「今は昔」に関するそもそもの出発点である馬淵和夫(一九五八・一一)で示唆された、冒頭の「今は昔」以外に、物語中で用いられた「今」の用法を検討するという観点が、その後の議論にはあまり見られないようである。そこでここでは、特に、物語中で用いられた「今」すなわち現在とは、表現時現在なのか物語時現在なのかという問題意識を中心として「今は昔」の解釈にアプローチしてみたい。

1　絶対時制名詞

最初に、「絶対時制名詞」という概念について説明しておきたい。井島正博(一九八九・三)において、時制に関わる名詞を以下のように三分類した。(1)

・絶対時制名詞：表現時ないし物語時の現在を基準とした時制名詞類。(例：昨日、今日、明日　など)
・相対時制名詞：表現時ないし物語時の現在以外の表現中に現われた時点を基準とした時制名詞類。(例：前日、当日(その日)、翌日　など)
・脱時制名詞：基準を表現時でも物語時でもなく、現実世界の絶対的な時間に置く時制名詞類。(例：一九八八年一二月二五日午後三時　など)

絶対時制名詞は絶対テンスと、相対時制名詞は相対テンスと密接な関わりがあると考えられるが、両者の平行性はさらに語彙的な形態上も以下のような体系的な対応を示す(図表一—a、b)。

そのうち、過去助動詞との関わりで問題になるのは、言うまでもなく絶対時制名詞である。第一、二、三章で設けた理論的観点から絶対時制名詞を見るとき、まず問題になるのは、それが物語時をもとに用いられているのか、表現時をもとに用いられているのか、ということである。さらにそれが最も先鋭的に現われるのは、過去(「昨日」「先月」の類)や未来(「明日」「来月」の類)ではなく、現在(「今日」「今月」の類、以後「今」で代表させる)である。過去や未来は、あくまで現在がどこに置かれているかによって、二次的に決定されるものであるからである。

しかるに、第一、二、三章で設けたような理論的枠組がなければ、「今」が物語時現在であるのか、表現時現在

幅	−2	−1	0	+1	+2
不特定	かつて 以前	さっき	今	もうすぐ	そのうち いずれ
日	一昨日	昨日	今日	明日	明後日
月	先々月	先月	今月	来月	再来月
年	一昨年	昨年	今年	来年	再来年

一―a　絶対時制名詞

幅	−2	−1	0	+1	+2
不特定		そのまえ	そのとき	そのあと	
日	前々日	前日	当日	翌日	翌々日
月	前々月	前月	その月	翌月	翌々月
年	前々年	前年	その年	翌年	翌々年

一―b　相対時制名詞

図表一　時制名詞類

であるのか、というような関心は生まれにくい。そのため、従来、「今」をそのような観点で分析しようと試みた論攷はほとんど見あたらない。ただし、物語の冒頭に用いられる「今は昔」という表現が、どのような意味を表わしているのか、という問題を扱った一連の研究は、本研究の問題関心に重なる部分を持っている。そこで、「今は昔」を扱った研究を批判的に検討することを通して、絶対時制名詞の物語の中での用いられ方について考察を進めていきたい。

2　「今は昔」の解釈

これまでに、「今は昔」に関しては、大きく分ければ対立する二つの説が提唱されている。

○対立説：「今」は語り手の現在で「昔」は物語に描かれた過去の時点を指すとする説。およそ「今となっては昔のことですが」のように解釈する。

○一致説：「今」も「昔」も物語に描かれた過去の時点を指すとする説。およそ「ここで今というのは昔のことですが」のように解釈する。

このうち、対立説は現在においても常識的な解釈であるが、一致説が提唱された一九五〇～六〇年代においてもやはり最も常識的な解釈であった。それに対して、語学研究者が疑義を呈するかたちで提起されたのが一致説である。

すなわち、まず、馬淵和夫(一九五八・一二)で、説話文学の研究のしかたを説明する中で、「ちょっと余談」と断って、「「今は昔」を「今から見ると昔のこと」(『明解古語』)と解するのが普通であるが、「いま」には、過去のあるときに自分をおいて、そのときを「いま」ということもある、つまり歴史的現在の「いま」もあるとおもうので、そうすれば、「このはなしのときはむかしなのです。」あるいは現在からいえば、「それはむかしのことなのです。」といういいかたかとおもう。まだひろくさぐりえないが、類似の表現としては、『慈覚大師伝』(『続群書類従』二百十二)に、「其秋九月得著太宰府。今年唐大中元年、我朝承和十四年也《ママ》」とあり、『智証大師伝』(『続群書類従』二百十二)に「初、今年春二月、和尚俄語門弟子曰」とあり、いずれも現在のいいかたでは、「そのとしは」というべきところである。」と簡単に触れた一節がきっかけとなっている。それを承けて、山田忠雄(一九五九・三)は『日本古典文学大系　今昔物語集一』の補注において、「説話の起語として愛用されるこの句の語義については、普通「今は昔のことになりましたが」とか、「今から見ると昔のことですが」というように考える向きが多いが、説話を語る人がそのような空空しい気持で語り始めたかどうかは頗る疑わしい。これについて、最近、馬淵和夫氏は、「今」を過去のあるときに自分をおいた表現なりと考え、結局「それは昔のことですが」と、とるべきことを説かれたのは大いに傾聴に値する。」と支持を表明する。

その後、春日和男(一九六六・七、一九六七・一〇(以上二本は春日和男(一九六八・七)所収)、一九六九・九、一九七五・三(以上二本は春日和男(一九七五・一一)所収))藤井俊博(一九九九・一〇、二〇〇〇・二、二〇〇一・

三（以上三本は藤井俊博（二〇〇三・一〇）所収））などによって中心的な話題として大きく取り上げられて現在に至っている。前者は「今は昔」の解釈を以下の二つに分け、そのうち後者を支持している。

「今は昔」の解釈について、従来「今」と「昔」の関係をいかに見てきたかといふことで分類すると二つになる。その一つは、「昔」を「今」に対立させて強調する表現と見なすことである。つまり、「今」に余り重点を置かず、単なる時の比較の基準と見るもの、それは結局「昔」と意味の上で大差ないものである。これは、わが江戸時代以来こんにちまで続いてゐる一般的解釈であって、「現在においては、そのことは昔のことだが」といふ意味にとって、結局「むかし、むかし」といふ説話の一般的語り出し、乃至こんにちでも一般に用いる伽噺の語り出しと一致させようとする態度なのである。

次には、「今」を「昔」に置く観点である。即ち「現在を過去のある時期に置いて、言語当事者がその時点で語る」と解釈するもので、具体的には「今は昔」を「それは昔のことなのです」と説く立場である。この解釈は、前の対立的解釈が、説話表現に一種の空々しさを持ってゐるといふ欠点を補ふものとして、近来多くの支持を得たものである。

春日和男（一九六九・九＝一九七五・一二）

後者は、「今は昔」の解釈をさらに細分化して、以下の四類として、そのうちD説を支持する。

（Ⅰ）説話の時間に関わらせる説

A「けり」と関わり「昔」の強調になるとする説。「今では昔のことだが」。片寄正義氏・塚原鉄雄氏・山口佳紀氏、等

B「今を含む昔」「今に近い昔」とする説。「今と思ひて現実に経験せし事相の、早やくも昔となりぬるよ」「今

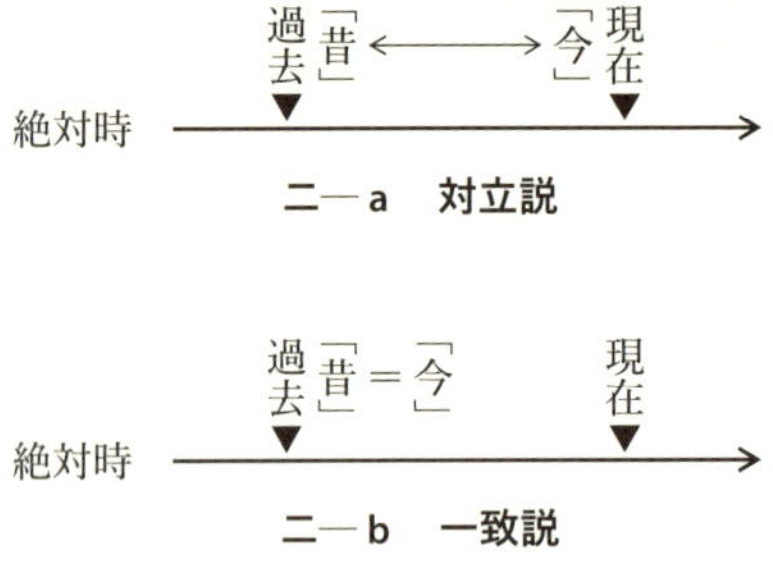

図表二　一次元的時間認識に基づく対立説と一致説

は昔となる」。坂井衡平氏・福田晃氏、等

(Ⅱ)伝承や叙述のあり方と関わらせる説

C伝承のあり方と関わらせる説。「昔から今まで言ひ伝へてある話に」。春日和夫氏(春日説は、「今は昔」を「これは昔のことであって」という意味に解する点でDの立場に近いが、文章冒頭の「今は昔」が文章末尾の「語り伝へたる」を修飾すると見て「昔から今まで」という「通時的現在」の意味が付帯すると言う)

D叙述の態度と関わらせて「歴史的現在」を表すとする説。「この話の時は昔なのです」。馬淵和夫《ママ》・野口元大《ママ》等

藤井俊博(一九九九・一〇＝二〇〇三・一〇)

このうち、A説は対立説、C・D説は一致説と了解できるが、B説は今と昔が対立しつつもひとまとまりにされるという意味で、両側面を持つ。

ここでは、従来の一次元的時間認識をもとに議論が組み立てられているので、図示すれば以下のように表わすことができる(図表二)。

しかしこれでは、語り手および聞き手は、物語の内容を現実世界で以前に起こったこととして認識していることになってしまう。勿論、歴史物語のように、物語の内容が史実であることを排除するものではないが、物語の一般的なありかたは、語り手および聞き手はともに物語の内容は虚構であると認識しているというものではないだろうか(古代人をそこまで素朴に仮想するのは誤っているのではないだろうか)。それでもあえて、「今は昔」と、物語の内容を「昔」のことであると語ろうとするのは、物語というものの語り方において、古代・現代を問わず、洋の

東西を問わず、普遍的に回想型が採られることと深く関わっているだろう。

ここで、「昔」の方は何らかの現在に対してそれよりも以前の時点を指すということであるから、あまり問題にならない。問題は「今」が、これまでの議論における表現時現在を指すのか、物語時現在を指すのかという点である。「今」が表現時現在を指すのであれば、「昔」は物語内容の発生時を指すのであるから、「今」と「昔」は対立していることになる。それに対して「今」が物語時現在を指すのであれば、「昔」も同じ時間を指すのであるから、「今」と「昔」は一致することになる(図表三)。

○対立説：「今」は表現時現在で「昔」は物語時現在を指すとする説。およそ「今となっては昔のことですが」のように解釈する。

○一致説：「今」は物語時現在で「昔」と同じ時間を指すとする説。およそ「ここで今というのは昔のことですが」のように解釈する。

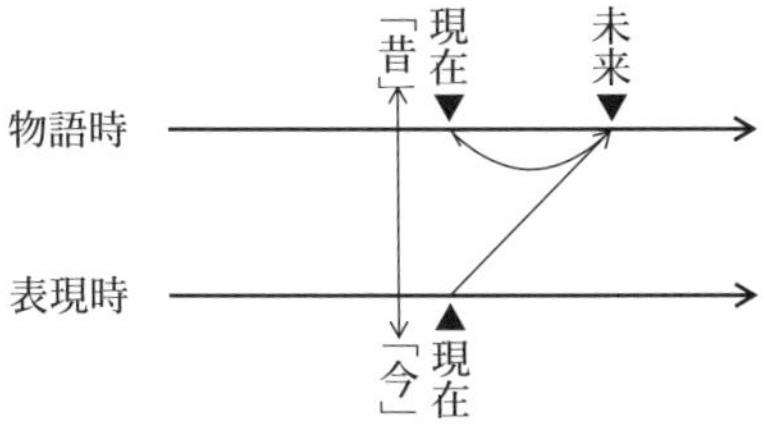

三―a　対立説

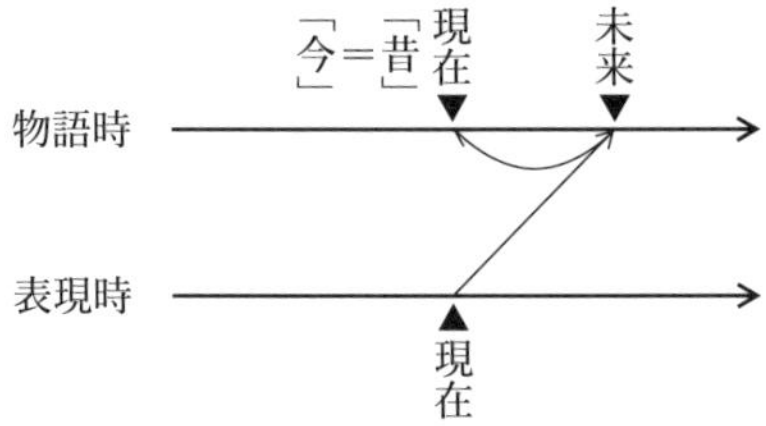

三―b　一致説

図表三　複合的時間認識に基づく対立説と一致説

以上、「今は昔」の解釈に関する先行研究の中で、対立する二つの説は、およそ「今は昔」の「今」が表現時現在であるとする説(対立説)と、物語時現在であるとする説(一致説)であったことが見て取れたことと思われる。そこで以下、第3節で、「今は昔」に限らず、「今」が実際にどのように用いられているか、用例を検討し、第4節でそれをもとに理論的に考察を施すことにしたい。

3　用例の検討

確かに、馬淵和夫（一九五八・一一）によって「今は昔」の「今」と同じではないかと示唆された、物語時現在を表わす「今」（「今日」「今朝」「今宵」「今夜」「今年」などを含む、以下同じ）の例は、『慈覚大師伝』『智証大師伝』などに見られるが、一方『智証大師伝』の末尾の例（1）cの後の「今日」は表現時現在を表わしているように思われる。

(1) a　乃登叡山。付属先師。時年十有五。今年大同三年也。　『慈覚大師伝』685

b　去年秋冬。且造胎蔵曼陀羅一鋪。凡在緇徒。無不随喜。今春初図金剛界曼陀羅像今月之内。可終其功。　同 692

c　今年和尚之遺弟子。相共録和尚平生行事。令余選定其伝。此亦和尚之遺志也。余対此聖跡。宛如再逢。握筆流涙。一字一滴。願我頼今日之実録。結他生之冥期。

延喜二年冬十月廿日　翰林学士善清行記之　『智證大師伝』末尾 717

また、そのような特殊な資料でなくとも、物語時現在を表わす「今」は、『栄花物語』に顕著に見られる他に、『竹取物語』『蜻蛉日記』『源氏物語』その他多くの物語の展開部にも見られ、決して珍しいものではない。

(2) a　翁、今年は五十ばかりになりけれども、物思ふには、かた時になむ老になりにけると見ゆ。　『竹取物語』60

b　今日のひるつかたより、雨いといたうはらめきて、あはれにつれ〴〵とふる。まして、もしやと思ふべきこともたえにたり。いにしへをおもへば、我ためにしもあらじ、心の本性にやありけん、あめ風にもさはらぬ物とならはしたりし物を。今日おもひいづれば、むかしも心のゆるぶやうにもなかりしかば、我心のおほけなきにこそありけれ、あはれ、さらぬものとみし物を、それさておもひかけられぬと、ながめくらさる。

『蜻蛉日記』中　209

c　二日ばかりありて、中将負態《まけわざ》したまへり。ことごとしうはあらで、なまめきたる檜破子ども、賭け物などさまざまにて、今日も例の人々多く召して文など作らせたまふ。階《はし》の底《もと》の薔薇《さうび》けしきばかり咲きて、春秋の花盛りよりもしめやかにをかしきほどなるに、うちとけ遊びたまふ。中将の御子の、今年はじめて殿上する、八つ九つばかりにて、声いとおもしろく、笙の笛吹きなどするを、うつくしびもてあそびたまふ。

『源氏物語』賢木　二・133

d　(源氏から明石の君に)御文いと忍びてぞ今日はある。あいなき御心の鬼なりや。ここにも、かかる事いかで漏らさじとつつみて、御使ことごとしうもてなさぬを、(明石の入道は)胸いたく思へり。

同　明石　二・248

e　うれしきにも、げに今日を限りにこの渚を別るることなどあはれがりて、口々しほたれ言ひあへることどもあめり。されど何かはとてなむ。入道、今日の御設け、いと厳しう仕うまつれり。

同　明石　二・257

f　中宮(昌子)内に入らせ給へり。中宮の御方の有様、昔も今も猶いと奥ぶかう、心殊にやむごとなくめでたし。去年は世の中の人墨染にて暮れにしかば、ことし(安和元年)(こそ)は御禊・大嘗会などのゝしるめれ。

『栄花物語』巻第一　上・55

g　かゝる程に、円融院の御悩ありて、いみじう世のゝしりたり。折しも今年行幸なかりつるを、おぼつかなくおぼしきこえさせ給程に、かゝる事のおはしませば、行幸今日明日とおぼし急がせ給。

同　巻第三　上・124

それに対して、表現時現在を表わす「今」となると、頻繁に現われるのは『今昔物語集』など限られた資料となる。そして、考えてみれば当然のことながら、それが現われる部分は、物語内容と関わるとはいうものの、ほとんどの場合、語り手が表現時現在に立ち戻り表現世界に言及する物語の結末部分である。

(3) a　其ノ琴ヲ引テ渡リシ比丘ハ今ノ釈迦佛、此也。其ノ五百ノ皇子ト云ハ今ノ五百羅漢、此也トナム語伝ヘタルトヤ。
　　『今昔物語集』巻第五　第十二　一・365

b　其レヨリ僧迦羅ガ孫、今ニ其ノ国ニ有リ。羅刹ハ永ク絶ニキ。然レバ其ノ国ヲバ僧迦羅国ト云フ也トナム語リ伝ヘタルトヤ。
　　同　巻第五　第一　一・342

c　其経、于今、猶、楊洲ニ在マス。彼ノ妻、其ノ後、人ノ妻ト成テ有ケリ、弥《イヨイ》ヨ法花経ヲ篤ク信ジ奉テ、読誦シ、恭敬礼拝シ、奉ケリトナム語リ伝ヘタルトヤ。
　　同　巻第七　第二十九　二・158

d　忽ニ、其ノ地《トコロ》ニ寺ヲ起《タ》テツ。今ノ橘寺、是也。其蓮花、于今、彼ノ寺ニ有リ。
　　同　巻第十一　第一　三・55

e　今ノ三井寺ノ智證大師ト申ス、是也。彼、唐ニシテ伝ヘ得給ヘル所ノ大日如来ノ宝冠ハ于今彼寺ニ有リトナム語リ伝ヘタルトヤ。
　　同　巻第十一　第二十八　三・112

f　正親ノ大夫ガ年老テ人ニ語ケルヲ聞伝ヘタルナルベシ。其ノ堂ハ于今有トカヤ、七條大宮ノ辺ニ有トゾ聞ク、委《クハシ》ク不知ズ。然レバ、人无カラム旧《フルキ》堂ナドニハ不宿マジキ也トナム語リ伝ヘタルトヤ。
　　同　巻第二十七　第十六　四・500

あるいは、『竹取物語』や『落窪物語』の結末部分も、表現世界の現在のありさまを描写することによって終わっている点で、『今昔物語集』と並行する(『竹取物語』の最終文の「いまだ」も「今」の一種と了解できるならば、これは表現時現在を表わしている)。

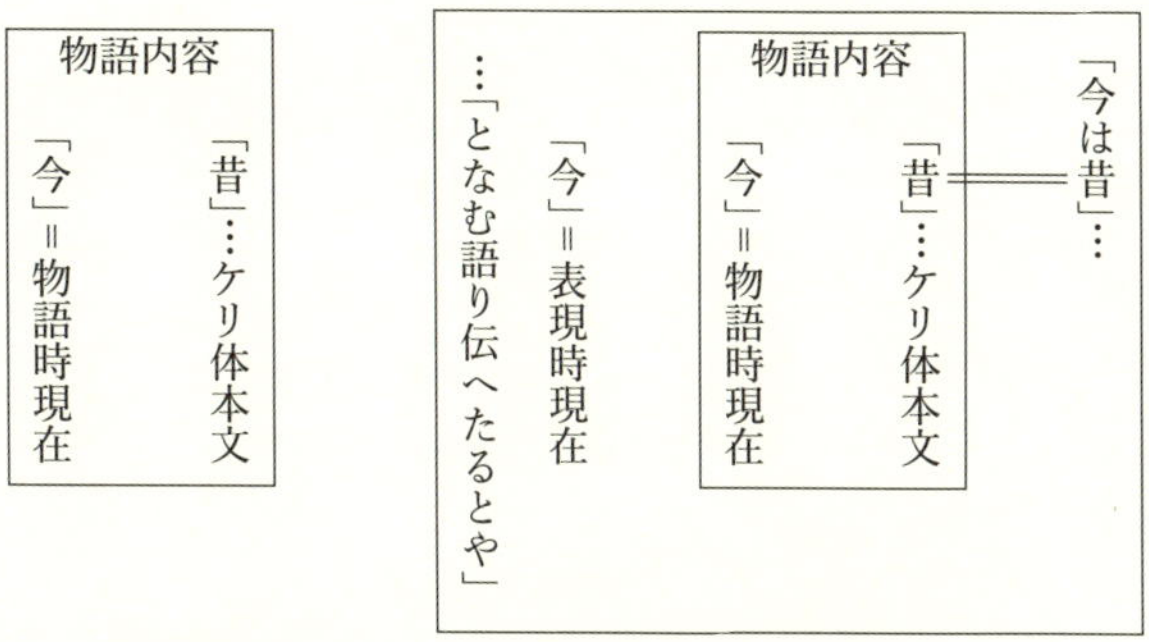

四―a　「今は昔」で始まる物語

四―b　「昔」で始まる物語

図表四　物語の冒頭部分と結末部分との対応から導かれる物語構造

(4)
a　御文、不死の薬の壺ならべて、火をつけて燃やすべきよし仰せ給ふ。そのよしうけたまはりて、つはものどもあまた具して山へ登りけるよりなん、その山をふじの山とは名づけゝる。その煙いまだ雲のなかへたち上るとぞ言ひ伝えたる。

『竹取物語』結末　67

b　女御の君の御家司に和泉守なりて、御徳いみじう見ければ、むかしはあこぎ今は内侍のすけなるべし。内侍のすけは二百まで生けるとなり。

『落窪物語』巻四　結末　248

4　理論的解釈

冒頭部分と結末部分との呼応を見てみると、「今は昔」で始まる物語、すなわち『竹取物語』『落窪物語』『今昔物語集』などは、表現時現在の出来事に言及することによって結ばれる(そしてそこにしばしば表現時現在の「今」が現われる)のに対して、一貫して「昔」で始まる『伊勢物語』は結末部分で表現時現在に戻ることはない(冒頭に「昔」はないが、『大和物語』も同様)(図表四)。

この構造に関して、いくつか注釈を加えておきたい。まず第一に、春日和男(一九六六・七＝一九六八・七)では、以下の三つの構造を比較する。まずⅠは「文頭形式「今は昔」は文末形式「いひつたへたる」と呼応してゐるとするのが穏やかである」として除外する。次にⅡは「「今は」を昔以下ケリ体本文を挿んで、「いひつたへたる」に従属させることは、やゝ唐突な感じが」し、「いひつたへたる」と存続助動詞が用いられていることからも、「昔から今までつたへてある」と解釈することが妥当であると考えられ、これも除外され、結局Ⅲが採られる。

Ⅰ　「今は昔＋……ケリ体本文」とぞいひつたへたる。
Ⅱ　今は「昔＋ケリ体本文」とぞいひつたへたる。
Ⅲ　今は昔＋「ケリ体本文」＋とぞいひつたへたる。

ここでⅠは論外としても、ⅡとⅢとの区別を強調することは得策であるとは思われない。そのため、『伊勢物語』のように、「昔」が物語内容に含まれた「昔＋ケリ体本文」という形があることから、「今は昔［昔＋ケリ体本文］とぞいひつたへたる」と、二種類の「昔」が用いられる可能性も示唆されるが、これは行き過ぎであろう。「昔」は、「今」と対立した過去の時間であることを表わすという点で、物語内容の外側でも働き、物語内容そのものが展開される時間であるという点で、物語内容の内側でも働いている、というように了解すれば充分なのではないだろうか。形態にとらわれすぎると、本質的な問題から逸れてしまうように思われる。

第二に、やはり春日和男(一九六七・一〇＝一九六八・七)に挙げられた省略の型に関して、「今は昔(A)＋ケリ体本文(B)＋とぞいひつたへたる(C)」のように記号をあてはめると、以下の四種類が得られる。

1　文頭(A)、文末(C)、を完全に備へ、その間に素材としての説話本体(B)を挿入した省略のない型

2　文頭　文末のいづれか一方、または両者が省略される型
（ABC型）
イ　文末省略（AB型）
ロ　文頭省略（BC型）
ハ　文頭　文末省略（B型）

春日和男（一九六七・一〇＝一九六八・七）

このうち、典型的なものは、ABC型とB型とであって、AB型・BC型はABC型の一部が欠落した形として、ABC型の亜種に含めることに問題はなかろう。

このように、首尾一貫性という観点からも、表現世界の描写で結ばれる物語は、表現世界への言及によって始まると考える方が自然ではなかろうか。であるとすれば、物語の冒頭の「今は昔」の「今」は、表現時現在を表わすと考える方が自然であるように思われる。その点、『伊勢物語』のような歌物語は、一貫して物語世界しか描かない（例外的に、「その山（富士山）は、こゝにたとへば、比叡の山を二十ばかり重ねあげたらんほどして、なりは塩尻のやうになんありける。」（第九段117）と、空間的に現実の表現の位置（京都）をほのめかす例が見られるくらいである）ために、表現時現在を表わす「今」が用いられないのであると了解できる。

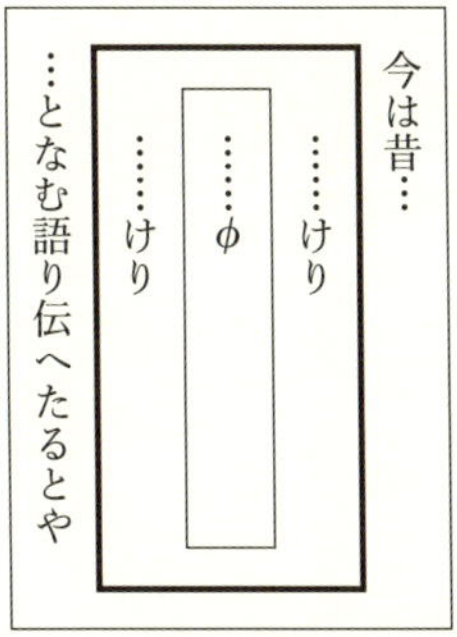

図表五　「今は昔」で始まる物語のより精確な構造

ここで注意を要するのは、「今は昔［ケリ体本文］となむ語り伝へたるとや」という埋め込みは、第一、二、三章で論じたような、「ソトの視点（ケリ）［ウチの視点（φ）］ソトの視点（ケリ）」という、『竹取物語』を典型とす

るアルカイックな物語構造をさらに包み込んだ構造であるという点である。相対時過去＝ソトの視点(ケリ)と物語時現在＝ウチの視点(φ)との交代は、あくまで物語世界を描く描き方の相違であったのであって、そこからさらに表現世界へと抜け出た「今は昔…となむ語り伝へたるとや」という部分とは次元を異にしている。簡略に図示し直せば前頁のようになるだろう(図表五)。このことは、最も外枠である文末が「…となむ語り伝へたるとや」というように、ケリを用いない結びとなっていることからも支持されるだろう。

理論的にも、語り手によって物語世界が創造される以前に、物語時現在に言及するということは、不自然であると言わざるをえない。以上のように、「今は昔」の「今」は、これまでの語学研究者の議論にも拘わらず、むしろ通説通り、表現時現在を表わす、すなわち対立説が正しい、と考えるべきではなかろうか。

ちなみに、藤井俊博(一九九九・一〇、二〇〇〇・二、二〇〇一・三)などでは、冒頭が「今は昔」か「昔」かという違いと、物語内容の叙述が一貫してケリで述べられるか非ケリも含むかという違いとを結び付けて、物語を「今は昔～けり～非けり～けり」という類型と、「昔～けり～けり」という類型とに分類するが、物語内容の視点選択は、冒頭部分のありかたとは独立した原理に従っていると考えられる(『今昔物語集』にも一貫してケリ叙述する物語が少なからず見られる)。かえって、春日和男(一九六六・七、一九六七・一〇)のように、「今は昔＋『ケリ体本文』＋とぞいひつたへたる」という構造であるという了解は、物語全体を一文と考えるということには無理があるものの、物語構造としては自然なものであろう。

藤井俊博(一九九九・一〇、二〇〇〇・二＝二〇〇三・一〇)は、冒頭に「今は昔」とあるか単に「昔」とあるかということと、本文が基本的にすべてケリで結ばれるのかケリ文の中にさらにφで結ばれる文が埋め込まれるのかということとは深く関わっていると論じる。すなわち物語の文章構成には、『竹取物語』や『今昔物語集』などに用いられる「今は昔～けり～非けり～けり」という類型と、『伊勢物語』などに用いられる「昔～けり～けり」という類型との二つがあるという。現象としては確かにその通りなのであるが、その理由を述べている個所を探せば以下のようなところがそれにあたるだろう。

『伊勢物語』を始めとする「昔」を採る作品群では、「けり」叙述によって筋の展開を追うに止まるものが多いが、『竹取物語』以降の「今は昔」を採る作品群では、「けり」叙述の枠を残しつつも、ある場面で時間を止め、会話文が多く、臨場感あふれる「非けり」叙述を多く導入する。〈中略〉『今昔』が冒頭句を「今は昔」で統一する理由は、一つにはこのような叙述態度と関連づけて説明できると考えられる。すなわち、冒頭句「今は昔」は、歴史的現在の叙述を採ることの宣言としての意味を持つのではなかろうか。（306頁）

藤井俊博（二〇〇一・三＝二〇〇三・一〇）

すなわち、本論の言い方では、ウチの視点が用いられることを、冒頭の物語時現在を表わす「今」が先触れしていることになるだろう。しかし、この説明には無理がある。第一に、物語内容は、最も内側のφで結ばれた文だけでなく、それを包むケリで結ばれた文も合わせたものであり、物語時はケリ文にも通用する。すなわち、端的に言えば、物語時現在の「今」は以下のようにケリ文中にも用いられる。

（5）a　（玉鬘が）むつかしと思ひてうつぶしたまへるさま、いみじうなつかしう、手つきのつぶつぶと肥えたまへる、身なり肌つきのこまやかにうつくしげなるに、（源氏は）なかなかなるもの思ひ添ふ心地したまて、今日はすこし思ふこと聞こえ知らせたまひける。　『源氏物語』胡蝶　三・178

b　かの（官職が）解けたりし蔵人も、還りなりにけり。靫負《ゆげひ》の尉にて、今年冠を得てけり。昔に改め、心地よげにて御佩刀《はかし》取りに寄り来たり。　同　松風　二・407

第二に、物語の構造として、内側に埋め込まれた物語時現在の「今」が、語り手が語っている表現時が表れるべき部分に用いられるのは不自然である。

今は昔［ケリ文［φ文］ケリ文］となむ語り伝へたるとぞ
表現時　　物語時　　表現時

さらに、藤井俊博（二〇〇三・一〇）では、一致説を採る根拠として、「今は昔」は、「今は昔である」という断定表現であるとする了解が最も自然であるとも論じている。しかしながら、「今となっては」「この期に及んでは」のような意味を表わす「今は」の用例は、数多く見出される。

(6) a 〔帝〕「今は誰も誰も（源氏を）え憎みたまはじ。母君なくてだにらうたうしたまへ」とて、弘徽殿などにも渡らせたまふ御供には、やがて御簾の内に入れたてまつりたまふ。　『源氏物語』桐壺　一・114

b （源氏が若紫の）手をとらへたまへれば、うたて、例ならぬ人の、かく近づきたまへるは、恐ろしうて、〔若紫〕「寝なむといふものを」とて強ひて引き入りたまふにつきて、すべり入りて、〔源氏〕「今は、まろぞ思ふべき人。なうとみたまひそ」とのたまふ。　同　若紫　一・318

c 〔源氏〕「（六条御息所が）数ならぬ身を見まうく思し棄てむもことわりなれど、今は、なほいふかひなきにても、御覧じはてむや浅からぬにはあらん」と聞こえかかづらひたまへば、　同　葵　二・25

勿論、これらは物語中に用いられる「今は」であるから、確かにこの場合には物語時現在を表わしているわけであるが、このように「今は昔」を「今は昔である」というような断定表現と解さなければならない必然性はない。このような「今となっては」と解される「今は」が、冒頭の、語り手が表現世界から語りかけている部分に用いられていれば、「今は昔」の「今」を表現時現在と解して、「今となっては昔(のこととなりましたが)」のように解釈するのに、何の不都合もあるようには思われない。

この解釈に対して、山田忠雄(一九五九・三)や、春日和男(一九六九・九＝一九七五・一一)は、「空々しさ」を感じると言う。そのような主観的な印象が根拠になりえないことは当然のことであるが、我が身に起こった出来事ではなく、虚構の物語を描く描き方としては、自分とは切り離された時空の出来事として、場合によっては一種の〝空々しさ〟を感じさせるような表現の方がむしろふさわしいと言うこともできるだろう。

さて、春日和男(一九六六・七)では、一致説を採るにも拘わらず、最終的に「今は昔」の解釈を「昔から今まで言ひ伝へてある話に「(説話内容)」とか聞き伝へております。」ないし「これは昔を今に語り継いだ話だが「(説話内容)」とか聞き及んでゐる。」とするのがよい、と結んでいる。この解釈の要諦は他の部分にあるとしても、少なくともここに用いられた「今」は明らかに表現時現在である。やはり、冒頭の「今」は表現時現在と解釈する方が落ち着きがよいのだろう。

おわりに

物語の中で〝現在〟と呼ばれるものに、物語時現在と表現時現在とがあることは、時制表現が物語時と表現時との関わりから産み出されると考えれば、理論的に導出されるが、実際、「今」の用法を見てみると、物語時現在を表わしているものと、表現時現在を表わしているものとが区別される。

さらに、そのことをもとにして、中古・中世の物語で多く用いられる「今は昔」という表現はどのような意味であるかを考えてみた。これまで、「今は昔」の解釈としては、およそ「今となっては昔のことですが」というように今と昔とを対立的に考える対立説と、「今というのは昔のことですが」というように今と昔とは同じと考える一致説とに分けることができる。そのうち、対立説は「今」を表現時現在と考える説、一致説は「今」を物語時現在と考える説と言うことができる。

この「今は昔」は、物語の最も外枠として用いられており、まだ物語の内容が描き出されていない段階で、物語時現在の「今」が用いられるのは不自然であり、ここでは表現時現在の「今」を表わしていると考えるのが妥当である、すなわち対立説の方が妥当であることを、さまざまな根拠を挙げて論じた。

注

（1）ただし、井島正博（一九八九・三）では「絶対時制名詞」を「直示時制名詞類」、「脱時制名詞」を「絶対時制名詞類」と呼んでいた。

第六章　地の文と会話文
―丁寧語ハベリと係助詞ナムの機能―

はじめに

本章は、時制表現について直接論じるわけではない。むしろ時制表現を論じる中で設けられた二世界モデルによって、時制表現に留まらず、地の文と会話文との相違に関しても、理論的に新たな観点から位置付け直すことができることを示し、さらにその上に立って従来、会話文的特徴を持つと言われる丁寧語ハベリや係助詞ナムなどの表現が、どのような意味で会話文的であるのか、さらに会話文的ではあっても、両者の用いられ方に違いがあることをどのように説明できるのかを考えていく。

1　問題提起

ここに二つの常識的見解がある。一つは、古典語の研究を行うにあたっては、地の文と会話文、さらには心内文を区別すべきである、という見解であり、もう一つは、中古以前には書きことばの文体というものは確立しておらず、中古の和文という文体が成立するにあたってモデルとなったのは、話しことばであったという見解である。

一つ一つはもっともな内容であって、そのこと自体に異を唱えようというつもりはない。しかしこの二つの見解をならべてみると、奇妙な問題が発生する。地の文が話しことばをモデルとして成立したのならば、地の文と会話文とは同じ文体なのではないか、どうして区別する必要があるのか。実際、早くも近世に中島広足が『海士のくゞつ』で「移りことば」という術語を用いて指摘したように、中古の和文はどこで地の文が会話文に移り、どこで会話文が地の文に戻るのか、極めて判別しがたい。

問題はこれに留まらない。さらに根本的な問題として、それではそもそも地の文とは何なのか、という疑問が生じる。会話文ならば、話しことばをモデルとしたという説明はわかりやすいが、地の文が話しことばをモデルにしたというのはどういうことなのか。地の文は、書きことばに必須なもので、そのモデルが話しことばだったのだ、というような説明をしようとすれば、会話文だって書きことばではないか、などという反論も出てきそうで、問題は錯綜するばかりである。

しかし、この一見不可解な問題は、次元の異なる概念を区別していなかったことから生じている。表現手段の相違としての話しことばと書きことばと、表現形式の中の相違としての地の文と会話文および心内文を混同していたわけである。表現形式には、対話、講義・演説、独白、和歌などが考えられるが、その中に〝語り〟というものがあり、その語りの表現の中に地の文と会話文および心内文という区別が存在するということなのであろう。すなわち、書きことばに限らず、話しことばであっても、語りという形式をとる限り、地の文と会話文および心内文という区別が見出されるはずである。このような区別を受け入れれば、最初に示した二つの常識的見解は何も不可解な問題を生むことはない。

確かに、これで不可解な問題はなくなったが、ここで到達した境地から、また新たな問題が生じる。ある語りの文章で、地の文と会話文とが区別されるとする。しかし、この会話文の中にさらに語りが生じることもあるわけで、そうするとそれまで会話文だったものが地の文となり、そこに新たな会話文が埋め込まれることになる。理論的にはこれは無限背進する。さらに、今まで地の文だと思っていた部分が、実はある人物の語った内容であった、という場合もありうる。実は、このようなことは、『今昔物語集』などでしばしば見られることであり、こちらも理論的には無限背進する(『今昔物語集』ではそれに近い結びが珍しくない)。すなわち、これまで絶対概念だと思っていた、地の文／会話文という対立は、実は相対概念であったということになる。

では地の文と会話文とを表現として区別する必要はないのか、区別できないのか。これが、時代が下って近世の資料であれば、言文不一致が進み、たとえば過去・完了助動詞が、地の文ではキ・ケリ、ツ・ヌ・タリ・リが用いられ、会話文ではタが用いられるというように、はっきり文体的な相違として現われるので、かえって本質的な問題が見えにくくなってしまう。言い換えれば、地の文と会話文との相違は〝文体〟の問題ではないのではなかろうか。むしろ、中古のように、地の文も会話文も文体的には同じであると考えられるような場合に、両者の本質的な相違が顕在化するのではなかろうか。とりあえず、その本質的な相違を〝機能〟の違いと呼んでおきたい(ここで言う〝文体〟はかなり限定された意味で用いており、たとえば、地の文、会話文、心内文の違い、語り、対話、演説などの違いは、直接には文体とは呼ばない)。

とはいうものの、ここで言う機能差についても、このように理論的に問題を設定するまでもなく、以前から指摘されていた。第一に、会話文には、命令・禁止・依頼表現(命令形、ナ、ナ…ソなど)、希望・願望表現(バヤ、ナム、ガナ、(ニ・テ)シカ(ナ・モ)など)が用いられるが、地の文には用いられない(ただし、疑問表現は地の文にも用いられる)といった、言語行為に関わる制約がある。会話文は、このようにさまざまな言語行為を担いうるが、地の文はそれに対して一貫して〈語り〉とでもいうような言語行為を担っているということになるだろう。第二に、会話文には、語りかけを表わす終助詞(カシ、ゾ、ヨあるいはハ、モ、ヲなど)、係助詞ナムが用いられるが、地の文には用いられないといった、コミュニケーション行為に関わる制約もある。第三に、それと無関係ではないが、会話文には聞き手に対する敬意を表わす丁寧語（ハベリ、下二段タマフ、サブラフ）などが用いられるが、地の文には用いられないといった、ポライトネスに関わる制約もある。その他、会話文には省略表現、倒置表現などが用いられるが、地の文には用いられない、会話文には一・二人称表現が用いられるが、地の文には用いられない、などという相違も見られる。

これらの個々の現象は、それぞれ研究の歴史を背負っている。しかしながら、それらを比較検討しながら、本章で提示したような意味で、地の文と会話文との相違の解明を目指そうとしたものは、必ずしも多いとは言いがたいように思われる。以下で扱う構文的現象も、従来の研究と異なるものを扱うわけではない。ただし、言語行為に関わる表現や、相手への語りかけを表わす終助詞が会話文に特有である、ということは、単に、ここに用いられている〝会話文〟の形式が、語りではなく、おそらく対話のようなものであるために、それ以上の埋め込みがない、という結論に行き着くだけであり、それ以上興味深い結論が得られるようにも思われない。したがって、そのような中でも、会話文に用いられるという特徴を持つとしばしば指摘される、丁寧語ハベリ・下二段タマフ・サブラフ（以下ハベリで代表させる）と、係助詞ナム（上代のナモも含む）とを中心に、第一、二、三章で提起した語りの構造の枠組を用いて分析を進めたい。また、第2節で丁寧語ハベリ、第3節で係助詞ナムの出現状況を確認する（なお用例中、ハベリには一重の傍線、ナムには波線、キ・ケリには二重傍線を引く）。それを踏まえて、第4節で、丁寧語ハベリ・係助詞ナムの機能、および語りの構造について理論的な検討を加え、第5節で、それをもとにして中古のハベリ・ナム、およびキ・ケリの地の文・会話文における出現状況に関して解釈を加えたい。

2　丁寧語ハベリの出現状況

上代においては、『続日本紀宣命』『延喜式祝詞』など音読を前提とした資料、『古事記』中の会話文などにはハベリが用いられるが、『万葉集』には、ハベリの語源に擬せられる動詞「這ふ」はあるものの、ハベリそのものを見出すことはできない。

(1)
a　天下《あめのした》に立賜《たちたま》ひ行賜《おこなひたま》へる法《のり》は可絶《たゆべ》き事《こと》は無《な》く有《あり》けりと見聞《みきき》喜《よろこび》侍《はべり》と奏賜《まをしたまへ》と詔《のりたまふ》大命《おほみこと》を奏《まをす》。
『続日本紀宣命』第十詔　3

b　横山《よこやま》の如《ごと》く置《お》き足成《たらは》して、大中臣太玉串《おほなかとみふとたまくし》大中臣太玉串に隠《かく》れ侍《はべ》りて、今年《ことし》の九月《ながつき》の十七日《とをかまりなぬか》を朝日《あさひ》の豊栄登《とよさかのぼ》りに、天《あま》つ祝詞《のりと》の太祝詞辞《ふとのりとごと》を称《たた》へ申《まを》す事《こと》を、神主部《かむぬしべ》・物忌等《ものいみら》諸《もろもろ》聞《き》き食《たま》へよと宣《のたま》ふ。
『延喜式祝詞』豊受宮神嘗祭　459

中古においては、物語の地の文でハベリが用いられることは、極めて稀である。たとえば、『源氏物語』の次の例は、帝の心内文である。

(2)　つつしませたまふべき御年なるに、晴れ晴れしからで月ごろ過ぎさせたまふことをだに嘆きわたりはべりつるに、御つつしみなどをも常よりことにせさせたまはざりけることと、いみじう思しめしたり。
『源氏物語』薄雲　二・434

このような心内文の例を除いて得られる、わずかな地の文のハベリの例は、いずれも草子地と了解できる例ばかりである。草子地は、語り手が読者に対して語りかけている部分であると考えられる。要するに、地の文であるとはいっても、会話文に非常に近いものである。

(3)
a　守もいとつらう、河内守「おのれを厭ひたまふほどに、残りの御齢は多くものしたまふらむ、いかでか過ぐしたまふべき」などぞ。あいなのさかしらや、などぞはべるめる。　『源氏物語』関屋　結び　二・355

b　装束限りなくきよらを尽くして、名高き帯、御佩刀《はかし》など、故前坊の御方ざまにて伝はりまゐりたるも、またあはれになん。古き世の一の物と名あるかぎりは、みな集ひまゐる御賀になんあめる。昔物語にも、物得させたるをかしこきことには数へつづけためれど、いとうるさくて、こちたき御仲らひのことどもはえぞ数へあへはべらぬや。　同　若菜上　四・91

c　いつしかと待ちおはするに、かくたどたどしくて帰り来たれば、すさまじく、なかなかなり、と思すことさまざまにて、人の隠しすゑたるにやあらむと、わが御心の、思ひ寄らぬ隈なく落しおきたまへりしならひにとぞ、本にははべるめる。　同　夢浮橋　結び　六・381

このように、ハベリが出現するのは、会話文の中であるという制約は、かなり厳密なものであることがわかる。一方、ハベリは、会話文に用いられる場合には、しばしばかなり集中して現われる。このことは、ハベリは、個々の文が表わす意味内容にはあまり関わりなく、話し手と聞き手の社会的関係(話し手よりも聞き手の方が社会的身分が上位であるといった)によって用いられるものである、ということを示唆している。

(4)
a　左馬頭「はやう、まだいと下臈にはべりし時、あはれと思ふ人はべりき。聞こえさせつるやうに容貌などいとまほにもはべらざりしかば、若きほどのすき心には、この人をとまりにとも思ひとどめはべらず、よるべとは思ひながら、さうざうしくて、とかく紛れはべりしを、もの怨じをいたくしはべりしかば、心づきなく、いとかからで、おいらかならましかばと思ひつつ、あまりいとゆるしなく疑ひはべりしもうるさくて、かく数ならぬ身を見もはなたで、などかくしも思ふらむと、心苦しきをりをりもはべりて、自然に心をさめらるるやうになんはべりし。…」　『源氏物語』帚木　一・147、148

b　僧都「その女人、このたびまかり出ではべりつるたよりに、小野にはべりつる尼どもあひ訪ひはべらんとて、まかり寄りたりしに、泣く泣く、出家の本意深きよし、ねむごろに語らひはべりしかば、頭おろしはべりき。なにがしが妹、故衛門督の妻にはべりし尼なん、亡せにし女子のかはりにと、思ひよろこびはべりて、随分にいたはりかしづきはべりけるを、かくなりたれば、恨みはべるなり。げにぞ、容貌はいとうるはしくけうらにて、行ひやつれんもいとほしげになむはべりし。何人にかはべりけん」と、ものよく言ふ僧都にて、語りつづけ申したまへば、　同　手習　六・333、334

このような物語構造の中で見るとき、『大鏡』の構造はかなり特殊である。冒頭の一節を見ると、語り手の一人である世継の会話文にハベリが現われることは当然であるとしても、一見地の文に見える冒頭最初の一、二文にもハベリおよびキが用いられているのである。

(5)　先つ頃、雲林院の菩提講に詣でて侍りしかば、例の人よりはこよなう年老い、うたてげなる翁二人、嫗といきあひて、同じ所に居ぬめり。あはれに、同じやうなるもののさまかたちかなと見はべりしに、これらうち笑ひて、見かはしていふやう、世継「年頃、昔の人に対面して、いかで世の中の見聞くことをも聞えあはせむ、このただいまの入道殿下の御有様をも申しあはせばやと思ふに、あはれにうれしくも会ひまうしたるかな。今ぞ心やすく黄泉路もまかるべき、おぼしきことといはぬは、げにぞ腹ふくるる心地しける。かかればこそ、昔の人はものいはまほしくなれば、穴を掘りてはいひ入れはべりけめとおぼえはべり。かへすがへすうれしく対面したるかな。さてもいくつにかなりたまひぬる」といへば、

『大鏡』序　33、34

会話文に準じるものとしては、仮名書状の中にハベリを用いた例を見出すことができる。

（6）ありさまもおぼつかなう、思たまへられはべりしを、一日の御返のゝちぞ心やすうゝれしう思たまへられはべる。ざすも「ありつきたるさまにてなんありし」と、のたまはせてはべりき。「やう〳〵ものなどもならひ、てならひもせよ」とをしへさせたまへ。さてあやしうはべれどをりびつ《はこみ》み□はべな□《（り）》。かき、ひだぐりなどをぞくひはべる。むげのちごのやうにぞ、さやうの事はところせくはべめりし。ぐしてはべりしわらはぞ、□《（を）》さなうならはしはべらむ。□《（ま）》ことや、かみく本まいらす。「かろじもやしはべる」とて、いとすくなくぞ。

『不空三蔵表制集紙背文書』「藤原為房妻書状」（応徳二年頃）

その他、ハベリが用いられるものに、和歌集の詞書があるが、同じ和歌集の中でも、左注には用いられない。

（7）藤原のとしもとの朝臣右近中将にてすみ侍りけるさうしの身まかりてのゝち人もすまずなりけるに、秋のよふけてものよりまうできけるついでにみいれければもとありし前栽どもゝいとしどけなくをれたりけるを見て、はやうそこに侍りければむかしおもひやりてよめる

御春有助

『古今和歌集』巻第十六　八五三　詞書

言うまでもないことながら、中古においても和歌本文中にハベリが用いられることはない。

3　係助詞ナム（ナモ）の出現状況

上代において、ナム（ナモ）は『万葉集』には一例しか用いられていないのに対して、『続日本紀宣命』には九八例用いられている。他方、対他的で口頭語的という点では共通するかに思われる『延喜式祝詞』には一例も見られない。

(8) a 何時はなも（何時奈毛）恋ひずありとはあらねどもうたてこのころ恋し繁しも　『万葉集』巻第十二　二八七七

b 此《こ》の食国天下《をすくにあめのした》を調賜《ととのへたま》ひ平賜《たひらげたま》ひ天下《あめのした》の公民《をほみたから》を恵賜《うつくしびたま》ひ撫賜《なでたまは》むとなも随神所思行《かむながらおもほしめ》さくと詔《のりたまふ》天皇大命《すめらがおほみこと》を諸聞食《もろもろききたまへよ》と詔《のりたまふ》。　『続日本紀宣命』第一詔　8

c 今年六月十五日《ことしのみなづきのとをかあまりいつかのひ》に詔命者受賜《おほみことはうけたまふ》と白《まをし》ながら此重位《このいかしくらゐ》に継坐事《つぎますこと》をなも天地心《あめつちのこころ》を労《いたはし》み重《いかし》み畏坐《かしこみま》さくと詔《のりたまふ》命衆聞宣《おほみことをもろもろききたまへよとのりたまふ》。　同　第三詔　13

中古では、前節で見たハベリに比べると、ナムが会話文はもちろん、地の文でも用いられることは、必ずしも稀なことではない。『竹取物語』『落窪物語』などの「作り物語」にも、『伊勢物語』『大和物語』などの「歌物語」にも散見される。それもほとんどの場合が、結びがケリの文に用いられている。ただし、「歌物語」はおよそ地の文全体がケリで結ばれているのと並行して、ナムの出現位置に特に偏りは見られないが、「作り物語」はプロットの最初と最後とにケリが集中しているのと並行して、ナムもその部分に偏って現われる。

(9)
a　いまは昔、竹取の翁といふもの有(り)けり。野山にまじりて竹を取りつゝ、よろづの事に使ひけり。名をば、さかきの造となむいひける。その竹の中に、もと光る竹なむ一筋ありける。　『竹取物語』冒頭　29

b　むかし、をとこ、うひかうぶりして、平城の京、春日の里にしるよしして、狩に往にけり。その里に、いとなまめいたる女はらから住みけり。このをとこ、かいまみてけり。おもほえずふるさとに、いとはしたなくてありければ、心地まどひにけり。をとこの著たりける狩衣の裾を切りて、歌を書きてやる。そのをとこ、しのぶずりの狩衣をなむ著たりける。

かすが野の若紫のすり衣しのぶのみだれ限り知られず

となむいつきていひやりける。ついでおもしろきことともや思(ひ)けん。

みちのくの忍(ぶ)もぢずり誰ゆゑにみだれそめにし我ならなくに

といふ歌の心ばへなり。昔人は、かくいちはやきみやびをなんしける。　『伊勢物語』第一段　111

ちなみに会話文中では、特にケリで結ぶ傾向が高いということもなく、比較的自由に現われる。

(10)
a　かぐや姫のもとには、「今日なん天竺へ石の鉢とりにまかる」と聞かせて、三年ばかり、大和国十市の郡にある山寺に、賓頭盧の前なる鉢の、ひた黒に墨つきたるをとりて、　『竹取物語』　34

b　狩しありきけるにいきあひて、道にむまの口をとりて、「かう〳〵なむ思ふ」といひければ、あはれがりて、来て寝にけり。　『伊勢物語』第六十三段　145

c　ある人ありて「これなむ檜垣の御」といひけり。　『大和物語』第百二十六段　297

日記の表現方法もその点では、共通している。ただ、『土佐日記』は全体としてケリが使われることが少ないので、地の文であってもナムの結びにも必ずしもケリが用いられるわけではない。

(11)
a　男もすなる日記といふものを、女もしてみんとてするなり。それの年の十二月《しはす》の二十日余一日《はつかあまりひとひ》のひの戌《いぬ》のときに、門出《かどで》す。その由《よし》いさゝかものにかきつく。

　あるひと、県《あがた》のよとせいつとせはてて、例のことどもみなしをへて、解由《げゆ》などとりて、すむ館《たち》よりいでて、ふねにのるべきところへわたる。かれこれ、しるしらぬ、送りす。としごろよくくらべつるひとぐ〵なん、わかれがたくおもひて、日しきりにとかくしつゝ、喧《のの》るうちによふけぬ。

『土佐日記』冒頭　27

b　かくありしとしすぎて、世中にいとものはかなく、とにもかくにもつかで、よにふる人ありけり。かたちとても人にも似ず、こゝろたましひもあるにもあらで、かうものの要《えう》にもあらであるも、ことわりとおもひつゝ、たゞふしおきあかしくらすまゝに、世中におほかるふるものがたりのはしなどをみれば、世におほかるそらごとだにあり、人にもあらぬ身の上までかき日記して、めづらしきさまにもありなん、天下の人のしなたかきやと、とはんためしにもせよかしとおぼゆるも、すぎにしとし、つきごろのことも、おぼつかなかりければ、さてもありぬべきことなん、おほかりける。
『蜻蛉日記』冒頭　109

この傾向は、『源氏物語』にも引き継がれる。特に地の文では、若干、結びが流れているものや、推量助動詞で結ぶものもあるが、大抵の例では、ケリで結ばれている。

(12)
a　内裏より御使あり。三位《みつ》の位贈りたまふよし、勅使来て、その宣命読むなん、悲しきことなりける。

b　年ごろ馴れむつびたまひつるを、見たてまつりおく悲しびをなむ、かへすがへすのたまひける。
『源氏物語』桐壺　一・101

同　桐壺　一・114

c　駅の長にくしとらする人もありけるを、ましておちとまりぬべくなむおぼえける。　同　須磨　二・197

d　年月にそへて、はしたなきまじらひの、つきなくなりゆく身を思ひ悩みて、この御寺になむ度々詣でける。　同　玉鬘　三・100

e　今はとて、女御更衣たちなど、おのがじし別れたまふも、あはれなることなむ多かりける。　同　若菜上　四・69

f　古き世の一の物と名あるかぎりは、みな集ひまゐる御賀になんあめる。　同　若菜上　四・91

g　かかるをりふしの歌は、例の上手めきたまふ男たちもなかなか出で消えして、松の千歳より離れていまめかしきことなければ、うるさくてなむ。　同　若菜下　四・166

それ以降の物語、たとえば『夜の寝覚』などには、地の文にナムが用いられることがほとんどなくなる。一方、『今昔物語集』などの説話には、再びナム…ケルの表現が散見されるようになる。

(13)　今昔、忠明ト云フ、検非違使有ケリ。若《ワカキ》男ニテ有ケル時、清水ノ橋殿ニシテ京童部ト諍《アラソヒ》ヲシケリ。京童刀ヲ抜テ忠明ヲ立籠メテ煞《コロ》サムトシケレバ、忠明モ刀ヲ抜テ御堂ノ方様ニ逃《ニゲ》ルニ、御堂ノ東ノ妻ニ、京童部数立テ向ケレバ、其ノ方ヘニ否不逃《エニゲ》ズシテ、蔀ノ本ノ有ケルヲ取テ、脇ニ挟テ、前ノ谷ニ踊落ルニ、蔀ノ本ニ風ゼ被渋《シブカレ》テ、谷底ニ鳥ノ居ル様ニ漸落入ニケレバ、其ヨリ逃テ去ニケリ。京童部ハ谷ヲ見下シテ奇異《アサマシ》ガリテナム立並テ見ケル。

忠明、京童部ノ刀ヲ抜テ立向ケル時、御堂ノ方ニ向テ、「観音助ケ給ヘ」ト申ケレバ、「偏ニ此レ其ノ故也」トナム思ヒケル。

忠明ガ語ケル ヲ聞キ継テ此ク語リ伝タルトヤ。　『今昔物語集』巻第十九　第四十　四・135、136

和歌集の詞書と左注とを比べてみると、詞書にはナムが用いられないのに対し、左注にはハベリが用いられることがなく、ナムがしばしば用いられている点で、物語とほぼ同様の表現方法を採っていることがわかる。

(14)　この歌は、むかし、男ありけり。女の、をとことあはずなりにければ、なにはなるみつの寺にまかりてあまになりて、よみてつかはせりけるとなむ。　『古今和歌集』巻第十八　九七三　左注

言うまでもないことながら、和歌本文でナムが用いられることはない。

4　理論的考察

以下では、第一、二、三章で、主に過去助動詞キ・ケリおよびφ形(裸形)の使い分けをもとに構成してきた表現機構の理論に、ハベリとナムという、会話文特有の表現と言われてきた形式を組み合わせることによって、さらに議論を深めようと試みたい。ハベリやナムが会話文特有の表現と言われるのには、それぞれの事情がある。

まずハベリについてであるが、石坂正蔵(一九三三・三)は、上代の用例から、ハベリは対者の勢力圏下にあることを表示するものであると論じ、これを「被支配待遇」と呼んだ。中古においてもこの特徴は受け継がれ、対者＝聞き手に対する〝敬意〟、ないし自者＝話し手の他者＝聞き手に対する〝へりくだり〟を表わす表現として用いられる。その点、同じく丁寧語と呼ばれても、現代語のデス・マスが、聞き手に対する敬意というよりは、話者の嗜み、発話場面の制約などの要因が強いのとは大きく異なる。この問題に関しては、阪倉篤義(一九五二・一一)、奥

村恒哉（一九五七・四）、布山清吉（一九八二・一一）などに詳しい。さて、中古の尊敬語・謙譲語が、表現世界の話し手から、話題世界の登場人物に対する、境界を越えた敬意の方向を持つのとは対照的に、丁寧語ハベリは話し手から聞き手へ、境界を越えることなく表現世界の中だけで敬意の方向が定められる。すなわち、①表現世界に、話し手が当該の発話内容を伝えようとする、敬意を表わすべき特定の人物が存在していなければならないことになる。さらに、②相手は話し手に対して社会的地位が上位ないし同等の人物でなければならない。

他方でナムが、他の係助詞とは異なり、会話文的特徴を持つことは、宮坂和江（一九五二・二）、阪倉篤義（一九五三・六）などによって指摘され、それは対他的な働きかけを持つからであるという解釈も近藤泰弘（一九七九・一二）（「聞き手への強い呼びかけ」）、森野崇（一九八七・六）（「伝達性」）などによって示されている。ここで、係助詞と対他的な働きかけとはどのように結び付くものなのだろうか。係助詞の機能に関する有力な説として、係助詞は情報構造に関わるとするものがある。その中では、ナムは、当該発話の中で聞き手が知らないので伝える必要のある情報、すなわち新情報をマークするものとされる。すなわち、ナムの場合も話し手から聞き手へ、表現世界だけでどの情報が新情報であるかを伝える表現であることになる。ナムが用いられる表現の特徴をまとめておけば、①必ずしも特定の聞き手を目指している必要はなく、不特定多数の聞き手あるいは読者を想定して用いられればよく、②場合によっては、どの部分が相手が知らない新情報であるかを明示することは、相手に対して僭越な態度になりかねない。

ここで、情報構造に関わる係助詞の中のナムが、対他的な働きかけを表わすために会話文に用いられることは了解できたとしても、それ以外の係助詞（疑問と関わるヤ・カは除いても）、コソ・ゾがどうして会話文に特徴的でないかについて一言付言しておく必要があるだろう。まだ検証したわけではなく推測の域を出ないが、情報構造とは言っても、聞き手がその情報を知らないか知っているかに重きが置かれる「新情報／旧情報」と、話し手が当該の情報を伝える必要があると認識しているかどうかに重きが置かれる「重要／非重要」というような違いがあるのか

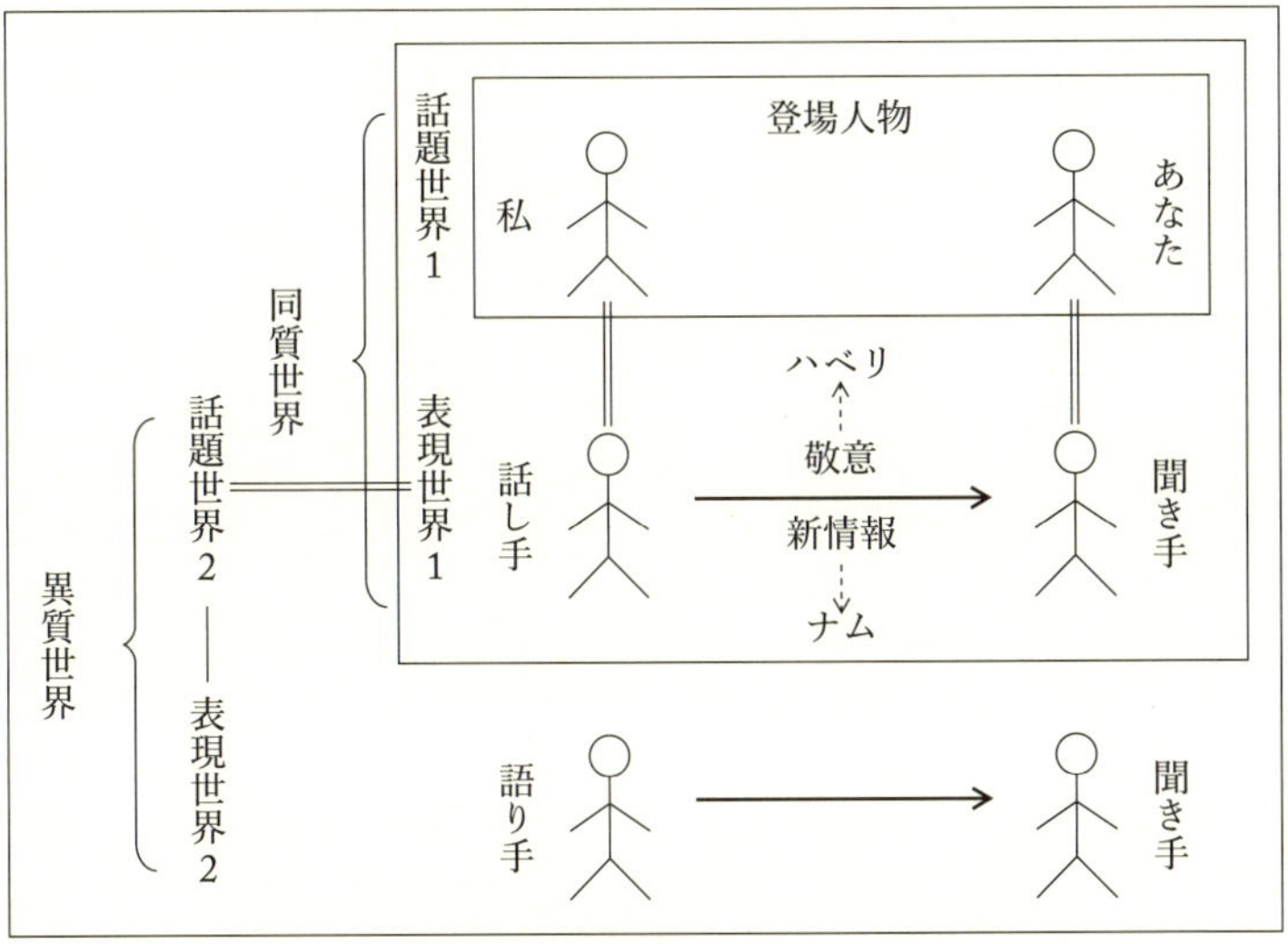

図表一　同質世界・異質世界とハベリ・ナムの使用

もしれない。そのうち、対他的な特徴を持つ前者がナムであり、話し手の中の認識に留まる後者がコソ・ゾであるということなのかもしれない。この点に関しては、後考を俟ちたい。

　以上のように、丁寧語ハベリも、係助詞ナムも、話し手の聞き手を念頭に置いた表現である、という点で、談話文法に属すという共通性を持っていることになる。そして、それらが機能するのは、話し手（および聞き手）が存在する表現世界であり、それらの談話形式は、それに対する話題世界の内容に組み込まれることによって、実際の表現が形成されるということになる。ただし、最初に考察したように、理論的には話題世界―表現世界関係は、何重にも埋め込まれうる関係にあり、それぞれの表現世界にそれぞれの話し手（および聞き手）が存在していた。

　以上のようなハベリやナムについての議論を踏まえて、再度地の文と会話文との相違について考え直してみたい。さて、第三章で、「同質世界」「異質世界」という対概念を提示した。同質世界とは、話題世界と表現世界とが同一の時空を持ち、人物も共通する（端的に言えば、表現世界の話し手・聞き手に対応する話題世界の人物「私」「あなた」も登場しうる）場合であり、異質世界とは、話題世界と表現世界とでは時空がまったく異なっており、人物が共通することもない場合である。ハベリやナムの使用のしかたを検討してみると、同質世界が描写される場合にはハベリやナムは比較的自由に現われうるのに対して、異質世界が描写される場合にはハベリやナムの使用は困難であるか制約が厳しくなる。そこで、改めて、異質世界を描写する場合を「地の文」、同質世界を描写する場合を「会話文」と再定義することにしたい（図表一）。

確かに、話題世界と表現世界との関係は、理論上無限後退するものであるが、地の文と会話文とは各作品の表現方法と結び付いて定まると考える方が、常識にも一致する。ちなみに、第三章でも論じたように、異質世界を描く地の文では、物語時制現在のφと相対時制過去のケリとの交替によってウチ／ソトの視点の移動が見られるのに対して、同質世界を描く会話文では、話し手の経験を描く表現時制過去のキが用いられる。

5　中古和文の表現の解釈

前節で行った理論的検討を踏まえて、第2、3節で見た中古和文の表現の違いを解釈していきたい。

その前に、上代のありさまに若干触れておくと、『続日本紀宣命』も『延喜式祝詞』も共に音読することを前提としたある種の口頭表現であるが、同質世界を描くという点で、会話文の表現が用いられる。すなわち、共にハベリが現われるのであるが、ナムは『続日本紀宣命』には頻出する一方、『延喜式祝詞』には一例も見られない。これはナムが場合によっては僭越な印象を持つ（ナムの特徴②）ことが、神に言上する表現にはそぐわないからではないだろうか。

中古の物語においては、会話文では、ハベリには相手の社会的地位が上位ないし同等でなければならないという制約（ハベリの特徴②）はあるものの、ナムともども比較的自由に現われる。地の文では、ハベリは特定の人物に対して用いなければならないという制約（ハベリの特徴①）のために、草子地などに極めて稀に用いられるに過ぎないが、ナムは聞き手が必ずしも特定化されなくてもよい（ナムの特徴①）ために、それほど珍しくはない。それでも結びにはケリを用いる場合が圧倒的に多いことなど、語り手が物語中に身を置くことなく自らの視点を堅持する、ソトの視点で描かれる箇所に限られる。ソトの視点は、表現世界において語り手が聞き手を意識して語りかけるという、対他的な性格を持つところからナムが用いられたのだろう。しかしこのことは、地の文が会話文的な特徴を持つという、未分化な状況でもあるわけで、『狭衣物語』や『夜の寝覚』のような後期物語の地の文にナムが用いられることがなくなるということは、ある意味では、口頭語的性格を脱した文章語としての〝語り〟の表現の確立であったとも了解できる。

ただし、中世に入り、『今昔物語集』のような説話の中に地の文のナムが再び用いられるようになる（「となむ語り伝へたるとや。」）。これは、『今昔物語集』が音読するために成立した「宣命書き」で書かれていることとも深く関わっているものと思われる。

ここで、冒頭の一見地の文と思われる部分にハベリが現われる『大鏡』の表現の特異性が目を惹くことになるが、この部分は第三章でも論じたように、「雲林院の菩提講」に居合わせた潜在的な「記者」の会話文として表現されていると考えれば説明がつく（冒頭部分にも「見はべりしに」の主体として暗示されている）。すなわち、ここは同質世界として表現時制過去のキも用いられており、そこで見聞きされた、やはり表現時制過去のキが用いられる大宅世継、夏山茂樹の会話文中の物語とともに、会話文の相同的な二重の埋め込み構造を成していると思われる。

物語からさらに視野を広げれば、日常生活において、たとえば消息文において表現時制過去のキやハベリ（およびナム）が用いられるということも、手紙の内容が身の回りに起こったこと、すなわち同質世界を描くことから説明ができる。

和歌に目を転じたい。まず詞書と左注の違いについて見てみると、『古今和歌集』の詞書と左注とでは、まったく異なった表現が用いられていた。詞書にはハベリは用いられるがナムは用いられることなく、左注にはナムは用いられるが(正確には左注の地の文には)ハベリは用いられることがない。これは、詞書は編纂者(紀貫之ら)の奏覧する相手である醍醐天皇に直接語りかける会話文の表現が用いられているからであると思われる。ここでナムが用いられていないのは、ナムの持つ僭越な印象(ナムの特徴②)が天皇に奏覧する体裁として相応しくなかったためであると思われる。それに対して、左注は一般的な読者を想定して、物語の地の文と同じ表現が用いられているものと考えられる。

和歌そのものには、ハベリもナムもともに用いられることはない。しかしこのことは、和歌に地の文の表現が用いられているという結論に直結するわけではないだろう。むしろ、和歌が自己完結した世界を構成するものであって、対他的なコミュニケーションを目的とするものではないことと関わっているものと思われる。和歌に用いられる表現に関しては、また改めて論じたい。

おわりに

本章では、丁寧語のハベリと係助詞ナムとがともに会話文的であるという特徴を持つことを、過去助動詞の分析のために設けた、物語世界と表現世界という二世界構造を適用して分析した。この構造は、さらに推量助動詞を分析するにあたっても有効であると思われる。この理論的枠組を用いた他の構文現象の分析に関しては、また改めて論じることにしたい。

第二部　中古語を中心とする完了表現

第二部では、中古語を中心として完了表現の全体像を素描することを目指す。

そのために、まず第七章において、現代語文法においても必ずしも明確とは言いがたいアスペクトという概念のうち、現代語にも中古語にも共通する部分を筆者なりに概念規定する。すなわち、第一に、述語の時間的展開のありかたを「動作態」と呼び、動作態の各段階を「局面」と呼ぶ。局面は典型的には開始以前―開始―継続―終了―終了以後に分けられる。第二に、述語の外部から時間表現や他の述語を用いて指定される時間を「基準時」と呼び、その基準時においてどの局面にあるかを表わす表現を「アスペクト」と呼ぶ。アスペクトには、それぞれの局面に対応して（始発以前）―始発―動作の進行―完了―結果の存続に分けられる（ただし、この呼称は中古語、現代語にともに適用される暫定的なもの）。

さて、そのように理論的な整備をしたうえで、中古語において、タリ・リとアスペクト形式なし（φ、以後この記号を用いる）とのアスペクト体系における位置付けについて考察する。一方では、ヌ・ツを〈完了相〉に充てるのと対にして、φを〈非完了相（≒継続相）〉に充て、タリ・リを〈パーフェクト相〉（およそ結果の存続）に充てる有力な考え方がある。しかしここでは、タリ・リは動作の進行・結果の存続（動作の進行と結果の存続との関わりに関しては、第八章で論じ、ここでは取り上げない）とアスペクト体系の中に位置付けられるが、φはアスペクト体系の中には位置を持たない脱アスペクト表現であると考える。現代語で、現在の動作にテイルというアスペクト表現が用いられるが、それは現代語のテンスが現在という瞬間のありさまを表わす分析的表現を指向したためであって、中古語の現在テンスは、非分析的に現在という瞬間を中心として若干幅のある時間を表わすためにアスペクト表現を用いず、φが用いられると考える。

第八章では、中古語と現代語のアスペクト・システムの根本的な相違点について論じる。現代語では、アスペクト表現は動詞にしか適用できないが、中古語では、動詞のみならず形容詞、あるいは状態動詞アリ、否定助動詞ズ、推量助動詞ベシにも適用できる。これらのことから、現代語はアスペクト表現が動作にしか適用されない「動作アスペクト」システムであるのに対して、中古語はアスペクト表現が動作や状態を含めた事態に適用される「事態アスペクト」システムであると論じる。それに伴って、中古語のアスペクト表現は、現代語のような始発―動作の進行―完了―結果の存続というように、テイルで表わされる個所が〈動作の進行〉と〈結果の存続〉に二分される構造ではなく、両者は統合されることになる。これを〈経過〉と呼べば、始発―経過―完了という順序となり、これはヌ―タリ・リ―ツという相互承接の順序と一致することになる。

第九章では、ヌ・ツと動詞の自他ないし非意志的／意志的との相関性の高さをアスペクトの理論に組み込む。従来、完了助動詞はヌは自動詞ないし非意志動詞に下接し、ツは他動詞ないし意志動詞に下接すると議論されてきた。ただ、ヌ・ツ両者が下接する動詞もあるなど、厳密には成り立たない議論ではあるが、相関性の高さは疑いようがない。そこで、ここに、他動詞は、自動詞に対応する基幹動作に、使役動作が重ねられた二重構造になっている、という考えを導入するが、中古語のアスペクトは事態アスペクトであることに鑑み、事態には、行為を表わす行為事態と、変化を表わす変化事態とがあり、場合によっては変化事態に行為事態が重なった複合事態が存すると考えることによってこの問題を解決しようと試みた。すなわち、変化事態（ほぼ自動詞に対応）は変化の始発が注目されるためにヌが用いられ、複合事態（ほぼ他動詞に対応）は行為事態の完了と変化事態の始発とが重なるが、前者が実現されてツが用いられると考えられる。

第十章では、テーム、ナーム、テーバ、ナーバなど、いわゆる「確述」と呼ばれる用法の位置付けについて論じる。これらが「完了」（この章に限り、「完了／確述」と対にされるような通説的な意味で用いる）と区別されるのは、完了が現実の時間に位置付けられるのに対して、確述が推量や仮定など、非現実の出来事に用いられるからである。ここで、過去助動詞は現実の時間に対して用いられるが、完了助動詞は現実の時間だけでなく仮想の時間にも適用されると発想を転換すれば、あえて「確述」という概念を立てる必要はなくなる。さらに、完了助動詞に否定表現が下接するのは、タリ・リに偏ることに関して、これは基準時に当該事態が経過中でないということは珍しくないが、基準時に当該事態が始発であったり完了であったりすることはかなり不自然であるからであると考えた。また、希望・願望・命令表現も非現実の事態に含まれるが、ここに用いられる完了助動詞はヌ・ツに偏る。このことは、ある事態の始発や完了を望んだり、願ったり、命じたりすることは自然であるが、ある事態の経過を望んだり、願ったり、命じたりすることは不自然であるからであると考えられる。

第十一章では、完了助動詞のテクスト用法について論じる。アスペクトは、当該事態の外から与えられた基準時における事態の展開の段階であるという意味では、本質的に文文法に収まらない。しかるに、完了助動詞には、単に基準時を当該事態の外に求めるという以上に、テクストの中で特殊な働きをすることがある。ツは特に会話文の中で重ねて用いられることによって、記憶に新しい出来事を時間的展開の順序で生き生きと描く場合に用いられ、ヌは地の文の中で場面の始めと終わりを画するような場合に用いられ、リ・タリは物語の筋の展開を追う場合よりも、場面の中で情景を描写して肉付けをするような場合に用いられる。

ところで、アスペクトという文法現象は、テンスやモダリティよりもいわば内側のものであり、資料による用法の偏りはそれほど大きくないと思われるため、第二部で用いる資料は、『源氏物語』を中心として、必要に応じて第九、十、十一章ではそれ以外の中古の和文・和歌資料を補った。

第七章　アスペクト理論素描

―タリ・リとφの位置付けに及ぶ―

はじめに

古典語の完了助動詞の研究は、従来、ヌ・ツに関するものと、タリ・リに関するものとはおよそ別々に進められてきている。しかも、前者の研究は近世から盛んであったのに対して、後者の研究は数も少なく概して低調であったが、一九九〇年頃から興味深い研究が相次いで現われるようになった。(1) 本章では、そのうち後者について、近年の研究を踏まえて、若干の考察を試みたい。

それにあたっては、従来のアスペクト理論とは異なった枠組をもとにした立論を行うので、第1節で理論的な枠組の簡単な紹介を行い、第2節でそれをもとに存続助動詞タリ・リの分析を試みる。

なお、本章では、中古語のありさまを対象とし、資料としては、主に『源氏物語』を用いるが、先行研究に関しては、上代語の研究も参照する。これは、過去助動詞キ・ケリの用法は上代・中古語の間で大きな断絶があるのに対して、完了助動詞ツ・ヌ・タリ・リの用法は、緩やかな変化はあるものの、上代・中古語で連続していると考えられるからである。

1　理論的検討

1・1　理論的枠組素描

テンス・アスペクトについては、欧米においても、我が国においても、すでにいくつもの精緻な理論が構築されており、今やテンス・アスペクトに関して理論的に検討する余地はなく、それを用いて具体的なテクストを分析して、個々の用法を詳細に記述することしか残されていないようにも見える。それは裏を返せば、それほど従来の理論のパラダイムが常識化し、いわば「通常科学」となって、研究者に理論そのものが見えにくくなっているということでもあろう。

ここで、一旦そのような理論を白紙に戻して、一つの思考実験をしてみたい。すなわち、言語一般にとって、時間表現を行うためにはどのようなシステムが必要であろうか。

まず、事態(ここでは動作・状態を区別せず「事態」と呼んでおく。事態の内実、ないし現代語と古典語とにおけるその相違に関しては、第八章で論じる)の、発話時ないし筆記時(合わせて「表現時」と呼ぶ)に対する前後関係を表わすシステムが必要である。これがいわゆる「(絶対)テンス」であり、表現時以前が「過去」、表現時と同時が「現在」、表現時以後が「未来」となる。(2)

(1) a　昨日雨が降った。　〈過去〉
　b　今雨が降っている。　〈現在〉(テイルについては第2・1節で論じる)

c　明日雨が降る（だろう）。〈未来〉

もし、単一の事態を表現するだけですむのであれば、このテンスのシステムだけでそれほど不自由はしないだろう。

しかるに、実際ある程度の長さを持つテクストは、複数の事態および時間の相互関係から構成されており、それを明示するシステムが不可欠である。そのうち一つは、一方の事態あるいは時間が他方の事態あるいは時間に対して「以前」か、「同時」か、「以後」かを表わすシステムであり、これがいわゆる「相対テンス」である。(2)a～cが時間と事態との関係、(3)a～cが事態と事態との関係である。

(2)　a　七時前に帰り着いた。〈以前〉
　　b　(丁度)七時に帰り着いた。〈同時〉
　　c　七時以後に帰り着いた。〈以後〉

(3)　a　雨が降り出す前に帰り着いた。〈以前〉
　　b　(丁度)雨が降り出した時に帰り着いた。〈同時〉
　　c　雨が降り出した後に帰り着いた。〈以後〉

以上のものは、相対名詞「前・後」などを用いたものであるが、タ・テイルの有無で相対テンスを表わすこともある。

(4)　a　アメリカに行くφ時、帽子を買った。〈以前・同時〉

b　アメリカに行った時、帽子を買った。〈以後〉

さらに、積極的にこのような相対テンス表現を用いない場合には、しばしば事態の表現の順序が事態の発生の順序と一致するということはよく知られている。

(5)　a　山田は家に帰り着いた。(それから)雨が降り出した。
　　b　雨が降り出した。(それから)山田は家に帰り着いた。

ただし、相対テンスのシステムでは、事態同士の全体としての前後関係を表わすことはできるが、事態の時間的展開の内部に立ち入って、ある時点(以後「基準時」と呼ぶ)において、当該の事態が時間的展開のどの段階にあるか(以後「局面」と呼ぶ)を表わすことはできない。そのような機能を担ったシステムのことを、「アスペクト」と呼ぶことにしたい。ここで、局面を順に「開始以前」「開始」「継続」「終了」「終了以後」と呼べば、アスペクトは、基準時に事態が開始局面にあることを「発生」、継続局面にあることを「動作の進行」、終了局面にあることを「完了」、そして事態からはみ出すことになるが、開始以前の局面にあることをとりあえず「発生以前」、終了以後の局面にあることを「結果の存続」と呼ぶことにする[3](ここで用いた術語は、現代語にも古典語にも適用される暫定的なものである。第八章では、動作アスペクト／事態アスペクトという概念を導入することに伴って、現代語と古典語とには異なった術語を用いることになる)。結論先取り的ではあるが、発生を表わす形式は、現代語ではタ(・φトコロダ)、古典語ではヌ、動作の進行を表わすのは、現代語ではテイル(・テイルトコロダ)、古典語ではタリ・リ、完了を表わすのは、現代語ではタ(・タトコロダ)、古典語ではツ、結果の存続を表わすのは、現代語ではテイル、古典語ではタリ・リであると考えられる(図表一)。

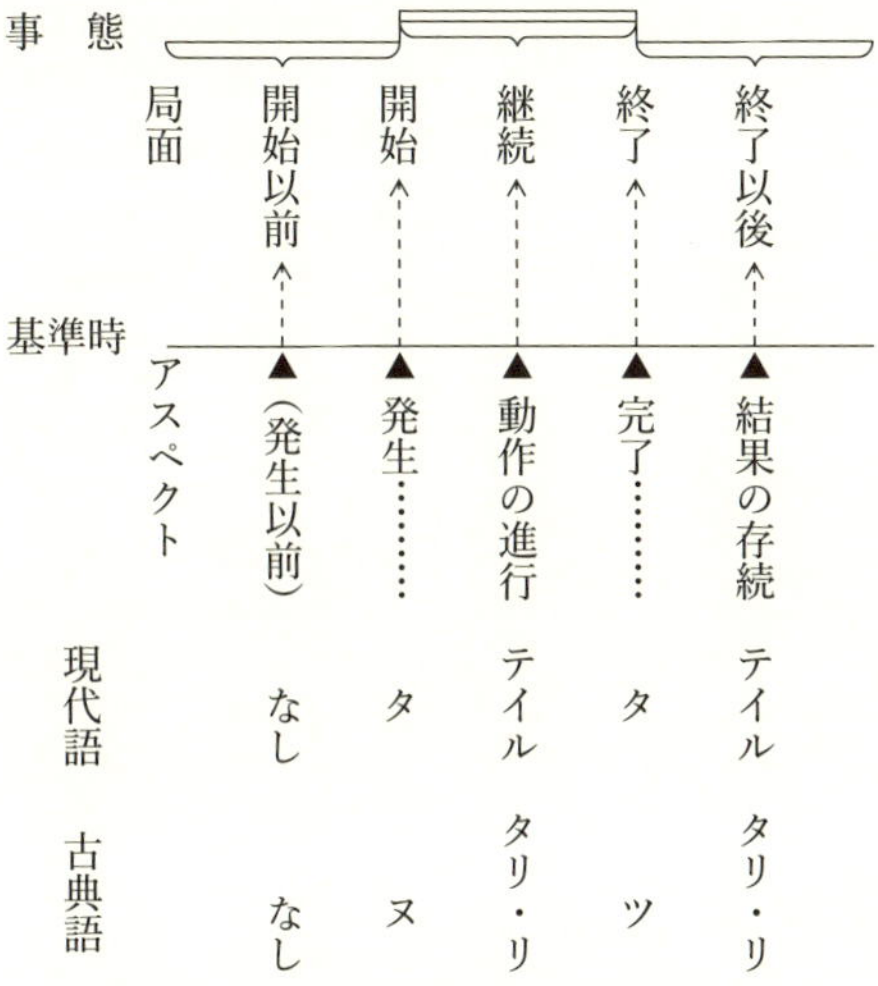

図表一　古典語と現代語の動作態とアスペクト

(6)　a　母親が部屋を覗いた時、太郎は勉強するところだった／し始め(るところだっ)た。

b　母親が部屋を覗いた時、太郎は勉強してい(るところだっ)た。

c　母親が部屋を覗いた時、太郎は勉強したところだった／し終わった(ところだった)。

1・2　従来のテンス・アスペクト理論との相違

さて、以上のような枠組を採ると、従来の理論とさまざまな点で異なることになる。ここで示した理論的枠組の特徴を明瞭にする意味でも、重要であると思われる点を列挙することにしたい。

第一に、アスペクトの理論の根本に、φ／テイルという形態的な二項対立を据える立場(奥田靖雄(一九七七・四、一九七八・六、一九七八・九)、高橋太郎(一九八五・二)など)を採らない。すなわち、まず、アスペクトは基準時がどのような局面にあるかによって、(発生以前)・発生・動作の進行・完了・結果の存続にそれぞれ対応する形態があると考えるのであって、テイルのような特定の形を(相対的に重要ではあるとしても)特権的に扱うことをしない。次に、ϕは原則としてアスペクト体系に積極的に関与しないと考える。ただし、上代・中古語では、おそらくタリ・リの文法化(grammaticalization)が不充分であったために、タリ・リが〝動詞らしい〟(あるいは他動性(transitivity)の高い)動作の〈進行〉を表わす例が見られない、あるいは少ないということが指摘されているが、そのような空隙を補うためにϕが用いられる可能性は否定できない(第2・1節で論じる)。

第二に、第一点と関連して、ϕ／テイルという形式によって担われると論じられていた〈完成性〉／〈継続性〉という意味対立も無効となる。〈完成性〉とは動作全体をひとまとめのものとして表現するもので、〈ひとまとまり性(globality)〉などとも呼ばれるものであり、〈継続性〉が動作の内部構造にまで立ち入るという意味で、〈分割性〉と呼ばれるのと対をなしている。しかしながら、アスペクト表現はそのような意味では、すべて〝分割的〟なものであると考えられる。それに対して、動作を〝ひとまとまり〟であるとする表現のしかたは、アスペクトを含まない「脱アスペクト」表現であると考えることになる(4)。

第三に、第二点から発展して、すべての文に対して、すなわち特定の形態的なアスペクト形式を伴わないϕ形の文に対しても、あえてアスペクト機能を認定するのは、空論ではないか、と考えることになる。テンスの方は、確かにϕ／タという形態的対立が、〈非過去〉／〈過去〉という意味的対立を担っていると考えられるが、それでも「水は百度で沸騰する」のようなϕをとる(時制形式をとらない)脱テンスの文(いわゆる「ポテンシャル」な文)も存在する。アスペクトに関しても、ϕがアスペクト体系の中に積極的な位置を持たないとするならば、アスペクト形式を持たない文は原則として脱アスペクト表現であると了解する方が妥当なのではないだろうか。

第四に、アスペクトは他の事態や時間との関わりがないという理論と対立することになる。たとえば、工藤真由美(一九九五・一一)は、明確に、アスペクトは「発話時との関係」も「外的時間関係」(すなわち他の事態との関係)もないと論じている。それに対して、本書では、アスペクトは本来基準時という形で〝外的時間〟との関わりを持つと考えることになる。

第五に、第四点の理論的帰結として、アスペクトに他の時点との関わりを考えなければ、動作そのものの〝内的〟な時間的展開のありさまである動作態との区別が不明確になる。そのために、多くの理論で動作態もアスペクト表現の一類であると考えられることになる(寺村秀夫(一九八四・九)、工藤真由美(一九九五・一一)など)。しかし、現在進行中の動作は動作態では表わされず(「＊今、雨が降り続ける」)、アスペクト表現を用いなければならない(「今、雨が降っている」)こと、あるいは動作態形式に完了助動詞が承接する(「雨が降り続けている」)ことがあることなどからも明らかなように、動作態とアスペクトとは次元が異なると考えざるをえない。

第六に、第四点の議論の裏返しとして、アスペクトの理論から外的時間を排除するとすれば、補完的な理論として、アスペクトの他に、事態相互の関係を表わすタクシスという概念が新たに必要となる。さらに、両者はまったく同じ形式を媒介として、文の中でのアスペクト的意味〈完成性〉〈継続性〉〈パーフェクト性〉〈反復性〉が、順に、テクストの中でのタクシス的意味〈継起性〉〈同時性〉〈後退性〉〈背景的同時性〉を一方的に規定するという関係になっている。しかるに、アスペクトを最初から基準時という外的時間との関わりであると規定しておけば、タクシスという新たな概念を設定する必要はなくなる。

第七に、かつて「事象の時点」(event time)、「言及の時点」(reference time)、「発話の時点」(speech time)の三時点の相互関係をもとにした時間理論が提示されたことがある(ライヘンバッハ(一九四七))。そこで示された議論は、相対テンスの説明としては、ある程度有効かもしれないが、ここで提出したアスペクトの理論とは似て非なるものである。

以上の理論的な考察をもとに、次に中古語のϕとタリ・リとの機能について考察を加える。

2　φとタリ・リとの相違

2・1　会話文で進行を表わすと言われるφ

古典語では、タリ・リによって、〈意志性〉を持つなど〝動詞らしい〟動詞の〈動作の進行〉を表わすことはない、と言われる。野村剛史(一九九四・一)も、古典語のタリ・リも現代語のテイルも、「存在様態」がプロトタイプであるが、タリ・リは特にその傾向が強いために、〈意志性・活動性〉という性格を持つ「動作の継続」の用例はほとんどないという。金水敏(一九九五・一〇)では、〈意志性〉でなく、動詞の〈限界性〉の有無によってタリ・リが表わす進行態を「強進行態／弱進行態」と区別する。そのうえで、上代・中古には、「弱進行態」の例はあるが、「強進行態」の例はない、と論じる。そして、両者とも、〝動詞らしい〟動詞の〈動作の進行〉は鈴木泰(一九九三・二b＝一九九九・七)が論じるように、φ形が担うのではないかと示唆する。

さて、確かに、上代・中古のタリ・リは、文法化がそれほど進んでおらず、〈存在〉の意味を強く残していた、そしてそのために、〝動詞らしい〟動詞の〈動作の進行〉という働きまでは、表わすことができず、それは無標のφ形が意味を拡張して担っていた、ということは、いかにもありそうなことである。

そこで、ここで改めて、野村剛史(一九九四・一)、金水敏(一九九五・一〇)がもとにした鈴木泰(一九九三・二b＝一九九九・七)の議論を検討してみたい。そこでは、φ形のさまざまな機能の一つとして、〈動作の進行〉(鈴木泰氏の術語としては「継続」)を表わす場合があることが指摘されている。そこでは、地の文はテンス・アスペクト関係が必ずしも分明でないとして、会話文に限って発話時現在の動作であると解釈できる例が挙げられている。

(7) a （女一の宮方で）箏の琴いとなつかしう弾きすさむ爪音をかしう聞こゆ。思ひかけぬに寄りおはして、「《薫》など、かくねたまし顔に掻き鳴らしたまふ」とのたまふに、　『源氏物語』蜻蛉　六・260

b 「《源氏》いと乱りがはしき御ありさまどもかな。（匂宮と薫が）おほやけの御近き衛りを、私の随身に領ぜむと争ひたまふよ。三の宮（匂宮）こそいとさがなくおはすれ。常に兄に競ひ申したまふ」と、諫めきこえあつかひたまふ。　同　横笛　四・351

c 「《預り》…御庄の田畠などいふことのいたづらに荒れはべりしかば、故民部大輔の君に申し賜はりて、さるべき物など奉りてなん、領じ作りはべる」など、そのあたりの貯へのことどもをあやふげに思ひて、鬚がちにつなし憎き顔を、鼻などうち赤めつつはちぶき言へば、　同　松風　二・390

ここで現代語の動作述語のテンス表現について振り返ってみたい。過去にはタ、未来にはφが充てられるのは問題ないとして、現在の動作を表現するためにはテイルを用いざるをえず、ここだけにアスペクト表現が割り込むという特殊な構造となっている。勿論、それには理由があるのであって、過去や未来は時間的に幅を持つので、継続動作であってもその全体を、過去ないし未来に位置付けることができるが、現在が瞬間であると分析的に認識される場合には、継続動作は全体として現在に収まりきれないことになる。そこで、現在を基準時とするアスペクト表現が使われるようになるわけである。しかるに、状態述語の場合には、現在であっても未来と同じくφが用いられる。

それに対して、古典語の場合は、発話時現在という瞬間を基準時としてタリ・リが用いられることがあることを妨げるものではないが、大局的には、動作述語であろうと状態述語であろうと、過去にはキ、現在・未来（非過去）にはφという単純な構造であったと考えることはできないだろうか。その場合、現在が、継続動作の時間的幅に合わせて、非分析的に過去・未来にも伸縮すると考えることになるだろう。現代語でも、状態述語では状態が過去や

	現代語 動作述語	現代語 状態述語	古典語 動作述語	古典語 状態述語
発話時過去	タ	タ	キ	
発話時現在	テイル	φ	φ	
発話時未来	φ			

図表二　古典語と現代語のテンス表現

未来に連続している場合にも用いられる(図表二)。

　以上は、会話文に現れる発話時現在の用法であったが、地の文に用いられる物語時現在の場合は、物語中で今まさに進行中の出来事がφ形で描かれていることに関しては、誰も奇異には感じないだろう。物語時に関しては、現在が連続的に展開するので、動作述語がφ形で用いられるのである、という説明も自然に受け入れられるのではないだろうか。

(8) a　(明石の君は)ありし夜のこと、思し出でらるるをり過ぐさず、かの琴の御琴さし出でたり。(源氏は)そこはかとなくものあはれなるに、え忍びたまはで掻き鳴らしたまふ。　同　松風　二・404

b　月さし出でていとはなやかなるほどもあはれなるに、(源氏は)空をうちながめて、世の中さまざまにつけてはかなく移り変るありさまも思しつづけられて、例よりもあはれなる音に掻き鳴らしたまふ。　同　鈴虫　四・370

c　梅壺の御方には、平典侍、侍従内侍、少将命婦、右には大弐典侍、中将命婦、兵衛命婦をただ今は心にくき有職どもにて、心心にあらそふ口つきどもをかしと聞こしめして、まづ、物語の出で来はじめの親なる竹取の翁に宇津保の俊蔭を合はせてあらそふ。　同　絵合　二・370

d　葵の上「さばかりにては、さな言はせそ。大将殿をぞ豪家には思ひきこゆらむ」など言ふを、その御方の人もまじれれば、いとほしと見ながら、用意せむもわづらはしければ、知らず顔をつくる。　同　葵　二・17

ここで、心理・知覚動詞に関して、触れておきたい。現代語においても、「思う」「見える」を典型とする心理・知覚動詞は、話し手の現在の心理・知覚を表現する場合には、φ形が用いられる。ところで、井島正博（一九九四・三）では、「この船をクイーン・エリザベス号と命名する」や「赤に千円賭ける」のような、コミュニケーションに関わる典型的言語行為（外的言語行為）だけでなく、心理や知覚などの心的過程に関わる言語行為（内的言語行為）も含めた、拡大言語行為論を構想した。これらの表現は、一人称現在形をとることによって、コミュニケーション行為ないし心的行為を、話し手が発話時現在において遂行するために用いられる。このように、「思う」「見える」などが、話し手の現在の行為を表わす場合に、他の多くの動詞のようにテイルではなく、φが用いられるのは、これらの表現は、事態描写のためではなく、言語行為を遂行するものであるからであると考えられる。その事情は、古典語にも共通している。会話文中の「思ふ」「見ゆ」（(9)a・c）は、話し手の発話時現在の心的行為の遂行を表わしていると考えられる。[5] ちなみに、地の文中にも「思ふ」「見ゆ」は頻出する（(9)b・d）が、こちらは、(8)の一般動詞と同じく、登場人物の物語時現在における動作の描写とも、語り手が登場人物に視点を置いて、会話文と同じく登場人物の物語時現在における心的行為の遂行を表わすとも、解釈できる。

(9) a 女五の宮「…今は、そのやむごとなくえさらぬ筋にてものせられし人（葵の上）さへ亡くなられにしかば、げになどてかは、（朝顔が）さやうにておはせましもあしかるまじ、とうちおぼえはべるにも、（源氏が）さらがへりてかくねむごろに聞こえたまふも、さるべきにもあらん、となむ思ひはべる」など、いと古代に聞こえたまふを、〈会話文〉　同　少女　三・13

b （頭中将は）わが妹の姫君（葵の上）は、この定めにかなひたまへりと思へば、君（源氏）のうちねぶりて、言葉まぜたまはぬを、さうざうしく心やましと思ふ。〈地の文〉　同　帚木　一・145

c 女房たち「（源氏は）今日はまたことにも見えたまふかな。ねびたまふままに、ゆゆしきまでなりまさりたまふ御ありさまかな」と、人々めできこゆるを、宮（藤壺）、几帳の隙《ひま》より、ほの見たまふにつけても、思ほすことしげかりけり。〈会話文〉　同　紅葉賀　一・396

d　いま一人（軒端荻）は東向きにて、残る所なく見ゆ。白き羅《うすもの》の単襲《ひとへがさね》、二藍《ふたあゐ》の小袿《こうちぎ》だつものないがしろに着なして、紅の腰ひき結へる際まで胸あらはに、ばうぞくなるもてなしなり。〈地の文〉　同　空蝉　一・194

以上のように、ある種のφが積極的に〈動作の進行〉（「継続」）というアスペクト機能を担っていると考える必要はないように思われる。そもそも、従来の現代語アスペクト研究において、φが担っているのは「完成相」であり、テイルが「継続相」を担っていると言われてきた。古典語において、φが「継続相」を表わす（場合がある）とすれば、どのように理論的な一貫性を保てばよいのだろうか。

むしろ、本書の立場のように、φをアスペクト体系の中に位置付けなければ、発話時現在の動作表現に用いられるφは、単に現在を表わしているに過ぎない、と論じればすむことになる。

2・2　中古語のタリ・リの機能

前節では助動詞無し（φ）の働きについて検討を加えた。ここでは、改めて、タリ・リの機能とはどのようなものかを検討したい。

それは、結論から先に述べれば、第1・1節で論じたように、基準時において、当該事態が〈動作の進行〉（ないし〈結果の存続〉）にあることを表わすことであると考えられる。そして、そのような働きこそ、本書でアスペクトと呼ぶものに他ならない。たとえば、(10)a～cはいずれも「見る」という動詞が基準時となっているものであるが、基準時の与えられ方は必ずしも、構文的に規定されているわけではない。(10)aのように連用節（「見るに～」「見れば

〜」)で与えられたり、⑽b・cのように補文を受ける動詞(「〜を見る」)によって与えられる場合もある。基準時が対象事態と独立した文で表わされる場合(「見る。〜」)や、基準時を表わす事態が潜在化している場合(「φ。〜」)もあるだろう。

⑽　a　(竹取翁が)あやしがりて寄りて見るに、筒の中光りたり。それを見れば、三寸ばかりなる人、いとうつくしうてゐたり。　『竹取物語』29

b　(源氏は明石の姫君が)いとうつくしげにて前にゐたまへるを見たまふに、おろかには思ひがたかりける人の宿世かなと思ほす。　『源氏物語』薄雲　二・423

c　(中の君は)七日の月のさやかにさし出でたる影、をかしく霞みたるを見たまひつつ、いと遠きに、ならはず苦しければ、うちながめられて、　同　早蕨　五・353

このように、基本的な機能は、現代語のテイルと重なる部分が大きい。しかし、現代語では、発話時現在の動作の表現には、無条件に発話時現在を基準時とするアスペクト表現が用いられるのに対して、古典語では、現在テンスであるかどうかには関わりなく、基準時における当該事態のありさまを描写しようとする場合に限って、アスペクト表現は用いられるものと考えられる。

先に見た物語時現在の動作にφが用いられた動詞(⑻a〜d)にも、タリ・リが用いられている例は少なからず存在する。というよりも、物語時現在の動作にφが用いられている例の方が稀にしか見られない。もし、これらの動詞が〈動作の進行〉を表わす場合に常にφが用いられるのだとすると、タリ・リが用いられた〈動作の進行〉とどのような関係にあるというのだろうか。

(11) a 〈源氏は〉琴をすこし掻き鳴らしたまへるが、我ながらいとすごう聞こゆれば、弾きさしたまひて、〈歌〉とうたひたまへるに人々おどろきて、　同　須磨　二・190
b 〈源氏は〉久しう手ふれたまはぬ琴を、袋より取り出でたまひて、はかなく掻き鳴らしたまへる御さまを、見たてまつる人もやすからずあはれに悲しう思ひあへり。　同　明石　二・230
c 大臣〈致仕の大臣〉は、かしこき行者《おこなひびと》、葛城山より請じ出でたる、待ちうけたまひて、加持まゐらせんとしたまふ。御修法読経などもいとおどろおどろしう騒ぎたり。　同　柏木　四・283
d 文など作りかはして、〈高麗人が〉今日明日帰り去りなむとするに、かくあり難き人に対面したるよろこび、かへりては悲しかるべき心ばへを、おもしろく作りたるに、皇子〈源氏〉もいとあはれなる句を作りたまへるを、〈高麗人は〉限りなうめでたてまつりて、いみじき贈物どもを捧げたてまつる。　同　桐壺　一・116

このようなことを考え合わせてみると、やはり、〈動作の進行〉というアスペクト機能を担うのはタリ・リに限り、φは発話時現在の動作を表わす場合でも、脱アスペクト表現と扱った方がよいように思われる。

また、これらは〈意志性〉を伴うという意味で〝動詞らしい〟動詞が用いられている例である。確かに、(11) a・b「掻き鳴らす」、(11) c「騒ぐ」は、〈限界性〉はないという意味で、「弱進行態」ということになるのかもしれないが、〈限界性〉がある動詞の多くは変化動詞であり、変化動詞にタリ・リが下接すれば大抵は〈結果の存続〉を表わすことになるのは自然なことである。(6)

いずれにせよ、タリ・リは〝動詞らしい〟動詞に下接することはない、という議論は、タリ・リの文法化が不完全な段階にあったと考えれば大いに成り立ちそうにも思われるが、実際の用例を見てみるとかなり割り引いて考える必要がありそうである。

さて、ここで、「思ふ」「見ゆ」などの心理・知覚表現のタリ・リ形について検討したい。前節で、「思ふ」「見ゆ」

などがφ形で現われた場合には、およそ話し手の心内における広義言語行為を表わしていると解釈されると述べた。しかしこれらが、タリ・リ形で現われた場合には、一般動詞と同じく、物語世界における事態描写を行っていると考えられる。勿論、その場合、基準時における〈動作の進行〉を表わすアスペクト表現となっている。

(12) a 頭中将「…（その時、女は）つらきをも思ひ知りけりと見えむはわりなく苦しきものと思ひたりしかば、（私は）心やすくて、またとだえおきはべりしほどに、（女は）跡もなくこそかき消ちて失せにしか。…」〈会話文〉 同 帚木 一・159

b 源氏「げに、いづれか狐なるらんな。ただはかられたまへかし」と、なつかしげにのたまへば、女（夕顔）もいみじくなびきて、さもありぬべく思ひたり。〈地の文〉 同 夕顔 一・229

c 左馬頭「…さるままには、真名を走り書きて、さるまじきどちの女文に、なかば過ぎて書きすくめたる、（その時は）あなうたて、この人のたをやかならましかば、と見えたり。…」〈会話文〉 同 帚木 一・165

d ことと明《あか》くなれば、（源氏は空蝉を）障子口まで送りたまふ。内も外も人騒がしければ、（源氏が空蝉と）引き立てて別れたまふほど、心細く、隔つる関と見えたり。〈地の文〉 同 帚木 一・180

ところで、古典語のタリ・リと現代語のテイルとを比較した吉田茂晃（一九九三・七）と野村剛史（一九九四・一）も、大局的には両者の機能が重なることを認めている。吉田茂晃（一九九三・七）は、従来から分類されているテイルの意味はすべて〝継続性〟という特徴が共通しているのに対して、リ（タリ）は、テイルほど限定されず、非分析的にさらに広い意味を表わしており、その共通の特徴を〝現実性〟であるとまとめている。ちなみに、野村剛史（一九九四・一）は、結論として、タリ・リはテイルに比べて〝完了的〟色彩が濃厚であると論じている。[7]

ここで、タリ・リが〈現実性〉という特徴を持っているという指摘に注目したい。このことは、逆に言えば、

〈現実性〉のない箇所には現われないということでもある。ここに「動詞＋人＋なし」という構文を考えてみると、これは実現していない出来事を表現するものであるから、動詞はφ形をとり、タリ・リはとらないと予想されるが、(13)a〜cに見られるように、ほとんどの例はそのようになっている。ちなみに、たとえば(13)aの現代語訳（『古典文学全集』）は「ほかには誰も知っている人はないことなので」となっているが、いずれの例もテイルを用いて訳すことができ、現代語では〈現実性〉がなくても用いられることを示唆している。ただ僅かに、(13)dのように「動詞−タリ・リ＋人＋なし」の例も存在するが、この例は「この御琴」とあるように、今現在、女三の宮が琴を弾いていることを表わしており、この場合はむしろ〈現実性〉を持つ特殊な例であると了解できる。

(13) a　（空蝉は）また知る人もなきことなれば、人知れずうちながめてゐたり。　同　空蝉　一・204

b　朱雀院「世の中の、今日か明日かにおぼえはべりしほどに、（女三の宮が）また知る人もなくてただよはんことのあはれに避りがたうおぼえはべしかば、…」　同　柏木　四・299

c　源氏「思はずに井出のなか道へだつともいはでぞ恋ふる山吹の花
顔に見えつつ」などのたまふも、聞く人なし。　同　真木柱　三・385

d　源氏「…琴、はた、まして、さらにまねぶ人なくなりにたりとか。この御琴の音ばかりだに伝へたる人をさをさあらじ」とのたまへば、（女三の宮は）何心なくうち笑みて、うれしく、かくゆるしたまふほどになりにける、と思す。　同　若菜下　四・176

このように、タリ・リの用法は、〈現実性〉がなければ用いられないという点で、テイルより広いというわけでは必ずしもない。

最後に、鈴木泰（一九九五・一〇、一九九六・六、一一）における、タリ・リは〈メノマエ性〉（もしくは〈証拠性

evidentiality〉〉という特徴を持っているが、ヌ・ツにはそのような特徴はない、という議論について付言したい。この議論は、それまでのアスペクトの議論と積極的に結び付けようとはされていないし、実際、従来のアスペクト理論の中に位置付けることも困難である。しかしながら、本書のように、タリ・リが用いられる場合は、あえて語り手が発話を行っている現在を基準時として、当該事態が〈動作の進行〉(ないし〈結果の存続〉)であることを表わす表現であると理解すれば、タリ・リがまさに語り手の眼前で進行中の事態を表わす〝メノマエ性〟を持つ表現に用いられることが説明できる。

おわりに

本章では、基準時における事態の局面を表わす仕組みがアスペクトであるという理論をもとに、中古語においても、助動詞なし(φ)はアスペクトを表わすことはなく、〈動作の進行〉(ないし〈結果の存続〉)は専ら存続助動詞(タリ・リ)が担っているということを明らかにしようと試みた。ヌ・ツの機能、およびヌ・ツとタリ・リとの関係など、引き続き考察を進めたい。

注

(1) 近世から現代までのアスペクト研究に関しては、第十六章において、概観した。
(2) 現代語をもとにしたアスペクトの理論に関しては、井島正博(一九九〇・三、一九九一・三)では体系的な記述を試みた。
(3) このような、テンス・アスペクト・動作態という三層理論は、屋名池誠(一九八二・一二)によって、初めて提示された。

（4）同様の〈ひとまとまり性〉批判は、須田義治(二〇〇三・一一)でも行われている。

（5）鈴木泰(二〇〇五・七)によると、会話文中の「思う(思す・思しめす・思ほす)」は、φ形では圧倒的に一人称主語に偏るが、タリ・リ形は三人称に偏るという。このことも、φ形の「思ふ」が単なる動作の描写ではないことを示唆している。「見ゆ」についても鈴木泰(二〇〇四・一二)に議論があるが、その表現機構は複雑である。改めて考察したい。

（6）(11)dは〈限界性〉も持っている。ただし、この例は「(高麗人が)今日明日帰り去りなむとする」時を基準時とするアスペクト表現であることは間違いないとしても、〈動作の進行〉ではないと言われるかもしれない。それでも、作った漢詩が問題にされているというよりは、漢詩を作るという行為が問題にされているように思われることから、タリ・リが〈結果の存続〉を表わしているわけでもないだろう。

（7）詳しくは、吉田茂晃(一九九三・七)は、従来のテイルの意味類型、〈進行〉〈結果〉〈状態〉〈反復〉および〈経験〉に関して、前四者を実現しかつまだ終結していないという意味で《現存》、最後の〈経験〉を実現しかつ終結しているという意味で《既存》と呼んでいるが、これらはすべて〝継続性〟という共通の特徴を持つと論じている。それに対して、リ(タリ)は、テイルほど限定されず、非分析的にさらに広い意味を表わしており、その共通の特徴を〝現実性〟であるとまとめている。野村剛史(一九九四・一)は、テイルのプロトタイプを、他の研究者があまり挙げることのない〈存在様態〉(「庭に木が三本立っている」の類)としたうえで、〈動作の継続〉〈完了〉〈結果の状態〉〈性質・単なる状態〉という意味へと広がっていると論じる。一方、タリ・リはやはり〈存在様態〉がプロトタイプではあるが、古典語では動詞の開始限界と終了限界との違いが不明確であるため、〈動作の継続〉と〈結果の状態〉との区別も不明確となり、両者は〈動作の成立とその結果状態・そのままの持続〉というように一括されることとなり、〈完了〉も含めて、〝完了的〟色彩が濃厚であると論じている。

第八章　完了助動詞の体系

はじめに

中古語のアスペクト形式と現代語のアスペクト形式とを比較してみると、単に、ヌ・ツ・タリ・リとタ・テイル・テアルとのように、形態的に異なっているに留まらず、それらの構文的振舞いが大きく異なっている。ということは、中古語と現代語との間には、アスペクトの原理に根本的な相違があることを示唆している。本章では、そこに、どのような原理的な相違が伏在しているかを明らかにしようと試みたい。

なお、本章の議論に関する限り、地の文と会話文とに大きな差は見られないと考えられるので、あえて区別はしない。また本章では、中古語の用例に関しては、『源氏物語』を用いる。

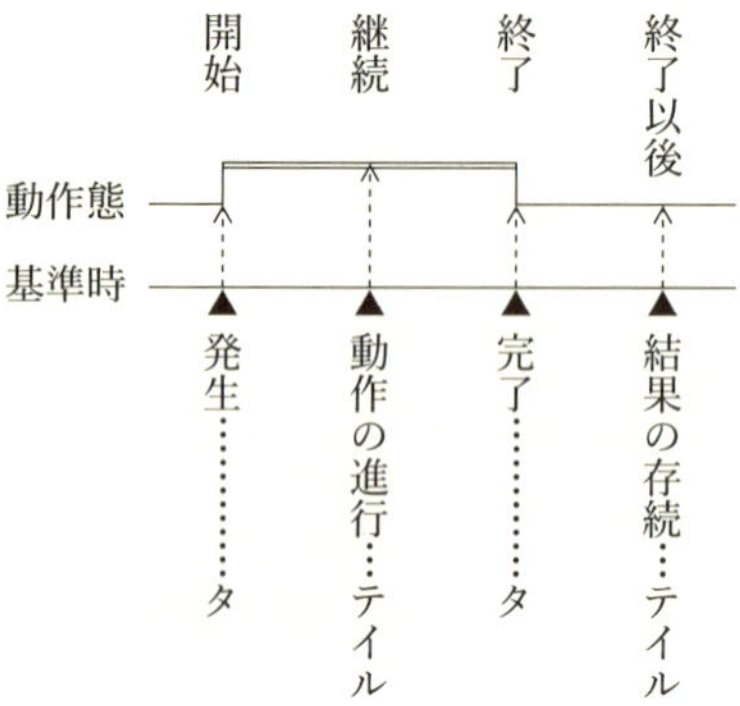

図表一　現代語のアスペクト体系

	変化	不変化
継続	A	C
瞬間	B	D

図表二　動詞の意味特徴の組み合わせ

1　現代語のアスペクト形式の体系

中古語のアスペクトを検討する前に、まず現代語のアスペクト体系を簡単にまとめておきたい。現代語のアスペクト表現は、外部から与えられた基準時において、〈動作〉がその時間的展開のどの局面にあるかを表わす表現であると考えられる。すなわち、〈動作〉の時間的展開の局面(動作態)としての、開始・継続・終了そして終了以後に対して、アスペクトは、〈発生〉〈動作の進行〉〈完了〉〈結果の存続〉が対応する。また、アスペクト形式は、〈発生〉〈完了〉にはタ、〈動作の進行〉〈結果の存続〉にはテイルが対応する(図表一)。

ここで、個々の〈動作〉はさまざまな意味的特徴の組み合わせから成り立っている。したがって、すべての〈動作〉が、まったく同じアスペクト的現われを見せるわけではない。さまざまな意味特徴のうち、アスペクト的現われに大きく影響を与えるものとして、〈瞬間／継続〉および〈変化／不変化〉が挙げられる[1]。

ここで、〈瞬間／継続〉〈変化／不変化〉という二つの基準を交差分類して、変化・継続の領域をA、変化・瞬間の領域をB、不変化・継続の領域をC、不変化・瞬間の領域をDとする(図表二)。

そうすると、テイルに関して、〈動作の進行〉か〈結果の存続〉のうちいずれを表わすかに関しては、次のように、〈動作の進行〉は動詞が意味特徴〈継続〉を持つ領域A・Cの場合に実現され、〈結果の存続〉は動詞が意味特徴〈変化〉を持つ領域A・Bの場合に実現されることがわかる。動詞が意味特徴〈継続〉も〈変化〉も持たない領域Dには、そもそもテイルが承接しない。

動作の進行：A・C(〈継続〉)

結果の存続：A・B(〈変化〉)

一方、アスペクトのタが、〈発生〉と〈完了〉とを別個に表わすか、両者が同時に生じるかに関しては、専ら動詞の意味特徴〈継続／瞬間〉が関わり、前者であれば両者は別個であり、後者であれば同時である。

発生と完了が別個：A・C(〈継続〉)

発生と完了が同時：B・D(〈瞬間〉)

以上を組み合わせると、〈不変化・瞬間〉動作の場合は、〈発生＝完了〉にタのみが用いられる(1)a)のに対し、〈変化・瞬間〉動作の場合は、〈発生＝完了〉にタ、〈結果の存続〉にテイルが用いられる(2)a・b)。さらに、〈不変化・継続〉動作の場合は、〈発生〉にタ、〈動作の進行〉にテイル、〈完了〉にタが用いられる(3)a・b・c)のに対し、〈変化・継続〉動作の場合は、〈発生〉にタ、〈動作の進行〉にテイル、〈完了〉にタ、〈結果の存続〉にテイルが用いられる(4)a・b・c・d)ことになる(図表三―a～d)。

(1)a　雷が一瞬光った。
　b＊雷が一瞬光っている。

(2)a　花瓶が割れた。
　b　花瓶が割れている。

(3)a　そよ風が吹いて風車が回った(回り始めた)。

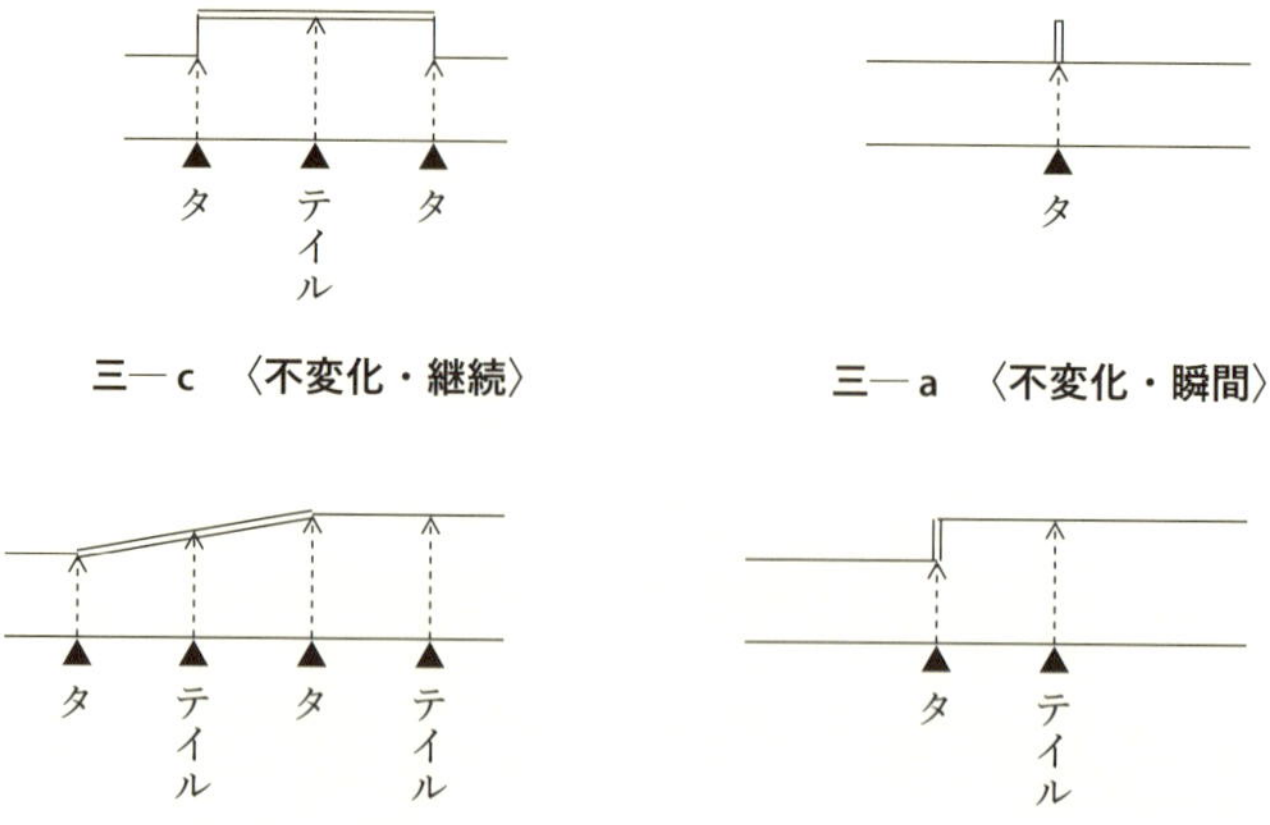

三―a　〈不変化・瞬間〉

三―b　〈変化・瞬間〉

三―c　〈不変化・継続〉

三―d　〈変化・継続〉

図表三　現代語における動詞の意味特徴の違いによるアスペクトの現われ方

b　風車がくるくる回っている。
c　風車が三回回った(回って止まった)。

(4)
a　風に吹かれて桜が散った。
b　桜がはらはらと散っている。
c　桜が全部散った。
d　桜があたり一面に散っている。

以上のような、アスペクト体系は、〈動作〉概念を中心に構成されており、状態述語に、テイルや〈発生〉〈完了〉のタがつくことはない(〈過去〉のタがつくことは言うまでもない)。また、〈結果の存続〉は〈変化〉動作終了後の状態という意味で辛うじてアスペクト体系の中に位置付けられているが、周辺的なものに留まる。

以上、現代語のアスペクト表現は、〈動作〉概念をもとに構成されていることを見た。そのことに関してもう少し考えてみたい。〈変化・継続〉動詞に属すると思われる「咲く」「散る」には〈動作の進行〉〈結果の存続〉用法があり、それらはそれぞれ「徐々に咲いている」「徐々に散っている」「一面に散っている」「満開に咲いている」のように表わすことができる。しかし、〈結果の存続〉であるはずの「満開に咲いている」は直観的には、〈動作の進行〉であるようにも思われる。それに対して、「一面に散っている」はどうしても〈結果の存続〉としか感じられない。その違いは、「満開に咲いている」には、何か〝生命力〟といったものが感じられることに由来するのではないだろうか。同様に、「浮く」「沈む」の場合、「木の葉が浮かんでいる」「小石が沈んでいる」は〈動作の進行〉はどうしても〈結果の存続〉としか思われないが、「水鳥が浮かんでいる」「潜水艦が沈んでいる」は〈動作の進行〉と解釈したくなる。これは、水鳥や潜水艦は〝意志的〟にそうしていると了解されるからだろう。さらに、天候を表わす「晴れる」「曇る」「(風が)吹く」を比較してみると、「風が吹いている」は〈動作の進行〉、「曇っている」は〈結果の存続〉、「晴れている」はどちらとも決めがたいように感じられる。これも「(風が)吹く」には〝動き〟があり、「晴れる」にはある程度太陽の光の〝作用〟というものを認識するからであろう。ここで、「吹く」が〈不変化・継続〉動詞であり、「曇る」、場合によっては「晴れる」も〈変化・瞬間〉動詞に属するからではないかという反論が出るかもしれないが、ここで今問題にしているのは、「晴れる」「曇る」「吹く」がまさにそのように分類される根拠そのものなのである。(2)

このように、現代人にとっては、〝動き〟や〝意志性〟だけでなく、〝生命力〟〝作用〟などを伴う出来事を〈動作〉であると認識する。文法研究者は、〈動作〉という概念をあたかも、自明で厳密に定義可能なものであるかのように扱いがちであるが、実はこのように人間の認識のしかたに依存した不安定な概念であると言わざるをえない。そのような自然発生的な概念は、学問的な概念のように厳密に定義できるものではなく、しばしば家族的類似性(family resemblance)を構成する。いずれにせよ、現代語のアスペクト表現はこのような〈動作〉概念をもとに構成されている。そのようなアスペクトのありかたを「動作アスペクト」と呼ぶことにしたい。

	完成相	不完成相	パーフェクト相
非過去形	ツ・ヌ	はだか	タリ・リ
過去形	テキ・ニキ	キ	タリキ・リキ

図表四　鈴木氏による中古語のテンス・アスペクト体系

2　古典語完了助動詞の研究史

第十六章で通観するように、ヌとツとは、本居宣長が、形態の面でも、意味・機能の面でも並行している(「ならぶ」)と指摘して以来、両者ともに〈完了〉を表わす表現であると了解されている(一方を〈現在〉という論者もあるが)。すなわち、およそヌもツも何らかの意味でものごとが〝終わった、過ぎ去った〟という共通する特徴を持っているという了解があったことになる。その点、現代の議論でも、鈴木泰(一九九二・五＝一九九九・七)が、意味的規定は精密化されてもヌ・ツをともに「完成相」に入れていることなどに受け継がれている。(鈴木泰(二〇〇四・八、二〇〇九・二))

その一方で、ヌ・ツの相違に関しては、アスペクト研究の転機を画した中西宇一(一九五七・八)が、ヌは「状態の発生」、ツは「動作の完了」を表わすと論じた。しかし、一九六〇年代に入ると、それによってすべての述語が説明されるわけではない、特に、動作述語はそれでよいとしても、状態述語は中西説では説明がつかないという批判が相次ぐ。それに応えて、井手至(一九六六・五)は、動作述語と状態述語とに分けてその機能を解明しようとした。結果として、動作述語では、「動作過程表現型」にはツ、「動作結果表現型」にはヌがつくのに対し、状態述語では、「状態過程表現型」にはツ、「状態帰結表現型」にはヌがつくというように、動作述語と状態述語との間に平行性が改めて見出された。

ここに見られる研究の推移を振り返ってみると、奇妙なことが見えてくる。中西説は、状態述語はヌ・ツのつき方が動作述語とは異なると批判されたのに、その批判をまとめる形で提出された井手説では、ヌ・ツのつき方に関して、動作述語と状態述語とに平行性が見られると論じているわけである。この奇妙さはどこから生じてくるのだろうか。それはおそらく、中西説が〈動作〉概念を基礎概念として議論を組み立てているのに対し、井手説は〈動作〉と〈状態〉とをひっくるめた、後に検討する〈事態〉概念を基礎概念として議論を組み立てる方向に向かっているからではないかと考えられる。すなわち、中西説では、「状態の発生」とは、ある〈動作〉が完了した結果としてある状態が発生するという意味であり、「動作の完了」とは、そのまま、ある〈動作〉がそこで完了するということであるというように、〈動作〉概念を中心に構成されており、そもそも状態述語に適用できる概念ではない。中西説は、現代語的な発想を中古語にも適用しようとしたものと言うことができるのではないだろうか。それに対して井手説は〈動作〉と〈状態〉とを対等のものとして扱おうとしており、むしろその方が中古語に即した枠組であろうと考えられる。吉田茂晃（一九九二・二）は、そのような議論の流れをさらに進めて、〈動作〉と〈状態〉とをひとまとめにして、〈過程〉という概念に一本化し、ヌは「過程の発生」を、ツは「過程の終結」を表わすと論じている。

以上のように、中古語のアスペクトの議論は、現代語のアスペクトの議論と、随分様相が異なっている。その根本には、中古語と現代語とのアスペクトの理論的な枠組に本質的な違いがあるのではないかと思われる。ここでは、中古語と現代語とのアスペクトの枠組の違いを、さらに可能な限り突き詰めて考えてみたい。

3　中古語の動作述語のアスペクト表現

まず、現代語と同じように、〈瞬間／継続〉〈変化／不変化〉という意味特徴の組み合わせによって、中古語の動詞を区別し、そのうえで、その動詞と完了助動詞との承接のしかたを検討してみたい。

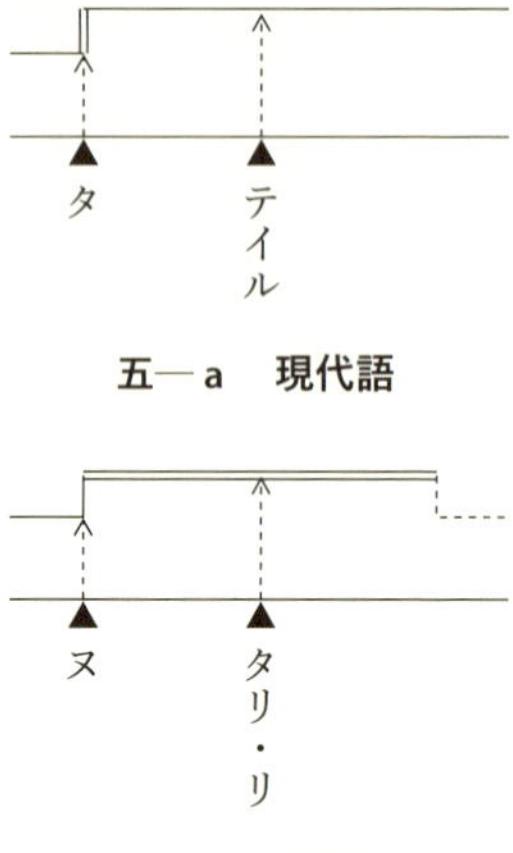

図表五　変化・瞬間動詞のアスペクト

①変化・瞬間動詞：中古語の動詞を見渡してみると、この類型に入る動詞が最も多い。しかしながら、中古語と現代語とでは、そのアスペクト表現のしかたが大きく異なるようである。現代語では、変化〈動作〉をもとにアスペクト表現が使い分けられており、〈発生＝完了〉にタが、完了以後の〈結果の存続〉にテイルが用いられていた。それに対して中古語では、変化に伴う〝状態変化〟をもとにアスペクト表現が用いられているように思われる。たとえば、金田一春彦（一九五五＝一九七六・五）では「死ぬ」は典型的「瞬間動詞」とされているが、中古語の「亡す」（「死ぬ」はナ変であるためにヌとは承接しないと言われているので除外する）は、変化〈動作〉の瞬間にはかえって〈発生〉を表わすヌが用いられ、〈発生〉以後の変化の結果状態にタリ・リが用いられている。このように、〈完了〉にではなく〈発生〉に続く変化の結果状態を、現代語の〈結果の存続〉と区別して〈経過〉と呼ぶ（実は、次に見るようにいわゆる〝動作の進行〟もこれに含める）。

　このように考えると、中古語では〈動作〉をもとにアスペクト表現が用いられているわけではないことになる。死んで、死んだ状態が持続するということを、一つの〈事態〉として認識するのが、中古語の認識のしかたであったのではないだろうか。このようなアスペクトのありかたを「事態アスペクト」と呼ぶことにしたい（図表五—a・b）。

(5) a　太政大臣亡せたまひぬ。ことわりの御齢なれど、次々におのづから騒がしき事あるに、大宮もそこはかとなうわづらひたまひて、ほど経れば弱りたまふやうなる、内裏に思し嘆くことさまざまなり。　明石　二・242

b　大納言の君「…(浮舟が)かくあやしうて失せたまへること、人に聞かせじ、おどろおどろしくおぞきやうなりとて、いみじく隠しけることどもとや。…」　蜻蛉　六・248

ここで、中古語では、およそ変化・瞬間動詞にはヌおよびタリ・リはつくが、ツはつかない。これは、「死ぬ」などのように出来事そのものが不可逆的(生き返るということは普通考えられない)であったり、「咲く／散る」「濡る／干る」などのようにある事態の〈完了〉にあたる出来事を、それと対になる事態の〈発生〉として表現したりするために事態の〈完了〉を表わす表現が見られないということなのだろう。

(6) a　若宮(匂宮)、「まろが桜は咲きにけり。いかで久しく散らさじ。木のめぐりに帳を立てて、帷子を上げずは、風もえ吹き寄らじ」と、かしこう思ひえたり、と思ひてのたまふ顔のいとうつくしきにも、(源氏は)うち笑まれたまひぬ。　幻　四・515

b　御随身ついゐて、随身「かの白く咲けるをなむ、夕顔と申しはべる。花の名は人めきて、かうあやしき垣根になん咲きはべりける」と、申す。　夕顔　一・210

(7) a　内大臣「春の花いづれとなく、みな開け出づる色ごとに、目おどろかぬはなきを、心短くうち棄てて散りぬるが、恨めしうおぼゆるころほひ、…」　藤裏葉　三・429

b　夕暮の雲のけしき、鈍色に霞みて、花の散りたる梢どもをも、今日ぞ目とどめたまふ。　柏木　四・325

②不変化・継続動詞：次に、不変化・継続動詞の例は、中古語にも少なからず見出すことができる。〈不変化・継続〉の動作の場合は、〈発生〉にヌ、発生以後にタリ・リ、〈完了〉にツが用いられるようである。ここで、タリ・リは、発生以後に用いられるという点では、現代語の〈動作の進行〉と同じ配置となるが、中古語では、先に見た

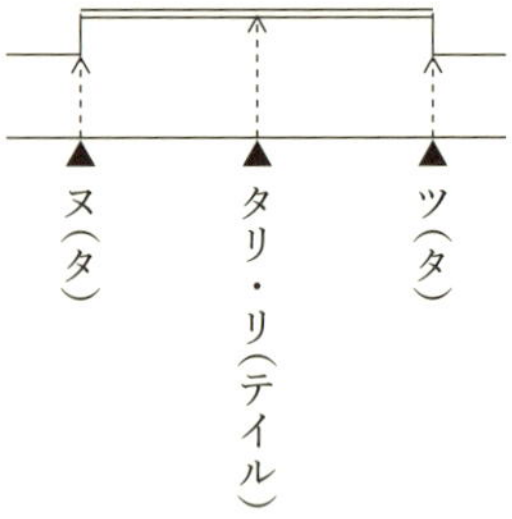

図表六　不変化・継続動詞のアスペクト

変化・瞬間動詞の〈経過〉と区別する必要はないと考え、同じく〈経過〉に含めたい。

(8) a 朱雀院 秋をへて時雨ふりぬる里人もかかるもみぢのをりをこそ見ね　藤裏葉　三・453

b 霜月の朔日ごろ、御国忌なるに、雪いたう降りたり。　賢木　二・120

c 日ごろ降りつるなごりの雨いますこしそそきて、をかしきほどに月さし出でたり。　蓬生　二・334

(9) a 妹尼 木がらしの吹きにし山のふもとにはたち隠るべきかげだにぞなき　手習　六・338

b (源氏は)夜半も過ぎにけんかし、風のやや荒々しう吹きたるは。まして松の響き木深く聞こえて、気色ある鳥のから声に鳴きたるも、梟はこれにやとおぼゆ。　夕顔　一・242

c (姫君達は)あやしく、かうばしく匂ふ風の吹きつるを、思ひがけぬほどなれば、おどろかざりける心おそさよ、と心もまどひて恥ぢおはさうず。　橋姫　五・133

ここで、アスペクト形式の配列が、現代語のそれと大きく異ならないのは、不変化・継続動詞の場合、〈動作〉そのものが〈事態〉としてとらえられるためであると考えられる。すなわち、現代語の認識における〈動作〉の発生・動作の進行・完了が、そのまま中古語の認識における〈事態〉の発生・経過・完了と重なるために、現代語と中古語との原理的な相違が見えにくくなっている(図表六)。

他にもヌ・ツ双方がつく(どちらが多いか偏りはある)動詞が若干あるが、そのおよそは不変化・継続動詞である。たとえば「思ふ」はツが多く、ヌは僅かに見られるに過ぎないが、ヌの場合はいずれも「そのように思うようになり、今そう思っている」という場合である。

(10) a 帝「いはけなかりし時より(僧都とは)隔て思ふことなきを、そこにはかく忍び残されたることありけるをなむ、つらく思ひぬる」とのたまはすれば、　薄雲　二・440

b 内大臣「(弘徽殿の)女御を、けしうはあらず、何ごとも人に劣りては生ひ出でずかし、と思ひたまへしかど、思はぬ人(梅壺女御)におされぬる宿世になん、世は思ひの外なるものと思ひはべりぬる。…」　少女　三・29

それに対して、用例数の多いツの場合は、「かつてそう思っていたが、今はそう思っていない」(用例の破線部)ことを表わす用例ばかりである。

(11) a (鬚黒大将は北の方を)心違ひとはいひながら、なほめづらしう見知らぬ人の御ありさまなりや、と爪弾きせられ、うとましうなりて、あはれと思ひつる心も残らねど、　真木柱　三・358

b 源氏「横さまの罪に当りて、思ひかけぬ世界に漂ふも、何の罪にかとおぼつかなく思ひつるを、今宵の御物語に聞きあはすれば、げに浅からぬ前の世の契りにこそはとあはれになむ。…」　明石　二・36

③変化・継続動詞：次に変化・継続動詞は、中古語ではあまり見られないように思われる。ここで最も気になるのは、ヌ・ツがともに承接すると言われる唯一の変化動詞「成る」である。しかし実は、『源氏物語』で見る限り、ヌ承接四〇九例、ニ-タリ承接五二例、タリ承接一〇例、(「給ふ」を介した)リ承接一九例に比して、ツ承接は、次の一例とむしろ例外的である。

(12)　このゐたる大人、「(犬君が)例の、心なしの、かかるわざをしてさいなまるるこそ、いと心づきなけれ。(雀の子は)いづ方へまかりぬる。いとをかしうやうやうなりつるものを。烏などもこそ見つくれ」とて立ちて行く。　若紫　一・281

「成る」は基本的には変化・瞬間動詞として用いられていると了解できる。それに比して(12)の例は、破線部にあるように、「現在雀の子はいなくなっている」のであり、ツは「かわいくなってきた」経過がそこで途切れたことを意味していると解釈される。言い換えれば、この「成る」は継続動詞として用いられていることになるが、そのことは傍点を付した副詞「やうやう」が継続時間を要する漸層的変化を表わすことからも支持される。その点で、この例は特殊である。むしろ、変化〝経過〟に注目する場合には、複合動詞「成り行く」の方が用いられるようである。

(13)　a　(大君は薫が)あざやかならず、もの恨みがちなる御気色やうやうわりなくなりゆけば、わづらはしくて、うちとけて聞こえたまはむこともいよいよ苦しけれど、おほかたにてはあり難くあはれなる人の御心なれば、こよなくももてなしがたくて対面したまふ。　総角　五・222

b　(薫は)をりをりは、過ぎにし方の悔しさを忘るるをりなく、ものにもがなやと、とり返さまほしきとほのめかしつつ、やうやう暗くなりゆくまでおはするに、　宿木　五・415

このように、「成る」も、原則として変化・瞬間動詞として用いられていると考えられる。

④不変化・瞬間動詞：最後に、中古語では、不変化・瞬間動詞に完了助動詞が承接する例は見出しがたい。出来事として〈不変化・瞬間〉の動作が存在しないとは考えられず、実際(14)a・bのようなものがそれにあたるものと

思われる。これは、〈不変化・瞬間〉の動作は、発生・経過・完了として〈事態〉をとらえるアスペクト表現にはなじまないことを表わしているように思われる。

(14) a　例の小さくて、

源氏「いはけなき鶴の一声聞きしより葦間になづむ舟ぞえならぬ

同じ人にや」と、ことさら幼く書きなしたまへるも、いみじうをかしければ、やがて御手本に、と人々聞こゆ。　若紫　一・313

b　薫「前《さき》のたび霧にまどはされはべりし曙に、いとめづらしき物の音、一声うけたまはりし残りなむ、なかなかにいといぶかしう、飽かず思うたまへらるる」など聞こえたまふ。　橋姫　五・148

これまで論じてきた一般化に一見従わないように見えるものに、対象変化他動詞や移動動詞などがある。しかしそれも見かけ上に過ぎないが、このことに関しては、第九章で論じる。

	ヌ				ツ	
	ナム	ヌベシ	ナマシ	ヌカシ	ツφ	ツラム
アリ	35	61	2	1	31	5
形容詞・形容動詞	11	30	1	0	38	4
ズ	0	0	0	0	45	3
ベシ	0	0	0	0	4	0

図表七　状態述語と完了助動詞の承接数

4　中古語の状態述語のアスペクト表現

ここで改めて状態表現「あり」、形容詞・形容動詞および用言-ズ、用言-ベシのアスペクト的振舞いを確認しておきたい。『源氏物語』において完了助動詞と承接する用例数は次の通り（図表七、言うまでもなく、タリ・リと承接する例は存在しない）。

表を見てすぐ気が付くことは、野村剛史（一九八九・九）などにおいてすでに指摘されていることであるが、ヌはム・ベシ・マシなど、非実現の事態を表わす表現に用いられるのに対して、ツはφ・ラムなど実現した（と思われる）事態を表わす表現に用いられるということである。実際にまずアリの用例を見ても、ツは物語の中で実際にそうである、あるいはそうであるだろうと思われる場合に用いられ、ヌは未来のことであったり、反語であったり現実には実現されていない場合に用いられている。

(15) a （朱雀院は）御物の怪にて、時々悩ませたまふこともありつれど、いとかくうちはへをやみなきさまにおはしまさざりつるを、この度はなほ限りなり、と思しめしたり。　若菜上　四・15

b 匂宮「よくもつれなく書きたまへる文かな。まろありとぞ聞きつらむ」とのたまふも、すこしは、げに、さやありつらん。（草子地）　宿木　五・452

(16) a 源氏「（葵の上は）何ごともいとかうな思し入れそ。さりともけしうはおはせじ。いかなりとも必ず逢ふ瀬あなれば、対面はありなむ。大臣、宮なども、深き契りある仲は、めぐりても絶えざなれば、あひ見るほどありなむと思せ」と慰めたまふに、〈未来〉　賢木　二・33

b 源氏「…（藤壺女御は）もて出でてらうらうじきことも見えたまはざりしかど、言ふかひあり、思ふさまに、はかなき事わざをもしなしたまひしはや。世にまたさばかりのたぐひありなむや。…」〈反語〉　朝顔　二・482

このことをアスペクトの観点から解釈してみると、状態的な事態は眼前に現実として存在する場合には、φを用いればよい。すなわち、タリ・リとは承接しない。次に、状態的な事態の発生が表現される（ヌ）のは、そのような状態が実現していない（非実現）段階で、そのような状態が実現した場合を想定する場合にこそふさわしい。それに対して、状態的な事態の完了が表現される（ツ）のは、最前まではそのような状態であった（実現）ものが、現実にそのような状態ではなくなってしまった場合にこそふさわしい、ということなのだろう。

以上のように、実現・非実現といったムード的な特徴との相関関係はあるものの、やはり、状態述語と完了助動詞との結び付きは、アスペクト的側面が本質的であり、事態の発生にヌが、経過にはφが、完了にはツが用いられるものと考えられる（図表八）。

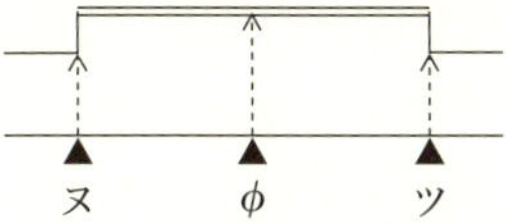

図表八　中古語の状態述語のアスペクト

形容詞・形容動詞にヌがつく場合は、推量の助動詞が続いて未実現の事態を表わすのであるが、しばしば、条件節としてある状況が設定され（破線部）、そうなった場合にはこうなるであろう、と状態の発生が表現されている。

(17) a 源氏「（惟光に対し、夕顔に）なほ言ひよれ。尋ねよらではさうざうしかりなん」と、のたまふ。　夕顔　一・218

b （六条御息所は）つらき方に思ひはてたまへど、今はとてふり離れ下りたまひなむはいと心細かりぬべく、世の人聞きも人わらへにならんことと思す。　葵　二・24

形容詞・形容動詞にツがつく場合は、現実にすでに起こった事態を表わすが、当該の状態そのものが完了してしまったことばかりでなく（(18)b、cの後例）、当該の状態の認識が途切れたこと（(18)a、cの前例）を表わす場合にも用いられる。

(18) a （僧都は若紫のことを）さても、いとうつくしかりつる児かな、何人ならむ、かの人の御かはりに、明け暮れの慰めにも見ばや、と思ふ心深うつきぬ。　若紫　一・283

b （浮舟は）母君もやみづからおはするとて、夢見騒がしかりつ、と言ひなすなりけり。

c　（妹尼の婿の中将が浮舟を見て）かかることこそはありけれ、とをかしくて、何人ならむ、げにいとをかしかりつと、ほのかなりつるを、なかなか思ひ出づ。　浮舟　六・121　手習　六・297

打ち消しのズにツがつく場合は、事態の肯否が逆転する。すなわち一般的に、（ズがなくて）ツだけの場合には、（肯定的な）事態がその時点で完了する（すなわち否定的事態に移行する）のに対して、ザリーツの場合は、それまで当該事態は実現してこなかった（否定的事態が持続していた）のが、その時点で当該事態が実現したことを表わすことになる。たとえば、これまで連絡しなかったのに今連絡をしたり（⒆a）、これまで現われなかった物の怪が今現われたり（⒆b）といった場面で用いられる（破線部参照）。

⒆　a　この近き年ごろとなりては、京に、ことなる事ならで、人も通はしたてまつらざりつ。これより下したまふ人ばかりにつけてなむ、一行にても、尼君にさるべきをりふしのことも通ひける。　若菜上　四・104

b　月ごろ、いささかも現れざりつる物の怪調ぜられて、「…」《物の怪》とののしる。　手習　六・283

また、周知のように、ベシにはさまざまな用法があるが、特にベカリーツの場合は、特に〈可能性〉を表わしているように思われる。さて、そもそも、推量の助動詞に完了の助動詞が下接するということは、助動詞の相互承接の一般的認識からすると逆転しているように思える。しかしながら、何らかの〈可能性〉があるかどうかは、一種の状態と考えることができるので、アスペクト表現が適用できる。言い換えれば、ベシの〈可能性〉を表わす用法は、いわゆるモダリティではなく、かなり命題寄りの用法であるということでもあるが、そのように、ベシに〈可能性〉を表わす用法があることが、ツが下接することを許すことに繋がると思われる。そうして、ベシにツが下接した場合には、それまでその可能性があったが、その時点でその可能性がなくなったことを表わしていると解釈できる。たとえば、物笑いになりそうだったのが、そうならずにすんだ(20a)、月見の宴会がありそうだったのに、それがなくなった(20b)ということを意味している。

(20) a 夕霧「世の例にもなりぬべかりつる身を、心もてこそかうまでも思しゆるさるめれ。あはれを知りたまはぬも、さまことなるわざかな」と、恨みきこえたまふ。　藤裏葉　三・433

b 内裏の御前に、今宵は月の宴あるべかりつるを、とまりてさうざうしかりつるに、この院(六条院)に人々参りたまふと聞き伝へて、これかれ上達部なども参りたまへり。虫の音の定めをしたまふ。　鈴虫　四・371

これまで、広い意味で状態述語に含めることのできる要素のアスペクト表現を見てきた。そもそも、現代語のような「動作アスペクト」の観点からすると、アリおよび形容詞・形容動詞のような典型的な状態述語に対してヌ・ツがつくことが奇異であった。しかるに、そればかりでなく、打消助動詞ズにヌ・ツがつく場合には、かえって動作のない状態の終わり、すなわち動作の始まりがザリ‐ツで表わされるという、了解できない事態に直面することになる。さらに、モダリティを表わしているはずのベシが〈可能性〉のある状態を表わして、その終わりがベカリ‐ツで表わされもするという事態に直面せざるをえなくなる。以上、状態述語に関して検討を加えても、中古語のアスペクト表現の原理は、「事態アスペクト」であると言わざるをえない。

5　中古語完了助動詞の相互承接

最後に、ヌ・ツ・タリ・リ同士の相互承接のありさまを確認したい。『源氏物語』の用例で見る限り、タリ・リ

タリ		リ	
ツ	ヌ	ツ	ヌ
42	1	10	1

ツ	ヌ
タリ	
0	186

図表九　完了助動詞相互の承接数

の後にはツがつくのが原則で、ヌの例は一例ずつしか見られない。また、タリの前には(リの前にはヌ・ツはそもそもつきえない)ヌしかつかない(図表九)。

一般に助動詞の相互承接は、使役―受身―希望―否定―完了―過去―推量(中古語では過去と推量とは承接しないが)のように、機能の次元が異なるものの間にしか成立しない。しかるに、このヌ・ツ・タリ・リに限っては、アスペクトという共通の機能を担ったもの同士の相互承接であると考えざるをえない。それでは、ヌ・ツ・タリ・リの相互承接は何を表わしているのだろうか。おそらく、ここには時間的な展開の順序が反映されていると考えるべきではなかろうか。ヌ‐タリの承接は、発生の後で持続しているありさまを、タリ・リ‐ツの承接は、持続の後で完了したありさまを表わしていると了解すべきなのではないだろうか。ただし、実際、ニ‐タリとタリとの意味の相違、タリ‐ツ、リ‐ツとツとの意味の相違はかなり微妙で、確認することは困難である。

(21) a 何ごとも聞き分かで戯れ歩きたまふ人(明石の姫君)を、上(紫の上)はうつくしと見たまへば、をちかた人のめざましきもこよなく思しゆるされにたり。　薄雲　二・429

b 乳母、「あやしく心しばりのするかな。夢も騒がし、とのたまはせたりつ。宿直人、よくさぶらへ」と言はするを、(浮舟は)苦しと聞き臥したまへり。　浮舟　六・188

要するに、ヌ‐タリ・リ‐ツという相互承接の順序は、発生―持続―完了という、事態の時間的な展開の順序の反映であると了解すべきであろう。

おわりに

本章では、中古語完了助動詞の配列とともに、その背後にあるアスペクトの原理が、中古語は、現代語のような「動作アスペクト」ではなく、「事態アスペクト」とでも言うべきものであることを論証しようとした。〈事態〉という概念は、言語使用者が現実の中のどの部分をひとまとまりの出来事と認識するかという、極めて認知論的な概念である。その点、不安定、曖昧な印象を与えかねないが、第1節で見たように、現代語のアスペクトの根底にある〈動作〉概念も同様の意味で認知論的概念であった。それでも〈動作〉概念が現代語のアスペクト表現に充分有用であるのと同じく、〈事態〉概念は中古語のアスペクト表現に充分に有用な概念であったと考えられる。

また、現代語の〈結果の存続〉は、〈動作〉そのものの時間的展開を表わすものではないという点で、アスペクト表現としては周辺的なものであると位置付けざるをえないが、中古語の事態アスペクトの中にはそのような周辺的なものを設ける必要はないことになる。

注

（1）　ここで、中古語と現代語のアスペクト体系を分析するにあたって〈瞬間／継続〉および〈変化／不変化〉という動詞の意味特徴を用いたが、それはこの意味対立が、中古語と現代語と相違を明らかにするために有効であると思われるからであって、このアスペクトの枠組そのものが新しいものであると主張するものではない。この枠組を最初に呈示したのは、高橋太郎（一九六九・八＝一九七六・五）であり、次の図にまとめられている。ただこのように二組の意味特徴を十字分類する考え方は奥田靖雄（一九七七・四、一九七八・六、九）に激しく批判され、〈継続／瞬間〉（実質は〈変化／不変化〉に近い）に一本化される。

	継続動詞	瞬間動詞
主体に変化を生ずる動詞	のびる・着る	パンクする・死ぬ
主体に変化を生じない動詞	はしる・見る	ぶつかる・目撃する

（2）テンス・アスペクトに関する研究は、一九八〇年代後半にピークを迎え、その後はかばかしい進展は見られないように思われる。その理由の大きな部分は、概念が厳密化され、詳細な分析に進むにつれ、かえって例外的な用例が多数見出されることになり、議論が泥沼化の様相を呈してきたことにあるように見受けられる。筆者は、それはそれまでの研究が、アスペクト理論の大本にある動作概念は厳密に一義的に定義できるものであると、当たり前のように前提していたことに問題があるのではないかと考えている。日本語話者が動作としてとらえるものは、厳密には定義しがたく、認知的にさまざまな意味的特徴が寄り集まって構成されたものなのではないだろうか。

それを確認するために、アンケート調査を行ってみた。二〇〇九年四月に、大学生一八三名（日本大学、立教大学、東京女子大学、東京大学の学生）に対して、以下のようなアンケートに答えてもらった。ただし、動作の進行や結果の存続といった術語を突然示されても戸惑う学生もいると思われるので、前もって簡単な説明を行った上で判定してもらった。そういう意味では、まったくまっさらな状態での調査ではない。また、筆者の説明によって何らかの先入観を与えてしまった可能性もある。ただ、ほとんどを動作の進行と判定した学生、ほとんどを結果の存続と判定した学生などもあり、判定には適度なばらつきが感じられた。

学籍番号　　　　氏名　　　　出身地

次の各例文の働きは動作の進行であるか、結果の存続であるか、前後の例文の判断と比べることなく、第一印象で、例文の後のどちらかに○を付けてください（後から考え直して訂正したりしないでください）。

1　木の葉が浮かんでいる。　動作の進行　結果の存続
2　水鳥が浮かんでいる。　動作の進行　結果の存続
3　小石が沈んでいる。　動作の進行　結果の存続
4　潜水艦が沈んでいる（通行する船を狙っている）。　動作の進行　結果の存続
5　空が曇っている。　動作の進行　結果の存続

6　空が晴れている。　動作の進行　結果の存続
7　風が吹いている。　動作の進行　結果の存続
8　桜の花が満開に咲いている。　動作の進行　結果の存続
9　刀の刃が輝いている。　動作の進行　結果の存続
10　ネオンサインが輝いている。　動作の進行　結果の存続

自分がそのように判断した理由をあらためて考えてまとめてください。判断に迷った例文があればそれを挙げながらまとめてください。

例文	動作の進行		結果の存続	
	人数	割合	人数	割合
1	61	33.3	122	66.7
2	160	87.4	23	12.6
3	20	10.9	163	89.1
4	151	82.5	32	17.5
5	73	39.9	110	60.1
6	63	34.4	120	65.6
7	167	91.3	16	8.7
8	54	29.5	129	70.5
9	68	37.2	115	62.8
10	129	70.5	54	29.5

集計結果は以下の通りである。

1と2、3と4はいずれも、前者（1、3）は結果の存続の割合が高く、後者（2、4）は動作の進行の割合が高いという結果となった。ここから、〈意志性〉といった意味が加わると動作の進行と判断しやすくなることが窺える。また、1と3とを比べると、「浮いている」が思いの外三分の一の学生が動作の進行と判断したことが気に懸かる。しかしこれは、「浮く」は「木の葉が水面に落ちる」というような瞬間的出来事を「浮く」という動作とはとらえにくいため、「浮く」ことが続いている部分を動作ととらえたものと思われる。このように消極的なとらえかたではあるが、その場合、水に浮くといった木の葉の持つ〈性質・作用の実現〉を動作と認識することになるのだろうか。また、天候を表わす5、6、7を比べると、〈動き〉のある「風が吹いている」を動作の進行と判断する学生が九割を越えるのは自然なこととして、「曇っている」「晴れている」も三分の一以上の学生が動作の進行と判断している。これも「曇る」「晴れる」という瞬間的な変化を動作ととらえることに抵抗を感じて、消極的に「曇る」「晴れる」ことが続いている部分を動作ととらえたものと思われるが、ここには雲の〈動き〉、陽ざしが注ぐという〈作用の実現〉などが動作ととらえられているものと思われる。それに対して、8は、おそらく「咲きつつある」様子がイメージしやすいために、そちらを動作の進行と考えて「満開に咲いている」の方を七割以上が結果の存続と判断したのだろう。ただ、動作の進行と判断した三割は、

〈生命力の発現〉としての桜の開花を動作ととらえたのではなかろうか。9、10に関しては、自ら光を発する、すなわち光の〈作用の実現〉を感じさせるネオンサインの方が、光を反射する刀の刃よりも動作の進行と判断しやすいことが窺える。ただ、9も動作の進行が四割弱と決して少なくはなく、反射する場合にも光の〈作用の実現〉は感じられるのかもしれない。もっとも、「輝く」も変化の瞬間を動作とはとらえにくい動詞であるせいもあるだろう。

第九章　完了助動詞と動詞の自他

はじめに

中古語完了助動詞の研究史、特にヌ・ツに関する研究史を振り返ってみると、現在のようにその意味・機能をアスペクトの領域で議論されるのが主流になったのは一九六〇年前後からであり、それまでは完了助動詞が承接する動詞の特徴、すなわち自動詞か他動詞か、あるいは意志動詞か非意志動詞かなどによって使い分けがあるとする議論が中心であった。勿論、現在の研究の観点からすると、そのような議論展開には欠陥があったと考えられるのであるが、ヌ・ツの使い分けには確かにそのような傾向があるということは疑いようのない事実である。

本章では、まず第1節でその研究史を粗々たどって、その議論展開のどこに問題があったかを究明する。そして、第2、3節で、アスペクトの議論とは一見まったく異質な議論であるように見える動詞の特徴による使い分けの議論も、より厳密なアスペクト理論を構築するための基礎となるものと考え、すでに第七、八章で示したアスペクト理論に組み込むための理論的考察を行う。そのうえで、第4節で、『源氏物語』を中心に、動詞グループごとに実際のアスペクト表現の現われ方を観察し、理論的説明を行っていきたい。

1　動詞の意味特徴をめぐる完了助動詞の研究史

そもそも、中古語完了助動詞、特にヌ・ツの相違に関する研究は、その初期には、アスペクトの次元で相違を見出そうとする方向が主流となった現在とは打って変わって、ヌ・ツが承接する動詞の自他、ないし意志性の有無などにその相違を求めようとする研究が中心となっていた。

そのきっかけとなったのは本居宣長であり、『詞玉緒』（一七七九）では下接する他の助詞・助動詞との承接のしかたがほぼ同じであることを示して、ヌ・ツが並行する（ならぶ）ことを明らかにする。続いて『玉霰』（一七九二）では上接する動詞にはヌとツとで相違が見られることを指摘する。宣長は禁欲的に事実のみを指摘したに過ぎないが、その背後に何らかの意味・機能の相違が伏在することは容易に見て取れ、以後の研究者は宣長の敷いた軌道に乗ってヌ・ツの意味・機能の相違を追求することになる。

この問題を最初に論じたのは東条義門であるが、『詞玉緒』を祖述する体裁（近世の多くの研究がそうであるが）でまとめられた『活語指南』（一八一〇）のヌ・ツの箇所に、心覚え程度の注記として、ヌは「大氐自然言ヲ受」け、ツは「凡ソ使然言ヲ受」けると書き添える。ここでは「自然／使然」という術語にはそれ以上の説明はないが、その後の議論からもおよそ自動詞／他動詞に相当すると了解される。その後『玉緒繰分』（一八三五）ではこの問題をさらに追求するが、基本的に「自然」の動詞にヌ、「使然」の動詞にツが承接するという原則を追認しつつも、「落つ」「来」のようにヌ・ツの双方が承接する動詞の存在にも気付き、新たに「我こと／他のこと」という概念を導入し、前者にツ、後者にヌが用いられるという。この概念は、義門が例として挙げる和歌が全体として自分自身のことを詠んでいるのか、目に映る外界のことを詠んでいるのか、というような違いのようであるが、これはおそらく『一歩』において「自他」概念として提出されたもので、近年、渡辺実『国語意味論』(二〇〇二・二)で提示された「わがこと／ひとごと」という概念につながるものである。

その間、ヌ・ツの意味・機能の相違を、ヌ・ツそのものが表わす時間関係の相違としてとらえようとする研究も見られるようになる。林国雄の『詞緒環』(一八二六)は、とりあえずツは過去、ヌは現在であると言うが、それを敷衍して「つるは過去の方より現在の堺にいり、ぬるは現在の方より過去のさかひに至」るというように、当該の出来事を、時間軸上の過去の方から現在の方を眺めて描くのか、現在の方から過去の方を眺めて描くのか、という方向性の違いであると論じる。一見そのように論じる意図がわかりにくいように思われるが、「私」あるいは現在が固定した時間の中を過去から未来へと移動していくのか(正確には、すでに移動した部分が過去、まだ移動していない部分が未来ということであるが)、固定している「私」あるいは現在に対して時間が未来から押し寄せてきて過去に去っていくのか、という時間を了解するメタファーの違いであると了解することができる。であるとすると、このような時間のとらえかたは、レイコフとジョンソンの『レトリックと人生 Metaphors We Live By』(一九八〇)に代表されるような、近年の認知意味論に通じるものであることになる。ただし、アスペクトのような文法形式の機能の根本に、そのようなメタファーが組み込まれているという議論にはにわかには同意しがたい。

黒沢翁満の『言霊のしるべ』(一八三二)は、「つは今《イマ》のあたりの心、ぬは少《スコ》し過去《スギサ》りし心ばへあり」と論じ、『詞緒環』とは一見正反対の議論をしているように見えるが、こちらは出来事を見る方向性を問題にしているのではなく、〝まのあたり〟のこととして描くのか、若干〝過ぎ去った〟こととして描くのか、という出来事の表現のしかたの相違であると了解される。ただ実際には、物語の中の現在において目の前で生起している出来事を表わしているからあえてツが用いられるという用例はまずない。会話文中で目撃したことを回想するような箇所で、一連の連続した出来事が描かれている部分にツがまとまって用いられて、眼前で今まさに展開しているかのような臨場感を感じさせることが多いことをこのように言ったのであろう。このようなツの特徴に関しては、第十一章で詳しく論じる。

また他方で、幻裡菴の『詞玉緒延約』(十九世紀前半頃)のように、「ヌとツは軽重強弱の違」いであるが、これは「ナ行は軽くタ行は重きの違ひ」があるからである、というように、なかば音義説的な解釈をするものもあるが、このような考え方が現代的な議論に耐ええないことは言うまでもない。

以上のような議論も散見されるが、ヌ・ツの違いを、上接する述語の特徴の違いに求める議論がその後もやはり大勢を占める。たとえば中島広足の『片糸』(一八四九)は、多くの例を挙げつつ全編ヌ・ツの相違に関して論じた書である。そこでは、「自ら然る」動詞にヌが、「もとめて然する」動詞にツが承接すると論じながらも、必ずしも義門説との違いを明らかにしていないが、おそらく「自ら然る」動詞とは非意志動詞、「もとめて然する」動詞とは意志動詞のことであろう。

生川正香の『辞の二路』(一八六四・六)も、全編をヌ・ツの区別に充てた著書であるが、冒頭に挙げられた「自然使然四段ノ図　並ニ受辞」という図を示した後は、すべて証歌が列挙されている。問題の冒頭の図は、本居春庭の動詞分類を援用しつつ、義門の自然にヌ、使然にツという使い分けを確認したものになっている。すなわち、第一段「おのづから然る」「みづから然する」(自動詞)および第四段「みづから然せらる」「他に然せらるゝ」(受身)は自然であってヌが下接し、第二段「物を然する」「他に然する」(他動詞)および第三段「他に然せさする」(使役)は使然であってツが下接すると論じる。

その他、幕末には、大国隆正の『神理入門用語訣』(一八六七頃)のように、「つ・つるは人為につかひ、ぬ・ぬるは天然につかふなり」と、ツは意志動詞、ヌは非意志動詞につくと解釈できる説や、中村尚輔の『玉緒縒添』(一八六八・二)のように、ツは「然する言より受」け、ヌは「おのづから然る言より受」けると、ツは他動詞、ヌは自動詞につくと解釈できる説などが見られる。

近代に入って、国語学という近代的な学問が成立したと言われるが、少なくとも完了助動詞の研究に関しては、近世の延長上に議論が展開する。里見義の『日本文典　後編』(一八八六・三)も、「実は証例数十百集めて試みしに。百に九十九は自動の者をぬると受け。他動に属する者をつると受るが、凡の定りなり。」と先行研究を追認するに留まる。

三矢重松の『高等日本文法』(一九〇八・一二)は、自動詞・他動詞説は例外が多いことを指摘して、ツは「動作的故意的にして急、(短、硬)対話体の文に多く」、ヌは「状態的自然的にして緩、(長、軟)叙述体の文に多し」とまとめ、意志動詞／非意志動詞という違いであろうと論じる。ここでツが「対話体の文に多く」、ヌが「叙述体の文に多」いというように、文体的な違いもあると指摘していることも注目される(第十一章)。

松尾捨治郎の『国語法論攷』(一九三六・九)は、完了という概念は時制とは独立した概念であることを論じるなど、注目すべき点も多いが、ヌ・ツに関しては、ツは「意志的動作又は強度の意識的動作を表す動詞の下に附ける」のに対し、ヌは「自然の作用を表す動詞の下に附けて用ゐることが多い」と意志動詞／非意志動詞説を受け継ぐ。

一九五〇～六〇年代までこのような状況は続き、時枝誠記『日本文法　文語篇』(一九五四・四)は、ツは「作為的、瞬間的な性質の事柄に用ゐられ」、ヌは「自然的、経験的な性質の事柄に用ゐられる」と論じ、亀井孝『概説文語文法』(一九五五・三)でも、「「ぬ」の方は、ものごとが、おのづから結局そうなってしまう推移の気持をこめて表現し、「つ」の方は、もっぱら、ものごとの完全な実現の積極的な確認に重点を置いて表現する」とする。さらに山崎良幸『日本語の文法機能に関する体系的研究』(一九六五・一二)は、ヌ・ツが用いられる用例の特徴をさまざまな角度から丁寧に論じていくが、基本的にはヌは「環境的条件の影響を蒙ることの少ない、いわば必然的、宿命的な事実が多」く、ツは「積極的、行動的で、しかも意欲に充ちた行為に関することが多い」というように、非意志的／意志的という説に近い。

このように、ヌ・ツの使い分けを、それらが下接する述語の意味的な特徴に還元しようとする説は、本居宣長を淵源として、一九六〇年代まで命脈を保ってきたことを見た。勿論その間、大槻文彦『広日本文典』(一八九七・一)『同別記』(一八九七・一)や、山田孝雄『日本文法論』(一九〇八・九)、松下大三郎『改撰標準日本文法』(一九二八・四)のような看過できない諸説も提出され、他にアスペクト説の先蹤となる議論も見られるが、中西宇一「発生と完了―『ぬ』と『つ』―」(一九五七・八)、井手至「古代日本語動詞の意味類型と助動詞ツ・ヌの使いわけ」(一九六六・五)などをターニングポイントとしてアスペクト説が決定的に優勢となるまでは、述語の意味特徴説が主流であったわけである。

アスペクト説による筆者の立場からすれば、九〇年にわたって連綿と続いてきた述語の意味特徴説は誤りであったと評価せざるをえない。しかしどこでこの議論の流れは道を誤ったのだろうか。宣長は、動詞によってヌが下接するかツが下接するかに相違が見られるということを指摘したが、これは実際にそのような偏りが見られるのであるから誤りではありえない。その後、ヌは自動詞に下接し、ツは他動詞に下接する傾向がある、あるいはヌは非意志動詞に下接し、ツは意志動詞に下接する傾向があるというように議論が展開するが、そのような相関性があるということそのものも事実なのであるから、誤りではない。そうすると、最初から最後まで議論は正しかったことになりそうであるが、そうではない。この議論の流れには、方法論的な自覚が決定的に欠如しており、そのため事実が正しく解釈されていない、もしくはもっと正確には、事実を解釈しようという意図が見られないのである。

文法研究は、一般的に、ある文法形式に関する構文的な現象をできるだけたくさん見出し、そのうえでそれらの構文的な現象をすべて満足する理論的なモデルを組み立て、今度は改めてそれぞれの構文的な現象が無理なく説明できるかを確認する、というような方法論を採る。この観点からすると、述語の意味特徴説は、文法形式ヌ・ツに関する構文的な現象、すなわちヌは自動詞ないし非意志動詞に下接し、ツは他動詞ないし意志動詞に下接する傾向がある、という現象の記述の段階に留まっており、理論的モデルを組み立てるところまでは至っていないことになる。ただこのことも、対立する文法形式の〝使い分け〟を示す分には、あるいは文法というものの役割をそこまでに留める分には、決して誤りとは言えない。ただいつしか、その〝使い分け〟があたかもヌ・ツの〝意味・機能〟であるかのように取り違えられ、自動詞ないし非意志動詞に下接するのがヌの〝意味・機能〟であり、他動詞ないし意志動詞に下接するのがツの〝意味・機能〟であるというように、転倒して了解されるようになった段階で道を誤ったと言うことができる。過ちは、研究者の認識の中で知らず識らずのうちに進行していた、ということになる。ではなぜ本来単なる〝使い分け〟に過ぎないものが、あたかも〝意味・機能〟であるかのように振舞うようになったのか。それは、構文的な現象から妥当な理論的モデルが見出せなかった、もしくは理論的モデルを見出そうという動機付けがなかったからであると考えられる。

そうであるとすれば、述語の意味特徴説とアスペクト説とは対立する議論ではなく、前者は後者に至る前段階であったと了解できる。すなわち、ヌ・ツが下接する述語の意味特徴は一つの構文的な現象であり、それも含めた多くの構文的な特徴を満足する理論的な枠組としてアスペクト説がある、逆に言えば、アスペクト説をもとにして、ヌ・ツが下接する述語の意味特徴が説明できなければならない、ということである。

第2節以下、本章で議論しようとすることは、まさにアスペクト説をもとにして、ヌ・ツとそれらが下接する述語の意味特徴との相関を説明することである。

2　アスペクト理論素描

アスペクト説にもさまざまな立場がある。ここで採用するのは、以下に略述するようなアスペクト理論である。議論の都合上、最初に現代語のモデルから示す。まず最初に、いわゆるアスペクトを、動詞が表わす動作の時間的展開のありさまを表わす「動作態」と、事態の外に設定された基準時において当該動作がどの段階にあるかを表わす言語的しくみである「アスペクト」とに二分する。従来の多くのアスペクト説では、この二層が区別されていなかったために分析が不充分であったと考えられる。

動作態は動作の展開に従って、動作の始まりである〈開始〉、動作が続いている部分である〈継続〉、動作の終わりである〈終了〉、および〈終了以後〉という局面に分けることができる。一方、アスペクトは基準時に動作が開始時点であることを表わす〈発生〉、同様に継続中であることを表わす〈動作の進行〉、終了時点であることを表わす〈完了〉、および動作の終了以後であることを表わす〈結果の存続〉に分けられる。そしてそれぞれ表現形式としては、瞬間的である〈発生〉と〈完了〉にはタが、時間的な幅を持つ〈動作の進行〉と〈結果の存続〉にはテイルが用いられる(図表一)。

第八章では、このように「動作」が根本に置かれるアスペクト・システムを「動作アスペクト」と呼んだ。これに対して中古語では、アスペクト形式の振舞いに大きな違いが見られるが、それはアスペクト・システムの根本に置かれる概念が異なるからであろうと考えた。すなわち、認知的にひとまとまりの出来事と認識されるものを「事態」と呼べば、古典語ではこの事態を根本に置いてアスペクト・システムが構成されていると考えられ、そのようなシステムを「事態アスペクト」と呼んだ。この事態には、〈継続〉動作ばかりか状態も含まれる。

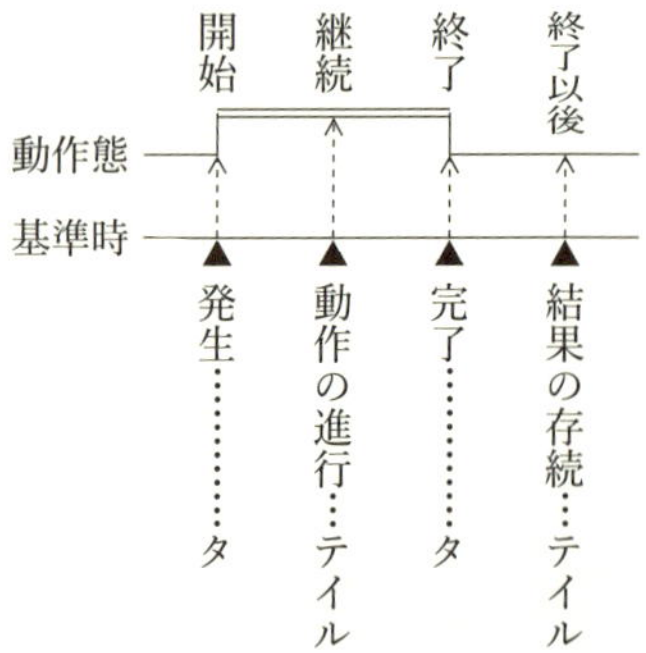

図表一　現代語のアスペクト体系

ただ、構造的には、動作態を、事態の時間的展開のありさまである「事態態」(あまり熟さない呼称だが)に置き換えれば、およそ事態アスペクトの構造となるが、一つ大きな違いがある。それは、動作アスペクトの〈動作の進行〉と〈結果の存続〉との区別が、事態アスペクトではなくなるということである。すなわち、事態アスペクトでは、継続するものは動作でも状態でもよい。振り返って、現代語のような動作アスペクトの場合、〈結果の存続〉は基準時が変化動作の終了以後にある場合を表わし、動作そのものの時間的

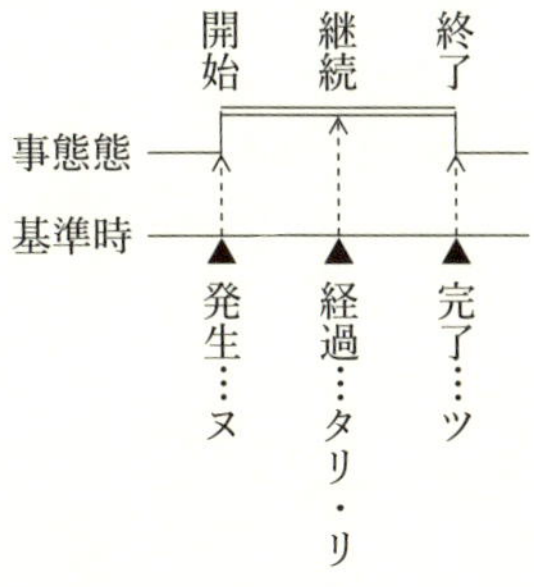

図表二　中古語のアスペクト体系

展開から外れたものであるという意味で特殊なものである。しかるに、古典語のような事態アスペクトには、そのような特殊な概念を設ける必要はなく、事態の展開の段階の中に納まることになる。このように、動作アスペクトの〈動作の進行〉も〈結果の存続〉も含んだものとして、基準時に事態が進行・存続中であることを表わすアスペクトを〈経過〉と呼ぶことにしたい（図表二）。

　このような枠組を採ると、アスペクトは時間的な展開の順に、〈発生〉、〈経過〉、〈完了〉という順にならぶことになり、それぞれヌ、タリ・リ、ツという形式がそれに対応することになる。これは、完了助動詞相互の承接のしかたに反映される。すなわち、ニ－タリあるいはタリ・リ－ツという承接はあるが、それ以外の承接のしかたはほとんど見られない。

3　動詞の自他の理論

　実は、前節に提示した理論だけでは、本章で問題にしたい、自動詞／他動詞ないし非意志動詞／意志動詞という動詞の特徴と、ヌが下接するかツが下接するかということとの間に、密接な相関関係があることに関する説明を与えることはできない。ここにもう一つ、特に自動詞と他動詞との相違に関する別の理論を組み合わせなければならない。

　このことと関連して、前節のアスペクト理論だけでは、一見例外と見えるような現象が存在する。すなわち、特に〈発生〉、〈経過〉、〈完了〉という時間的な展開の順序が、典型的には、変化他動詞で入れ替わっているように見えるのである。

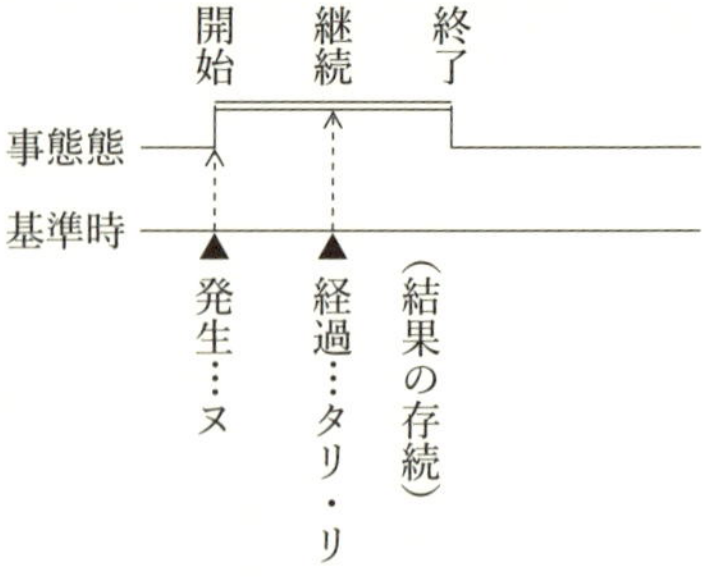

三―a　「濡る」

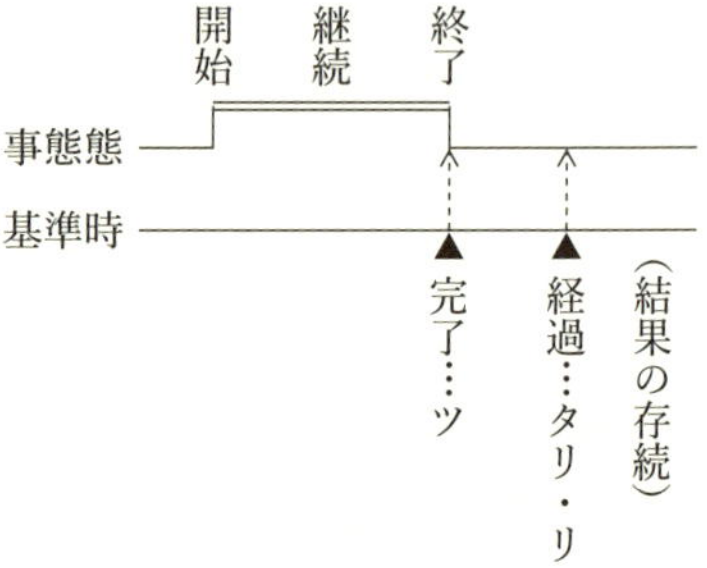

三―b　「濡らす」

図表三　「濡る」「濡らす」のアスペクト

たとえば、自動詞は(1)a・bのように、「濡れ」た状態の〈発生〉をヌが、その状態の〈経過〉(いわゆる〈結果の存続〉)をタリが表わしており、アスペクトの時間的展開の順序に従っている。それに対して、他動詞では、(1)a′は「濡らす」という動作の〈完了〉をツが表わしていると考えられるが、(1)b′は「濡らし」た後の〈経過〉(こちらも〈結果の存続〉)をリが表わしており、こちらはアスペクトの時間的展開の順序が逆転しているように見えるのである(図表三―a・b)。

(1) a　何ばかりのことにもあらぬに、をりからものあはれにて、大将(源氏)の御袖いたう濡れぬ。　『源氏物語』賢木　二・92

b　(源氏は)御衣ひきやりなどしたまふに、すこし濡れたる御単衣《ひとへ》の袖をひき隠して、(紫の上に)うらもなくなつかしきものから、うちとけてはたあらぬ御用意など、いと恥づかしげにをかし。　同　若菜上　四・63

a′　(源氏は)みづからも、掻き合はせたまふ御琴の音にも、袖濡らしたまひつ。　同　鈴虫　四・372

b′　女(浮舟)、(匂宮が)濡らしたまへる筆をとりて、

浮舟　心をばなげかざらまし命のみさだめなき世とおもはましかば

とあるを、(匂宮は)変らむをば恨めしう思ふべかりけり、と見たまふにも、いとらうたし。　同　浮舟　六・125

このような不規則性に対して、どう対処すればよいだろうか。最も極端な場合は、完了助動詞の展開の順序に関する定式化そのものを疑うことになるだろうが、次に示すような議論を組み込めば、これまでの議論を維持することができるように思われる。

話はアスペクトの議論から、格構造とそれに伴う述語構造の議論に替わるが、井島正博（一九八六・三、一九八八・三）などでは、特に自他対応をする動詞について、以下のような分析を行った。すなわち、非対格自動詞は、動作主（B：物であることが多い）がある基幹動作（α：〈変化〉であることが多い）を行うことであるとすると、他動詞は、それに別の動作主（A：人であることが多い）がBを対象とする使役動作（κ：〈意志性〉を伴う）が上乗せされたもの（$\kappa \times \alpha$）であると了解できる。ここで、非能格自動詞は、使役動作に相当する動作を基幹動作（β：〈意志性〉を伴う）とするものであると考えられる。一方、非能格自動詞は、動作主Aおよび他動詞の使役動作の部分に相当することになると考えられる（ここで、ag：動作主格、ob：対象格）（図表四）。

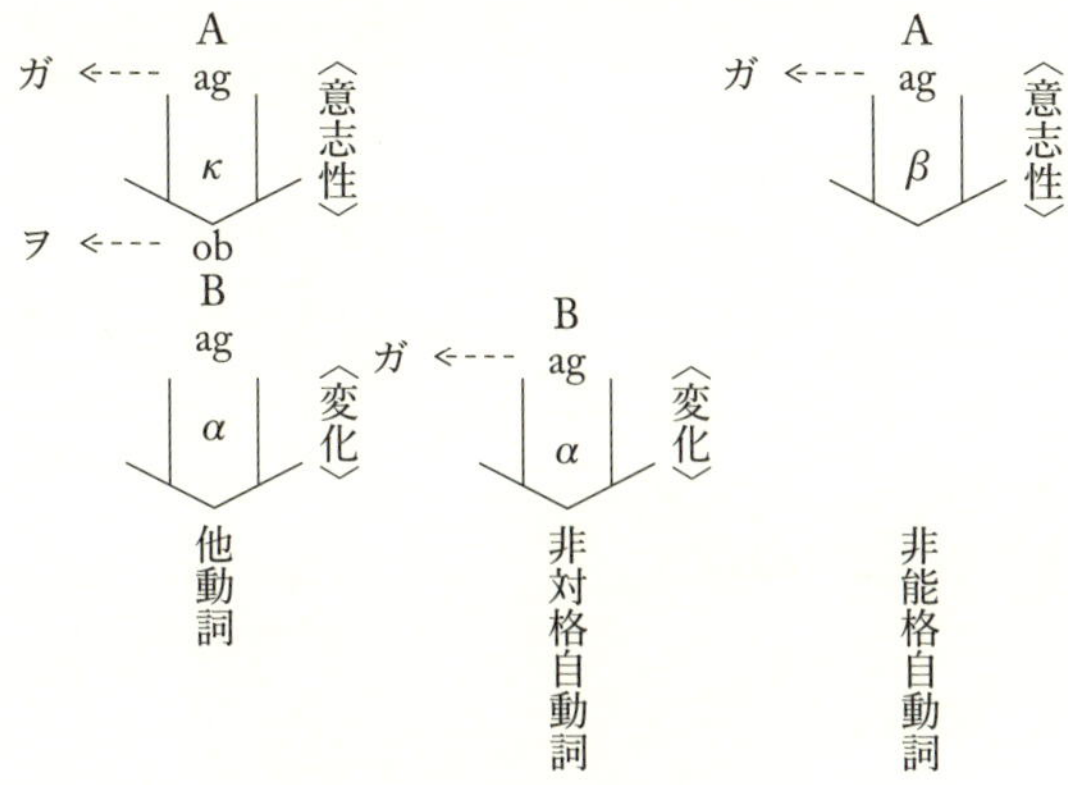

図表四　自動詞・他動詞の格構造

ここで、この述語構造を、アスペクト理論と組み合わせることにしたい（井島正博（一九九〇・三、一九九一・三））。まず、他動詞の場合、基幹動作と使役動作とが複合したものであるとすると、それぞれ別個に動作態を考えることができる。問題となるのは相互の時間的な位置関係である。この場合、非対格自動詞に対応する基幹動作は〈変化〉という特徴を持っているが、典型的にはこの〈変化〉は〈瞬間〉（xで示す）であり、その後変化した結果の状態が続く。それに対して、非能格自動詞に対応する使役動作は、使役主が対象にある変化を生じさせようという〈意志性〉をもって、典型的には〈継続〉して働きかけることを表わすが、対象に変化が生じた時点でその働きかけを止める。すなわち、原則として、使役動作の終了と基幹動作が生じる時点（x）は一致すると考えられる（図表五―a・b・c）。

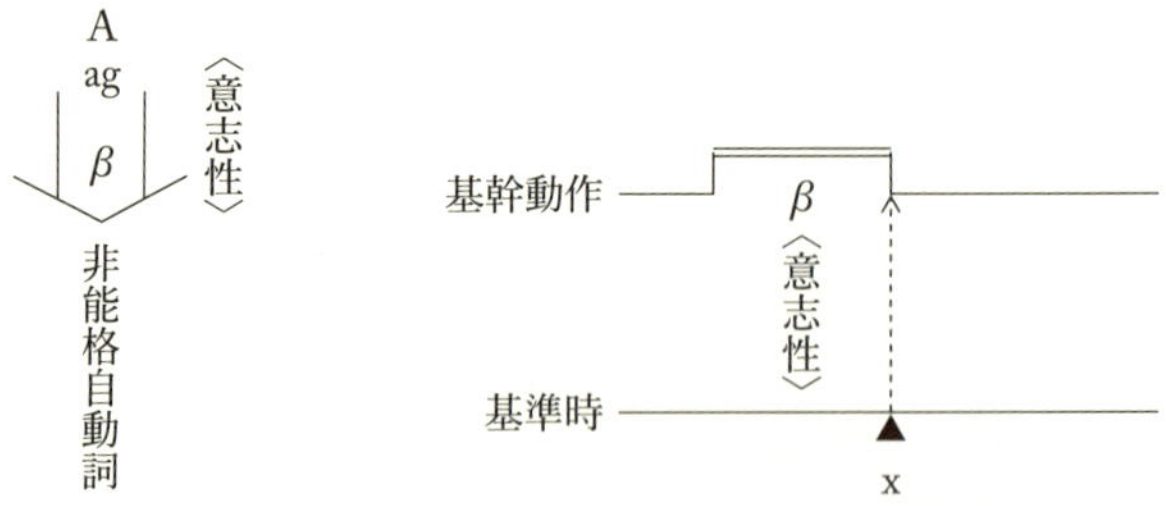

五―a　非能格自動詞

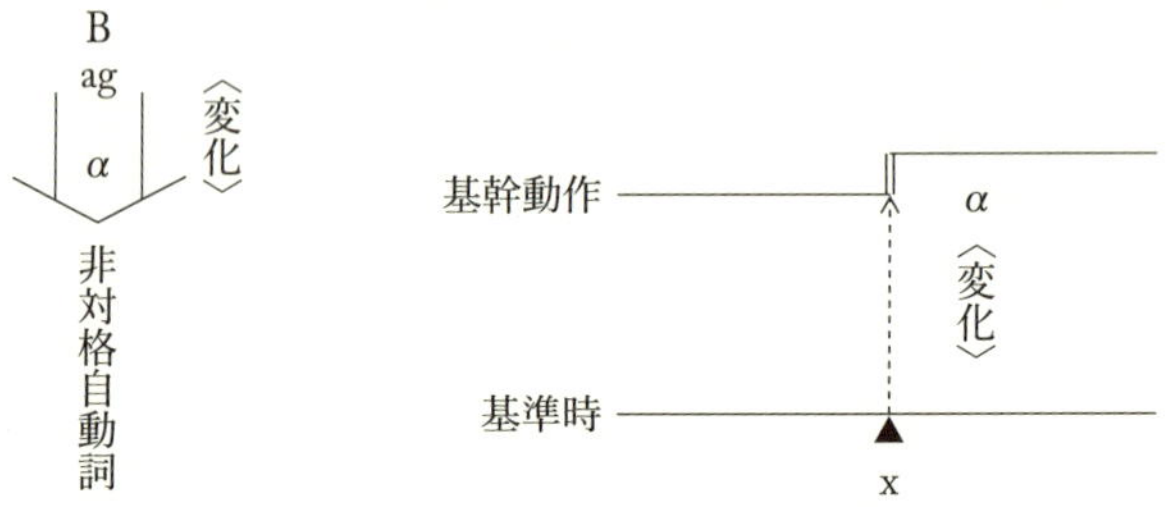

五―b　非対格自動詞

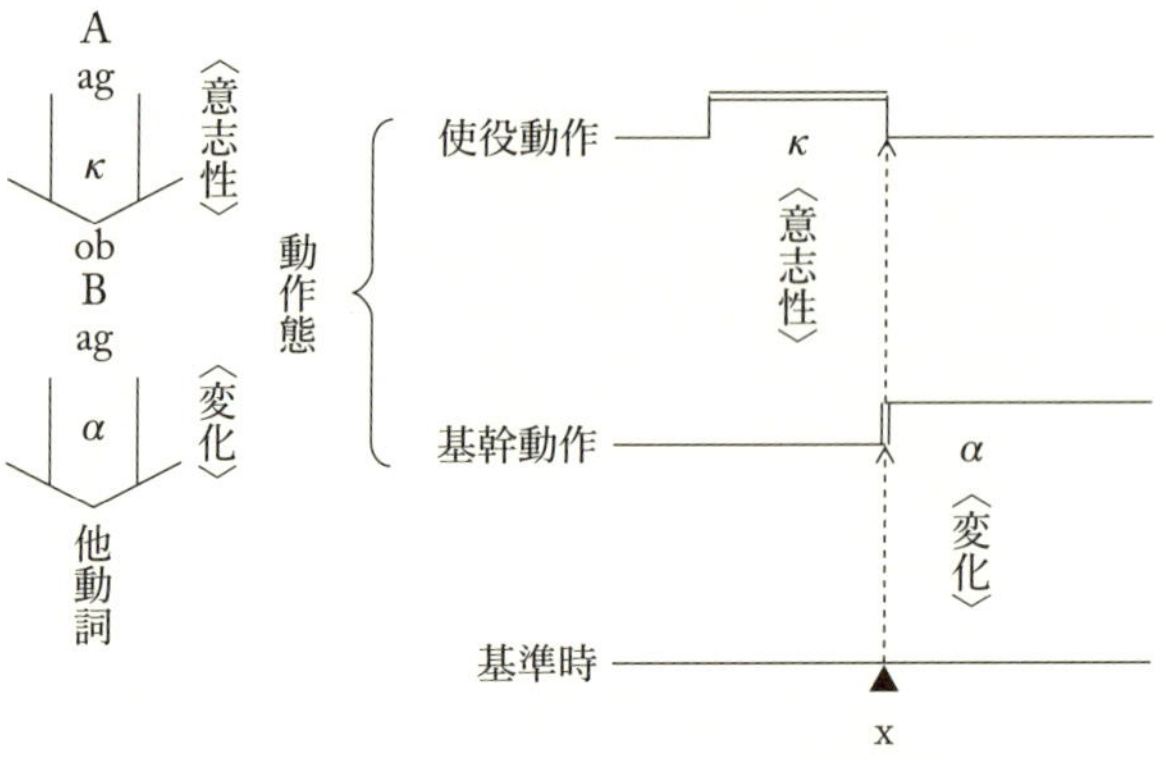

五―c　他動詞

図表五　自動詞・他動詞のアスペクトの構造

これまでの現代語の議論を中古語にあてはめて考えてみたい。ただし、現代語の動作アスペクトの議論から、中古語の事態アスペクトの議論にシフトした段階で、もはや非能格自動詞・非対格自動詞・他動詞、あるいは使役動作・基幹動作という概念を用いるわけにはいかない。ここでは、およそ使役動作に対応する「行為事態」、基幹動作に対応する「変化事態」というものを考えたい。すなわち、行為事態は典型的には人間の意志的行為を表わすが、意志的ではない場合、人間ではない場合などもある。また、変化事態も典型的には事物の変化を表わすが、事物でなく人間である場合、変化でなく動きである場合などもある。

さて、ある具体的な出来事は、行為事態、変化事態単独で表現されることもあるが、行為事態と変化事態とが複合したもの（以後これを「複合事態」と呼ぶ）として表現されることもあると考えられる。複合した事態は、他動詞にあたる場合が多いとはいえ、他動詞であっても行為事態のみの場合（打撃動詞など）もあり、自動詞であっても複合事態の場合（移動動詞など）もある（図表六—a・b・c）。

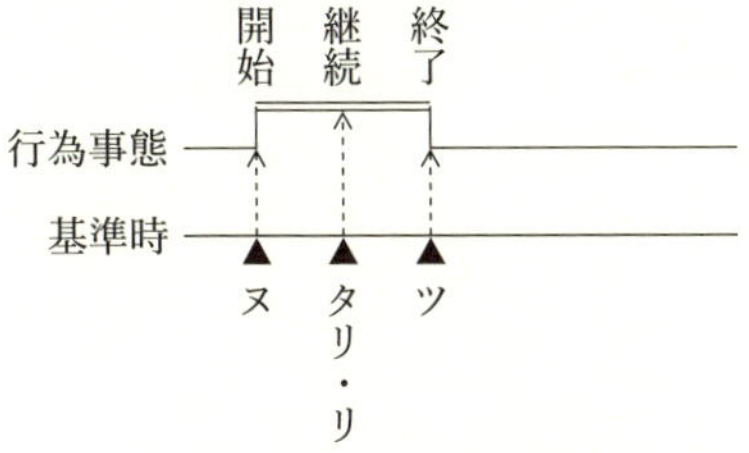

六—a　中古語の行為事態

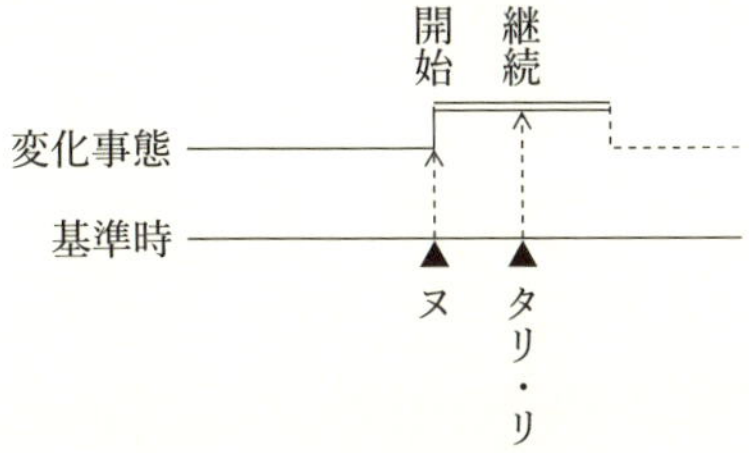

六—b　中古語の変化事態

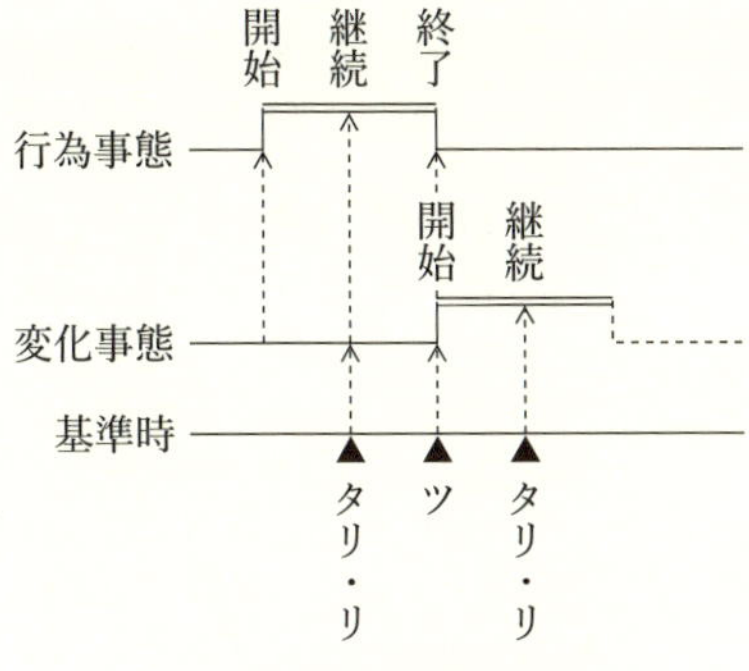

六—c　中古語の複合事態

図表六　中古語における自動詞・他動詞のアスペクトの構造

問題は、このような構造に対して、アスペクト形式としてどの完了助動詞が充てられるかである。行為事態にせよ変化事態にせよ、事態態の開始に対して〈発生〉のヌ、継続に対して〈経過〉のタリ・リが充てられることは問題がない。ツは、行為事態の〈完了〉には用いられるが、第八章でも指摘したように、変化事態は不可逆的であったり(「死ぬ」など)、対抗動作には別の動詞があったり(「咲く」に対する「散る」など)するので、事態の終了というものは考えにくいために用いられない。

複合事態に関しては、まず、行為事態の終了時点と、変化事態の開始時点とが重なるx点には、古典語ではツが充てられている。これは、変化事態のみの場合に対する複合事態の複合事態たるゆえんは、行為事態の存在であり、変化事態の開始時点という側面よりも、行為事態の終了という側面の方が表立つからであろう。

次に、タリ・リが用いられるのは、行為事態の継続部分と、変化事態の継続部分とに対応する場合が考えられる。以下では、この二つの〈経過〉を、便宜的にそれぞれ「〈動作の進行〉用法」、「〈結果の存続〉用法」と呼ぶことにしたい(現代語の〈動作の進行〉、〈結果の存続〉とは異なって、アスペクト体系に正式に位置付けられてはいない)。古典語の変化他動詞では、この二つの用法がどちらも自由に現われるわけではなく、〈結果の存続〉用法の方に偏る傾向が見られる。このことに関しては、上代・中古のタリ・リは、アスペクト形式としての文法化が不充分で、語源的に含んでいる存在動詞アリの〈存在〉の意味をいまだ色濃く残していたために、いわゆる〈結果の存続〉用法に偏り、〈動作の進行〉用法としても用いられないわけではないが、典型的な他動詞である、動作主の意志的な行為にまでは用いられないという指摘がある。ここでは、このようなタリ・リの特殊事情のために、自動詞と同じく、他動詞の場合も、多くは、タリ・リが承接したものは、〈結果の存続〉用法で用いられると解釈しておきたい。ただし、〈動作の進行〉用法で用いられることも珍しくないことは次節で見る。

このように、変化他動詞にツが承接した場合は、基準時が行為事態の終了時点にあることを示し、タリ・リが承接した場合は、基準時が変化事態の継続部分にあることを示すために、結果としては、時間的な展開の順序と逆の現われ方をしているように見えると考えられる(変化他動詞にヌが承接しないことについては、理論的には可能であっても、何らかの変化を表現する場合、注目されるのは〈変化〉の瞬間、すなわち行為事態の終了部分であって、行為事態の開始を表現する状況は極めて特殊であるからであると考えられる)。

ここで、このような持って回った説明をしないで、どうして現代語と同じく、タリ・リには、〈発生〉と〈完了〉とに挟まれた〈動作の進行〉と、〈完了〉以後の〈結果の存続〉があると言わないのか、どうして〈発生〉、〈経過〉、〈完了〉という展開の順序にこだわるのか、という反論ないし疑問が容易に予想できる。

しかし、歴史的な展開のしかたを考えると、むしろ逆に、現代語の体系は、ここで示したような古典語のシステムから生じたと考える方が自然なのではないだろうか。おそらく中世頃、アスペクト・システムが事態アスペクトから動作アスペクトへ移行するあたりで、〈経過〉の〈結果の存続〉用法がアスペクト体系からはみ出してしまう事態が生じることになる。というのも、〈結果の存続〉用法は、動作アスペクトでは、動作の範囲からはずれることになるからである。そこで、応急処置的に変化動作の終了後もアスペクト領域の中に組み込まれ、〈結果の存続〉という新たなアスペクト表現が付け加わることになって、従来の〈経過〉は、それまでと同じ位置である〈発生〉と〈完了〉に挟まれた〈動作の進行〉と、新たに生じた〈完了〉以後を表わす〈結果の存続〉という二つの領域に分かれることになったのではないだろうか。

このように現代語のような動作アスペクトに移行した段階では、他動詞の場合、テイル形はむしろ積極的に〈動作の進行〉を表わすことになる。そのため、〈結果の存続〉には、受身表現が加わったラレテイル形、あるいはそれに相当するテアル形が用いられることになった、と考えられる。

(2)　小宰相の君「あはれ知る心は人におくれねど数ならぬ身にきえつつぞふる(私が浮舟の死に)かへたらば」と、ゆゑある紙に書きたり。　同　蜻蛉　六・235

〈現代語訳［「…」と、みやびやかな風情のある紙に書いてある。」『日本古典文学全集』〉

中世以降の歴史的変化に関しては、また機会を改めて論じたい。

以上、古典語において自動詞にはヌ、他動詞にはツが承接することが多いという相関性の高さも、以上の議論から明らかであろう。

4　動詞の種類と完了助動詞の承接

前節までで、本章に必要な理論的検討を済ませた。しかし、動詞の種類によって、実際のアスペクト的現われはさまざまである。本節では、動詞の種類を網羅しているわけではないが、アスペクト的現われが異なるいくつかの典型的な動詞類型について、そのアスペクト的現われを具体的に見ていくことにしたい。なお、用例および用例数は『源氏物語』によるが、用例が『源氏物語』にない、あるいは僅少である場合には他の作品から補う。

4・1　変化動詞

変化動詞は、自他の対応を持つものが多く、そのため「有対動詞」と呼ばれるものとおよそ重なる。変化動詞のアスペクト的振舞いについては、前節で「濡る／濡らす」を例に議論した。ここでもう少し例を挙げながらその振舞いを確認しておきたい。

まず、「開《あ》く(四段)／開く(下二段)」では、開く瞬間に対しては自動詞にヌ、他動詞にツが承接する(3)a・c)。自他動詞にタリが承接したものは〈結果の存続〉用法である(3)b・d)(変化動詞に関しては、個々の動詞の用例数はあまり多くはないので、あえて用例数を示すことはしない)。

(3) a (かぐや姫を)立て籠めたるところの戸、すなはち、たゞ開きに開きぬ。格子どもゝ、人はなくして開きぬ。　『竹取物語』 64

b 源氏「されば。あらはなりつらむ」とて、かの妻戸の開きたりけるよ、と今ぞ見とがめたまふ。　『源氏物語』野分 三・258

c 翁、門をえ開けやらねば、(翁の娘か孫の女が)寄りてひき助くる、いとかたくななり。御供の人寄りてぞ開けつる。　同 末摘花 一・370

d このおもと(下臈の女房)は、「…ものの聞こえあらば、誰か障子を開けたりしと、必ず出で来なん。…」と思ひ困じてをり。　同 蜻蛉 六・240

次に、「明く/明かす」もおよそ同じく、明ける瞬間に対して自動詞にヌ、他動詞にツが承接する(4)a・c)が、一例だけ自動詞にツが承接する例がある(4)a′)。この例は、夕霧の会話文中にあり、ツラムを重ねて、御息所の様子をいきいきと想像している部分であり、テクスト機能(第十一章)を担っているためであるとも了解できる。また、タリ・リが承接する例(4)b・d)は、自動詞は〈結果の存続〉用法、他動詞は〈動作の進行〉用法であるようである(なぜか、「明けたり」は『源氏物語』には見出されず、上代中古作品全体の中でも僅少である)。

(4) a 夜も明けぬ。朝ぼらけの鳥の囀を、中宮(秋好中宮)は、物隔ててねたう聞こしめしけり。　同 胡蝶 三・161

a′ (御息所の手紙は)いと苦しげに、言ふかひなく、書き紛らはしたまへるさまにて、夕霧「おぼろけに思ひあやまりてやは、かく書きたまうつらむ。つれなくて今宵の明けつらむ」と、言ふべき方のなければ、女君

b　（雲居雁）ぞいとつらう心憂き。　同　夕霧　四・419

b　中納言殿（隆家）、われにもあらぬさまにて、薄鈍《うすにび》の御直衣・指貫着給て、あさましくてゐ給へれば、人々かしこまりて近ふもえ参寄らぬに、このあやしの物共の入り乱れて、しえたる気色どもぞあやしういみじき。さてあけたれど、（伊周が）おはせぬ由を奏せさす。　『栄花物語』巻五　上・167

c　（源氏、頭中将、左馬頭らは）いづかたに寄りはつともなく、はてはてはあやしき事どもになりて、明かしたまひつ。　『源氏物語』帚木　一・167

d　大君「…」と思ひつづけて、音泣きがちに明かしたまへるに、なごりいと悩ましければ、中の宮の臥したまへる奥の方に添ひ臥したまふ。　同　総角　五・231

「落つ／落とす」も、落ちる瞬間に対して自動詞にヌ、他動詞にツが承接する（5）a・c）が、タリ・リが承接する場合は、自動詞は〈結果の存続〉用法、他動詞は〈動作の進行〉用法となっている（5）b・d）。

（5）
a　匂宮「…」とて、目おしすりて紛らはしたまへるさまをかしければ、（紫の上は）ほほ笑みながら涙は落ちぬ。　同　御法　四・488

b　（右大臣は）薄二藍《うすふたあゐ》なる帯の、御衣《ぞ》にまつはれて引き出でられたるを見つけたまひて、あやしと思すに、また畳紙《たたむがみ》の手習などしたる、御几帳のもとに落ちたりけり。　同　賢木　二・137

c　源氏「…」など、のたまひ出でて、尚侍《かん》の君（朧月夜）の御ことにも涙すこしは落したまひつ。　同　朝顔　二・483

d　かくて、いたりつき給て、山ごもりは、としごろ、だうなどもいとひろくいかめしう、たきいとおもしろふおとしたるところにすみて、　『宇津保物語』国譲下　846

「過ぐ／過ぐす」も過ぎる瞬間に対して自動詞にヌ、他動詞にツが承接する（6a・c）が、タリ・リが承接する場合は、自動詞は〈結果の存続〉用法、他動詞は〈動作の進行〉用法となっている（6b・d）。

（6）a　（源氏が朱雀院の御賀に）参りたまはむことは、この月かくて過ぎぬ。　『源氏物語』若菜下　四・262

b　典侍 君し来ば手なれの駒に刈り飼はむさかり過ぎたる下葉なりとも
と言ふさま、こよなく色めきたり。　同　紅葉賀　一・409

c　（鬚黒大将は北の方が）御目のいたう泣き腫れたるぞ、すこしものしけれど、いとあはれと見る時は、罪なう思して、いかで過ぐしつる年月ぞと、なごりなう移ろふ心のいと軽きぞや、とは思ふ思ふ、　同　真木柱　三・356

d　（冷泉院も今の東宮も）同じ筋なれど、思ひなやましき御ことなくて過ぐしたまへるばかりに、罪は隠れて、末の世まではえ伝ふまじかりける御宿世、口惜しくさうざうしく思せど、人にのたまひあはせぬ事なれば、いぶせくなむ。　同　若菜下　四・157

「散る／散らす」も散る瞬間に対して自動詞にヌ、他動詞にツが承接する（7a・c）が、タリ・リが承接する場合は、自動詞は〈結果の存続〉用法、他動詞は〈動作の進行〉用法となっている（7b・d・d′）。

（7）a　内大臣「春の花いづれとなく、みな開け出づる色ごとに、目おどろかぬはなきを、心短くうち棄てて散りぬるが、恨めしうおぼゆるころほひ、…」　同　藤裏葉　三・429

b　勝方の童べ下りて、花の下に歩きて、散りたるをいと多く拾ひて持て参れり。　同　竹河　五・75

c　（夕霧は御息所からの）昨夜《よべ》の御文のさまもえ確かに見ずなりにしかば、見ぬさまならむも、散らしてけると

推しはかりたまふべしなど思ひ乱れたまふ。　同　夕霧　四・417

d　こなたかなた霞みあひたる梢ども、錦を引きわたせるに、御前の方ははるばると見やられて、色を増したる柳枝を垂れたる、花もえもいはぬ匂ひを散らしたり。　同　胡蝶　三・159

d′　源氏「…(夕霧は)さるさまのすき事をしたまふとも、人のもどくべきさまもしたまはず、鬼神も罪ゆるしつべく、あざやかにもの清げに若うさかりににほひを散らしたまへり。…」　同　夕霧　四・457

自他の対応のある変化動詞はこれ以外にも多く見出されるが、これだけでもおよその傾向は見て取れる。変化という出来事は、言うまでもなく、変化の瞬間が最も目立ち(salient)、その部分を表わす用例が最も多いと思われるが、変化他動詞が表わす事態の〈完了〉にあたるツ、変化自動詞が表わす事態の〈発生〉にあたるヌは、まさにその瞬間に相当する。また、タリ・リの承接した変化自動詞は、変化後の状態、すなわち〈結果の存続〉用法であるが、タリ・リの承接した変化他動詞は、変化自動詞と同じく、変化後の状態である〈結果の存続〉用法も、変化前の変化を引き起こす〈動作の進行〉用法もあることがわかる。これは、絶対的な違いというわけではなく、動詞の種類によって、動作部分か結果状態部分か、どちらが目立ちやすいか(salience)と相関しているものと思われる。

4・2　移動動詞

ここでは、移動動詞として、用例数も多く、ヌ・ツがともに承接する「来」と「参る」とを見てみたい。〈移動〉という動作は、ある程度時間を要するという意味で継続動詞に属する一方、いわゆる変化動詞が状態変化を引き起こすのと並行的に、移動動詞は位置変化を引き起こすと言われる意味で広義の変化動詞とも言うことができる。その特殊性が完了助動詞の承接にも反映しているようである。

まず、「来」は、従来より、ヌ・ツがともに承接する動詞として注目されてきた。用例数は、全九二例中、ヌ承接一一例、ツ承接六例、タリ承接二七例（内一例はニ-タリ）である。ヌ・ツの承接に関しては、「来」は継続動詞であると了解すれば、その使い分けは明白である。すなわち、ヌの場合は出発し移動中であり（(8)aの人々は移動中であるし、(8)bのように一般的に季節の移り変わりにはヌが用いられるが、季節は変化を止めることがない）、ツの場合は移動が終わってどこかに到着している（(9)aの二例はいずれも蛍兵部卿宮が源氏のもと（二条院ないし六条院）に到着しており、（源氏の歌の「春」は蛍兵部卿宮のこと）(9)bのほととぎすもすでに来て鳴いている）。

(8)　a　家主の法師、「人宿したてまつらむとする所に、なに人のものしたまふぞ。あやしき女どもの、心にまかせて」とむつかるを、めざましく聞くほどに、げに人々来ぬ。これも徒歩よりなめり。よろしき女二人、下人《しもびと》どもぞ、男女、数多かむめる。　同　玉鬘　三・99

b　（大宮への）御返りには、源氏「春や来ぬる、ともまづ御覧ぜられになん参りはべりつれど、思ひたまへ出でらるること多くて、え聞こえさせはべらず、

あまた年けふあらためし色ごろもきては涙ぞふる心地する

えこそ思ひたまへしづめね」と聞こえたまへり。　同　葵　二・72

(9)　a　（源氏は）兵部卿宮渡りたまへるにぞ、ただうちとけたる方にて対面したまはんとて、御消息聞こえたまふ。

源氏　わがやどは花もてはやす人もなしなににか春のたづね来つらん

宮（蛍兵部卿宮）、うち涙ぐみたまひて、

蛍宮　香をとめて来つるかひなくおほかたの花のたよりと言ひやなすべき　同　幻　四・507

b　待たれつる郭公のほのかにうち鳴きたるも、「いかに知りてか」と、聞く人（源氏）ただならず。

源氏　なき人をしのぶる宵のむら雨に濡れてや来つる山ほととぎす　同　幻　四・527

一方、タリの場合は、時間的にツの後に位置するが、これは、先に見た変化他動詞の〈結果の存続〉用法と同じものであると考えられる。すなわち、「来たる」は、「来つ」に比べて、到着しただけではなく、そこに控えている・待っているというように、〈結果の存続〉の意味合いを持つようになる(10a〜c)。ついでながら、φ形は地の文(11a)や会話文・心内文(11b)において、物語時現在の出来事の描写に用いられる。

(10) a 叔母「出で立ちなむことを思ひながら、(末摘花の)心苦しきありさまの、見捨てたてまつりがたきを、侍従の迎へになむ参り来たる。…」　同　蓬生　二・328

b 京より、かの紀伊守などいひし子ども、迎へに来たる人人、この殿(源氏)かく詣でたまふべし、と告げければ、道のほど騒がしかりなむものぞとて、まだ暁より急ぎけるを、女車多く、ところせうゆるぎ来るに、日たけぬ。　同　関屋　二・349

c (太夫監)みづからも、この家の二郎を語らひとりて、うち連れて来たり。三十ばかりなる男の、丈高くものものしくふとりて、きたなげなれど、思ひなしうとましく、荒らかなるふるまひなど、見るもゆゆしくおぼゆ。　同　玉鬘　三・89

(11) a 女房「夜半に、こはなぞと歩かせたまふ」と、さかしがりて、外ざまに来。　同　空蝉　一・201

b 「海賊の舟にやあらん、小さき舟の、飛ぶやうにて来る」など言ふ者あり。海賊のひたぶるならむよりも、かの恐ろしき人の追ひ来るにや、と思ふにせむ方なし。　同　玉鬘　三・94、95

次に、「参る」であるが、移動の意味の「参る」は全六六〇例中、ヌ承接四〇例、ツ承接一四例、タリ・リ承接一五八例を数える。さて、「参る」も「来」とほぼ同じありさまで、ヌが承接するものは、出発した(あるいは移動中である)ことを表わすが、到着したことまでは表わしていない(12a〜c)のに対し、ツが承接するものは、反対に到着したことを表わしている（(13)a～c）。

(12) a　右近が家は、六条院近きわたりなりければ、（玉鬘の九条の宿に）ほど遠からで、言ひかはすもたづき出で来ぬる心地しけり。右近は大殿（六条院）に参りぬ。このことをかすめ聞こゆるついでもやとて、急ぐなりけり。御門引き入るるより、けはひことに広々として、まかで参りする車多くまよふ。　同　玉鬘　三・112

b　父大臣も、「などか、返さひ申されける。ひがひがしきやうに、院（源氏）にも聞こしめさむを、おどろおどろしき病にもあらず、助けて参りたまへ」とそそのかしたまふに、かく重ねてのたまへれば、（柏木は）苦し、と思ふ思ふ（源氏のもとに）参りぬ。まだ、上達部なども集ひたまはぬほどなりけり。　同　若菜下　四・264

c　大納言　心ありて風のにほはす園の梅にまづうぐひすのとはずやあるべき

と、紅の紙に若やぎ書きて、この君（太夫の君）の懐紙にとりまぜ、押したたみて出だしたてたまふを、（匂宮は）幼き心に、いと馴れきこえまほしと思へば、急ぎ参りたまひぬ。中宮（明石の中宮）の上の御局より御宿直所に出でたまふほどなり。　同　紅梅　五・43

(13) a　大将の君（夕霧）、涙を拭《のご》ひて立ち出でたまへるに、柏木「いかに、いかに。ゆゆしきさまに人の申しつれば、信じがたきことにてなむ。ただ、久しき御悩みを承り嘆きて参りつる」などのたまふ。　同　若菜下　四・230

b　殿上人あまた御送りに参る中に見つけたまひて、匂宮「昨日は、などいととくはまかでにし。いつ参りつるぞ」などのたまふ。太夫の君「とくまかではべりにし悔しさに、まだ内裏におはしますと人の申しつれば、急ぎ参りつるや」と、幼げなるものから馴れ聞こゆ。　同　紅梅　五・43

c　中将等「よべの月に、口惜しう（源氏の）御供に後れはべりにけると思ひたまへられしかば、今朝、霧を分けて参りはべりつる。…」　同　松風　二・408

ただし、タリ・リが承接したものは、到着してそこに存在しているという意味を明確に持つもの（すなわち〈結果の存続〉用法、(14)b・c）がある一方で、単に到着したことを表わしているように見えるもの（(14)a・d）も見出される。また、φ形の「参る」は物語時現在の出来事の描写に用いられている（(15)a・b）。

(14) a　藤壺のまかでたまへる三条宮に、（源氏は）御ありさまもゆかしうて、参りたまへれば、命婦、中納言の君、中務などやうの人々対面したり。けざやかにもてなしたまふかなと、やすからず思へど、しづめて、おほかたの御物語聞こえたまふほどに、兵部卿宮参りたまへり。　同　紅葉賀　一・390

b　（源氏は）またの日は京へ帰らせたまふべければ、すこし大殿籠り過ぐして、やがてこれより出でたまふべきを、桂の院に人々多く参り集ひて、ここにも殿上人あまた参りたり。　同　松風　二・405

c　命婦（王命婦）は、御匣殿（御匣殿の別当）のかはりたるところに移りて、曹司賜はりて参りたり。　同　薄雲　二・447

d　かかるいみじき事（浮舟の死）にも、（薫は）まづ御使のなきを、一目も心憂しと思ふに、御庄の人なん参りて、しかじかと申させければ、あさましき心地したまひて、御使、そのまたの日、まだつとめて参りたり。　同　蜻蛉　六・204

(15) a　泣く泣く、命婦「夜いたう更けぬれば、今宵過ぐさず、御返り奏せむ」と急ぎ参る。　同　桐壺　一・107

b　大きやかなる童の、濃き衵《あこめ》、紫苑の織物重ねて、赤朽葉の羅《うすもの》の汗衫《かざみ》、いといたう馴れて、廊渡殿の反橋を渡りて参る。　同　少女　三・75

以上のように、移動動詞は、ヌ・ツに関しては、移動動作を表わす継続動詞として、〈発生〉にヌ、〈完了〉にツが用いられるが、タリ・リに関しては、位置変化を表わす変化動詞として、〈結果の存続〉用法で用いられる。

4・3　言語行為動詞

ここで言語行為というのは、言語行為論を下敷きに、何らかの言語行為を顕著に表わす動詞、という意味ではなく、単純に、主に〝ことば〟のやりとりに関わる動詞、「言ふ」と「聞く」、「書く」と「読む」という動詞を比較して検討してみたい。

最初に、「言ふ」に関して、全九九五例中、ヌ・ツの承接については、ツの例は一四例見出される(16)a～c)が、ヌの例は見あたらない。これは、ある内容をすべて言ってしまったことを描くことは普通に見られても、ある内容を言い始めたことをあえて描くことは普通は見られないということだろう。

(16) a　(落葉の宮が)いとほのかに、あはれげに泣いたまうて、
落葉の宮　われのみやうき世を知れるためしにて濡れそふ袖の名をくたすべき
とのたまふともなきを、(夕霧が)わが心につづけて忍びやかにうち誦じたまへるも、かたはらいたく、いかに言ひつることぞと思さるるに、　同　夕霧　四・396

b　御息所「…(夕霧と落葉の宮は)内内の御心清うおはすとも、かくまで言ひつる法師ばら、よからぬ童べなどはまさに言ひ残してむや。…」　同　夕霧　四・407

c　女房「さこそ言ひつれ」など、人々の中にて語るを(大君は)聞きたまふに、いとど胸ふたがりて、　同　総角　五・299

問題は、一九例あるタリ・リに承接する「言ふ」である。通常、「言ふ」は発話行為を表わすから、変化の結果

が存続するとは考えにくく、タリ・リの例は〈動作の進行〉用法であるのではないかと予想される。実際、(17)a〜dのようにそれにあたる例は見出される。

(17) a (匂宮は)ことわりにて、「うらなくものを」と言ひたる姫君(女一の宮)も、ざれて憎く思さる。　同　総角　五・295

b 「《供人》(薫は)御心地悩ましとて、今のほどうち休ませたまへるなり」と、御供の人々(弁の尼に)心しらひて言ひたりければ、この君を尋ねまほしげにのたまひしかば、かかるついでにもの言ひふれんと思ほすによりて、日暮らしたまふにや、と思ひて、かくのぞきたまふらんとは知らず、　同　宿木　五・479

c 「《北の方》…」など、かこちきこえかくれば、(中の君は)げに見苦しからでもあらなん、と見たまふ。…(浮舟が)ものなど言ひたるも、昔の人(亡き大君)の御さまにあやしきまでおぼえたてまつりてぞあるや。　同　東屋　六・44

d 「《浮舟》つれづれは何か。心やすくてなむ。ひたぶるにうれしからまし世の中にあらぬところと思はましかば」と、幼げに言ひたるを見るままに、(北の方は)ほろほろとうち泣きて、　同　東屋　六・77

しかし一方で、手紙の返事(18)a)、仏教の教え(18)b)、手紙の引き歌((18)c)、昔物語((18)d)の内容にも用いられており、これはその内容が述べられている時点に身を置けば〈動作の進行〉用法と見られないこともないが、〈結果の存続〉用法と見る方が自然であろう。

(18) a 尚侍の君(朧月夜)の御返りには、

尚侍「浦にたくあまだにつつむ恋なればくゆる煙よ行く方ぞなき
さらなる事どもはえなむ」とばかり、いささかにて、中納言の君の中にあり。(中納言の手紙には、朧月夜が)思し嘆くさまなど、いみじう言ひたり。　同　須磨　二・184

b　源氏「思ひあまり昔のあとをたづぬれど親にそむける子ぞたぐひなき
不孝なるは、仏の道にもいみじくこそ言ひたれ」とのたまへど、顔ももたげたまはねば、御髪をかきやりつつ、いみじく恨みたまへば、　同　蛍　三・206

c　女三の宮「いとうたてあることをも言ふかな」と何心もなげにのたまひて、(柏木の)文ひろげたるを御覧ず。(女三の宮は手紙の引き歌に)「見もせぬ」と言ひたるところを、あさましかりし御簾のつまを思しあはせらるるに、御面赤みて、　同　若菜上　四・140

d　昔物語などに語り伝へて、若き女房などの読むをも聞くに、必ずかやうのこと(大君や中の君のような姫のこと)を言ひたる、さしもあらざりけむ、と憎く推しはからるるを、げにあはれなるものの隈ありぬべき世なりけりと、心移りぬべし。　同　橋姫　五・132

その他、〈結果の存続〉を伴うようには思われず、ツの用法と区別の付けがたい、いわば〈完了〉用法とでも言うべきものも少なからず見られる(19)a〜d)。

(19)　a　この御師《おし》(玉鬘の祈祷僧)は、まだ深からねばにや、西の間に遠かりけるを、右近「なほここにおはしませ」と、尋ねかはし言ひたれば、男どもをばとどめて、介(豊後介)にかうかうと言ひあはせて、こなたに移したてまつる。　同　玉鬘　三・104

b　(少将は北の方を)いとほしくおぼえて、

「《少将》宮城野の小萩がもとと知らませばつゆもこころをわかずぞあらまし
いかでみづから聞こえさせあきらめむ」と言ひたり。　同　東屋　六・74

c　宮も、「《匂宮》これはまた誰そ。わが名もらすなよ」と口固めたまふを、いとめでたし、と思ひきこえたり。ここの宿守にて住みける者、時方を主と思ひてかしづき歩けば、このおはします遣戸を隔てて、所えがほにゐたり。声ひきしじめ、かしこまりて物語しをるを、答へもえせずをかしと思ひけり。「《時方》いと恐ろしく占ひたる物忌により、京の内をさへ避りてつつしむなり。外の人寄すな」と言ひたり。　同　浮舟　六・145

d　「《右近》ただ今ものおぼえず、起き上らん心地もせでなむ。さるは、今宵ばかりこそは、かくも立ち寄りたまはめ、え聞こえぬこと」と言はせたり。「《時方》さりとて、かくおぼしつかなくてはいかが帰り参りはべらむ。いま一ところだに」と切に言ひたれば、侍従ぞあひたりける。　同　蜻蛉　六・195

また、φ形の「言ふ」が物語時現在の出来事を表わしていることはこれまでと変わりない。

(20)
a　「《相人》(源氏は)国の親となりて、帝王の上なき位にのぼるべき相おはします人の、そなたにて見れば、乱れ憂ふることやあらむ。おほやけのかためとなりて、天の下を補弼《たす》くる方にて見れば、またその相違ふべし」と言ふ。　同　桐壺　一・116

b　「《子》(源氏は)廂にぞ大殿籠りぬる。音に聞きつる御ありさまを見たてまつりつる。げにこそめでたかりけれ」と、みそかに言ふ。「《女》昼ならましかば、のぞきて見たてまつりてまし」と、ねぶたげに言ひて、顔ひき入れつる声す。　同　帚木　一・174

次に、「聞く」であるが、全五二九例中、ツ承接例は七例、ヌ承接例は一例のみ。ツ承接例はいずれもあるまとまった内容を聴取したことを表わしている(21a〜c)が、ヌ承接の一例は、父内大臣の和琴の演奏を一声でも聴きたい、ということで、一曲まるまる聴きたいということではないのだろう(21d)。このことは逆に、あるまとまった内容を聴取することを表わしがちな会話文の内容には、ヌが用いられにくいことを示しているのではないだろうか。

(21) a　律師立ちぬる後に、小少将の君を召して、御息所「かかることなむ聞きつる。いかなりし事ぞ。などかおのれには、さなん、かくなむとは聞かせたまはざりける。さしもあらじと思ひながら」とのたまへば、いとほしけれど、はじめよりありしやうを、くはしう聞こゆ。　同　夕霧　四・406

b　朱雀院消息(御息所は)日ごろ重く悩みたまふと聞きわたりつれど、例もあつしうのみ聞きはべりつるならひにうちたゆみてなむ。…　同　夕霧　四・425

c　君は、車をそれと聞きたまひつるより、薫「ゆめ、その人にまろありとのたまふな」と、まづ口固めさせたまひてければ、　同　宿木　五・476

d　玉鬘「このわたりにてさりぬべき御遊びのをりなどに、聞きはべりなんや。…」　同　常夏　三・222

「聞く」にタリ・リが承接している例は、以下の七例であるが、いずれも推量表現ないし仮定表現中に用いられている。推量・仮定表現中であるから、時間を厳密に特定することは難しいのであるが、未来と解釈できるもの一例(22e)、現在と解釈できるもの二例(22c・f)、過去の出来事であるもの四例(22a・b・d・g)である。ただ、仮定用法以外すなわち推量用法はいずれも断定のナリと共起していることが注目される。このことは、過去のある時点での〈動作の進行〉、すなわち「その時…しているのだろう」というように、タリ・リは単なる〈動作の進行〉を表わし、ナリが時間を超越した事実関係を叙述しているに過ぎず、この場合その事態が生起したのがたまたま過去であるということなのではないだろうか。要するに、タリ・リは〈動作の進行〉用法であると言えばよいことになる。ここで、推量・仮定表現に限って用いられるのは、外面的には察知できない、動作主の内面的な行為であるため、他者が「聞いた」かどうかは、推量したり、仮定したりするしかないということなのだろう。

(22)

a　源氏「…」と聞こえたまへれば、尼君「ひが事聞きたまへるならむ。いと恥づかしき御けはひに、何ごとかは答へきこえむ」とのたまへば、〈過去〉　同　若紫　一・291

b　(中将の君は浮舟のことを)故宮の御こと聞きたるなめり、と思ふに、いとど、いかで人とひとしく、とのみ思ひあつかはる。〈過去〉　同　東屋　六・74

c　右近「あなかま、あなかま。下衆などの塵ばかりも聞きたらむに、いといみじからむ」と言ひゐたる、心地恐ろし。〈現在〉　同　浮舟　六・121

d　(中の君は匂宮に対して)まめやかなるをいとほしう、いかやうなることを聞きたまへるならむ、とおどろかるるに、答へきこえたまはむこともなし。〈過去〉　同　浮舟　六・130

e　侍従「忍びたる事(浮舟と匂宮の秘事)とても、御心より起こりてありしことならず。親にて、亡き後に聞きたまへりとも、いとやさしきほどならぬを、ありのままに聞こえて、かくいみじくおぼつかなきことどもをさへ、かたがた思ひまどひたまふさまは、すこしあきらめさせたてまつらん。…」〈未来〉　同　蜻蛉　六・200

f　(浮舟は)からうじて鶏の鳴くを聞きて、いとうれし。母の御声を聞きたらむは、ましていかならむ、と思ひ明かして、心地もいとあし。〈現在〉　同　手習　六・320

g　僧都「たしかに聞きたまへるにこそあめれ。かばかり心えたまひてうかがひ尋ねたまはむに、隠れあるべきことにもあらず、なかなかあらがひ隠さむにあいなかるべし」などとばかり思ひえて、〈過去〉　同　夢浮橋　六・361

さらに、φ形の「聞く」は、物語時現在の表現とも考えられるが、「聞く」は次節に論じる知覚動詞の一つであり、拡張した言語行為論的な意味での言語行為を表わしているように思われる側面もある。すなわち、先に示したように、「聞く」という動作は、外面的には察知できない、動作主の内面的な行為であるため、動作主の立場から表現せざるをえない。

(23) a 源氏「その姉君は朝臣の弟やもたる」、紀伊守「さもはべらず。この二年ばかりぞかくてものしはべれ(伊予介の後妻となっている)ど、親のおきてに違へりと思ひ嘆きて、心ゆかぬやうになん聞きたまふる」、　同　帚木　一・181

b ごほごほと鳴神よりもおどろおどろしく、踏みとどろかす唐臼の音も枕上とおぼゆる、(源氏は)あな耳かしがましと、これにぞ思さるる。何の響きとも聞き入れたまはず、いとあやしうめざましき音なひとのみ聞きたまふ。　同　夕顔　一・230

c 良清「…(明石入道が娘に)『…もし我に後れて、その心ざし遂げず、この思ひおきつる宿世違はば、海に入りね』と、常に遺言しおきてはべるなる」と聞こゆれば、君(源氏)もをかしと聞きたまふ。　同　若紫　一・278

d (帝が薫と女二の宮との婚儀を)そのほどに思し定めたなり、と伝《つて》にも聞く。　同　宿木　五・372

e 中の君「… いとさしもあるまじき人(異腹で大君と似るはずもない浮舟)のいかでかはさはありけん」とのたまふを、(薫は)夢語かとまで聞く。　同　宿木　五・438

その次に、「書く」を見てみると、全二四八例中、完了助動詞承接例は、タリ・リが九七例を数えるが、ヌ・ツについては、ツ承接例が一例見られるだけである(24a)。「書く」という動作は、書き始めは勿論、書き終わりに注目されることは少ないということだろう。しかし、ツ承接例は他の作品にも見られる(24b・c)ところから見ても、例外的な特殊例とは言えない。

(24) a 浮舟 降りみだれみぎはにこほる雪よりも中空にてぞわれは消ぬべき
と書き消ちたり。（匂宮は）この「中空」をとがめたまふ。げに、憎くも書きてけるかなと、恥づかしくてひき破りつ。　同　浮舟　六・146

b 返りごとには、「椿市といふ所までは平らかになん。かゝるついでに、これよりもふかくと思へば、帰らん日を、えこそきこえさだめね」と書きつ。『蜻蛉日記』上　75

c いみじう暑き昼中に、いかなるわざをせんと、扇の風もぬるし、氷水に手をひたし、もてさわぐほどに、こちたう赤き薄様を、唐撫子のいみじう咲きたるに結びつけて、とり入れたるこそ、書きつらんほどの暑さ、心ざしのほど浅からずおしはかられて、かつ使ひつるだにあかずおぼゆる扇もうち置かれぬ。
『枕草子』第百九十二段　239

そのように、「書く」には、タリ・リ承接例が非常に多いのであるが、その中には〈動作の進行〉用法は見られず、いずれも〈結果の存続〉用法ばかりである（(25)a〜c）。書いた結果として文字や絵が残されるのであるから、〈結果の存続〉用法があることは当然のことではあるが、〈動作の進行〉用法が見出しがたいのは、書くという動作が、意志的に行われる他動性の高い他動詞であるからであろうか。再考を期したい。

(25) a 空の色したる唐の紙に、
源氏「わきてこの暮こそ袖は露けけれもの思ふ秋はあまたへぬれど
いつも時雨は」とあり。御手などの心とどめて書きたまへる、常よりも見どころありて、「過ぐしがたきほ

b　（末摘花は）古りにたる御厨子開けて、唐守、藐姑射《はこや》の刀自、かぐや姫の物語の絵に描きたるをぞ、時々まさぐりものにしたまふ。　同　蓬生　二・321

c　浮舟「今日は、（匂宮に）え聞こゆまじ」と恥ぢらひて、手習に、

浮舟　里の名をわが身に知れば山城の宇治のわたりぞいとど住みうき

宮（匂宮）の描きたまへりし絵を、時々見て泣かれけり。　同　浮舟　六・152

それに対して、φ形の「書く」は物語時現在の動作を表わしている。

(26) a　（女童が）御返りこへば、中納言「をかしきことの筋にのみまつはれてはべめれば、聞こえさせにくくこそ。宣旨書きめきては、いとほしからむ」とて、ただ、（弘徽殿の女御の）御文めきて書く。　同　常夏　三・242

b　夜明け方近く、かたみにうち出でたまふことなくて、（夕霧と雲居雁は）背き背きに嘆き明かして、朝霧の晴れ間も待たず、例の、文をぞ急ぎ書きたまふ。　同　夕霧　四・439

最後に、「読む」であるが、全五十一例中、ツ承接一例、タリ・リ承接七例である。ヌ承接例が皆無で、ツ承接例が僅少であるのは、和歌は詠むという事実全体が重要で、和歌を詠み始め、詠み終わる動作が問題にされることは少ないからであろう。

(27) a　大臣（源氏）、（末摘花の歌が）憎きものの、をかしさをばえ念じたまはで、源氏「この歌よみつらむほどこそ。まして今は力なくて、ところせかりけむ」と、いとほしがりたまふ。　同　行幸　三・307

b　あるひとのこのわらはなる、ひそかにいふ。「まろ、このうたのかへしせん」といふ。おどろきて、「いとをかしきことかな。よみてんやは。よみつべくは、はやいへかし」といふ。　『土佐日記』34

c　もしうみべにてよまましかば、「なみたちさへていずれもあらなん」ともよみてましや。　『土佐日記』34

また、タリ・リ承接の「読む」には、黙読の用例はなく、多くは経典を音読する用例であるが、いずれも〈動作の進行〉用法である。確かに、音読する場合はその後に残存する結果は考えにくい。ただ、「読む(音読する)」(あるいは「言ふ」)という動作が「書く」という動作よりも、どれほど他動性が低いために〈動作の進行〉用法を持つのか、疑問である。

(28) a　聖、動きもえせねど、とかうして(源氏に)護身まゐらせたまふ。かれたる声の、いといたうすきひがめるも、あはれに功《くう》づきて、陀羅尼読みたり。　『源氏物語』若紫　一・294

b　加持の僧ども声静めて法華経を読みたる、いみじう尊し。　同　葵　二・32

c　(源氏が)白き綾のなよよかなる、紫苑色などたてまつりて、こまやかなる御直衣、帯しどけなくうち乱れたまへる御さまにて、「釈迦牟尼仏弟子」と名のりて、ゆるるかに誦みたまへる、また世に知らず聞こゆ。　同　須磨　二・192

d　例の大将、左大弁、式部大輔、左中弁などばかりして、御師の大内記を召して、史記の難き巻々、寮試受けんに、博士のかへさふべきふしぶしを引き出でて、(夕霧に)ひとわたり読ませたてまつりたまふに、至らぬ句もなくかたがたに通はし読みたまへるさま、爪じるし残らず、あさましきまであり難ければ、さるべきにこそおはしけれと、誰も誰も涙落したまふ。　同　少女　三・22

e　(源氏が)忍びやかに行ひつつ、経など読みたまへる御声を、よろしう思はん事にてだに涙とまるまじきを、

ましして、袖のしがらみせきあへぬまであはれに、明け暮れ見たてまつる人々の心地、尽きせず思ひきこゆ。　同　幻　四・511

f　（浮舟が）行ひなどをしたまふも、なほ数珠は近き几帳にうち懸けて、経に心を入れて読みたまへるさま、絵にも描かまほし。　同　手習　六・339

ここで、「よむ」には、言うまでもなく、文字や文章を「読む」他に、和歌を「詠む」場合もある。和歌を詠む場合は和歌そのものが詠むという行為の後に残るのであり、和歌集にしばしば見られる「詠める」という表現はまさにその典型的な形であるが、どういうわけか、『源氏物語』には一例も見られない（『源氏物語』では物語の展開の中に和歌が折り込まれるので、和歌を詠んだ状況を説明する「詠める」はそぐわないのであろう。また、そもそも和歌を詠むという意味の「よむ」そのものが十例ほどしかなく、和歌には「言ふ」系統の語が用いられている）。言うまでもなく、他の作品には決して珍しくない。

(29)　a　翁（聞きて）、うちなげきて詠める、

くれ竹のよゝの竹とり野山にもさやはわびしきふしをのみ見し　『竹取物語』39

b　うち泣きて、あばらなる板敷に月のかたぶくまでふせりて、去年を思ひいでてよめる。

月やあらぬ春や昔の春ならぬわが身ひとつはもとの身にして

とよみて、夜のほのぼのと明くるに、泣く泣く帰りにけり。　『伊勢物語』第四段　113

ϕ形の「読む」は、経典などを音読することを物語時現在の出来事として表現している。

(30) a　昼、日中の御加持はてて、阿闍梨一人とどまりてなほ陀羅尼読みたまふ。　同　夕霧　四・403
b　(浮舟は)行ひもいとよくして、法華経はさらなり、こと法文なども、いと多く読みたまふ。　同　手習　六・342

以上見てきたように、言語行為動詞ととりあえずひとまとめにしたが、その現われはさまざまである。ただし、いずれもヌ・ツ承接例が僅少である点は共通しているが、これは「言ふ」「聞く」「書く」「読む」動作を動作そのものとして、その始まりや終わりを問題にすることが少ないことを示しているのだろう。タリ・リの例はいずれも多く見受けられ、〈動作の進行〉用法が見られるのは、「言ふ」、「聞く」、「読む」であるが、「聞く」は推量・仮定という環境でのみ用いられ、「読む」は経典などを音読するという意味で用いられる。「書く」に〈動作の進行〉用法がないのは、とりあえず他動性が高いからと考えられるが、必ずしも明確ではない。〈結果の存続〉用法が見られるのは、「言ふ」、「書く」、(「読む」)であるが、「言ふ」は手紙文などに述べてあるという意味で用いられ、また「読む」は『源氏物語』には〈結果の存続〉用法は見られないが、他の作品には普通に見られる。

4・4　知覚動詞

知覚動詞の中でも代表的なものとして、「見る」「見ゆ」、「聞く」「聞こゆ」が挙げられるが、「聞く」はすでに前節で扱った。ここでは主に「見る」「見ゆ」を見ていきたい。ところで、「見る」「見ゆ」、「聞く」「聞こゆ」の対も自他対応とは言われるが、これらの他動詞は基幹動作に使役動作が重なった構造をなしていると言うことはできない。それこそ〈見る〉〈聞く〉という知覚動作の、動作主がガ格である場合が他動詞で、対象がガ格である場合が自動詞であると考える方が自然であろう(図表七)。(〈見える〉〈聞こえる〉という状態的知覚動作に対して、再帰的に使役動作が重なった形であるという解釈も不可能ではないが、やはり不自然であると言わざるをえない。)

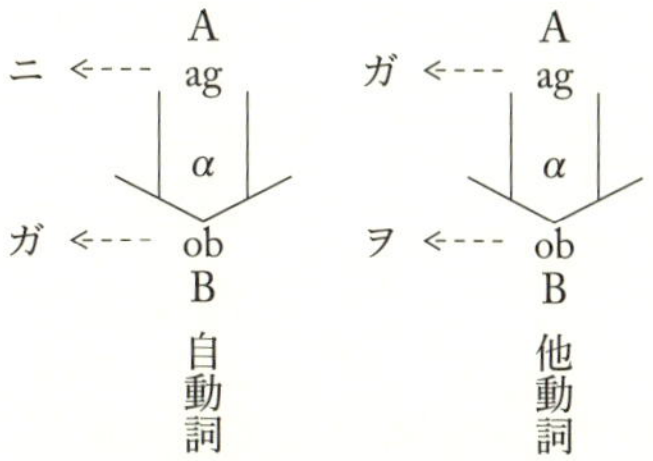

図表七　知覚動詞の格構造

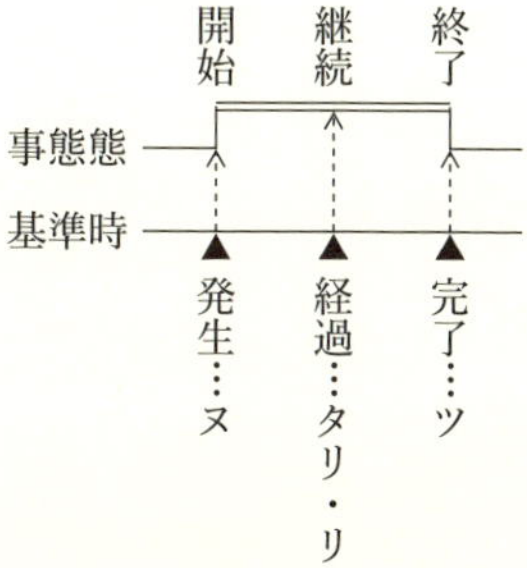

図表八　知覚動詞のアスペクト構造

以上のような構造であることは、完了助動詞の承接も支持しているように思われる。知覚動詞「見る」「見ゆ」についても見渡してみるに、用例数から見ると、「見る」全例一八五〇例中、ツ承接五八例、ヌ承接一例、タリ・リ承接一二例、「見ゆ」全例八八九例中、ツ承接二一例、ヌ承接一〇例、タリ・リ承接六三例となる。他動詞「見る」のヌ承接例が一例であるのに対して「見ゆ」のヌ承接例が一〇例であるなど、ある程度は偏りが見られるとはいうものの、大局的には、他動詞でも自動詞でも、アスペクト的振舞いには大きな違いはない(図表八)。

用例を見てみても、自動詞・他動詞を通じて、アスペクト的振舞いには、大きな違いは見られない。「見る」については、(31)aは「女と手紙のやり取りを始めてみよう」という意味なのでヌ、(31)bは試楽をすべて見終わった後で感想を聞いているのでツ、そして(31)cは源氏が現在、兵部卿宮の様子を見ながら評価を下しているのでタリ・リが用いられている。

(31)a 中将「…おしなべたるおほかたのは、数ならねど、ほどほどにつけて、書きかはしつつも見はべりなん。…」　同　帚木　一・131

b 帝「今日の試楽は、(源氏が舞った)青海波に事みな尽きぬな。いかが見たまひつる」と聞こえたまへば、あいなう、御答《いら》へ聞こえにくくて、藤壺「ことにはべりつ」とばかり聞こえたまふ。　同　紅葉賀　一・384

c　（源氏は兵部卿宮を）紅梅の下に歩み出たまへる御さまのいとなつかしきにぞ、これより外に見はやすべき人なくや、と見たまへる。　同　幻　四・508

「見ゆ」は、(32)aは今も「世の中をはかないもの」と思っているのでヌ、(32)bは夢は目が覚めた今は見ていないのでツが用いられている。

(32)　a　大将殿かう静かにておはするに、世ははかなきものと見えぬるを、ましてことわりと思しなして、常に参り通ひたまひつつ、学問をも遊びをももろともにしたまふ。　同　賢木　二・131

b　（母君消息）「ねぬる夜の夢に、いと騒がしくて見えたまひつれば、誦経所どころせさせなどしはべるを、やがて、その夢の後、ねられざりつるけにや、ただ今昼寝してはべる夢に、人の忌むといふ事なん見えたまひつれば、おどろきながら奉る。…」　同　浮舟　六・186

ただ、「見ゆ」にタリ・リが承接するかしないかによる違いに関しては、他とは異なる様相を呈している。「見ゆ」＋タリ・リは、「〜と見えたり」「形容詞・形容動詞連用形＋見えたり」の用例がほとんどで、その大半は文末用法である。これらの用例は、視覚的に「見える」ことを表わす例は僅かで、ほとんどが判断表現として「思われる」という意味となる。

ここで、「見えたり」を「見ゆ」と対比しながら検討してみたい。「見えたり」は、地の文にも会話文にも見出されるが、地の文の場合、判断主は原則として語り手であり、会話文の場合は、これは当然のこととして、発話主である。

(33) a　(更衣の)御局は桐壺なり。(帝が)あまたの御方々を過ぎさせたまひて、隙なき御前渡りに、人の御心を尽くしたまふも、げにことわりと見えたり。　同　桐壺　一・96

b　左馬頭「…菊いとおもしろくうつろひわたり、風に競へる紅葉の乱れなど、あはれと、げに見えたり。…」　同　帚木　一・154

c　左馬頭「…さるままには、真名を走り書きて、さるまじきどちの女文に、なかば過ぎて書きすくめたる、あなうたて、この人のたをやかならましかば、と見えたり。…」　同　帚木　一・165

他方、「見ゆ」は、およそ地の文に現われるが、判断主は登場人物である((34)a～cの場合は、いずれも源氏)。

(34) a　(紫の上の邸が)いとすごげに荒れたる所の、人少ななるに、(源氏は)いかに幼き人おそろしからむと見ゆ。　同　若紫　一・315

b　(明石の入道の邸は)所のさまをばさらにもいはず、作りなしたる心ばへ、木立立石前栽などのありさま、えもいはぬ入江の水など、絵にかかば、心のいたり少なからん絵師は描き及ぶまじと見ゆ。月ごろの御住まひよりは、こよなく明らかに、なつかしき御しつらひなどえならずして、住まひけるさまなど、げに都のやむごとなき所どころに異ならず、艶にまばゆきさまは、まさりざまにぞ見ゆる。　同　明石　二・225

c　帳の東面に添ひ臥したまへるぞ宮(斎宮)ならむかし。(源氏が)御几帳のしどけなく引きやられたるより、御目とどめて見通したまへれば、頬杖つきて、いともの悲しとおぼいたるさまなり。はつかなれど、いとうつくしげならむと見ゆ。　同　澪標　二・302

「見ゆ」と「見えたり」との違いに関しては、鈴木泰(二〇〇四・一二)で、まず「見ゆ」の用例が現在を表わし、

「見えたり」の用例が過去を表わしていることを確認しつつも、「時間的意味において、「見ゆ」が現在のことを表わし、「見えたり」が過去のことを表わすというのは、両者にテンス的異なりがあるということではない。それは、「見ゆ」が基本的に視覚的認知を表わし、「見えたり」が判断的認知を表わすということと関係があるものと思われる。」と論じる。敷衍すれば、視覚的認知は「一時的な現象を表わしている」が、判断的認知は「場面からきりはなされて、固定化して、しばらくのあいだ持続する、恒常的な性質をもつ」ために、「以前の運動の成立と現在における効力の持続を表わす意味(パーフェクト的意味)をもつ」タリ・リ形と親和性が高いという。

しかるに、「見ゆ」と「見えたり」との間には、視覚的認知の例と、判断的認知の例との間にそのような偏りが見出されるのは事実であるとしても、実際どちらの例も見出されるのであって、絶対的な相違とは言い難い。むしろ、「見えたり」の用例が多く過去を表わしているということは、基準点が若干過去に置かれ、その時点をもとにしたアスペクト表現であると考えられる。それに対して「見ゆ」は多く地の文に見出されるとはいえ、登場人物に感情移入して、物語時現在の当該登場人物の判断、知覚を表わす、広義言語行為表現であると考えられる。

4・5　心理動詞

心理動詞としては、「思ふ」のみを検討する。用例全二三五九例中、ヌ承接一三例、ツ承接六四例、タリ・リ承接二五五例である。「思ふ」に関しては、すでに第七、八章でも触れているので、ここではまとめて簡単に見るに留めたい。

まず、ヌが承接したものは、「そう思い今もそう思っている」というような意味合いで(35)a～c)、ツが承接したものは、「先ほどまでそう思っていたが今はそう思っていない」という意味合いになる(36)a～c)。すなわち、ヌが〈発生〉、ツが〈完了〉を表わしていると了解できる。

(35)

a 冷泉帝「心に知らで過ぎなましかば、後の世までの咎めあるべかりけること(自らの出生の秘密)を、今まで忍びこめられたりけるをなむ、かへりてはうしろめたき心なり、と思ひぬる。またこのことを知りて漏らし伝ふるたぐひやあらむ」とのたまはす。　同　薄雲　二・442

b (夕霧は)おのづから漏り聞きたまふたよりありければ、さやうの筋にやとは思ひぬれど、(朱雀院に)ふと心得顔にも何かは答へきこえさせん。　同　若菜上　四・19

c 北の方「…(浮舟を)親なしと聞き侮《あなづ》りて、まだ幼くなりあはぬ人を、さし越えて、かくは言ひなるべしや。かく心憂く、近きあたりに見じ聞かじ、と思ひぬれど、守(常陸守)のかく面だたしきことに思ひて、承けとり騒ぐめれば、あひあひにたる世の人のありさまを、すべてかかることに口入れじ、と思ふ。いかで、ここならぬ所にしばしありにしがな」とうち泣きつつ言ふ。　同　東屋　六・29

(36)

a 藤壺「今年は(死が)必ずのがるまじき年と思ひたまへつれど、おどろおどろしき心地にもはべらざりつれば、…」と、いと弱げに聞こえたまふ。　同　薄雲　二・433

b ささめき言の人々は、「いとかうばしき香のうちそよめき出でつるは、冠者の君のおはしつるとこそ思ひつれ。あなむくつけや。後言《しりうごと》やほの聞こしめしつらん。わづらはしき御心を」とわびあへり。　同　少女　三・34

c 宮いとあへなしと思して、大宮「一人ものせられし女(葵の上)亡くなりたまひて後、いとさうざうしく心細かりしに、うれしうこの君(雲居雁)を得て、生ける限りのかしづきものと思ひて、明け暮れにつけて、老のむつかしさも慰めんとこそ思ひつれ。思ひの外に隔てありて思しなすも、つらく」など聞こえたまへば、　同　少女　三・45

タリ・リが承接したものは、そう思い始めたり、先ほどまでそう思っていたということではなく、物語時現在の時点でまさに「そう思っている」ということであり、〈動作の進行〉用法であると考えられる。

(37) a　その夜、大臣の御里に、源氏の君まかでさせたまふ。作法の世にめづらしきまで、もてかしづききこえたまへり。いときびはにておはしたるを、(左大臣は)ゆゆしううつくしと思ひきこえたまへり。女君(葵の上)は、すこし過ぐしたまへるほどに、いと若うおはすれば、似げなく恥づかし、と思《おぼ》いたり。　同　桐壺　一・124

b　源氏「あこ(小君)はらうたけれど、つらきゆかり(空蝉の縁者)にこそ、え思ひはつまじけれ」と、まめやかにのたまふを、(小君は)いとわびしと思ひたり。　同　空蝉　一・203

c　(中の君たちは)物語などしたまひて、暁方になりてぞ寝たまふ。(浮舟を)かたはらに臥せたまひて、故宮(父八の宮)の御ことども、年ごろおはせし御ありさまなど、まほならねど語りたまふ。いとゆかしう、見たてまつらずなりにけるをいと口惜しう悲し、と思ひたり。　同　東屋　六・67

それに対して、φ形の「思ふ」は、会話文に用いられた場合と、地の文に用いられた場合とで大きく異なる。会話文の場合は、特に主語が一人称に偏り(「侍り」、下二段「給ふ」が下接することが多い)、話し手の発話時現在の判断・情意などを表わしているという点で、広義の言語行為表現と言うことができる((38)a・b)。それに対して、地の文に用いられた場合は、主語は物語中の人物であるから三人称ということから、単なる物語時現在の描写のようでもあるが、語り手が物語中の人物に視点を移した言語行為に近い表現のようにも解釈できる((38)c・d)。

(38) a　(太夫の監は)下りて行く際に、歌詠ままほしかりければ、やや久しう思ひめぐらして、
監「君にもしこころたがはば松浦《まつら》なるかがみの神をかけて誓はむ
この和歌は、仕うまつりたりとなむ思ひたまふる」と、うち笑みたるも、世づかずうひうひしや。　同　玉鬘　三・91

b　すこしうち笑ひて、夕霧「(玉鬘への思いが)浅きも深きも、思し分く方ははべりなんと思ひたまふる。…」

c　（源氏は）あながちにかかづらひたどり寄らむも人わろかるべく、まめやかにめざましと思し明かしつつ、（小君に）例のやうにものたまひまつはさず、夜深う出でたまへば、この子は、いといとほしくさうざうしと思ふ。　同　藤袴　三・325

d　明石の君「…わが身はとてもかくても同じこと、生ひ先遠き人の御上もつひにはかの（源氏の）御心にかかるべきにこそあめれ。さりとならば、（明石の姫君が）げにかう何心なきほどにや譲りきこえまし」と思ふ。　同　空蝉　一・191　同　薄雲　二・419

心理表現の代表として、「思ふ」のみを見てきたが、心理表現には他に尊敬語の「思《おぼ》す」「思《おぼ》しめす」、あるいは「おぼゆ」「おもほゆ」なども含まれる。しかし、文法的振舞いには、それほど大きな違いはないと思われる。要するに、完了助動詞が承接した場合には、アスペクト的に継続動詞としての振舞いを見せるが、φ形の場合（特に会話文）には、心的な働きを表わす動詞であるため、テンス・アスペクトの枠組を離れた言語行為的な働きを担う（話し手（一人称）の発話時現在の判断・情意などの表現）傾向にある。

おわりに

個々の動詞ごとのアスペクト的振舞いの記述に関しては、まだまだ補うべきこと、説明を要することが少なくないであろうが、第2、3節で示したような理論的枠組を用意すれば、そのような個々の現象に理論的な説明を与えることができるだろう。そして、動詞の特徴と完了助動詞の承接のしかたとの関わり全体に関して、アスペクト理論の立場から説明を与えることができることになるだろう。

第十章　完了助動詞の非現実用法

はじめに

　これまで、ヌ・ツ・タリ・リの意味・機能をアスペクト論の中で説明することが妥当である、という立場に与してきたが、研究史を振り返ると、そもそもそれらの意味・機能は、完了というような時間に関わるものとは言い難い、という有力な議論も見出される。そして、その根拠として挙げられるのが、非現実用法なのである。本章では、非現実用法の存在が、本当にヌ・ツ・タリ・リの意味・機能をアスペクト論の中で説明することを不可能にすることになるものか、検討を加えたい。

　なお、第2、3節で用いる用例には主として『源氏物語』を用いた。また、本章は例文をどのように解釈するかが他の章に比べて特に重要な問題であるので、本章に限り、各用例に比較的詳しく解釈を施している。

　またこれまで、「完了」という術語は、アスペクト表現のうち、基準時が終了局面にあるものに限って用いてきた。しかし、本章では、伝統的な用法に準じて、ヌ・ツ・タリ・リ全般にわたるアスペクト用法全体について「完了」という術語を用いていることをお断りしておきたい。

1　非現実用法に関する研究史

ヌ・ツ(・タリ・リ)の意味・機能は、〝終わった・過ぎ去った〟というような時間に関わるものであるという認識は、近代以前から見出され、それを「過去」と呼ぶこともあった。

たとえば、富士谷成章『あゆひ抄』(一七七三)ではヌについて「「いぬ」といふ事をつづめて言へる脚結なり。「いぬ」とはここを去りてかしこにゆくを言ふ言葉なり。脚結にてもこの心を思ひわたすべし。したしくいはば、さはありがたからんとおぼゆる事の終に成りたるやうの心なり。」と述べる。ツについて詳しい意味記述はないが、キとの意味の近さを指摘している。本居宣長はヌ・ツに下接する助詞・助動詞の共通性、上接する動詞の種類の相違というように、客観的に観察できる特徴について指摘はしているが、意味・機能に関しては慎重にも発言を控えている。しかし、それ以後の研究者はさまざまな意味・機能説を展開する。林国雄『詞緒環』(一八二六)は、「過去・現在・未来」という術語を用いて、一旦は「つら〳〵考ふるに、つ　つるは過去なり。ぬ　ぬるは現在なり。」と言うが、それをさらに「つるは過去の方より現在の堺にいり、ぬるは現在の方より過去のさかひに至」ると敷衍する。それに対して、黒沢翁満『言霊のしるべ』(一八三三)は一見逆に「つは今《イマ》のあたりの心、ぬは少《スコ》し過去《スギサ》りし心ばへあり」と言うが、その違いについてはここでは問題にしない(この点については第九章で議論した)。大国隆正『神理入門用語訣』(一八六七頃)でも「いままでのことは、しとげて、よそにうつりゆくこころより、つといひ、ぬといふものになん」と述べている。

近代に入っても状況に変わりはないが、近世までは種々の助動詞が個々に論じられていたものが、近代になるといくつかの類型にカテゴリー化されるようになる。そうなると、ヌ・ツ・タリ・リはキ・ケリとともに過去助動詞として一括されることが多くなり、「過去」というカテゴリーに分類されることが明確に示されるようになる。

たとえば、田中義廉『小学日本文典』(一八七四・一)には、あまり明確な議論ではないが、「動詞の時限(＝時制)」のうち「過去」にタリ、「半過去(第二現在)」にキ・ヌが挙げられており、中根淑《きよし》『日本文典』(一八七六・三)では、「充分過去」としてケリ・キ、「不充分過去」としてヌ・ツ、「充分現在」としてタリが挙げられている。さらに物集高見《もずめたかみ》『初学日本文典』(一八七八・七)では、「過去辞」の中で、キ・ケリの他、ヌ・ツ・タリも「過去」を表わしているが、ニーキ・テーキと重なると「大過去」、さらにタラーム・タラーマシと重なると「想像過去」を表わすと論じている。大槻修二『小学日本文典』(一八八一・五)では、キ・ヌ・ツを「過去」と呼び、ケリ・タリ・セリ(リ)も「過去」とするが、ただしそれぞれキーアリ・テーアリ・シーアリの略した形であると論じる。また、大槻文彦『語法指南』(一八九〇・一二)では、ツ・ヌ・タリを「第一過去」、ケリ・キを「第二過去」、両者の重なったテーケリ・ニーケリ・タリーケリ・テーキ・ニーキ・タリーキを「第三過去」と呼んでおり、高津鍬三郎『日本中文典』(一八九一・六)はこれをそのまま受け継ぎ、落合直文・小中村義象『中等教育日本文典』(一八九二・三)では、キは「今日より昨日のことをいひ、本年より昨年のことなどをいふをりに、用ゐる」「全過去」、ヌ・ツは「現在に近き過去に用ゐる」「半過去」であり、タリは「過去の現在に残るに用ゐ」、ケリは「過去の事を今見聞して、驚嘆するに用ゐるもの」であると論じる。さらに、秦政治郎『皇国文典』(一八九三・八)の「過去格」の項では、リ・タリ・ヌ・ツを「仮過去」、キ・ケリを「中過去」、両者が重なったものを「本過去」と呼ぶ。大槻文彦『広日本文典』(一八九七・一)では、『語法指南』と本質的には変わりはないものの術語を変えて、キ・ケリを「過去」、ヌ・ツ・タリ・リを「半過去」と呼び、ツ・ヌ・タリ・リにキ・ケリが承接したものを「大過去」と呼ぶ。落合直文『日本大文典』(一八九七・八)ではそれらを区別することなく、ツ・ヌ・タリ・ケリ・キをともに「過去の助動詞」と呼び、ツ・ヌ・タリとキ・ケリとが重なる場合は、「大に過去の意を強くするもの」であり「全過去」となると言う。このような議論は、「完了」というカテゴリーが提起された後もしばらく続き、藤井籛『日本文典』(一九〇一・一二)では、ヌ・ツ・タリを「小過去」、ケリ・キを「中過去」、ヌ・ツ・タリとケリ・キが重なったものを「大過去」と呼び、和田萬吉『日本文典講義』(一九〇五・一二)では大槻文彦の「第一過去」、「第二過去」、「第三過去」をそのまま踏襲している。

「完了」という術語は、三土《みつち》忠造『中等国文典』(一八九八・四)の中で最初に用いられたという(佐藤良雄(一九六二・一二)・高橋太郎(一九七六・五)の指摘による)。確かに、これ以降次第に、日本語文法の中に「完了」という概念が定着していくという意味では、三土から始まると言ってよいだろうが、実際には、「完了」という術語そのものはそれよりかなり早くから用いられている。[1] こうした「完了」という術語の導入は、単に名称だけの変更に留まらず、キ・ケリの属す「過去」というカテゴリーとは別に、新たに「完了」というカテゴリーが立てられたことを意味し、ナーム・テーム・タラームなどを、未来過去のような矛盾する説明をすることなく、未来完了というように説明することを可能にするものであった。

さて、三土は欧米語の文法に対応させて、「現在を表すには、助動詞を要せず。過去、未来を表すには、別に助動詞を用ふ。むは未来の時に用ひ、き けりは過去の時に用ふ。故にこれ等を時の助動詞といふ。」というようにまず時制を論じ、その後に「「書を読みつ」「宿題の説明を了りぬ」「上野の花も咲きたり」の如きは動作の今方に完了したる意なり。此の如きを現在完了といふ。現在完了の時を表す助動詞はつ ぬ たりの三つなり。」と(現在)完了を立てる。

その後はそれが定着したようで、松平圓次郎『新式日本中文典』(一九〇一・五)では、ツ・ヌ・タリ・リを「完成ノ助動詞」、キ・ケリを「過去ノ助動詞」と呼び、芳賀矢一『中等教科明治文典』(一九〇五・二)でも「(イ)雨やみたり　(イ)雨やめり　(ロ)雨やみき　(ハ)雨やまん　(ニ)雨やみたりき　(ホ)雨やみたらん」という用例を挙げて、「(イ)は動作の今方に終れることを示す。故に現在完了の時といふ。(ロ)は動作の過去に終りしことを示す。之を過去の時といふ。(ハ)は動作の未来に起こるべきことを示す。之を未来の時といふ。(ニ)は完了の時と、過去の時と重なりたるもの。(ホ)は完了の時と、未来の時と重なりたるものにて即(ニ)は過去のある時に於て、(ホ)は未来のある時に於て、動作の已に完了せることを示す。故に過去完了、未来完了の時といふ。是に於て動詞の時には左の六種の区別があることを知る。」というように踏襲される。

さらに、三矢重松『高等日本文法』(一九〇八・一二)でも、「定時(=時制)」を「記述説話をするに、或る一定の時を標準としてその範囲内の動作を現在とし、其より前のを過去とし、後のを未来とす。」のように定義して、キ・ケリは過去であると論じる。そしてそれとは別にヌ・ツ・タリ・リ(および現代語のタ)を「完了態」、タリ・リ(およびアリ・ヲリなどと現代語のテヰル)を「存在継続態(進行態)」と呼ぶ。そのうち完了態については「動作の完了せるを表す一つの態なり。(完了せしにあらず)例へば「今手紙を書いた」といへば「書ク」といふ動作の完了せるを表せど、其の動作の過去にありしをいふにあらず。故に現在時を表す副詞「今」ありて、時は現在なり。又「手紙を書く」といへば「書く」といふ動作は現在なれど、単に「書ク」といふ動作あるを表すのみにして、「書キ出ス」か「書イテ居ル」か等の意を明にせず。かく等しく時は現在なれども、語の相違あるは其の言ひなし方、即態の異なるに因る。又「昨日書イタ手紙ヲ今日郵便ニ出シタ」といふ「書イタ」は等しく「タ」なれども、文語にては「シ」と云ふ処にて過去に属し、「出シタ」は此の完了なり。口語にては過去の助動詞なく、完了の「タ」を借りて用うるより、過去と完了との区別極めて立てにくけれども、文語にては明瞭なる区別あり。一たび之を思ひ明らむる時は更に紛ふべき節なし。心を潜めて思考すべし。」というように論じて、過去と完了との区別を強調する。吉岡郷甫『文語口語対照語法』(一九一二・七)でも、タリ・リを「存在時及び進行時」、ツ・ヌを「完了時」、キ・ケリを「過去時」とし、それらが複合したリ-キ・リ-ケリ・タリ-キ・タリ-ケリを「存在的過去時及び進行的過去時」、テ-キ・テ-ケリ・ニ-キ・ニ-ケリを「完了的過去時」と呼ぶ。

しかし、そのように一旦〝完了〟概念が了解された段階で、改めてヌ・ツ(・タリ・リ)が果たして本当に〝完了〟を表わしているのか、という問題設定をすると、一見矛盾するようではあるが、問題に誠実に向き合った研究者ほどヌ・ツ(・タリ・リ)は〝完了〟を表わしているとは言えない、という結論にたどり着くことになったと思われる。そのような結論に至らざるをえない最も大きな要因が、本章で問題にしたい完了助動詞の非現実用法の存在である。どのような点が、ヌ・ツ(・タリ・リ)の意味・機能を〝完了〟と呼ぶことを避けさせてきたのかを、研究史をたどりながら確認しておきたい。

そのような議論を最初に尖鋭的に提出したのは山田孝雄『日本文法論』(一九〇八・九)である。山田は最初に結論として「「つ」は其事実状態を直写的に説明するものにして、その事実状態が文主によりてあらはさるゝことの確めを主者自らの側より直写的にあらはすなり。」「之に反して「ぬ」は傍観的に其の状態動作を説明して其の動作状態の確めをあらはす。」と論じる。その主旨は、一方では、ヌ・ツ(・タリ・リ)の意味・機能は、過去(山田は「回想」と言う)とは区別すべきものであり、他方では、それらは現象的には〝完了〟を表わしているように見えるが、本質的には「陳述の確め」に関するものである、ということである。すなわち、「かの回想をあらはす「き」は其営為せられたる事の何時にありしかをとはず現在の意識にては既に過去時に属せる時に営為せられたることを回想して其の回想せることをあらはすなり。「つ」「ぬ」は其の営為せることがなほ強く知覚内に活動せるが、しかも其の事実は既に完結せることを示す。」と言う。

しかしなぜ「完了」と言うのでは本質的ではなく、「確かめ」と言わなければならないのか。それにしても、ここで言う「確かめ」という概念の理論的位置付けが明確でない。あるいは、現代の文法理論で言えば、ムード(モダリティ)レベルにあるということになるのだろうか。しかし、ムードがテンスより上のこのような位置にあるのは不自然である。この問題を考えるためには、山田が「確かめ」という文法概念を立てなければならないと考える根拠を検討する必要がある。そこで挙げられている根拠は以下の三点である。(2)

第一、この複語尾は決して完了の事実をのみのぶるにあらずして吾人の思想内にあらはれたるものをのぶ。

たとへば

　雨ふりぬべし。ほとくしく舟を覆しつべし。

などの「ぬ」「つ」は決して事実の完了をあらはさざるにあらずや。

第二、未顕の事実を仮説的にあらはすことあり。

　雨ふりなば、逢ひみてば慰むやとぞ思ひしに。

などは決して完了の事実にあらざるなり。然るに事実の完了をあらはす詞といふによりてこの「なば」「てば」の如きものを説明するに窮せざるもの未曽て一人もあらざりしなり。

第三、予想予期せることをあらはす事あり。

　頼めこし言の葉今はかへしてむ。

　心は花になさばなりなむ。

の「てむ」「なむ」は如何、それ亦完了せる事実ならぬは明なり。

山田孝雄（一九〇八・九）

　ここに挙げられている根拠は、いずれも本章で言う完了助動詞の非現実用法である。そうであるなら、これらの非現実用法も〝完了〟と言うことができるようになれば、ヌ・ツ（・タリ・リ）の意味・機能を理論的位置付けの不明確な「確かめ」などと呼ばずに、「完了」（と典型的に呼ばれるアスペクトのレベル）に位置付けることができることになる。

　さてその後も、一方でヌ・ツ（・タリ・リ）の意味・機能を、あまり深く考えることなく最初から〝完了〟であると断じる議論も絶えないが、時枝誠記『日本文法　文語篇』（一九五四・四）では山田説を承けて、「「つ」は、「ぬ」「たり」「り」とともに、実現の確定的と考へられるやうな事実の判断に用ゐられる。」というように論じており、現在の学校文法で、ヌ・ツの意味を時間関係としてとらえられる「完了」と、そのようにとらえることのできない

「確述(強意)」とに二分する背景をなしているものと思われる。

ここで、ナ-ム・テ-ム・タラ-ムなどに関しては、「確かめ」という概念を持ち出さなくても、テンスとアスペクトとが分離された段階でなら、未来(テンス)における完了(アスペクト)であるというように、時間関係としての説明が可能である。実際、近代の初めから、ムは「推量」モダリティに配属される一方で、「未来」テンスにも属させる文法書が多く見られる。

たとえば、テンスとアスペクトとが分離される以前なので、説明に矛盾があるのはしかたがないとして、大槻文彦『語法指南』(一八九〇・一一)にもそのような議論が見られる。

> 未来ハ、未ダ起ラザル動作ヲイフモノニテ、助動詞ノむ、ヲ用ヰル、「押サむ、」受ケむ、」生キむ、」ノ如シ。又、第一、第二、第三過去、共ニ、其動作ハ、過去ナルベキヲ、推測シテ未来ニイフコトアリ。即チ、第一過去ニテハ、つ、ぬ、たり、ノ第四変化ナル、て、な、たら、ニ未来ノむヲ重ネテ、「押シな、む、」押シたら、む、」受ケて、む、」受ケな、む、」受ケたら、む、」ナドイフ。
>
> 大槻文彦(一八九〇・一一)

特にこのような立場を強く主張したのは、松尾捨治郎『国語法論攷』(一九三六・九)である。そこでは、完了助動詞に推量助動詞(ム、ベシ)が下接する場合について、推量助動詞は〝未来〟テンスを表わし、完了助動詞は〝完了〟アスペクトを表わしているのであって、完了助動詞がφ形やキ・ケリを下接して、事実内容を表わしている場合と機能が異なるわけではないことを特に強く主張した。

> 然らば此の完了の未来と普通の未来との差は何処にあるかといふに、
>
> 少し秋風立ちなむ時必ずあはむ。　(伊勢)

吾が恋ひし事も語りて慰めむ君が使を待ちやかねてむ。（万葉十一）
海の底沖つ白浪立田山何時か越えなむ、妹があたり見む。（万葉一）
ゆかしきもの見せ給へらむに御志の程は見ゆべし。（竹取）
右の てむ なむ らむ は完了の未来であつて、之を或一つの普通未来に比較すると、其の普通未来時に於て、すでに完了すべきことを、現在から予めいつたものである。但し他の普通未来に比すれば、其より後になることもある。其等の普通未来は、必ずしも其処に書き記されて居るとは限らないが、時によつては記されて居ることもある。前掲の例についていへば、待ちやかねてむの待ちかぬることは慰めむの慰むることよりも前であり、ゆかしき物見することは志の程見ゆるよりも前である。立ちなむ 越えなむ も同じ趣である。しかし之等を未来全体の前即ち未来と現在との中間と見るのは誤である。　松尾捨治郎（一九三六・九）

松尾捨治郎（一九三六・九）では、ム・ベシの働きを〈未来〉テンスと割り切り、そのために過去（キ・ケリ）―現在（φ）―未来（ム・ベシ）というテンス体系と、ツ・ヌ・タリ・リというアスペクト体系とを截然と分けた議論をすることができた。未実現の未来においても、完了助動詞が過去・現在における事実描写と同じ働きをしている、という指摘は貴重であるが、ム・ベシの働きが〈未来〉テンスであると論じるのは割り切りすぎである。

以上のように、一方では、ヌ・ツ（・タリ・リ）の意味・機能を「確かめ」のような文法理論的な位置付けの不明確な概念で説明するのでなく、また他方では、ム・マシのような推量助動詞の意味・機能を〝未来〟テンスであるというように単純化するのでもないような理論的説明を試みることが以下の課題である。そしてその問題を究明する中心に位置するのが、本章で扱いたい完了助動詞の非現実用法なのである。

2　推量・仮定表現中の完了助動詞

2・1　使用状況

以上のような問題意識のもとに、完了助動詞の非現実用法がどのように分布しているかを最初に概観しておきたい。完了助動詞の非現実用法は、一方では完了助動詞が推量助動詞（ここではとりあえず伝聞推定のナリも含める）に上接する場合、他方では完了助動詞の未然形にバ、終止形にトモが承接して（順接／逆接）仮定条件節を構成する場合に典型的に見られる（ここでも用例数は『源氏物語』による）（図表一）。

ただし、ここに示したすべての用例中で完了助動詞が非現実用法を表わしているわけではない。これらの完了助動詞＋推量助動詞ないし完了助動詞＋接続助詞という、形態的に承接している用例を、さらに文法的な用法によって分け直さなければ非現実用法と呼ばれる用例を特定できない。

そこで、ここに示した用例を、さらにそれぞれを用法ごとに分けてみる。ただし、分けるにあたっては、いくつか留意した点がある。まず、終止用法に関しては、単に終止形終止（文末以

	ヌ	ツ	タリ	リ
ム	402	163	204	68
ラム	44	93	0	0
ケム	32	4	18	4
マシ	41	23	9	5
ベシ	480	151	16	1
メリ	13	0	31	1
ラシ	1	0	0	0
ナリ	6	0	27	0
バ	61	4	26	3
トモ	5	2	6	1

図表一　『源氏物語』における完了助動詞と推量助動詞・接続助詞との承接数

外にも、終助詞のあるもの、引用されたもの（ト・ナドによる）も含む）の他、係り結びによる連体形・已然形終止の例も含まれる。準体用法に関しては、ハ・モ・ガなどの助詞を伴うものの他、無助詞のものも含まれる。接続用法に関しては、已然形＋バ・ド（モ）の他、連体形＋ニ・ヲのものも含まれる。仮定用法に関しては、助動詞ごとに事情が異なり、ベシについてはベク＋ハ、マシについてはマシカ＋バの用例のことであり、ムについて連体・準体の用例はおよそ仮定の意味となるが、連体・準体に含められている。またベシやメリはさらに過去・完了あるいは推量助動詞を下接する（メリにはナル‐メリもある）ものがあるが、これらは下接する助動詞を示すのみに留め、それらがさらにどのような用法を持つかまでは示していない（図表二―a〜h）。

このうち、ラム・ケム・メリ・ラシ・ナリについては、何らかの意味で推量（および伝聞推定）を表わしているとはいっても、当該の事態の生起が想定されているのは現実の時間である。たとえば（1）aは源氏が末摘花を長年疎遠にしていたので薄情者と思われただろう、という現在の状態、（1）bは女三の宮は柏木からの手紙を源氏に見つからないように隠したはずだ、という過去の出来事、（1）cは源氏が末摘花を訪ねて行って車から降りたので折からの雨でぐっしょり濡れてしまったようだ、という現在の眼前の様子、（1）dは源氏自身も年をとったのでかつてのうら若い舞姫も年をとって神さびただろう、という現在の状態をそれぞれ推量しており、（1）eは式部卿宮家と鬚黒大将とのいざこざで帝も源氏のことを面白くなく思っているようだ、という現在の様子の伝聞を表わしている。このように、現実世界において働く推量を「現実推量」と呼ぶことにしたい。

（1）a　（源氏は）年ごろさまざまのもの思ひにほれぼれしくて（末摘花を）隔てつるほど、つらしと思はれつらむと、いとほしく思す。　『源氏物語』蓬生　二・342

b　（小侍従は源氏に）御粥などまゐる方に目も見やらず、「いで、さりとも、それにはあらじ。いといみじく。さることはありなんや。隠いたまひてけむ」と思ひなす。　同　若菜下　四・241

上／下		ヌ	ツ	タリ	リ
ム	終止	300	148	41	17
	連体	56	8	135	34
	準体	23	4	6	7
	接続	22	2	22	10
	ムトス	1	1	0	0
計		402	163	204	68

ニ—a　ム

上／下		ヌ	ツ	タリ	リ
ラム	終止	42	75	0	0
	連体	0	8	0	0
	準体	2	2	0	0
	接続	0	4	0	0
	挟みこみ	0	4	0	0
計		44	93	0	0

ニ—b　ラム

上／下		ヌ	ツ	タリ	リ
ケム	終止	22	3	2	2
	連体	8	0	9	1
	準体	1	0	2	0
	接続	1	1	0	1
	挟みこみ	0	0	5	0
計		32	4	18	4

ニ—c　ケム

上／下		ヌ	ツ	タリ	リ
マシ	終止	31	19	4	0
	仮定	10	4	5	5
計		41	23	9	5

ニ—d　マシ

上／下		ヌ	ツ	タリ	リ
ベシ	終止	84	18	14	0
	連体	181	58	2	1
	準体	8	2	0	0
	接続	71	7	0	0
	仮定	7	2	0	0
	連用	68	38	0	0
	マシ	1	0	0	0
	ム	4	5	0	0
	メリ	31	3	0	0
	キ	12	6	0	0
	ケリ	10	12	0	0
	ツ	3	0	0	0
計		480	151	16	1

ニ—e　ベシ

図表二　完了助動詞に承接した推量助動詞の用法ごとの用例数

リ	タリ	ツ	ヌ	上＼下	
0	13	0	5	終止	メリ
0	1	0	0	連体	
1	3	0	0	準体	
0	10	0	6	接続	
0	4	0	2	キ	
1	31	0	13	計	

ニ―f　メリ

リ	タリ	ツ	ヌ	上＼下	
0	0	0	1	終止	ラシ
0	0	0	1	計	

ニ―g　ラシ

リ	タリ	ツ	ヌ	上＼下	
0	17	0	5	終止	ナリ
0	1	0	0	準体	
0	9	0	1	接続	
0	27	0	6	計	

ニ―h　ナリ

c　雨そそきも、なほ秋の時雨めきてうちそそけば、惟光「御かささぶらふ。げに木の下露は、雨にまさりて」と聞こゆ。(源氏の)御指貫《さしぬき》の裾はいたうそぼちぬめり。　同　蓬生　二・338

d　源氏をとめご(五節の舞姫)も神さびぬらし天つ袖ふるき世の友(源氏)よはひ経ぬれば　同　少女　三・57

e　大臣の君(源氏)、(紫の上を)いとほしと思して、源氏「難きことなり。おのが心ひとつにもあらぬ人のゆかりに、内裏(帝)にも心おきたるさまに思したなり。…」　同　真木柱　三・372

このように、終止形承接のラム・メリ・ラシ・ナリおよび連用形承接のケムが除かれ、非現実用法を見出しうるのは、未然形承接のム・マシおよび終止形承接のベシの一部に限られることになる。すなわち、ム・マシそれからベシの一部は現実とはまったく異なった非現実の世界での事態に関して用いられる場合があるということであるが、このような推量を「非現実推量」と呼ぶことにしたい。ただし、すべての用例が非現実推量を表わしているわけではない。

まず、ムの終止用法と接続用法とは、意志・勧誘表現なども含んではいるが、非現実推量の用例も多く見出される。たとえば、(2)aは、返事をしなかったら末摘花はきまりわるく思うだろう、(2)bは、そのうちには紫の上にきっと会うことができるだろう、(2)cは、夕顔の死のことを自然に漏らしてしまうに違いない院の留守居役の縁者も出入りすることだろう、ということであり、あえて現実の時間に定位すれば未来ということになるが、未来の事態は不確定であり、また事実として経験されたことではありえない。そういう意味で、未来のことは非現実事態であると言うことができる。ひいては完了助動詞も現実の時間の延長としての未来を基準としてとることはできないことになる。

(2) a 源氏「(末摘花に)返り事は遣はせ。はしたなく思ひなむ。父親王のいとかなしうしたまひける思ひ出づれば、人におとさむはいと心苦しき人なり」と聞こえたまふ。　同　行幸　三・306

b 大殿(致仕大臣の邸)の若君(夕霧)の御ことなど(紫の上の手紙に)あるにも、(源氏は)いと悲しけれど、おのづからあひ見てん、頼もしき人々ものしたまへば、うしろめたうはあらずと思しなさるるは、なかなかこの道のまどはれぬにやあらむ。　同　須磨　二・185

c 惟光「この院守などに聞かせむことは、いと便なかるべし。この人ひとりこそ睦ましくもあらめ、おのづからもの言ひ漏らしつべき眷属《くゑぞく》もたち交りたらむ。まづこの院を出でおはしましね」と、言ふ。　同　夕顔　一・245

このことは、意志・勧誘表現にも同様にあてはまる。(3)aは、夕顔が、山里に移ってしまおう、と考えた、(3)bは、薫が、差し支えがなかったら春頃に浮舟を今新築中の邸にお移ししよう、と思った、(3)cは、小君が、この障子口に私は寝ていよう、と思ったということを表わしており、こちらもあえて現実の時間上に定位すれば未来ということになるが、むしろ現実の時間上には定位しがたい非現実事態であると言う方が自然であろう。ちなみに、意志・勧誘と事情の近い希望・願望表現中の完了助動詞については、第3・2節で論じる。

(3) a　(夕顔は)それもいと見苦しきに住みわびたまひて、山里に移ろひなんと思したりしを、今年より塞がりける方にはべりければ、違ふとて、あやしき所にものしたまひしを見あらはされたてまつりぬることと、思し嘆くめりし。　同　夕顔　一・260

b　薫「…(薫と浮舟とが)明け暮れおぼつかなき隔ても、おのづからあるまじきを、この春のほどに、さりぬべくは渡してむ」と思ひてのたまふも、　同　浮舟　六・135

c　小君「この障子口にまろは寝たらむ。風吹き通せ」とて、畳ひろげて臥す。　同　空蝉　一・197

次に、マシの終止用法も、あえて現実世界に定位すれば現在や未来となるかもしれないが、マシは反実仮想を表わすと言われるように、現実とは反対の内容であり、現実の時間上に位置付けるのは適当でない。やはり非現実事態と言う方が妥当である。たとえば、(4)aは、須磨の住まいは、こういう時でなかったならば、さぞかし風情もあることだろうに、(4)bは、私(雲居雁)だって、六条院の方々のように大勢で暮らす習慣に馴れていれば、多少のことはとりたてて問題にしないだろう、(4)cは、鬚黒大将は、玉鬘との結婚は大事な宝を取ってきたような思いがする、ということである。

(4)a　所につけたる御住まひ、やう変りて、かかるをりならずは、をかしうもありなましと、(源氏は)昔の御心のすさび思し出づ。　同　須磨　二・179

b　上(雲居雁)はまめやかに心憂く、「…我も、昔よりしかならひなましかば、人目も馴れてなかなか過ぐしてまし。…」など、いといたう嘆いたまへり。　同　夕霧　四・439

c　女(玉鬘)も、塩やく煙のなびきける方をあさましと思せど、(鬚黒大将は)盗みても行きたらましと思しなずらへて、いとうれしく心地落ちゐぬ。　同　真木柱　三・381

さらに、ベシの終止用法、接続用法を見てみると、単純に非現実事態とは言い難い。確かに一方では、(5)aは、源氏は、お仕えする人達に適当な折を見ては便宜をはからうことをお心懸けになられたので、しあわせ人が数多くなっていくにちがいない、(5)bは、妹尼は、婿の中将に珍しくまた深い感慨もわいてくるような問わず語りをも話し出すにちがいない、(5)cは、薫は、匂宮へのお見舞いに伺わないのもすねていると見られるだろうとお思いになって参上なさる、というように、非現実事態を表わす用例も少なくない。

(5)a　(源氏は)なほ昔に御心ばへ変らず、をりふしごとに渡りたまひなどしつつ、若君の御乳母たち、さらぬ人々も、年ごろのほどまかで散らざりけるは、みなさるべき事にふれつつ、よすがつけむことを思しおきつるに、幸ひ人多くなりぬべし。　同　澪標　二・274

b　(中将が)たまさかにかくものしたまへるにつけても、めづらしくあはれにおぼゆべかめる問はず語りをも(妹尼は)し出でつべし。　同　手習　六・295

c　宮(匂宮)の御とぶらひに、日々に、参りたまはぬ人なく、(薫は)世の騒ぎとなれること、ことごとしき際ならぬ(浮舟への)思ひに籠りゐて、参らざらんもひがみたるべしと思して、参りたまふ。　同　蜻蛉　六・207

しかし、他方、(6)aは、源氏は、帝の寵愛の言葉に涙がこぼれ落ちそうだ、(6)bは、兵部卿宮の筆跡があまりにみごとなので、源氏は筆を棄ててしまいたくなる、(6)cは、人は皆寝てしまっているのだろう、ということであり、これらは推量とはいうものの、現実の時間上で現在に位置付けることもできそうである。歴史的に見ると、ベシはどうやら上代から中古にかけて、もともと現実推量を表わしていたものが、非現実推量も表わせるように、意味が拡張したもののようである。

(6) a　中将の君(源氏)、(帝の寵愛の言葉に)面の色かはる心地して、恐ろしうも、かたじけなくも、うれしくも、あはれにも、かたがたうつろふ心地して、涙落ちぬべし。　同　紅葉賀　一・401

b　源氏「(兵部卿宮の筆の才能が)かうまでは思ひたまへずこそありつれ。さらに筆投げ棄てつべしや」とねたがりたまふ。　同　梅枝　三・411

c　奥の枢戸《くるるど》も開きて、人音もせず。(源氏は)かやうにて世の中のあやまちはするぞかしと思ひて、やをら上りてのぞきたまふ。人は皆寝たるべし。　同　花宴　一・426

ベシを、終止用法と接続用法のような(準)文末用法と、連体用法、準体用法そして連用用法のような文中用法とに大きく分けると、およそ文中用法には、適当、必要、義務、可能のような意味が、文末用法には、それ以外に、推量、予定、当然、命令、意志のような意味が、対応すると言ってもよいだろう。このことは、ベシの諸用法は、命題—モダリティに跨って広がっており、その表わす意味も命題側の意味とモダリティ側の意味とに分けることができる、と言えば了解しやすいかもしれない。このうち、文中用法の適当、必要、義務、可能は、非時間的な一般的事態を表わすこともできるが、完了助動詞を伴う場合には、現実時を基準時としていると解釈できそうである。たとえば、(7)a・b・cの前例は連体用法、(7)cの後例、dは連用用法であるが、(7)aは、母君は娘が川に流されて死んだことを思うと自分も川に落ち込んでしまいそうな心地がする、(7)bは、薫は悩んだり嘆いたりすることなく過ごすことのできるこの世であると思っていた、(7)cは、源氏の見るところ、空蝉は気持ちがそそられそうに思われるような様子であり、また軒端荻は夫を持ってもこれまで同様心を許すに決まっているように思われる様子である、(7)dは、侍従を末摘花と取りかえてしまいたいくらいに思われる、というようにおよそ現実の現在を基準時としたアスペクト表現であると考えてよさそうである。

(7) a　(母君は)さば、このいと荒ましと思ふ川に流れ亡せたまひにけり、と思ふに、いと我も落ち入りぬべき心地して、「《母君》(浮舟が)おはしましにけむ方を尋ねて、骸《から》をだに、はかばかしくをさめむ」とのたまへど、　同　蜻蛉　六・200

b　「《薫》人々しくきらきらしき方にははべらずとも、心に思ふことあり、嘆かしく身をもて悩むさまなどはなくて過ぐしつべきこの世と、みづから思ひたまへし。…」　同　宿木　五・383

c　(空蝉は)さるべきをりをりの御答へなどなつかしく聞こえつつ、なげの筆づかひにつけたる言の葉、あやしくらうたげに目とまるべきふし加へなどして、あはれと思しぬべき人のけはひなれば、(源氏は)つれなくねたきものの、忘れがたきに思す。いま一方(軒端荻)は主強くなるとも、変らずうちとけぬべく見えしさまなるを頼みて、とかく聞きたまへど、御心も動かずぞありける。　同　夕顔　一・220

d　(侍従は)年ごろいたうつひえたれど、なほものきよげによしあるさまして、(叔母には)かたじけなくとも、(末摘花と)とりかへつべく見ゆ。　同　蓬生　二・328

ここで、非現実推量の用法を持つム・マシ・ベシには、仮定用法があることが注目される。仮定用法も現実でないことを仮定するのであるから、非現実用法と言うことができる。そのうちムは、連体用法、準体用法として挙げたものはおよそ仮定の意味合いで解釈される。たとえば、(8)aは、六条御息所は、源氏との縁を断ち切って伊勢に下るとすれば、まことに心細いに違いないだろうし、世間の噂でももの笑いになるだろうとお思いになる、(8)bは、まったくこの世から亡くなってしまわれた方ならば、言ってもしかたのないことで、日が経てばだんだんと忘れてゆくこともあろう、(8)cは、台風がこんなに吹き荒れてしまっては、何もできはすまい、(8)dは、とりわけ朱雀院から女三の宮についてご意向を承ってしまったということであれば、ことさら大事にお世話申し上げようとは思うが(と言いつつ結局は断る)、(8)eは、家の秘伝書などに書き留めて入れておいたら、それこそ面白かろう、(8)fは、たとえ冗談にせよ若やいだ噂が世間の人の口の端にのぼりでもしたら、それこそまことに恥ずかしく見苦しいことであろう、というように仮定の意味合いを持っている。そして、条件節は帰結節で結ぶ必要があるが、大半の用例が、破線のように、帰結節は非現実推量となっている。ここで注目されるのは、仮定条件節をとる帰結節には、ム・マシだけではなく、ベシ・マジも用いられるということである。このことはベシ・マジの少なくとも一部は非現実推量に用いられるということを意味する(マシ・マジの用例は(9)、(10)、(11)に挙げる)。

(8) a　(六条御息所は源氏の仕打ちが)つらき方に思ひはてたまへど、今はとてふり離れ(伊勢に)下りたまひなむはいと心細かりぬべく、世の人聞きも人わらへにならんことと思す。　同　葵　二・24

b　(紫の上は)ひたすら世に亡くなりなむは言はむ方なくて、やうやう忘れ草も生ひやすらん、(源氏がいる須磨は)聞くほど近けれど、いつまでと限りある御別れにもあらで、思すに尽きせずなむ。　同　須磨　二・182

c　源氏「中将の下襲か。御前の壺前栽の宴もとまりぬらむかし。かく吹き散らしてむには、何ごとかせられむ。すさまじかるべき秋なめり」などのたまひて、何にかあらむ、さまざまなるものの色どもの、いときよらなれば、かやうなる方は、南の上にも劣らずかしと思す。　同　野分　三・273

d　源氏「…またかくとり分きて(朱雀院から)聞きおきたてまつりてん(女三の宮)をば、ことにこそは後見きこ

えめと思ふを、それだにいと不定なる世の定めなさなりや」とのたまひて、　同　若菜上　四・33

e　源氏「いかでか。何ごとも人に異なるけぢめをば記し伝ふべきなり。家の伝へなどに書きとどめ入れたらんこそ、興はあらめ」など戯れたまふ御さまの、にほひやかにきよらなるを見たてまつるにも、　同　若菜上　四・136

f　（玉鬘は）みづからさへ、戯れにても、若々しき事の世に聞こえたらむこそ、いとまばゆく見苦しかるべけれと思せど、　同　竹河　五・97

マシの仮定用法はマシカ＋バ（上代のマセ＋バは中古の『源氏物語』にはない）となるが、これは言うまでもなく反実仮想の用法であり、非現実事態を仮定し、非現実推量で結ぶことになる。(9)aは、もし源氏と藤壺との不義の関係に気付かずにいたら、来世までの罪障となるところであった、(9)bは、式部卿宮の女婿となってお近づきにならせていただけたのでしたら、今頃幸せでしたでしょうに、(9)cは、源氏の須磨退去の幾年かを途中で拝見せずじまいになっておりましたら、残念なことであったでしょう、(9)dは、もしも源氏の今日のお越しを知らずに過ごしでもいたしましたら、御不興がさらに増したでしょう、というような意味となる。

(9)　a　（僧都が）やをらかしこまりてまかづるを、（帝は）召しとどめて、帝「（源氏と藤壺との関係を）心に知らで過ぎなましかば、後の世までの咎めあるべかりけることを、今まで忍びこめられたりけるをなむ、かへりてはうしろめたき心なり、と思ひぬる。またこのことを知りて漏らし伝ふるたぐひやあらむ」とのたまはす。　同　薄雲　二・442

b　源氏「（故式部卿宮の女婿として）さもさぶらひ馴れなましかば、今に思ふさまにはべらまし。みなさし放たせたまひて」と、恨めしげに気色ばみきこえたまふ。　同　朝顔　二・462

c　女五の宮「…(源氏が)かくて世にたち返りたまへる御よろこびになむ、ありし年ごろを見たてまつりさしてましかば、口惜しからまし、とおぼえはべり」と、うちわななきたまひて、　同　朝顔　二・461

d　内大臣「(源氏のもとに)さぶらはではあしかりぬべかりけるを、召しなきに憚りて。承り過ぐしてましかば、御勘事や添はまし」と申したまふに、　同　行幸　三・298

ベシの仮定用法は、連用形ベク＋ハという形をとるが、これらも多くが非現実事態の仮定条件に対して、非現実推量で結んでいる。たとえば、(10)aは、時々こうして藤壺のもとで切ない悲しみなりとも晴らすことができますならば、どうして大それた気持ちも起こしましょうか、(10)bは、浮舟が姿形がたいしたことなく他の娘と一緒にしておいてもよいという程度であったなら、まったくなんでこれほど苦しい思いをして心を労することがあろう、(10)cは、源氏が夕顔の後を追いかけても行方が知れなくなって、それで通り一遍の女と思ってしまえるようなら、ただそれだけの気まぐれとして諦めてしまえそうだが、(10)dは、西側の部屋はむさくるしいでしょうが、それでも浮舟がお過ごしになれるようでしたら、暫くの間は(お使い下さい)、ということである(省略部分を補った(10)dの帰結節は非現実推量とはなっていないが)。

(10)　a　(源氏は)せめて(藤壺に)従ひきこえざらむもかたじけなく、心恥づかしき御けはひなれば、源氏「ただかばかりにても、時時いみじき愁へをだにはるけはべりぬべくは、何のおほけなき心もはべらじ」など、たゆめきこえたまふべし。　同　賢木　二・103

b　(中将の君は浮舟が)さま容貌のなのめにとりまぜてもありぬべくは、いとかうしも、何かは苦しきまでももて悩ままし、同じごと思はせてもありぬべきを、ものにもまじらず、あはれにかたじけなく生ひ出でたまへば、あたらしく心苦しきものに思へり。　同　東屋　六・12

c　（源氏には）かりそめの隠れ処とはた見ゆめれば、（夕顔が）いづ方にも、いづ方にも、移ろひゆかむ日を何時とも知らじと思すに、追ひまどはして、なのめに思ひなしつべくは、ただかばかりのすさびにても過ぎぬべきことを、さらにさて過ぐしてんと思されず。　同　夕顔　一・228

d　大輔「さらば、かの西の方に、隠ろへたる所し出でて、いとむつかしげなめれど、さても過ぐいたまひつべくは、しばしのほど」と（中将の君へ）言ひつかはしつ。　同　東屋　六・34

また、言うまでもないことながら、順接仮定条件節の未然形＋バ、逆接仮定条件節の終止形＋トモも帰結節は原則として非現実推量となる。たとえば、(11)aは、紫の上が父宮の邸に移ってしまったら、わざわざ迎え取るとしてもそれでは浮気っぽいということになるだろうし、幼い女を盗み出したという非難を免れないだろう、(11)bは、夕霧がゆくゆくは国家の重鎮となるような心構えを身に付けるなら、私（源氏）の亡き後も心配なこともなかろうと思いまして、(11)cは、あなた（紫の上）が大人になったときは、決して他へは出かけませんよ、(11)dは、たとえ見劣りする相手であっても、そうして一度会ってしまえば薄情なことはおできになれそうもない薫のことだから、なおさらのことかりそめにも妹の君と契りを結んだらそれで満足なさるだろう、(11)eは、源氏が「玉藻はな刈りそ」と歌い興じていらっしゃるお姿も、恋しい玉鬘に見せたら、きっと胸打たれるに違いない御ありさまである、(11)fは、私（薫）が面白くない気持ちになったからと浮舟を捨てておいたなら、きっと匂宮が呼び迎えられるだろう、ということである。

(11)　a　（惟光が）しかじか（明日紫の上が兵部卿宮に引き取られる）など聞こゆれば、（源氏は）口惜しう思して、かの宮に渡りなば、わざと迎へ出でむも、すきずきしかるべし、幼き人を盗み出でたりと、もどき負ひなむ、その前に、しばし人にも口がためて、渡してむ、と思して、　同　若紫　一・326

b　源氏「…(夕霧は)さし当りては心もとなきやうにはべれども、つひの世のおもしとなるべき心おきてをならひなば、(源氏が)はべらずなりなむ後もうしろやすかるべきによりなむ。…」　同　少女　三・16

c　源氏「我も、(紫の上に)一日も見たてまつらぬはいと苦しうこそあれど、幼くおはするほどは、心やすく思ひきこえて、まづくねくねしく怨むる人の心破らじと思ひて、むつかしければ、しばしかくもありくぞ。大人しく見なしてば、ほかへもさらに行くまじ。人の恨み負はじなど思ふも、世に長うありて、思ふさまに見えたてまつらんと思ふぞ」など、こまごまと語らひきこえたまへば、さすがに恥づかしうて、ともかくも答へきこえたまはず。　同　紅葉賀　一・405

d　大君「(薫が私を)せめて恨み深くは、この君(妹の中君)をおし出でむ。劣りざまならむにてだに、さても見そめてば、あさはかにはもてなすまじき心なめるを、まして、ほのかにも見そめてば慰みなむ。…」と思し構ふるを、　同　総角　五・234

e　あづまの調べをすが掻きて、源氏「玉藻はな刈りそ」と、うたひすさびたまふも、恋しき人(玉鬘)に見せたらば、あはれ過ぐすまじき御さまなり。　同　真木柱　三・384

f　薫「我すさまじく思ひなりて(浮舟を)棄てておきたらば、必ずかの宮(匂宮)の呼び取りたまひてむ。…」など、なほ棄てがたく、気色見まほしくて、御文遣はす。　同　浮舟　六・167

逆接仮定条件節の例は以下のようなものである。ここで、(12)aの帰結節は命令文であるが、命令文も一種の非現実事態であると了解できる。さて、(12)aは、紫の上のご定命が尽きてお亡くなりになったのだとしても、ただもう暫くの間ご猶予下さい、(12)bは、たとえあなた(朧月夜)がこの私(源氏)をお捨てになられても、必ずなさねばならぬ御回向の中には第一に私のことをお入れくださるだろう、(12)cは、朧月夜が源氏と密会していたのを知りながら、朱雀帝ならば穢れているからといって決してお見捨てになることもあるまいと、それだけを頼みにして、ということである。

(12) a (源氏は)すぐれたる験者《げんざ》どものかぎり召し集めて、源氏「(紫の上は)限りある御命にてこの世尽きたまひぬとも、ただ、いましばしのどめたまへ。不動尊の御本の誓ひあり。その日数をだにかけとどめたてまつりたまへ」と、　同　若菜下　四・225

b 源氏「…さまざまなる世の定めなさを心に思ひつめて、(出家が朧月夜に)今まで後れきこえぬる口惜しさを、思し棄てつとも、避りがたき御回向の中にはまづこそは、とあはれになむ」など、多く聞こえたまへり。　同　若菜下　四・252

c 右大臣「…さるべきにこそはとて、(朧月夜が)世にけがれたりとも(朱雀帝は)思し棄つまじきを頼みにて、かく本意のごとく奉りながら、…」　同　賢木　二・139

2・2　理論的考察

ここで第1節において、完了助動詞の研究の流れの中で、完了助動詞に対して「完了」という働きの他に、「確述」といった働きを設けなければならなかった理由を想起したい。完了助動詞は、ナ-ム・テ-ム、ヌ-ベシ・ツ-ベシなどの推量表現や、ナ-バ・テ-バのような仮定表現中に用いられることがある。推量した事態、仮定した事態は、現実ではないのであるから、これらの用法を「完了」というカテゴリーに入れるわけにはいかない、ということであろう。ただここで、ム・ベシなどは推量というモダリティの表現ではなく、未来というテンスの表現であると考えると、現実の時間軸の延長上に位置付けることが可能となり、ナ-ム・テ-ム、ヌ-ベシ・ツ-ベシなどに含まれるヌ・ツを「完了」というカテゴリーに入れることができそうにも思われる。しかし、ナ-マシ・テ-マシのような反実仮想は明らかに現実と反しているわけであり、現実の時間軸上に位置付けるのには無理があるし、ナーバ・テーバのような仮定表現も現実の時間軸に位置付けることはできない。そのように考えると、やはりナーム・テーム、ヌーベシ・ツーベシなども単なる未来の表現ではなく、現実の時間軸上に位置付けられるものではないと考えるべきであろう。このように現実の時間軸上に位置付けることのできない事態を表わす場合に用いられた完了助動詞のために、「確述」といった別のカテゴリーが必要となった、ということであろう。

しかし、この議論の暗黙の前提として、「完了」という概念は、現実の事態にしか適用できない、という予断があるように思われる。テンスの概念である「過去」が現実の事態にしか適用できないということは自明のことであろうが、アスペクトの概念である「完了」も現実の事態にしか適用できないということは、先入観にしか過ぎないのではないだろうか。「確述」に関する議論はそのことを示唆しているように思われるし、逆に非現実の事態にも完了助動詞が適用可能であると規定し直してやれば、「確述」に関する問題は霧消してしまうのではないだろうか。第2・1節では、実際にどのような例が「確述」と呼ばれるものであるかを特定したが、ここでは、そのような区別は、概念の設定に先入観が混入したために生じたものであって、完了助動詞の実際の用法に合わせて概念を規定し直せば、「確述」という別の概念を設定する必要はなくなる、という了解のもと、それではどのような理論的枠組を設定すれば、完了助動詞の実際の用法とうまくマッチするかについて、考察を進めていきたい。

理論的枠組を考えるにあたって、非現実事態を表わす仮定節と非現実推量節とはしばしば対になって現われる、という事実に注目したい。これはどのようなことを意味するだろうか。

ここで、過去助動詞の表現構造について考察した、第一部を想起したい。そこでは、キ・ケリの使い分けについて考察するために、「物語世界」と「表現世界」という二つの世界を措定し、その時間的関わりのありかたによってその使い分けを理論的に分析した。ここではさらに、物語世界中での現実の出来事である「(物語中の)現実世界(=物語世界)」と、その場の必要に応じて地の文にでも会話文にでも要請される「(物語中の)仮想世界」とを設け

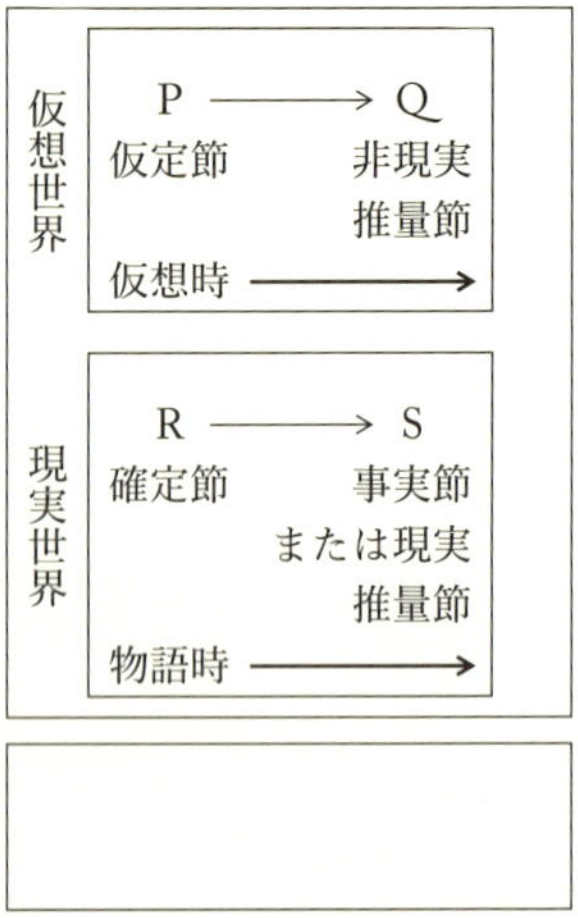

図表三　完了助動詞の非現実用法を説明するための世界構造

ることにしたい。前者は、原則として物語中では全体として一貫した時間関係、空間関係、人間関係を保っている(そうでなければ、物語は破綻していることになる)のに対して、後者は、その場その場で必要に応じて物語中の現実の時間関係、空間関係、人間関係とずれた世界が要請される。場合によっては、物語中の現実とはまったく異なった世界であっても構わない。そして近接する仮想世界同士でも、時間関係、空間関係、人間関係が異なっていても構わないし、むしろそうであるのが普通である。ここで、物語(中の現実)世界に流れる時間を「物語時」、表現世界に流れる時間を「表現時」と呼んだのに倣えば、物語中の仮想世界に流れる時間を「仮想時」と呼ぶことができるだろう(理論的には、すべての仮想世界で時間関係、空間関係、人間関係が成り立っているわけではないだろうが、中古の物語の中では、大方それらが存在すると見ることができるのではないだろうか)。

そのような、物語中の現実世界と、物語中の仮想世界との中で、条件表現が用いられた場合を考えてみよう。物語中の現実世界での条件表現とは、(物語中で)現実に起こった事態と事態との因果関係のことである。その条件節(前件)を「確定節」、帰結節(後件)を「事実節」あるいは「現実推量節」と呼ぶことができるだろう。それに対して、物語中の仮想世界での条件表現とは、語り手ないし登場人物が仮想した事態と事態との因果関係のことである。その条件節を「仮定節」、帰結節を「非現実推量節」と呼ぶことができるだろう(図表三)。

そして、物語中の現実世界における確定節・事実節あるいは現実推量節それぞれに物語時現在を基準時としたアスペクト表現が可能であるように、物語中の仮想世界における仮定節・推量節それぞれに仮想時現在を基準時としたアスペクト表現が可能であると言うことができるのではないだろうか。

　このように考えると、ヌ・ツの意味に、事実の描写に用いられる「完了」と、非事実の仮想に用いられる「確述」とを区別する必要はないことになる。物語中の現実世界に流れる物語時と、物語中の仮想世界に流れる仮想時という違いはあるものの、物語時にしか使うことはできず、仮想時には使えないのは、テンスを表わすキ・ケリなのであって、アスペクトを表わすヌ・ツ・タリ・リは物語時であろうと仮想時であろうと、時間の流れを考えることができる場合には使うことができる、ということなのであろう。

2・3　確述用法の意味解釈

　中古語の係助詞ゾ・ナム・コソ、副助詞シ・シモ、そして完了助動詞ヌ・ツの確述用法などには〈強調・強意〉の意味が、終助詞ナ・カナ・カモ・カシ・ハ・モ、間投助詞ヤ・ヨ・ヲ、過去助動詞ケリのあるものには〈感嘆・詠嘆〉の意味があると言われる。それならこれらさまざまな助詞・助動詞には何らかの共通性があると言ってよいのかと問われれば、疑問を感じざるをえない。どうやら〈強調・強意〉や〈感嘆・詠嘆〉という意味は、より妥当な意味記述ができない場合に、苦し紛れにあてはめたレッテルに過ぎないのではないだろうか。たとえ直観的にそれに近いニュアンスを感じるとしても、それはそれぞれの助詞・助動詞固有の意味機能から派生したものとして説明すべきだろう。

　本章では、それらのうち、完了助動詞ヌ・ツのいわゆる確述用法に関して、その事情に検討を加えようとするものである。

　ヌ・ツに〈確述〉（ないし〈強意〉）の用法があると言われるのは、第一に、前節で見たように、「完了」と呼ぶためには現実の時間の流れに位置付けられなければならないと考えられるが、そこに位置付けられない用法があるために〈完了〉に含めることができないからであった。しかしその用法をあえて「確述」と呼ぶのは、第二に、類似する用例間で、ヌ・ツのある場合とない場合とが見出され、それらの間にはあまり明確な意味の違いが見出しにくいために、ヌ・ツのあるものは、ないものに対して、何らかの〝強調〟の意味合いがあると考えられたからではないだろうか。実際、⒀a〜d′のように、同じ動詞であってもヌ・ツのある例、ない例が見出される。

⒀ a　女房→中将の君「いと世離れたりとて、ありならはぬ人は、ここにて、はかなきこともえせず、いまとく参らむ、と言ひつつなむ、みな、いそぐべきものどもなど取り具しつつ、かへり出ではべりにし」とて、　同　蜻蛉　六・199

a′　(明石の君は)頭をもたげて、御使にも二なきさまの心ざしを尽くす。乳母→明石の姫君「とく参りなむ」と急ぎ苦しがれば、　同　澪標　二・280

b　(源氏は朧月夜の君を)いかにして、いづれと知らむ、父大臣など聞きて、ことごとしうもてなさんも、いかにぞや、…と思しわづらひて、つくづくとながめ臥したまへり。　同　花宴　一・430

b′　薫→小君「…母に、いまだしきに言ふな。なかなか驚き騒がむほどに知るまじき人も知りなむ。…」　同　夢浮橋　六・370

c　(柏木は)ことわりとは思へども、「うれたくも言へるかな。いでや、なぞ。かくことなることなきあへしらひばかりを慰めにてはいかが過ぐさむ。かかる人づてならで、一言をものたまひ、聞こゆる世ありなむや」と思ふにつけても、　同　若菜下　四・145

c′　大君「この人(薫)の御けはひありさまのうとましくはあるまじく、故宮も、さやうなる御心ばへあらばと、をりをりのたまひ思すめりしかど、みづからはなほかくて過ぐしてむ。吾よりはさま容貌もさかりにあたらしげなる中の君を、人並々に見なしたらむこそうれしからめ。人の上になしてば、心のいたらむ限り思ひ後

見てむ。…」と思ひつづけて、　同　総角　五・230

d　大君→中の君「…いと心苦しけれ。すこし思し慰みなむに、知らざりしさまをも聞こえん。憎しとな思し入りそ。罪もぞ得たまふ」と御髪を撫でつくろひつつ聞こえたまへば、　同　総角　五・262

d′　女房「ならがへては、誰にも、静やかに、(浮舟の)ありしさまをも聞こえてん。…」　同　蜻蛉　六・203

しかし果たして、(13)a′・b′・c′・d′は(13)a・b・c・dに比べて、それぞれ〝強調〟の意味合いが加わっているように解釈すべきなのだろうか。そのような解釈はあまりに恣意的に思われないだろうか。

これまで筆者は、ヌとツとは、基準時における当該事態の、それぞれ始まり(〈発生〉)と終わり(狭義〈完了〉)というアスペクトを表わす、それに対して、完了助動詞が用いられない場合はアスペクトを表わしていない、と論じてきた。たとえば移動動詞では、事態の始まりとは出発(ないし移動中)、終わりとは到着にあたるが、第九章において、現実の移動を表わす移動動詞の用例を検討した結果、実際そのように用いられていることを確認した。

改めてそういう観点で見てみると、(13)a′は、産褥の床にある明石の君に遠慮して、乳母がすぐにでも退出して都に帰参しようとする場面であり、この「参りなむ」は出発を表わしている。他方、(13)aは、浮舟の失踪後、浮舟の母、中将の君の、人里離れた宇治の住まいから、新参者の使用人が、今すぐ戻ってくると言いながら逃げ出す場面であり、この「参らむ」は行って戻る移動全体を表わしている。

次に、(13)b・b′を見てみると、(13)b′は、浮舟が生き長らえていることを、知ってはならない匂宮なども知ってしまうだろう、と、「知りなむ」はまさに知らない状態から知っている状態への変化の瞬間(「知っている」状態の発生)を表わしているのに対して、(13)bは、源氏が朧月夜の君の素性を、五の君か六の君か、内密に探ろうとする場面であり、「知らむ」は認識すること自体に主眼がある。

さらに(13)c・c′では、(13)c′はその後にも「人の上になしてば、心のいたらむ限り思ひ後見てむ。」とツが続くように、将来のある時点に視点を置き、「過ぐしてむ」は、中の君を薫と添わせ、大君自身はその時点まで独り身でいよう（「過ごす」行為の完了）と考えることを表わしているのだろう。(13)cは小侍従のいまいましい返事に対して、柏木がそんなものを気休めにして過ごしていけるものか、と思っている場面であり、「過ぐさむ」はこれから「過ごす」行為を行う（むしろ「過ごせない」）ことを表わしている。

また(13)d・d′については、(13)d′は「ならがへては」とあるように、ある程度時間が経った時点で、そこに視点を置いて、侍従と右近という二人の女房が、浮き舟の失踪の経緯をお話ししようと考えている場面で、「聞こえてん」はその時点での話す行為の完了と考えられる。(13)dは、思いも寄らず匂宮と契ることになった中の君の心が落ち着いたら、薫と匂宮とが共謀した計画を大君が知らなかった事情を、中の君にお話ししようという場面で、「聞こえん」は将来の話す行為を全体として表わしている。

同様に、仮定条件節でも、同じ動詞が用いられていても完了助動詞がある場合とない場合とが見出される。(14)a・a′を比べると、(14)aは、源氏は、紫の上が現代風の手本で習ったなら、必ずぐんと上達なさることだろう、と御覧になる、という意味で、(14)a′は、夕霧がゆくゆくは国家の重鎮となるような心構えを身に付けるなら、この私（源氏）の亡き後も心配なこともなかろうと思いまして、大学へ入れようとしたのです、という意味であり、前者は「習う」ことを全体として済ませること、後者は「習う」ことを始めることを表わしていると了解できる。また(14)b・b′を比べると、(14)bは、浮舟は生きながらえていたらきっとつらい目に会うに決まっている身なのだから、失せてしまうのがどうして惜しかろう、という意味であり、(14)b′は、侍従と右近が、時間が経ったならば、どなたにもゆっくりと落ち着いて、これまでの浮き舟の失踪のことをもお話し申すことにしましょう、と思うということであり、前者は「生き長らえ」ている間に辛い目を見るということであり、後者は「時間が経った」後で話すということを表わしている。さらに(14)c・c′を比べると、(14)cは、藤壺が源氏に少しでも情けのある様子を見せたなら、それにつけて人からやかましく咎めだてられることになりはしないか、ということであり、(14)′cは、妹尼が亡き娘の婿の中将に浮舟をなおもっとよくお見せしたらきっとお心を惹かれることだろう、という意味であり、前者は、情けのある様子を「見せ」ることをした後で人が咎め立てをすることを恐れているのであり、後者は、中将に浮舟を「見せ」ている間に中将が心を惹かれることを期待しているのである。

(14) a　紫の上「書きそこなひつ」と(手習いを)恥ぢて隠したまふを、(源氏は)せめて見たまへば、
紫の上 かこつべきゆゑを知らねばおぼつかないかなる草のゆかりなるらん
と、いと若けれど、生ひ先見えて、ふくよかに書いたまへり。故尼君のにぞ似たりける。今めかしき手本習はば、いとよう書いたまひてむ、と見たまふ。　同　若紫　一・334

a′　源氏「…(夕霧は)さし当りては心もとなきやうにはべれども、つひの世のおもしとなるべき心おきてをならひなば、(私が)はべらずなりなむ後もうしろやすかるべきによりなむ。…」　同　少女　三・16

b　(浮舟は)…ながらへば必ずうき事見えぬべき身の、亡くならんは何か惜しかるべき。…など思ひなる。　同　浮舟　六・176

b′　侍従と右近「ながらへては、誰にも、静やかに、ありしさまをも聞こえてん。ただ今は、(中将の君が)悲しさめぬべきこと、ふと人づてに聞こしめさむは、なほいといとほしかるべきことなるべし」と、この人二人ぞ、深く心の鬼添ひたれば、もて隠しける。　同　蜻蛉　六・203

c　(藤壺は)年ごろは、ただものの聞こえなどのつつましさに、(源氏に)すこし情ある気色見せば、それにつけて人のとがめ出づることもこそとのみ、ひとへに思し忍びつつ、あはれを多う御覧じすぐし、すくすくしうもてなしたまひしを、　同　須磨　二・183

c′　(妹尼は亡き娘婿の中将が)姫君(浮舟)の立ち出でたまへりつる後手を見たまへりけるなめり、と思ひて、
妹尼→中将「ましてこまかに見せたらば、心とまりなんかし。昔人はいとこよなう劣りたまへりしをだに、まだ

忘れがたくしたまふめるを」と、心ひとつに思ひて、　　同　手習　六・296

わずかな用例ではあるが、非現実の出来事について、同じ動詞を使った用例でも、ヌ・ツ(タリ・リ)を用いたもの(いわゆる〈確述〉用法)と、用いないものとでどのような違いがあるのか、検討を加えた。その結果、ヌ・ツ(タリ・リ)の用い方は現実世界の出来事を表わす文に用いられた場合(〈完了〉用法)と何ら変わることがないことがわかった。他にも、動詞の種類によってヌ・ツのどちらが承接するかに偏りがあることはよく知られているが、この偏りも〈完了〉用法と〈確述〉用法とで傾向に変わりはない(第九章)。

このことが意味することは、〈完了〉と〈確述〉とを区別する必要はないということである。そもそも〈完了〉と〈確述〉とを区別する必要が生じたのは、〈完了〉という概念を、現実世界の時間において、ある基準時に、当該の事態が始まったり終わったりすることと規定したからであった。その背景には、非現実の出来事には時間的展開は考えられない、あるいは非現実の出来事にそのような〈完了〉という概念はあてはめられないという暗黙の了解があったのではないかと思われる。しかしながら、非現実世界であっても、時間的展開を考えることに支障はないし、〈完了〉という概念はその出来事が現実のことであっても非現実のことであっても適用できると考えることが、実際の中古語のヌ・ツの用法に添った概念規定なのではないだろうか。

結論として、ヌ・ツは、従来の〈完了〉用法、〈確述〉用法もまとめて、現実世界、非現実世界を問わず、時間的展開が考えられる場合に、基準時において、何らかの事態がそれぞれ始まること、終わること(アスペクト)を表わす形式であると規定すればよい、ということになる。

解釈文法では、現代語に訳す場合に、タ、テシマウと訳すことができる場合を「完了」、そう訳すことができず、せいぜいキット…のような訳を充てざるをえない場合を「確述」と呼んだのであろうが、それは現代語の枠組に中古語を押し込めた解釈であって、中古語の文法の仕組みをありのままに見ようとしたものではない。中古語における機能と、それがどのように現代語訳できるかとを混同してはならない。

3　否定、希望・願望、命令表現中の完了助動詞

前節に見た推量・仮定表現だけでなく、否定表現や希望・願望表現、および命令表現に用いられる完了助動詞も非現実用法と言うことができるだろうが、否定表現と希望・願望表現および命令表現との間には、完了助動詞の出現のしかたについて、はっきりとした対立が見られる。すなわち、ズ・デ・ジ・マジのような否定を含む表現は、タリ・リの下には承接するが、ヌ・ツの下には承接しない。他方、マホシ・バヤ・ナムのような希望・願望表現は、ヌ・ツの下には承接するが、タリ・リの下には承接しない。古典語文法では一語と見なされるニシカナ・テシカナも同じ振舞いをする。命令表現も、およそ希望・願望表現と同じ振舞いをするが、タリに二例だけ命令形で用いられたものがある(図表四)。

下＼上	ヌ	ツ	タリ	リ
ズ	0	0	31	8
デ	0	0	3	1
ジ	0	0	3	0
マジ	0	0	2	2
マホシ	5	1	0	0
バヤ	6	4	0	0
ナム	1	0	0	0
シカナ	13	26	0	0
命令形	32	22	2	0

図表四　『源氏物語』中の否定、希望・願望、命令表現に用いられた完了助動詞の用例数

このように一見対照的な分布を見せる否定表現と希望・願望および命令表現であるが、そのような相違を生み出す理由はそれぞれ事情が異なるようである。以下それぞれについて検討を加えたい。

3・1　否定表現

最初に断っておかなければならないが、否定表現一般に言えることとして、否定までも含めた節全体が非現実用法となるわけでは必ずしもない。かえって節全体としては現実の事態を表わす方が常態であり、否定助動詞によって打ち消された内容が非現実の事態となる。

実は、否定助動詞に下接する完了助動詞については、すでに第八章で検討した。ズに下接する完了助動詞は、ツのみであったが、この形は、他の状態表現、すなわちアリ、形容詞・形容動詞、用言＋ベシと同じく、ザリ―ツ―φ、ザリ―ツ―ラムのような全体として実現した（と思われる）事態に用いられ、当該の事態がそれまでずっと実現してこなかったという状態がそこで〈完了〉する、すなわちそこで当該の事態が実現することを表わした。

ちなみに、完了助動詞と否定助動詞との相互承接に関して、この第八章の結果と、本章の図表三とを見比べると、タリ・リは否定助動詞の上に承接し、ツは否定助動詞の下に承接し、ヌは否定助動詞の上にも下にも承接しないという顕著な相違が見出される。

タリ・リ―ズ　ズ―ツ

このことをどう解釈すべきだろうか。伝統的発想にのっとって、承接の上下関係が客観―主観、あるいは命題―モダリティのスケールに対応すると考え、打消助動詞を基準にして、完了助動詞の相対的位置をはかると、ツはズに対して相対的に主観あるいはモダリティ側にあるのに対して、タリ・リは相対的に客観あるいは命題側にある、ただし、ヌとズとの相対的関係はわからない、ということになってしまう。しかし、このような個別の事情を無視した画一的な議論では、完了助動詞の機能に関しても、否定助動詞の機能に関しても、何か新しい知見が得られたようには思われない。

そこでこのことを現代語と比較してみたい。現代語でもアスペクト表現と否定表現との間に似たような現象が見られる。すなわち、とりあえずタとテイルとに対するナイの承接のしかたは、タには上に(ナカッ-タ)、テイルには上下ともに(ナイ-デイル、テイ-ナイ)承接する。

ナイ─タ
ナイ─テイル
テイル─ナイ

そこで、アスペクト用法としてのタとテイルとに関して、ナイが下接することが可能かどうかを検討してみる。テイルは(15)aに見るように直接否定することが可能であるが、タは(16)aのように直接否定することはできず(そもそもタには未然形や連用形がないので言うまでもないことではあるが)、(16)bのようにテイ-ナイが用いられる。ここで、(16)cのようにテ-ナイを用いることもでき、このテがタの未然形相当ではないか、という反論があるかもしれないが、(15)bのようにテイルの否定としてもテ-ナイが用いられることからしても、(16)cのテ-ナイは(16)bのテイ-ナイとほぼ同機能の用法であると考えられる。

(15) Q：　雨は降ってい‖ますか。
A：a　雨は降ってい‖ません‖。

b　雨は降ってません‖。

(16) Q：　雨は止みましたか‖。

A：a＊雨は止んだません‖。

b　雨は止んでいません‖。

c　雨は止んでません‖。

それに対して、ナイが上接したタ・テイルは、アスペクト用法とは言えないようである。ナカッ-タのタは(17)aのようにテンス用法となり、ナイ-デイルは(17)bのように〈意志性〉を感じさせるなどのことからしても、テイル中のイルは本動詞と考えるべきではなかろうか。

(17) a　花子は昨日夕ご飯を食べなかっ‖た‖。

b　花子は夫が帰るまで夕ご飯を食べない‖でいる‖。

結局、現代語では、アスペクト用法としてはテイルにナイが下接するものしかないということになる。

テイル-[ナイ]

このように、現代語と考え合わせると、また異なった解釈ができるように思われる。完了助動詞の上にズが承接しうるのはツしかないが、第八章で見たように、ザリ-ツは〝否定的状態〟の〈完了〉（すなわち、かえって否定されていた事態の〈発生〉）を表わしていた。すなわち、ズはそれが承接した内容を打ち消して全体として〝否定的状態〟という事態を構成していることになる。また、ヌおよびタリ・リの上にはズが承接しないのは、形容詞・形容動詞などの状態述語にヌおよびタリ・リが承接しないのと同様に、ズによって構成された内容が〝否定的状態〟であるからであると思われる。古典語のアスペクト・システムは、動作だけでなく状態も含めた事態を基礎にした事態アスペクトであったので、否定的事態を表わす～ズにツの承接を許したが、現代語は動作を基礎に据えた動作アスペクトであるので、～ナイに完了のタは下接することができない。

　他方、完了助動詞の下にズが承接しうるのはタリ・リしかないが、これは当該時点で当該の事態が〈経過〉中(〈動作の進行〉・〈結果の存続〉を合わせて)ではない、とは言えても、当該時点で当該の事態が丁度〈発生〉あるいは〈完了〉したわけではない、というような表現は不自然、少なくとも滅多に用いられないからであるというように説明できるかもしれない。

　タリ・リにズが下接する場合について、近藤明(二〇〇三・三)では、φと比較して、「「リ・タリ+否定辞」は、特定の時点で(結果状態であれ単純状態であれ)ある状態にない(場合によっては——否定推量・否定意志・不可能表現など——その状態が続かない)ことを表し、「非リ・タリ+否定辞」は、ある状態をもたらす変化・動作が、特定の時点までにない(場合によっては、特定の時点以降起きない)ことを表す、というアスペクト的な相違が認められる」と論じる。ここでタリ・リ承接の場合は「特定の時点で…ある状態にない」と述べているところが注目される。すなわち、アスペクト表現一般が、基準時において当該事態の時間的展開のどの段階(局面)にあるかを表わすものである、とする本書の議論と一致する。ただ、ここではタリ・リにズが下接する場合に限って指摘されているが、これはアスペクト表現一般の持つ特徴であろう。

　それはさておき、実際にタリ・リにズが下接する場合には、(18)a～dのように、地の文の場合には物語時現在における、会話文の場合には語られている一連の出来事のその時点において、当該事態の展開がその段階にないことを表わしているようである。実際、(18)aは、愚かな女は、こんなにめったにしか来てくれない人とさえ怪しむわけではなく、(18)bは、紫の上は、源氏の懐にお抱かれになっても、隔てがましく恥ずかしいともまるで思っていない、(18)cは、明石の上は、お産みになった姫君を自分のそばにひきつけておいてみすぼらしくするでなく、(18)d

は、かえって末摘花のほうはそうもお思いにならずに、というような意味となる。

(18) a　中将「…(愚かな女は)頼むにつけては、うらめしと思ふこともあらむと、心ながらおぼゆるをりをりもはべりしを、見知らぬやうにて、久しきとだえをもかうたまさかなる人とも思ひたらず、ただ朝夕にもてつけたらむありさまに見えて、心苦しかりしかば、頼めわたることなどもありきかし。…」　同　帚木　一・157

b　(源氏が)ものより(よそから)おはすれば、(紫の上は)まづ出でむかひて、あはれにうち語らひ、御懐に入りゐて、いささかうとく恥づかしとも思ひたらず。　同　若紫　一・336

c　大宮「…(源氏が)老の世に、持たまへらぬ女子を(明石の君は)まうけさせたてまつりて、身に添へてもやつしゐたらず、やむごとなき(紫の上)にゆづれる心おきて、事もなかるべき人なりとぞ聞きはべる」など、かつ御物語聞こえたまふ。　同　少女　三・29

d　なかなか女(末摘花)はさしも思したらず、今はかくあはれに長き(源氏の)御心のほどを穏《おだ》しきものに、うちとけ頼みきこえたまへる御さまあはれなり。　同　初音　三・148

さて、ここまでヌ・ツは否定表現が下接しないと論じてきた。確かに『源氏物語』にはそのような用例は見出されない。しかし、そのような用例が和歌集を中心に僅かに見出されることは、近藤明(一九八六・三、一九八九・一二)に指摘されている。しかしながら、テ-ヌの用例は、(19)a～cのようにヤ(ハ)～ヌの形の反語になって、結局、希望などの肯定的な意味になる。

(19) a　はるのくれに、かれこれ花おしみける所にて
かくながらちらで世をやはつくしてぬ花のときはもありと見るべく　『後撰和歌集』巻三　九五

b　道しらでやみはしなぬ相坂の関のあなたは海といふなり　　同　巻十一　七八七

c　くにとき、「ふぢつぼの御かたをや、いまはおろし給てぬ」。（異本「給はぬ」）　『宇津保物語』内侍のかみ　455

また、ナ−デの用例は、⒇aは、離れればいいのに離れないで、⒇bは、濡れた衣を脱ぎ代えるべきなのに脱ぎ代えないで、⒇cは、消えてしまえばよかったのに消えないで、と解釈されることなどから、「ヌ＋デが使われるのは、動作・作用が実際には実現していないが、実現への志向を話し手・詠み手が持っている場合である」と論じる。

⒇　a　　小野小町

見るめなきわが身をうらとしらねばやかれなであまのあしたゆくくる　　『古今和歌集』巻十三　六二三

b　くらもちの皇子《みこ》「…さらに潮に濡れたる衣をだに脱ぎかへなでなん、こちまうで来つる」とのたまへば、　　『竹取物語』39

（『伊勢物語』第二十七段　129）

c　かひもなき草の枕にをくつゆの何にきえなでおちとまりけむ　　『後撰和歌集』巻十八　一二八六

このように、否定表現は用いられるものの、肯定的な主張を行う場合に用いられるものばかりであり、近藤明（一九八六・三、一九八九・一二）では最終的に「ツ・ヌには否定判断を表す語が下接しないという原則は非常に強固なものである」と結論付けているが、これに従うべきであろう。

3・2　希望・願望表現

次に、希望・願望表現に用いられる完了助動詞の働きについて検討してみたい。希望・願望表現には、どうしてタリ・リが用いられないのであろうか。ある時点で当該事態が〈発生〉することか〈完了〉することを望むことは自然であるが、ある時点で当該事態が〈経過〉中であることを望むということは、不自然なことなのではないだろうか。

ところで、希望・願望表現も、希望・願望する非現実事態を仮想世界の中で思い描くものであると考えられる。であるとすれば、ここに完了助動詞が用いられても何の問題もない。振り返れば、ムやベシが未来に起こりそうな出来事を推量する場合には、あえて仮想世界などというものを設けなくても、現実世界における未来に基準時を置いて完了表現が用いられているという了解もとりあえず不可能ではない。しかしながら、マシが表わす反実仮想はそもそも現実とは異なる事態を想定するものであるし、意志・勧誘やこの希望・願望などは、そうしよう、そうしたい、そうあってほしいという話し手(あるいは語り手)の情意を表わすものであり、現実に将来そうなるという保証は何もない。したがって、現実世界に流れる現実時を基準時にとるのは不適当と言わざるをえない。むしろ話し手(あるいは語り手)の心内に想定された仮想世界に流れる仮想時を基準時とした完了表現であると了解する方がふさわしいのではないだろうか。このことは、未来に起こりそうな出来事を推量する場合にもあてはまる。

さて、(21)a〜fがナ−バヤ、(22)a〜dがテ−バヤ、(23)がナ−ナムの全例である(テ−ナムの用例はない)。これらが承接する動詞は、ナ−バヤは「やむ」(二例)、「出づ」、「隠る」、「籠もりゐる」、「成る」(以上、各一例)の計六例、テ−バヤは「失ふ」(三例)、「(罪失ふさまに)す」(一例、「失ふ」に準じる)の計四例、ナ−ナムは「消ゆ」の計一例であり、ヌ・ツとの承接に関しては実現事態の場合と共通する。

(21)aは、源氏は、源典侍との逢瀬から誰とも知られずに逃げ出してしまいたいとお思いになる、(21)bは、柏木は、女三の宮をどこかへ連れ出して隠し、自分自身はどこかへ姿をくらましてしまいたいとまで思い乱れた、(21)cは、女三の宮は、我が身の運が辛くて、いっそ尼になってしまいたいというお気持ちになられた、(21)dは、薫は、中の宮が無心に寝入っているのを見て、一緒に隠れてしまいたいと思う、(21)eは、中の君は、そっと山里へ引き籠もってしまいたいというお気持ちをほのめかす、(21)fは、浮舟は、ひたすらにもうこの世にはいないものとして、誰に見られも聞かれもせず忘れられたままで終わってしまいたいものと思う、ということである。

(21) a　(源氏は)誰と知られで出でなばやと思せど、しどけなき姿にて、冠などうちゆがめて走らむ後手思ふに、いとをこなるべしと思しやすらふ。　『源氏物語』紅葉賀　一・414

b　(柏木は)さかしく思ひしづむる心もうせて、(女三の宮を)いづちもいづちも率て隠したてまつりて、わが身も世に経るさまならず、跡絶えてやみなばや、とまで思ひ乱れぬ。　同　若菜下　四・217

c　(女三の宮は)片耳に聞きたまひて、(源氏が)さのみこそは思し隔つることもまさらめ、と恨めしう、わが身つらくて、尼にもなりなばやの御心つきぬ。　同　柏木　四・291

d　(中の宮が)何心もなく寝入りたまへるを、(薫は)いといとほしく、いかにするわざぞと胸つぶれて、もろともに隠れなばやと思へど、さもえたち返らで、　同　総角　五・242

e　かやうなるついで(故宮の三回忌)にことつけて、(中の宮は)やをら籠りゐなばやなどおもむけたまへる気色なれば、薫「いとあるまじき事なり。なほ何ごとも心のどかに思しなせ」と教へきこえたまふ。　同　宿木　五・388

f　(浮舟は)限りなくうき身なりけり、と見はててし命さへ、あさましう長くて、いかなるさまにさすらふべきならむ、ひたぶるに亡きものと人に見聞き棄てられてもやみなばや、と思ひ臥したまへるに、　同　手習　六・305

(22)aは、宿直人は、気味が悪いほど人が驚く薫の衣の匂いをなくしてしまいたいと思う、(22)bは、薫は、宇治の邸を寺にして罪滅ぼしになるようにしたいと思う、(22)cは、浮舟は、弁の尼と母君との話を聞いてやはりこの身をなきものにしてしまいたいと思う、(22)dは、浮舟が「この身を失くしてしまいたい」と言って泣き入る、ということである。

(22) a　(宿直人は)心にまかせて身をやすくもふるまはれず、いとむくつけきまで人のおどろく(薫の衣の)匂ひを、失ひてばやと思へど、ところせき人の御移り香にて、えも濯《すす》ぎ棄てぬぞ、あまりなるや。　同　橋姫　五・144

b　薫「…(山里の邸を)時々見たまふるにつけては、心まどひの絶えせぬもあいなきに、罪失ふさまになしてばや、となん思ひたまふるを、(中の君は)またいかが思しおきつらん。…」　同　宿木　五・387

c　(浮舟は)なほ、わが身を失ひてばや、つひに聞きにくきことは出で来なむ、と思ひつづくるに、　同　浮舟　六・159

d　侍従などこそ、(浮舟の)日ごろの御気色思ひ出で、「身を失ひてばや」など泣き入りたまひしをりをりのありさま、書きおきたまへる文をも見るに、「亡き影に」と書きすさびたまへるものの、硯の下にありけるを見つけて、　同　蜻蛉　六・199

(23)は、明け方の薄暗がりの空に辛い我が身は消えてしまいたい、ということである。

(23)　女三の宮 あけぐれの空にうき身は消えななん夢なりけりと見てもやむべく

とはかなげにのたまふ声の、若くをかしげなるを、聞きさすやうにて出でぬる魂は、まことに身を離れてとまりぬる心地す。　同　若菜下　四・220

希望助動詞マホシを用いた場合も事情は同じである。(24)aは、源氏は、典侍をおいてそのまま立ち去ってしまいたかった、(24)bは、内大臣は、このつまらない世の中では何か心を満たしてくれそうなことをして過ごしたいものだ、とおっしゃった、(24)cは、玉鬘は、こうして情けないことばかりなので、昨夜の風に連れられてどこかへ行ってしまいたい、と機嫌を損ねた、(24)dは、匂宮は、いじらしかった中の君の様子を思い出してもう一度引き返したいとお思いになった、ということである。

(24) a 源氏 人妻はあなわづらはし東屋の真屋《まや》のあまりも馴れじとぞ思ふ
とてうち過ぎな まほしけれど、あまりはしたなくや、と思ひかへして、人(典侍)に従へば、すこしはやりかなる戯れ言など言ひかはして、これもめづらしき心地ぞしたまふ。　同　紅葉賀　一・412

b 内大臣「大殿(源氏)も、かやうの御遊び(管弦の遊び)に心とどめたまひて、いそがしき御政どもをばのがれたまふなりけり。げに、あぢきなき世に、心のゆくわざをしてこそ、過ぐしはべりな まほしけれ」などのたまひて、　同　少女　三・32

c (玉鬘が)たへずうたてと思ひて、玉鬘「かう心憂ければこそ、今宵の風にもあくがれな まほしくはべりつれ」と、むつがりたまへば、　同　野分　三・270

d (匂宮は)道すがら、(中の君の)心苦しかりつる御気色を思し出でつつ、たちも返りな まほしく、さまあしきまで思せど、世の聞こえを忍びて帰らせたまふほどに、えたはやすくも紛れさせたまはず。　同　総角　五・275

(25)は、源氏は、紫の上の葬儀に際し悲しさに紛れて、昔からの出家の本意を遂げてしまいたいとお思いになる、ということである。

(25)　（源氏は）世の中思しつづくるにいとど厭はしくいみじければ、後るとても幾世かは経べき、かかる悲しさの紛れに、昔よりの御本意も遂げてまほしく思ほせど、心弱き後の譏りを思せば、このほどを過ぐさんとしたまふに、胸のせきあぐるぞたへがたかりける。　同　御法　四・497

ニシガナ・テシガナも同様である。(26)aは、源氏は六条御息所に、胸の中にわだかまっている思いを晴らしとうございます、と言った、(26)bは、源氏は、六条院に玉鬘のような美しい姫がいると何とか人に知らせて、蛍兵部卿宮などのこの邸の中が気に入っておいでの方のお心を騒がせたい、と言った、(26)cは、玉鬘は、実の父親である内大臣に自分が内大臣の実子であると知っていただきたいものだ、と人知れず心に思う、ということである。

(26)　a　（源氏は）いとものしと思して、源氏「かうやうの歩きも、今はつきなきほどになりにてはべるを（御息所が）思ほし知らば、かう、注連《しめ》の外にはもてなしたまはで。いぶせうはべることをもあきらめはべりにしがな」と、まめやかに聞こえたまへば、　同　賢木　二・78

b　源氏「…かかるもの（玉鬘）ありと、いかで人に知らせて、兵部卿宮（蛍兵部卿宮）などの、この籬の内好ましうしたまふ心乱りにしがな。…」　同　玉鬘　三・125

c　内の大殿の君たち（柏木など内大臣の若君たち）は、この君（夕霧）に引かれて、よろづに気色ばみ、わび歩くを、（玉鬘は）その方のあはれにはあらで、下に心苦しう、実《まこと》の親（内大臣）にさも知られたてまつりにしがなと、人知れぬ心にかけたまへれど、　同　胡蝶　三・167

(27)aは、末摘花の叔母は、末摘花を自分の娘たちの召使いにしてやりたいものだと思う、(27)bは、源氏は、紫の上の心が惹き付けられるほどの遊びをしたいものだ、どうかして考えていることを実現したい、とお話しになった、(27)cは、源氏は、皆さんがこちらにお集まりになっている機会にぜひ楽器の音色を確かめてみたいものだ、とおっしゃった、ということである。

(27) a 末摘花の叔母「わがかく劣りのさまにて、あなづらはしく思はれたりしを、いかでかかる世の末に、この君(末摘花)を、わがむすめどもの使ひ人になしてしがな。心ばせなどの古びたる方こそあれ、いとうしろやすき後見ならむ」と思ひて、　同　蓬生　二・323

b 女君(紫の上)に、源氏「女御(斎宮の女御)の、秋に心を寄せたまへりしもあはれに、君(紫の上)の、春の曙に心しめたまへるもことわりにこそあれ。時々につけたる木草の花に寄せても、御心とまるばかりの遊びなどしてしがな」と、「公私の営みしげき身こそふさはしからね、いかで思ふことしてしがな」と、「ただ、御ためさうざうしくやと思ふこそ心苦しけれ」など語らひきこえたまふ。　同　薄雲　二・455

c 万春楽《ばんすらく》、御口ずさびにのたまひて、源氏「人々のこなたに集ひたまへるついでに、いかで物の音試みてしがな。私の後宴あるべし」とのたまひて、　同　初音　三・154

以上のように、希望・願望表現に用いられた完了助動詞は、非現実(=仮想)事態を表わしていると了解することができるが、そこに用いられた完了助動詞は、希望・願望された仮想世界の中でアスペクトを表わしていると考えることが充分に可能であることを確認した。

3・3　命令表現

命令表現も、希望・願望表現とほぼ同じ出現のしかたをする。すなわち、ヌ・ツの命令表現は珍しくないが、タリ・リは皆無ではないものの非常に少ない。

(28) a 霞降り荒れて、すごき夜のさまなり。源氏「(若紫が)いかで、かう人少なに、心細うて過ぐしたまふらむ」とうち泣いたまひて、いと見捨てがたきほどなれば、源氏「御格子まゐりね。もの恐ろしき夜のさまなめるを、宿直人にてはべらむ。人々近うさぶらはれよかし」とて、　同　若紫　一・318

b 叔母「(西国への下向を)なほ思ほしたちね。世のうき時は見えぬ山路をこそは尋ぬなれ。田舎などはむつかしきものと思しやるらめど、ひたぶるに人わろげには、よもてなしきこえじ」など、いと言《こと》よく言へば、　同　蓬生　二・325

c 源氏「いとうたて、あわたたしき風なめり。御格子おろしてよ。男どもあるらむを、あらはにもこそあれ」と(紫の上に)聞こえたまふを、(夕霧は)また寄りて見れば、もの聞こえて、大臣もほほ笑みて、見たてまつりたまふ。　同　野分　三・258

d 浮舟「川に流してよ」と言ひし一言よりほかに、ものもさらにのたまはねば、(妹尼たちは)いとおぼつかなく思ひて、　同　手習　六・279

希望・願望表現には、タリ・リの用例は皆無であったが、命令表現にはタリの用例が二例見出される。(29)aは、源氏の惟光に対する、随身を一人二人用意するように、という命令、(29)bは、薫の中の君に対する、安心するように、という願いの表現である。

(29) a 源氏→惟光「暁、かしこ(紫の上の邸)にものせむ。車の装束さながら、随身一人二人仰せおきたれ」とのたまふ。(惟光は)うけたまはりて立ちぬ。　同　若紫　一・326

b　薫→中の君「…世の人に似ぬ心のほどは、皆人にもどかるまじくはべるを。なほうしろやすく思したれ」など、恨みみ泣きみ聞こえたまふ。　同　宿木　五・435

ただこれらは、(29)aは、紫の上を連れ出しに出かける際(基準時)には、随身一人二人に前もって命令して同行する準備ができている状態にしておけ、(29)bは、薫は大君を失った悲しみから何人もの女性と関わりを持ったが、中の君に対する下心は持っていないから、今(基準時)は安心した状態でいてくれるように、というように、〈経過〉の働きを伴った命令である。このように、現実には、希望・願望表現、命令表現には〈始発〉〈完了〉を伴うことは珍しくないのに対し、〈経過〉が表われにくいことは確かであるが、理論的に不可能であるわけではないということであろう。

命令表現も、命令される内容は仮想世界に位置付けられると思われるが、そこに用いられた完了助動詞は、仮想時に対してアスペクトの機能を果たしていると考えることは充分に可能であることを確認した。

おわりに

本章では、完了助動詞に非現実用法があるということが、完了助動詞に「完了」という働きの他に、「確述」といった他の働きも担っていることを意味するわけではないことを論じた。そのために、第一部で過去助動詞の分析のために設けた「物語世界」と「表現世界」とに倣って、新たに「仮想世界」という概念を設けた。そして、テンスを表わすキ・ケリはなるほど、物語世界(＝現実世界)にしか用いられないが、アスペクトを表わすヌ・ツ・タリ・リは物語世界であろうと仮想世界であろうと、時間の流れが考えられれば用いることができると考えることができる。そうすれば、「確述」という別の概念を立てて説明するまでもなく、広義の「完了」の中にすべて収まることになる。

また、ここで設けた、物語世界（＝現実世界）と仮想世界という枠組は、推量助動詞を分析するためにも有効な概念であると考えられるが、それについてはまた改めて論じたい。

注

（1）矢澤真人「日本の文法教科書」（二〇〇三・三）（ネット版）には、三土以前に、関根正直『普通国語学』（一八九五・三）にも「完了」という術語が用いられているという指摘がある。確かに、「過去を顕す助動詞」とは別に「動作の完了を顕す助動詞」が立てられており、「動作の完了を顕す助動詞は、略して唯「完了の助動詞」とのみもいふべし。現に為し了はりたる動作を顕す詞にて、左の如し。」としてリ、タリ、ツ、ヌ、セリ（サ変のス＋リ）が挙げられている。しかし、服部隆（二〇〇六・三）によると、過去と完了との区別は、三土よりも七年早く、関根よりも五年早く、手島春治『日本文法教科書』（一八九〇・一二）に見出される（ただし、参観したのは一八九一年五月の再版。なお、そこでは術語としては「完了」ではなく「完成」が用いられている）。すなわち、「抑用言の時には、現在、過去、完成、過去完成の四種あり、例へば散ルといふは現在に於て散ることを云ひ、散リキ、散リケリといふは過去に於て散りたることを云ひ、散リヌ、散リツ、散リタリといふは眼前に於て散り果てたることを云ひ、散リタリキ、散リタリケリといふは過去に於て散り果てたることをいふ。故にき、けりは過去の助用言にしてぬ、つ、たりは完成の助用言なり、而して此の二者を合せ用ひたるは過去完成の助用言なり。時の助用言を添へざるは皆現在と知るべし。」と論じている。また、ほぼ同時期の那珂通世『国語学』（一八九〇頃）にも、

第一類ノ幇助言ハ、何レモ示時ノ幇助言、即動作ノ時ヲ示ス者ナリ。凡ソ動作ヲ言フニハ時ニ関スル三様ノ区別アリ。之ヲ言フ時ト同時ナル動作ヲ現在ノ動作ト云ヒ、之ヲ言フ時ヨリ前ニアリシ動作ヲ過去ノ動作ト云ヒ、之ヲ言フ時ニ未ダ起ラザル動作ヲ未来ノ動作ト云フ、〈中略〉過去ノ動作ハ、動作言ノ重言格ニ過去ノ幇助言（し、しか）又ハけり（ける、けれ）ヲ附ケテ表ハス。例ヘバ、押しき、押しけり、受けし、受けければナドノ如シ。」「此ノ三時ニ附帯シテ、完了ト名ヅクル三様ノ時アリ。現在ノ完

了ハ通常単ニ完了ト云ヒ、過去ノ完了ハ、完了過去ト云ヒ、未来ノ完了ハ完了未来ト云フ。現在ノ完了トハ、現在ノ時ニ於テ既ニ其ノ動作終レルヲ云フ。過去ハ、単ニ過去ノ事ヲ叙ベテ、現在ニ関係ナキ者ナレドモ、完了ハ、専ラ、現在ニ関シテ言フナリ。完了ノ動作ヲ表ハスニハ、動作言ノ重言格ニ完了ノ帮助言ぬ(ぬる、ぬれ)、つ(つる、つれ)、又ハたり(たる、たれ)ヲ附ク。例ヘバ「昨日雨降りし時に、出で行きけり」ト云ヘバ、降りしモ、行きけりモ、過去ニシテ、単ニ昨日ノ事ヲ叙ブルノミナレドモ、「雨降りたれば、水溢れぬ、」「遠路を急ぎつれば、疲れたり」ナド云ふ時ハ、降りたれ、溢れぬ、急ぎつれ、疲れたり、何レモ完了ニシテ、其ノ動作ハ終リタレドモ、其ノ効果ハ現在ニ及ベルナリ、過去ト完了トノ区別ハ、動作ノ起リシ時ノ遅速遠近ニハ関セズ。昨日又ハ一時間前ノ事ニテモ、今ニ関係ナケレバ、過去トナリ、十年百年前ニ起リシ事ニテモ現在ニ及ベル効果ニ付キテ言フ時ハ、完了トナル。例ヘバ、「封建の制は廃せられたり」、又ハ「祖宗は国を建て給ひぬ」ト云ヘバ現在封建ノ制ナキ事、現在此ノ帝国ノ存在スル事ヲ含ミテ言ヘル者ニシテ、完了ノ動作ナリ。

と述べている。ちなみに、手島と那珂とは、相次いで千葉師範学校の校長となっており、互いに連絡があったことも推測される。

（2）「確述」の中に、しばしばヌ-ラム、ツ-ラム、ニ-ケム、テ-ケムなどが含められることがあるが、これらは基準時が現実の時間に位置付けられるものであり、本章で問題にしたい「確述」の例には入れない。ここに挙げた、山田孝雄(一九〇八・九)の議論の中でも、これらの形は問題にされていない。

第十一章　完了助動詞のテクスト機能

はじめに

中古語完了助動詞の研究に関しては、すでに厖大な蓄積があるというものの、テクスト機能に触れたものは微々たるものに留まる。早く、三矢重松(一九〇八・一二)にツが対話体の文に多く、ヌが叙述体の文に多いという指摘がある。

ツ　動作的故意的にして急、(短、硬)対話体の文に多く、
ヌ　状態的自然的にして緩、(長、軟)叙述体の文に多し。

そのうち最後の文体に関しては、さらに「さて文体より言へばツは直接叙述の対話などに多く、ヌは間接叙述の物語の地の文など自然に完了する動作に多く添ふなり。」と補うが、それ以上のことは述べられていない。

その後一九九〇年代までは、完了助動詞のテクスト機能に関する言及はほとんど見られないが、一九九〇年代に入ると、テクスト機能に焦点を合わせた議論が見られるようになる。

鈴木泰(一九九二・五＝九九・七)では、特に地の文に現われた移動動詞に関して、「到着の局面を表す場合」にはタリ・リ形が圧倒的に多く、「出発の局面を表す場合」にはヌ形が集中することから、タリ・リ形は「動作主体を物語の中に導入し、新たな場面を始発させるという場面切替上の役割を持つようになっていることが知られ」、ヌ形は「動作主体を場面から退場させ、その場面を終結させることを大きな役割としていることは明らかである」と論じる。

また、渡瀬茂(一九九三・三)は、「報告の機能」を持つツに関して「事象は「いまここ」に近い時空ではあるが、「いまここ」とは決定的に隔たってしまった時空での出来事なのであり、それを「いまここ」で報告しているのが「つ」の機能なのである。」と論じる一方、「場面転換の機能」を持つヌに関して、「即ち、「ぬ」はその動詞の時間的な延長のはばだけをとらえるのでなく、多くの場合それに先立ち、その動詞のとらえる現象にいたる長い時間的推移・変化をもとらえるのである。従って、その帰結が現在の「いまここ」に属するものか、或は過去に属するものかの相違は本質的なものではない。それどころか、過去から現在を通って推移する一連の過程の帰結が未来に属すると見られる場合さえある。だからこそ、「ぬ」は文節や文の単位をこえて、長い場面の叙述を終結させることができるわけなのだ。」と論じる。

さらに、西田隆政(一九九九・一二)では、特にヌに関して、「語としてのアスペクト上の意味で動作の完了を示すだけでなく、テキスト上での意味としては、場面を閉じる機能をもつ」一方で、鈴木泰(一九九二・五＝一九九九・七)にしたがって、タリ・リにも場面起こしの機能があることを承認する反面、ヌにも「「ぬ」での場面起こしは、時間の経過がそこに関わる例が多いことからして、その前の場面が終了し、次は違う場面が始まるという場面の変化に重点があるように思われる」というように、場面起こしの働きもあるという。

現代語に関しては、アスペクト表現のテクスト機能の理論的研究は進んでいるが、(1)古典語では、先に見たような事実の指摘に留まり、理論的な説明が充分になされているとは言いがたい。しかも、古典語と現代語とでは、アスペクトの仕組みに大きな違いがあり、現代語の説明をそのまま古典語に適用するわけにはいかない。本章では、古典語に即したアスペクト表現のテクスト機能の理論的解明を目指したい。

1　完了助動詞の布置

もしアスペクト表現が、文文法の中に収まっているのであれば、ここで文文法を越えるテクスト機能を考察する必要はないことになる。あえてアスペクト表現のテクスト機能を考察するということは、どのような展望のもとに行うことになるであろうか。

一つは、工藤真由美(一九九五・一二)に示された、「タクシス」機能の解明という方向が考えられる。工藤真由美(一九九五・一二)では、文内の文文法レベルのアスペクトの諸機能から、文外のテクスト文法レベルのタクシスの諸機能へと一方向的に対応しているような議論展開となっている。しかしながら、現代語に関する井島正博(一九九〇・三、一九九一・三)を下敷きとした第七、八章でも批判的に検討したように、アスペクトとは、当該事態の〝外〟から与えられた基準時における時間的局面を表わす表現機能であるという立場からすれば、アスペクトにはそもそも何らかの形で〝外〟からある基準時が与えられなければならない。それがしばしば他の事態という形で与えられると考えられるが、そうするとそもそもアスペクトという現象は、文文法の中に収まるものではなく、複数の事態の間の時間的相関関係を表わす、最初からテクスト文法レベルの概念であったことになる。確かにそのような意味では、アスペクトを議論することそのものがテクスト文法の次元で議論することになるのだが、タクシスという考え方が完全にテクスト文法の概念であると言い切れないのは、基本的に隣接する事態の間の局所的な関係に留まることである。つまり、もっと大きな単位で、テクストのプロットの中でそれがどのように働いているか、あるいは語り手の語り方の中でそれがどのような働きを持っているか、などという大域的な問題に答えてくれそうには思われない。

それでは、他にどのような議論のしかたが可能であろうか。ここでもう一つのアプローチのしかたとして、あえてアスペクト表現を用いるかどうかに、何らかのテクスト機能が担わされているのではないか、という方向から考察することが可能なのではないだろうか。ここには、ある事態を表現するにあたって、語り手はアスペクト表現を用いることも用いないことも可能である、という前提があることになる。

古典語に関して、これまでそのような指摘がなかったわけではない。たとえば、吉田茂晃(一九九二・一)には、『万葉集』において、(1)a・bで、表わされているアスペクト関係は完了助動詞の有無に拘わらず、同じではないかという指摘がある。これは(1)aは基準時を設けずアスペクト表現を用いなかったのに対して、(1)bはアスペクト表現を用いるという表現上の違いに基づくと思われる。

(1) a　…梓弓爪引く夜音《よおと》の遠音《とほおと》にも聞けば(聞者)悲しみにはたづみ流るる涙留めかねつも

大伴家持　長歌『万葉集』巻十九・四二一四

b　遠音にも君が嘆くと聞きつれば(聞都礼婆)音のみし泣かゆ相思ふ我は

反歌　同　巻十九・四二一五

そこでは、アスペクト表現は常に律儀に用いられていたわけではないのではないか、というどちらかと言えば消極的な指摘であったわけであるが、長歌は事態を時系列の順番にならべただけで、物語的展開を表わすことができるのに対して、短歌(反歌)の場合は、三十一文字に、事態間の因果関係やアスペクト関係などが明らかになるように凝縮して表現しなければならないのではないか、とむしろ積極的な意味付けができはしないだろうか。

それでは、アスペクトという観点からすると、φはどのような働きをしているのだろうか。言い換えれば、テンスとアスペクトとでは、φの意味が本質的に異なっているのではないだろうか。テンスにおけるφの位置は、第三章に示したように二箇所ある。一つは物語をウチの視点で描く場合、当該事態が物語時現在に対して、同時あるいは以後であることを表わす非過去のφで、もう一つは時間関係を捨象して素材としての出来事のみを提示する非時制表現のφである。言い換えれば、前者は時制体系の中に組み込まれて、キと対立することによって非過去という価値を担ったφであるのに対して、後者は時制表現そのものから解放されて、何の価値も担わされることのないφである。あたかも、語用論において、沈黙が、発話が要求される場に置かれると〈拒否〉〈否認〉などの価値を持つが、発話が要求されない場ではどのような価値も担わないのと似ている。さてそのうち、物語中に現われるほとんどのφは、非過去、より限定すれば物語時現在を表わすφである(図表一)。

それに対して、アスペクトにおけるφの位置付けはどのようになるだろうか。一方で、φを積極的にアスペクト体系の中に位置付けようとする議論がある。現代語で展開されてきた枠組を古典語に適用して、鈴木泰(二〇〇四・八、二〇〇九・二)では次のような体系を提示している(図表二)。

この枠組を現代語のものと比較すると、φ(はだか)の位置が〈完成相〉と〈不完成相〉(= 〈継続相〉)との間で現代語と逆になっていることが注目される。というの

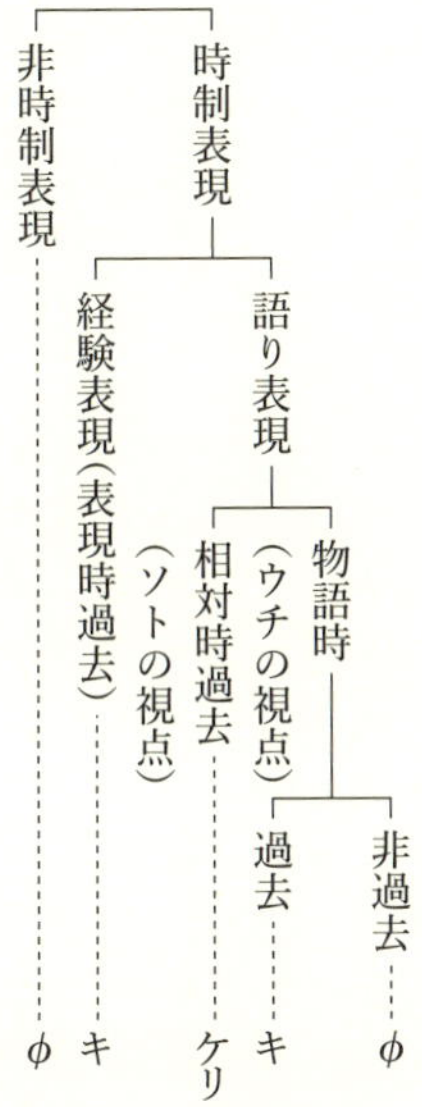

図表一　中古語のテンスの機能

	完成相	不完成相	パーフェクト相
非過去形	ツ・ヌ	はだか	タリ・リ
過去形	テキ・ニキ	キ	タリキ・リキ

図表二　鈴木泰氏による中古語のテンス・アスペクト体系

も、理論を構成する段階で、現代語では、〈継続相〉という解釈がふさわしいテイルと対にされるために、φは〈完成相〉側に置かれるのに対して、古典語ではタリ・リと対にされるのでなく、〈完成相〉という解釈がふさわしいツ・ヌと対にされたために、φは〈不完成相〉側に置かれたという経緯が推測される。

しかるに、ここにはいくつかの問題がある。まず共時的には、確かに〈不完成相〉の欄を見ると、非過去のφには(2)a・bの前の例・(3)aのように〈継続相〉という解釈が妥当に思われる例があることは否定できない。しかし過去のキはむしろ(2)bの後の例・c・d・(3)bのように「ひとまとまり性」という特徴を持つ〈完成相〉と解釈する方が妥当であることは、現代語と同様である。また、〈パーフェクト相〉に入れられているタリ・リにも若干〈継続相〉と解釈できる例があることもどのように考えればよいだろうか。

(2) a （女一の宮方で）箏の琴いとなつかしう弾きすさむ爪音をかしう聞こゆ。思ひかけぬに寄りおはして、薫「など、かくねたまし顔に掻き鳴らしたまふ」とのたまふに、　『源氏物語』蜻蛉　六・260

b 夕霧「かやうなるあたりに、思ひのままなるすき心ある人は、静むることなくて、さまあしきけはひをもあらはし、さるまじき名をも立つるぞかし」など、思ひつづけつつ（故柏木の妻の落葉の宮の琴を）掻き鳴らしたまふ。故君（柏木）の常に弾きたまひし事なりけり。（夕霧は）をかしき手ひとつなど、すこし弾きたまひて、夕霧「あはれ、（故柏木が）いとめづらかなる音に掻き鳴らしたまひしはや。この御琴にも籠りてはべらんかし。うけたまはりあらはしてしがな」とのたまへば、　同　横笛　四・341

c 明石入道「…かうつたなき身にて、この世のことは棄て忘れはべりぬるを、ものの切にいぶせきをりをりは、（琴を）掻き鳴らしはべりしを、あやしうまねぶ者のはべるこそ、自然にかの前大王の御手に通ひてはべれ。…」　同　明石　二・232

d 僧「…（明石の入道は）年ごろ、行ひの隙々に寄り臥しながら掻き鳴らしたまひし琴《きん》の御琴琵琶とり寄せたま

(3) a　ひて、かい調べたまひつつ、仏に罷申したまひてなん、御堂に施入したまひし。…」　同　若菜上　四・109

源氏「いと乱りがはしき御ありさまどもかな。(匂宮と薫が)おほやけの御近き衛りを、私の随身に領ぜむと争ひたまふよ。三の宮(匂宮)こそいとさがなくおはすれ。常に兄に競ひ申したまふ」と、諌めきこえあつかひたまふ。　同　横笛　四・351

b　左近中将「(大君と中君が)幼くおはしましし時、この花はわがぞわがぞと争ひたまひしを、故殿(髭黒大将)は、姫君(大君)の御花ぞ、と定めたまふ。…」　同　竹河　五・71

さらに通時的にも、特に〈不完成相〉(＝〈継続相〉)から〈完成相〉へとφの価値が逆転するなどということは可能だろうか、という大問題が伏在している。

このような様々な原理的な困難は、φをどうしてもアスペクト体系の中に位置付けようとするところに大きな原因があると言わざるをえない。古典語のφはアスペクト体系の中には位置付けられない、非アスペクト表現であると考えるならば、このような原理的な困難は回避することができる。

先に、φが〈継続相〉と解釈可能な場合があることを見た。ただしこのことに関しては、第八章で、現代語では現在の動作を表わすためには原則的にテイルというアスペクト表現を用いなければならないが、これは現代語では現在という瞬間のありさまを描写するという分析的な表現が求められるようになったからであって、古典語では現在の動作も、現在という瞬間を中心に過去・未来に広がった非分析的な表現を用いることができたためにφが現われることがあると考えた。すなわち、物語中のφは単にテンスとして〈現在〉(あるいは〈非過去〉)を表わすのみの非アスペクト表現と考えることができるのである。それに対して、キは当該事態全体が過去に位置付けられるために〈完成相〉(「ひとまとまり性」の表現)であるかのように見えるが、これは出来事全体を過去に位置付けたところから生じるのであって、単に〈過去〉を表わすのみの非アスペクト表現であると考えるべきであろう。

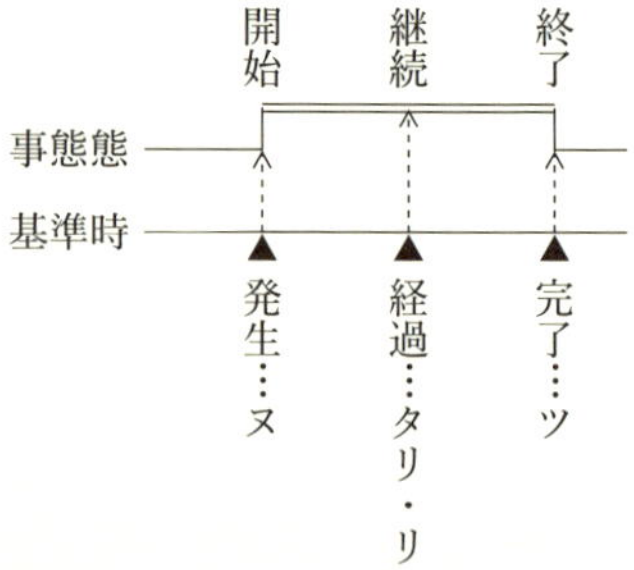

図表三　中古語のアスペクト体系 a

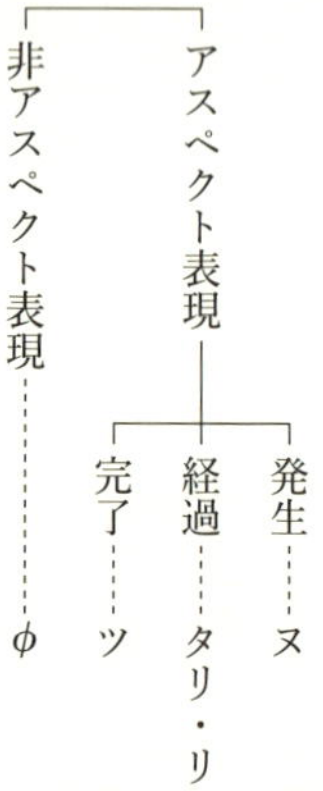

図表四　中古語のアスペクト体系 b

以上のように、φはアスペクト的価値を持たない非アスペクト表現であって、アスペクト体系の中に位置を持たないと考えると、アスペクト体系は、形態的裏付けを持つヌ・ツおよびタリ・リによって構成されることになる。すでに、第七、八、九章で論じたように、古典語のアスペクトの原理は、現代語のように「動作アスペクト」ではなく、「事態アスペクト」であると考えられるが、基準時における事態の時間的展開の諸段階（「動作態」に倣って「事態態」と呼ぶ）の順に、〈発生〉がヌ、〈経過〉がタリ・リ、〈完了〉がツによって表現されると考えることができる（図表三）。またこのことをテンスの階層構造（図表一）に倣って書き直せば、図表四のようになる。勿論、ここで注目すべきは、古典語のアスペクト体系において、φは非アスペクト表現としてしか用いられない、ということである。

物語中では、アスペクト的関係を明示的に助動詞形態で表わすアスペクト表現と、それを描かれた状況や文脈にまかせる非アスペクト表現とを、どちらも違和感なく使うことができる。そこにテクスト機能が入り込む余地が生じるのであるが、具体的には次節で論じたい。

以下では、ここで示したように、φと対立して、あえて完了助動詞が用いられることによって、テクストの大域的な構造を示したり語り手の語りのありかたを表わすものを「大域的テクスト機能」、初めに挙げたように、文文法と直結して義務的に用いられ、前後の文や節で表わされる事態との部分的な時間的前後関係を表わすもの（いわゆるタクシス)を「局所的テクスト機能」と呼び分けることにしたい。

2　各完了助動詞のテクスト機能

2・1　ツのテクスト機能

最初に確認しておきたいことは、現代の小説類の特に地の文で、物語の時間的展開を描くのは、主に「―タ。―タ。―タ。」という形であるが、中古の物語では、最も普通に見られ、無標の形式だと思われるのは、(4)のような「―φ。―φ。―φ。」という形である。そこにヌ、ツ、タリ、リも散見されるが、およそ前後の出来事との間にアスペクト関係が成り立っており、その限りで局所的テクスト機能(タクシス)も果たしている。

(4)　源氏「ほど経にける。おぼめかしくや」とつつましけれど、過ぎがてにやすらひたまふφ。をりしも郭公鳴きて渡るφ‖。催しきこえ顔なれば、御車おし返させて、例の、惟光入れたまふφ‖。　同　花散里　二・146

他方、(5)のように「―キ。―キ。―キ。」とキが連続する場合も見られるが、これは単純にまとまって過去の出来事を振り返っているだけであり、特に時間的継起の順番に描かれるなどということはない。

(5)　左馬頭「はやう、まだいと下臈にはべりし‖時、あはれと思ふ人はべりき‖。聞こえさせつるやうに容貌などはいとまほにもはべらざりし‖かば、…」　同　帚木　一・147

そのような中にあって、特に会話文において、稀に「―ツ。―ツ。―ツ。」とツが連なって現われることがあるが、この有標の形式は、まだ記憶に新しい一連の出来事を時間的展開の順序に従って生き生きと描写するような箇所に用いられている。『源氏物語』には以下のような用例を拾うことができる。

(6) a 「《良清ら》ただ今、北の陣より、かねてより隠れ立ちてはべりつる車どもまかり出づる。御方々の里人はべりつる中に、四位少将、右中弁など急ぎ出でて、送りしはべりつるや、弘徽殿の御あかれならん、と見たまへつる。けしうはあらぬけはひどもしるくて、車三つばかりはべりつ」と聞こゆるにも、胸うちつぶれたまふ。　同　花宴(2)　一・430

b 心にまかせて見たてまつりつべく、人も慕ひざまに思したりつる年月は、のどかなりつる御心おごりに、さしも思されざりき。　同　賢木　二・80

c 女君、少将などして、「《中の君》(浮舟が)いとほしくもありつるかな。幼き人の取りつらむを、人はいかで見ざりつるぞ」など、忍びてのたまふ。　同　浮舟　六・104

d 「《匂宮》ものへ渡りたまふべかなり、と仲信が言ひつれば、おどろかれつるままに出で立ちて。いとこそわりなかりつれ。まづ開けよ」とのたまふ声、いとようまねび似せたまひて忍びたれば、思ひも寄らずかい放つ。　同　浮舟　六・115

e 仕うまつり馴れにし人にて、あはれなりし昔のことども思し出でたるついでに、「《中将》かの廊のつま入りつるほど、風の騒がしかりつる紛れに、簾の隙より、なべてのさまにあるまじかりつる人の、うち垂れ髪の見えつるは、世を背きたまへるあたりに、誰ぞとなん見おどろかれつる」とのたまふ。　同　手習　六・296

f 「《中将》風の吹きあげたりつる隙より、髪いと長く、をかしげなる人こそ見えつれ。あらはなりとや思ひつらん、立ちてあなたに入りつる後手なべての人とは見えざりつ。…」とのたまふ。　同　手習　六・299

さて、このような実況的表現は、現実の出来事の描写が多い、日常的な会話にしばしば用いられると思われるが、実際『枕草子』の日記的章段にも少なからず見出すことができる。

(7) a 「(頭の中将が)『西の京といふ所の荒れたりつる事。見る人あらましかばとなむおぼえつる。垣などもみなやぶれて、苔生ひて』など語りつれば、宰相の君の『瓦の松はありつや』といらへたりつるを、いみじうめでて、『西の方去れる事いくばくの御いのちぞ』と口ずさみにしつること」など、かしがましきまで言ひしこそ、をかしかりしか。　『枕草子』第八十七段　179

b まめごとなど言ひ合はせてゐたまへるに、(殿上人たちが)「この君と称す」といふ詩を誦して、またあつまり来たれば、(頭の弁が)「殿上にて言ひ期しつる本意もなくては、など帰りたまひぬるぞ。いとあやしくこそありつれ」とのたまへば、(殿上人が)「さる事には、何のいらへをかせむ。いとなかなかならむ。殿上にても言ひののしりつれば、ぅへ(主上)も聞こしめして、興ぜさせたまひつる」と語る。　同　第百四十段　277

c 左中将おはして物語したまふ。「…御前の草のいと高きを、『などか、これはしげりてはべる。はらはせてこそ』と言ひつれば、『露置かせて御覧ぜむとて、ことさらに』と、宰相の君の声にていらへつるなり。をかしくもおぼえつるかな。…」などのたまふ。　同　第百四十六段　288

d (中宮が)「暁、『盗む人あり』と言ふなりつるは、なほ枝などをすこし折るにやとこそ聞きつれ。誰がしつるぞ。見つや」と仰せらる。(清少納言は)「さも侍らず。いまだ暗くて、よくも見はべらざりつるを、白みたる物の侍れば、花折るにやなど、ぅしろめたさに申しはべりつる」と申す。　同　第二百五十六段　396

e (清少納言が)「されど、われより先にとこそ思ひてはべるめりつれ」と言ふを、(関白は)いととく聞きつけさせたまひて、「さ思ひつる事ぞ。世にこと人、まづ出でて見つけじ。そことのほどなむとおしはかりつ」とて、いみじう笑はせたまふ。　同　第二百五十六段　397

f　（中宮が）「いかなれば、かう何かとたづぬるまでは見えざりつるぞ」と仰せらるるに、ともかくも申さねば、もろともに乗りたる人、「いとわりなし。さい果ての車に侍らむ人は、いかでかとくはまゐりはべらむ。これもほとほとえ乗るまじく侍りつるを、御厨子がいとほしがりて、ゆづりはべりつるなり。暗う侍りつる事こそわびしう侍りつれ」と、笑ふ笑ふ啓するに、　同　第二百五十六段　400

『今昔物語集』の、次の、御坂峠から転落し、救い上げられた信濃守藤原陳忠の発話も同様である。

(8)　郎党等共喜合テ、「抑モ此ハ何ゾノ平茸ニカ候フ」ト問ヘバ、守《カミ》ノ答フル様、「落入ツル時ニ、馬ハ疾ク底ニ落入ツルニ、我レハ送レテフメキ落行ツル程ニ、木ノ枝ノ滋ク指合《サシアヒ》タル上ニ、不意ニ落懸リツレバ、其ノ木ノ枝ヲ捕ヘテ下ツルニ、下ニ大キナル木ノ枝ノ障《サヘ》ツレバ、其レヲ踏《フマ》ヘテ大キナル胯木ノ枝ニ取付テ、其レヲ抱カヘテ留リタリツルニ、其ノ木ニ平茸ノ多ク生タリツレバ、難見棄《ミステガタ》クテ、先ヅ手ノ及ビツル限リ取テ、旅籠《ハタゴ》ニ入レテ上《ノボセ》ツル也。未ダ残ヤ有ツラム、云ハム方无ク多カリツル物カナ。極キ損ヲ取ツル心地コソスレ」ト云ヘバ、郎党共、「現《アラハ》ニ御損ニ候」ナド云テ、其ノ時ニゾ集テ散《サ》ト咲ヒニケリ。　『今昔物語集』巻第二十八第三十八　五・118

これらのことに関して、地の文のφを、鈴木泰(二〇〇四・八)に従い「不完成相」とすると、物語の継起的展開に用いられる典型的な表現(4)の説明に窮するし、現代語と同じく「完成相」と考えると、会話文に連続して現われるツをどう考えるかが問題となる。

ところで、さきほど「―ツ。―ツ。―ツ。」は、まだ記憶に新しい一連の出来事を時間的展開の順序に従って生き生きと描写する場合に用いられることを指摘した。それにつけて思い合わされるのが、現代でもしばしば耳にする、(9)a・bのような実況放送の表現である。

(9)　a　ピッチャー投げた‖。バッター打った‖。大きい、大きい。入った‖。ホームラン。
　　b　花火が上がった‖。開いた‖。消えた‖。

(9)a・bのような実況放送にしばしば現れるタは当該の出来事が発話時現在に(発生し)完了することを表わしている。すなわち、実況放送で用いられるタは、刻々と移り変わる発話時現在を基準時とするアスペクト表現であると考えられる。このような表現のしかたを「実況型」と呼べば、出来事が連続して起こることを表わす実況型では、次の出来事が発生する前にその前の出来事は完了している。したがって、(9)a・bのタは(発生ではなく)完了を表わしていると考えられる。

同様の事情は、眼前で展開中の出来事を描写する狭義「実況型」に限らず、鮮明な記憶の描写や、物語内容のありありとした描写であっても、時間の推移のままに出来事を点綴していく場合には、広義の「実況型」として、アスペクト表現が用いられると考えられる。

この事情を、地の文に多い「—φ。—φ。—φ。」と比較して説明したい。単に出来事の継起的展開を描くだけであれば、出来事を線条的にならべて描写すれば、アスペクトの力を借りなくても、隠喩的類推が働いて、ならべられた順序で出来事が生起したものと了解される(描写の順序は時間の順序)。「—φ。—φ。—φ。」は、まさにそのような中立的で無標の表現であると考えられる(図表五—a)。それに対して、あえてアスペクト表現を用いた稀で有標の「—ツ。—ツ。—ツ。」は、実況放送と同じように、刻々と過ぎゆく基準時(この場合は現実の時間ではなく心的時間であるが)において、個々の出来事が次々に(発生して)完了するさまを表わしている。そこから、あたかも当該の一連の出来事が眼前で生き生きと生起しているかのような印象を与える効果が生じることになると思われる(図表五—b)。

ここに見てきたような「—ツ。—ツ。—ツ。」の用法は、一連の出来事を継起的に描く中立的で無標の「—φ。

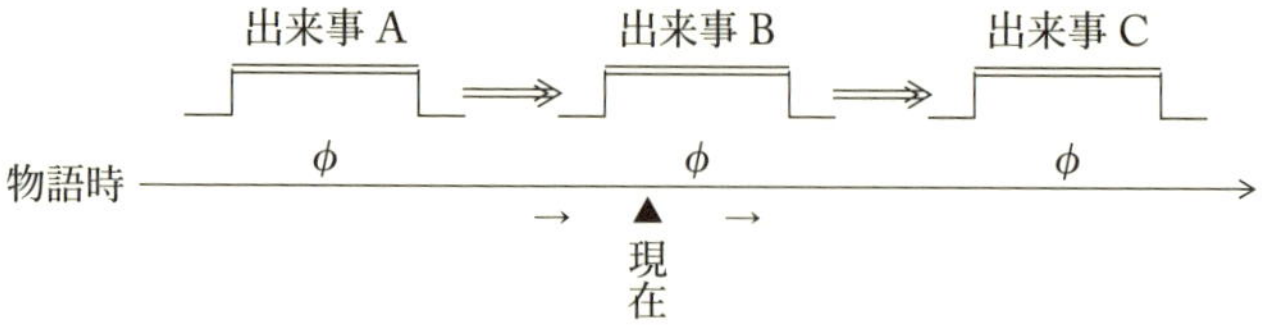

五―a　非アスペクト文の時間表現

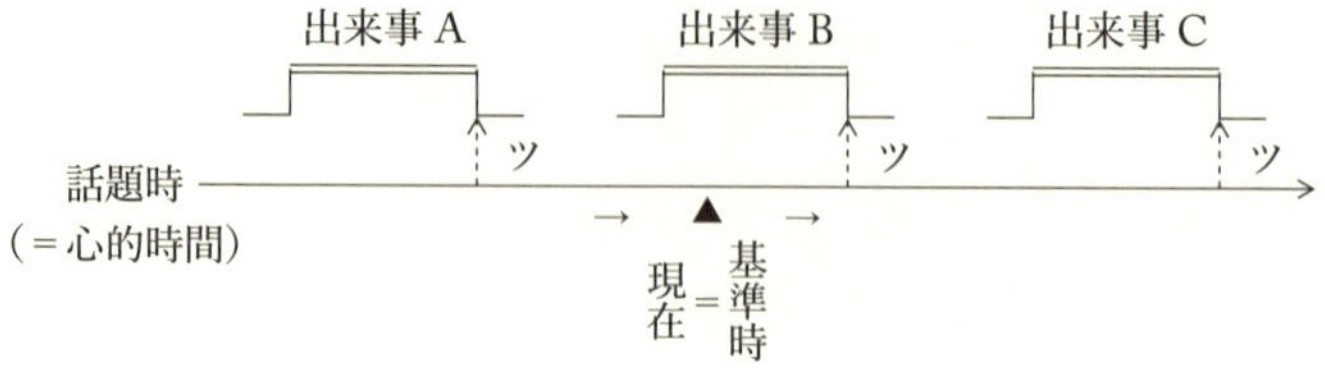

五―b　アスペクト文の時間表現

図表五　アスペクト文・非アスペクト文の時間表現の相違

―φ。―φ。」という形式との対立の上で、一連の出来事を眼前で生き生きと生起しているかのように描くという描き方のために採用される、有標の形式であり、大域的テクスト機能を担っていると言うことができる。これは単独で用いられるツには見られない機能であり、また事態の発生を表わすヌはこのような機能を担うことはできない。このような機能を担う「―ツ。―ツ。―ツ。」が、三矢重松（一九〇八・一二）の指摘のように、会話文に偏る傾向があるのは自然なことであろう。

2・2　ヌのテクスト機能

ヌのテクスト機能については、すでに鈴木泰（一九九二・五＝一九九九・七）で、移動動詞に対する完了助動詞の承接を調査した結果、タリ・リが「動作主体を物語の中に導入し、新たな場面を始発させるという場面切り替え上の役割」を持つのに対して、ヌが「動作主体を場面から退場させ、その場面を終結させることを大きな役割」としていると論じられており、また西田隆政（一九九九・一二）では、ヌにはテクスト上において、「場面閉じ」ばかりでなく、タリ・リとはまた異なった「場面起こし」の働きもあることが論じられている。

そのように、場面転換を表わすヌは、広義の状態変化を表わす用法と関わっていると思われるが、ある状態の発生は、それ以前の状態とそれ以後の状態との断絶を表わし、それがまさに場面の移り変わりを表わす標識としてふさわしいものであると考えられる。

実際に、ヌは、ある状況が始まることを明示することによって当該の場面の始発を明示することも（(10)a〜f）、別の状況に移行することを明示することによってそれまでの場面の終結を明示することも（(11)a〜g）ありうる。

(10) a　前の世にも、御契りや深かりけん、世になくきよらなる玉の男皇子さへ生まれたまひぬ。…　『源氏物語』桐壺　一・94

b　月日経て、若宮（源氏）参りたまひぬ。いとど、この世のものならず、きよらにおよすけたまへれば、（帝は）いとゆゆしう思したり。…　同　桐壺　一・113

c　そのころ、齋院もおりゐたまひて、后腹の女三の宮ゐたまひぬ。…　同　葵　二・14

d　御匣殿（朧月夜）は、二月に尚侍になりたまひぬ。院の御思ひに、やがて尼になりたまへるかはりなりけり。…　同　賢木　二・93

e　なほ雨風やまず、雷鳴り静まらで、日ごろになりぬ。…　同　明石・冒頭　二・213

f　夜も明けぬ。朝ぼらけの鳥の囀りを、中宮は、物隔ててねたう聞こしめしけり。…　同　胡蝶　三・161

(11) a　…端つ方の御座に、仮なるやうにて大殿籠れば、人々も静まりぬ。　同　帚木　一・171

b　…酔ひすすみて、（供の者は）みな人々簀子に臥しつつ、静まりぬ。　同　帚木　一・173

c　…源氏「（紫の上を）年ごろ思ひきこえし本意なく、馴れはまさらぬ御気色の心うきこと」と恨みきこえたまふほどに、年も返りぬ。　同　葵　二・70

d　…(藤壺が)はかなく言ひなさせたまへるさまの、言ふよしなき心地すれど、人の思さむところもわが御ためも苦しければ、(源氏は)我にもあらで出でたまひぬ。　同　賢木　二・104

e　…親王(蛍兵部卿宮)は、あはれなる御物語聞こえたまひて、暮るるほどに帰りたまひぬ。　同　須磨　二・165

f　…(源氏は朧月夜に)いま一たび対面なくてやと思すは、なほ口惜しけれど、思し返して、うしと思しなすゆかり多うて、おぼろけならず忍びたまへば、いとあながちにも聞こえたまはずなりぬ。　同　須磨　二・170

g　…(源氏は)おどろきて、さは海の中の龍王の、いといたうものめでするものにて、見入れたるなりけりと思すに、いとものむつかしう、この住まひたへがたく思しなりぬ。　同　須磨・末尾　二・210

現代語のような動作アスペクトのシステムでは、変化の達成は、動作の完了ととらえられる(「死んだ」は、死ぬという動作の完了と了解され、死んでいる状態の始発とはとらえられない)が、古典語では、このように、変化という動作の完了としてツが用いられるわけではなく、変化後の状態の発生としてヌが用いられる、という意味で事態アスペクト・システムであると考えられる(第八章)。すなわち、ヌによって画される事態の発生は、新たな場面の始発(図表六—a)とも、それまでの場面の終結(図表六—b)とも解釈できる。

ただ、言うまでもなく、すべての場面転換の冒頭と末尾にヌが用いられているわけではなく、割合として多いわけでもない。さらにここでヌが用いられて場面転換を担っている事態は何でもよいわけではなく、「参る」「出づ」「帰る」のような移動や、「(夜が)明く」「(年が)返る」のような時間の推移、あるいは「静まる」「(尚侍)になる」のような(狭義の)状態変化などに偏っている。これらの出来事は、出来事そのものに場面転換の働きがあるように思われる。

このように、場面起こし、場面閉じという機能は、ヌ単独で担っているわけではなく、述語によって表わされた事態の性格と相俟って表わされるものと言わざるをえない。ただ、単にヌのない「(夜が)明く」「(日が)暮る」な

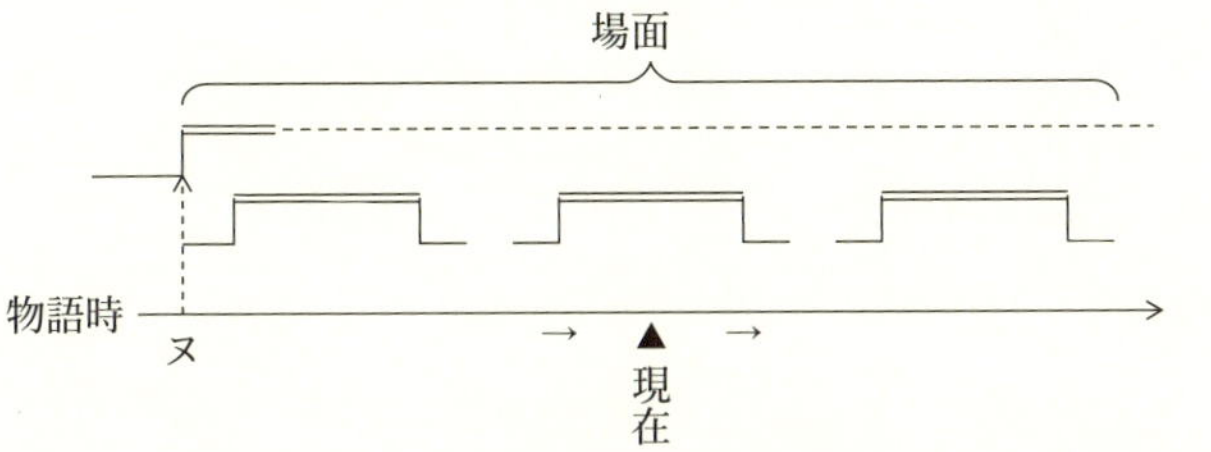

六—a　冒頭に用いられるヌ

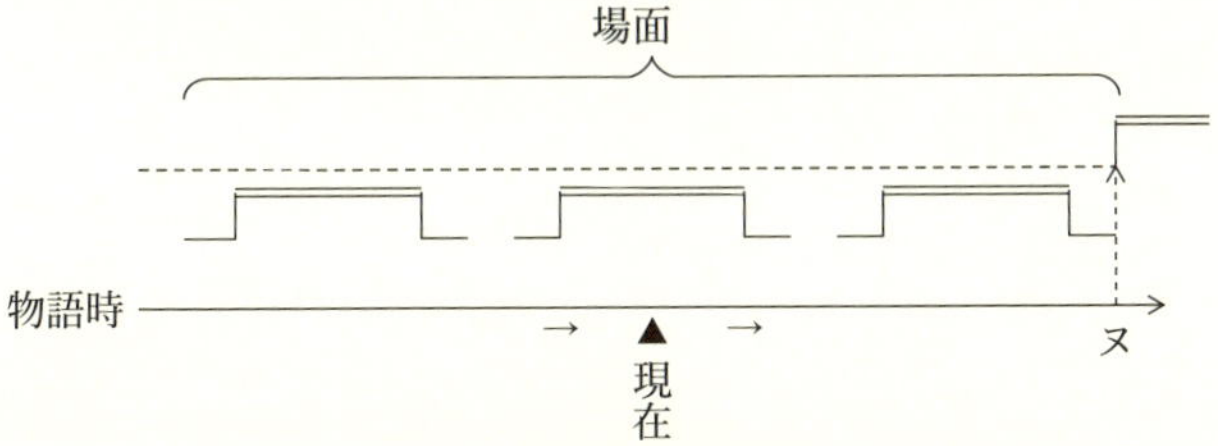

六—b　結末に用いられるヌ

図表六　場面の冒頭と結末に用いられるヌの機能

どという形で場面転換に用いられることはまずない、という意味で、ヌも場面転換に寄与しているということは認められるのではないだろうか。ヌの場面起こし、場面閉じの機能は、局所的テクスト機能(タクシス)の枠組によって充分説明可能なのではあるが、そのような意味で、ヌもある程度大域的テクスト機能に関わっていると言ってもよかろう。

2・3　タリ・リのテクスト機能

最初に、鈴木泰(一九九二・五＝一九九九・七)において、タリ・リが下接した移動動詞が「到着の局面を表す場合」に多く用いられることをもって、タリ・リは場面を始発させる機能を持つと結論付けられていることに若干触れておきたい。第十章で論じたように、ヌ／タリ・リ／ツの持つ〈発生／経過／完了〉という意味・機能は、移動動詞の場合、およそ、ヌが「今出発した、あるいは今移動中である(まだ到着していない)」という意味合いに、ツが「今到着した」に、そしてタリ・リは「到着して今そこに控えている、待っている」に解釈される

	ヌ		ツ		タリ		リ	
全例	3252		1511		4356		3421	
連体形	407		640		2622		1866	
(%)	12.5		42.4		60.2		54.5	
用法	連体用法	準体用法	連体用法	準体用法	連体用法	準体用法	連体用法	準体用法
連体形	171	56	292	54	1598	456	936	393
ズ	0	0	0	0	9	5	1	1
キ	153	24	21	2	69	22	67	20
ケリ	80	35	5	6	14	20	15	14
ム	56	23	8	4	135	6	34	7
ラム	0	2	8	2	0	0	0	0
ケム	8	1	0	0	9	2	1	0
ベシ	181	8	58	2	2	0	1	0
メリ	0	0	0	0	1	3	0	1
ナリ	0	0	0	0	0	1	0	0
各総計	649	149	392	70	1837	515	1055	436
(%)	20.0	4.6	25.9	4.6	42.3	11.8	30.8	12.7
全総計	798		462		2352		1491	
(%)	24.5		30.6		54.0		43.6	

図表七　『源氏物語』における連体形および連体用法・準体用法の用例数と割合

ことを示した。そもそも移動という出来事そのものが場面転換を画するのに用いられやすいうえに、「到着して今そこに控えている、待っている」という結果存続の意味合いは、そこで場面が終わる場合よりも、場面が始まる場合にふさわしいと考えられる。このことをテクスト機能と呼ぶこともできなくはないだろうが、この現象は移動動詞という動詞の種類の特徴にかなり依存した偏りであって、タリ・リには大域的テクスト機能はあまり顕著ではないと言うことができそうである。むしろ、タリ・リは一般的に多く見られるのは〈同時性〉と呼ばれる局所的テクスト機能(タクシス)ではないかと考えられる。

さて、タリ・リに顕著な特徴として挙げられるのは、連体形の割合の多さである。まず、『源氏物語』の用例を調査して、単純に各完了助動詞に対する連体形の割合を計算してみる(図表七、上の連体形の欄)。すると、全例に対してタリは六割、リは五割半と、半数以上が連体形であるのに対して、ヌは一割強、ツは四割強であるというように、タリ・リにおける連体形の割合が圧倒的に多いことがわかる(ヌに対してツにおける連体形の割合が多いことも興味深いが、ここでは措いておく)。しかし、連体形の中にも連体用法ないし準体用法でないもの(接続用法、係り結びの結びなど)があり、また連体形以外にも、さらに助動詞が下接したものに関しては連体用法ないし準体用法が見出される。そこで、さらに厳密を期して、連体用法および準体用法のみを抽出して計算してみる(図表七、下の総計の欄)。それでも、割合としては若干落ちるものの、それでも、タリは五割、リは四割を越え、二割半のヌ、三割のツを大きく上回る。(3)

タリ・リの連体用法とは、具体的には以下のようなものである。

(12)
a　中の柱に寄りゐて、脇息《けふそく》の上に経を置きて、いとなやましげに読みゐたる尼君、ただ人と見えず。　同　若紫　一・280

b　中に、十ばかりにやあらむと見えて、白き衣、山吹などの萎えたる着て、走り来たる女子、あまた見えつる子どもに似るべうもあらず、いみじく生ひ先見えてうつくしげなる容貌なり。　同　若紫　一・280

c　濡れたる御衣などは、みなこの人に脱ぎかけたまひて、取りに遣はしつる御直衣に奉りかへつ。　同　橋姫　五・142

d　木枯のたへがたきまで吹きとほしたるに、残る梢もなく散り敷きたる紅葉を踏み分けける跡も見えぬを(薫は)見わたして、とみにもえ出でたまはず。　同　宿木　五・450

e　(浮舟は)今日は乱れたる髪すこし梳らせて、濃き衣に紅梅の織物など、あはひをかしく着かへてゐたまへり。　同　浮舟　六・146

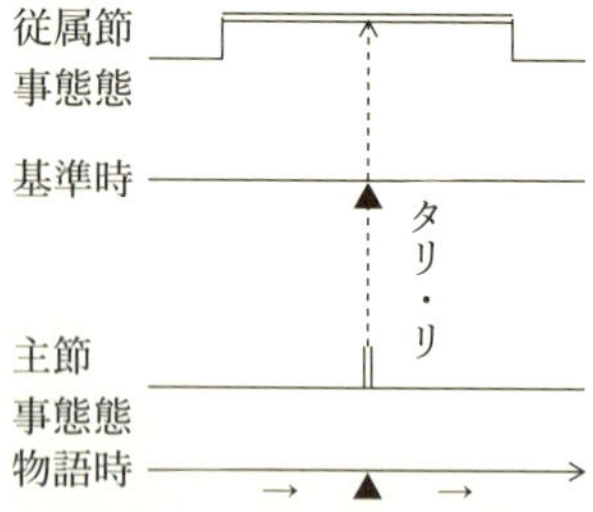

図表八　中古語の連体・準体節におけるタリ・リの表現構造

ここで連体・準体用法に用いられるタリ・リは、それらを含む従属節が表わす事態と、主節が表わす事態との時間的関係を表わしていると考えられる。すなわち、主節事態が表わす基準時（(12)a〜eの波線部）における従属節事態の局面の表現としてアスペクト表現の中に位置付けることができる（図表八）。たとえば、(12)eの連体節を独立させて「今日は髪乱れたり。その髪をすこし梳らせて〜」とすると、タリの表わす結果存続の働きは「今日」という時点（基準時）において髪が乱れていることを表わすが、もとの連体節の場合は「髪をすこし梳らせ」る時点（基準時）において髪が乱れていた、ということを表わすのではないだろうか。また見方を変えれば、連体節を除いた「今日はφ髪すこし梳らせて〜」に比べて、連体節「乱れたる」は髪の様子を詳しく描写して、いわば肉付けをしていると言うこともできるだろう。

さて、ここで論じたような二つないしそれ以上の事態の〈同時性〉は、ヴァインリッヒ（一九七七）が、欧米各言語をもとに「浮き彫り付与 Reliefgebung」というテクスト機能を論じる際、「背景 Hintergrund の時制」と呼び、工藤真由美（一九九五・一一）が、文中でのアスペクト的意味〈継続性〉に対応するテクストにおけるタクシス的意味〈同時性〉と呼んだものと、実質的には同じものである。

おわりに

本章では、ヌ・ツ・タリ・リという形態に裏打ちされた表現のみがアスペクトを表わし、形態のないφは脱アスペクト表現であるという立場に立つ。そうすると、アスペクト表現を用いるか用いないかという選択が、テクスト機能を担うことができることになる。ただし、そのアスペクト機能というものは、文法機能の延長上にあり、ツは連続して用いられることが多く、継起的な出来事を臨場感をもって描く場合に用いられ、ヌは場面転換の箇所に多く用いられ、タリ・リは状況描写に頻用される、ということを論じた。

注

（1）井島正博（一九九〇・三、一九九一・三）でも指摘したが、工藤真由美（一九九五・一一）で具体的にさまざまな用法の分析が行われて、研究が盛んになった。

（2）用例(6)aは、二〇〇四年十一月二十八日、関西学院大学で開催された日本語文法学会の招待発表において、「中古語完了助動詞の機能」という題目で口頭発表した折、西田隆政氏からご教示いただいた。記して謝したい。

（3）ただし、その場合、文をそこで切るか続けるか、特に［連体形＋ヲ］は準体用法なのか接続用法なのか、など必ずしも分明ではなく、むしろ連続的であると見るべき場合も少なくない。そのような場合でも、『全集』訳などを参考に、筆者が私意により分類した。そのため、用例には若干の増減がありうるが、大勢には影響しないと考えられる。なお、ニ-タリ、タリ-ツのように完了助動詞同士が承接する場合は、後のもの、すなわちニ-タリはタリ、タリ-ツはツの用例として計算した。

第三部　上代・中古語における副詞節のテンス・アスペクト

を論じる。

第三部では、現代語でも解明が必ずしも充分とは言えない、複文のテンス・アスペクトに関していくつかの問題

第十二章は、現代語でマデとマデニには〈期間〉と〈期限〉といった意味・機能の違いがあると論じられていることに示唆されて、上代・中古語にはそのような意味・機能の違いを表わす表現がないものか、検討を加えたものである。マデ・マデニは時間の着点を表わす表現であったが、同様の違いは、時間の起点を表わす表現にも存在するはずである。時間の起点を表わすカラは〈期間〉と〈期限〉とをいずれをも表わすにも拘わらず形態が同じであるために目立ちにくい。同様に、上代・中古語でも、マデ・マデニという形はあるものの、いずれも〈期間〉を表わすものであり、〈期間〉・〈期限〉といった意味・機能の区別には役立っていない。そこで、マデ(ニ)・カラといった格助詞ばかりではなく、サキ・ノチといった相対名詞も視野に入れてみると、格助詞が〈期間〉、相対名詞が〈期限〉を表わすといった、使い分けが見えてくる。そのうち、ここでは時間の起点を表わすノチとヨリとの使い分けに関して検証を試みる。というのも、特にヨリには〈～やいなや〉ないし〈～とすぐに〉といった意味に解釈されるものがあるということは知られているが、このことはヨリが〈期間〉を表わすということと密接に関わっているからであることを明らかにする。

第十三章と第十四章とでは、現代語ではしばしば用いられるタ／φ／テイルを用いた相対テンス表現が、上代・中古語にも存在するかという問題に関して検討を加える。第十三章では、ノチ・サキのような相対名詞、あるいはヨリ・マデのような格助詞を用いた副詞節を用いて、第十四章では、形式名詞トキを用いた副詞節を用いてそれぞれ検討する。現代語では、相対名詞を用いた副詞節に関しては、常に相対テンス表現が用いられ、トキを用いた副詞節に関しては、絶対テンスの場合も相対テンスの場合も存在する。しかるに、上代・中古語に関して検証してみると、常に、過去助動詞は絶対テンス、完了助動詞はアスペクトを表わしており、過去・完了助動詞が相対テンスを表わすことはない。このことは、現代語のタが絶対テンス・相対テンス・アスペクトその他を表わすというよう

に、機能分化を見せているのに対して、上代・中古語は非常に単純な体系であると言うことができる。それとともに、上代・中古語は先に個々の節の絶対テンスが定まった後で、節相互の相対テンスが定まるという意味で、節の独立性が高いのに対して、現代語は先に節相互の相対テンスが定まった後で、副詞節・主節全体の絶対テンスが定まるという意味で、節の独立性が低い、すなわち副詞節の従属度が高いと言うことができる。

ところで、第三部で用いた資料に関しては、上代・中古の副詞節の全体的な布置を見るために、資料的信頼度が比較的高い和文・和歌資料をひとわたり見渡すこととした。特に、第十三章では、用いやすい漢文訓読資料にも目を通した。

第十二章　時間の起点を表わすノチとヨリとの相違

はじめに

現代語では、時間の着点を表わすマデとマデニとの間には、〈期間〉と〈期限〉といった意味の違いがあることは知られている。しかるに、上代・中古語にも、マデとマデニという形は見られるが、いずれも〈期間〉を表わしており、そこには〈期間〉と〈期限〉といった意味の対立は見られない。一方、現代語で、時間の起点を表わす場合にも、〈期間〉と〈期限〉という意味の違いは存在するが、いずれもカラで表わされるためにあまり注目を引くことはない。

それでは、上代・中古語では〈期間〉と〈期限〉とを表わし分けることはなかったのだろうか。そこで思い当たるのが、現代語でも、時間の起点にも着点にも、カラ・マデ(ニ)のような助詞ばかりでなく、アト・マエのような相対名詞も用いられることである。時間の起点には、助詞カラと相対名詞アトが、時間の着点には、助詞マデ(ニ)と相対名詞マエが用いられる。上代・中古語では、時間の起点には、助詞ヨリと相対名詞ノチ、時間の着点には、助詞マデ(ニ)と相対名詞サキが対応する。ここに、〈期間〉と〈期限〉との意味の対立が見られる可能性はないだろうか。

本章では、そのうち時間の起点を表わす助詞ヨリと相対名詞ノチに関して検証を試みる。というのも、ヨリには〈～するとすぐに〉〈～するやいなや〉のような意味を表わす場合もあると言われるが、それがここで問題にしたいことと関わっていると考えられるからである。

1　問題提起

(1) a　八の宮「色をも香をも思ひ棄ててし後、昔聞きしこともみな忘れてなむ」とのたまへど、　『源氏物語』橋姫　五・148

(「この世の、色にも香にも未練を捨ててしまいましてからは、昔聞きおぼえたこともすべて忘れておりまして」とおっしゃるけれども、)　(『日本古典文学全集』現代語訳)

b　薫「…さるは、おぼえなき御古物語聞きしより、いとど世の中に跡とめむともおぼえずなりにたりや」と、うち泣きつつのたまへば、　同　椎本　五・191

(「とはいっても真実のところ、思いがけない昔のお話をうかがってからは、いよいよこの世に跡を残そうという気持もなくなってしまいました」と、泣き泣きおっしゃると、)　(同　現代語訳)

右の傍線部の(シ)ノチと[1](シ)ヨリとの現代語訳を見てみると、ともに(テ)カラ(ハ)となっている。この部分を(タ)アト(ハ)と置き換えても、特に違和感は感じられない。現代語のアトとカラとには相容れないほどの意味の相違はなさそうであり、それだからこそ、ノチもヨリも訳し分けることなく、同じくカラと訳すことは誤ってはいないのだろう。しかし、このことは上代・中古語のノチとヨリとにも、同じように意味の相違がなかったことにはならない。では、上代・中古語のノチとヨリとには、意味の相違はなかったのか、あったとすればどのような相違であったのか、その点について、上代・中古の和文・和歌資料[2]をもとに検討したい。

2　ノチとヨリとの承接

ヨリには、時間の起点を表わすものの他、場所の起点・経過点、さらに広い意味での動作の起点、比較の基準、比較の基準から派生した「…するよりはむしろ」のような意味を表わすもの、方便・材料などを表わすものなどがあることは夙に指摘されている[3]。ここで、ノチとヨリとは、ヨリ—ノチというように互いに承接して時間の起点を表わすことがあるが、その場合時間の起点を表わしているのはノチだけであるのか、ヨリも時間の起点という意味を表わしているのだろうか。

さて、現代語では、時間の起点を表わすアト・カラは、単独で用いられる他、カラ—アト・アト—カラのように、前後どちらにも承接し合う。このことは、この場合のアト・カラはともに時間の起点を表わしそれが重なっているのであり、少なくとも矛盾するような意味の相違はない、ということであると解釈される。また、言うまでもなく、カラは、現代語では比較の基準を表わすヨリとは形態的に異なっているので、カラ—アトのカラを比較の基準を表わすと解釈することは不可能である。逆に現代語でヨリ—アトが許容されれば、このヨリは比較の基準を表わしていると言うことができる。このことは、マエ—マデが存在するのに対し、マデ—マエの形が存在せず、むしろヨリ—マエが用いられることから考えても、アト・カラの特殊事情と言うことができる。

このような見地から、上代・中古語について、ノチ・ヨリの承接状況を調査したのが表一である。

図表一の結果から、ヨリ—ノチは、「今ヨリノチ」などの慣用的語法を含んではいるものの、比較的多くの用例

	ヨリノチ	テヨリノチ	ノチヨリ	テノチヨリ
記紀歌謡	0	0	0	0
仏足石歌	0	0	0	0
万歌集	1	0	0	0
歌経標式	0	0	0	0
続日本紀宣命	0	0	0	0
琴歌譜	0	0	0	0
竹取物語	1	0	0	0
伊勢物語	0	0	0	0
古今和歌集	0	0	0	0
土佐日記	1	0	0	0
落窪物語	1	0	0	0
蜻蛉日記	9	0	0	0
大和物語	0	0	0	0
宇津保物語	1	0	0	0
枕草子	2	0	0	0
源氏物語絵詞	0	0	0	0
源氏物語	14	1	3	0
更級日記	0	0	0	0
堤中納言物語	0	0	0	0

図表一　上代・中古語における ヨリ・ノチの用例数

を持ち、各作品に満遍なく見出される点、上代・中古の和文・和歌の一般的な語法であると判断してもよいであろう。それに対して、調査範囲ではノチ－ヨリは『源氏物語』に三例見出されるのみである[4]（横笛　四・341、東屋　六・82、手習　六・298）。用例数も少なく、平安後期の『源氏物語』に限られている点、ノチ－ヨリは上代・中古の和文・和歌ではあまり一般的ではないと考えてよかろう。

このことを整合的に解釈するためには、ヨリ－ノチのヨリは時間の起点を表わすのではないと考えてやればよい。すなわち、ともに時間の起点を表わす、ノチ・ヨリ同士は、おそらく共起できないほどの意味の相違を持ったために、互いに承接しない。ではそのヨリ－ノチのヨリは何かというと、比較の基準を表わすのではなかろうか、という二点が導き出される。前者について、どのような意味の相違であるかは、また先で立ち返る。後者については、時間の着点を表わす、サキ・マデについても、ヨリ－サキは多く見出されるが、マデ－サキは勿論、サキ－マデも見出しがたいことと並行している。まず、サキ・マデにも、ノチ・ヨリの相違に並行する意味の相違があることが推定できる。それから、なにより、ここではヨリとマデという形態の相違によって、サキに承接するのはヨリであって、時間の着点を表わすマデではないことが明らかである。ここで、ノチあるいはサキに承接するヨリは何を表わすかを考えるためには、ノチ・サキの他、ウヘ・シタ・マヘ・ウシロなどを含む「相対名詞」[5]と呼ばれる一群の名詞の特性に注目する必要がある。相対名詞は、構文論的に、連体修飾語を受けたり、ノを伴って自ら連体修飾語となったり、他の格助詞を伴って連用修飾語となったりするなどの機能を持つことは、他の名詞と同様である。その他、「ちょっと右」などのように程度副詞を受けたり、[6]「三センチ前」などのように数詞を受けたりするなど、形容詞・形容動詞と同様の用言的性格を持ち、連体修飾語を受ける場合も、「火の燃えている上」のように、「相対連体」と呼ばれる特殊な連体修飾をすることが知られている。[7] そのように、相対名詞に形容性の用言と共通した構文論的特徴があるのであれば、ノチ・サキにも、「頭の高さより上」などのように、比較の基準を表わす連用修飾語を受ける機能があるのは、当然のことと言えるだろう。

以上より、ヨリ―ノチのヨリは比較の基準を表わすと考えることは承認できることと思われる。

3　時間の起点を表わすヨリの特性

過去・推量の助動詞の承接していない用言が直接ヨリに接続する場合、〈〜やいなや〉〈〜するとすぐに〉の意に解釈される。これも時間の起点を表わすヨリの一種であると考えられるが、これを特殊例として片付けるのではなく、時間の起点を表わすヨリの特性が反映しているのではないかと考えることによって、解決の糸口としたい。

(2) a　誰ならむとおもふよりも、衣どものいとあやしう、袴のわろび過ぎたるも思ふに、只今も死ぬる物にもがなと泣くさま、いといみじげなるけしきなれば、　『落窪物語』巻一　58

b　おのがじゝひきつぼねなどしつゝある中に、われのみぞまぎるゝことなくて、夜は念仏の声きゝはじむるよりやがて泣きのみ明さる。　『蜻蛉日記』上　51

c　大将、いぬみやにきこえ給ふ、「ひかまほしくし給ふきんならばいたてまつらんを」とのたまふより、いとうれしとおぼしてえみ給へる、　『宇津保物語』楼上　947

d　命婦かしこにまで着きて、門引き入るるより、けはひあはれなり。　『源氏物語』桐壺　一・103

e　（頭中将（宰相）は源氏を）うち見るより、めづらしううれしきにも、ひとつ涙ぞこぼれける。　同　須磨　二・204

これらは用例の一部であるが、主節用言が形容詞の場合もあり、二動作の継起的連続を表わす現代語の「〜やいなや」では覆いきれない部分もある。すなわち、このヨリは動作・状態という区別に拘わらず用いられる。その他全体を通じて言えることは、すべて地の文ないし和歌中の例であり、会話文には現われないということである。過去・推量の助動詞を伴ったヨリが、会話文にも地の文にも現われることとは対照的である。

以上を整合的に解釈するには、〈期限〉と〈期間〉という対立概念を導入することが有効である(8)。そのうち、ヨリは〈期間〉を表わすと考えられるが、それは主節の表わす事態の継続する範囲の意であり、その範囲の起点が、ヨリを含む副詞節の表わす事態の発生時点で示される、ということである。すなわち、副詞節の表わす事態と、主節の表わす事態とは、間を置かずに継起することになる。

さて、それに過去・推量の助動詞を伴わない用言が用いられる、すなわちそれが現在という時点で生起するとどうなるか。その場合、会話文の現在と地の文の現在との相違を考慮しなければならない。会話文の現在は発話時点という瞬間であり、その瞬間に二つの事態が継起的に発生するという時間の幅を必要とすることが起こることは、原理的にありえない。それに対し、地の文の現在は物語時現在とでも言うべきもので、物語世界の中に流れている時間の中で、物語られているまさにその時点を指し、会話文の現在が発話時点に拘束されているように、地の文の現在が書記時点に拘束されているということはない。すなわち、物語時現在は物語の進行に伴って流れる、つまり幅を持つのであり、二つの事態が継起的に発生することも充分に可能なのである。それが、過去・推量の助動詞を伴わないヨリが会話文には現われない理由であると考えられる。

さて、物語時現在も、その時点では、瞬間もしくは非常に短い時間であり、過去・推量の助動詞の伴わないヨリという形態が用いられる時は、その時点に、二つの事態の継起の瞬間（二つの事態全体でなく）があることを表わす。その場合、二つの事態が瞬間動作であれば、〈～やいなや〉〈～するとすぐに〉のような解釈を受けると考えられる。しかし、もとより二つの事態は共に瞬間動作である必要はなく、継続動作ないし状態でもありうる。それが、「～やいなや」のような訳では納まりきれない理由であると考えられる。

以上、過去・推量の助動詞の伴わないヨリが、〈～やいなや〉〈～するとすぐに〉と解釈されることは、時間の起点を表わすヨリが〈期間〉を意味すると考えることによって、すべて整合的に解釈できることを示した。

次に、それ以外のヨリについても、〈期間〉を表わすと解釈することに問題はないかどうかを検討する。

結論から言って、個々の用例について、すべてを意味的に〈期間〉と解釈することに問題はないように思われる。その中で、形態的にも〈期間〉を表わすことを示す構文論的な特徴を持つものを例示する。

(3)aのように、ヨリの下に具体的に〈期間〉を示す語句があるものがある。また(3)bもそれに準じる。

(3) a　八月といふは、明日になりにためれば、けふより四日、れいの物忌とか、あきてふたゝびばかり見えたり。　『蜻蛉日記』中　164

b　けふ、ゝねにのりしひよりかぞふれば、みそかあまりこゝぬかになりにけり。　『土佐日記』　27

ヨリ～マデの対応で、〈期間〉の上限・下限が共に明示されている例がある。

(4) a　春霞立ちにし日より今日までに(立尓之日従至今日)我が恋止まず本の繁けば　『万葉集』巻十　一九一〇

b　そのはじめより、やがて果つる日まで立てる車のありけるが、人寄り来とも見えず、すべてただあさましう

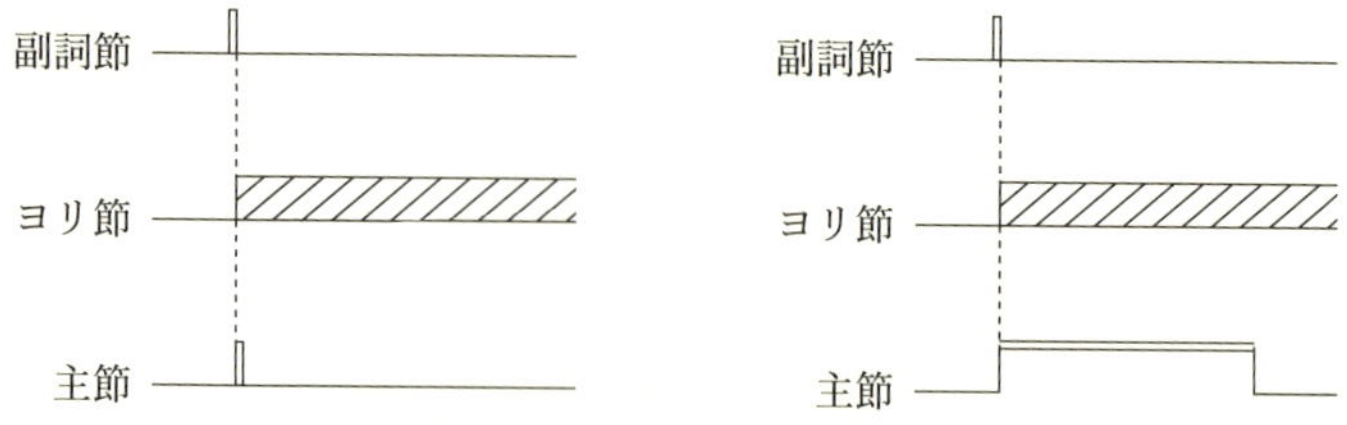

一—a　普通のヨリ

一—b　〈ヤイナヤ〉のヨリ

図表一　ヨリの表現構造

絵などのやうにて過ごしければ、　『枕草子』第四十二段　122

c　あくるより暮るゝまで、東の山ぎはを眺めて過ぐす。　『更級日記』　34

ヨリの上に接続する語句が〈瞬間〉を表わすのでなく、それ自体〈期間〉を表わすもの、たとえば形容詞である例も少なくない。

(5)　a　弟子ひとりは、わかうより上につかひつけ給へるもの。どうじ一人、それも、こどねりにつかひ給へる。　『宇津保物語』あて宮　397

b　中将の君(女房)とてさぶらふは、(源氏が)まだ小さくより見たまひ馴れにしを、いと忍びつつ見たまひ過ぐさずやありけむ。　『源氏物語』幻　四・512

c　よその事だに、をさなくよりいみじくあはれと思ひわたるに、ましていはむ方なく、あはれかなしと思ひ嘆かる。　『更級日記』　24

以上、時間の起点を表わすヨリは〈期間〉を表わすと解釈することに問題はないであろう。以上を図示したのが、図一—a・bである(ここでは副詞節が表わす〈瞬間〉と、ヨリ節が表わす〈期間〉(斜線部分)とを分けて示す)。

4　時間の起点を表わすノチの特性

ノチとヨリとはともに時間の起点を表わすとは言うものの、互いに共起できないほどの意味の相違があるらしいことは、すでに述べた。また、〈期間〉と〈期限〉という対立概念を導入すると、ヨリはまさに〈期間〉に相当しそうだということも、すでに示した。とすると、ノチはもう一方の〈期限〉を表わすのではなかろうか、ということに思い至る。ここで〈期限〉とは、主節の表わす事態が発生する可能性のある範囲の意であり、その範囲の起点が副詞節の表わす事態の発生時点で示される、ということであると考えたい。すなわち、副詞節の表わす事態と、主節の表わす事態とは、継起する必要はない。副詞節に示された範囲であれば、主節の表わす事態はいつ発生してもよい、ということになる。以後、ノチを〈期限〉を表わすものと解釈することに支障はないか検討していきたい。

ノチもヨリに倣って、まず過去・推量の助動詞を伴わない用言に接続するものから検討していくことにする。

(6) a　おはし給ひぬる後に、あこぎ「…」と腹だち居れば、　『落窪物語』巻一　80

b　かくて、わたり給ぬるのち、あるじのおとゞ、いみじう名たかき上めふたつ・たか二、大将殿にたてまつれ給。　『宇津保物語』蔵開上　550

c　「今宵はみな内に寝む」とて、南の廂に二人臥ぬる後に、いみじうたたく人あるに、「うるさし」など言ひ合はせて、寝たるやうにてあれば、　『枕草子』第二百七十一段　419

d　(源氏の悲嘆を)などかさしも、と人見たてまつるべければ、親王など出でたまひぬる後にぞ、御前に参りたまへる。　『源氏物語』賢木　四・124

これらの例は地の文にあり、物語時現在を表わしていると考えられ、〈〜やいなや〉〈〜するとすぐに〉のヨリに対応する。ただし、連続する物語時現在のある時点に副詞節・主節の表わす事態が間をおかず継起する瞬間があるために現代語では、「〜やいなや」のような特殊な訳を必要とするヨリとは異なり、副詞節・主節の表わす事態が間をおいて発生することの多いノチの方は、特に訳し分ける必要はないのであろう。

また、ノチには、過去・推量の助動詞が伴っていないにも拘わらず会話文中に現われるノチが若干例存在する。

(7) a 正頼「…みをすてゝ侍においては、むなしうなりて侍のちにたまふれいも侍りなんや。いきて侍らんに、などかまかりならざらん」と申給へば、　『宇津保物語』国譲上　738

b 朱雀院「…(女三の宮は)またさるべき人に立ち後れて、頼む蔭どもに別れぬる後、心を立てて世の中に過ぐさむことも、昔は人の心たひらかにて、…」　『源氏物語』若菜上　四・27

c 夕霧「…(雲居雁は)さがなく、事がましきも、しばしはなまむつかしう、わづらはしきやうに憚らるることあれど、それにしも従ひはつまじきわざなれば、事の乱れ出で来ぬる後、我も人も憎げにあきたしや。…」　同　夕霧　四・456

d 侍従「…(中将の君が)親にて、(浮舟が)亡き後に聞きたまへりとも、(匂宮は)いとやさしきほどならぬを、ありのままにきこえて…」　同　蜻蛉　六・200

これらの会話文の例が発話時現在を表わしているのであれば、ヨリの箇所で、発話時点という瞬間に二つの事態の継起は原理的にありえないので、過去・推量の助動詞を伴わないヨリは会話文中に現われないと言ったことと矛盾する。しかし、『宇津保物語』の例(7 a)は、隠遁した者にとっては、死んでから後に位を賜う例もございましょう、というように、一般的事実、『源氏物語』の例(7 b、c、d)は、それぞれ、力と頼む親たちに死別してしまった後に、自分から決心して世の中に生きていこうとするとしても(7b)、何かの間違いが出てきた後は自分も相手も憎らしくなって、ほとほといやになります(7c)、親として、お亡くなりになった後にそのことをお聞きになったとしても恥ずかしい相手ではないのですから(7d)というように、一般的事実の仮定であり、ともに発話時に拘束されないという意味で、非時間的表現である。このような形でなら、過去・推量の助動詞を伴わないノチが(あるいはヨリも)会話文の中に出てきても問題ないわけである。

以上、過去・推量の助動詞を伴わないノチは、意味を解釈するうえで〈期限〉と解することができるだけでなく、その構文的表現も〈期限〉と解釈することに抵触しないことを示した。

次にそれ以外のノチについても、特徴的な構文的表現が現れている例について検討を加えていくことにしたい。

ヨリには〈期間〉を表わす語句のある例があることを示したが、実はノチにも似た例を見出すことができる。

(8)　弁「…京のことさへ跡絶えて、その人(弁の夫)もかしこにて亡せはべりにし後、十年あまりにてなん、あらぬ世の心地してまかり上りたりしを、…」　『源氏物語』橋姫　五・153

しかしよく見ると、ヨリの場合、その語句の表わす〈期間〉は、主節の表わす事態の継続する範囲であったが、ノチの場合は副詞節・主節の表わす事態相互の隔たりの〈期間〉であり、かえってヨリが〈期間〉、ノチが〈期限〉を表わすことを支持する結果となる。また、ノチの場合、〈期間〉を表わす語句が上にきて、「〈期間〉(ノ)ノチ」の形もある。

また、ノチにも副詞節用言が形容詞、もしくは用言の否定形である例がある。

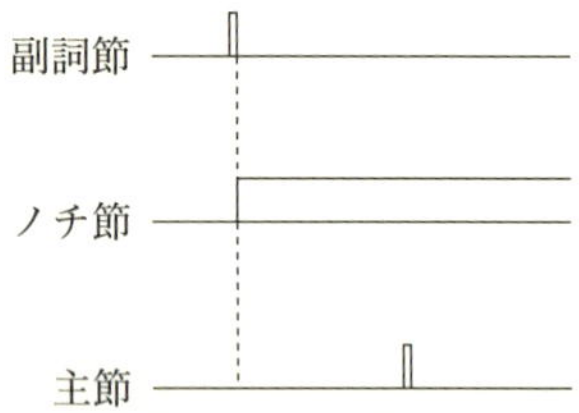

図表二　ノチの表現構造

(9) a　上（紫の上）は、御心の中に思しめぐらすこと多かれど、さかしげに、亡からむ後などのたまひ出づることもなし。　『源氏物語』御法　四・487

b　男君たち（玉鬘の子息）は御元服などして、おのおの大人びたまひにしかば、殿（鬚黒大将）おはせで後、心もとなくあはれなることもあれど、おのづからなり出でたまひぬべかめり。　同　竹河　五・55

この場合も、副詞節用言を具体的に見ていくと、ヨリの方は「若し」「小さし」「幼し」「稚し」等の類義語ばかりで、特に起点は明確ではないが今に至る迄の〈期間〉に力点があり、ノチの方は「亡し」「あらず」等の類義語ばかりで、死によって画された〈期限〉に力点があるのだと解釈される。つまり、形容詞・用言の否定形など、副詞節用言が状態を表わす場合は、その状態が発生する事態に力点がある時は〈期限〉となり、その結果的状態に力点がある時は〈期間〉となるという、両者の境界領域に位置するのだが、そこにもヨリが〈期間〉、ノチが〈期限〉を表わすと解釈することを支持する使い分けがあることがわかる。

以上、時間の起点を表わすノチは〈期限〉を表わすと解釈することにも問題はないであろう。以上を図示したの、図表二である（ノチ節の表わす〈期限〉は網掛けを外して示す）。

おわりに

本章では、上代・中古の和文・和歌資料においては、ともに時間の起点を表わすノチとヨリとの間に、さらにそれぞれ〈期限〉と〈期間〉という意味の相違があることを論証しようとした。同様の相違がサキとマデとの間にも存在することが推測される。

注

（1）漢字「後」には、『観知院本類聚名義抄』、『前田本色葉字類抄』等の古辞書に依るとアトの訓はなく、ノチと読むことにする。

（2）〈資料〉欄に示した本文を用い、確認には索引を用いた。また、本文に句読点、濁点のないものは、私意により加えた。

（3）松村明編(一九六八・七)等による。

（4）ノチ―ヨリの用例は以下の通り。

御息所「琴の緒絶えにし後より、昔の御童遊びのなごりをだに思ひ出でたまはずなんなりにてはべめる。…」　横笛　四・341

弁の尼「あはれに、人知れず、見たてまつりし後よりは、思ひ出できこえぬをりなけれど、世の中かばかりの思ひたまへ棄てたる身にて、かの宮にだに参りはべらぬを、この大将殿の、あやしきまでのたまはせしかば、思うたまへおこしてなん」と聞こゆ。　東屋　六・82

妹尼「…この五六年、時の間も忘れず、恋しくかなしと思ひつる人の上も、かく見たてまつりて後よりは、こよなく思ひ忘れにてはべる。…」　手習　六・298

（5）奥津敬一郎(一九七四・九)の用語に従う。

（6）この性質は、現象面だけから見ると橋本進吉(一九三六＝一九五九・一〇)にあるように、程度副詞の特殊な用法とも言えるが、それが相対名詞に限られる点、相対名詞の側に原因を求めるべきであろう。

（7）奥津敬一郎(一九七四・九)に指摘されている。

（8）永野賢(一九六四・一一＝一九七〇・五)の用語に従う。ただし、そこでは現代語のマデ・マデニの相違の説明として用いられているのであり、これを時間の以前関係だけでなく、以後・同時等すべての時間関係に拡大して用いる。

第十三章　相対名詞または格助詞副詞節における相対テンスの存否

はじめに

本章では、サキ・ノチ・アヒダなどの時間的前後関係を表わす一群の名詞を「(時間性)相対名詞」[1]と呼び、マデ・ヨリなどの同様の機能を持つ一群の格助詞を「(時間性)格助詞」と呼ぶことにしたい。この両者は用言(ここでは特に注意しない限り助動詞も含む)[2]連体形に承接して時の副詞節を構成する点で共通する。さて、その用言連体形に含まれる時の助動詞(完了・過去・推量(ムのみ)[3]助動詞を一括した呼称に用いる)と相対名詞・格助詞との対応に注目すると、現代語では「用言＋φ＋マエ」「用言＋タ＋アト」のように固定しており、φとタとの対立は相対テンス(以前/以後)を表わすものと分析されている。[4]ところが、古典語(上代・中古の和文および漢文訓読資料)においては、両者の対応は固定的ではなく、キ・ケリ・ムなどの過去・推量助動詞やツ・ヌ・タリ・リなどの完了助動詞が現われることなどから、相対名詞・格助詞による時の副詞節中の時の助動詞は、絶対テンス(過去/現在/未来)およびアスペクト(始発/経過/完了)を表わしており、相対テンスは表わさないものと考えられる。

1　時間性相対名詞・格助詞の認定

まず、古典語で時間性相対名詞である可能性を持つノチ・アト・サキ・マヘ・アヒダ・ウチ・ホド・トキ（ホド・トキは相対名詞ではないが、便宜上ここに含めておく）、時間性格助詞である可能性を持つヨリ・カラ・マデ・ニを選択した。さらに、漢字表記の場合のために、古辞書および仮名表記例をもとに、その読みを決定した。(5)そのうえで、それぞれについて、まず上代・中古の和文資料(6)の例を調査し、時間性相対名詞・格助詞と認定しうるかどうかを検討した。その過程は割愛し、結論のみを述べる。

アトは〈跡〉の意味の少数の用例しかない。マヘはほとんどが場所を表わし、かろうじて時間関係と認めうるのは次の一例しかない。

(1)　大臣「あなかしこ。いとおほけなき人ぞや。わが君をば、わが一でうにありしまへよりこそ、とりもてきにしか。又とらずや」　『宇津保物語』蔵開下　658

アヒダは用例自体少ないが、その用例も「位相的には男性語であり」「文体的には変体漢文本来の用法である」(7)ような異質性が和文脈に介入する場合にのみ用いられる。

(2)　a　左馬頭「…いたくつなびきて見せしあひだに、いといたく思ひ嘆きてはかなくなりはべりにしかば、戯れにくくなむおぼえはべりし。…」　『源氏物語』帚木　一・52

b　横川僧都「…なにがしが母なる朽尼のはべるを、京にはかばかしからぬ、住み処もはべらぬうちに、かく籠り

はべる間は、夜中暁にもあひとぶらはむ、と思ひたまへおきてはべる」など申したまふ。　同　夢浮橋　六・360

ウチは、広く解釈すれば時間関係と認めうるものもいくらかはあるが、それも含めて、多くはウチニの形で〈そのうえに〉のような累加的意味[8]、または〈多数の中で〉のような選択的意味を担った形式として存在していたようである。

(3) a　姫宮は、げにまだいと小さく片なりにおはする中にも、いといはけなき気色してひたみちに若びたまへり。　同　若菜上　四・56
〈累加的〉

b　殿上人あまた御送りに参る中に見つけたまひて、匂宮「昨日は、などいととくはまかでにし。いつ参りつるぞ」などのたまふ。　同　紅梅　五・43
〈選択的〉（ただしナカニと読む可能性を残す）

	相対名詞	格助詞
以後関係	ノチ	ヨリ
以前関係	サキ	マデ
同時関係	ホド・トキ	ニ

図表一　上代・中古における代表的な時間性相対名詞・格助詞

さらにカラは、上代・中古までは「ミズカラ」「オノヅカラ」のような複合した形を専らとする、自由度も低く、勢力も弱い格助詞であり、まだ時間関係を表わす用法は現われていない。

以上、相対名詞・格助詞の中から、アト・マヘ・アヒダ・ウチ・カラが典型的な時間性相対名詞・格助詞としては除かれ、上代・中古和文資料中の代表的相対名詞・格助詞は以下のものとなる(図表一)。

このうち、同時関係については、ホド・トキに関しては夙に詳しい論攷[9]もあり、次章ではそのうちトキについて論じる。また、アヒダ・ウチに関しては、図表三―e・fに用例数を示すのみに留める（マヘは一例なので示さない）。したがって、以後は専らノチ・サキ[10]・ヨリ・マデ[11]に関して議論を進める。

2　分析の枠組と現代語の概観

古典語に関して分析するに先立ち、時間関係のとらえかた、時間に関する表現とその表わす内容の関係を素描し、分析の便をはかりたい。

ここで、時間関係は四段階を区別し[12]、ほぼ以下のように規定する。

Ⅰ　動作態：当該事態（動作・状態）の時間的展開のありさま
Ⅱ　アスペクト：基準時における当該事態（動作・状態）の展開過程の段階
Ⅲ　相対テンス：所与時（本章では副詞節によって与えられると考える）に対する当該事態の前後関係
Ⅳ　絶対テンス：現在時に対する当該事態の前後関係

このうち、動作態は動詞そのものの意味的特徴のことであって、助動詞とは関わらない。したがって時の助動詞はあとの三つの段階のうちのいずれかを担うものと思われる。本章では、上代・中古語に関し、完了助動詞ヌ・ツ・タリ・リ、過去・推量助動詞キ・ケリ・ムがいずれに該当するかを検証する。さて、これら三層は、独立しつつ、相互に密接に関連しているのだが、そのさまは現代語について具体的に次の例を参照されたい。

（4）a　昨日飛行場に着いた時にはすでに飛行機は飛び立っていた。
　b　昨日飛行場に着いた五分後に飛行機は飛び立った。

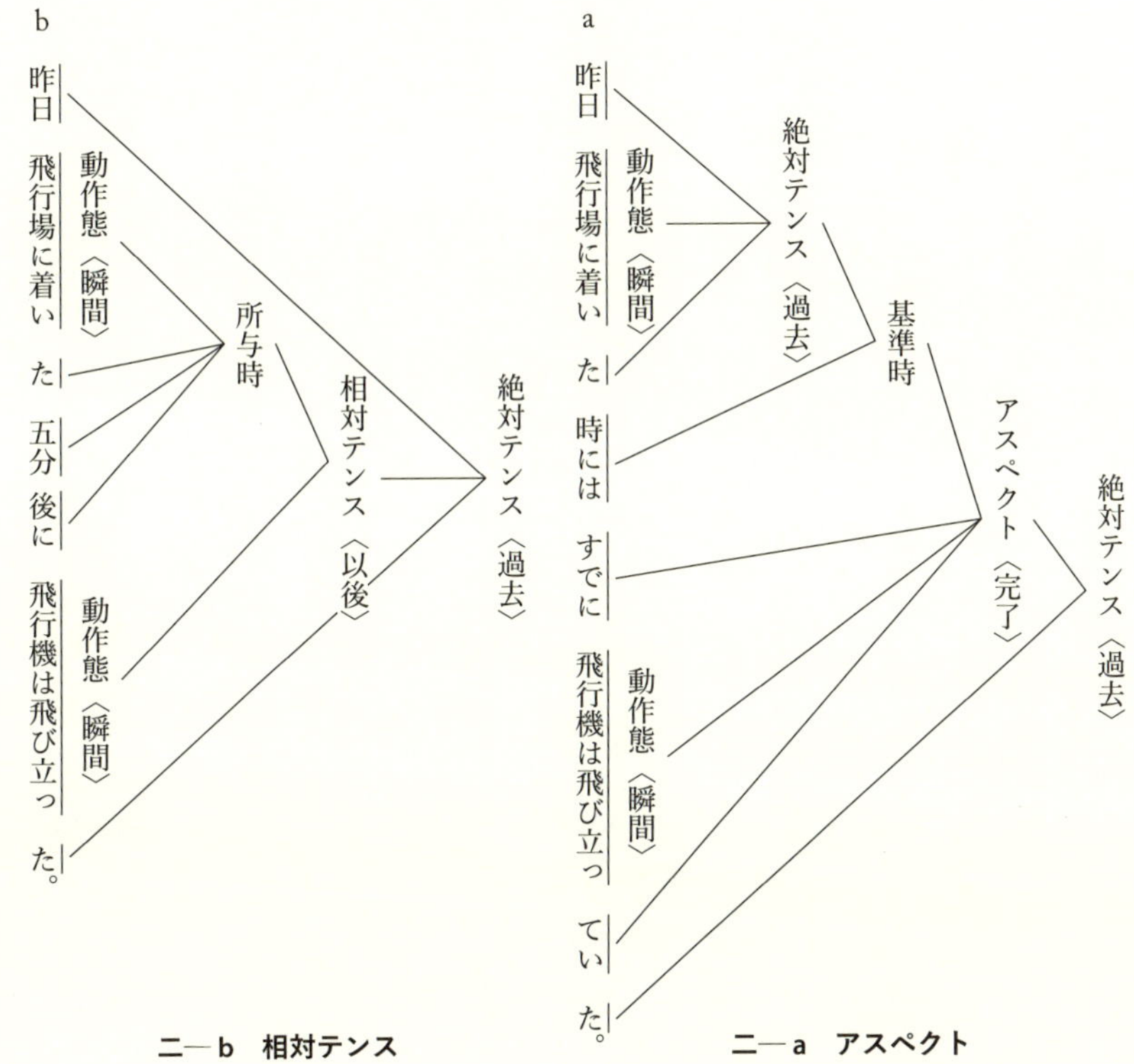

二—b　相対テンス　　**二—a　アスペクト**

図表二　複文におけるアスペクトと相対テンスの構造

右の例文について(4)a・bともに、まず動作態に関して「着く」が〈瞬間〉を表わし、「飛ぶ」が〈継続〉を表わすが、後者は複合動詞「飛び立つ」となることによって〈瞬間〉に変換される。さて、それから(4)aの方は「(昨日)…た」で絶対テンス〈過去〉を表わし、副詞節「(昨日)…た時には」全体が基準時となり、それと主節「すでに…てい(る)」とによってアスペクト〈完了〉が構成され、最後に文全体「昨日…た」が絶対テンス〈過去〉を表わしていると考えられる。次に(4)bの方は「た後に」が一体となり、主節が副詞節に対して時間幅「五分」を持つ相対テンス〈以後〉であることを表わしており、文全体「昨日…た」が絶対テンス〈過去〉を表わしていると考えられる(図表二—a・b)。

このように、現代語の場合、タ・テイルは場合によってアスペクト・相対テンス・絶対テンスを表わし分けているのであって、特定の段階に固定されているわけではない。

現代語では、次のように時の助動詞と相対名詞・助詞とに対応が見られる。

A　V_1＋タ＋ノチ＋V_2

B　V_1＋φ＋マエ／サキ＋V_2

C　V_1＋φ／テイル＋ウチ／アヒダ＋V_2

D　V_1＋テ＋カラ＋V_2

E　V_1＋φ＋マデV_2

（ただし、V_1は時の助動詞を除いた副詞節用言、V_2は主節用言を示す）

これらは、V_1の表わす事態が、絶対テンスの観点から過去であっても未来であっても同形であるので、この時の助動詞は相対テンスを表わしていると分析されている。

(5)　a　今日は展覧会を見た後で／てから食事にしよう。

　　b　今日は映画を見るφ前に／φまでに食事を済ませた。

右のように、タもアト・カラもともに副詞節が主節〈以前〉であることを表わし、φもマエ・マデも副詞節が主節〈以後〉であることを表わしている。すなわち、時の助動詞も相対名詞・格助詞もすべて相対テンスに関与していることになる。時の助動詞と相対名詞・格助詞とは常に組になって共起するのも、このように同機能を担っているからであると考えられ、その意味では余剰表現になっていると言える。

3　上代・中古の和文資料の分析

次に、上代・中古の和文資料ではどのような様相を呈するかを観察する。相対名詞・助詞の各々について、それに承接した副詞節用言中の時の助動詞の承接状況を基準にして分類し、分布を表にして示す（図表三）。（ただし、マヘは『宇津保物語』に一例あるのみなので省略に従った。また、『源氏物語』にはラム－ノチが一例あるが、当面の問題には関係ないので省略した。）

図表三 a～f に見るように、上代・中古の時の助動詞と相対名詞・格助詞とは、現代のように対応が固定的でなく、かなりのばらつきを示す。また、時の助動詞には、キ・ケリ・ムのような過去・推量助動詞も現われうることがわかる。しかし、これらの事実から、短絡的に時の副詞節用言は、現代語では〈相対テンス〉までを表わすことがあるが、古典語では〈相対テンス〉を表わせないと結論するには若干の問題がある。

詳しくは図表三を見ると、第一に、個々の相対名詞・格助詞によって、現われる過去・推量助動詞の用例数にそれぞれかなりの偏りがある。ノチはキ・ケリ・ムが多く（ただし、『枕草子』はφが多い）、ヨリはキ・φが多く、サキはφ（ただし必ず否定助動詞を伴う）が多く、マデはφが多い。この傾向を見ると、用言の過去・推量助動詞と相対名詞・格助詞との対応は、固定してはいないが、かなり相関性が高いことがわかる。これは、先に導こうとした結論の反証になりかねない。すなわち、副詞節用言が絶対テンスを表わし、相対名詞・格助詞が相対テンスを表わすならば、両者は相互に規制し合うはずはない。しかるに、かなりの相関性を示すということは、副詞節用言が相対テンスを表わす場合を含む可能性を残すことになる。

第二に、過去・推量助動詞のない副詞節用言（すなわちφの例）は、絶対テンスを表わしているのか、相対テンス

I 以後関係　ノチ

テ	ナ	φ	テ	ニ	φ	リ	テ	ニ	φ	タル	ヌル	φ	完了助動詞
ム			ケル			シ				φ			過去・推量助動詞
0	0	0	0	0	0	0	0	0	0	0	0	0	記紀歌謡
0	0	0	0	0	0	0	0	0	0	0	0	0	仏足石歌
0	2	2	0	0	0	0	0	0	0	0	0	0	万葉集
0	0	0	0	0	0	0	0	0	0	0	0	0	歌経標式
0	1	0	0	0	0	0	0	0	0	0	0	0	続日本紀宣命
0	0	0	0	0	0	0	0	0	0	0	0	0	琴歌譜
0	0	0	0	0	0	0	0	0	0	0	0	0	竹取物語
0	0	0	0	0	0	0	0	0	0	0	0	0	伊勢物語
0	4	1	0	0	0	0	0	0	0	0	0	0	古今和歌集
0	0	0	0	0	0	0	0	0	0	0	0	0	土佐日記
0	0	0	0	0	0	0	1	2	1	0	1	0	落窪物語
0	0	0	0	0	0	0	0	0	0	0	1	0	蜻蛉日記
0	0	0	0	1	0	0	0	0	0	0	0	0	大和物語
0	0	0	0	0	0	0	0	2	1	0	1	1	宇津保物語
0	0	1	1	0	0	0	0	0	0	1	7	4	枕草子
0	0	0	0	0	0	0	0	1	0	0	0	0	源氏物語絵詞
1	12	11	1	1	2	1	0	14	10	0	5	1	源氏物語
0	0	0	0	0	0	0	0	1	0	0	1	0	更級日記
0	0	0	0	0	0	0	3	0	0	0	1	0	堤中納言物語

三―a　ノチに承接する時の助動詞

図表三　上代・中古における時間性相対名詞・助詞に承接する時の助動詞

ヨリ（ユ・ユリ・ヨ）

φ	リ	テ	ニ	φ	タル	φ	完了助動詞
ケル	シ				φ		過去・推量助動詞
0	0	0	0	0	0	0	記紀歌謡
0	0	0	0	0	0	0	仏足石歌
0	0	1	1	10	0	0	万葉集
0	0	0	0	0	0	0	歌経標式
0	0	0	0	0	0	0	続日本紀宣命
0	0	0	0	0	0	0	琴歌譜
4	0	0	0	0	0	0	竹取物語
0	0	0	0	0	0	0	伊勢物語
0	0	1	0	5	0	0	古今和歌集
0	0	0	0	0	0	0	土佐日記
0	0	0	0	1	0	2	落窪物語
0	0	1	0	2	0	4	蜻蛉日記
0	0	0	0	0	0	0	大和物語
0	1	1	7	7	0	0	宇津保物語
0	0	0	0	2	0	0	枕草子
0	0	0	0	0	0	0	源氏物語絵詞
0	0	0	0	22	2	10	源氏物語
0	0	0	0	2	0	2	更級日記
0	0	0	1	1	1	3	堤中納言物語

三―b　ヨリ（ユ・ユリ・ヨ）に承接する時の助動詞

II 以前関係

サキ（ニ）（「行クサキ」以外は否定助動詞を伴う）

φ	φ	タル	φ	行ク	完了助動詞
ム	シ	φ			過去・推量助動詞
0	0	0	0	0	記紀歌謡
0	0	0	0	0	仏足石歌
0	0	0	2	0	万葉集
0	0	0	0	0	歌経標式
0	0	0	0	0	続日本紀宣命
0	0	0	0	0	琴歌譜
0	0	0	0	0	竹取物語
0	0	0	0	2	伊勢物語
0	0	0	2	0	古今和歌集
0	0	0	1	0	土佐日記
0	0	0	6	4	落窪物語
0	0	0	1	4	蜻蛉日記
0	0	0	1	2	大和物語
1	1	0	10	31	宇津保物語
0	0	1	2	2	枕草子
0	0	0	0	0	源氏物語絵詞
1	0	0	14	49	源氏物語
0	0	0	1	1	更級日記
1	0	0	7	0	堤中納言物語

三―c　サキに承接する時の助動詞

マデ（ニ）

φ	φ	φ	φ	至ル	完了助動詞
ム	ケル	シ	φ		過去・推量助動詞
0	0	0	1	0	記紀歌謡
0	0	0	2	0	仏足石歌
0	0	0	85	3	万葉集
0	0	0	4	0	歌経標式
0	0	0	0	10	続日本紀宣命
0	0	0	0	0	琴歌譜
0	0	0	3	0	竹取物語
0	0	0	4	0	伊勢物語
0	0	0	5	0	古今和歌集
0	0	0	1	0	土佐日記
0	0	0	4	0	落窪物語
0	0	0	5	0	蜻蛉日記
0	0	0	0	0	大和物語
0	1	2	40	3	宇津保物語
0	0	0	11	0	枕草子
0	0	0	0	0	源氏物語絵詞
1	0	3	33	0	源氏物語
0	0	0	6	0	更級日記
1	0	0	0	0	堤中納言物語

三―d　マデ（ニ）に承接する時の助動詞

III　同時関係

アヒダ（ニ）

φ	φ	φ	φ	完了助動詞
ム	ケル	シ	φ	過去・推量助動詞
0	0	0	0	記紀歌謡
0	0	0	0	仏足石歌
0	0	3	1	万葉集
0	0	0	0	歌経標式
0	0	1	10	続日本紀宣命
0	0	0	0	琴歌譜
1	0	0	0	竹取物語
0	0	1	1	伊勢物語
0	0	0	0	古今和歌集
0	1	0	8	土佐日記
0	0	0	0	落窪物語
0	0	0	2	蜻蛉日記
0	0	0	1	大和物語
0	1	2	2	宇津保物語
0	0	0	0	枕草子
0	0	0	0	源氏物語絵詞
0	0	1	2	源氏物語
0	0	0	0	更級日記
0	0	0	0	堤中納言物語

三―e　アヒダ（ニ）に承接する時の助動詞

ウチ(ニ)

φ	ヌル	φ	完了助動詞
ケル	φ		過去・推量助動詞
0	0	0	記紀歌謡
0	0	0	仏足石歌
0	0	0	万葉集
0	0	0	歌経標式
0	0	0	続日本紀宣命
0	0	0	琴歌譜
0	0	0	竹取物語
0	0	0	伊勢物語
0	0	0	古今和歌集
0	0	4	土佐日記
1	0	3	落窪物語
0	0	3	蜻蛉日記
0	1	3	大和物語
0	0	0	宇津保物語
0	0	1	枕草子
0	0	0	源氏物語絵詞
0	0	2	源氏物語
0	0	1	更級日記
0	0	0	堤中納言物語

三―f　ウチ(ニ)に承接する時の助動詞

を表わしているのか、アスペクトを表わしているのか、いずれでもないのか明らかでない。

以上のような問題を解決するためには、図表三に示した数量的分析だけでは不充分であり、文脈を通した解釈によって、個々の場合について、副詞節用言の時の助動詞とそれが表わしている時間内容との関係を検討する必要がある。以下、個々の相対名詞・格助詞について、具体例を検討していく。

3・1　ノチ

ノチの副詞節用言の時の助動詞についてまず気の付くことは、ジャンルによる分布の偏りである。これをジャンルによる文体差ととらえることも可能であるが、その前に、時の助動詞と時間内容との関係を検討してみたい。

まず、過去・推量助動詞のない場合を見る。

(6)
a　おはし給ひぬる後に、あこぎ、「…」と腹だち居れば、　『落窪物語』巻一　80
b　つとめて、客人かへりぬるのち、心のどかなり。　『蜻蛉日記』下　174
c　かくて、わたり給ぬるのち、あるじのおとゞ、いみじう名だかき上めふたつ・たか二、大将殿にたてまつれ給。　『宇津保物語』蔵開上　550
d　「今宵はみな内に寝む」とて、南の廂に二人臥しぬる後に、いみじうたたく人あるに、「うるさし」など言ひ合はせて、寝たるやうにてあれば、　『枕草子』第二百七十一段　419
e　などかさしも、と人見たてまつるべければ、親王なども出でたまひぬる後にぞ、(源氏は藤壺の)御前に参りたまへる。　『源氏物語』賢木　二・124
f　のゝしりみちて下りぬる後、こよなうつれづれなれど、いといたう遠き程ならずと聞けば、先々のやうに心細くなどはおぼえであるに、　『更級日記』　68

これらの例はすべて、地の文の中で物語の進行のままに用いられる物語時現在である。また、完了助動詞ヌを伴う例がほとんどで、完了助動詞を伴わない『枕草子』の四例はすべて「往ヌルノチ」である。また、これらとは種類を異にする、会話文中の過去・推量助動詞のない一類がある。以下の例は第十二章の(7)a～dで挙げたものであるが、再掲する。

(7)
a　正頼「…みをすてゝ侍においては、むなしうなりて侍のちにたまふれいも侍りなんや。いきて侍らんに、などかまかりならざらん」と申給へば、　『宇津保物語』国譲上　738
b　朱雀院「…(女三の宮は)またさるべき人に立ち後れて、頼む蔭どもに別れぬる後、心を立てて世の中に過ぐさむことも、昔は人の心たひらかにて、世にゆるさるまじきほどの事をば、思ひ及ばぬものとならひたりけん、今の世には、すきずきしく乱りがはしき事も、類にふれて聞こゆめりかし。…」

『源氏物語』若菜上　四・27

c 夕霧「…(雲居雁は)さがなく、事がましきも、しばしはなまむつかしう、わづらはしきやうに憚らるることあれど、それにしも従ひはつまじきわざなれば、事の乱れ出で来ぬる後、我も人も憎げにあきたしや。…」

同　夕霧　四・456

d 侍従「…(中将の君が)親にて、(浮舟が)なき後に聞きたまへりとも、(匂宮は)いとやさしきほどならぬを、ありのままにきこえて…」

同　蜻蛉　六・200

これらはすべて会話文である他、第十二章でも詳述したように、『宇津保物語』の例((7)a)は一般的事実、『源氏物語』の例((7)b・c・d)は一般的事実の仮定であり、ともに発話時に拘束されないという意味で、非時間的表現である。このことは、物語時現在の継起表現は可能であるが、発話時現在という時点における継起表現はできないことを意味しているのであろう。

このように、分析は地の文と会話文とに分けて行う必要があるようである。すなわち、地の文と会話文とには異なった事情があるものと考えられる。

次に、推量助動詞ムが、モダリティとしての〈推量〉の他に、絶対テンスとしての〈未来〉を表わしていると考えてよいかを検討する。

(8) a 左馬頭「…(女は左馬頭が)着るべき物、常よりも心とどめたる色あひしざまいとあらまほしくて、さすがにわが見捨ててん後をさへなん、思ひやり後見たりし。…」

『源氏物語』帚木　一・152

b (別当大納言は朱雀院が)御山籠りしたまひなん後、拠りどころなく心細かるべきに、この宮(女三の宮)の

御後見に事寄せて、かへりみさせたまふべく、御気色切に賜はりたまふなるべし。　同　若菜上　四・31

地の文の場合は、右のように、物語時現在に対し、それよりも後に実現するはずの事態を表わす場合に用いられており、物語時未来と言うことができる。

(9) a 「さらなり。かたかるべき事にもあらぬを、さもあらむ後には、えほめたてまつらざらむが、くちをしきなり。…」　『枕草子』第百三十八段　272

b (八の宮は)いとものはかなく、かりそめの宿にて過ぐいたまひける御住まひのありさまを、「亡からむ後、いかにしてかは若き人の絶え籠りては過ぐいたまはむ」と涙ぐみつつ、念誦《ねんず》したまふさま、いときよげなり。　『源氏物語』椎本　五・177

これらはともに仮定表現であるが、先に見たように推量助動詞ムがなくとも仮定を表しうるのであるから、ここで使われたムは少なくとも仮定を表わすだけではない。過去・推量助動詞のない場合は一般的な仮定であり、そのために非時間的であったのに対し、ムのある場合は、発話時現在より後に実現するはずの、すなわち、発話時未来の仮定である。

和歌の場合も、文脈は少ないながら、主節は主にムで結ばれ(他にベシ・マジ各一例)、やはり〈未来〉を表わしていると考えられる。

(10) a 恋ひ死なむのちはなにせむ(孤悲死牟後者何為牟)生ける日のためこそ妹を見まくほりすれ　『万葉集』巻四　五六〇

b　さくらいろにころもはふかくそめてきよ《ママ》むはなのちりなむのち（の）かたみに　『古今和歌集』巻一　六六

過去助動詞に関しては、会話文では発話時過去、地の文では物語時過去を表わすことには問題なかろう。以上を表にして示す（図表四）。

	会話文	地の文
過去助動詞	発話時過去	物語時過去
助動詞なし	一般的事実（仮定）	物語時現在・未来
推量助動詞	発話時未来	物語時未来

図表四　会話文と地の文におけるノチ副詞節中の過去・推量助動詞の表わす意味

3・2　ヨリ

ヨリもノチとほぼ同様に図表四の体系に従う。そこで、ここではヨリの特殊性にのみ焦点を絞って論じる。ヨリは過去・推量助動詞のない連体形に接続する場合、およそ〈～やいなや〉〈～するとすぐに〉の意に解釈される。ただし、古典語の場合、主節用言が形容詞の場合もあるなど、二動作の継起的連続を表わす現代語の「～やいなや」では覆いきれない部分もある。このことは、単にヨリの特殊性であって、時間体系には無縁なことであろうか。以下、具体的に用例を検討してみる。

(11)
a　誰ならむとおもふよりも、衣どものいとあやしう、袴のわろび過ぎたるも思ふに、只今も死ぬる物にもがなと泣くさま、いといみじげなるけしきなれば、　『落窪物語』巻一　58
b　おのがじゝひきつぼねなどしつゝある中に、われのみぞまぎるゝことなくて、夜は念仏の声きゝはじむるより、やがて泣きのみ明さる。　『蜻蛉日記』上　51
c　大将、いぬみやにきこえ給ふ、「ひかまほしくし給ふきんならばいたてまつらんを」とのたまふより、いとうれしとおぼしてえみ給へる、　『宇津保物語』楼上上　947
d　命婦かしこにまで着きて、門引き入るるより、けはひあはれなり。　『源氏物語』桐壷　一・10
e　(宰相(頭中将)は源氏を)うち見るより、めずらしううれしきにも、ひとつ涙ぞこぼれける。　同　須磨　二・204

これらはすべて、地の文の例であり、会話文中には現われない。過去・推量助動詞のない例は、図表四に見るノチの場合と比較すると、会話文中で一般的事実を表わすものがなく、すべて地の文中で物語時現在を表わすことがわかる。では、この物語時現在を表わす過去・推量助動詞のないヨリは、過去・推量助動詞のあるヨリと違って、なぜ〈〜やいなや〉と解釈されるのだろうか。まず〈〜やいなや〉は、ノチ・ヨリが共通に表わす〈以後〉の関係に含まれることは問題あるまい。それがさらに〈〜やいなや〉のような特殊な意味に限定されることについては、ノチとヨリとの機能差、過去・推量助動詞が過去・未来でなく現在であることの二点に理由が求められよう。前者については第十二章で述べたが、ノチとヨリとは〈期限〉と〈期間〉という意味対立を成していると考えればよいであろう。(13)ヨリの表わす〈期間〉は主節用言の表わす事態の継続する範囲の意味であり、その範囲の起点がヨリの場合副詞節用言の表わす事態の発生時点で示される。すなわち、副詞節用言の表わす事態と、主節用言の表わす事態とは間を置かずに継起することになる。次にそれが後者、すなわち現在という瞬間もしくは非常に短い時間に発生するために、主節用言に瞬間動詞が用いられる場合も現われるのであり、そこで〈〜やいなや〉のような解釈を受けると考えることができる。

以上のように、過去・推量助動詞のないヨリが〈〜やいなや〉のような特殊な意味に解釈されるのは、時の副詞節を構成する相対名詞・格助詞の体系に反する〝特殊〟な事実ではなく、むしろ体系から必然的に導き出される結果と一致するものと考えられる。

過去・推量助動詞を持つ場合についても付け加えるならば、過去助動詞は地の文にも会話文にもあり、図表四に示したノチの体系に一致し、また推量助動詞は用例が存在しない。

以上、ヨリは用例の欠ける所はあるものの、表四に示したノチと同じ時の体系に従っていることを確認した。

3・3　サキ

サキは否定助動詞を伴って「〜ヌサキ」の形が、ほとんど固定しているように見える。テンスに拘わらずこの形が用いられるとすると、過去・推量助動詞を持つ若干例は例外ということになる。過去・推量助動詞と絶対テンスとの関係を具体例によって検討してみることにする。

過去・推量助動詞を持たない「〜ヌサキ」については、ほとんどが未来に属し、当該資料で過去を表わすのは、「〜ヌサキ」の形に従わない以下の例である。

(12) a　大将、「…すずしのあそむには、しか思給へしを、とう宮より、せんじなかりしさきより、『たてまつれ』とおほせられしを、かゝるせんじなむあるとてきこしめして、…」　『宇津保物語』沖つ白波 485

b　中納言「さて呼び返されつるさきには、いかが言ひつる。これやなほしたる事」と問ひたまへば、

『枕草子』第四十二段　120

（三巻本では右のように作るが、能因本・堺本は「よびかへされつるさきには」に作る。否定助動詞を伴わない例は他に見出し難いが、ここでは直接関係ないのでその点には論及しない。）

後者は過去・推量助動詞でなく、完了助動詞ツが現われている点問題を残すが、「～ヌサキ」の形と異なっていることには変わりない。

また、推量助動詞をとり、未来を表わす例もある。

(13) a　これかれ、「このごろこそ、草・木のさかりに侍れ。おとろへざらんさきに御らんぜさせばや」ときこゆれば、　『宇津保物語』吹上下　304

b　いかで、かの（父八の宮の霊魂が）まだ定まりたまはざらむさきに参でて、同じ所にも、と（大宮は阿闍梨の話を）聞き臥したまへり。　『源氏物語』総角　五・311

c　さらざらむさきになを《ほ》たばかれとのたまふ。　『堤中納言物語』花桜をる少将　12

このように、「～ヌサキ」を固定した形と考えるよりも、ノチ・ヨリと同じく時の体系に従うと考える方が、例外を設ける必要もなくなって合理的である。

3・4　マデ

マデによる時の副詞節の用言も、サキの場合と似て、数の上ではほとんどが過去・推量助動詞を持たない。こちらも、過去・推量助動詞と絶対テンスとの関係を検討してみる。

過去・推量助動詞のないマデは、地の文・会話文ともに、ほとんどが現在か未来かであり、例外は発話時過去を表わす次の例くらいである。

(14)　母君「…（桐壺更衣は）生まれし時より、思ふ心ありし人にて、故大納言、いまはとなるまで、ただ、『この人の宮仕の本意、かならず遂げさせたてまつれ。我亡くなりぬとて、口惜しう思ひくづほるな』と、かへすがへす諫めおかれはべりしかば、…」　『源氏物語』桐壺　一・106

また、勿論、過去助動詞のある例は、地の文・会話文ともに過去を表わす。

(15)　a　（源氏は右衛門佐が）昔、童にていと睦ましうらうたきものにしたまひしかば、かうぶりなど得しまで、この御徳に隠れたりしを、〈物語時過去〉　同　関屋　二・351

b　僧都「…事の違ひ目ありて、大臣（源氏）横さまの罪に当りたまひし時、（藤壺は）いよいよ怖ぢ思しめして、重ねて御祈祷ども承りはべりしを、大臣も聞こしめしてなむ、またさらに事加へ仰せられて、御位に即きおはしましまで仕うまつる事どもはべりし。…」〈発話時過去〉　同　薄雲　二・441

推量助動詞も同様に未来を表わす。

(16)　a　明石の君「…宮たち（明石中宮腹の皇子・皇女たち）などもをとなびさせたまひ、まことに動きなかるべき御ありさまに、見たてまつりなさせたまはむまでは、（源氏が）乱れなくはべらんこそ、心やすくもうれしくもは

べるべけれ。」　同　幻　四・520

b　女「…さるべき所のいでこむまではまづおはせ」などかたらひて、　『堤中納言物語』はいずみ　155

このように、過去・推量助動詞の偏りは、時間体系に従わないからではなく、用例の絶対テンス自体が現在・未来に偏っているからであることがわかる。

さて、サキ・マデの以前関係を表わす表現が、ノチ・ヨリの以後関係を表わす表現と異なる点は、会話文中の過去・推量助動詞のない副詞節用言は、ノチの場合は(ヨリは用例がない)、一般的事実あるいはその仮定を表わす非時間的表現であったのに対し、サキ・マデの場合は発話時現在ないし未来を表わしていることである。

(17)　a　源氏「…(私は)心弱く思うたまへたゆたふことのみはべりつつ、つひにかく(朱雀院の出家を)見たてまつりなしはべるまで、後れたてまつりはべりぬる心のぬるさを、恥づかしく思ひたまへらるるかな。…」　『源氏物語』若菜上　四・40

b　薫「(大君の病が)かく重くなりたまふまで、誰も誰も告げたまはざりけるが、つらくも。思ふにかひなきこと」と恨みて、　同　総角　五・306

(右の「かく」は発話時現在における様子を表わすものと考えられる)

c　源氏「琴はまた掻き合はするまでの形見に」と(明石の姫君に)のたまふ。　同　明石　二・256

d　朱雀院　さしつぎにみる物にもがよろづ世をつげの小櫛の神さぶるまでとぞ(秋好中宮を)祝ひきこえたまへる。　同　若菜上　四・37

(右二例、発話時未来)

特に、発話時現在が可能であるのは、ノチ・ヨリと違い、副詞節の表わす事態も、すでに実現した〈事実〉であって、〈事実〉と〈推量〉とが時間的に結び付かないからであろう(原因理由の副詞節であれば〈事実〉と〈推量〉とが結び付きうる)。これは時間的起点・着点間の構文的不均衡の一例と考えられる(他に、「昨日から今日まで」が可能であるのに対し、「＊今日から昨日まで」が不可能であるなどの不均衡がある。こちらは時間的遡及表現が不可能であるからだと考えられる)。若干の点でサキ・マデの以前関係と、ノチ・ヨリの以後関係とは、過去・推量助動詞と絶対テンスとの対応が異なるので、以前関係の対応を表にして示す(図表五)。

	会話文	地の文
過去助動詞	発話時過去	物語時過去
助動詞なし	発話時現在・未来	物語時現在・未来
推量助動詞	発話時未来	物語時未来

図表五　会話文と地の文におけるサキ・マデ副詞節中の過去・推量助動詞の表わす意味

4　漢文訓読資料等の概観

上代・中古の和文資料と同時代ではあるが、位相を異にする漢文訓読・漢字仮名交じり資料での時の体系を概観しておく。漢文訓読資料では、ここで問題にしている相対名詞・格助詞に接続する用言連用形を訓読している例は、訓読にさほど困難が感じられなかったためか、必ずしも多いとは言えない。そこで、ここでは統計的処理はせずに、個々の用例に即して、和文資料の時の体系と一致するかどうかを見ていくことに留めたい。

4・1　ノチ

(18)
a　法(を)聞(か)未《(ぬ)》以前《サキ》ハ夜(の)如し。法(を)聞(き)ツル以後《ノチ》ハ暁(の)如(し)。　『東大寺諷誦文稿』363

b　諸の疾病に遭ヘルトキ身死ヌル後のトキには、大小便利悉ク盈チ流る。　『金光明最勝王経』87

これらは、過去・推量助動詞を持たぬ、一般的事実を表わす、非時間的継起関係のノチの用例と認められる。

4・2　ヨリ

(19)
a　但(し)方便(の)善巧の威力に由(り)て有情の類のために入胎するより(の)(ち)涅槃に至(るま)での「ィ至(るま)でに」、種種の化相を示現せる(を)もて、諸点い常なりと計(り)て、堕落无(し)と謂《おも》へり。　『法華経玄賛』165

b　［起］緱氏《コウシ》ニ戴誕《サイタム》セシより起《オコ》りて西ノカタ［于］高昌に届《イタ》ルマテニ終る　『大慈恩寺三蔵法師伝』A巻一・55

c　鑾躅《ロンチョウ》ヲ違離セシ自(り)倍《マス〳〵》嬰纏《エイ》ヲ覚《サト》リヌ、　同　C巻九・461

『大慈恩寺三蔵法師伝』の例は、物語時過去を表わす過去助動詞と認められる。

4・3　サキ

(20) a　初(メ)師子光［未］去(ラ)未(ル)前ニ、戒日王、［於］那爛陀寺(ニ)於(テ)側ニ鍮石ノ精舎ヲ造(レ)リ、
『大慈恩寺三蔵法師伝』E巻四・344

b　皇極ニ登(ラ)未(未)(ル)［之］前(ニ)封セラレテ秦王ト為(ル)、
同　E巻五・101

4・4　マデ

(21) a　世を畢《チ》フルマデ、婚《トツギ》スルコト无(か)れ。
『大唐西域記』609

b　是の如く相-続して千年に満ツ(る)に至(ら)むまで、汝、此の人は幾の生の命を力殺すると観ずべき。
『法華義疏』79(1行、類例79頁8、13、18行)

c　［起］緱《コウ》氏《シ》ニ戴誕《サイタム》セシより起《オコ》りて西ノカタ［于］高昌に届《イタ》ルマデニ終る
『大慈恩寺三蔵法師伝』A巻一・55

特に、『法華義疏』の用例は、発話時未来を表わす過去・推量助動詞ムに接続するマデの例を加えることになる。

以上のように、漢文訓読・漢字仮名交じり資料における時の体系は、位相差があるにも拘わらず、和文資料のそれと一致し、むしろ用例を補うことになることが明らかとなった。補読の際もこの対応(図表四、五)に従えばよいであろう。

5　結論

時の副詞節を構成する用言の時の助動詞について、全体を通してわかったことをまとめる。

第一に、上代中古資料の過去・推量助動詞は、かなり厳密に絶対テンス（過去・現在・未来）に対応する（図表四・五）。とかく古典語の過去・推量助動詞の用いられ方は、厳密性に欠けるかのように思われがちだが、両者の対応はかなり厳密である。つまり、絶対テンスに関しては、文体よりも文法の規制力が強いことを示唆している。ただし、本章では相対名詞・格助詞による時の副詞節を構成する用言についてだけしか調査していないので、文末など他の位置に現われる場合も調査する必要がある。

第二に、地の文と会話文とでは、絶対テンスの現われ方が異なることを確認した（図表四、五）。これも文体の問題ではないだろう。すなわち、地の文の場合、現在とは物語時現在（物語られている時＝現在）を指す。そのため、過去・推量助動詞のない用言がノチに接続して時の副詞節を構成し、主節との間に継起的関係を表わす場合には、会話文では発話時現在（瞬間）を表わすのには用いることができず、一般的・非時間的事態の表現にのみ用いられるのに対し、地の文では物語時現在の表現に用いることができる。その点マデとは対照的である。

第三に、最も重要な点は、現代語では、トキ（ニ）などを除いて、時の副詞節中の時の助動詞は相対テンスしか表わさないが、古典語では絶対テンスやアスペクトなどを表わすということである。両者の時間把握の機構の相違を、具体例を用いて示す。

(22)「（私、八の宮が）亡からむ後、いかにしてかは若き人（姫君たち）の絶え籠りては過ぐいたまはむ」と涙ぐみつつ、念誦《ねんず》したまふさま、いときよげなり。
『源氏物語』椎本　五・177

（自分が死んでいなくなったあとは、いったいどうやって若い人が世間とのつきあいもせずひきこもってお過ごしになられるだろうと、涙ぐんでは御念誦なさるが、その姿はまことに清らかに見える。）　（同　現代語訳）

まず、現代語は副詞節（自分が死んでいなくなっ）と主節（いったいどうやって若い人が世間とのつきあいもせずにひきこもってお過ごしになられる）との前後関係を決定（たあとは）（相対テンス）してから、全体を物語時未来に同定（だろう）（絶対テンス）する。すなわち、相対テンスが絶対テンスに先行する。

それに対し、古典語では、副詞節（亡から）、主節（いかにしてかは若き人の絶え籠りては過ぐいたまは）を、まずそれぞれ物語時未来に同定（む・む）（絶対テンス）してから、両者の前後関係を決定（後）（相対テンス）する。すなわち、絶対テンスが相対テンスに先行する。というよりもむしろ、時の副詞節中に絶対テンスが現われると言うべきだろう。

では、この通時的変化の動因は何であろうか。これは用言が連体修飾する場合全般に見られる通時的変化の一斑としてとらえるべきであろう。それは、助動詞の相互承接の形態的な順序から見ると、連体修飾可能な部分の上方移動（古典語と違い現代語では、推量助動詞は原則として連体修飾できない）、その表わす意味的な序列から見ると、命題寄りへの浅化（推量助動詞が連体修飾できないことは、モダリティは条件節ないし文末にしか現われないことを意味する）、また連体修飾節と被修飾名詞との関係から見ると、緊密化（両者の間に間投助詞などの挿入が許されなくなった。たとえば、「淡海のや（淡海之也）八橋の小竹をやはがずてまことありえむや恋ひしきものを」（『万葉集』巻七・一三五〇））などの種々の面を持つ同根の通時的変化である。この問題は大きいのでこの場で論証することはできないが、そのような通時的変化が容認されるならば、この時間把握機構の変化の動因は、時の体系の内部にはなく、連体修飾という統辞規則（ここでは意味に関する規則ではなく、語と語とを統合する規則を指す）の変化に還元されることになる。

注

(1) 奥津敬一郎(一九七四・九)の命名による。相対名詞は対象間の相対的関係を表わす一群の名詞であり、一般の名詞のように連体修飾を受ける反面、程度副詞・数詞・比較の基準(〜ヨリ)を受けるなど、用言的性格も合わせ持つ。この用法は、現象面だけから見ると程度副詞などの特殊用法とも言えるが(たとえば橋本進吉(一九三六＝一九五九・一〇))、原因はむしろ相対名詞・数詞の特殊性に求められるのではなかろうか。

(2) 助動詞も用言に含める点では、山田孝雄(一九〇八・九)の複語尾に近い。

(3) ムには〈推量〉というモダリティの側面と、〈未来〉という時間関係の側面とがあると考えられる。ちなみに、松尾捨治郎(一九三六・九)では、ム・ベシを「時の助動詞」の中の「未来の助動詞」に分類し、それ以外の所謂推量助動詞を「想像の助動詞」とする。

(4) 形式名詞「時」に関しての議論が、金田一春彦(一九五五＝一九七六・五)、井上和子(一九七六・四)、草薙裕(一九八一・七、一九八三・九)その他に見られる。それに対し、「時」を含む従属節中のタが相対テンスのみならず絶対テンスも表わすことを示したのが紙谷栄治(一九七七・一一)である。ただし本章の議論は一般名詞は除外した相対名詞のみに関するものなので、「時」のような不純さはない。

(5) 《資料》の欄に示した本文を用い、確認には索引を用いた。

(6) 古辞書は『観智院本類聚名義抄』『前田本色葉字類抄』(欠巻を黒川本で補う)などを用いた。「後」は時間関係の場合はノチ(望月満子(一九八七・三)も参照)、「先」はサキ、「前」は否定助動詞に接続する場合はサキ、それ以外はマヘ、「中」は累加表現の場合はウチ、それ以外はナカ、「内」はウチ、「間」はアヒダの読みを原則として採用する。

(7) 峰岸明(一九五九・三)による。同論文は、『今昔物語集』の「間」の用法が、和文・原漢文にではなく、変体漢文にその根源があることを例証する。

(8) 注釈書には以前から累加的に解釈していると見られるものもあるが、それに注目して体系的考察を試みたものに遠藤嘉基(一九五七・一、六)があり、さらにそれを批判的に整理したものが原田芳起(一九五八・一一)である。後者には、「一般に「うち」という名詞に時間の経過を意味させることは随分新しいことではないかと思う。「云云するうちに云云」という形式で時間継起を表わす文型は、能の狂言あたりからではあるまいか。」と述べる。論旨にはまったく同感であるが、具体例が時間関係かどうかの判定は、本論ではかなり緩い基準を設けているので、必ずしも一致しない。

(9) 望月郁子(一九六九・九)は、ホドの意味の上代から室町期にわたる通時的変化と、奈良時代の他の類義語との差異や類似(意味領域間の交渉）について分析する。

（10）ユクサキは、否定を伴わずに〈未来〉を表わす点、他の例がすべて否定を伴い〈以前〉を表わすのと対照的である。〈未来〉を表わすこと自体は問題ではない。柏原司郎（一九七二・三）によると、「過去と未来を意味することのできたサキは、マヘが過去に用いられるころから（引用者注・ほぼ中世末期以降）、次第に未来を意味する狭い語義の用法に、移っていったと考えられる。」ただ、ユクサキの形でかなりの用例があり、時の副詞節としてではなく、ユクスヱと同様に名詞相当の機能を担っている点で一単語と見なし、図表三―ｃに用例数だけは示すが、以後の考察の対象からは除く。

（11）時枝誠記（一九五〇・九）でマデを格助詞と副助詞とに分けるが、「〜ヨリ〜マデ」などの対応もあり、その説に従いたい。

（12）時の体系をアスペクト・相対テンス・絶対テンスの三段階に分ける考えは金田一春彦（一九五五＝一九七六・五）（ただしテンスの二分は「境遇性」の有無と呼ぶ）、コムリー（一九七六）、草薙裕（一九八一・七、八三・九）などに見える。本章では、さらに動作態（Aktionsart）とアスペクトとを区別する屋名池誠氏の説およびその概念を採用し、四層とする。このような枠組を採用すると、金田一春彦（一九五〇＝一九七六・五）に始まる国語学のアスペクト研究は、むしろ動作態の範疇にはいる。また、これらの概念は形態寄りに用いられたり、意味寄りに用いられたりするが、筆者は専ら意味をもとに設定している。詳しくは、井島正博（一九八九・三、一九九〇・三、一九九一・三）を参照されたい。

（13）「期間」「期限」の用語は、永野賢（一九六四・一一）による。ただし、マデ・マデニのような以前関係のみでなく、以後・同時間形などすべての時間関係に拡大して用いる（第十二章を参照）。

第十四章　トキ副詞節における相対テンスの存否

はじめに

第十三章では、相対名詞を用いた副詞節に関して、相対テンスが用いられているかどうかを検証しようとした。というのも、現代語では、〜φ-マエ〜、〜タ-アト〜、〜テイル／φ-アイダ〜というように、相対名詞の前に、φ・タ・テイルのいずれが用いられるかは固定しており、このことは、φ・タ・テイルが相対テンスを表わしており、それはそれらの後に来る相対名詞が表わす相対テンスの働きと一致しているからであると考えられる。すなわち、上代・中古語においても、相対テンスを表わす相対名詞節の前に現われるテンス・アスペクト形式の現われ方を確認することが、相対テンスが存在するかどうかを確かめる近道であると考えられるのである。

本章では、さらに形式名詞「時」を用いた副詞節に関して再度検証を試みる。現代語においては、この副詞節は、相対名詞副詞節が必ず相対テンスの働きを持つのに比べ、相対テンスを表わすために用いられる場合だけでなく、絶対テンスを表わす場合や、テンスとは無関係に単に場合分けを表わすような場合もある。そのようなさまざまな現われ方をする現代語に対して、上代・中古語ではどのような現われ方をするかを、本章では確かめてみたい。

1　問題提起

述語用言が形式名詞「時」に接続して時間関係を表わす副詞節(以下「トキ副詞節」と呼ぶ)が用いられる時、トキ副詞節の述語用言にタが用いられるかどうかによって、副詞節で表わされる出来事(以下「前件」)と、主節で表わされる出来事(以下「後件」)との時間的前後関係が表わされると言われる。すなわち、(1)aのようにトキ副詞節内の述語用言にタがあれば、前件が後件よりも先に起こり、(1)bのようにトキ副詞節内の述語用言にタがなければ、後件が前件よりも先に起こることを表わしている。以下このような現象を「相対テンス」と呼ぶ。

(1) a　角を曲つて細い小道へ這入つた時、津田はわが門前に立つてゐる細君の姿を認めた。
　　b　部屋を出るφ時、彼は一寸細君の方を振り返つた。

(以下第1節の近現代語の用例は夏目漱石『明暗』による)

このように、相対テンスを表わす用例は非常にたくさん見受けるのではあるが、勿論、トキ副詞節内の述語用言のタの有無が常に相対テンスを表わすわけではない。次の(2)aのようにタを含まず非時間的な表現として用いられる場合、(2)bのようにタを含んでも、相対テンスを表わすわけではなく絶対テンスを表わす(「先刻」によって時が示されている)場合などもあることは言うまでもない。

(2) a　白いベッドの上に横へられた無惨な自分の姿が明かに見えた。鎖を切つて逃げる事が出来ない φ‖時に犬の出すような自分の唸り声が判然聴えた。

b　津田は漸く茶の間へ引き返して、先刻飯を食べた‖時に坐つた座蒲団が、まだ火鉢の前に元の通り据ゑてある上に胡座を掻いた。

またこのことは、トキの代わりに所謂相対名詞が時間表現に用いられた場合に、アト副詞節の述語用言には必ずタが必要で、マエ副詞節およびアイダ副詞節のはタが含まれてはならない、ということとも密接に関わっているものと思われる。

(3) a　医者に探りを入れた‖後で、手術台の上から津田をおろした。

b　彼は自分に同情のない細君に対して気を悪くする φ‖前に、先づ驚いた。

そこで、ここではとりあえず上代・中古語を現代語と比較して、トキ副詞節内の時の助動詞の有無とその表わす時間関係が共通しているか、特に現代語で前件・後件の時間的前後関係が表わす相対テンスが上代・中古語にも存在しているかを調査してみたい。

2　上代・中古語のトキ副詞節

上代・中古の代表的な和文・和歌資料におけるトキ副詞節を全例調査した結果の用例数は、以下のようになる(図表一)。

形容詞	φ	φ	φ	タラ	テ	ナ	φ	φ	φ	タル	ツル	ヌル	φ			完了助動詞
	ベキ	ケム	ラム	ム				ケル	シ	φ						過去・推量助動詞
													非時	一般	現在	
0	0	0	0	0	0	0	0	0	0	0	0	0	0	0	0	記紀歌謡
1	0	0	0	0	0	0	0	0	0	0	0	0	0	0	0	仏足石歌
10	0	2	1	0	0	4	16	1	18	10	0	1	55	3	39	万葉集
0	0	0	0	0	0	0	0	0	0	0	0	0	0	0	0	歌経標式
1	0	0	0	0	0	0	2	0	5	1	0	0	0	0	4	続日本紀宣命
0	0	0	0	0	0	0	0	0	0	0	0	0	0	0	0	琴歌譜
1	0	0	0	0	0	0	0	0	0	0	0	0	1	3	1	竹取物語
2	1	0	0	0	0	1	0	5	3	0	0	0	0	0	0	伊勢物語
9	0	0	0	0	0	0	2	0	4	0	0	2	15	2	7	古今和歌集
0	0	0	0	0	0	0	0	0	0	0	0	0	0	0	0	土佐日記
0	0	0	0	1	0	1	6	1	6	0	0	0	2	8	4	落窪物語
1	0	0	0	0	0	0	5	0	8	0	0	0	11	1	4	蜻蛉日記
4	0	0	0	0	0	0	0	31	2	1	0	0	6	5	11	大和物語
11	3	0	3	1	1	10	21	6	72	3	3	3	33	28	94	宇津保物語
0	0	0	0	1	0	0	1	2	1	1	0	0	0	3	0	枕草子
0	0	0	0	0	0	0	0	0	1	0	0	0	0	0	0	源氏物語絵詞
5	2	0	0	15	0	0	5	1	35	2	1	0	11	26	9	源氏物語
2	0	0	0	0	0	0	0	0	6	0	0	0	1	0	1	栄花物語
1	0	0	0	0	0	0	0	0	4	0	0	0	0	2	0	更級日記
1	0	0	0	0	0	0	0	0	0	0	0	0	0	0	0	堤中納言物語

図表一　上代・中古語におけるトキ副詞節の用例数

ここで、アスペクト助動詞にはヌ・ツ・タリ・リ、テンス助動詞にはキ・ケリのほか推量のム・ラム・ケム・ベシも便宜上含めている。また、アスペクト・テンスどちらの助動詞もとらないφ形をさらに現在・一般・非時に分けているが、これは助動詞の有無という形態上の区別に加えてその表わす意味表現上の区別を掛け合わせたものである。というのも、このφ形に限ってはテンスとしての現在の他、特に過去・現在・未来という時間直線上に位置付けることなく、場合分けで用いられたり、反復する出来事に用いられたりする一般的なもの（4）a・b）と、「〜する時あり／なし」に代表されるように、文を構成する要素として用いられている非時間的なもの（4）c・d）とに分けることができるからである。ただし、以後はこれらの用例に関しては論じない。

(4) a　雲隠り雁鳴く時は(鴈鳴時)秋山の黄葉片待つ時は過ぐれど　『万葉集』巻九　一七〇三

b　かくのみ、この九君を、よろづの人きこえ給ふとはしりながら、おほむせうそくきこえ給ときは、人〳〵の御心すこしゆくを、きこえ給はぬ時は、あつきひの中にすまふ心ちして、きこえ給ば、あるは、御かへりきこえ給おりもあり、ついにきこえ給はねば、きこえわづらひてやみたまひぬるもありなど、いとかずしらずあるを、　『宇津保物語』嵯峨院　172

c　今よりは逢はじとすれや白たへの我が衣手の乾《ふ》る時もなき(干時毛奈吉)　『万葉集』巻十二　二九五四

d　おとゞ「…ある時はたいめんにおもだゝしき時もあり、ある時はいとおかしき時もありこしに、なを、いかでとおもひてもたりしに、…」　『宇津保物語』国譲下　858

さて、用例数の分布から見てもすぐに気が付くことは、トキ副詞節は、資料によって用いられ方にかなり偏りがあるということである。データ量の多い『万葉集』・『宇津保物語』の用例が多いことは当然であるとしても、『源氏物語』・『枕草子』・『栄花物語』などにはあまり用いられていない。ただし、それらの資料にも、トキに代わって、ホドあるいは接続助詞ニ、ヲなどは多く用いられている。

このように、表現上・文体上の差異のために資料ごとにかなり特徴的なトキ副詞節の用例が見受けられるが、このことはトキ副詞節内の述語のアスペクト・テンスの助動詞の用い方にも文法的に一貫性がないということを意味しない。

まず、過去助動詞キがトキ副詞節に用いられた用例は、およそ(5)a〜eのように、主節を始め、前後にもキが用いられている中に現われる。このことは、トキ副詞節内の述語が、主節と同様に、独立して絶対テンスを表わしていることを意味しているだろう。

(5) a　…泉川清き河原に馬留め別れし時に(和可礼之時尓)ま幸《さき》くて我帰り来む平らけく斎《いは》ひて待てと語らひて来し日の極み…　『万葉集』巻十七　三九五七

b　「…三の宮を思し時も、十七、八人ばかりもてありしを、いかなれば、たゞひとりにはなりたらん。…」　『宇津保物語』春日詣　163

c　上「…すゞしのあそんふきあげのはまにものしたりし時に、なかたゞいとせちにらうありしかば、『なを、あてこそはなかたゞにとらせ給へ』と、大将にものする事ありしを、…」　同　典侍　411

d　左馬頭《さまのかみ》「…童にはべりし時、女房などの物語読みしを聞きて、いとあはれに、悲しく、心深きことかなと、涙をさへなん落しはべりし。…」　『源氏物語』帚木　一・142

e　右近《うこん》「…頭中将なんまだ少将にものしたまひし時、見そめたてまつらせたまひて、三年ばかりは心ざしあるさまに通ひたまひしを、…」　同　夕顔　一・259

推量助動詞ムがトキ副詞節に用いられた用例に関しても、(6)c～fのように、主節を始め、前後にもムが用いられていたり、(6)a・bのように主節が願望、命令であるような中に現われる。このことも、トキ副詞節内の述語が、主節と同様に、独立して絶対テンス、というより仮想世界を表わしていることを意味しているのだろう。

(6) a　黙《もだ》もあらむ時も鳴かなむ(黙然毛将有時母鳴奈武)ひぐらしの物思ふ時に鳴きつつもとな　『万葉集』巻十　一九六四

b　「…よの中の、はかなくのみおぼゆるを、みこたちをも、しば〳〵みぬなん。まいり給はん時は、みこたち、

十みこゐてまいり給へ。…」　『宇津保物語』蔵開上　554

c　きみ、「…いまは、世中、物おぼししりたれば、おりあらん時は、とかくきこえ給給つゝもなぐさめ給はん。…」　同　蔵開上　572

d　《源氏》「まろが、かくかたははになりなむ時、いかならむ」とのたまへば、《紫の上》「うたてこそあらめ」とて、さもや染みつかむと、あやふく思ひたまへり。　『源氏物語』末摘花　一・379

e　《乳母》「…わが心ひとつにしもあらで、おのづから思ひの外の事もおはしまし、軽々しき聞こえもあらむ時には、いかさまにかはわづらはしからむ。…」　同　若菜上　四・23

f　太政大臣も、「…さやうにおもむけたてまつりて、召し寄せられたらむ時、いかばかりわがためにも面目ありてうれしからむ」と思しのたまひて、　同　若菜上　四・31

テンス助動詞は用いられることなく、アスペクト助動詞がトキ副詞節に用いられた場合も、主節とは独立してアスペクトを表わしていると考えられる。たとえば(7)aは、「その時、ひぐらしが鳴き始めて鳴き続けているなら、その時には、～」と、トキ副詞節も、仮想的に与えられた時点を基準時としたアスペクト表現となっている。また、(7)bは、物語時の流れに従って出来事が描かれており、トキ副詞節も、物語時現在を基準時としたアスペクト表現となっている。(7)c・dは、会話文中で、前後にツが重ねて用いられており、経験した出来事を時間の展開に沿って生き生きと描くアスペクト表現であると思われる。(7)eは、「万一、その時、加持祈祷が失敗した場合は、～」と仮想時を基準時としたアスペクト表現である。(7)f・gも長歌あるいは物語に流れる時間を基準時としたアスペクト表現であると考えられる。

(7)a　ひぐらしの鳴きぬる時は(奈吉奴流登吉波)をみなへし咲きたる野辺を行きつつ見べし

『万葉集』巻十七　三九五一

b　ちゝおとゞは、うちにさぶらふらんとおぼして、廿日ばかりになりぬる時に、うちより、たゞぎみめしに、くら人所のこどねりきたり。　『宇津保物語』忠こそ　135

c　おとゞ「…わがありつるとき、うしぐるま・ともの人ぐしてものし給つるときだに、おほなかりつるものを、人わらはれにていでいりし給、いと見ぐるしからん」などきこえ給。　同　国譲上　689

d　みや、「…はらからども、あまたあめれども、いとよくもあらざめり。おやのものせられつるときこそ、さてもありつれ。いかに心ぼそくわびしからん。…」　同　国譲上　690

e　ある人、「北山になむ、なにがし寺といふ所に、かしこき行ひ人はべる。去年の夏も(瘧病が)世におこりて、人々まじなひわづらひしを、やがてとどむるたぐひあまたはべりき。ししこらかしつる時はうたてはべるを、疾くこそこころみさせたまはめ」など聞こゆれば、　『源氏物語』若紫　一・273

f　…万代にかくしもがもと大舟の頼める時に(大船之憑有時尓)泣く我目かも迷へる大殿を振り放け見れば白たへに飾り奉りてうちひさす官の舎人もたへのほの麻衣着《け》れば…　『万葉集』巻十三　三三二四

g　むかし、藤原の君ときこゆる、一世の源氏おはしましけり。わらはより名だかくて、かほかたち・心だましひ・身のざえ、人にすぐれ、がくもんに心いれて、あそびのみちにもいりたち給へるときに、みる人、「…」と、せかいこぞりて申す時に、よろづのかんだちめ・みこたち、むこにとらんとおもほす中に、　『宇津保物語』藤原の君　67

以上見てきたように、トキ副詞節にテンス助動詞が用いられる場合、トキ副詞節は主節などとは独立に、キは過去、ムは未来ないし仮想的出来事を表わしており、絶対テンスを担っている。また、数は少ないながら、アスペクト助動詞が用いられた場合も、すべて、トキ副詞節は主節などとは独立に、物語時や仮想時などに基準時をとるアスペクト表現となっている。このように、テンス助動詞も、アスペクト助動詞も、主節と従属節との前後関係を表わす相対テンスとして働いているものは見あたらないようである。

勿論、トキ以外にもホド・ヲリなどほぼ同様の意味機能を持つ語もあり、それらに関しても調査する必要はあるが、近現代語では非常に頻繁に現われる過去・完了助動詞の相対テンス用法が上代・中古語では、皆無とまでは結論付けられなくとも、稀有であるとは言えるだろう。また、ここでは示していないが、相対名詞ノチ・サキ・アヒダ・ウチなどや、助詞ヨリ・マデなどにおいても、副詞節内の述語は相対テンスを表わすのではなさそうだということも、第十三章において同様の資料をもとに行った全例調査から明らかである。現代語ではこれらには相対テンス用法しか持たないのであるから、上代・中古語ではこれらに相対テンス用法がないとすると、トキにおける結果と平行しており、以上の分析を支持する。

3　上代・中古語におけるテンス・アスペクト

ところで、第2節では現在を表わすφには触れなかったが、テンス助動詞もアスペクト助動詞も用いられないトキ副詞節の中には、いわゆる主節の発生時を示す〝副詞節〟として用いられているトキ副詞節とは様子の異なる例が見られる。すなわち、地の文で物語時現在を表わしている点では同じなのだが、物語の筋の展開に沿って出来事を叙述していく場合、いわば〝主節〟が重ねられているような場合に用いられるトキ副詞節が、特に『宇津保物語』の中に、さらにその中でも仏典を引用しているような個所に多く見出される。

(8) a　そのかみ、このこいふ、「まことに我孝のこならば、氷とけて、いほいでこ。孝の子ならずは、ないでこそ」とてなく時に、氷とけて、おほいなるいほいできたり。　『宇津保物語』俊蔭　34

b　北のかた、てをすりて、いつゝきぬ五十ぴきとらせてのたまふ、「いとすくなけれども、心ざしなり。いま、又もありなん」とてとらせ給ときに、《ばくち》「いとやすきことに侍る」とていぬ。　同　忠こそ　126

このような表現が可能であったということは、上代・中古語は各節の独立度が高かったが、現代語では複文になると、節同士の結び付きが密になって、独立度が低く、すなわち従属度・依存度が高くなる傾向があると言えるのではないだろうか。このことは、必ずしも規範的、あるいは模範的な表現とは言えないだろうが、次のように、現代語では許されない——トキ——トキ——…。と、トキ(ホドなど)が複数重なる表現が許容されることからも裏付けられる。すなわち、現代語の複文は、必ず主節と従属節とに分けられるが、上代・中古語の複文は、それを構成する節同士の独立度が高く、いわば主節が複数ならんでいると考えられる場合も少なくなく、——トキ——トキ——…。は、現代語で解釈すれば、——。ソノトキ——。ソノトキ——…。のように了解すべき場合もあるということなのではないだろうか。

(9) a　この琴八を一つにしらべて、七日七夜ひくに、このひゞき、仏の御国まできこゆる時に、仏、文殊にの給はく、「これより東、娑婆世界より西に、天上の人のうへし木のこゑすなり。とみにゆけ」との給時に、文殊、師子にのりて、刹那のあひだにいたりてとひ給はく、「汝は、なんぞの人ぞ」とゝひ給時に、七人の人、みな礼拝して申さく、　『宇津保物語』俊蔭　11、12

b　文殊、かへりて、ほとけに申給時に、仏、文殊をひきつれて、雲のこしにのりてわたり給時に、このやま・河、つねのこゝちせず。　同　俊蔭　12

c　あそび人らいとゞあそびまさるほどに、仏、渡り給て、すなはち、孔雀にのりて、花のうへにあそび給時に、あそび人ら、阿弥陀三昧を、琴にあはせて、七日七夜念じたてまつる時に、仏あらはれての給はく、

d　からうして、万歳楽、こゑほのかにかきならしてひく時に、なかより・ゆきまさ、けふをこゝろしけることをしらべあはせてになくあそぶ時に、なを、なかより、かんにたへでおはしけり、まざいらくをまいて御まへにいできたり。　同　俊蔭　12

e　中納言「…かんづけのみや、おほきにおどろき給て、『かのまさときの朝臣い、など申給ふ事ぞ』と、こゑをはなちての給時に、右大将・兵部卿の宮、あまた、これかれ、いとあやしとおどろき給ふときに、春宮も、いとあやしとおもほしたるに、…」　同　嵯峨院　178

最近、似たような表現をテレビのCMで耳にすることがあった。物語の時間的展開に沿って用いられているわけではないが、いずれも〝主節〟であるような内容をトキ副詞節でつないでいく点、『宇津保物語』のトキ副詞節の用い方と非常に近い。ただ言うまでもなく、これはテレビCMのコピーという、非常にレトリカルな場で用いられたのであって、日常的には許されることのない表現である。

(10)　JTで薬の研究開発をしている石井さんが昼休みにルーツを飲んでほっと一息ついている時に、息子のタクヤ君はお弁当のミニ・ハルマキを隣の席のタケシ君と取り合いをしている時に、タケシ君のお母さんの本田さんがサンジェルマンで焼きたてのパン、ピエールに目を奪われている時に、旦那さんのコージさんが一服しているスモーカーも、世の中をちょっと嬉しくしているJTです。

このように、上代・中古語は、節同士の独立度が高く、現代語は、節同士の独立度が低い、すなわち従属度が高いと、一般的に言うことができると思われるが、そのことと、絶対テンス、相対テンス、アスペクト相互の関係に

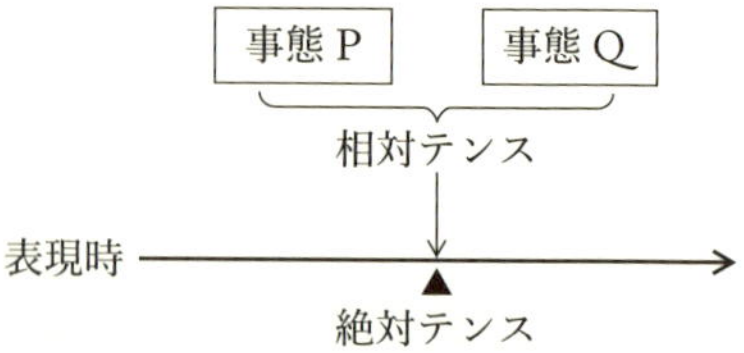

二—a　現代語のテンス・システム

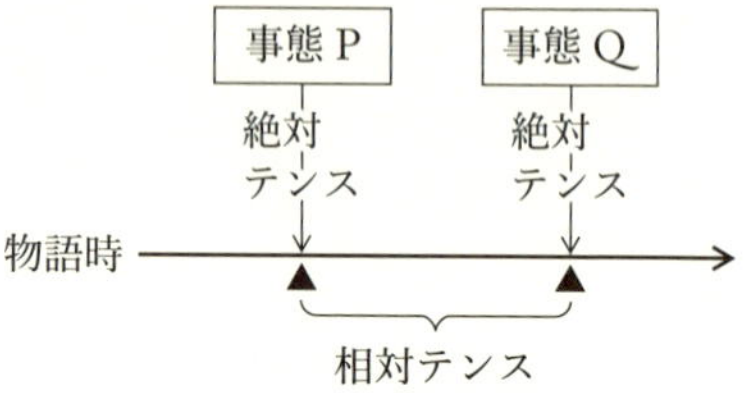

二—b　上代・中古語のテンス・システム

図表二　現代語と上代・中古語のテンス・システム

ついて、理論的に考えたい。

相対テンスと絶対テンスとの関係は、どちらが先に決定されるかという観点からすると、逆転可能である。すなわち、二つの事態間の前後関係を先に決定して（相対テンス）、その後でそれら全体が現在に対する前後関係を決定する（絶対テンス）こともありうれば、逆に個々の事態の現在に対する前後関係を決定して（絶対テンス）、その後で二つの事態間の前後関係を決定する（相対テンス）こともありうる。

おおよそ、前者が現代語のシステムであり、後者が上代・中古語のシステムであると言うことができる。これは概略的に、図表二—a、bのように表わすことができるだろう。

このようなシステムの違いが、具体的な表現にどのように実現されるのか、図式化して示せば以下のようになるだろう。現代語では、副詞節中のφ／テイル／タとマエ／アト／アイダ（／トキ）とが複合して相対テンスを表わし、副詞節・主節合わせて文末でアスペクトと絶対テンスが与えられる場合と、副詞節と主節とでそれぞれアスペクトと絶対テンスが与えられる場合とがある。ただし、後者の場合には、副詞節中で相対テンスが表わされることはない。それに対して、上代・中古語では、副詞節・主節ともにアスペクトと絶対テンスが与えられ、そのうえ、副詞節中で相対テンスを表わすこともある。

・現代語の複文のテンス・アスペクト表現

副詞節 ｛φ-マエ／トキ ／ タ-アト／トキ ／ φ／テイル-アイダ／トキ｝（相対テンス） 主節 ｛タ ／ テイル｝（アスペクト） ｛φ ／ タ｝（絶対テンス）

または

副詞節 ｛タ ／ テイル｝（アスペクト） ｛φ ／ タ｝（絶対テンス） トキ 主節 ｛タ ／ テイル｝（アスペクト） ｛φ ／ タ｝（絶対テンス）

・上代・中古語の複文のテンス・アスペクト表現

副詞節 ｛ヌ ／ ツ ／ タリ・リ｝（アスペクト） ｛キ ／ ケリ ／ ムなど｝（絶対テンス） ｛サキ ／ ノチ ／ アヒダ｝（相対テンス） 主節 ｛ヌ ／ ツ ／ タリ・リ｝（アスペクト） ｛キ ／ ケリ ／ ムなど｝（絶対テンス）

このように、節の独立度の大小と、相対テンスが先か絶対テンスが先かということとは密接に関わっているものと思われる。

おわりに

現代語では、相対テンスは、相対名詞副詞節やトキ副詞節以外にも、連体修飾節にも現われる。たとえば、連体修飾節中にタが用いられた「答案用紙を受け取った人は、席について下さい」は前件が先で後件が後であることを表わし、連体修飾節中にφが用いられた「答案用紙を受け取る人は、列にならんでください」は後件が先で前件が後であることを表わす。

このように、上代・中古語の過去・完了助動詞には相対テンスの働きはない、という結論を出すためには、厳密には連体修飾節も検証する必要があるのではあるが、相対名詞副詞節やトキ副詞節を調査した結果、およそそのような結論が導き出されそうに思われる。

全体的な傾向として、上代・中古語から現代語へ、節同士は独立度が低くなっていく方向へ移行しており、また、節がそれぞれアスペクト・絶対テンスが与えられた後で、節相互に相対テンスが適用される、単純な上代・中古語のシステムから、絶対テンスが与えられる前に、節相互の相対テンスが適用される、複雑な現代語のシステムに変化しているということが言えるのではないだろうか。

第四部　古典語過去・完了助動詞の研究史

第四部では、古典語の過去・完了助動詞に関する研究の歴史を概観する。第十五章では、そのうち過去助動詞に関して、第十六章では完了助動詞に関する概観である。いずれも、過去・完了助動詞に関するアプローチにはどのような可能性があるのかを見るために、先行研究をいくつかの類型に分けて、論攷の原文を可能な限り長めに切り出して注釈を加えた。さらに、それぞれ三〇〇点を越える研究文献を発表順にリストとして示した。

ただ、過去助動詞と完了助動詞との研究の歴史に違いが見られるため、記述のしかたにも若干の相違が生じた。すなわち、「過去」という用語および概念は、近世以前から存在するが、キ・ケリの用法に関して詳しい研究が見られるのは近代以後と言ってよいように思われるので、過去助動詞に関しては、近代以後の研究史についてしかたどっていない。それに対して、「完了」という用語および概念は、明治三十年(最も早いものは明治二十三年)頃から普及するとはいうものの、完了助動詞、特にヌ・ツの違いに関しては、近代の研究も、近世、特に本居宣長の研究の延長上に位置付けられるので、十八世紀からたどっている。

また、過去助動詞の研究の流れにも、いくつかの類型が存在するが、それらは時代の推移とともに考え方が変遷していくといったものではなく、同時代的にもいろいろな考え方が並立しており、それらが時代を捨象していくつかの類型にまとめられる、といったものである。したがって、過去助動詞の研究史の各類型に分属された論攷は、時代的にも前後するさまざまなものが一括されている。しかるに、完了助動詞の研究史には、大きな流れといったものがあり、本居宣長に淵源する、ヌは自動詞ないし非意志動詞に下接し、ツは他動詞ないし意志動詞に下接する、といった動詞の意味的な特徴による使い分けの時代と、その後のアスペクト上での位置付けの違いによる使い分けの時代とに大きく二分される。さらにその中程に、話し手のとる観点の違いであるとする広義のムード説が位置する。

第十五章　古典語過去助動詞の研究史

はじめに

古典語の過去助動詞の研究は、中世・近世にまで遡り、近代以降も古典語研究の柱の一つとして、それを中心に議論された文献だけでも三〇〇点を越え、それに触れた記述にいたっては数えることもできない。そのような中で、古典語の過去助動詞の研究の歴史が纏められたのは一度や二度ではない。容易に、小林好日（一九三五・六）、鈴木泰（一九八四・一二）、福島邦道（一九八七・一〇）、加藤浩司（一九九七・三）などを挙げることができる。そのうち、最も時期の早い小林好日（一九三五・六）は、近世以前の研究がどのように近代の研究に流れ込んできたかを論じることが中心で、まだ近現代の所説が出揃う以前のものなので措いておきたい。それからほぼ半世紀後に現われ始める後の三つの研究史は、ある共通点を持っている。すなわち、いずれもそれぞれの研究者のよって立つ理論の立場から、自説に至る必然性を研究史にたどる、正当性を主張する根拠とする、といった点で思いの外似通っている。鈴木泰（一九八四・一二）では、キをアオリスト、ケリをインパーフェクトとする説、福島邦道（一九八七・一〇）

では、ケリに未来も含めたいくつかの独特の意味を見出そうとする、山岸徳平(一九四〇・三)に遡る説、加藤浩司(一九九七・三)では、キを目睹回想、ケリを伝聞回想とする、細江逸記(一九三二・二)に遡る説が、それぞれの柱となっている。そもそも学説史を論じようとする動機もさることながら、これらのことは、研究史を体系立ててまとめようとするためには、むしろ積極的にいずれかの説の立場に立ってその観点から研究史を見渡す必要があるということを意味しているのだろう。そのうえで、よって立つ理論が与えるパースペクティヴの中に、従来のどれほど多くの諸説が、どれほど無理なく入りきれるかが、学説史の成功、不成功を左右し、ひいては理論そのものの有効性も左右することになるのだろう。

そのような意味で、本章も背後には第一部で展開した過去助動詞に関する理論を下敷きにしている。ここではその理論を表立って主張はしないが、本章の議論が無理なく展開できるかどうかは、その理論の試金石となるだろう。

1　外在的時間／認識された時間

山田孝雄(一九〇八・九)においては、テンスは時間の認識を反映した表現であり、発話時現在を中心に、それ以前・同時・以後によって、過去・現在・未来を決定する、客観的な時間関係の表現ではないという点が強調され、キ・ケリは、「過去」ではなく、あえて「回想」の複語尾と呼ばれることとなった。しかるに、それ以後の研究は、そのような山田の問題関心を理論構成に導入しているものはほとんど見られない。

山田孝雄(一九〇八・九)が従来の文法のみならず、哲学などの研究を参考にして、至った結論は以下のようなものである。

一　哲学的にいへば時間は実有のものなり。然れども吾人が之を認識するは主観の存在を第一条件とせざるべからず。
二　茲に於いて吾人の主観と其の時間経過との関係のみにつきて観察すれば吾人は過去現在未来の三別を認むべし。
三　さて其の三別は如何なるものかといふに、吾人の思想の立脚地如何によりて同一の時も未来と思はれ、現在と認められ、過去と追憶せらる。畢竟吾人の視点を基本とするなり。これ主観との関係的地位によりて区別するによりてなり。
四　この三別につきて吾人は如何に思惟するかといふに、吾人は過去は過ぎ去りたる者にして最早現実界のものにあらずとす。未来は未実現となる者にあらず。吾人は唯現在についてのみ正確に思想を立て認識しうるものと思へるなり。過去と未来とは共に非現実のものと断ずるは理あるなり。
五　然れども同じく非現実なりといふうちにも過去と未来とは差なかるべからず。現在が絶対的に存在する点なるは明にして若現在を否定せば一切の時間はこゝに思惟する根拠を失ふに至らむ。さてキルヒマンの言の如く現在は其自らにて流るゝ者とせば茲に現在は実有の者として明瞭に解釈せらるべく、又吾人の知覚作用の現実なること承認せらるべし。茲に於いて過去と称せらるゝものは、たとへ今思考する所の瞬時にては非現実なりとも、そがかつて現実たることありしは明瞭なる事実にして、若過去が現在を経過せざりしものとせば、既に過去たる意識なきなり。之を以て過去といふものは、一度は現実として知覚に上り、とにかくに吾人の知に印象せしことも明なる事実なり。且や知覚作用の現実性は過去の復象によりて保持せらるゝのみならず、又吾人が或時間的延長を知覚しうるも亦過去の復象の力によるにあらざらむや。之を以て見れば過去は非現実なりといへども吾人の知覚内に存在する事実なり。吾人の知覚内に於ては過去と現在とは性質上の差あるにあらずして、唯程度の差にすぎず。即直接の表象たると復現表象たるとの別あるのみなりとす。

六　未来に至りては、真に非現実のものなりとす。抑、未来其の者の根底を探るに更に吾人の知覚感覚に上りうべきものにあらず。吾人が未来といふ概念を得たるは一種の信念、一種の想像、一種の推測より来れるものなり。過去より現在を観察したると同様の思想を以て現在に立ちて顧みれば、未、現在とならざるものにしてしかも現在に来るべきものゝ存在を認めざるを得ずしてこゝに始めて未来の観念生じたるなり。未来は到底非現実なり。これを現実にせば既に未来にあらず。未来は到底非知覚的なり。之を知覚せば既に現実なり。未来は到底創造的なり。之を実有とせば直に現実なり。然れども吾人はこの未来の観念を去るべからず。未来の観念は到底吾人の思想より去るべからずといへどもそは絶対的に非現実なり。一度も知覚に止らず、又力を試むべからず。かく見れば未来の過去及び現在に対して大なる径庭あること明瞭なるべし。

七　過去、現在、未来三者の区別は実に前述の如し。しかもこは実在界に存在する区別にあらずして、いづこまでも吾人の主観と時間経過との関係によりて生じたるものなることを忘るべからず、吾人が観察の立脚地よりして三別は生じたるなり。この故に其の観察点によりて同一の時も或は過去たるあり、未来たるあり。又その観察点の区域の広狭により現在と称するものにも広狭の差あるなり。要するに主観と客観との区別がいづこまでも相対的にしてしかも際限なく消長しうるが如く、時の三別も亦実に相対的にしてしかも際限なく消長しうるものなることは深く初頭に顧みざるべからざる要点なり。

八　かくの如くなれば、或一瞬間を現在と見れば其の瞬間以前は過去にして、以後は未来なり。或一時を現在と見れば其の時間以前は過去にして、以後は未来なり。或一日を現在と見れば、其の日以前は過去、以後は未来なり。或一年を以てするも、或時代を以てするも、或世紀を以てするも亦然り。この故に「この世をば我が世とぞ思ふ」と傲語せし道長の「この世」はかれの詠ぜし意識内の現在にして頗広漠なる現在なり。更に広漠なる現在の意識をいはゞ仏家の所謂三世中の娑婆世界の如きこれなり。この故に吾人の現在と称するものは決して実在界に存在する区別にあらず、過去、未来亦然り。今若吾人の主観を離れて之を見れば、何処にか現在、過去、未来の区別あらむ。時は不断の流れのみ、永劫の遷転のみ。かくの如くなれば宇宙の創造の時を思ひ、未来の黄金時代を夢みては吾人はこの三千歳の歴史を有せる時期を以て現在なりとも思ふべく、過去の戦国時代に対して昌平日久しき二三百年間をも現在と思ふも可なり。要は吾人の観察点如何に存す。かくの如くなるが故に所謂現在と称するものも過去及未来と思惟せられうべきものを含有することあるは理の睹易きものなり。かの道長のうたひけむ「此の世」と称するものをみよ。確に過ぎ来りし自己の経歴と将来の自己の期待を包括してあらはせるものにあらずや。

九　この故に過去及未来と称するものは現在と称する前提条件の存在に依存するなり。現在の意義確定してはじめて過去未来の意識発生し来るなり。しかも之を過去なりと認め、未来なりと信ずるに至りては既に現在にあらず。この故にこゝに特種の思想法を生ずるなり。過去を過去なりと思想内に浮ぶるは実に復現表象による。吾人は今之を回想作用といふ。未来を未来として思想に浮ぶるもの、之を推測、予期、想像といふ。共に現実にあらざるは明なり。

山田孝雄（一九〇八・九）

このうち特に四、五、六はカント派を思わせる哲学的時間理論を展開しているが、ここで全体として山田が力説していることは、言語に反映された時制を中心とする時間表現は、物理的・客観的な時間そのものではなく、それを言語主体がいかに認識したかという、心理的・主観的なものだ、ということである。しかるに、近年の主に現代語をもとにした、テンス・アスペクト論におけるテンス観は、以下に見るように、そのような山田の主張とはうらはらに、一見客観的な時間関係を理論的枠組としているかのようである。

ちなみに、現代のテンス・アスペクト論には、大きく二つの流れがあり、一方はロシア語文法を下敷きにした教育科学研究会の、形態論から出発する文法理論、他方は日本語教育の流れを汲む、寺村秀夫に代表される、個々の用法の使い分けを明らかにしようとするところから出発した文法理論である。

まず前者には次のような記述がまま見かけられる。

動詞のテンスの形は、現実の時間を反映したものであるが、その時間をはかる基準は、基本的には《話(発言)の瞬間》である。話の瞬間を基準にしたばあい、時間は現在(話の瞬間)と過去(話の瞬間よりまえの時間)と未来(話の瞬間よりも後の時間)とに分けられる。

言いきりの述語に使われた動詞の表わすテンスの形の基本的な用法は、動詞の表わす語い的な意味(動作や状態など)が現実の特定の時間にあらわれた(あらわれる)動作や状態などをさし示す場合であろう。

〈中略〉

現代日本語の動詞には、テンスの形は2つしかない。ところが、話の瞬間を基準としてはかる現実の時間は、現在・過去・未来と3つある。

第2章であげるように、過去形は、過去を表わす。したがって、状態を表す動詞では、現実の時間を現在未来と過去というように二分して示す。動作を表わす動詞のばあいは、2つのテンスの形がそれぞれ、未来と過去と表わし、どちらも現在は表わさない。つまり現代日本語では、動作というものは、話の瞬間にとって、すでにおこったものか(過去)、まだおこっていないものか(未来)のいずれかに分かれる。

「今、火をおこしました。」(過去)
「今、火をおこします。」　(未来)

そのかわりに、動作を表わす動詞には持続態というアスペクトの形が発達していて、話の瞬間に行なわれている動作は、その現在未来形のテンスの形が現在未来における進行の状態として表わすことができる。

「今、火をおこしています。」(現在未来)

鈴木重幸(一九六五・三)

テンスは、発話時を基準にした、動作や状態の時間位置のあらわしかたに関するカテゴリーである。

高橋太郎（一九八五・二）

テンポラリティー　様々な表現手段による、〈出来事の時間的位置づけ〉に関わる、機能・意味的カテゴリー

テンス　テンポラリティーの中核としてある、義務的な文法的表現手段による〈ダイクティックな時間的位置づけ＝発話時との外的時間関係〉に関わる、形態論的カテゴリー

工藤真由美（一九九五・一一）

《テンス》は、伝達される運動や状態が発話時より以前に起こったことか、発話時より以後に起こったことか、ないしは発話時と同時に起こっていることかという、発話時を基準として見た運動や状態の時間的位置を表す文法範疇である。

鈴木泰（一九九二・五＝一九九九・七）

次に、日本語教育出自の流れの中では、寺村秀夫がその指導的中心人物として活躍したが、そこで展開されたテンス・アスペクト論の原点はおよそ以下のように示されている。

日本語の基本形、過去形の使い分けは、テンスとかアスペクトとかいった客観的な事象に対応するものではなく、もっぱら話し手の見方、認識の仕方、心理状態によるものである、という考え方がでてくる。「時」というものが元来、しかと捉えどころのないものだから、テンスが人間の外界の捉え方に関わるものだということは誰にも否定のしようがないだろう。〈中略〉このように、述語の形と時との関わりのきまりを観察し、体系的に記述するためには、事実に密着して、それを客観的に描こうとする場合――「叙実的」用法――と、事実

を話し手がある特別な心理状態で見、その事実に対する自分の反応を表わそうとする場合——「叙想的」用法——とに分けて考える必要がある。

時間に関わる陳述は、より厳密には、時の点に関わる陳述と、事象を幅のある過程の中において、その過程の始まりか、終わりか、あるいはその途中であるかを言いわける語法とに分けることができる。前者がいわゆるテンスで、基本的には発話の時点とコトの時点の前後関係を言いわける語法である。そして後者がいわゆるアスペクトの語法である。

寺村秀夫(一九八四・九)

要するに、前半部分では、一見話し手の認識が理論の中に組み込まれているかのように思われるが、後の論述から見ると、それはテンス・アスペクト論の中に収まりきれない用法を、「叙想的」用法と呼んで別立てにすることによって、後半で「叙実的」用法と呼ばれる用法を心おきなく客観的なテンス・アスペクトの枠組で分析するための方便であるかのように思われる。

以上のように、二つの流れは、それぞれに異なった理論を展開しているのであるが、こと現実の時間と認識された時間との相違、言い換えれば〝客観的〟時間と〝主観的〟時間との相違という点に関しては、思いの外配慮に欠けており、あたかも〝客観的〟時間が言語の時間表現に反映しているかのような記述が行われている。

このように、山田孝雄以降、テンスの〝主観性〟があまり問題にされなくなったわけだが、その理由としては、それを理論の中に取り入れる方策が見出しにくかったこと、あるいはさらにモダリティは明らかに〝主観的〟なものであるのに対して、テンスは現実に根拠を持つ〝客観的〟なものであるように思われたということが考えられる。しかし、山田の主張はもっともであり、言語に反映されているのは客観的な時間そのものではなく、言語主体に認識された時間である、という点を真摯に考察すべきではないだろうか。

2　文内のアスペクト機能説

最初に注意を喚起しておきたいことは、ここで問題にしたいアスペクト説は、あくまで上代語ないし漢文訓読語に関して論じられているという点である。すなわち、第3節以降の説が、中古の和文あるいは和歌に関して論じられる説であるのと一線を画している。言い換えれば、第3節以降の説は、共通の資料に関してならび立つ説であるために、互いに競合することになるのに対して、アスペクト説は、上代語ないし漢文訓読語に対するほぼ唯一の説明原理である。筆者も、あえてこの説に異を唱えようとするつもりもない。したがって、中古語が形成される以前のキ・ケリのありさまを大きくはずれることなく反映した説として、紹介するに留めたい。上代語ないし漢文訓読語が、どのように中古語に展開したかは、問題含みのことでもあり、また本章は研究史をたどることが目的であることもあって、結論を保留しておきたい。

さて、何と言っても、漢文訓読語あるいは上代語のケリ(キは単純な過去としてここではあまり問題にされない)の用法の出発点は、春日政治(一九四二・一二)である。該書は『西大寺本金光明最勝王経』古点の影印・翻字に、研究編が付されたものであり、原則としてその訓読文に関する語学的分析が中心なのであるが、記述には射程の広い指摘も多く、訓点語研究の草分けという点も相俟って、その後の研究に大きな影響を及ぼしている。

該書では、まずケリは過去の助動詞と言われながら、時制的には現在であり、キが過去であることと対照的であることを指摘する。

> この古点に見えるケリは、時に於ては過去でなく殆ど皆現在に用ゐられてゐる。即ち普通に所謂詠嘆の義に用ゐられてゐると言つてよい。

仁《きみ》、至レル心をモチテ聴ク可し。我レ今次第に説かむ。諸仏の境は難思なりケリ。世間に与に等(し)キは無(かり)ケリ。法身は性において常住なりケリ。修行も差別無かりケリ。諸仏は体皆同(じき)ナリ。所説の法モ亦尓《しか》なり。諸仏は作者無し。亦は復本ヨリ無生なりケリ。一三ノ二〇

〈以下用例略〉

これらは皆仏性・経の徳・因縁等を一般的に説いてあるから、時は現在である。それ故こゝのケリをキと同じに訳しては合はないのであつて、むしろこゝはケリはなくても概意は通ずるものであり、古来詠嘆として「ワイ」と訳し来つたものに相当するとも見られる。

殊にこの古点の訓方に於ては、過去の事を述べるには、必ずキ(シ・シカ・シク)を用ゐて、ケリとは明かに区別してゐる。

善男子、如来昔シ修行地の中に在《いま》しキ。一切衆生の為に種種の法を修(し)たまひキ。二三ノ一三

〈以下用例略〉

などの如くであつて、かゝる叙述にケリを用ゐることは決してないのである。但しこの点は過去の叙述に於ては、其の初の部分に右の如くこのキを用ゐて、中途は現在(歴史的)形にしてあることが普通であるが、その終は亦必ずキを以てしてあるのであつて、それらが亦ケリになつてゐることも決してないのである。

ケリが用いられても現在の事態を表わすとすると、ケリがそもそもどのような働きをしているのかは、依然として明らかではない。そこで、語源に遡り、『万葉集』の用字法などを参考に、「来」+「有り」をその語源と想定することによって、「前カラシ(アリ)続ケテ今ニアル」という、〈継続〉というアスペクト的意味をケリに読み取る。

さてケリといふ語は上代の文献について見るに、過去と解しても通過し得る例はむしろ少い。記・紀の歌謡

はもとより、万葉集の歌、古事記・宣命等の仮名書きされてゐるこの語を検して見るに、皆さうである。自分は元来この点に大きな疑問をもつのであつて、ケリは原義が過去ではなく、少くも過去のやうに用ゐたのはむしろ二次的の意義ではなからうかと思ふ。ケリは古来キと同じく過去を表すのが原義であつて、それが詠嘆にも用ゐられるといふのが普通の見方であつて、勿論キとケリとの差異は論ぜられてはゐるが、過去を表すのが主なる助動詞ならば、何を以て古代の用法に過去の例が少いだらうか。又過去の語が如何にして詠嘆にも用ゐられるかが考へにくい。平安朝に入つて、

今は昔竹取のおきなといふものありけり。竹取物語

昔男ありけり。伊勢物語

むかし式部大輔左大弁かけて清原の大君ありけり。宇津保物語

いづれのおほん時にか、女御更衣あまたさぶらひたまひける中に、いとやんごとなききはにはあらぬが、すぐれて時めきたまふありけり。源氏物語

のケリが、

今は昔、中納言なる人の御むすめあまたもたまへるおはしき。落窪物語

のキと同じやうに用ゐられ出してから、ケリを只管過去として、その語源をキに結びつけてさへ考へて了つたやうに考へられる。しかしこの語源は果して過去のキに求むべきものであらうか。私はこの語源についてはむしろ「来《キ》アリ」の方に与するものである。過去のキにアリの結びついたものであるとすることは、第一に活用形の上から難がある。古代のキの連用形にキ若しくは同語根のカ行音が存したか如何かは明かでないからである。周知の如く万葉集には来字若しくは「来有」をケリと読ませてあり、又「来理《ケリ》」「来流《ケル》」「来良之《ケラシ》」「来師《ケラシ》」「来下《ケラシモ》」などの用字がある。この用字を以て推す時に、万葉時代のケリに動詞「来《ク》」の連想をもつてゐたことは確かであつて、殊に「来有」と記した如きは、この語源を考へる上に先づ省みるべきものであらう。

〈中略〉

即ちケリはキアリであつて、「来《ク》」を形式動詞とする時は、動作の過去より継続して今に存在することを表すのであつて、「前カラシ(アリ)続ケテ今ニアル」の義である。時からいへば動作の初を過去に想定するけれども、今に存在するのであるから現在でなくてはならない。元来アリの融合して出来た助動詞のセリ・ザリ・タリ・メリなど時は皆現在である。ケリは過去から動作が継続して現在に存在することを表すのを原義と考へることが、語の成立上妥当のやうであつて、

今始弖遺物爾波不レ在本与利(自)朝使其国爾遣之其国与利進渡祁里　続紀第五十六詔

〈以下用例略〉

などは其の原義に用ゐられてゐるものと言へよう。

そのような本義から、「常住必至」の恒常的状態を表わす用法が派生すると論じられる。

而してその一つは原義なる継続的存在の義が恒久の義をもつので、たとひそれが目前現実の事象でなくとも、常住必至のことであるならば、時をば超越してこのケリが用ゐられてゐるやうに感ぜられる。それには已に掲げた仏性・経の徳・因縁等の叙述にケリを用ゐた例が当るのであつて、それらは常住必至のことである。現代口語に訳して「モノダ」とも言はれるだらう。このモノは常習を表す語としてである。

そして、さらにそこから「目前現実」の事象の強調、そしてその一種の詠嘆が説明されると考えている。

更に目前現実の事象については、その存在(現実)を強調する義に用ゐられる。即ち動詞の表す動作の存在の

確かなることをいふ義になつて行く。多くの用法が是である。現代口語に訳して「ノダ」など言つたらよいであらう。

諸の人悉ク共に伝（へ）て　咸ク［言］「王子は死（に）たまひケリ。」といふ。一九七ノ一三

〈以下用例略〉

この強調の用法の中の一種とも見るべきものが、いわゆる詠嘆の用法と呼ばれるものである。口語に訳して「ワイ」といふのである。勿論この詠嘆といふのも程度の差であつて、限界は漠然としてゐるが、この古点に於て、前後関係から詠嘆に聞えるのは、今まで気付かなかつたことを、今それと気付いた時に発するケリが、これに当るやうである。

我レ今始（め）て如来大師は般涅槃（し）たまはず［不］アリケリ、及舎利を留（め）たまヘルことは、普ク衆生を益せむとなりケリと知（り）ヌ。一九ノ六

〈以下用例略〉

以上、春日政治（一九四二・一二）

もっとも、春日説はその後多くの研究者に受け継がれるものの、春日政治（一九四二・一二）の主張は、実はアスペクト説であった、と看破した研究者は思いの外少ないように思われる。そのような中でも、山口佳紀（一九八五・一）は、さらに歩を進めて、言語普遍的にテンス形式はアスペクト形式から派生する場合が多い、という議論を援用して、ケリのみならずキも上代以前にはアスペクト形式であったと考える。

日本語には、もともとテンスの別を表わす形式がなく、後に過去を表わす形式が分化して、テンス的対立が生じたものと考えられる。確言法には、過去と現在の対立しかなく、未来は推量法に属するものであった。

それでは、過去を表わす形式は、どのようにして成立したのであろうか。古代語において過去を表わす助動

詞キ、およびしばしばそれと対比されるケリについて、考えてみたい。

結論的に言えば、過去を表わす形式は、アスペクトを表わす形式の一種から転成したものと思われる。

小林好日(『国語学の諸問題』三二九頁)は、ヌは動作の完了を示すもの(完了態)であり、ツは動作の完了と共に動作の惹き起こす結果の観念をもつもの(已然態)であると説くが、現在行われる動作について完了を示すことは、主観的に過去の領域に入らざるを得ず、ツ・ヌが「動作態」(アスペクト)的意味から「時階」(テンス)的意味へと移り行くことは当然かもしれないと述べる。そして、

「き、し、しか」も嘗ては亦同じ径路をとつて古く時階上の過去となつたものゝやうにも想像される。

と記している。

現代語で、過去を表すために用いられるタが、古く存続あるいは完了を表わすために用いられたタリから来ていることは、しばしば指摘される所である。過去はテンス的意味であり、存続・完了はアスペクト的意味である。

それでは、いわゆる過去の助動詞キが、かつてテンス的でなく、アスペクト的であったことを示すような徴証はないであろうか。各活用形について考えてみる。

・[連体形に関して] 今泉(引用者注：今泉忠義(一九三〇・一〇、一九三一・一二)を指す)は、次のように、過去とは考えにくいシのあることを見出だしている。

①みつみつし久米の子らが垣下に植ゑし(宇恵志)椒《はじかみ》口ひひく我は忘れじ撃ちてし止まむ(記・神武・歌一二)

②やすみしし我が大君の遊ばしし猪《しし》の病み猪のうたき畏み我が逃げ登りし(尓宜能煩理斯)在り峰《を》の榛の木の枝(記・雄略・歌九七)

③下づ枝の枝の末葉は蚕衣《ありきぬ》の三重の子が捧がせる瑞玉盞に浮きし(宇岐志)脂落ちなづさひ水《みな》こをろこをろ

に是しもあやに畏し（記・雄略・歌九九）

〈論証略〉

すなわち、右の如きシは、ある動作・作用が起こって、それが続いている、あるいはその結果が残っているというような、アスペクト的意味を表わすものと見るべきであろう。

・已然形シカについては、適切な例に乏しいが、次の例はどうであろうか。

妹をこそ相見に来しか（許思可）眉引の横山辺ろの鹿猪《しし》なす思へる（万一四・三五三一・東歌）

この場合、今、妹の家の門前にあるという趣きであるが、妹に逢いに来たという過去の動作が問題なのではなく、その結果門前にいるという現状に焦点があると思われる。その方が「鹿猪なす思へる」という表現とよく調和しよう。

・終止形キについては、どうであろうか。

射ゆ獣を認《つな》ぐ川辺の若草の若くありき（阿利岐）と吾が思《も》はなくに（斉明記・歌一一七）

キを過去とのみ考えずに、或る状態が過去から続いて現在に至るという、後述のケリと同じような使い方があったとしたら、どうであろうか。そうすると、「若くありきと吾が思はなくに」は、「若くあり続けて今に至っている（未だに若い）と私は思っている訳ではないのに」の意となり、本来、自分の老いを嘆く歌だったということになろう。

・未然形ケにも、同じような問題がある。

つぎねふ山代女の木鍬もち打ちし大根根白の白腕《ただむき》枕かずけ（麻迦受祁）ばこそ知らずとも言はめ（記・仁徳・歌六二）

このケは、過去のキの未然形という程度にしか把握されていないが、過去のある時点に枕にしなかったならばというのではない。枕にしないという状態が今にまで続いているのならば、すなわち枕にしたことがないならばの意である。

以上のように、キにも上代以前にはアスペクト形式であった徴候を示す例が少なからずあるのであることがわかるが、さらにキの活用のうちでも、カ行とサ行とでは意味が異なっている可能性があることが指摘される。

こうして見ると、キの諸活用形の用例の中には、過去の意を表わしているとは思えないものがあることが分る。しかも、

シ・シカ……動作・作用が起こって、それが続いている、あるいは、その結果が残っている。リ・タリに近い。

キ・ケ……過去から現在にまで動作・作用が続いている。ケリに近い。

のように、意味上、二系列に分れているように感じられる。これは、しかし偶然でなく、前者が語源的にス（為）に遡り、後者がク（来）に遡るということと関係があるのではないだろうか。

次にケリであるが、まず上代のケリを以下の六つの用法に分類することから議論が始められる。

①超時的事態（状態）を、初めて気づいたこと、改めて痛感したこととして述べる。

赤玉は緒さへ光れど白玉の君が装し尊くありけり（阿理祁理）（記・神代・歌七）

②恒常的事態を、初めて気づいたこと、改めて痛感したこととして述べる。

天の原振りさけ見れば照る月も満ち欠けしけり（之家里）あしひきの山の木末《こぬれ》も春されば花咲きにほひ秋づけば露霜負ひて風交じり黄葉散りけり（落家利）（万一九・四一六〇）

③過去に起こって結果の残っている動作・作用を、初めて気づいたこととして述べる。

家に来て我が家を見れば玉床の外《ほか》に向きけり(向来)妹が木枕(万二・二一六)

④過去に起こった動作・作用を、初めて気づいたこととして述べる。

我が大君天知らさむと思はねばおほにそ見ける(見谿流)和束杣山(万三・四七六)

⑤過去または現在の事態の原因・理由に気づいて、事態の必然性に初めて納得したことを表わす。

朝髪の念ひ乱れてかくばかり汝姉《なね》が恋ふれそ夢に見えける(所見家留)(万四・七二四)

⑥過去の事態を伝聞として述べる。

ももしきの大宮人のまかり出て漕ぎける(榜来)舟は棹梶もなくてさぶしも漕がむと思へど(万三・二六〇)

〈以上用例一部省略〉

以上、六つの用法に分けて見たが、①~⑤には、今まで気づかなかったことに気づく、或いは意識してこなかったことをはっきり意識するという共通の意味合いが感取される。

以上の用法の分類から、以下のようにケリの意味が帰納される。

以上の如く考えると、ケリは過去か現在かというよりも、まず、テンス的な意味か、ムード的な意味かというふうに問わなければならない。そして、ケリについては、事柄のテンスは問題でなく、初めて気づくとか改めて痛感するとかいうムード的な意味を重視すべきである。〈中略〉

ところで、⑥の使い方だけは、初めて気づくという意味でなく、事柄も過去に属するものに限られるという点で、①~⑤と性格を異にする。しかし、⑥はその他と無縁というのでなくて、④の「過去に起こった動作・作用を、初めて気づいたこととして述べる」という用法からの展開として出て来たものであろう。

以上、山口佳紀（一九八五・一）

このように、ケリに関しては、むしろ後に見る、ムード説のうちでも「気付き・発見」説（第4・1節）と言ってもよいものになっている。とはいうものの、山口佳紀（一九八五・一）は、最初にテンス形式はアスペクト形式起源であるという議論を下敷きにしているのであるから、おそらく原則として、ケリも春日説を承けて、アスペクト起源であるとしたうえで、本来その含意であったムード的意味が中心を占めるようになってきた、という趣旨であろうと忖度される。

以上のような議論を承けて考えるに、たとえキもケリもかつてはアスペクト形式として成立したものであるとしても、まずキが上代以前にテンス形式として確立し、ケリは上代においてアスペクト形式からテンス形式へと展開しつつある段階であったのではないかと考えられる。上代において、中古語とは対照的に、地の文にキが用いられる例が指摘されることがあるが、これはその語りの内容が、これは、中古語のように、地の文の内容が語り手の直接経験あるいは確実な過去であるためにキが用いられたのではなく、むしろキ・ケリの文法的な機能そのものが中古語とは異なっていたためなのではなかろうか。すなわち、上代には、ケリが語りを担ったテンス形式として確立していなかったために、その部分をキが補完していた、と考えるのである。

3　文内のテンス機能説

以下、第3、4、5節で論じる、文内のテンス機能説、文内のムード機能説、テクスト機能説は、いずれも中古語和文ないし和歌におけるキ、ケリの使い分けに関して提出された説であって、互いに競合することになる。したがって、以下の論述は、それぞれの説の有効性と限界とを指摘していくことに重きが置かれることになる。

3・1　キ―目睹回想・経験回想・直接的過去／ケリ―伝承回想・伝聞回想・間接的過去

キ・ケリの使い分けに関して、現在最も通説化しているものは、細江逸記（一九三二・一二）である。

偖、已に言つた如く、現代英語に於いては単なる『回想叙述』の場合に、語形上経験と非経験の区別はなくなつて仕舞つたが、Old English の時代にはまだ或程度までは其区別が残つて居た。何れ其事は順を追うてこれを明かにしたいと思ふが我が国語に於いても古くは頗る明瞭に此間の差別が言語の上に表示されて居たものであると信ずる。本節の見出しに附けられた名称（引用者注：節の見出しは「“Maziyi Shouhoudi:” と “Maziyi Naqli:”」）は土耳古文法の用語であつて、同語では今日尚明瞭に此両者の区別を立てゝ居て、『経験回想』をなす語形を “Maziyi Shouhoudi:”（〈トルコ語表記は省略〉= Eye-Witness Past）と称し、『非経験回想』の語形を “Maziyi Naqli:”（〈トルコ語表記は省略〉= Reporting Past）といふ。例を挙げると英語で同じく “He lived” といふのでも、言者が其事実を目睹して確信して居る場合であれば土耳古人は “Maziyi Shouhoudi:” を用いて

o yashadi

と言ひ、只他よりの伝聞に過ぎない時は “Maziyi Naqli:” を用いて

o yashamish

と言ふのである。英人が同じく “He wrote” といふ場合でも土耳古人は

o yazdi = He wrote (in my presence).
o yazmish = He wrote (it is said).

の如く区別する。前者は “Maziyi shouhoudi:” で私は又『目睹回想』と言ひ、後者は “Maziyi Naqli:” で私は又

『伝承回想』と名附ける。此区別は独逸語にも或程度まで存在し、

Sie *waren* gestern in der Oper. (＝You *were* in the Opera yesterday)

Sie *sind* gestern in der Oper *gewesen*. (＝You *have been* in the Opera yesterday)

といふ例が Wetzel の *Die Deutsche Sprache*, p.153 及び Curme の *A Grammar of the German Language*, p.213 に出て居る。

〈中略〉

序を以て私は我が国語を熱愛するが故に、暫く我が国語に就いて私の所信を述ぶることを許されたい。私の考えに依れば我が国語には古き昔に於いて此両者の区別が厳然と存在して居たので、「き」は『目睹回想』で自分が親しく経験した事柄を語るもの、「けり」は『伝承回想』で他よりの伝聞を告げるに用ひられたものである。これは私自身の研究結果恐らく誤りではあるまいと思ふところであるが国語学界には未だ認められて居ない模様である。〈中略〉

私見によれば草紙地（記録的）に「けり」のあるのは、それが作者の言葉であって『伝承』であるか、然もなくば自己の作為より出づる事柄を『伝承』として叙述するからで、何れも『非経験的』に属し、又対話（対談）に「き」とあるのは、記述する事柄がその言者の『経験』であるか、然もなくば『経験』として陳述するからであつて、…　細江逸記（一九三二・二）

この説は、細江逸記（一九三二・二）の悲観的な口吻にも拘わらず、その後、以下に見るように、国語学界の通説の地位を確立する。たとえば徳田浄（一九三六・一〇）では、富士谷成章以来の説を七つに類型化し、その最後に細江説を挙げて、「キは目睹回想で自分が親しく経験したることを語り、ケリは伝承回想で他より伝聞を告げるもの。（細江逸記氏）」とまとめている。また、木枝増一（一九三七・二）は、諸説を挙げた後で、山田説と細江説とを示し

て、「右の細江氏の説はたしかに傾聴に値する説と思ふ。」と評価している。
こうして、一九五〇年代には細江説の通説としての地位は不動のものとなる。

「けり」は、「き」が実際に経験した事実の回想に用ゐられるのに対して、間接に伝聞したことの回想に用ゐられる。平安時代の物語に、「けり」が多く用ゐられるのは、それが、伝聞した過去の事実を物語るといふ形式に基づいてゐるからである。

時枝誠記（一九五四・四）

そういうわけで、われ〳〵は、徒然草においては、「けり」が用いられている話は作者（又は語り手）が直接経験しなかつた話であり、「き」が用いられている話は、作者（又は語り手）が直接経験したところの話であると取扱つてよかろう。

堀田要治（一九五五・七）

近年では、加藤浩司（一九九八・一〇）が、基本的には細江説を受け継いで、キ・ケリに関する一書を編んでいる。その最終的な結論は以下の通り。

①基本的な意味機能の差異
キ……その事象が生起するのをその時点で自分自身が直接目撃したり明確に意識したりしたという視覚的・感覚的記憶を伴うものを表現するのに用いる。
ケリ……こうした記憶を伴わないものを表現するのに用いる。それは、後になってからその後の状況によって気づいたり、また推定したり、また他人からの伝聞によって知ったりなど、何らかの方法で間接的に認識した事象である。

②文体的機能に関する差異
キ……(それが正統な「語り部」の暗誦・口授による正確な伝承に用いられることから)叙述される事象が実際に生起した確かな事実であることを示す機能。

ケリ……(それが日常的な伝聞——いいかげんな聞き取りと記憶、及び改変の自由——と結び付いていることから)叙述される事象が実際に生起した確かな事実であるか否か不明なことを示す機能。
③テンスに関する差異
キ……事象が生起した時点と表現主体がその事象を認識した時点とは同じ。これと発話時点との間には、夜間の睡眠一回等の、比較的長い時間的隔たりが存在する。

ケリ……表現主体が事象を認識した時点は事象が生起した時点よりも後。ただし、事象が生起後にも継続している場合があるので、同時と考えられる場合もある。その場合にも表現主体は認識した時点よりも事象の生起時点の方が前だと意識していると考えられる。発話時点と認識時点との時間的距離に関しては、同時の場合(「気づき」の用法など)と、発話時点が認識時点より後の場合(「伝聞過去」の用法など)とがあるが、キのように一定時間以上の隔たりは必要ない。
④指示機能に関する差異
キ……(話し手・聞き手に共通するエピソード記憶を前提として)特定の個体を指示する機能を有する。

ケリ……特定の個体を指示する機能を有さない。
⑤上接語に関する差異
キが下接するのみでケリが下接しない(しにくい)語については、
①杉崎一雄氏のいう「自己卑下」の敬語である、「給ふ(下二段)」「罷る」「詣で来」や複合動詞の「罷り～」と「歩き罷る」、及び同様の性質を持つと考えられる「承る」

②表情を表わす「～げなり」という形容動詞や助動詞のメリ、終止ナリ
が挙げられた。逆にケリが下接するのみでキが下接しない（しにくい）語については、
③「こよなし」や「う（む）べなり」、及び助動詞の連体ナリ
が挙げられた。

⑥構文的機能に関する差異
キは連体修飾用法や準体用法が多く、ケリは終止用法が多い。これは、キがコトガラ（客体的事象・事態）として対象化されやすい「過去の事態であることを示す」意味で多く用いられるのに対し、ケリはそうした意味で用いられることが少なく、「気づき」といった話者の判断作用を表わす意味で比較的多く用いられることを示していると考えられる。

加藤浩司（一九九八・一〇）

このように、ほぼ、通説化した観のある細江説であるが、それを具体例に適用して検証してみるとどうなるであろうか。そのような意味で、ここでは、『源氏物語』のキ・ケリの全用例を、基本的には細江説を下敷きに分類した、吉岡曠（一九七七・三a、b、一九七八・三、一九九一・三＝一九九六・六）を見てみたい（用例は『角川文庫』、数字は巻数・ページ数を表わす）。

会話文・心内語・和歌に用いられるキは一九三〇例あり、これらは九九パーセント弱が問題なく直接体験と分類しうるという。

（尼君）「をしげなき身なれど、捨てがたく思う給へつることは、たゞかく御前にさぶらひ御覧ぜらるゝ事の、変はり侍りなむ事を、くちをしく思ひ給へたゆたひしかど、…」など聞えて、よわげに泣く。

（夕顔、一・一〇七）

それに対して、地の文のキ、九七六例は以下のように分類されている。

一　体験話法的文脈の中に用いられたもの（作中人物の立場からの作中人物の体験の回想）　三九七例

（紫の上は須磨の光のもとへ）旅の御とのゐ物など、調じて奉りたまふ。縑《かとり》の御なほし、さしぬき、さま変りたるこゝちするもいみじきに、「さらぬ鏡」と宣ひし面影の、げに身に添ひたまへるもかひなし。

（須磨、三・四二）

二　先行記事を受ける特殊用法のもの　二五八例

かの夕顔のしるべせし随身ばかり、さては、顔むげに知るまじきわらは一人ばかりぞ、ゐて（夕顔の宿へ）おはしける。

（夕顔、一・一一七）

三　語り手の立場からの語り手の体験の回想とみなされるもの　二三六例

A　語り手を単に光源氏側近の女房と漠然と想定して、そういう語り手の体験の回想であることがほぼ確かなもの　一六二例

まだ中将などにものし給ひし時は、うちにのみさぶらひようし給ひて、おほいとのにはたえ〲まかで給ふ。しのぶの乱れやと疑ひ聞ゆる事もありしかど、

（帚木、一・五〇）

B　伝聞した事柄ではあっても、語り手が確かだと確信しうる事柄について用いられたもの　三七例

年頃はいとかくしもあらざりし（六条御息所の）御いどみ心を、はかなかりし所の車争ひに、人の御心の動きにけるを、かの殿には、さまでも思し寄らざりけり。

（葵、二・一〇〇）

C　語り手の経歴・地位などがもう少し具体的につきとめられれば、そういう語り手の体験の回想としてAグループに入りうるもの。あるいは逆に、これらの「き」を語り手の体験の回想と仮定することで、語り手の経歴・地位などをさらに具体的に把握する材料となりうるもの　三七例

(桐壺更衣は)はじめよりおしなべてのうへ宮づかへし給ふべきにはあらざりき。…あながちにおまへ去らずもてなさせ給ひしほどに、おのづからかろきかたにも見えしを、このみこ生まれ給ひてのちは、いと心ことに思ほしおきてたれば、(桐壺、一・二六―二七)

四　語り手の体験の回想とはみなされないという意味で例外的なもの　六二例

ありしながらうち臥したりつるさま、うちかはし給へりしが、我が御くれなゐの御ぞの、着られたりつるなど、いかがなりけむ契りにかと、道すがら思さる。(夕顔、一・一三八)

これを見ると、キが用いられる基準がかなり雑多であり、統一性がないことが見て取れる。何とか直接経験という基準でまとめたいという意図は感じられるものの、そもそも地の文における直接経験とは何を意味するのであろうか。原則的には、語り手は物語を創作して描くのであって、物語中の出来事を直接経験するものではない。それでもあえて、地の文を直接経験した内容であると説明するために、二つの解釈がとられている。一つは、語り手が物語の登場人物に感情移入して、登場人物の直接経験を地の文として表現する、いわゆる体験話法であるという解釈(一)。もう一つは、語り手を光源氏側近の女房という形で、物語世界の中に実体化することによって、その女房の直接経験であると考える解釈(三)である。それでも、どうしても直接経験と見なすことが不可能な例が少なからず出てきてしまうのであって、それは先行記事を受ける場合(二)と言えるものもあるが、先行記事にもない場合(四)も出てきてしまう。

しかしながら、これらはいずれも現在進行中の物語時点、すなわち物語時現在から見て、それ以前である、すなわち物語時過去である、という点では一貫している。まず、一の例も少し前に出てくる次の一節の源氏の歌を受けている。

（源氏）「身はかくてさすらへぬとも君があたり去らぬ鏡のかけははなれじ」
と聞え給へば、
（紫の上）「わかれても影だにとまるものならば鏡を見ても慰めてまし」
（須磨、三・二九）

二はそもそも先行記事、すなわちそれ以前に物語られた内容を受けるものであるという分類であるが、たとえば以下の部分前後を受けている。

御たゝうがみに、いたうあらぬさまに書き変へ給ひて、
（君）「よりてこそそれかとも見めたそがれにほの〴〵見つる花の夕顔」
ありつる随身してつかはす。
（夕顔、一・一〇九）

三の三つの場合も、Aでは、桐壺巻から帚木巻にいたる間に経過した省略された出来事を指しており、帚木巻冒頭の段階ではすでに過去のことである。Bでは、六条御息所の競争心が激しくなかったのは、車争い以前である。Cでは、桐壺更衣が人々に軽視されていたのは、源氏が誕生する以前である。また、四でも、夕顔に源氏の紅の衣が着せかけられていたのは、本文にはないが、なにがしの院で契りを交わす時に、衣を掛け交わしたのだろう。ここで、過去の助動詞だから、過去を表わすのは当然だ、という批判は当たっていない。過去の中でも、進行中の物語の現在を基準にした過去、すなわち物語時制過去で用いられているという点で、ケリの用法とは対照的である。

要するに、地の文のキは、物語時制過去を表わすと規定すれば、おそらく例外は一つも出ないものと思われる。それを、あくまで直接経験という基準を持ち込んでしまったために、分類が一貫性のないものになってしまったのだと思われる。

次に、会話文その他の「けり」一三九二例は、次のように分類されている。

A　気づきないしは確認　九二四例

もののの心しり給ふ人は、かゝる人も世に出でおはするものなりけりと、あさましきまで、目をおどろかし給ふ。（桐壺、一・二八）

B　非体験ないしは不確実な事柄を回想するもの　三三七例

B1　故事・伝説・伝承を表現するもの　六〇例

もろこしにも、かゝる事の起こりにこそ、世も乱れ、あしかりけれ、と、やう〳〵、あめのしたにも、あぢきなう、人のもてなやみぐさになりて、楊貴妃のためしも、ひきいでつべくなりゆくに、（桐壺、一・二五）

B2　非体験の伝聞した事柄を回想するもの　一七九例

（夕顔が）かうのどけきにおだしくて、久しくまからざりし頃、この見給ふるあたりより、情なく、うたてあることをなむ、さるたよりありて、かすめ言はせたりける、のちにこそ聞き侍りしか。（帚木、一・七〇）

B3　非体験ないしは不確実な事柄を推定して回想するもの　九八例

荒き風ふせぎしかげの枯れしよりこはぎがうへぞしづこころなき（桐壺更衣の母北の方の歌）などやうにみだりがはしきを、（桐壺帝は）心をさめざりけるほどと御覧じ許すべし。（桐壺、一・三七）

C　AともBとも両様に解釈される中間的なもの　七二例

（源氏）「いづかたにつけても、人わろくはしたなかりける御物語かな」とて、うち笑ひおはさうず。（帚木、一・七〇）

D　若干の注意すべき用法　五九例

君はいとあはれと思ほして、（君）「いはけなかり程に、思ふべき人々の、うち捨てものし給ひにけるなごり、はぐくむ人あまたあるやうなりしかど、したしく思ひむつぶるすぢは、またなくなむ思ほえし。…」など、こまやかに語らひ給ひて、（夕顔、一・一〇七）

ここで、あらかじめ指摘しておけば、Aの気付きないし確認の内容は、失念していた過去の出来事だけでなく、一般的真理などであってもよい（「かゝる人も世に出でおはするものなりけり」など）。

以上の類型を見てもわかるように、細江説のように伝承・伝聞を表わすものは、ケリの用例のうちでも、B1・B2に限られる。むしろ、非体験あるいは間接的情報というように、意味規定を緩くすれば、かなりの用例がカバーできるが、それでもAの中には、次のように直接体験と思われる例が少なくない。特に、後者のような会話文であっても長い語り（ここは所謂雨夜の品定めの一節）の場合には、地の文のケリと非常に接近してくることが見て取れる。

（命婦）「宮は大殿籠りにけり。見たてまつりて、くはしう御ありさまも奏し侍らまほしきを、待ちおはしますらむに、よふけ侍りぬべし」とて急ぐ。（桐壺、一・三四）

（馬の頭）「…懐なりける笛とり出でて吹きならし、『影もよし』など、つゞしり謡ふほどに、よくなる和琴を調べ整へたりける、うるはしく掻き合はせたりしほど、けしうはあらずかし。…」（帚木、一・六八）

以上のように、会話文等に用いられたケリに関しては、伝聞・伝承に限らず、非体験あるいは間接的情報と、意味規定を広げても、すべての用例をそれによって説明することはできない。また、ついでながら、気付きないし確認という意味規定によっても、すべての用例を説明することはできない。

さらに、地の文のケリ二〇三八例は、以下のように分類されている。

一　作中人物の立場を表現するもの　三〇〇例

（桐壺帝は）かうやうの折りは、御あそびなどせさせ給ひしに、心ことなる物の音をかき鳴らし、はかなく聞え出づる言の葉も、（更衣の）人よりは異なりしけはひかたちの、面影につと添ひておぼさるゝにも、やみのうつゝにはなほ劣りけり。（桐壺、一・三一）

二　語り手の立場を表現するもの　一七三八例

A　確認　六〇例

（桐壺帝は藤壺の入内で）おぼしまぎるるとはなけれど、おのづから御心うつろひて、こよなうおぼし慰むるやうなるも、あはれなるわざなりけり。（桐壺、一・四三）

B　非体験ないしは不確実な事柄を回想するもの　一四九三例

（桐壺更衣は）父の大納言はなくなりて、母北の方なむ、いにしへの人の由あるにて、親うち具し、さしあたりて世のおぼえ花やかなる御かた〴〵にもいたう劣らず、なにごとの儀式をもてなし給ひけれど、（桐壺、一・二六）

E　説明　一七九例

うちより御使ひあり、三位のくらゐ贈り給ふよし、勅使きてその宣命よむなむ、かなしき事なりける。女御とだに言はせずなりぬるが、あかずくちをしうおぼさるれば、いまひときざみの位をだにと、おくらせ給ふなりけり。（桐壺、一・三一）

F　例外　六例

いづれのおほん時にか、女御更衣あまた侍ひ給ひけるなかに、いとやむごとなききはにはあらぬが、すぐれて時めき給ふ、ありけり。（桐壺、一・二五）

Fの例外はわずか六例とはいえ、その中に、冒頭の一節が入ってしまうとすれば、この分類方法の不自然さの印象は拭いきれない。

さて、全体としての構成は、地の文のキの一・三の類型と対応して、作中人物の立場を表わすか、語り手の立場を表わすかに大きく二分されている。前者は体験話法に相当し、およそ作中人物の気付きないし確認を表わしていると言われる。後者はおよそ会話文等のケリの用法を地の文にスライドさせたものだが、会話文等のC・Dの用例は見当たらず、その代わりにE・Fの範疇が加わっている。ただし、二の語り手の立場を表わすとされるものは、あくまで語り手として物語中の人物である源氏側近の女房を想定することによって成り立つものであって、『源氏物語』でも、特に語り手を物語中に誰と想定しなければならないとすれば、Aの確認も、Bの非体験あるいは不確実な事柄の回想も、会話文と同様には類型化できないことになる。むしろ、『源氏物語』で用いられているケリの用法と、その他の作品で用いられているケリの用法との一貫性を考慮に入れれば、そのような特殊な語り手を想定してケリの用法を説明しようとすることは得策ではないだろう。

また、地の文のキ・ケリのうち、語り手の立場の表現であるものをならべてみると、キの三Bは語り手が確かだと確信したものとはいっても伝聞であって、ケリの用法と紛らわしく、ケリの二Aの確認には語り手の直接経験も含まれており、キの用法と紛らわしい。これで地の文のキ・ケリの用法の区別が明確になったようには思われない。

ところで、これらのケリ用例は、その内容が物語の時間上に位置付けられる出来事である場合には、まさに物語のその場で展開している内容、すなわち物語時現在の内容あるいはそれに対する語り手の感想を表わしている。また、非時間的な一般的・抽象的内容、あるいは神話・伝説などにもケリが用いられる。

以上のように、キは直接経験を表わし、ケリは伝承・伝聞ないしは非経験・間接情報を表わすという説は、会話文等の説明としてかなりの有効性を持つことは否めないにしても、地の文にそれを拡大しようとすると、語り手を物語中の人物として想定するというような、特殊な条件を設定しなければならなくなるし、そうしても地の文の用例の多くが説明できないものとなってしまう。それというのも、直接経験の有無というものは、そもそも語られている内容が語り手が属している世界の出来事でなければ意味をなさないのであって、語られている世界が語っている世界とまったく異質である一般的な物語の場合に、語り手の直接経験の有無を問題にすることはそもそも意味がないからである。

ちなみに、『今昔物語集』のキ・ケリに関しては桜井光昭(一九五五・一二)、『徒然草』のキ・ケリに関しては白石大二(一九七〇・五)の調査・整理があり、そこでも細江説が枠組として用いられている。

3・2　キ―アオリスト／ケリ―インパーフェクト

通説と言ってよい細江説に対する対案として有力な説として、橋本進吉(一九三〇＝一九六九・一一)が挙げられる。

「き」の方は、むしろ、事実として過去にあつた事を示すので、客観性がつよく、「けり」の方は、主観的要素がつよく、低徊するやうな心もちがあるのであらうとおもはれる。

三矢博士は、「き」を動作的、「けり」を状態的とし、「き」は対話的文に用ゐ、「けり」は叙述文に用ゐる事を指摘してゐる。(『高等日本文法』附録、「日本語の動作と状態」)この区別は絶対ではないが、大体見られようとおもふ。「き」は「来」から出たといふ説はとにかく、「けり」は「来」に助動詞「り」のついたものから出たのではあるまいかと考へられる。語形も等しく(「け」は共に甲類のケ)、意味も、「り」の継続存在の意味と通ずる所があるやうである。

印欧語に於て過去の事実を叙述するのにAoristとImperfectとの二つの形がある。その区別についてJespersenがPhilosophy of Grammar(276)に述べてゐる事は、「き」と「けり」との区別にかなり似たところがあるまいかとおもふ。

(＊筆記―参考になる。この両者はギリシャ語でよく分れてゐる。その区別は、thenの区別と同じである。「それから」と「その時」と。Aoristは話をどん〳〵進めてゆく。Imperfectはその時にあつた事情にひつかかつて永々と述べるのである。テンポが違ふと。つまり「き」がAoristに、「けり」がImperfectに当るのではないかと思はれる。)

橋本進吉(一九三〇＝一九六九・一一)

ほぼそれと共通する側面を持つ説として、原田芳起(一九六四・五)がある。すなわち、次の『源氏物語』の一節に関して、後のように述べる。

みこたちは、東宮をおき奉りて、女宮たち四ところおはしましける、その中に、藤壺ときこえしは、先帝《せんだい》の源氏にぞおはしましける、まだ坊ときこえさせし時参り給ひて、高き位にも定まり給ふべかりし人の、とりたてたる御うしろみもおはせず、母方もその筋となく物はかなき更衣腹にて物し給ひければ、御まじらひの程も心細げにて、大后《おほきさき》の内侍のかみを参らせ奉り給ひて、かたはらに並ぶ人なくもてなしきこえ給ひなどせし程に、けおされて、みかども御心のうちにいとほしきものには思ひきこえさせ給ひながら、おりさせ給ひにしかば、かいなくくちをしくて、世の中を恨みたるやうにて亡《う》せ給ひにし、その御腹の女三の宮を、(源氏―若菜の上)

> いわゆる目睹回想・伝承回想の区別を適用できないことは、改めて説くまでもなく明らかである。「けり」と「き」とを交換して用いても、意味が不通になることはないこともまず承認される。ただ、これを入れ換えれば、事象のとらえかたは変わってくる。たとえば、「女宮たち四所おはしましき」としたら、昔のある一時期の事実として完結したことになり、そこで時の流れは切られる。即ち、今は昔の事実として、今との間に、はっきりと断絶が置かれる。「おはしましける」では、継続した状態として見ているのである。「藤壺ときこえしは」「まだ坊ときこえさせし時」は、それぞれ「ける」に変えられないことはない。そうすれば、歴史的な時の流動に添うて物語を展開させてゆく文体となるが、「し」で表現されていると、藤壺と申した事実はその時期で終ってその後に及ばないから、今との間に事の連続がない。坊と申した時期は即位と同時に切れるのである。この事実にもかかわらず、「藤壺ときけえ《ママ》けるは」「坊ときこえさせける時」も可能であるのは、これをその当時の歴史的現在として、時の展開に添うて語り進めることが可能だということである。〈中略〉
>
> 　かかる文体での「き」「けり」の表現性の差は、「き」は一回的過程としてとらえられており、その状態が経過した後にまで及ばない、これに対して、「けり」は継続的過程としてとらえられている、という点にある。
>
> 原田芳起（一九六四・五）

ここで、アオリスト、インパーフェクトという術語の、ヨーロッパ語文法における意味に拘泥することは生産的ではない。むしろ、古代日本語のキ・ケリのどのような特徴をそのような術語を用いて示したかったかが重要であろう。その特徴とは、およそキが現在とは切り離された、現在に何の影響も及ぼさない過去の出来事に用いられ、ケリが結果的な状態の持続にせよ心理的な影響にせよ、現在に何らかの影響を及ぼしている出来事に用いられる、というように、時間関係に重きを置いたものである。

とりあえず、さまざまな表現効果は別にして、キ・ケリの区別の根本を、過去に起こった出来事が現在と断絶しているか、現在に何らかの影響を及ぼしているか、という点に求めるとすると、さまざまな問題が生じる。第一に、ケリが及ぼす何らかの影響というものが、アスペクト的な結果存続といった直接的・物理的な影響のみでなく、伝承・伝説という形で現在まで伝わった場合、過去・現在の出来事に現在気付いたり発見したりする場合、果ては詠嘆のように心理的な影響が現在にまで及んでいる場合などを含めるとすると、〝何らかの影響〟という概念の内容がかなり稀薄になってしまい、少なくともキの一部が、果たしてそのような意味合いでも現在に影響を及ぼしていると言えないのかどうか、大いに疑わしい。

第二に、なにより、地の文にまで視野を拡大して、もし現在というものを語りの現在、すなわち表現時現在であるとすると、まったく異質であるはずの語られた世界の出来事が語っている語り手の現在に影響を及ぼすかどうか、という不自然な問題設定を行うことになる。その場合しばしば、『源氏物語』では語り手が源氏に近しい女房であるというフィクションに基づいているという説明や、あるいは一般的に物語の内容は語り手の現在に対して過去に位置付けられるのが通例であるという説明が用いられる。前者に対しては、語りのシステムは『源氏物語』に限らず、さまざまな物語に共通であることから、源氏に近しい女房を語り手に設定するという特殊な状況によって説明すべきではない、と論じることができるだろう。後者は一応もっともな議論ではあるが、それによってキ・ケリの区別が付くわけではない。物語内容が現在まで伝わったためにケリが用いられるのであると言うのであれば、地の文にキが用いられる根拠は失われ、キもケリも用いられない文に対する説明にも窮してしまう。そこで実際の用例から、ケリはそれでいいが、キは物語の中で進行中の現在、すなわち物語時現在に対してそれ以前であることを表わしているのである、という議論も見かけるが、そうであるとするならば、もはやキ・ケリの区別は(表現時)現在に対する何らかの影響の有無によるものではないことになってしまう。また、キもケリも用いられない文は、ケリの文で枠付けられた物語の内容が展開する部分であるというような説明をするのであれば、もはや文単位でキ・ケリの働きを考えようとする議論を離れ、テクスト全体におけるキ・ケリの用いられ方を考える議論にシフトしていることになる。

3・3　キ―アクチュアル／ケリ―非アクチュアル

ここで言う〝アクチュアル〟という概念は、時間的空間的に特定できる出来事のもつ特徴を表わしており、一般的な性質・状態、客観的真理、反復される出来事などは〝非アクチュアル〟なものと分類されることになる。このアクチュアルという概念そのものがテンス・アスペクトに関わるものというわけではないが、テンス・アスペクトの分析に深く関わった概念であることには間違いない。この意味特徴によってキ・ケリの使い分けを分析しようとしたものとして、鈴木泰（一九九二・五＝一九九九・七）が挙げられるが、鈴木は最初は、第3・2節で見た、キはアオリストで、ケリはインパーフェクトであるとする説から出発したもののように見受けられる。その後も紆余曲折があるようであるが、鈴木泰（一九九二・五＝一九九九・七）の立場も、決して単純にアクチュアル性の有無とは言い切れないところもあるが、とりあえず以下の一節では、アクチュアル性によってキ・ケリの使い分けが説明されている。

以上、ダイクティックな時間状況表現が～ケリ形と共起する例について検討してきたが、いずれも、～ケリ形は脱テンス的な意味を表しており、ほとんどの例で過去であることを意味していない。これがまた、～ケリ形が現在を表すものを中心とした非ダイクティックな時間状況表現と共起しうる理由であると考えられる。つまり、～キ形と～ケリ形は、過去を表すものとして共通し、発話時からどれくらい隔たった時点の出来事を表すかというようなところで違うのではない。その違いは、～キ形は出来事を時間軸の過去の特定の時点に定位できるアクチュアルなものとして表すのに対して、～ケリ形は出来事を特定の過去の時点に生じたアクチュアルなものとしてではなく、時間軸上の局在性を脱落させた非アクチュアルなものとして表そうとしているところにある。

また、第5・2節で見る竹岡正夫(一九六三・一二)は、ケリの機能を「あなたなる世界」を描くことにあるとするが、その「あなたなる世界」の中には、空間上ないし時間上の「あなたなる世界」のように物語世界と地続きのものもある一方で、恒久的真理的事象界、歴史的世界、伝説・物語類の世界のように、物語の世界とは異質の、ここでの用語に従えば非アクチュアルなものがあることを指摘していた。このように、ケリは、確かに時間的・空間的に特定されない事態に用いられるという側面も無視できない。

4　文内のムード機能説

これまで、ケリの用法の中で、「詠嘆」「発見」「確認」「説明」などは、本来はテンスの用法が、ムード(あるいはモダリティ)にまで拡張したものである、というように論じられることが多かった。この議論の背後には、客体的―主体的、ないし客観的―主観的といった基準を助動詞の相互承接に適用した、ヴォイス―アスペクト―テンス―ムードと連なる階層的観点が存在している。しかし、「詠嘆」「発見」「確認」「説明」などは、時制に比べて確かにある種の〝主体性〟〝主観性〟があると言うことは不可能ではないだろうが、所謂ムード(モダリティ)、たとえば芳賀綏(一九五四・四)のいう断定・推量・疑いなどのような「述定」や、命令・質問などのような「表出」、あるいはそれに対応する南不二男(一九七四・三)のC段階、D段階の中にこれらを位置付けようとすることには無理がある。そのような言語行為とこれらを同列に扱うことはできない。そのように考えると、安易にケリのそれらの用法がある種の〝主観性〟を持っているからといって、ムード(モダリティ)への拡張であると論じることは、ムード

(モダリティ)を概念的に明確化せずにゴミ箱化しているとしか考えられない。むしろムード(モダリティ)概念は、言語行為に関わるものに限定して、そこからはずれるこの〝主観性〟とはどのようなもので、どのような問題圏に属するものであるかを追求すべきであろう。ある表現が〝主観的〟と呼ばれることは、むしろそのような追求が不充分であることの表示と考えるべきである。以下、キ・ケリに、厳密な意味でのムード(モダリティ)というわけではないが、ある種の〝主観的〟意味を認めようとする説を見ていきたい。

4・1　キ—確信／ケリ—気付き・発見

大野晋(一九六八・二)では、キとケリとの区別を以下のように説明している。

過去に関しては、キとケリとがある。今ここに過去という語を使ったが、今日のわれわれの意識では、過去は、過去、現在、未来という一直線的時間の経過の一つの客観的な点、あるいは線として理解され勝ちである、しかし、キとケリとを考える場合に、その考えで臨むことは正しくない。キとは事件について自己の記憶に確実であることを示す。自己の目で確かに見たことを示す助動詞である。ケリとは、その語形を見ても分るように本来キとアリとの複合語である。(kiari → keri)だから奈良時代などには、咲キニケラズヤなどの用例がある。このケラは③(引用者注：助動詞の承接順序で完了存続の段階)に所属する。ケラ、ケリの意味は単に過去の記憶を表わすのではなく、過去のことが現在にまで存続していることを新たに認識した意を表わす。咲キニケラズヤは、花ガモウ咲イテイタ(ソシテ今モ咲イテイル)デハナイカの意であった。キは過去の記憶を表わすが、それにアリがついて成立したケリは、すでに過去のことが今あらたにたしかに存在すると認められるという意味である。従って、それは、転じて、気づきの助動詞と呼ばるべきものとなる。例えば、フルサトトナリニシ奈良ノ都ニモ色ハ変ラズ花ハ咲キケリとあれば、もはや故都となりはてた奈良の都にも、（来テミレバ）色ハ変ラズニ、昔ナガラノ桜ガ咲イテイタ（気ヅカズニイタガソノ花ヲ発見シタ）の意である。この種のケリの例は極めて多い。従来これを咏嘆のケリと解するのが一般的であった。しかし、咏嘆とするのは、ケリが文末に来ることが多く、しかも文法の研究が多くは歌を資料としたために、歌全体で表現する咏嘆の気持を、ケリ一語が負うものと見た誤解である。咏嘆を、ケリの意味とするのは不適切である。　大野晋（一九六八・二）

さて、この一節では、キは単に過去を表わすと言わずに、「自己の記憶に確実であること」を表わすと言い、ケリは単に過去の出来事の現在までの存続を表わすと言わずに、「過去のことが現在にまで存続していることを新たに認識した意」を表わすと言っている。要するに、キもケリも、テンス・アスペクトそのものではなく、それにムードが覆い被さった解釈をしようとしているのであるが、テンス・アスペクトとムードとが二重になった分、キとケリとの対立が不明確になっているきらいがある。すなわち、〝現在にまで存続している出来事で自己の記憶に確実である〟場合、あるいは〝現在とは断絶した過去の出来事を新たに認識した〟場合には、どちらを使えばよいというのだろうか。しかし、あえてこのようにテンス・アスペクトとムードとを二重にしたことには、それなりの目算があってのことと思われる。ただし、キに関しては、（現在と断絶した）過去というのと、自己の記憶に確実であるであることというのとでは、後者の方がそれほど説明力が優っているとは思われない。他方、ケリに関しては、テンス・アスペクト的意味だけでは覆いきれない、気付き・発見あるいは詠嘆の用例を一括して一つの意味機能によって説明できることになる。すなわち、大野晋（一九六八・二）の議論の論理は、ケリの説明力を上げるために、テンス・アスペクトをムードが覆うという議論をした都合上、それをキにも適用した、というものであったのではないだろうか。とはいうものの、キの意味として確実・確定的であるという説を述べたものとして、すでに安田喜代門（一九二八・三）、松下大三郎（一九二八・四）などがあった。

（引用者注：否定の表現に対して）さて、肯定の方は、所謂、時と、推量の二種の助動詞を含むのであるがそれらは時を背景として、考へるべきものであるとは言へ、決して時そのものを直接にあらはすものではない。たゞ時と密接な交渉があつて、確かさに程度があるだけである。確カメに属するのは、キ、ツ、ヌ、及びその存在態、ケリ、タリであり、確カナラヌのは、ム、ベシ、ケム、ラム、マシ、ラシ、及びその存在態である。語法上の時は、極めて普遍的な取扱をしなければならないが、それは、主観を時の延長のある点に定着させて、主観の経験的認識の内容をなす部分の無始的限界から反対の限界までを過去とし、その認識の終る限界を現在とし、経験的認識をその方向に延長した部分を未来（将来）と言ふ。過去をあらはす助動詞はキであると言ふことは、ある客観的な過去を画《ママ》いた上でならば勿論あやまりである。主観の経験的認識の内容の確定的表現をあらはすに助動詞キを用ゐる。それを客観化して凝視するのをあらはすに助動詞ケリを用ゐる。しかし逆にそれらの語を用ゐねば過去があらはれないとは言へぬ。

安田喜代門（一九二八・三）

「き」「けり」は専ら過去態を表すが、「き」は記述的で「けり」は説明的だ。其れは活用の上から生ずる区別である。「き」は露骨であつて事件を主観化して表し、「けり」は婉曲で事件を客観化して表す。「き」は事件を主観化して表すから、同じ過去の事を云つても自己の確実な記憶として云ふのである。遠い昔の事を述べても傍で見て居つた記憶をそのまゝ云ふ様な感じを与へる。他人のことを云つても自分のことと同様によく知つて居る事の様に聞える。「けり」は事件を客観化して表すから記憶の確実不確実などといふ様なことを超越した一般的な客観的の知識を云ふのである。

松下大三郎（一九二八・四）

大野晋（一九六八・二）と同時代的にも、廣濱文雄（一九六四・一〇）、堀田要治（一九六八・一二）、岩井良雄（一九七〇・三）、白石大二（一九七〇・五）などで同様の議論が展開されている。

ところで、会話文あるいは和歌のケリの用例は気付き・発見でうまく説明できるとして、地の文の用例にも同様の説明をしようとすると不自然さが生じてしまう。大野晋(一九六八・二)では、先の一節に続いて、以下のように物語の冒頭で用いられるケリが説明されているが、語るたびごとに忘れていたことに気付くという説明は、あまりに不自然である。

このケリは、昔男アリケリのように、物語の冒頭にもよく使われる。それも、結局、昔のことであるが、忘れていたそのことを、伝承を語るたびごとに、「昔……ガアッタトイウコトダ」と、昔を今の時点で新たに確認する意味で使うのである。今日、アッタッケと使うケは、ケリの名残で、忘れていたことを思い出した時に使う。　大野晋(一九六八・二)

要するに、気付き・発見という概念も、新たな創作あるいは再話として語られる物語の地の文に用いられるケリに適用するには不適切であるということである。

同様の不自然さは、地の文のキにも指摘することができる。そもそも、物語の出来事が自分の記憶に確実であるとは、一体どのようなことを意味するのであろうか。

ちなみに、鈴木泰(一九八四・二)では、おそらく、過去から現在まで持続してきた出来事を現在認識することを「発見」、過去に起こって現在は存在しない出来事を現在認識することを「気付き」と呼んで区別しているが、それによると大野晋(一九六八・二)は、発見となり、その他に根来司(一九六四・五)の「過去から継続して現在に存在する事実に気づいたというような判断をあらわす」という指摘も発見説となる。それに対して、落合直文・小中村義象(一八九〇・一二)の「過去の事を今見聞して、驚嘆するに用ゐる」や、長船省吾(一九五三・一一)の「先行した時間領域において知られなかつたものごとを、後続する今の時点においてはじめて知る」のような指摘を気付き説とする。さらに、草野清民（一九〇一・八）の「過去ノ時ニ起リ、又過去ノ時ヨリ已ニアリシコトドモヲ、今始メテ知リタル場合」や、糸井通浩（一九七七・一）の「それまですでに存在している事象・事実であるにもかかわらず、認知されず、意識領域の外に放置されていた事柄であることを意味する」は、どちらとも明確に区別できないものとされている。

以上のように、キを確信、ケリを気付き・発見というように、ムード寄りに解釈しようとする説は、確かに特にケリに関しては、説明能力が向上するという利点はあるものの、会話文のみならず地の文にも適用しようとすると、ムード表現の担い手である語り手が、物語中の出来事を確信していたり、気付いたり発見したりするというような、不自然な説明が強要されることになる。語り手は創作された内容をそれこそ語っているに過ぎず、そのようなムードとは無関係である。

4・2　ケリ―判断・説明

ケリの意味として、道理を確かめ言う、言語主体の判断といったものを認めようとする説の系統がある。

過去を表す助動辞に「キ」と「ケリ」と二つあるはどういふ訳か、両者の区別はどうかといふ問題をまづ解かねばならぬ。単純な過去は「キ」「シ」「シカ」で表はすが本体本義である。「ケリ」は「キ」に「アリ」と添へた心持で「キ」の存在態から出てゐる。それだから「ケリ」は物語の地など叙事文に用ゐられ、「キ」は詞即対話文の直接な過去に用ゐられる。「ケリ」はそれに対して、「キといふ事がある」といふやうな調子で稍間接な様子である。〈中略〉

次に「ケリ」は、時よりはむしろ道理を言ひ、動くまじき事を確かめ強め、感嘆の意を表すことがある。是が

「ケリ」の実際の半を占めてゐるので緊要な転義である。一体物の道理は過去の事実を帰納して定るものであるから、過去を表す形式がやがて道理を確め言ふやうな事にもなつたものであらう。　三矢重松（一九三二・九）

「けり」はこのように、ある事実に対して、言語主体が「事の理《ことわり》を見出す」、そういう判断の表現にあずかる助動詞なのである。それは言語主体の事実に対する解釈であるともいうことができるであろう。しかしてそこから、事理を人や自分に云い聞かす場合に用いられることにもなるのである。（ロの例（引用者注：いまは昔、竹取の翁といふ者ありけり。）が正にそれであって、「今は昔」という表現がそれを裏書きしてくれている。「けり」が物語的手法の中で用いられる所以がそこにあると云わなければならないであろう。

「けり」の表現機能は、かくて次のように規定することができるであろう。

「けり」は言語主体の判断を表現する機能をもった助動詞である。それはそこに存在する事実に対して、解釈し、理を見出すことの表現にあずかるのである。

その事実は従って、これを客観的に見るならば、過去に、或は過去から存在したことになる場合が自然多いであろう。そしてそれは直接経験による場合もあろうし、また伝聞による場合もあるであろう。現代語で云えば、「のだった」とでも訳すのが、最も真意に近いであろうか。　山崎良幸（一九六五・一二）

このような解釈によってケリのすべての用例を説明することができるであろうか。ちなみに、山崎良幸（一九六五・一二）では、ほとんど和歌の用例を用いて分析を進めている。すなわち、従来詠嘆と呼ばれてきた用法の批判に主眼が置かれ、そもそも助動詞は「言語主体の判断を表現する」ものであって、詠嘆や感動は「判断の表現に伴って起る二次的なものであろう」という判断にしたがって、その本質的な意味を究明した結果が先のものであったわけである。確かにケリのある種のものにはそのような意味が汲み取れるものはあるだろうが、それをケリの用法すべてに及ぼすことはできない。むしろ、ケリの基本的な意味機能から、判断・説明と解釈される場合があることが説明されなければならない。

4・3　ケリ―詠嘆・感嘆

ケリに詠嘆ないし感嘆の意味を認めようとする説は、古くから見られる。ただし、色合いはさまざまで、大槻文彦(一八九七・一)は、ケリのすべての用法を詠嘆と断じるのに対して、松尾捨治郎(一九三六・九)は、それぞれのケリが過去と感嘆とをともに持っていると論じ、北原保雄(一九八一・一二)は、ケリの用法の中に、過去を表わすものと詠嘆を表わすものとの両者があると考えている。

此ノ語ハ、過去ノ意無クシテ、唯、語気ニ、念ヲ推シテ言フ意ヲナスコトアリ、「秋は来にけり。」天つ星かと、あやまたれける。」(古今、五)ナドヲ、口語ニテ言ヘバ、「秋が来たわい。」まちがへられるわい。」ノ意ナリ。殊ニ、「心なりけり。」我が身なりける。」ナド、「なりけり」ト用ヰタルハ、唯、説明スル意ヲナス。

大槻文彦(一八九七・一)

私見はきは単なる過去であるが、けりは過去の意に加ふるに、感嘆(寧ろ驚嘆)の意を含んで居ると見たい。一般には「けりに過去と感嘆の二種の用法がある。」と説き、三矢博士も「けりはきありの意にて、過去のきを現在に継続せしむる意あり。故に一転して　継続過去　全現在　歎詞　等の義をも有することを得。物語体の現在法なる者に多し。」と説いて居るが、此亦過去を表すか、然らざる時は感嘆等の意を表すと見た説である。私見は些か違つて、「けりは常に過去の意と感嘆の意とを兼ね有するのが其の本義である。」と見るのである。

表現の上からいえば、「けり」には、過去から継続して現在に存在する事象であることを表現するところの客体的表現、あるいは、あなたなる場に属する事象であることを表現するところの客体的表現など、客体的表現にあずかる用法が存在するとして、まず問題はないであろう。つまり、「けり」には、詠嘆とか気づきとかの主体的表現にあずかる用法と、過去から継続して現在に存在する事象、あるいはあなたなる場に属する事象の客体的表現にあずかる用法との二つが存在するということになる。

松尾捨治郎（一九三六・九）

北原保雄（一九八一・一二）

しかしながら、ケリに詠嘆という意味を認めようとする考え方に対して、強い反論が提出されている。そのうち、原田芳起（一九五七・一〇）、山崎良幸（一九六五・一二）、大野晋（一九六八・二）は、共通する認識、すなわち、助動詞は言語主体の判断を表わすものであって、〝詠嘆〟のような情意を表わすものではない、〝詠嘆〟はむしろ文全体の意味内容から二次的に生じるものであって、場合によっては終助詞がそれを担うことがある、というものである。

詠嘆を助動詞の意義に持ち込むことも、ある制限が必要である。「けり」の意義の一つとして詠嘆を置くことは常識になっているが、これは「けり」の代表的意義を過去と考えるために、過去の意義を持たないものを詠嘆と名づけていたものである。だがこれと同質の詠嘆の要素は過去態の「けり」の場合にも認められるものである。累加的第二次的意味として統一的に解釈した方が妥当である。従来しばしば助動詞の（分類的）意義として取りあげられた詠嘆は、文形態に依存するものであり、ゼロ記号に属するものとして語論の立場では分別する立場を取りたい。

原田芳起（一九五七・一〇）

故里となりにし‖奈良の都にも色はかはらず花は咲きけり‖（古今二、春下）

この場合「故里となりにし‖」も、「花は咲きけり‖」もともに作者の直接経験にもとづく表現であると云わなければならないであろう。「咲きけり」における「花が咲いている」という事実は、確かに作者が現在目の前に見ている事実でなければならないはずである。従って、これを過去の事実が現在にわたって存在している、いわば継続的事実の表現であると解したとしても、それによって助動詞「けり」に託された作者の判断の表現は、精確に説明されたことにはならないのではないか。そこで「けり」は詠嘆の表現であるというように説明されることにもあるわけであろう。しかしながら助動詞の機能は言語主体の判断を表現するところにあるのであって、助動詞は詠嘆の表現にはあずからないと考えるべきであろうと思う。詠嘆を表現するのは、むしろ助詞の機能に属することなのである。助動詞がしばしば詠嘆を表現するかのごとく思われるのは、実は判断の表現に伴って起る二次的なものであろうと思う。この歌について見ても、「けり」を詠嘆の表現と解したのでは、歌の真意は精確に捉えられたことにならないのではないか。「古えの帝都が今は故里となってしまった。かつてそこに咲いていた桜の花も、恐らく変ってしまっているだろうと思っていたのだが、さて現在眼前に咲き匂う桜の花を見てみると、昔と少しも変らぬ、同じ色に咲いているではないか。」それがほかならぬ作者の表現しようとする内容であろうと思うのである。詠嘆はむしろ、そこからおのずからにじみ出てくるものと解することができるのである。

山崎良幸（一九六五・一二）

従来これを詠嘆のケリと解するのが一般的であった。しかし、詠嘆とするのは、ケリが文末に来ることが多く、しかも文法の研究が多くは歌を資料としたために、歌全体で表現する詠嘆の気持を、ケリ一語が負うものであると見た誤解である。詠嘆を、ケリの意味とするのは不適切である。

大野晋（一九六八・一二）

このように、詠嘆に関しては対極的な考え方が対立しているように見える。しかし果たしてそうであろうか。詠嘆承認派は、〝詠嘆〟という概念を、どうやらケリが担っているムード的意味の総称として用いているように思われる。詠嘆承認派の論理は、以下のようなものであろう。ケリの中には、どうしても過去というようなテンス的意味を認めがたいものが少なくない。そのようなケリにも何らかのムード的意味が感じられるが、それは〝詠嘆〟とでも呼ぶに相応しいものである。他方、詠嘆批判派は、〝詠嘆〟という概念を、助動詞が担うべき主体の判断というようなムード的意味とは区別して、そこから、あるいは文全体から結果として生じてくる情意であると考えているように思われる。実際、すでに見たように、山崎良幸(一九六五・一二)ではある種の判断、大野晋(一九六八・二)では気付きを、ケリの本質的な機能と見なしていた。そのうえで、詠嘆を二次的なものとしてケリの意味から排除しようというのであるから、詠嘆は気付きや判断のようなムード的意味とは区別されるものであることになる。このように、両派の相違は、〝詠嘆〟という概念の規定のしかたによるところが大きい。もし、松尾捨治郎(一九三六・九)で〝詠嘆〟と呼ばれているムード的意味を、より限定的に〝気付き〟と呼べば、ほとんど大野晋(一九六八・二)と変わりはなくなってしまう。

ここで、ケリに何らかのムード的意味があるという点では、両派は共通している。相違点は、狭義〝詠嘆〟が本質的な意味から二次的に派生されたものかどうか、という点である。では、〝詠嘆〟が二次的な表現効果であるという根拠を見ていくと、第一に、そのような意味での〝詠嘆〟はケリがない場合でもしばしば感じられるものであるということ、第二に、理論的要請として、〝詠嘆〟のような情意を、言語主体の判断を表わすべき助動詞が担うはずはないということである。そのうち後者は、論的先取りの観を否めない。それぞれの助動詞の意味機能を明らかにした後で、そのうえでもし助動詞全体の共通性というものが抽出できるものならばそのような議論を組み立ててもかまわないだろうが、前もって助動詞の意味的な制約があるべきではない。では前者はどうだろうか。確かに狭義〝詠嘆〟は、必ずしもケリがなくても生じる情意であろうが、逆にケリがある場合にしばしば〝詠嘆〟が感じられるとするならば、そのことを説明する必要はあるだろう。

5　テクスト機能説

最後に、キ・ケリの使い分けをテクスト機能であると考える一連の議論を見ていきたい。これまでの説は、従来の文法の考え方に則って、キ・ケリの意味機能を文中にのみ求めようとしていた。それに対して、ここではむしろ物語の展開のしかた、あるいは語り手および聞き手の物語との関わりにこそ、キ・ケリの機能を見出そうとする説を挙げていくことにしたい。勿論、これまでの説でも、文中の意味機能からの派生としてテクスト機能を説明しようとしていなかったわけではない。しかし、その場合、あくまで文中の意味機能がキ・ケリの本質であって、テクスト機能はその文体的拡張であるという態度は、ほとんど疑われることなく堅持されていた。それでテクスト機能が十全に説明されていれば問題はないのであるが、実際には理論的には会話文から地の文に拡張したとたんに無理が生じてきて、ほとんど使い物にならなくなっているのが実状である。そこで、発想を転換して、むしろテクスト機能にこそキ・ケリの本質があり、文中の機能はそこから説明されるべきであると考えた説を、ここで見ていきたい。

5・1　ケリ―「輪郭」を描く

阪倉篤義(一九五六・一一、一九五七・一〇)は、次に示した、ケリに関して物語の「輪郭」を描くとする説を挙げる。

いま、竹取物語全巻を通じて、会話の部分を除く、地の文の数を、本書（引用者注：旧版『日本古典文学大系』岩波書店、底本：武藤本）の本文によって数えると、（考えようによって多少の相違はあるが）約三二三になるが、そのうち、右の、「けり」を以て終止する文は四三（諸本を綜合すれば四九）はあると認められる。しかも、注意されることは、これら四三の文が三二三の文中のあちこちに散在しているのではなくて、その表われ方にある偏りが見られるという事実である。即ち、今本書の校定本文において、「けり」を以て終止する文を■、本書本文では他の終止をなしているが、他の何れか一本では「けり」を以て終止している文を◎、それ以外の形（即ち、用言または「けり」以外の助動詞の終止形など）を以て終止する文を□で表わして、これを各章ごとに本文の順に列挙すれば、次のごとくである。

■■■■□□□□□□□□□□□□■□■□□□■□（一）
□□■□□□■■□□◎□□□□□□□□□□□□□□□□□□□□□、□□□□□□□■（二、三）
■□□□□□□□□□□■■□□□■□□□□□□□□□□□□□□■□□□□□□■□◎■■（四）
■□□□□■□□□□□□□□□□□□□□□□□□□□□□□■■□■（五）
□□□◎□■□□□□□□□□□□□□□□□□□□□■□□□□◎□□◎■■（六）
□□□□□□□□□□□□□□□□□□□□□□□■■■■■□□■■（七）
□□□□□□□□□□□□□□□□□□□□□□□□□■□□■□□□□□（八）
□□□□□□□□□□□□□□□■□□■□□□□□□□□□□□■□□□□□■□□□□□□□□□□
□□□□□□□□□□□□□□□□□□（九）
□□□□□■□□□□□□■◎（十）

このように、「けり」で終止する文は、大体においてこの物語の前半に多く表われ、しかもそれは大体幾箇所かに集中的に用いられるという傾向を示している。そして、その場所というのは、即ち各章の末尾および発

端の部分であって、その傾向は物語のはじめほど顕著に認められる。〈中略〉
以上のごとく、この物語の文章の構成は、前半と後半とでやや趣を異にする点が認められるが、しかし、全体的に見てその特徴は、「けり」止めの文を以て括られた幾つかの単位に分れ、それら総てを更に大きく、物語の初端および結末の「けり」止めの文が締括る、という形をとるところにあると考えられる。而して、これを前述のところに結びつけて言うならば、即ち、非訓読文的性格の文章が、訓読文的性格の文章を包むという形をもって、この物語の文章は構成せられている、と言うことができる。
一体、この「けり」という助動詞は、過去というよりは、むしろ完了の助動詞的であって、「き」が、過去の事象を、それとして主観的に回想する態度を表わすに対して、いわばそれをある程度客観視して、常に現在との関連において見る態度を示すものと言うことが出来る。そこから、一種、説明的な叙述の態度が、この「けり」には認められるのであるが、これが更に「なむ」「ぞ」など、聞き手への確かめを意図する助詞を伴って、「なむ…ける」「ぞ…ける」という形をとる時、これは正に、かの「物語る」という叙述の様式にふさわしいものであったと考えられる。（原典の性質上、漢文訓読文にこういう形式の文が殆ど用いられなかったのは、理解しやすいところであろう）。即ち、この物語は、まず大きくこういう「物語る」様式の文章を以て、縁取《ふちど》られているのである。そして、注意されることは、前述のように、この「けり」止めの文を以て描かれた輪廓だけを辿ることによって、われわれは、この物語の骨組となるべき大筋は、十分に承知することが出来るという事実である。
阪倉篤義（一九五七・一〇）

以上のように、阪倉説は、ケリは、物語を構成する各プロットにおいて、物語の冒頭部分と結末部分とに、物語を〝縁取る〟ようにあるいは〝輪郭付ける〟ように現われる、とまとめることができる。

プロット	冒頭	中間	結末
	ケリ	φ	ケリ

典型的な物語の構造

5・2　ケリ—「あなたなる世界」の事象

竹岡正夫（一九六三・一一）は、『源氏物語』などの例を示して、以下のように論じる。

ちょうど絵巻物の一場面を構成している主要人物の叙述には「けり」を用いず、その場面には関連はあっても、その場面には描かれていない人物や、描かれてはあっても、空間的あるいは心理的に、主要人物の側からは距離のおかれている人物などの叙述には「けり」が用いられているといえるのである。換言すれば、「けり」の使われていない部分が今この物語内に叙述、展開されている当の場面（以下、これを「物語の現場」と称す）であり、「けり」の使われている部分はこの「現場」からは、他者の「あなたなる」場での事象であることを示しているのである。

（光源氏ガ誕生シ、桐壺帝ガ）急ぎ参らせて御覧ずるに、めづらかなる、ちごの御かたちなり。一の御子は、右大臣の女御の御腹にて、よせ重く、「疑ひなき儲けの君」と、世にもてかしづききこゆれど、この御にほひには、並び給ふべくもあらざりければ、大方のやむごとなき御思ひにて、この君をば、私物にお

ぼほしかしづき給ふこと限りなし。　『源氏物語』桐壺

これを以下のような図によって表わす。

物語中の現場 ← ケリ あなたなる場

このように、ケリは「あなたなる世界」を表わすのが本来の機能であるということを主張するために、いきおい、従来のようにケリの文内機能説を打ち消すような議論を展開する。すなわち、ケリが用いられている例とキが用いられている例とを比較して、前者では「「けり」の用いられていない部分(物語中の現場)と、「けり」使用の部分(傍線部)との事象が同時に平行しているのに対し」、後者では「「き」の用いられている部分(傍線部)と、用いられていない部分とが、同じ一直線でつながっているといえよう。」と論じる。

(桐壺帝ハ中宮ニ)まじらひ給ふ。父の大納言は亡くなりて、母北の方なむ、古の人の、由あるにて、親うち具し、さし当りて世の思え花やかなる御方々にも劣らず、何事の儀式をも、もてなし給ひけれど、(桐壺更衣ハ)取りたてて、はかばかしき後見しなければ、事ある時は、なほ、拠り所なく心細げなり。　『源氏物語』桐壺

母君(桐壺更衣)、初めより、おしなべての上宮仕へし給ふべき際にはあらざりき、思えいとやむごとなく、上衆めかしけれど、わりなくまつはさせ給ふあまりに、さるべき御遊びの折々、何事にも、故ある、事のふしぶしには、まず参う上らせ給ひ、ある時には、大殿籠り過ぐしてやがてさぶらはせ給ひなど、あながちに、御前さらず、もてなさせ給ひし程に、おのづから、軽き方にも見えしを、この御子生まれ給ひて後は、いと心ことに思ほし掟てたれば、「…」と、一の御女御は思し疑へり。　『源氏物語』桐壺

これらも、それぞれ以下のように図示されている。

（過去）……物語中の現場 ―ケリ→ あなたなる場での事象

キ←物語中の現場

また、以下のように、「歴史的事象・伝説、あるいは世間に一般に行なわれている習慣的・恒久的事象、真理的事象の類」にも用いられる。

絵にかきたる楊貴妃のかたちは、いみじき絵師といへども、筆限りありければ、いとにほひなし。　『源氏物語』桐壺

やまと歌は、人の心を種として、よろづの言の葉とぞなれりける。世の中にある人、事わざしげきものなれば、心に思ふことを、見る物、聞く物につけて、言ひ出だせるなり。花に鳴く鶯、水に棲む蛙の声を聞けば、生きとし生ける物、いづれか歌を詠まざりける。　『古今集序』

さらに、「全体が作者自身の体験・見聞・感想を叙述の現場としている枕草子」にも、同様の用法がなされている。

（中宮ガ清少納言タチニ歌ヲ作ラセテ）「…」と仰せらるる、ついでに、「円融院の御時に、『草子に歌一つ書け』と仰せられければ、いみじう書きにくう、すまひ申す人ありけるに、『…』と仰せらるれば、わびて皆書きける中に、ただ今の関白殿、三位の中将と聞えける時、『(歌)』といふ歌の末を『…』と書き給へりけるをなん、いみじうめでさせ給ひける」など仰せらるるにも、すずろに汗あゆる心地ぞする。

『枕草子』二十三段

以上、竹岡正夫（一九六三・一一）

以上のことを、竹岡正夫（一九七〇・五）によるまとめの図式を引用して示せば以下のようになる。

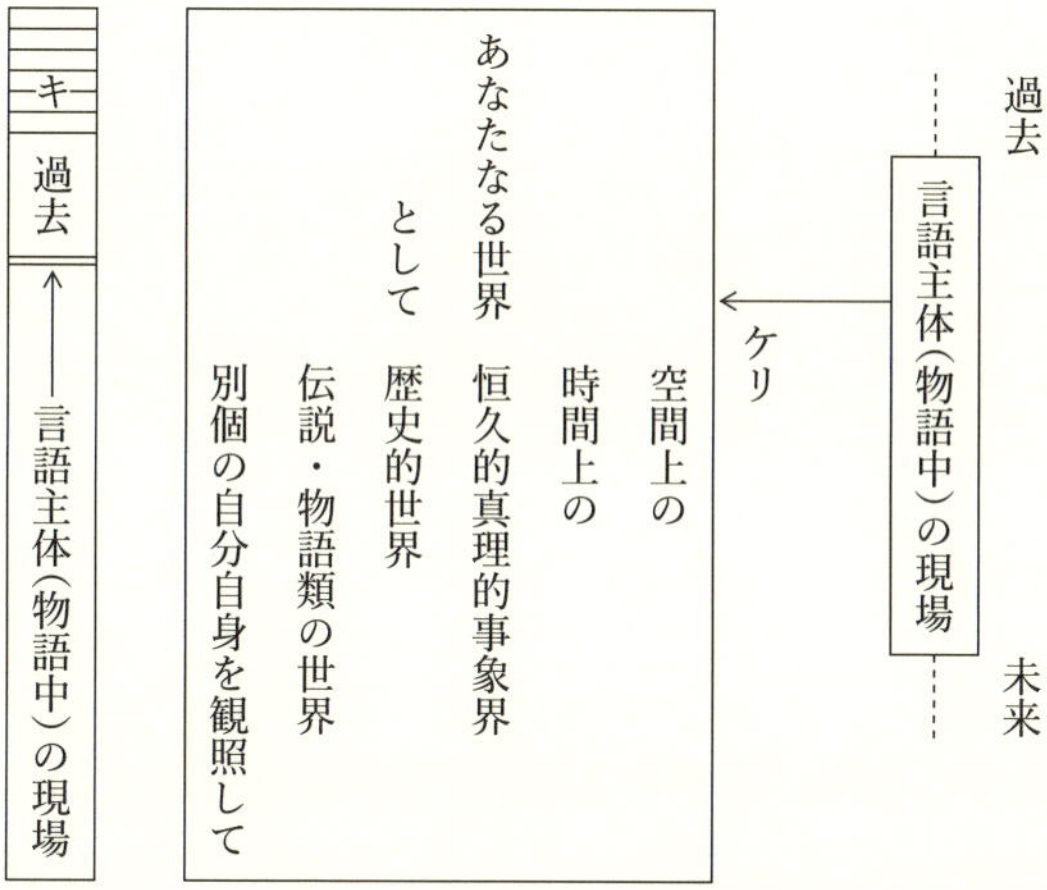

竹岡正夫（一九七〇・五）

5・3　ケリ―語り手の介入（阪倉説・竹岡説の融合）

以上のように、ケリは「あなたなる世界」を表わすと考える竹岡説と、ケリは「物語の輪郭」を描くと考える阪倉説とは、一見まったく異なったことを述べているように見えるが、次の片桐洋一（一九六九・九）のように、語り手が物語る世界から物語られる世界へ介入してくる場合に用いられる、というように一つにまとめることができる。

前章で述べた登場人物の立場からなされる「けり」の用法を除けば、物語の地の文の「けり」は、物語の世界から少し離れた位置から、つまり物語る世界から用いられるのが普通であった。従って、阪倉先生の言われるごとく、物語の冒頭や結末、あるいは章段の切れ目に「けり」が頻出するのも当然であるし、竹岡氏の言われるごとく、「物語の次の場面へと先を急ぐ時」「物語の一つの場面を精密に構築し展開する必要のない場面」などに「けり」が用いられるのも至極当然と言うべきなのである。竹取物語の場合に戻って言えば、阪倉説の立場からは例外となるケース、つまり物語全体の冒頭・末尾、あるいは各章段の冒頭末尾に存するのではない「けり」数例も、おおむね右のような立場から説明できるのではなかろうかと思うのである。

物語文学の地の文に用いられている「けり」が、作中世界、すなわち物語の世界の登場人物の立場から用いられるものと、語り手の世界、すなわち物語る世界から用いられるものとの二種類に分かれることから、物語の地の文そのものが、物語の世界の自律性に則して客観的に記述されているものと、物語る世界から語り手が介入して説明する広義の草子地に分けられるということを論じて来たのであるが、物語の地の文における、かような二元性は、そもそも平安時代物語文学の本性にもとづくものであったと私は思う。

片桐洋一（一九六九・九）

5・4　ケリ―物語る「けり」

次に見る辻田昌三(一九七九・九)は、上で見てきたテクスト機能説の流れの延長上に位置付けられるものであるが、それを対話(会話文)と叙述(地の文)とに分けて、言語主体の時間と素材の時間との関わりの違いという観点から、理論的に究明しており、興味深い指摘が見られるので、若干長めではあるがここに引いておきたい。

対話と叙述は、言語行動としての性格に種々の相違点を持つが、時間認識の相違もその一つであろう。それは、言語主体自身が立つ時間の認識と、素材の時間に対する関係である。対話では、この関係は絶対的であり、叙述では相対的であると考えられる。

対話は、話し手と聞き手が、時間的にも空間的にも共在しているのが特徴的である。それは単なる共在ではなく、相互にそれを認識しており、素材についての認識もここから出発しているから、つまりは「場」を共有しているといえる。言語行動は、つねにこの「共有」の認識に立って行なわれる。それは、心理的な面ばかりではなく、時間的空間的認識についてもそうである。待遇表現もこの意識から生じるものの一つであるし、「場」を中心とした遠近法もここから生じる。

対話は、普通、日常的現実の中に成立する。「場」の時間は現実の時間と同時であり、対話の進行は、現実の時間の進行と一致する。話し手と聞き手は、同時に現実の「現在」にいることを意識して対話するから、対話の「現在」は、絶対的「現在」であるといえる。素材が「現在」以前に属する場合、素材は、「現在」から回想し、或いは「現在」につながるものと判断されることになる。

叙述は、主題の展開を第一の目的とする。したがって、述べ手と素材との関係が成立の第一条件となり、受け手の共在の有無は、第二以下の条件となる。受け手からの働きかけは、この間に存しないのが普通である。叙述は、基本的には、述べ手の素材に対する主体的な志向に任され、主体の思念の中に展開する。そのため、叙述の「場」は、主体的な立場としては、一応現実とは切り離されて成立する。受け手と「場」を共有するとは限らないのである。

受け手が共在する場合、待遇表現や絶対的「現在」が見られることがあるが、これは必ずしも叙述の本質ではない。共在という二次的条件が、対話の形質を帯びるためである。本質的には、述べ手は待遇意識を放棄し、絶対的「現在」から遠ざかることも可能である。受け手の側に立つことも、述べ手の主体性を強調することも自由である。受け手の立場を尊重すれば、「共有」の意識が働き、対話の形質に近づくが、主体的立場を主張すれば、絶対的「現在」を離れて、素材の「現在」に近づくことも可能である。

ここで歴史的現在などという逃避的な説明を応用するつもりはない。主体は、心理的に、時としては心情的にすら、素材に近づきたい欲求ないしは必然性を生じる場合が想定される。素材が現在以前にある場合、素材との間には時間的距離が介在する。これは、事象を認識する心理的な距離に置きかえて見ることができる。これは、言語表出に際する言語表象に於ける距離であると言えよう。素材への心理的接近は、同時に時間的接近であると見ることができる。

主体は「現在」にあり、素材は「過去」にあって物理的には共在しないから、素材への接近は、言語表象の認識の変更―視点の移動によって果たされることになる。叙述の展開に従って、この視点の移動が継続して行なわれたり、時には小さな波になって主体の「現在」と素材の「現在」との間をさ迷ったりすることが見られるのは、主体と素材との間に働く意識の波に従うものであろう。待遇表現が、主体の意識に従って使用の度合が左右されるのと同様の事情が、ここでも考慮され得るであろう。

右と似たような事情は、対話の際にも見られる。事象を回想しつつ語る際にも、主体の意識が素材に近づき、心理的時間的距離を超越する場合がある。一文の中での小さな波となって現われることもあり、また、文全体が前後の回想的文章の中で孤立することもある。事情は叙述と逆の方向を辿るが、現象としては似た様相を呈することになる。

過去の事象を語り述べる時、「けり」が用いられたり用いられなかったりすることがあるのは、右のような事情によるものであろう。これは必ずしも文末の「けり」についてだけいうのではない。文末の「けり」は、陳述として文全体に表わされた意識を統括するが、文中の個個の事象についても、それを絶対的「現在」から見たり、事象との距離を超越したりする例が常に見られる。

ちゝはゝ侍ける人のむすめにしのびてかよひ侍けるを、きゝつけてかうじせられ侍けるを、月日へてかくれわたりけれど、雨ふりてえまりいで侍らでこもりゐて侍けるを、ちゝはゝきゝつけていかゞはせむとてゆるすよしいひて侍ければ(後撰集・雑三・詞・付点筆者・総索引)

右は殆どの事象に「けり」を用いている。個々の文を接続助詞で結び長文としている点、完全な一文とは見なし難いが、常に「現在」に立って素材との距離を意識している。この文構成や、常に「現在」にある点は、対話に近いものである。

むかし、おとこ有けり。東の五条わたりにいと忍びていきけり。密なる所なれば、門よりもえ入らで、童べの踏みあけたる築地のくづれより通ひけり。人しげくもあらねど、たびかさなりければ、あるじきゝつけて、その通ひ路に、夜ごとに人をすへてまもらせければ、いけどもえ逢はで帰りけり。

右は文末を「けり」で結ぶ文例であるが、先の後撰集詞書の例と較べて、文中に「けり」の使用が少ない。試みに波線を付した処は、後撰集詞書ならば、「けり」が使用されると思われる部分である。このことや、また複文構造で文を纏めて行く傾向の見られることなど、叙述への志向が窺われるが、それだけに、その過程に「現在」から離れる場合も生じてくるであろう。

また、文末に「けり」を有しない文で、文中に「けり」が用いられる場合が見られる。

さて九月ばかりになりて、いでにたるほどに、筥のあるを、手まさぐりにあけてみれば、人のもとにやらんとしける文あり。あさましさに、みてけりとだに知られんとおもひて、書きつく。（かげろふ日記・上・大系一一六ぺ）

これは、描写されている場面の「現在」、または「見てけり」のように、その場面から見ての将来を「現在」として、「けり」を用いたと考えるのが、その説明の一つであろう。「みてけり」はまた、発見、再認識の「けり」といわれるものにも続くものであろう。　　辻田昌三（一九七九・九）

5・5　キ―以前の物語現場／ケリ―語り手の「今・ここ」の視点

ケリの使い分けを視点の相違と解釈しようとする考え方は、辻田昌三（一九七九・九）の中に見られたが、糸井通浩（一九九五・一二）は、さらにそれを進めて、語り手の「今・ここ」の視点を表わすのがケリであり、物語の現場の現在に視点が置かれるとキもケリも用いられず、物語の現場の過去を表わすのがキであると論じる。

源氏物語の次の例文について検討してみたい。

御子たちは、東宮をおき奉りて、女宮たちなむ四所おはしましける。その中に、藤壺と聞こえしは、先帝の源氏にぞおはしましける。まだ坊と聞こえさせし時参り給ひて、高き位にも定まり給ふべかりし人の、とり立てたる御後見もおはせず、母方もその筋となく物はかなき更衣腹にて物し給ひければ…

（若菜上　冒頭部分）

若菜上の冒頭は、作者によって物語の現場としてある時（ドラマのどの段階か、「年立」とも言われる、設定時）が設定されている。その時を、語り手の「今・ここ」から語っていることを「けり」が物語っている。この「物語中の現場」からみて、それ以前の出来ごと、今ではそうでなくなった、それ以前の状態が、「物語中の現場」から切れた過去のこととして認識されていることを、助動詞「き」が物語っている。〈中略〉

右の部分では、語り手の「今・ここ」からする視点であることは一貫していて、視点の移動はない。しかし、助動詞「き」で認識された基点は、語り手の「今・ここ」からではなく、むしろ次のように説明すべきであったところである。時の流れの中で生起した二つの事態の関係において、後の時にあたる一つの事態からは、今はそうでなくなった、それ以前の時にあたるもう一つの事態を、時間的に切れたものとして認識していることを示す助動詞が「き」であった、と。つまり、右の例文が、語り手の「今・ここ」の視点を、物語中の現場に移して、つまり、「けり」を伴わない文末表現で叙述されていたとしても、この助動詞「き」は、とりはずせなかったのである。つまり、時を異にする二つの事態の、その時間的関係には変わりないからである。

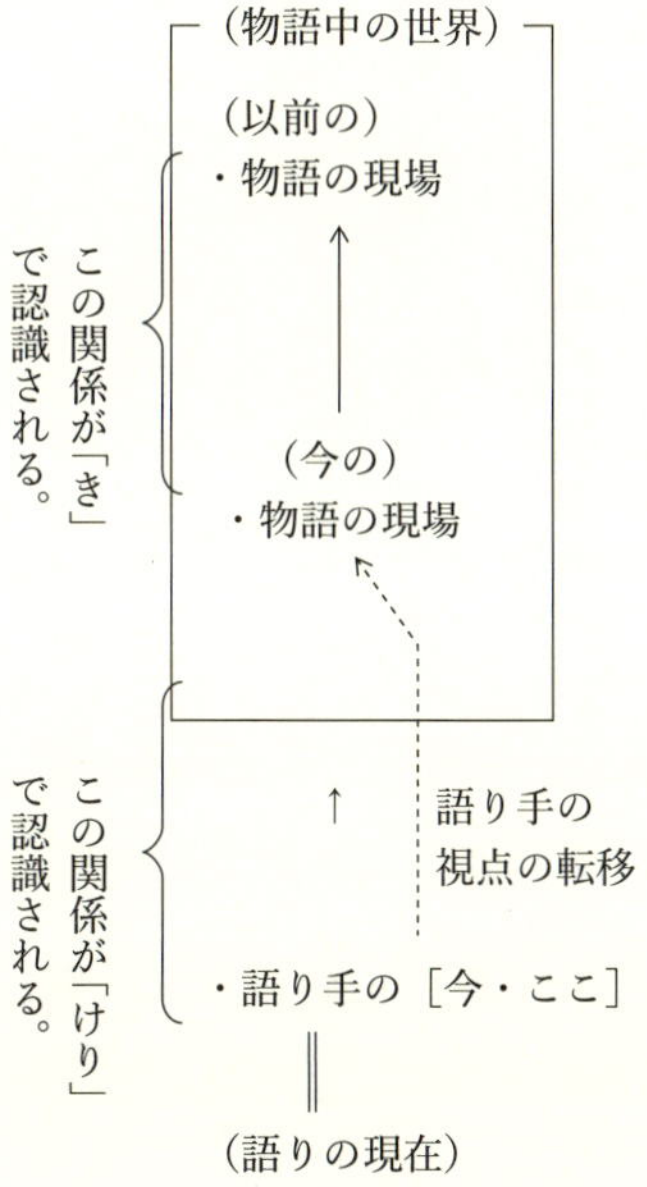

糸井通浩（一九九五・二）

これ以外にも、キ・ケリの使い分けを視点という観点から分析しているものに、藤井俊博（一九九九・一〇、二〇〇〇・二）などがある。また、藤井貞和（一九九八・三、一一）のキ・ケリの使い分けの議論で用いられる枠組も、糸井通浩（一九九五・一二）と共通する部分が大きい。ところで、加藤浩司（一九九三・七）は、視点論を批判して、むしろキ・ケリの使い分けには〝体験性〟が関わっていると論じている。詳論は避けるが、そこでは視点概念を特殊な場合に限定し過ぎているように思われる。加藤浩司（一九九三・七）の言う〝体験性〟は、語り手あるいは登場人物が体験したことかどうか、という極めて実体的な概念であるが、それを物語構造の中の機能的概念に読み替えれば、視点論の中に吸収されるものと思われる。

5・6　説話および漢文訓読文におけるキ・ケリの使い分け

以上の議論とは流れを異にするが、説話および漢文訓読文（「経」すなわち仏典）におけるキ・ケリの使い分けを、叙述のしかたの相違として議論したものに、大坪併治（一九七七・一二）および大坪併治・野田美津子（一九七八・三）がある。

思ふに、平安末期から院政期にかけて、説話を叙述するのに三種の形式が存在し、そのいづれを選ぶかは、各領域における伝統や出典の影響による他、説話の語手や書手の、説話に対する態度の相違によることもあつたのではあるまいか。つまり、説話を過去にあつた出来事としてそのまま叙述する場合にはキを用ゐるが、これに語手や書手の情意を加へて叙述する場合にはケリを用ゐる。そして、原形は、説話から「過去」といふ「時」を捨象して、いはば超時間的な形で、出来事だけを叙述しようとする場合に用ゐたと、見ることはできないであらうか。

訓点資料、特に「経」の訓読に用ゐられるキ・ケリと、今昔物語のキ・ケリとを比較して、纏めとする。

一「経」では、キは地文・会話共に用ゐられるが、ケリは会話及び準会話にしか用ゐられない。

今昔物語では、地文・会話文共にキ・ケリを併用するが、キは主として会話に用ゐられ、ケリは地文及び準会話に多く用ゐられる。

二「経」では、全体として、キの用例が圧倒的に多く、ケリははなはだ少い。

今昔物語では、キ・ケリの比は、全体として一対一〇で、ケリの方が遙かに優勢である。

三「経」では、キは純粋に過去の助動詞であるが、ケリは、過去から現在に亘つて存在する事柄について、アアサウデアツタカと初めて気がついたり、ヤハリサウダツタノダと改めて認識したりする気持を表はし、「発見・確認」の助動詞といふべきである。

大坪併治・野田美津子（一九七八・三）

ここで述べられている三種類の叙述のしかたは、確かに『今昔物語集』では話ごとの叙述のしかたの相違として並列的に存在するが、ここには実は、次元の異なるいくつかの問題が交錯しているように思われる。一つは、キ・ケリの使い分けの時代的変遷の問題であり、第2節で見たように、上代以前にはキもケリもアスペクトを表わしていた可能性があり、上代にはキはテンスの形式として定着しつつあったが、ケリはいまだアスペクト形式からテンス形式への移行過程にあったと思われる。したがって、中古にはケリが用いられるようになる物語の地の文も、上代にはキが用いられていたと思われる。その用法が漢文訓読文に受け継がれ、説話に流れ込んだ可能性がある。もう一つも、やはり漢文訓読文に関するものであるが、大坪併治（一九七七・一二）にも指摘されているように、原文としての漢文にはそもそも時制辞がほとんど用いられないのであって、それを読み下した場合に、日本語としても時制辞のない表現となってしまった、という可能性である。要するに、これらの叙述のしかたの相違を、語り手の直接の過去として出来事を叙述するか、時間的位置付けをしない脱時制的な出来事として叙述するか、という語り手の選択に帰することができるか、という問題が生じる。とはいうものの、そのような様々な要因の絡み合いはあるものの、中古和文のみを検討していたのでは見られない様々な表現が、漢文訓読文や説話に見られるという指摘は有益である。

おわりに

本章では、古典語の過去助動詞に関する、近代以降の研究を分類整理して、それぞれの説の有効性および限界を洗い出すことに力点を置いた。筆者の力不足で、文献の見落とし、論点の読み誤りなどがあることを恐れるが、研究全体の広がりはおよそ見渡せたのではないかと思う。

○参考文献

大槻文彦（一八九〇・一一）『語法指南』小林新兵衛

落合直文・小中村義象（一八九二・三）『中等教育日本文典』博文館

大槻文彦（一八九七・一）『広日本文典』私家版（復刻版（一九八〇・四）勉誠社）

小神野芳太郎（一八九九・三、四）「きし助動詞活用弁」『国学院雑誌』第五巻第五、六号

草野清民（一九〇一・八）『日本文法』冨山房（複製版（一九九五・一〇）勉誠社）

山田孝雄（一九〇八・九）『日本文法論』宝文館

三矢重松（一九〇八・一二）『高等日本文法』明治書院

吉岡郷甫（一九一二・七）『文語口語対照語法』光風館

吉沢義則（一九一六・六）『日本文典別記』修文館
松岡静雄（一九二六・三）『通俗文法講話』国語書院
小林好日（一九二七・二）『国語国文法要義』京文社
安田喜代門（一九二八・三）『国語法概説』中興館
松尾捨治郎（一九二八・四）『国文法論纂』文学社
松下大三郎（一九二八・四）『改撰標準日本文法』紀元社（復刊（一九七四・一〇）勉誠社）
木枝増一（一九二九・六）『高等国文法講義』東洋図書
吉田新吉（一九三〇・五）『日本文法』京都女子高等専門学校出版部
今泉忠義（一九三〇・一〇）「助動詞「き」の活用形「し」の考」『国学院雑誌』第三十六巻第十号
橋本進吉（一九三〇）「助動詞の研究」（講義案）（橋本進吉『助詞・助動詞の研究』（一九六九・一一）岩波書店　所収）
湯沢幸吉郎（一九三一・九）『解説日本文法』大岡山書店
細江逸記（一九三二・二）『動詞時制の研究』泰文堂（訂正新版（一九七三・一）篠崎書林）
小林好日（一九三二・七）「文法的範疇と論理的範疇、特に「時」について」『国語と国文学』第九巻第七号（小林好日（一九四一・八）所収）
三矢重松（一九三二・九）『国語の新研究』中文館書店
今泉忠義（一九三二・一二）「助動詞「き」の連体形」金沢博士還暦祝賀会編『金沢博士還暦記念 東洋語学乃研究』三省堂
新井無二郎（一九三三・一）『国語時相の研究』中文館書店
小林好日（一九三五・六）「過去辞の学説史」東北帝国大学法文学部編『十周年記念史学文学論集』岩波書店
小林好日（一九三五・一二）「動作態と国語の文法的範疇」藤岡博士功績記念会編『藤岡博士功績記念 言語学論文集』岩波書店
山田孝雄（一九三六・六）『日本文法学概論』宝文館
松尾捨治郎（一九三六・九）『国語法論攷』文学社（追補版（一九七〇・一一）白帝社）
徳田　浄（一九三六・一〇）『国語法査説』文学社
木枝増一（一九三七・二）『高等国文法新講 品詞篇』東洋図書

糸井善太郎（一九三七・七）『万葉集語法私論』私家版
北条忠雄（一九三九・三、四、五）「過去の助動詞の考察―「せ」を過去とする説の誤りを明かにす―（上・中・下）」国語学研究会編『国語研究』第七巻第三、四、五号
山岸徳平（一九四〇・三）「古典の論理的解釈と日本文法学の再吟味」皇朝文学会編『皇朝文学』白帝社（『山岸徳平著作集Ⅳ　歴史戦記物語研究』（一九七三・五）有精堂　所収）
小林好日（一九四一・八）『国語学の諸問題』岩波書店
堀　重彰（一九四一・九）『日本語の構造』畝傍書房
春日政治（一九四二・一二）『西大寺本金光明最勝王経古点の国語学的研究』岩波書店（復刊（一九八五・六）勉誠社）
佐伯梅友（一九四七・一一）「『信濃にあンなる木曽路川』から」『国語学会会報』第七号
佐伯梅友（一九四八・六）「いわゆる詠嘆の「なり」について」国文研究会編『国文研究』第一輯
宮田和一郎（一九四八・八）「「聞きき」といふいひ方」『国語国文』第十七巻第五号
佐伯梅友（一九五三・二）『国文法高等学校用』三省堂
長船省吾（一九五三・一二）「助動詞「けり」の意味について」『美作短期大学研究紀要』第一号
木枝増一（一九五四・四）『高等国文法要説　品詞篇』堀書店
時枝誠記（一九五四・四）『日本文法　文語篇』岩波書店
島田勇雄（一九五四・一一）「口語資料としての日蓮上人遺文から―「き」について―」『国文論叢』第三号（神戸大学）
亀井　孝（一九五五・三）『概説日本文法』吉川弘文館
堀田要治（一九五五・七）「徒然草の解釈文法」大野晋他『時代別作品別解釈文法』至文堂
原田芳起（一九五五・一〇）「上代日本語助動詞の時について　通時論的な一二の問題」『樟蔭文学』第七号
桜井光昭（一九五五・一二）「回想の助動詞の用法」『国語学』第二十二輯
阪倉篤義（一九五六・一一）「竹取物語における「文体」の問題」『国語国文』第二十五巻第十一号（阪倉篤義『文章と表現』（一九七五・六）角川書店　所収）

島田良二（一九五六・一一）「三十六人集諸本と系統」『国語と国文学』第三十三巻第十一号
長谷川清喜（一九五七・三）「回想の助動詞「き」「けり」の問題―和歌の詞書における―」『国語国文学研究論輯』第二輯（北海道教育大学）
大橋清秀（一九五七・九）「和泉式部日記文体考」平安文学研究会編『平安文学研究』第二十輯
根来　司（一九五七・九）「疑ひと治定―「けらし」を中心として―」『国語と国文学』第三十四巻第九号
阪倉篤義（一九五七・一〇）『日本古典文学大系　竹取物語』解説　岩波書店
原田芳起（一九五七・一〇）「語法と文体」『樟蔭文学』第九号
佐竹昭広（一九五七・一二）「上代の文法」『日本文法講座3　文法史』明治書院
山岸徳平（一九五八・一）『日本古典文学大系　源氏物語一』補注3　岩波書店
国田百合子（一九五八・三）「助動詞「し」の用法―記紀歌謡を中心として―」『文学・語学』第七号
宮本益雄（一九五八・三）「『源氏物語』の中の助動詞「き」と「けり」について」『国語国文学研究論輯』第三輯（北海道教育大学）
馬淵和夫（一九五八・一二）「説話文学を研究する人のために」『国文学　解釈と教材の研究』第三巻第一一号
浅野　信（一九五九・一a）「いわゆる過去の助動詞―一、「き」の研究―」『国文学』第四巻第二号
浅野　信（一九五九・一b）「いわゆる過去の助動詞―二、「けり」の研究―」『国文学』第四巻第二号
佐田智明（一九五九・三）「本居宣長のいわゆる「おしはかるけり」をめぐって」『純真女子短期大学紀要』創刊号
山田忠雄（一九五九・三）『日本古典文学大系　今昔物語集一』補注　岩波書店
湯沢幸吉郎（一九五九・一一）『文語文法詳説』右文書院
島田良二（一九六〇・七）「雅平本業平集の詞書の検討」『国語と国文学』第三十七巻第七号
山内美子（一九六一・六）「助動詞「き」「けり」について」『奈良女子大学国文学会誌』第六号
蜂矢宣明（一九六一・一二）「「袖不振来」と「七日越来」」『山辺道』第八号（天理大学）
小路一光（一九六二・三）「「き」及び「けり」の用法―万葉集語法ノート―」『国文学研究』第二十五号（早稲田大学）
桜井茂治（一九六二・八）「回想の助動詞「き」と連体形「し」―アクセント史から見た活用形の成立―」『国語研究』第十四号（国学院大

学）
築島　裕（一九六三・三）『平安時代の漢文訓読語につきての研究』東京大学出版会
西尾光雄（一九六三・三）「平安かな日記文学の一表現―助動詞「き」について―」『人文学報』第三十二号（東京都立大学）
中西宇一（一九六三・六）「助動詞「けり」の間接性」『女子大国文』第三十号（京都女子大学）
山崎良幸（一九六三・六）「過去の助動詞き・けり・ぬ・つ・たり・り」『国文学　解釈と鑑賞』第二十八巻第七号
竹岡正夫（一九六三・一一）「助動詞「けり」の本義と機能―源氏物語・紫式部日記・枕草子を資料として―」『国文学　言語と文芸』第三十一号
浜田啓介（一九六三・一二）「雨月春雨の文体に関する二三の問題」『国語国文』第三十二巻第十二号
亀井　孝・大藤時彦・山田俊雄編（一九六四・四）『日本語の歴史3　言語芸術の花開く』平凡社
春日和男（一九六四・五）「助動詞「けり」の二面性―竹岡説に思う―」『国文学　言語と文芸』第三十四号
木之下正雄（一九六四・五）「「けり」について」『国文学　言語と文芸』第三十四号
中西宇一（一九六四・五）「助動詞「けり」の意味について―竹岡正夫氏の論に対する反論として―」『国文学　言語と文芸』第三十四号
根来　司（一九六四・五）「助動詞「けり」の表現性」『国文学　言語と文芸』第三十四号
原田芳起（一九六四・五）「助動詞「けり」の意味―竹岡説の提説をめぐって―」『国文学　言語と文芸』第三十四号
北条忠雄（一九六四・五）「成立から観たケリの本―竹岡説の直接的批判にかえて―」『国文学　言語と文芸』第三十四号
山崎　馨（一九六四・五）「形容詞系助動詞の成立―その一、まし・ましじ・き―」『国語と国文学』第四十一巻第五号
鈴木丹士郎（一九六四・六）「サ変動詞の助動詞「き」への接続面の混乱―馬琴における文語の一問題―」日本文芸研究会編『文芸研究』第四十七集
廣濱文雄（一九六四・一〇）「過去（回想）・完了の助動詞　き・けり〈古典語〉」『国文学　解釈と教材の研究』第九巻第十三号（松村明他編『古典語現代語　助詞助動詞詳説』（一九六九・四）学燈社　所収）
馬淵和夫（一九六四・一〇）「助動詞「キ」と「ケリ」の区別はなんとみるべきか」『国文学　解釈と観賞』第二十九巻第十号
河合留男（一九六五・三）「堤中納言物語雑考―その特異性と模倣性を通して―」『滋賀大国文』第二号

芳賀　綏（一九六五・一〇）『古典文法教室』東京堂

山崎良幸（一九六五・一二）『日本語の文法機能に関する体系的研究』風間書房

辻田昌三（一九六六・六）「初期仮名文に見える「りけり」について」『国語国文』第三十五巻第六号（辻田昌三（一九八六・一〇）所収）

春日和男（一九六六・七）「「今昔」考—説話の時制と文体—」『国語国文』第三十五巻第七号（春日和男（一九六八・七）所収）

根来　司（一九六六・九）「動詞に直接する「けり」—文章研究の一課題—（発表要旨）」『国語学』第六十六号

石坂正蔵（一九六六・一二）「萬葉集巻一第三の歌の解釈—「き」・「なり」・「らし」の意味するもの—」『法文論叢』第二十一号（熊本大学）

白石大二（一九六六・一二）「今昔物語集と徒然草—時の助動詞をめぐって言語と文体との問題を—」『早稲田大学教育学部学術研究　人文科学・社会科学編』第十五号

渡部洋子（一九六六・一二）「「けり」と「き」—樋口一葉の文章において—」『愛文』第五号（愛媛大学）

新川　忠（一九六七・二）「助動詞「けり」の時代的差異—上代・中古の和歌を中心として—」『北大国語国文論究』第三十六号（北海道大学）

春日和男（一九六七・一〇）「「昔」と「今は昔」—「今昔考」補説—」『語文研究』第二十四輯（九州大学）（春日和男（一九六八・七）所収）

竹岡正夫（一九六七・一一）「古今和歌集における助動詞「けり」の用法」『香川大学教育学部研究報告　第一部』第二十三号

根来　司（一九六八・一）「紫式部日記の文体—外的視点—」『国文学　言語と文芸』第五十六号

大野　晋（一九六八・二）「日本人の思考と述語様式」『文学』第三十六巻第二号

伊藤慎吾（一九六八・三、一九六九・五、一九七〇・八）「源氏物語の助動詞キ、ケリの用例—用例を究明して、その相違を考察する—（上・中・下）」『武庫川女子大学紀要』第十五・十六・十七号

春日和男（一九六八・七）『存在詞に関する研究—ラ変活用語の展開—』風間書房

堀田要治（一九六八・一〇）「日本語の助動詞の役割　記憶（き・けり・た）」『国文学　解釈と鑑賞』第三十三巻第十二号

和泉久子（一九六八・一二）「定家の歌における「なかりけり」「なし」の用法の一面」『鶴見女子大学紀要』第六号

Kasuga, Kazuo（一九六八）Tense and Style in Ancient Japanese Narratives. *Bulletin of the Facalty of Literature* No.12（春日和男（一九七五・一一）所収）

小路一光（一九六九・一）「万葉集における「き」「けり」の意義・用法」『早稲田高等学院研究年誌』第十三号
森重　敏（一九六九・一）「「けり」の意味分化—その現実性と真実性と観念性—」『万葉』第七十号
小池清治（一九六九・三）「「来《き》し方」と「来《こ》し方」」『国文学　言語と文芸』第六十三号
佐田智明（一九六九・三）「あゆひ抄の「けり」について」『北九州大学文学部紀要』第四号
桑原博史（一九六九・五）「徒然草における二つの場」『国語と国文学』第四十六巻第五号
吉田金彦（一九六九・五）「助動詞小辞典　文語編　き・けり」『月刊　文法』第一巻第七号
築島　裕（一九六九・六）『平安時代語新論』東京大学出版会
遠藤好英（一九六九・八）「今昔物語集の助動詞「リ」の文章史的考察—「リケリ」の形をめぐって—」日本文芸研究会編『文芸研究』第六十二集
浅野　信（一九六九・九）『日本文法語法論』桜楓社
春日和男（一九六九・九）「説話文体の効用—「今昔考」の終りに—」『文学研究』六十六輯（九州大学）（春日和男（一九七五・一一）所収）
片桐洋一（一九六九・九）「物語の世界と物語る世界—竹取物語を中心に—」『国文学　言語と文芸』第六十六巻
後藤和彦（一九六九・一二）「時間性と言語—助動詞の組織を中心として—」『国語国文』第三十八巻第十二号
長谷川清喜（一九七〇・一）「文体論　語法と文体—『古今集』—詞書のキ・ケリの用法から」『月刊　文法』第二巻第三号
春日和男（一九七〇・二）「助動詞「ケリ」の論の終着駅—『源氏物語』桐壷の巻説話論—」『月刊　文法』第二巻第四号
岩井良雄（一九七〇・三）『日本語法史　奈良・平安時代編』笠間書院
小松光三（一九七〇・四）「王朝語にみる時間意識」王朝文学協会編『王朝』第二冊
石沢　胖（一九七〇・五）「「き」「けり」と古文学習」『月刊　文法』第二巻第七号
小池清治（一九七〇・五）「助動詞「き」の接続—その変則性の由来について—」『月刊　文法』第二巻第七号
白石大二（一九七〇・五）「『徒然草』における助動詞「き」「けり」—表現の真実の理解のために—」『月刊　文法』第二巻第七号
竹岡正夫（一九七〇・五）「「けり」と「き」との意味・用法」『月刊　文法』第二巻第七号
田中喜美春（一九七〇・五）「和歌における「き」「けり」」『月刊　文法』第二巻第七号

原田芳起（一九七〇・五）「「けり」の変遷―活用を中心として―」『月刊 文法』第二巻第七号

北条忠雄（一九七〇・五）「いわゆる「過去の助動詞」とは」『月刊 文法』第二巻第七号（北条（一九八三・九）『国語文法論叢』明治書院所収）

山崎良幸（一九七〇・五）「「き」「けり」の研究上の争点」『月刊 文法』第二巻第七号

吉田金彦（一九七〇・五）「「降りにせば」と「枕かずけば」―語史的にみた「き」の活用―」『月刊 文法』第二巻第七号

春日和男（一九七〇・六）「助動詞「き」と「けり」の論への回想」『月刊 文法』第二巻第八号

根来　司（一九七〇・六）「「む」の徹底的研究 「けむ」と「けり」の関係」『月刊 文法』第二巻第八号

秋本守英（一九七〇・一〇）「「なりけり」構文続貂―「ものは」の提示を中心として―」王朝文学協会編『王朝』第三冊

中西宇一（一九七〇・一一）「助動詞」『月刊 文法』第三巻第一号

後藤和彦（一九七〇・一二）「「つ」「ぬ」「たり」「り」の徹底的研究 「たり」と「けり」の関係」『月刊 文法』第三巻第二号

佐田智明（一九七〇・一二）「古今集遠鏡に見える「ワイ」をめぐって」『北九州大学文学紀要』第六号

辻田昌三（一九七一・三）「詞書に見える時相辞への疑問―金葉集三本の詞書を端として―」『埴生野国文』第一号（四天王寺女子大学）（辻田昌三（一九八六・一〇）所収）

山口明穂（一九七一・三）「中世人の言語意識―過去の助動詞「き」に対するもの―」『国文白百合』第二号（山口明穂（一九七六・八）所収）

種　友明（一九七一・四）「御物本更級日記の時の助動詞について」『国語の研究』第五号（大分大学）

伊藤　博（一九七一・六）「蜻蛉日記の回想表現」平安文学研究会編『平安文学研究』第四十六輯

糸井通浩（一九七一・八）「「けり」の文体論的試論―古今集詞書と伊勢物語の文章―」王朝文学協会編『王朝』第四冊

田島光平（一九七一・一二）「玉の小櫛の「なりけり」の説―連体形承接の「なり」の一用法―」『国語と国文学』第四十八巻第十二号

久原広子（一九七二・三）「上代の語法―助動詞き・けり―」『香椎潟』第十七号（福岡女子大学）

長谷川清喜（一九七二・三）「土佐日記の贈答歌の解釈についての私見―主として語法的立場から―」『語学文学』第十号（北海道教育大学）

宮崎荘平(一九七二・三)「紫式部日記における回想叙述の形態と方法」『藤女子大学国文学雑誌』第十一号
佐藤美知子(一九七二・八)「和歌文学における文脈的一考察—「…ば…けり」の型を中心に—」『大谷女子大学紀要』第六号
古関吉雄(一九七二・一二)「屈折断定の助動詞「なり」と追認過去の助動詞「けり」と」『明治大学教養論集 日本文学』第七十五号
山口明穂(一九七二・一二)「過去の助動詞」鈴木一彦・林巨樹編『品詞別日本文法講座』明治書院(山口明穂(一九七六・八)所収)
吉田金彦(一九七三・三)『上代語助動詞の研究』明治書院
此島正年(一九七三・一〇)『国語助動詞の研究—体系と歴史』桜楓社
阪倉篤義(一九七四・三)『改講日本文法の話』教育出版
糸井通浩(一九七四・五)「貫之の文章—仮名文の構想と「なりけり」表現—」王朝文学協会編『王朝』第六冊
大野　晋(一九七四・一二)『岩波古語辞典』基本助動詞解説　岩波書店
春日和男(一九七五・三)「説話構文について—「今は昔」を中心に—」『文学研究』第七十二輯(九州大学)(春日和男(一九七五・一一)所収)
山口明穂(一九七五・三)「江戸時代における時の助動詞の把握の一形式」『国文白百合』(山口明穂(一九七六・八)所収)
寺田真弓(一九七五・五)『竹取物語』における「けり」文の分析」『国文鶴見』第十号
天野恵子(一九七五・一一)「竹取物語における文体—助動詞「けり」—」平安文学研究会編『平安文学研究』第五十四輯
春日和男(一九七五・一一)『説話の語文—古代説話の研究—』桜楓社
梅原恭則(一九七六・四)「伊勢物語の文章について」『東洋』第十三巻第四号(東洋大学)
山口仲美(一九七六・五)「文章史—文章の成立の史的考察および方法の論 歌物語における歴史的現在法」今井文雄教授還暦記念論集刊行委員会編『表現学論考 今井文雄教授還暦記念論集』長久手町今井文雄教授還暦記念論集刊行委員会
岩井良雄(一九七六・六)『源氏物語語法考』笠間書院
山口明穂(一九七六・八)『中世国語における文語の研究』明治書院
小松光三(一九七六・一〇)「国語助動詞の意味と体系」『大阪工業大学紀要』第二十一巻第一号
門出順子(一九七六・一二)「蜻蛉日記上巻の成立に関して—「日記」および「けり」表現の問題から—」『日本文学』第三十七号(立教大

学）
糸井通浩（一九七七・一）「「なりけり」語法の表現価値―『桐壺』『若菜下』を中心に―」『国文学　解釈と教材の研究』第二十二巻第一号
根来　司（一九七七・一）「源氏物語　表現の論理―表現史的位相―源氏物語の表現と語る文」『国文学　解釈と教材の研究』第二十二巻第一号
竹内美智子（一九七七・二）「助動詞（1）」大野晋・柴田武編『岩波講座日本語7　文法Ⅱ』岩波書店
吉岡　曠（一九七七・三a）「源氏物語における「き」の用法」吉岡曠編『源氏物語を中心とした論攷』笠間書院（吉岡曠（一九九六・六）所収）
吉岡　曠（一九七七・三b、七八・三）「源氏物語における「けり」の用法　一・二」『学習院大学文学部研究年報』第二十三・二十四号（吉岡曠（一九九六・六）所収）
吉岡　曠（一九七七・三c）「源氏物語の語り手と書き手と朗読者と」『国語国文』第四十六巻第三号（吉岡曠（一九九六・六）所収）
吉岡　曠（一九七七・四）「源氏物語の遠近法」『文学』第四十五巻第四号（吉岡曠（一九九六・六）所収）
大坪併治（一九七七・一二）「説話の叙述形式として見た助動詞キ・ケリ―訓点資料を中心に―」『国語学』第百十一集
木下　美（一九七七・一二、一九七八・一二）「紫式部日記に用いられた「き」「けり」についての調査研究　―その一「けり」について・その二「き」について」『国語研究』第六、七号（九州大谷短期大学）
志津田藤四郎（一九七八・二）「古事記の基本的な訓法のこと」『佐賀龍谷短期大学紀要』第二十四号
大坪併治・野田美津子（一九七八・三）「説話の叙述形式として見た助動詞キ・ケリ―今昔物語を中心に―」『大谷女子大国文』第八号
久津摩八千代（一九七八・三）「『大鏡』におけるき・けりについて」『語学と文学』第八号（九州女子大学・女子短期大学）
桜井光昭（一九七八・三）「平安時代語の表現」『国語学』第百十二集
吉岡　曠（一九七八・三）「竹取物語から源氏物語へ―「き」「けり」の用法を中心として―」『学習院女子短大国語国文論集』第七号（吉岡曠（一九九六・六）所収）
斉藤　博（一九七八・四、一九八一・三、一九八三・三）「日本語動詞のテンスとアスペクト　一・二・三」『東京成徳短期大学紀要』第十一・十四・十六号

松尾捨治郎(一九七八・七)『萬葉集語法研究　助動詞編』笠間書院

久保木哲夫(一九七八・一二)「すでに知っていることといまはじめて知ったこと―「なりけり」の用法―」上村悦子編『論叢王朝文学』笠間書院

吉岡　曠(一九七八・一二)「落窪物語の語り手」上村悦子編『論叢王朝文学』笠間書院

中川美奈子(一九七九・三)「「けり」は過去の助動詞か―物語の叙事様式から―」『甲南女子大学大学院論叢』第一号

堀川　昇(一九七九・三、一〇)「和泉式部日記の時間(上・下)」『実践国文学』第十五、十六号

吉岡　曠(一九七九・三)「物語の冒頭」『学習院大学国語国文学会誌』第二十二巻

塚原鉄雄(一九七九・六)「伊勢物語の構成原理―文章論的な作品研究―」『国語国文』第四十八巻第六号

片桐洋一(一九七九・七、八)「古今和歌集の場　上・下」『文学』第四十七巻第七、八号

塚原鉄雄(一九七九・七)「挿入技法の修飾構文―落窪物語と助動詞「き」―」『解釈』第二十五巻第七号

国田百合子(一九七九・八)「助動詞「し」の未然形」田辺博士古稀記念国学論集委員会編『田辺博士古稀記念　国語助詞助動詞論叢』桜楓社

山口雄輔(一九七九・八)「物語を止める助動詞としての「けり」「ぬ」他―天草版と仮名草子本伊曾保物語との比較を中心に―」田辺博士古稀記念国学論集委員会編『田辺博士古稀記念　国語助詞助動詞論叢』桜楓社

立川美彦(一九七九・九)「けりがつく」『国語国文』第四十八巻第九号

辻田昌三(一九七九・九)「物語る「けり」」『島大国文』第八号(島根大学)

森　昇一(一九七九・一一)「西鶴『好色五人女』の語法―助動詞「き」の終止形の一用法―」『野州国文学』第二十四号(国学院大学栃木短期大学)

糸井通浩(一九七九・一二)「『大和物語』の文章―その「なりけり」表現と歌語り―」『愛媛国文研究』第二十九号

鈴木　覚(一九八〇・九)「東西時称之論―二つの過去形をめぐって―」『翻訳の世界』九月号

小松光三(一九八〇・一一)『国語助動詞意味論』笠間書院

糸井通浩(一九八〇・一二)「古代和歌における助動詞「き」の表現性」『愛媛大学法文学部論集　文学科編』第十三号

吉池　浩（一九八一・五）「助動詞「まし」の成立その他―けむ・まし・けり・たり・らむ・めり―」『橘女子大学研究紀要』第八号
糸井通浩（一九八一・八）「源氏物語と助動詞「き」」源氏物語探究会編『源氏物語の探究』第六輯　風間書房
大坪併治（一九八一・八）『平安時代における訓点語の文法』風間書房
北原保雄（一九八一・一一）『日本語助動詞の研究』大修館書店
小松光三（一九八一・一二）「「なり」「なめり」「なりけり」の意味機能」『愛媛国文研究』第三十一号
近藤　明（一九八二・二）「助動詞「けり」の上接語―万葉集・平安時代の勅撰集の傾向差をめぐって―」『新潟大学国文学会誌』第二十五号
鶴田常吉（一九八二・二）『日本文法学　上・下』国書刊行会
中西宇一（一九八二・四）「動詞性述語の史的展開（2）―態《アスペクト》・時《テンス》―」森岡健二他編『講座日本語学2　文法史』明治書院
畠中真美（一九八二・七）「西鶴散文作品に於ける「けり」「き」の様相―文末用法を中心として―」『国文』第五十七号（お茶の水女子大学）
亀井　孝（一九八二・一一）「エウジェニオ・コセリウの学説―言語学史のながれにそって―」『成城文芸』第百二号
桑田　明（一九八二・一一）「「ぬ」「つ」四考「き」「けり」再考」『就実語文』第三号
山口明穂（一九八二・一一）「日本古典文学の再評価　文学と語学と―源氏物語の語法―」『武蔵野文学』第三十号　武蔵野書院
白藤礼幸（一九八二・一二）「古代語の文法Ⅰ」築島裕編『講座国語史4　文法史』大修館書店
塚原鉄雄（一九八三・三）「伊勢物語における「けり」」『一冊の講座』編集部編『一冊の講座　伊勢物語　日本の古典文学2』有精堂
井上親雄（一九八三・五）「西方指南抄における助動詞―「キ」と「ケリ」―」『鎌倉時代語研究』第六輯　武蔵野書院
近藤泰弘（一九八三・七）「過去」大曽根章介他編『研究資料日本古典文学⑫　文法付辞書』明治書院
深津睦夫（一九八四・四）「勅撰和歌集の詞書における「き」と「けり」」名古屋大学国語国文学会後藤重郎教授停年退官記念論集刊行世話人会編『後藤重郎教授停年退官記念　国語国文学論集』名古屋大学出版会
井上親雄（一九八四・五）「西方指南抄における助動詞―「キ」と「ケリ」―」『鎌倉時代語研究』第六輯　武蔵野書院
竹内美智子（一九八四・五）「助動詞の分類」鈴木一彦・林巨樹編『研究資料日本文法6　助辞編（二）助動詞』明治書院

本位田重美（一九八四・五）『日本文法講話』和泉書院
橋本　修（一九八四・八）「上代・中古和文資料における、ノチ節のテンスとアスペクト」『文芸言語研究　言語篇』第二十六号（筑波大学）
新川正美（一九八四・一一）「枕草子の助動詞「けり」―学校文法との関連をめぐって―」『国語』第三十七号（香川県高等学校国語教育研究会）
鈴木　泰（一九八四・一二）「「き」「けり」の意味とその学説史」『武蔵大学人文学会雑誌』第十六巻第三・四号
山口佳紀（一九八五・一）『古代日本語文法の成立の研究』有精堂
青木和男（一九八五・三）「古典語動詞のテンス・ムード」『研究会報告』第六号（大東文化大学）
清瀬良一（一九八五・三）「天草版平家物語の文語的表現―完了・過去の助動詞を視点にした場合―」『国語国文学報』第四十二号（愛知教育大学）
熊倉千之（一九八五・三）『古今集』における詞書と歌の現在―失われし〈り〉〈たり〉〈けり〉を索めて―」平安文学論究会編『講座平安文学論究』第二輯　風間書房
高瀬正一（一九八五・三）「宣長門流における時の助動詞の継承について―衣川長秋『百人一首峯梯』の場合―」『国語国文学報』第四十二号（愛知教育大学）
井上親雄（一九八五・五）「東寺観智院本三宝絵詞に於ける「キ」と「ケリ」」『鎌倉時代語研究』第八輯　武蔵野書院
新川正美（一九八五・八）「〈教材研究〉枕草子の助動詞「けり」―学校文法との関連をめぐって―」教育システム開発センター編『国語フォーラム』第三巻第五号
桜井光昭（一九八五・一二）「回想の助動詞の用法再論―国語教育のための―」『学術研究　国語・国文学』第三十四号（早稲田大学）
鈴木　泰（一九八六・一）「テンス」『国文学　解釈と鑑賞』第五十一巻第一号
中西宇一（一九八六・三）「個人的判断としての「めり」の推定―「けり」との対比―」『叙説』第十二号（奈良女子大学）
竹内美智子（一九八六・五）『平安時代和文の研究』明治書院
馬淵和夫（一九八六・六）「〈古典の窓〉ケリの原義」『国語教室』第二十八号　大修館書店
金田章宏（一九八六・八）「古典語文法と東北方言―「けり」と「け」をめぐって―」『国文学　解釈と鑑賞』第五十一巻第八号

井島正博（一九八六・一〇）「時間の起点を表わすノチとヨリとの相違」松村明教授古稀記念会編『松村明教授古稀記念 国語研究論集』明治書院
鈴木　泰（一九八六・一〇）「古代日本語の過去形式の意味」松村明教授古稀記念会編『松村明教授古稀記念 国語研究論文集』明治書院
辻田昌三（一九八六・一〇）『初期仮名文の研究』桜楓社
森由美子（一九八六・一〇）「『徒然草』における助動詞「き」「けり」の再検討」『花園大学国文学論究』第十四号
北島　徹（一九八六・一一）「助動詞「けり」の意味と表現性―記紀歌謡・万葉集を資料として―」宮地裕編『論集日本語研究 二』明治書院
小林芳規（一九八六・一二）「幻の「来《き》しかた」―古典文法の一問題―」『汲古』第十号
カトリーヌ山崎（一九八七・一）「助動詞〝けり〟の用法について」『東京水産大学論集』第二十二号
糸井通浩（一九八七・二）「物語文学の表現」三谷栄一編『体系物語文学史第二巻 物語文学とは何かⅡ』有精堂
徳田政信（一九八七・三）「松下文法における時制の助動詞―ツ・ヌおよびキ・ケリとマシの本質追考―」『中京大学文学部紀要 国文学科編』第二十一巻第二の一号
鈴木　泰（一九八七・四）「古文における六つの時の助動詞」山口明穂編『国文法講座2 古典解釈と文法―活用語』明治書院
北原保雄（一九八七・六）「「行ふ尼なりけり」考―その文構造と意味―」『日本語と日本文学』第七号（筑波大学）
福島邦道（一九八七・一〇）「山岸源氏における助動詞「けり」―学説史の中で―」『実践国文学』第三十二号
藤井貞和（一九八七・一二）『物語文学成立史』東京大学出版会
山口佳紀（一九八八・一）「万葉集における時制《テンス》と文の構造」『国文学 解釈と教材の研究』第三十三巻第一号
古瀬順一（一九八八・三）「日蓮消息文における助動詞「き」「けり」の出現傾向について」『立正大学国語国文』第二十四号
鈴木淳一郎（一九八八・三）「「ケリ」の変遷についての一考察」『中央大学国文』第三十一号
山口明穂編（一九八八・四）『国文法講座別巻 学校文法―古文解釈と文法』明治書院
高山仲司（一九八八・七）「過去の助動詞「き」について」『二松学舎大学人文論叢』第三十九号
桑田　明（一九八八・一一）「成存立につながる意味の語形式―「つ・ぬ」「たり・り」「ず・ざり」「き・けり」の意味―」『就実国文』第九

号
大藤重彦（一九八八・一二）「言ふすべのたづきもなきは吾が身なりけり―省約準体言の軌跡―」『万葉』第百三十号
小松英雄（一九八八・一二）「はるは　きにけり」『文芸言語研究　言語篇』第十三号（筑波大学）
高橋敬一（一九八九・三）「『今昔』（流布本）における「ケル終止文」について」『活水論文集　日本文学科編』第三十二号（活水女子大学・活水女子短期大学）
堀口和吉（一九八九・三）「助動詞「～けり」考」『山辺道』第三十三号（天理大学）
山口明穂（一九八九・三）『国語の論理』東京大学出版会
吉田茂晃（一九八九・六）「「けり」の時制面と主観面―万葉集を中心として―」『国語学』第百五十七集
竺沙直子（一九八九・一〇）「「此レヲ聞ク人…貴ビケリ」―『今昔物語集』巻十五の類型的表現をめぐって―」『叙説』第十六号（奈良女子大学）
佐々木和夫（一九八九・一一）「助動詞「ケリ」の属性について」『国語教室』第三十八号　大修館書店
新里瑠美子（一九九〇・一）「ノート「キ」と「ケリ」の区別をめぐって」『国文学　言語と文芸』第百五号
鈴木　泰（一九九〇・一）「現代日本語のテンスと古代日本語のテンス」『国文学　解釈と鑑賞』第五十五巻第一号
藤井貞和（一九九〇・二）「「けり」に詠嘆の意味はあるか」『三省堂高校国語教育ぶっくれっと』第十八号（『物語の方法』（一九九二・一）桜楓社　所収）
南崎　晋（一九九〇・二）「『落窪物語』冒頭の文の「き」をめぐって」『城南国文』第十号（大阪城南女子短期大学）
小林賢章（一九九〇・三）「「聞こゆ」に後接する過去の助動詞―覚一本『平家物語』の場合―」『語文』第五十三・五十四号（大阪大学）
大木一夫（一九九〇・五）「中世後期の軍記物語における「き」「けり」について」日本文芸研究会編『文芸研究』第百二十四集
川上徳明（一九九〇・一〇）「『国文法講座別巻』疑義一束」『資料と研究』第二十一号（札幌大学）
新川正美（一九九〇・一一）「古代語の時の助動詞―その生態の素描―」『国語』第四十三号（香川県高等学校国語教育研究会）
金田章宏・奥山熊雄（一九九一・一）「八丈島三根方言　動詞の形態論―過去の「き」をもつテンス形式―」『国文学　解釈と鑑賞』第五十六巻第一号

鈴木　泰(一九九一・一)「古代語文法研究のために」『国文学 解釈と鑑賞』第五十六巻第一号

宇都宮睦男(一九九一・三)「訓読語の一性格—過去・完了の助動詞を中心として—」『国語国文学報』第四十九号(愛知教育大学)

黒田　徹(一九九一・三)「古典語助動詞のテンスの研究のあり方について—万葉集を資料として—」『研究会報告』第十二号(大東文化大学)

清水　功(一九九一・三)「上代日本語における話材語「き」について—話材語体系変遷考察の一環として—」『椙山国文学』第十五号

新里瑠美子(一九九一・三)「Where Do Temporality, Evidentiality and Epistemicity Meet?—A Comparison of Old Japanese -ki and -keri with Turkish -di and -mis—」『言語研究』第九十九号

吉岡　曠(一九九一・三)『源氏物語における「き」の用法』再論」『国語国文論集』第二十号(学習院女子短期大学)(吉岡曠(一九九六・六)所収)

中川正美(一九九一・五)「源氏物語の本文と「けり」」源氏物語別本集成刊行会編『源氏物語研究』第一号

山口佳紀(一九九一・五)「国語史から見た説話文献—文体史的考察—」本田義憲他編『説話の講座1　説話とは何か』勉誠社

鈴木　泰(一九九一・七)『言の葉の林散策—助動詞「けり」論の今後—」『三省堂ぶっくれっと』第九十三号

山口明穂(一九九一・一〇)「国語学の系譜17　時の助動詞—「き」の意味」『国語展望』第八十九号　尚学図書

吉田茂晃(一九九一・一二)『大鏡』における時制表現の一特徴—時制助動詞のない場合について—」『島大国文』第二十号(島根大学)

黒田　徹(一九九二・二)「万葉集における動詞のテンス・アスペクト」『日本文学研究』第三十一号(大東文化大学)

鈴木　泰(一九九二・五)『古代日本語動詞のテンス・アスペクト—源氏物語の分析—』ひつじ書房(改訂版(一九九九・七)ひつじ書房)

山口明穂(一九九二・五)「国語学の系譜18　時の助動詞—「けり」の意味」『国語展望』第九十号　尚学図書

加藤浩司(一九九二・一〇)「助動詞キ・ケリの機能—最勝王経古点・三宝絵詞・今昔物語集を資料として—」田島毓堂・丹羽一弥編『日本語論究2　古典日本語と辞書』和泉書院(加藤浩司(一九九八・一〇)所収)

山口明穂(一九九二・一二)「国語学の系譜19　助動詞「けり」の解釈—「田子の浦ゆ」(『万葉集』三一八)をめぐって—」『国語展望』第九十一号　尚学図書

鈴木　泰(一九九三・一)「古代語の文法現象」『国文学 解釈と鑑賞』第五十八巻第一号

鈴木　泰（一九九三・二ａ）「時間表現の変遷」『月刊 言語』第二十二巻第二号
鈴木　泰（一九九三・二ｂ）「源氏物語会話文における動詞基本形のアスペクト的意味」『武蔵大学人文学会雑誌』第二十四巻第二・三号
黒田　徹（一九九三・三）「古代語動詞のテンス・アスペクト研究のために」『研究会報告』第十四号（大東文化大学）
山口明穂（一九九三・六）「国語学の系譜20　助動詞の用法―過去の事態の表現」『国語展望』第九十二号　尚学図書
上原作和（一九九三・七）「前期物語のテンス・アスペクト―〈語り〉の機構、文脈の統辞、あるいはデスコース分析のための序章―」『国文学　解釈と鑑賞』第五十八巻第七号
加藤浩司（一九九三・七）「古代語における文章の「視点」と「体験性」―和泉式部日記におけるキとケリの使用を例として―」『名古屋大学国語国文学』第七十二号（加藤浩司（一九九八・一〇）所収）
加藤康秀（一九九三・七）「古今集のテンス・アスペクト」『国文学　解釈と鑑賞』第五十八巻第七号
金水　敏（一九九三・七）「古事記のテンス・アスペクト」『国文学　解釈と鑑賞』第五十八巻第七号
黒田　徹（一九九三・七）「万葉集のテンス・アスペクト」『国文学　解釈と鑑賞』第五十八巻第七号
竹内美智子（一九九三・七）「土佐日記のテンス・アスペクト」『国文学　解釈と鑑賞』第五十八巻第七号
山口敦史（一九九三・七）「中古漢文訓読文のテンス・アスペクト―『日本霊異記』を中心に―」『国文学　解釈と鑑賞』第五十八巻第七号
山下健吾（一九九三・七）「源氏物語のテンス・アスペクト―パーフェクト論を中心として―」『国文学　解釈と鑑賞』第五十八巻第七号
松本邦夫（一九九三・一一）「枕草子・日記的章段の固有名と「き」」『国語年誌』第十二号（神戸大学）
渡瀬　茂（一九九三・一一）「『栄花物語』の「けり」―その多用される記事をめぐって―」中古文学会編『中古文学』第五十二号
柏本雄幸（一九九三・一二）「蓮如上人聞書類における時の助動詞―「き」「けり」と「候ひき」「候ひつ」について―」『広島女学院大学国語国文学誌』第二十三号
須藤　明（一九九四・二）「助動詞「けり」の地の文における文末用法―平安末期物語を中心として―」『文学論藻　東洋大学文学部紀要国文学篇』第六十八号
加藤浩司（一九九四・三）「蜻蛉日記における助動詞キ・ケリの用法について」『名古屋大学人文科学研究』第二十三号（加藤浩司（一九九八・一〇）所収）

金水　敏（一九九四・三）「書評　鈴木泰　著『古代日本語動詞のテンス・アスペクト―源氏物語の分析―』」『国語学』第百七十六集
近藤泰弘（一九九四・一〇）「書評　鈴木泰　著『古代日本語動詞のテンス・アスペクト―源氏物語の分析―』」『国語と国文学』第七十一巻第十号
渡瀬　茂（一九九四・一二）「あなたなる場の近江―『栄花物語』の「けり」補遺―」研究と資料の会編『研究と資料』第三十二輯
糸井通浩（一九九五・二）「中古の助動詞「き」と視点」『京都教育大学国文学会誌』第二十四・二十五号
須藤　明（一九九五・二）「『源氏物語』における文末「けり」について―宇治十帖における「けり」の役割―」『文学論藻　東洋大学文学部紀要国文学篇』第六十九号
加藤浩司（一九九五・三）「助動詞キ・ケリが示す「体験性」の差異について―付、大鏡における公事・私事の錯綜―」『信州大学人文科学論集』第二十九号（加藤浩司（一九九八・一〇）所収）
福田　孝（一九九五・三）「古典授業におけるいわゆる過去の助動詞「き」の扱い方について」『研究報告』第三十四号（筑波大学附属駒場中・高等学校）
渡瀬　茂（一九九五・三）「大和物語の「けり」―その文法機能と文体表現―」日本文学協会編『日本文学』第四十四巻第三号
加藤浩司（一九九五・七）「上接語・下接語から見た助動詞キ・ケリの差異―品詞レベルでの分析―」『ことばの研究　長野県ことばの会会誌』第七号（加藤浩司（一九九八・一〇）所収）
加藤浩司（一九九五・九）「法華経訓読における助動詞ケリの変遷―気づきの意味はいつまで理解されていたか―」名古屋・ことばのつどい編集委員会編『日本語論究4　言語の変容』和泉書院
伊牟田経久（一九九五・一〇）「『蜻蛉日記』の〈ケリ止め文〉」上村悦子先生頌寿記念論集編集委員会編『上村悦子先生頌寿記念論集　王朝日記の新研究』笠間書院
山口明穂（一九九六・一）「『源氏物語』の解釈と助動詞」『国語と国文学』第七十三巻第一号
伊藤　敬（一九九六・三、一九九七・二）「西行歌「なりけり」考　正・続」『藤女子大学国文学雑誌』第五十六号、『藤女子大学・藤女子短期大学紀要』第三十四号
大木一夫（一九九六・三）「古代語助動詞「けり」の語の意味と文の機能―『古今集』を中心として―」『埼玉大学紀要　教育学部』第

四十五巻第二号
加藤浩司（一九九六・三）「土佐日記「ありけるをんなわらは」の解釈について—「ありし」と「ありける」の機能の差異を手かがりとして—」『信州大学人文学部人文科学論集　文化コミュニケーション学科編』第三十号（加藤浩司（一九九八・一〇）所収）
井島正博（一九九六・六）「相対名詞または格助詞による時の副詞節」山口明穂教授還暦記念会編『山口明穂教授還暦記念　国語学論集』明治書院
吉岡　曠（一九九六・六）『物語の語り手—内発的文学史の試み—』笠間書院
鈴木　泰（一九九六・七）「アスペクト—チベット語と古代日本語の evidentiality に関連して—」『国文学　解釈と鑑賞』第六十一巻第七号
中西宇一（一九九六・七）『古代語文法論　助動詞編』和泉書院
辻田昌三（一九九六・一〇）「八代集に於ける「勅撰」の意義—詞書の敬語及び「き」の使用をめぐって—」国語語彙史研究会編『国語語彙史の研究』第十六集　和泉書院
松本邦夫（一九九六・一〇）「枕草子・一条帝関連章段の位相—一条帝の叙述における「仰せらる」と「き」—」古代文学研究会編『古代文学研究　第二次』第五号
山口明穂（一九九六・一一）「古典解釈と文法」『国語と国文学』第七十三巻第十一号
三谷邦明（一九九七・二）「物語の謎—問題への架橋—〈一ジャンルと本性の謎〉「物語」と「小説」は同じか　助動詞「た」と「けり」あるいは虚構の言説」『国文学　解釈と教材の研究』第四十二巻第二号
加藤浩司（一九九七・三）「キ・ケリ研究史概観—付、編年体研究文献目録—」『信州大学人文学部人文科学論集　文化コミュニケーション学科編』第三十一号（加藤浩司（一九九八・一〇）所収）
山口明穂（一九九七・三）「古代日本語における時間の意味」『中央大学文学部紀要　文学科』第七十九号
吉田茂晃（一九九七・三）「古代日本語に於ける形容詞時制述語」『山辺道』第四十一号（天理大学）
出雲路修（一九九七・四）「説話文体の基本的枠組みとしての「き」—《日本霊異記》の訓読をめぐって—」説話と説話文学の会編『説話論集』第六集　清文堂出版

大木一夫(一九九七・七)「古代日本語における動詞終止の文と表現意図―テンス・アスペクト的意味を考えるにあたって―」加藤正信編『日本語の歴史地理構造』明治書院
宇都宮睦男(一九九七・八)「『海道記』の「き」と「けり」」『解釈』第四十三巻第八号
佐田智明(一九九七・九)「近世における国語意識の展開(2)―「過去・現在・未来」と「き・けり」―」『福岡大学人文論叢』第二十九巻第二号
藤井貞和(一九九七・九)「語り手人称はどこにあるか―『源氏物語』の語り―」後藤祥子他編『論集平安文学 第四巻 源氏物語試論集』勉誠社
鈴木　泰(一九九七・一〇)「上代語の「けり」の意味」川端善明・仁田義雄編『日本語文法 体系と方法』ひつじ書房
加藤浩司(一九九七・一二a)「キとケリが示す事象の生起と認識と発話時との時間的距離について―土佐日記を資料として―」『帝塚山学院大学研究論集』第三十二号
加藤浩司(一九九七・一二b)「上接語の相違から見た助動詞キ・ケリの差異―「自己卑下」の敬語と「～げなり」に着目して―」名古屋・ことばのつどい編集委員会編『日本語論究5 敬語』和泉書院(加藤浩司(一九九八・一〇)所収)
鈴木　泰(一九九八・二)「助動詞からのぞかれるべき「けり」について」東京大学国語研究室創設百周年記念国語研究論集編集委員会編『東京大学国語研究室創設百周年記念 国語研究論集』汲古書院
竹林一志(一九九八・三)「『徒然草』本文の一解釈―助動詞「き」「けり」・視点・表現効果の相関―」『解釈』第四十四巻第三号
藤井貞和(一九九八・三)「日本文学の時制―「た」の遡及性とその性格―」物語研究会編『書物と語り』若草書房
福沢将樹(一九九八・五)「過去と完了―語り手と視点―」『国語国文研究』第百九号(北海道大学)
近藤政行(一九九八・九)「「行ふ尼なりけり」続貂―「偶然確定拘束格」を受ける「なりけり」―」『国学院雑誌』第九十九巻第九号
加藤浩司(一九九八・一〇)『キ・ケリの研究』和泉書院
北原保雄(一九九八・一〇)「気づきの「けり」」『国文学 解釈と教材の研究』第四十三巻第十一号
山内洋一郎(一九九八・一〇)「「き」と「けり」＝語りの態度ex「今は昔、竹取の翁といふ者有りけり」―」『国文学 解釈と教材の研究』第四十三巻第十一号

藤井貞和（一九九八・一一）「源氏物語と文体―主体の時制―」増田繁夫・鈴木日出男・伊井春樹編『源氏物語研究集成　第三巻　源氏物語の表現と文体　上』風間書房
渡瀬　茂（一九九八・一一）『今昔物語集』の枠構造における「けり」の古代的特質とその変容」『富士フェニックス論叢』特別号
大木一夫（一九九八・一二）「古典語「けり」の意味機能とテクストの型―語の意味とテクストの関わりをめぐって―」佐藤喜代治編『国語論究第七集　中古語の研究』明治書院
鈴木　泰（一九九八・一二）「源氏物語における「けり」」『むらさき』第三十五号（紫式部学会）
大木一夫（一九九九・三）「「けり」論争を通してみた古代語文法研究の一方法―竹岡説とその批判の意義についての二側面―」『埼玉大学紀要　教育学部　人文・社会科学』第四十八巻第一・二号
黒田　徹（一九九九・三）「万葉集における動詞基本形の意味・用法」『研究会報告』第二十号（大東文化大学）
鈴木　泰（一九九九・三）「宇津保物語における基本形のテンス―中古語のテンスにおけるアクチュアリティーの問題―」『国語学』第百九十六集
堀口和吉（一九九九・三）「「～り・～たり」「～けり」の表現」『山辺道』第四十三号（天理大学）
三宅　清（一九九九・三）「助動詞に注目した古典の読み方―「けり」「らむ」―」『岡山大学国語研究』第十三号
吉田茂晃（一九九九・三）「中古機仮名文における〈タリケリ〉について」『山辺道』第四十三号（天理大学）
渡瀬　茂（一九九九・三）「「き」の中世へ―『今昔物語集』の枠構造における「けり」の古代的特質とその変容・補説―」『富士フェニックス論叢』第七号
藤井貞和（一九九九・四）「書記言語の成立―「けり」文体に及ぶ―」『国文学　解釈と教材の研究』第四十四巻第五号
重見一行（一九九九・五）「現代語訳に推測される中古助動詞「き・けり」の「過去」表現の意義」『語文』第七十二輯（大阪大学）
朴　鐘升（一九九九・九）「古代日本語動詞原形の意味・用法―テンス的意味の認否について―」『学習院大学人文科学論集』第八号
藤井俊博（一九九九・一〇）「冒頭句「今は昔」と「けり」叙述―宇治拾遺物語を中心に―」表現学会編『表現研究』第七十号（藤井俊博（二〇〇三・一〇）所収）
西田隆政（一九九九・一二）「加藤浩司著『キ・ケリの研究』」『国語学』第百九十九集

藤井俊博(二〇〇〇・二)「冒頭句「今は昔」と「けり」叙述(続)―視点論からの考察―」『国文学論叢』第四十五輯(龍谷大学)(藤井俊博(二〇〇三・一〇)所収)
中村　勝(二〇〇〇・三a)「『更級日記』地の文における「けり」」『東京学芸大学大学院伝承文学研究レポート』第六号
中村　勝(二〇〇〇・三b)「『蜻蛉日記』上巻における「けり」」『独協中学校・高等学校研究紀要』第十七・十八号
井島正博(二〇〇〇・七)「物語の時間」『国文学　解釈と教材の研究』第四十五巻第九号
西田隆政(二〇〇〇・一〇)「源氏物語横笛の段落構成―助動詞「けり」による段落構成の巻々―」『大分大学教育福祉科学部研究紀要』第二十二巻第二号
鈴木　泰(二〇〇〇・一二)「「き」「けり」論の論点」『国文学　解釈と教材の研究』第四十五巻第十二号
山本いずみ(二〇〇〇・一二)「加藤浩司著『キ・ケリの研究』」『名古屋大学国語国文学』第八十七号
井島正博(二〇〇一・三)「古典語過去助動詞の研究史概観」『武蔵大学人文学会誌』第三十二巻第二・三号
藤井貞和(二〇〇一・三)『平安物語叙述論』東京大学出版会
藤井俊博(二〇〇一・三)「今昔物語集の「けり」叙述―「今は昔」と文章構成―」仏教文学研究会『仏教文学』第二十五号(藤井俊博(二〇〇三・一〇)所収)
山口佳紀(二〇〇一・三)「『万葉集』における「時」の表現―動詞基本形を中心に―」高岡市万葉歴史館編『時の万葉集』笠間書院
宇都宮睦男(二〇〇一・一〇)「『東関紀行』の「き」と「けり」」『解釈』第四十七巻第九・十号
井島正博(二〇〇二・一)「中古語過去助動詞の機能」『国語と国文学』第七十九巻第一号
井島正博(二〇〇二・三)「中古和文の表現類型」『日本語文法』第二巻第一号
深津睦夫(二〇〇二・六)「続後撰和歌集の詞書における叙述主体について―助動詞「き」と「けり」の書分けをめぐって―」『皇学館論叢』第三十五巻第三号
佐藤智広(二〇〇三・三)「宗尊親王『瓊玉和歌集』の詞書について―「き」と「けり」の使いわけを中心に―」『昭和学院国語国文』第三十六号
藤井俊博(二〇〇三・一〇)『今昔物語集の表現形成』和泉書院

Chung, Young-ah（二〇〇三・一〇）「言説の装置を考える―『竹むきが記』の「き」「けり」をめぐって―」古代文学研究会編『古代文学研究 第二次』第十二号
京　健治（二〇〇四・三）「否定過去表現史研究の一視点」『岡大国文論稿』第三十二号（岡山大学）
藤原浩史（二〇〇四・三）「過去の助動詞の意味構造―「き」「けり」「けむ」「まし」における真偽判定の機構―」『国語学研究』第四十三集（東北大学）
山口明穂（二〇〇四・三）「助動詞『けり』の表現と解釈」『中央大学文学部紀要 文学科』第九十三号
吉田茂晃（二〇〇四・三）「文末時制助動詞の活用形について」『山辺道』第四十八号（天理大学）
黒田　徹（二〇〇四・七）「万葉集における動詞基本形の時制表現」記念行事委員会編『鈴木康之教授古希記念論集 21世紀言語学研究』白帝社
市原　敦（二〇〇四・九）「中古和文における「完了」と「過去」―～ヌ形、～タリ・リ形、～ツ形、～キ形について―」『金沢大学語学・文学研究』第三十二号
鈴木　泰（二〇〇四・九）「古代日本語におけるテンス・アスペクト体系とケリ形の役割」論集編集委員会『国際基督教大学大学院教授飛田良文博士退任記念 日本語教育学の視点』東京堂出版
山口明穂（二〇〇四・一二）「助動詞「けり」と古典の解釈」『月刊 言語』第三十三巻第十二号
井島正博（二〇〇五・一）「中古和文の時制と語り―「今は昔」の解釈に及ぶ―」『日本語学』第二十四巻第一号
加藤浩司（二〇〇五・二）「最近のキ・ケリ研究について」『帝塚山学院大学日本文学研究』第三十六号
近藤政行（二〇〇五・三）「問いに用いられた「き」「けり」について―源氏物語と今昔物語集を資料として―」『徳島文理大学文学論叢』第二十二号
福沢将樹（二〇〇五・五）「あらすじ過去と別人格―『法華百座聞書抄』のキ・ケリ―」石塚晴通教授退職記念会編『日本学・敦煌学・漢文訓読の新展開』汲古書院
木村　一（二〇〇五・一一）「「ケリ」から「タリ」・「キ」へ―欧文直訳体『西国立志編』を資料として―」『東洋』第四十二巻第八号（東洋大学）

西田隆政（二〇〇五・一一）「助動詞キと「直接体験」—地の文での係り結びの使用傾向をめぐって—」『国語と国文学』第八十二巻第十一号
渡辺泰宏（二〇〇五・一一）「伊勢物語における助動詞「き」「けり」—物語〈語り手〉論の階梯として—」伊東祐子他編『吉岡曠先生追悼論集 平安文学研究生成』笠間叢書
西田隆政（二〇〇六・三）「源氏物語における助動詞キの会話文・心話文・消息文での文末使用（1）—終止形キの用法を中心に—」『甲南女子大学研究紀要 文学・文化編』第四十二号
矢崎佐和子（二〇〇六・三）「『一遍聖絵』と『遊行上人縁起絵』の国語学的研究—助動詞「き」「けり」をめぐって—」民衆宗教史研究会編『寺社と民衆』第二号
山田昌裕・井野葉子（二〇〇六・五）『『源氏物語』の文法講座—助動詞「けり」—女三の宮—』西沢正史監修『人物で読む『源氏物語』第十五巻 女三の宮』勉誠出版
北川真理（二〇〇七・三）「『源氏物語』の文末表現序説—「なりけり」の表現形式を中心に—」物語研究会編『物語研究』第七号
西田隆政（二〇〇七・三）「源氏物語でのザリキ形・ザリツ形・ザリケリ形—否定表現におけるテンス・アスペクト—」『甲南女子大学研究紀要 文学・文化編』第四十三号
小田　勝（二〇〇七・一〇）『古代日本語文法』おうふう
川上徳明（二〇〇八・三、二〇〇八・一〇、二〇〇九・三）「山口明穂氏の所謂「時の助動詞」の説をただす 上・中・下」『札幌大学総合論叢』第二十五・二十六・二十七号
高瀬正一（二〇〇八・三）「『玉勝間』における過去の助動詞—近世文語との比較—」『国語国文学報』第六十六号（愛知教育大学）
田邊　勲（二〇〇八・三、二〇〇九・三）「過去の助動詞についての仮説（第1、2報）—「き」の体系化と、表現論的立場からの考察—」『別府溝部学園短期大学紀要』第二十八、二十九号
栗田　岳（二〇〇八・六）「続紀宣命のケリと来」『万葉』第二百一号
福川雅美（二〇〇八・一〇）「能の「語り」再考—ケリ文末の表現から—」表現学会編『表現研究』第八十八号
徳武陽子（二〇〇八・一二）「『源氏物語』の語り—「き」の主体と語りの構造—」古代中世文学論考刊行会編『古代中世文学論考』第

二十二集　新典社

鈴木　泰(二〇〇九・二)『古代日本語時間表現の形態論的研究』ひつじ書房

藤井貞和(二〇〇九・三)「推量とは何か、「ケリ」の時間の経過—文法態と物語—」物語研究会編『物語研究』第九号

鈴木　泰(二〇〇九・一〇)「過去・現在・未来は何を表すのか—近代文語文典の時制認識—」『国語と国文学』第八十六巻第十号

井島正博(二〇〇九・一一)「中古語過去助動詞の意味解釈」『国語と国文学』第八十六巻第十一号

糸井通浩(二〇〇九・一一)「古典に見る「時」の助動詞と相互承接—『枕草子』日記章段における—」『国語と国文学』第八十六巻第十一号

加藤浩司(二〇〇九・一一)「古代語のテンス・アスペクト研究とキ・ケリ」『国語と国文学』第八十六巻第十一号

土岐留美江(二〇〇九・一一)「古典語のテンスにおける動詞基本形」『国語と国文学』第八十六巻第十一号

吉田茂晃(二〇〇九・一一)「時制的意味と文末活用語」『国語と国文学』第八十六巻第十一号

渡瀬　茂(二〇〇九・一一)「「き」と情動」『国語と国文学』第八十六巻第十一号

西田隆政(二〇一〇・一)「源氏物語の地の文におけるケリ形の意味・機能—ケリ形による「認識」の再検討—」月本雅幸・藤井俊博・肥爪周二編『古典語研究の焦点』武蔵野書院

藤井俊博(二〇一〇・一)「今昔物語集の「けり」のテクスト機能—冒頭段落における文体的変異について—」月本雅幸・藤井俊博・肥爪周二編『古典語研究の焦点』武蔵野書院

坂田一浩(二〇一〇・二)「「内在記憶」と「外来情報」—上代語助動詞「き」「けり」の意味領域に関して—」『国語国文学研究』第四十五号(熊本大学)

高瀬正一(二〇一〇・三)「『在京日記』における過去の助動詞—『玉勝間』との比較—」『国語国文学報』第六十八号(愛知教育大学)

小田　勝(二〇一〇・九)『古典文法詳説』おうふう

藤井貞和(二〇一〇・一二)『日本語と時間—〈時と文法〉をたどる—』岩波新書

第十六章　古典語完了助動詞の研究史

はじめに

古典語完了助動詞に関しては、現代につながる研究の流れは近世に始まっているようである。したがって、本章では近世以降の研究の流れをたどっていきたい。

ところで、第十五章では、古典語過去助動詞の研究史をたどった。過去助動詞に関する研究は、特に時代とともに研究の転変が見られるわけではない。すなわち、さまざまな見解が、特にどのような順序でということもなく、錯綜して現われる。そのような中で一九三〇年代以降、キが目睹回想、ケリが伝承回想という細江逸記説が次第に通説の地位を獲得するが、決して実例に照らして満足のいく説ではないことも確認した。

それに対して、古典語完了助動詞の研究史には、ある程度の流れを見ることができる。いわゆる古典語完了助動詞ヌ・ツ・タリ・リが何らかの意味で時間に関わるという認識は、少なくとも中世に遡る。しかし、分析概念が充分に用意されていなかったために、それらの機能、あるいは相互の使い分けに踏み入るような研究は見られない。

そのような中で、そもそもヌ・ツが対応する(「ならぶ」)助動詞であり、そこに使い分けがあることを指摘したのが本居宣長であり、具体的にその意味の違いを解明しようとしたのが東条義門以降の研究の歴史である。その研究史も、動詞の自他による使い分け、動詞の意志性の有無による使い分けなどを経て、近年はアスペクトの枠組の中で議論が組み立てられるようになってきた。そもそも、ヌ・ツの使い分けを動詞の意味に求める研究の方向は、ヌ・ツの機能の違いに目が向かないきらいがあり、またヌ・ツそのものは何らかの意味で時間に関わると言いながら、その使い分けが動詞の意味に関わるというのであれば、その両見解の関わりが見えてこない。それが、アスペクト説ではヌ・ツそのものの機能の違いを時間に関わる理論の中に位置付けることができる。

タリ・リに関しては、動詞の活用形による使い分けは早くから指摘されたが、中古にはサ変や四段活用動詞にはタリ・リの双方が承接している。一時期、そこに意味・機能の違いを見出そうとする説も見られたが、近年では、むしろ両者に意味・機能の違いは見られないという考えの方が主流である。ただ、現代語のアスペクト研究で中心となったテイルの研究の余波を受けて、現代語のテイルと古典語のタリ・リおよびφと、さらには現代方言のトル・ヨルなどとの意味・機能上の相違がクローズアップされるようになってきた。

本章では、以上に示したような研究の流れを、先行研究の要点と思われる部分をできるだけそのまま引用して、原文に語らせる形で具体的に跡付けていきたい。

1　近世の完了助動詞研究

完了助動詞、その中でも特にヌ・ツの違いに関しては、近世から近現代の研究につながるさまざまな見解が現われている。そのありさまを時代を追ってたどっていきたい。

富士谷成章は、本居宣長とほぼ同時代人であり、ヌ・ツそれぞれに関しては精密な観察をしているが、両者を同範疇に括り、その上で両者の使い分けを明らかにしようとするような問題意識は見られない。

具体的に見てみると、ヌは「さはありがたからんとおぼゆる事の終に成りたるやうの心なり」すなわち、〃実現しそうにないように思われることがやっと実現した〃という、現代語文法では「完了」と呼ぶものに近い解釈をしている。その訳もテシマフ・ダンニナル・ヤウニナル・テシマフタ・ヤウニナツタが充てられ、現代語の訳にも共通する。

ツにはあまり明確な意味規定が見られないが、キとの近さが指摘され、訳語もタゾが充てられていることなどから見ても、「過去」に近い了解だったように思われる。キとの相違は、「[き]は遠くて勢ゆるく、[つ]は近くて勢強し」という指摘にも見られるように、キが遠い過去、ツが近い過去というような認識であったようである。その他、注目される点は、「里には人に向かひてのみ言ふを、歌にてはひとりごとにも言ふべし」というように、ツは、日常語としては対他的な表現としてしか用いられないが、和歌のような自足的な表現にも用いられることを指摘している(以下、第1節では割注を【　】に入れて示す)。

《去倫《ぬとも》》

[何 ぬ]【[何]は、事(こと)の往(きしかた)なり。】「いぬ」といふ事をつづめて言へる脚結なり。「いぬ」とはここを去りてかしこにゆくを言ふ言葉なり。脚結にてもこの心を思ひわたすべし。したしくいはば、さはありがたからんとおぼゆる事の終に成りたるやうの心なり。里「テシマフ」「ダンニナル」「ヤウニナル」、また所によりては「テシマフタ《ママ》」「ヤウニナツタ」と「タ」文字を加へても心得べし。【「タ」文字を加へては、ただ[にし]の里言と同じけれども、[にし]はきしかたの心を添へて心得べき事《し身》に定むるがごとし。また、「テシマフ」と言ふこと、里言ながらも脚結なれば、装のごとく重く見るべからず。たとへば「花咲きぬ」「散りぬ」といふは、咲き・散る事のまだしかりつるが、いつしかと咲くやうになり、散るやうになりたるをいふ。また、勢をあらせて、咲きてしまふた・散てしまふたとも言へり。歌

に「咲き果つ」「散り果つ」などよむを、里に咲きしまふ・散りしまふたと言ふに同じく心得れば、ことのほかにたがふなり。】

　春の野に若菜つまむと来しものを、散りかふ花に道はまどひぬ《フテシマフ》。（古、春下、一一六）

　萩《はぎ》の露玉ぬかむと取れば消ぬ《テシマフ》。よし見む人は枝ながら見よ。（古、秋上、二二二）

「ぬと」《ヤウニナツタト》「ぬとか」《テシモタトノコトカ》「ぬとも」《ヤウニナツタトモ》「ぬとよ」《テシマフタトイヘヨ》「ぬとて」《テシモタト云テ》「ぬやと」《ヤウニナルカト》「ぬばかりも」《テシマフホドニサテモ》など本抄を見よ。

「何つ」【何は、「何ても」の心得に同じ。】里「タゾ」と言ふ。ただし「タゾ」と言ふこと、里には人に向かひてのみ言ふを、歌にてはひとりごとにも言ふべし。たとへば、

　起きもせず、寝もせで夜を明かしては、春のものとてながめ暮らしつ《タゾ》。（古、恋三、六一六）

　心得つ《タゾ》。海人《あま》のたくなはうちはへて、くるをくるしと思ふなるべし。（後拾、雑二、九六一）

これらは、人に言ひかけたれば心得やすし。

　わが心なぐさめかねつ《タゾ》。さらしなや姨捨《をばすて》山に照る月を見て、（古、雑上、八七八）

　身は捨てつ《タゾ》。心をだにもはふらさじ。つひにはいかがなるとしるべく、（古、俳諧、一〇六四）

これらはひとりごとなれば里言に遠し。よく心得定むべし。

「つも」《タゾサテモ》「つと」《タゾト》「ざりつ」《ナンダゾ》など本抄を見よ。また、「つなり」《テキルハイ》「つべし」《テミラレソナ》「つや」《テアルカ》「つめり」《テキルオモムキヂヤ》などは、里言寄り合ひがたければ、心得て里すべし。引歌本抄を見よ。【なほ、口づから伝へらる。】

「何き」と「何つ」似たる勢あり。わきまへ知らずはあるべからず。大旨《おほむね》にいふ火湯の通ふがごとし。『古今』に、

　君が名もわが名もたてじ。難波《なには》なるみつとも言ふな。逢ひきとも言はじ。（古、恋三、六四九）

かく互にも詠《よ》むべきやうにも詠み、また、

　武隈《たけくま》の松は二木《ふたき》を、都人、いかがと問はば、みきと答へむ。（後拾遺、雑四、一〇四二）

稲荷《いなり》山社《やしろ》の数を人問はばつれなき人をみつと答へむ(拾遺、雑恋、一二一二)

もとより松には「みき」と言ふべく、やしろには「みつ」と言ふべきはさらなれど、この二《ふた》歌につきても、通はすべからぬことわりあり。『古今』の歌またしかり。［き］は遠くて勢ゆるく、［つ］は近くて勢強し。○『後拾遺』に「春ごとの子日《ねのひ》は多く過ぎつれど、かかる二葉の松は見ざりつ」、この末句「見ざりき」とある本もあり。げに本句より誦《ず》しくだすに、両説おのおの得たるところあり。これまた、火湯の通ふがごとし。多くの子日《ねのひ》をかぞへては［き］ともよむべく、かかる二葉と向かひては［つ］とも言ふべし。脚結のことわりはかくのごとし。歌のさまを詳しく思へば［ざりつ］はいささかまさりてきこゆ。○［つ］文字の心得らるる物語とて、平仲、本院の侍徒がつれなくて、たびたび書《ふみ》つかはせど返事《かへり》せぬに、わびて「見つとだにのたまへ」と言ひやりたれば、その「見つ」といふ二文字を切り取りて白き紙におしつけて、返事《かへり》とておこせける事を常に語らる。○［つ］といふ言葉に、はたと当たりたるやうの心ありてと口づから伝へらるる事あり。之を略す。

［何つる］【何、上に同じ。】［何つ］は末なり。［何つる］は靡なれば、立居として説くべけれども、心得いささか変はるべきによりて条をたつ。末にては「タノ」また「タノヂヤ」など里すべし。中にては「タ、ソノ」と里すべし。

たれしかもとめて折りつる《タノゾ》。春霞《がすみ》たち隠すらむ山の桜を、(古、春上、五八)

よろづ代を待つにぞ君をいはひつる《タノヂヤ》。千年《とせ》のかげに住まむと思へば、(古、賀、三五六)

待つ人も来ぬものゆゑに、うぐひすの鳴きつる《タソノ》花を折りてけるかな。(古、春下、一〇〇)

はかなくて夢にも人を見つる《タソノ》夜は、あしたの床ぞ起きうかりける。(古、恋二、五七五)

［つるは］《タノハ》［つるなりけり］《タノデアルコトヂヤ》［つるかな］《テヰタコトカナ》など本抄を見よ。

［つるかな］は心得やすくして、［つる］と［かな］里言寄り合はねば「テヰタ事カナ」と里す。もとより［かな］の心にひかれて、かく当つべきことわりあり。疑ふべからず。

富士谷成章(一七七三)『あゆひ抄』

このように、ヌ・ツが過去ないし完了という、時間的に何らかの意味で以前であることを表わしているという認識は、富士谷成章以前にも、かなり古くから見られるが、ヌ・ツを対にして、それらの使い方に違いがあるらしい、という認識は本居宣長に淵源することはよく知られている。ただし、成章と比べると、宣長の場合は、意味・機能に関する言及はほとんど見られず、専ら活用のしかた、相互承接のしかたといった形態的特徴をもとにした立論になっている。さらに、宣長の中でも時代とともに議論の深まりが見られ、『詞玉緒』(一七七九)の段階では、ヌ・ツが活用のしかた、相互承接のしかたから見て、対等なものであり、両者はほぼ同意であると論じている。

ぬ　ぬる　ぬれ　第十九段

○此ぬはいはゆる畢《ン》ぬ也。【ぬる ぬれも同じ。】萬葉に去字《の》を書て。なに ぬ ねとはたらく辞なり。そのよしは。なん なば なで なまし なばやなどのな。又にき にけり にし にたり にけんなどのに。又「きえね「たえね「忘れねなどのねなどの類のねなど。皆此ぬのはたらきたる辞にて。その言のつゞきにしたがひて。な共に共ぬ共ね共なるなり。【成《なる》といふ言につきて其例を一ついはば。「なりなん「なりなばなどといへばなとなる。なりにき「なりにけりなどいへばにとなる。「なりぬといへばぬとなる。「なりねといへばねとなる。これをもてなに ぬ ね皆一つ辞なることをさとるべし。】さて此なに ぬ ねとつてと相双ぶよし有。次のつ つるの部にいへり。

つ　つる　つれ　第二十段

○此つは上件のぬと相ならびて同意にて。かれはなに ぬ ねとはたらき。これはつてとはたらけり。さる故にかのなに ねと此つてとつねに相ならぶ也。【ぬとつとならびなに ねとてとならべり。】そはまづぬるとつるとならび。ぬれとつれとならび。ぬなりとつなりとならび。ぬべしとつべしとならび。ぬらんとつらんとならび。ぬらしとつらしとならべり。又なばとてばとならび。なんとてんとならび。なましとてましとならべり。又にき‖とてき‖とならび。にし‖とてし‖とならび。にけり‖とてけり‖とならべり。又「きえね‖「たえね‖「忘れね‖などを。「きえてよ‖「たえてよ‖「忘れてよ‖といひても同意にて。これね‖とて‖とならべる也。又てぬ‖となぬ‖と同意にてならべる有。

本居宣長（一七七九）『詞玉緒』六の巻

それが、『玉霰』（一七九二）になると、両者の差異を指摘するようになるが、その場合でも、意味・機能の違いという観点からではなく、上接する動詞の違いという、あくまで形態的な観点から議論している。このように、宣長は意味・機能に立ち入ることを控えた禁欲的な態度を貫いたが、一旦そのような形態的な違いが指摘されてしまうと、その背後に何らかの意味・機能の違いがあるのではないかと詮索したくなるものではないだろうか。それ以後の研究は、宣長の敷いた路線の上で、意味・機能の違いについての議論が簇出することになる。

つる‖　ぬる‖　たる‖　ける‖

詞によりて下を、つる‖といふべきと、ぬる‖といふべきとの差別あり、たとへば「ありといふ詞の下は、必「有つる‖とのみいひて、「有ぬる‖といふことはなし、「見る「聞クも、「見つる‖「きゝつる‖といひて、「見ぬる‖「聞ぬる‖とはいはず、又「ちり「ふりなどは、「ちりぬる‖「ふりぬる‖といひて、「ちりつる‖「ふりつる‖とはをさ〳〵いはず、又つる‖にてもぬる‖にてもよき詞もあり、又つる‖ぬる‖といふを、事によりては、たる‖といひてよき所あり、ける‖といひてよき所もあり、然るに近き世の人は、これらのわきをしらず、みだりなる中に、つる‖といふべきを、ぬる‖といふことの殊におほき也、大かた初学の輩などは、つる‖といふことをば、しらざるが如くにて、皆ぬる‖といへり、又たる‖或はける‖といひてよき所をも、今の人多くは其味をしらず、皆ぬる‖といふ、これら古への歌に心をつけて、つねによく見おきて、その例をしるべき也、

本居宣長（一七九二）『玉霰』

この宣長の指摘に触発されて、最初にヌ・ツの意味・機能の違いについて議論したものとしては、東条義門（一八一〇）が挙げられる。とはいうものの、宣長の議論の枠組を受け継いで、ヌ・ツそのものの意味・機能の違いではなく、ヌ・ツが承接する動詞の意味・機能の違いはどのようなものであるか、という問題設定のもとで議論が展開される。『活語指南』（一八一〇）では宣長の『詞玉緒』のヌ・ツの例証をそのまま受け、その後に義門の注記としてヌは「自然」の動詞に、ツは「使然」の動詞に承接すると付記するに留まる。その後、『玉の緒繰分』（一八三五）に至ってこの説を大きく取り上げる。この「自然／使然」という術語は、言うまでもなく本居春庭の『詞の通路』（一八二八）と関わるものであると推測され（成立年代は『活語指南』が早いが、影響関係はさらに検討する必要がある）、動詞を分類する概念であると了解されることから、とりあえず自動詞／他動詞の違いのことであると見なしておく。ただし、義門は用例を丁寧に検討する研究者であったようで、それに留まらず、同じ動詞であっても、ヌもツも下接する場合がある（「我落ちにき」／「雁の涙や落ちつらん」）ことを指摘して、一旦は、これは「我事」「他事（他の雁の上）」という区別である可能性を示す。しかし、「他事」にヌ、「我事」にツが下接する例（「秋は来ぬ」／「梅の花見にこそ来つれ」）もあることを指摘して、それですべてが説明できるわけではないことも認めている。

右な《んばめまし》に ぬ ぬる ぬれ ね　ハ大氏自然言ヲ受
て《んばめまし》て つ つる つれ てよ ハ汎ソ使然言ヲ受
細カニ論ゼハカクノミモイハルマジケレド大凡シカ也

（ヌ・ツの例証の後）　東条義門（一八一〇）『活語指南』

△ぬるはなにぬぬるぬれねと活く辞にて諸の詞ども、其自然なるを受け、つるはててつつるつれてよと活く語にて、諸の詞等《ドモ》、その使然なるを受るが先ッは大方の格、活語後巻に云る如なれ共、然ひたぶるに定れ

ること〻は必思ふまじきなり、即爰に引る「くらしつ」「折りつるなどの「くらす」「をるを自然の方に用《ツカ》ふ時は、「日はくれぬ古秋「をれぬ斗十五オ」もおける露かな」拾三と云る如きなん多かれど、又「われおちにき」と云て「落てき」とはいへらぬにたぐはで、「鳴わたる雁の涙やおちつらん」と詠る如きも少からず、此「落にき」は我事、「落つらん」は他の雁の上を云るなるを、かうのみをと思へば「春きぬと」「秋は来ぬ」などと他のことには云て、我ことには「梅の花見にこそ来つれ」と云るが如きは、又うらうへなり、されば一《ト》向《ムキ》には云はれぬことぞかし、【「落に」と云るにたぐはゞ「おちぬらん」と云べく、「落つらん」にたくはゞ「おちてき」と云べきに似たれど、さは定れらぬなり、来《キ》をにぬともてつとも受たるも、彼此《カレコレ》定れることなきたぐひもおほし、】

東条義門（一八三五）『玉の緒繰分』

林国雄の『詞緒環』（一八二六）は、ヌを「現在」、ツを「過去」であると論じる。ヌ・ツの違いを現在／過去の違いであると聞くと、異様な感じがするが、この当時もヌ・ツの違いをそのような概念で説明しようとする研究者は珍しかったようである。ただ、ここで言われる「現在／過去」は、「つるは過去の方より現在の堺にいり、ぬるは現在の方より過去のさかひに至」ると言われているように、ある出来事を時間的に把握する場合、過去の時点からその出来事をながめるのか、現在時点からその出来事をながめるのか、方向性が逆なのではないか、という主張であると了解される。この説は、ヌ・ツの違いを、それが下接する動詞の意味・機能の違いではなく、ヌ・ツそのものの違いとして論じようという意図が窺える。そして、ヌ・ツの違いをある種の時間関係としてとらえようとしている。このような議論は、その後、理論的に精密化されて、長船省吾（一九五九・一二）、野村剛史（一九八九・九）に受け継がれる。

つとぬ・つるとぬるの差別

つとぬはともに第三音。用言のならびなればいとちかく、つ つる ぬ ぬるはうくる詞も大かたひとしければ、そのけぢめいとほのかなれど、上《カミ》つ代は更なり。中昔の物語ぶみの頃までも、をさ〱誤ることなかりしを、今の世にはわいだめがたきことゝなれり。されどそのけぢめなきことあたはず。かならずつはつ ぬはぬといふべき所あり。そがなかにたま〱つともぬともいはるゝごとくなる所あるが故に誤ることあり。つら〱考ふるに、つ つるは過去なり。ぬ ぬるは現在なり。玉緒 八衢等の書出てより、てにをはをさだする人おほく、此頃諸家の説をきくに、過去現在なりといふは、いまだしき程の考にて、つとぬはさるけぢめ有ことなしといひて、大かた是にしたがひぬれど、おのれは猶過去現在にわかてり。そのけぢめなきことゝいへるは、うくる詞によりて、つもぬも未来の詞のごとく聞ゆることもあるは、べし、べき、めり、等のうくる詞によりて、ひとしくも思はるゝ所あれど、べし べき等は未来のみにあらず。ものゝ定がたきをおして定る所には、未来にも過去にもいへることあり。まづそのけぢめをいさゝかいふべし。竹取物語に、いかでかみゆべき、源氏箒木に、又あひみるべきかたなきを云云、などは今より後にかゝりて未来の詞なるを、同巻に打さゝめきいふことどもを聞給へば、わが御うへなるべし、葵に、わかき人〻はかなしむ中にほゝゑむも有べし、などあるは眼前のさまにて現在なり。花宴に、人はみなねたるべし、帚木に、女君はたゞ此さうじ口すぢかひたるほどにぞふしたるべき、などは後より前をいふ詞にて、過去なり。かくいずれにもいひなしによりて聞ゆるは、もとべきべしはものをおしはかりて定る詞なればなり。帚木に、小君がふすさまをいへる処に、まろはしにねはべらむ、あなくるしと火かゝげなどすべし、と有などはことに現在のさまなり。つ べし ぬ べしも右におなじ。また漢籍《カラブミ》をよむに語の勢ひによみつくるつあり。白刃《ハクジン》をも踏《フム》べしといふ類のむをのべて、ふみつ《ム》べしといひ、あるひは何〻しむべしのむをのべて可レ令《ベシシメツム》二何〱一といふ類は、たゞ可レ踏可レ令《ベシフムベシシム》を語の勢ひをつけてフミツベシシメツベシといへること、古点におほく、道春点の頃までは古言の格をうしなはずして、いとたふとかりしを、やく〱に古言を失ひて鴃舌《カタコト》になりゆくは、吾学びの方にとりてはいと悲しきことなりけり。かゝる類

は、語勢のつにて、過去現在にかゝはらず、物語ぶみには是に似たるつあれば心をつけて考ふべし。後撰恋四、よみ人しらず、

「おなじくは君とならびの池にこそ身をなげつとも人にいはれめ

此つは過去にて正しきを拾遺七物名にきしのをとり

「河きしのをとりおるべき所あらばうきにしにせぬ身はなげつべし

源氏明石にいまぞまことに身もなげつべき心地する云云などは未来の詞とも聞ゆるなり。またくおなじ詞の過去と未来に聞ゆるはうくる詞によるものなり。又上にいふ処の語勢のつと見るときは共に身をなぐべきのぐをのべてげつとしてなげつといへるなり。そは箒木巻にうはべの情はおのづからもてつけつべきわざをやと有もおなじ格にて、もてつくべきなり。又佛もなか〳〵こゝろきたなしと見給ひつべし、是もひつの約《ツヾメ》ふにて見給ふべしなり。又さりぬべきすこしは見せん、これもりぬの約るにてさるべきなり。又さやうならんたじろきにたえぬべきわざなり、こはえぬの約ゆにてたゆべきなり。又かたみにそむきぬべききざみになんある、是はきぬの約くにて、そむくべきなり。かゝる類いとおほかるを、今の世に是物がたりをもて遊ぶ人、大かた言霊《コトダマ》の活用を知らず。ぬもつも皆ひとしく心得るがゆゑに、語勢にてよみつくるつまた活用《ハタラカ》して延約《ノベツヾメ》のつぬ過去現在にわかつつぬとを混じていへるは言霊にくらきが故なり。猶おもはずをおもへらず、しらんをしれらんといへる類のことおほし。いとまあらば、源語言霊といふものを著してん。そはとまれかくまれ、今おのれが云ところの過去現在は、うくる詞によりて替り有をばおきて、自然《オノヅカラ》につとぬに過去現在あること左の図のごとし。

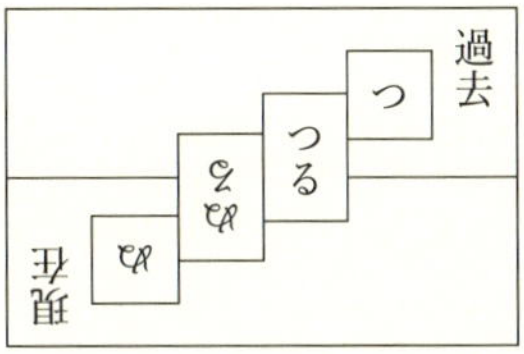

如レ図つとぬと相対する時は、つつるは過去にて、ぬぬるは現在なり。つるとぬるのまぎらはしき処は、過去と現在との堺にありて、つるは過去の方より現在の堺に

いり、ぬるは現在の方より過去のさかひに至りて、すゑは一ッ筋のごとく聞ゆることあり。それはたぬは現在より、つは過去よりいふこと、図にあはせて考ふべし。べし べき等をうけて未来の詞となるも、ぬよりうけて、つよりうくるはすくなし。其詞のいきほひによりて、つといはではかなはざる所あり。そは語勢のつといふべし。詞もおほき中に、つとぬはいかなればかく紛はしきぞといふに、共に言霊《コトダマ》の第三音にて、つもぬもひとしく用言《ウゴクコトバ》にて現在なるを、てにをはの時、ぬは現在となり、つは過去となること自然の妙用にして、いにしへに跡ある事、つぎ〳〵にあぐるを見べし。

林国雄（一八二六）『詞緒環』

それに対して、黒沢翁満の『言霊のしるべ』（一八三三）の、「つは今《イマ》まのあたりの心、ぬは少《スコ》し過去《スギサ》りし心ばへあり」という一節は、これをヌが（若干）過去、ツが現在であると了解すれば、まさに丁度逆の主張をしているように見える。しかし、前の『詞緒環』は出来事を見る方向を問題にしていたのに対して、こちらはすでに〝過ぎ去った〟こととして描くのか、〝まのあたり〟に進行中であるかのように描くか、といういわば表現のしかたの違いであると論じている点で、実はとらえかたが異なっている。これも、ヌ・ツの違いを広義の時間関係の中でとらえようとしている。

つ　つはまのあたりさしあたりたるやうの心を持《モテ》る辞《テニヲハ》なり。扨宣長の説に、つはぬと相並《アヒナラ》びて同《オナ》じ心にて、かれはなにぬねと活《ハタラ》き、是《コレ》はつてと活《ハタラ》けり。さる故《ユヱ》にかのなにぬねと此《コノ》つてと常《ツネ》に相並《アヒナラ》ぶなり。そはぬとつと並《ナラ》び、なにねとてと並《ナラ》べり。先《マツ》ぬる つる ぬれ つれ ぬなり つなり ぬべし つべし ぬらむ つらむ ぬらし つらしと並《ナラ》び、又なばてば なんてん なまし てましと並び、又にき てき にして てし にけり てけりと並び、又ねとてよと並び、なぬとてぬと並べり、と云《イヘ》るは誠《マコト》にさる事也《コトナリ》。猶《ナホ》てよはなむとも並べる事考《カウガ》へもらしつる物ぞ。此事委《クハ》しくはなんの所《トコロ》にいふべし。古今十七我《ワガ》心なぐさめかねつさらしなや姥捨《オバステ》山に照《テル》月を見て同十九身《ミ》は捨《ステ》つ心を

だにもはふらさじ終《ツヒ》にはいかゞ成《ナル》と知《シ》るべく後拾遺二十今《イマ》よりはあらぶる心ましますな花の都《ミヤコ》にやしろさだめつ

ぬ　ぬはなにぬねと活《ハタラ》き、つてと相並《ナラ》びたる辞《テニヲハ》なる事既に云《イヘ》るが如し。さてつは今《イマ》のあたりの心ぬは少《スコ》し過去《スギサ》りし心ばへあり。故に萬葉には去の字をぬにかりて書《カケ》り。されば去《イヌ》といふ事の略《ハブ》かりたる詞と思ふ人もあるは誤《アヤマリ》なり。古今一年《トシ》ふればよはひは老《オイ》ぬ然《シカ》はあれど花をし見れば物思ひもなし同二春の野に若菜《ワカナ》摘まんと来《コ》しものを散《チリ》かふ花に道はまどひぬ扨又《サテマタ》不の字の心のぬあり。是《コ》はずでじねと相活《アヒハタラキ》きて本《モト》より上《カミ》に云《イヘ》るぬとは異《コト》なる物なり。思ひまがふべからず。古今二十夢路《ユメヂ》にも露《ツユ》やおくらん夜《ヨ》もすがら通《カヨ》へる袖《ソデ》のひぢてかわかぬ同三十人しれぬ我《ワガ》かよひ路の関守《セキモリ》はよひ〳〵ごとに打《ウチ》もねなゝん同六冬《フユ》ごもり思ひかけぬを木《コ》の間《マ》より花と見るまで雪《ユキ》ぞふりける

黒沢翁満（一八三三）『言霊のしるべ』

橘守部の『助辞本義一覧』（一九三五）では、ヌ・ツの条には、語源から意味を規定しようという立場から、ヌは「所謂畢ンヌのぬにて。往《イヌ》の義也」であり、ツは「竟《ハツ》の義」であると論じるのみで、特にそれ以上の追究は見られない。

第十九段　ぬ《なりぬ　たえぬ》　ぬる《なりぬる　たえぬる》　ぬれ《なりぬれ　たえぬれ》

此ぬは、所謂畢ンヌのぬにて、往《イヌ》の義也。されば、なりぬは、成往《ナリイヌ》、たえぬは、絶往《タエイヌ》、しりぬは、知往《シリイヌ》、きぬは、来往《キイヌ》、まどひぬは、惑往《マドヒイヌ》也。但シ往《イヌ》といへばとて、必しも他へ、往去事《イニサル》のみを云には非ず。雅言に往《イヌ》と云は、漢文に、既往とつゞくる、往ノ字の類にて、何事の上にまれ、既に成畢《ナリヲヘ》、遂果《トゲハテ》たるを云て、恒にな、に、ねとも活く詞也。そはなは、なん、なば、なで、なまし、なばやなどの類、には、にき、にけり、にし、にたり、にけんなどの類、ねは、きえね、たえね、わすれねなどの類、皆此ぬの活きたる辞也。さればなんは、往《イナ》

ん、なばは、往《イナ》ば、なでは、往《イナ》で、なましは、往《イナ》まし、なばやは、往《イナ》ばやの意也。又にきは、往《イニ》き、にけりは、往《イニ》けり、にしは、往《イニ》し、にたりは、往《イニ》たり、にけんは、往《イニ》けんの意也。又きえねは、消往《キエイネ》、たえねは、絶往《タエイネ》、わすれねは、忘往《ワスレイネ》、の意也。かゝれば今此段の辞どもゝ、ぬべしは、往《イヌ》べし、ぬなりは、往《イヌ》なり、ぬめりは、往《イヌ》めり、ぬらんは、往《イヌ》らん、ぬらしは、往《イヌ》らしの意なる事を、知べき也。さて雅言の往《イナ》、往《イニ》、往《イネ》は、今の俗言の来《キナ》、来《キニ》、来《キネ》の意なり。そは萬葉に、春者来去来《ハルハキニケリ》など、来《キタ》る事にも、去《イニ》といへる類の如し。〈以下略〉

第二十段　つ（見つ　きゝつ）　つる（見つる　きゝつる）　つれ（見つれ　きゝつれ）

此つは、竟《ハツ》の義にて、見つは見竟《ハツ》、きゝつは聞竟《キヽハツ》、いひつは、言竟《イヒハツ》、おもひつは、思竟《オモヒハツ》、くらしつは、暮竟《クラシハツ》、なかりつは、無在竟《ナクアリハツ》の意也。此つも恒につ、てと活きて、つは右の外にも、つなりは、竟《ハツ》なり、つべしは、竟《ハツ》べし、つらんは、竟《ハツ》らん、つらしは、竟《ハツ》らしの意。又ては、てんは、竟《ハテ》ん、てましは、竟《ハテ》まし、てきは、竟《ハテ》き、てよは、竟《ハテ》よ、てぬは、竟《ハテ》ぬ也。さて此段のつも、第二の韻と、第四の韻よりつゞく事、上のぬと同じ。又而有《タル》、来有《ケル》　往有《ヌル》、竟有《ツル》等、何れも過去の辞なる中に、たる、ける、ぬる迄は、まのあたりの事までにかけて云事もあれど、此つるのみは、まのあたりの事には、かけてもいはざるも、竟《ハツ》るの義にして、就レ中過去の意の重かる故也。

橘守部（一八三五）『助辞本義一覧』

幻裡菴の『詞玉緒延約』（十九世紀前半）は、成立年代が必ずしも明らかではないが、順序からすれば、およそこのあたりに位置するであろうと思われる。さて、ヌ・ツの違いに関しては、「ヌとツは軽重強弱の違にて」、その理由は「ナ行は軽くタ行は重きの違ひなり」と論じる。ただ、「ヌといひては現在に聞えツと遣ひては過去に聞ゆる所もあ」るが、これももとを糺せば「軽重の有ゆゑ」であるという。このように、発音の直観的印象から意味・機能を導こうとする音義説的議論が近世にはまま見られるが、このような議論が近代以降の実証的議論に堪えないことは言うまでもない。ただ、ヌの用例から感じられるある種の〝弱さ・軽さ〟、ツのある種の〝強さ・重さ〟は、あるいはヌ・ツの本質的な意味・機能から説明できるかもしれない。

○同　四オ　ぬ　ぬる　ぬれ　第十九段　△本文略之

△今云オハンヌのヌの辞によりてナニヌネと活きたる辞也といへる事聞えたる様にて実はしからず。まづ八衢をもて論らはゞ○シナム○シニ○シヌ○シネ○イナム○イニ○イヌ○イネ○と活くはシナズ○イナズしてある前方に云辞をナムといひ、其今に居て云ふをシニ○イニ○といひ、ヌはまさしく其事畢りたる所にて云辞なればオハンヌのヌの活きたりといひては意味顕れがたし。されば今のオハンヌの所へ外の活を引付ていひては悪し。また其ナムと云辞は「ニアラム「テアラムの約まりたるにて「花ノサキナムは。サキテアラム「人ノイヒナムは。イヒテアラム抔の類也。また今試に翁が挙たるをこと〳〵にいはゞ「ナムは。「ニアラム○テアラムの約「ナバはニアラバ○テアラバ「ナデは○ニアラデ○デアラデ「ナマシは○ニアラマシ○デアラマシ「ナバヤは○ニアラバヤ○デアラバヤなり「ニキは○ニアリキ○デアリキ「ニケリは○ニアリケリ○デアリケリ「ニシは○ニアリシ○デアリシ「ニタリは○ニアリタリ○デアリタリ「ニケムは○ニアリケム○デアリケム○なり。扨はナとニと解釈は今に頼らずこゝが語意を尽さゞるまどひの根元也けり。また「キエネ「タエネ「ワスレネのネは皆此ヌの活たる也トいへれど、此ヌは物をいひとぢむるヌにて願の辞に活くべき様なし。願はナともねがひ転じてはネとも願ひヌは○ナモ○ナム○ナマシ○又同舌音のタ行へ移りてはテムともいへり。これ等は皆願の中の転用さまにていひとぢむるヌの転用とは心うべからず。

○同　同丁　な‖といふべきに似たる所をぬ‖と云格　△此條所論なし

○同　五オ　つ　つる　つれ　第二十段

△本文略之本書を見るべし。今云活の事は前の条に論らへるが如し。またヌとツとならぶといへる事もいぶかしきことわり様也。ヌとツは軽重強弱の違にて、其事は歌に合せてみればしらるゝ也。又ヌといひては現在に聞えツと遣ひては過去に聞ゆる所もあり。これしかしながら軽重の有ゆゑぞかし。又「ナバ○テバ「ナム○テム「ナマシ○テマシ○是は一の巻にいへる如く「ニアラバ○テアラバ「ニアラム○テアラム「ニアラマシ○テアラマシにて、ナ行は軽くタ行は重きの違ひなり。また「ニキ○テキ「ニシ○テシ「ニケリ○テケリ○これも上と同じく軽重也。凡歌はよまむに、此軽重のわいだめ思はざるものは此境ニ至りてまどふ物ぞかし。能味ふべし。ネとテヨと願の辞に相并べていへる、是また違へり。もし実に相并ぶべくば、ネといへるにヨをそへ、テヨといへるヨ文字を略きても聞ゆべしや。何ぞしかる事あらむ。扨は相ならばざる事明らけし。扨次のテヌ○ナヌの考証に哥さへ引たる、是又おろか也。

かくながらちらで世をやは尽してぬ花のときはも有とみるべく

道しらでやみやはしなぬあふ坂の関のあなたはかみといふなり

△今云此二首初の哥は「世をつくしてアラぬやは次のは「やみセデアラぬやは也。是テアラヌの軽重にて違へるなり。

幻裡菴（十九世紀前半）『玉緒延約』六之巻

中島広足の『片糸』（一八四九）は、著書全体で、ヌ・ツの使い分けを論じている。その結論としては、宣長、義門の説を受けて、ヌは「自ら然る」動詞に承接し、ツは「もとめて然する」動詞に承接するものであるというものである。これは、自動詞／他動詞の区別というよりは、非意志動詞／意志動詞の区別であると了解した方がよいように思われる。そうであれば、同じ動詞でも意志的な用法と非意志的な用法があることがあるから（「秋は来ぬ」／「梅の花見にこそ来つれ」）、さらに説明力が向上したと見ることができる。ただし、それでも説明できない用例も存在する（「我落ちにき」／「雁の涙や落ちつらん」）ことから、「自然」／「使然」説の可能性も残し、また「やゝ重き方」／「やゝ軽き方」説（何とヌが重く、ツが軽いとする）の可能性も示唆している。

○ぬる つるの差別

ぬ ぬる ぬれ

つ つる つれ

此辞どもたがひにいとまがひやすし。玉霰云詞によりて下をつるといふべきとぬるといふべきとの差別あり。たとへば「ありといふ詞の下は必「有つるとのみいひて「有ぬるといふことはなし。「見る「聞ク も「見つる「きゝつるといひて「見ぬる「聞ぬるとはいはず。又「ちり「ふりなどは「ちりぬる「ふりぬるといひて「ちりつる「ふりつるとはをさ〳〵いはず。又つるにてもぬるにてもよき詞もあり。又つる ぬるといふを事によりてはたるといひてよき所あり。けるといひてよき所もあり。然るに近き世の人はこれらのわきをしらず。みだりなる中につるといふべきをぬるといふことの殊におほき也。大かた初学の輩などはつるといふことをしらざるが如くして皆ぬるといへり。又たる或はけるといひてよき所をも今の人多くは其味をしらず皆ぬるといふ。これら古への歌に心をつけてつねによく見おきてその例をしるべき也。○或人云、つるとぬるとの分ち、つるはもとめて然するにいひ、ぬるは自ら然るにつきていふ詞也。そは暮は自らくるゝ時はくれ くる くるゝ くるれと活き、求の時はくらさん くらし くらす くらせと活くが故に、自の方につきてはくれぬ くれぬる くれぬれ、求の方につきてはくらしつ くらしつる くらしつれ、成は自の時はならん なり なる なれ、求の時はなさん なし なす なせと活くなれば、なりぬ なりぬる なりぬれは自にてなしつ なしつる なしつれは求てのと知べし。此けぢめは今の世の人はさらにもいはず。鈴屋大人すら心つかれざりきと見えて玉霰にいはれたる趣意たちがたし。さて右の二つをよく辨へて其一類の詞をおして知べし云云。○繰分氏の巻十五丁に云ぬるはな に ぬ ぬる ぬれと活く辞にて諸の詞とも其自然なるを受け、つるはて て つ つる つれ てよと活く語にて諸の詞ともその使然なるを受るが先づは大方の格、活指後巻に云る如なれ共、然ひたぶるに定れることゝは必思ふまじきなり。即爰（玉緒一ノ巻廿七八丁）に引る「くらしつ」「折りつるなどの「くらす」「をるを自然の方にて用《つか》ふ時は「月はくれぬ（古秋）「をれぬ斗もおける露かな」（拾三）と云る如きなん多かれど、又「われおちにき」と云て落てき」とはいへらぬにはたぐはで「鳴わたる雁の涙やおちつらん」と詠る如きも少からず。此「落にき」は我事「落つらん」は他の雁の上を云るなるを、かうのみかとおもへば「春来ぬと」「秋は来ぬ」などゝ他のことには云て、我ことには「梅の花見にこそ来つれ」と云るが如きは又うらうへなり。されば一向《トキ》には云はれぬことぞかし。【落にと云るにたぐはば「おちぬらん」と云べく落つらん」にたぐはゞおちてき」と云べきに似たれどさは定られぬなり。来《キ》をにぬともてつとも受たるも彼我《カレワレ》定れることなきたぐひも多し。】○広足云此義門の説まことにさることにていひもてゆけば、つひに玉霰の説に落ゆくめるをかの或人の論はあまりきはやかにおし定めてたひ〴〵しくいひ過たりといふべし。【玉霰のは義門の説の如くくはしくたづねて証歌など引あはせたる見ていはれたるにはあらざるべし。ただしかうちおもはるゝまゝをとみに書つけられたるさたなるを、しかすがにそらの年月多くの古書をよみしめられておのづからいにしへ人のさかひに至られたるものとぞおしはからるゝ。これをもいともよのつねの大人ならぬよししられていとたふとくなん。】今按にぬるとつるとは自然と使然とによりて【或人の説の如く】清くわかれたるもあり。又たがひに相通はしたるもあり。【玉霰ノ説義門説これ也。さてつるはやゝ軽き方につき、ぬるはやゝ重き方につきていへるもありとおぼゆ。又しらべにもよれるなるべし。】又いにしへと後とによりてことなるもあり。【これも通ふ所あるよりおのづからうつりとしものなるべし。後なるをなべて誤とはなしがたくや。】左に挙たる歌どもを考へわたしてしるべき也。【こは三転を示すにはあらねば切る辞続く辞をまじへ出す。】

〈中略〉

○此ぬる つるにたぐへる活詞の中に又いとまぎらはしきありて必よく心得おくべきあれば序にこゝに引出つ。【これもかの手引の中の一すぢなり。】

にき　にし　第四段
てき　てし　第五段

此二段【此段とは玉緒の記しざまにていへり。】は上の き し しか 玉緒第三段 と別にすべきにはあらざるよし玉緒繰分にいへるが如し。さて此二段互にまがひやすく連体言なるはことにまがふ事多かればよくおもひ弁ふべし。【景樹が歌に「妹と出てわかなつみにし岡崎のかきねこひしき春雨ぞふるとあるを、或人難じてつみにしにては語格たがへり。つみてしとあるべしといへるはさることと也。わかなゝどはつみてん、つみてき、つみつる、つみつれといへれば必つみてしとあるべきなり。】そはぬるとつるとのまがひやすきとおなじさまなる故あり。【上にいへるぬる つるの条に考合すべし】玉緒六の巻 ぬ ぬる ぬれ の論の条ニ云此ぬはいはゆる畢ツぬ也。【ぬる ぬれも同じ】万葉に去字を出てなにぬねとはたらく辞也。そのよしはなんなばなでなまし なばやなどのな、又にき にけり にし にたり にけんなどのに、また「きえね「たえね「忘れねなどの類のねなど皆此ぬの活きたる辞にてその言のつゞきにしたがひてな共に共ぬ共ね共なるなり云云。さて此なにぬねとつてと相双ぶよしあり云云。」又 つ つる つれ の論に云、此つは上件のぬと相ならびて同意にて、かれはなにぬねとはたらき、これはつてとはたらけり。さる故にかのなにぬねと此つてとつねに相ならぶ也。【ぬとつとならびなにねとてとならべり。】そはまづぬるとつるとならび、ぬれとつれとならび、ぬなりとつなりとならび、ぬべしとつべしとならび、ぬらんとつらんとならび、ぬらしとつらしとならべり。又なばとてばとならび、なんとてんとならび、なましとてましとならべり。又にきとてきとならび、にしとてしとならび、にけりとてけりとならべり云云」【くはしくは玉緒を見てしるべし。】広足云此辨にてにき にしとてき てしとの差別は詳也。是中に連体言のにしとてしとはことにまがひやすき故にこゝには其証歌のみをあぐるを、よく見ておもひ分べし。

〈中略〉

これを味ふべし。すべてにしとてしとの差別をはやく心得むにはぬるとつるとの差別にむかへておもひしるべし。たとへば過といふ語の自の時は「すぎぬる」といひ「すぎにし」といへり。求めてしかする時は「すぐしつる」といひ「すぐしてし」といへり。奮の自の時は「ふりぬる」「ふりにし」といひ求ての時は「ふるしつる」「ふるしてし」といへり。荒の自の時は「あれぬる」「あれにし」といひ求ての時は「あらしつる」「あらしてし」といへり。これになずらへて外の語をもおもひ分べし。又ぬるとつると通ふが如くにしとてしと通ふもあり。

中島広足（一八四九）『片糸』

生川正香《なるかわまさか》の『辞の二路』（一八六四・六）も、著書全体がヌ・ツの使い分けに割かれているが、冒頭に承接の図が挙げられている他は、用例が列挙されているだけ、という体裁のものである。しかしそこでは、ヌは自動詞だけでなく、受身の助動詞にも、ツは他動詞だけでなく、使役の助動詞にも承接することが明示されている。

一	煙のたつ	おのづから然る	ぬる
	人のたつ	みづから然する	
二	煙をたつる	物を然する	つる
	花を見する	他に然する	
三	本をよまする	他に然せさする	つる
四	ひとりわらはるゝ	みづから然せらる	ぬる
	人にわらはるゝ	他に然せらるゝ	

第一と第四とを自然とし、第二と第三とを使然とす

○右に挙たる第一と第四との詞は、すべてぬるを受るが定りなり、されど、まれ〳〵にはぬるを受けながらま

たつるをもうけて、あしとも見えざるもあり、そは詞のつづきによりてやむことを得ず、かはりてある物とし
るべし。
○第二と第三との詞はつるを受くるが定りなり、此詞どもにぬるをうけたるあるは、わろき方としるべし、
たゞし為るといふ詞のみは、ひとむきにもいひがたきことあり、そは下巻為るの条に証歌をあまたひき出たれ
ば、そを見てあるやうをしるべし。

生川正香（一八六四・六）『辞の二路』

大国隆正の『神理入門用語訣』（一八六七頃）は、「つ・つるは人為につかひ、ぬ・ぬるは天然につかふなり」と論じ、はっきりと、ヌが非意志的動詞に、ツが意志動詞に承接するという議論を展開している。

いぬ・いぬるとはたらくことばに対して、うつ・うつる、とはたらくことばあり。古事記にそにぬぎうてとい
へることばこれなり。ふきうつるいぶきのさぎりといふこともありて、棄《キ》の字をあててかけり。うつしすつる
こころなり。うつしすつるは人為なり。いぬるは天然なり。これにより、枝ことばになりても、つ・つるは人
為につかひ、ぬ・ぬるは天然につかふなり。しとげたる心にていふ枝ことばなり。夜はあけぬは、あけはてた
るこころ、日はくれぬはくれはてたるこころ、あかしつ・くらしつは人為にて、あかしをへたるこころ、くら
しをへたるこころなり。
いままでのことは、しとげて、よそにうつりゆくこころより、つといひ、ぬといふものになん。本義を含み
て、転じたるものなり。

大国隆正（一八六七頃）『神理入門用語訣』

中村尚輔の『玉緒縒添』（一八六八・二）は、かえって義門説に戻り、ヌは「おのづから然る言より受」け、ツは「然する言より受」けるという議論を繰り返している。

○此つは上件のぬと相ならびて同意にて云云」此弁へはいとよくいはれたるを「相ならびて同じ意にて云云」とのみいはれては、つといひてもぬといひても同じきがごとくにて初学の人猶まどひぬべし。是も打まかせての定りはあること也。ぬ【なにぬるぬれねも同じ】のかたは、おのづから然る言より受、つ【てつるつれてよも同じ】のかたは然する言より受るぞ大むねの定りなる。「くれぬ「をれぬ「そひぬ「定りぬ「たちぬ「とけぬ「はれぬなどの言を然するかたにていはば、必「くらしつ「をりつ「そへつ「定めつ「たてつ「ときつ「はらしつとやうにいふが、先は定り也。されど、これは、あながちにはいひがたくやとおもはるゝもあり。拾遺二山ざとにしる人もがな時鳥鳴ぬときかばつげにくるがに、又、かのかたにはやこぎよせよほとゝぎす道に鳴つと人にかたらん、萬廿朝な〳〵あがるひばりに成《ナリ》弖《テ》之《シ》可《カ》云云、後せん三十伊せの海にあそぶ海士にも成にしが云云、是らは同じ鳴成の言なるをしか両やうに受たり。【吹きぬと秋やきつらんなどのたぐひなほおほかり。】されば、是はひたすらにはいひがたけれど、大かたには定りあるがごとし。

中村尚輔（一八六八・二）『玉緒縫添』

堀秀成『助辞音義考』（一八七七・六）のツツの条の注に、ヌは「おのづからあること」であり、ツは「わざと見聞くこと」であるという説明が見られる。これはヌ・ツが承接する動詞の意味・機能であると了解されるが、ここでは、ヌは無意志動詞、ツは意志動詞に承接する、という趣旨であると思われる。

されば辞の都も其ノ意にて物を慥にする意なり。【奴ノ音第五等に自然なる象ありて奴ノ辞とは表裏のたがひあることをよく辨ふべし。】仮令ば「ながき日の今日も暮れぬ」といへばおのづから暮ぬることとなるに、「なが〳〵し日を今日もくらしつ」といへば態と暮したることゝなるにて知るべし。【つるぬるも猶これに同じ。たとへば見る聞くなどはわざと見聞くことなれば、見つる聞つるといひて見ぬる聞ぬるとはいはず。又散り降りなどはおのづから然あることなれば、散りぬる降りぬるといひてちりつるふりつるとはいはず。これらにてつとぬとの差別を辨ふべし。このつるぬるの格、万葉はさらなり。三代集にもこれに違ひたるは一首もあることなし。然るに末の撰集または近世人の歌にはこの二つの辞の互に誤れるがをり〳〵見ゆ。そは新古今集に「うきしづみこむよはさてもいかにぞと心にとひてこたへかねぬる」これはつると云べき格なるを謬れり。そは古今十九に「たたるに我はいねぞかねつる」同十一「たぎつ心をせきぞかねつる」同「こゝろひとつを定めかねつる」拾遺十四に「涙川おつる水上はやければせきぞかねつる」同一に「いろをも香をもわきぞかねつる」後撰十「月をあはれといみぞかねつる」同十二「ねぬに見しかばわきぞかねつる」かくいと多かれど、かねといへるときは必つると受て、ぬると受ざるをや。又宝治百首に「ながしとは名にこそたてれ春雨のふりつるなべにけふもくらしつ」これはぬるといふべき格なるを謬れり。後撰十四に「はつ雪のふりぬることもたれにいはまし」同「秋はてゝしぐれふりぬるわれなれば」などふりといへるときは必ぬると受けてつるとは受けざるをや。なほこれらのことは朝寝髪と云ふものにもいへり。】

堀秀成（一八七七・六）『助辞音義考』「都々《ツヽ》」

2 近現代のヌ・ツ研究

近代に入っても、とりわけ完了助動詞の研究は、急に大きく進展するというわけではなく、近世からの連続性の方が大きいように思われる。それでも、一九五七年に出された中西宇一氏のアスペクト説を境に、ヌ・ツの研究は、ヌ・ツが下接する動詞の意味・機能の解明から、ヌ・ツそのもののアスペクト的意味・機能の解明へと大きく方向を変えることになる。そのように、近現代のヌ・ツ研究には、大きな流れが見られるが、おおよそは時代の流れに添いつつも、諸説を大きく、1動詞の種類説、2ムード説、3アスペクト説にグループ分けしながら概観していく。

本居宣長の指摘以来、近世には、ヌ・ツそのものがどのような意味・機能を担っているかとは別に、ヌ・ツの使い分けは、それらが下接する動詞の何らかの意味・機能の違いに起因するという先入観が研究者を拘束してきた。近現代に入ってからも、そのような発想から議論を組み立てている説も少なからず見受けられる。

2・1　動詞の種類説

2・1・1　ヌ―自動詞／ツ―他動詞

里見義（一八八六・三）は、次のように、自動詞にヌ、他動詞にツが承接するとする説を採る。

○ぬるとつるとの弁

○古来よりぬるとつるとの弁解を、よく釈きたる者なし。玉の緒にも、ぬるとつるとの相対峙する事は、委しく解きて、同じ者といふべし。然《サ》りながら、ぬるといふべき所と、つるといふべき所と、自然差別ありといふ迄にて、採るべき程の事もなし。【又或人はぬる つる何れも過去の辞なれどぬるは往《イ》ぬるの意なれば過去にして遠し。つるは而《テ》文字の転用なれば、半過去なりといふ説もあり。又或人はつるは竟《ハツ》るの意なれば、此れを過去の遠き者として、ぬるの方を半過去なりといふ説もあれど、只過去の遠近のみにて、未だ充分ならず。愚考には、過去は過去にして、強て遠近にもあらざるべし。】熟〻考ふるに自動の詞を受ると他動の詞を受るとの差別ならんかと思ひて、実は証例数十百集めて試みしに、百に九十九は自動の者をぬると受け、他動に属する者をつると受るが、凡の定りなり。例へば日の暮ぬる夜の明けぬる水の流れぬる風の吹ぬるは、自動なり。之に反して日を暮しつる夜を明しつる水を流しつる風を吹せつるといへば、則他動になりて皆つるの方に受るなり。是にて大様違はず。又条理に於ても、ナ ニ ヌネ‖の辞は柔軟なる辞にして、往《イニ》の意なれば自動の者を受け、テ‖ツ‖ツル‖ツレ‖は剛直なる音にて、弾くが如く突くが如き音なれば、他動の詞に随ふが至当なりと思はるゝなり。

里見義（一八八六・三）

2・1・2　ヌ—状態的・自然的動詞／ツ—動作的・意志的動詞

三矢重松（一九〇八・一二）もヌ・ツの使い分けを上接動詞の意味・機能に求めているが、他動詞／自動詞説の限界を指摘して、ヌが状態的・自然的動詞に、ツが動作的・故意的（意志的）動詞に下接するという説に修正している。また、注目される点として、「文体より言へばツは直接叙述の対話などに多く、ヌは間接叙述の物語の地の文など自然に完了する動作に多く添ふなり。」というように、地の文／会話文によってヌ・ツの頻度に大きな差があることを指摘している。さらに、次に示すように、完了を過去と区別しようとしている。

完了態

動作の完了せるを表す一つの態なり。（完了せしにあらず）例へば「今手紙を書いた」といへば「書ク」といふ動作の完了せるを表せど、其の動作の過去にありしをいふにあらず。故に現在時を表す副詞「今」ありて、時は現在なり。又「手紙を書く」といへば「書く」といふ動作は現在なれど、単に「書ク」といふ動作あるを表すのみにして、「書キ出ス」か「書イテ居ル」か等の意を明にせず。かく等しく時は現在なれども、語の相違あるは其の言ひなし方、即態の異なるに因る。又「昨日書イタ手紙ヲ今日郵便ニ出シタ」といふ「書イタ」は等しく「タ」なれども、文語にては「シ」と云ふ処にて過去に属し、「出シタ」は此の完了なり。口語にては過去の助動詞なく、完了の「タ」を仮りて用うるより、過去と完了との区別極めて立てにくけれども、文語にては明瞭なる別あり。一たび之を思ひ明らむる時は更に紛ふべき節なし。心を潜めて思考すべし。

〈中略〉

さてツヌは等しく完了ながら、意義の差いかにといふに、

ツ　動作的故意的にして急、(短、硬)対話体の文に多く、

ヌ　状態的自然的にして緩、(長、軟)叙述体の文に多し。

さて多くツは他動詞に、ヌは自動詞に接して「暮シツ」「暮レヌ」「明シツ」「明ケヌ」と様に云へど、動作的といふは他動詞のみにあらず、状態的といふは自動詞のみにあらず、自動詞にも動作的なることあれば、「有リツル」「来ツル」「鳴キツ」「侍リツ」「起キツ」「寝ツ」などいくらも言ひ、他動詞にも状態的なることあれば、「為ヌ」「暮シヌ」「明シヌ」「花ヲ折リ取リヌ」などと言はるゝなり。其の中に自動詞を動作的ハタラキカケにいふ事は多けれど、他動詞を状態的にいふことは(総べてを状態的にいふ叙述文は別なれど)割合に少きなれば、ヌは多く自動詞に添ふと心得る方は誤少けれど、ツを他動詞に限る様に思ふは悪し。さて文体より言へばツは直接叙述の対話などに多く、ヌは間接叙述の物語の地の文など自然に完了する動作に多く添ふなり。アリは最状態的なる動詞なれば、「有リヌ」といふは固よりなれど、動作的に言ひなせば「有リツル云々」となりて、「有リヌル」とは決して言はざる事など思ふべし。かくて此の区別は「テム」「ナム」「ツベシ」「ヌベシ」「テバ」「ナバ」にも著し。前例「止メテバ」をナバとしては止ムル故意の動作を受け損じて「止ムルコトアラバ」のやうに緩く聞え、「有リナバ」をテバとしては自然に生存スル意味を失ひて特に或る動作をシタラバの様に聞ゆ。「我モ散リナム」をテムとしては死ナウを自殺シヨウなどともいひたらん様にて「今イクカ有リテ若菜ツミテム」をナムといひては自然に摘ミ相ダと聞えてツマレヨウの意通らず。「謂ヒツベシ」をヌベシとしてはイフの動作的なるを受けてイハレル　イツテヨイの意聞えず、イヒ相ダなどの意に変じ、「雨フリヌベシ」はフリ相ダなるをツベシとしては何の事とも聞えがたし、動作的状態的といふこと國學院雑誌七巻の四(三十四年四月)に述べ置きたり。就きて見るべし。

三矢重松(一九〇八・一二)

松尾捨治郎（一九三六・九）は、完了という概念についてさらに考察を深めて、完了は過去・現在・未来のテンスそれぞれと共起しうるという議論を展開しているが、ヌ・ツの使い分けに関しては、ヌが自然的動詞に、ツが意志的動詞に下接するという説を採っている。

然らば此の完了の未来と普通の未来との差は何処にあるかといふに、

少し秋風立ちなむ時必ずあはむ。（伊勢）
吾が恋ひし事も語りて慰めむ君が使を待ちやかねてむ。（万葉十一）
海の底沖つ白波立田山何時か越えなむ、妹があたり見む。（万葉一）
ゆかしきもの見せ給へらむに御志の程は見ゆべし。（竹取）

右の　てむ　なむ　らむ　は完了の未来であつて、之を或一つの普通未来に比較すると、其の普通未来時に於て、已に完了すべきことを、現在から予めいつたものである。但し他の普通未来に比すれば、其より後になることもある。其等の普通未来は、必ずしも其処に書き記されて居るとは限らないが、時によつては記されて居ることもある。前掲の例についていへば、待ちやかねてむの待ちかぬることは慰めむの慰むることよりも前であり、ゆかしき物見することは志の程見ゆるよりも前である。立ちなむ　越えなむ　も同じ趣である。しかし此等を未来全体の前即ち未来と現在との中間と見るのは誤である。之を図に示すと、

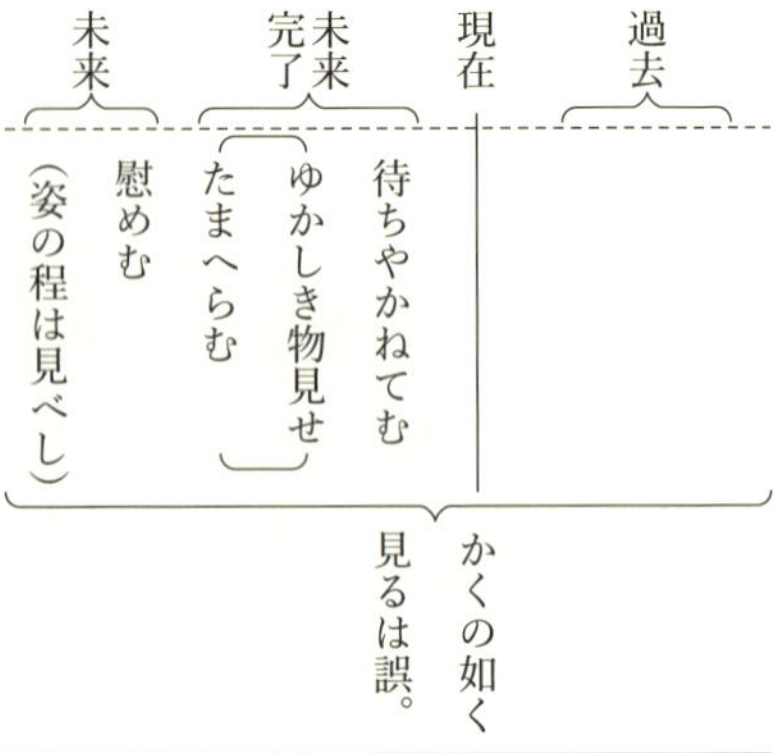

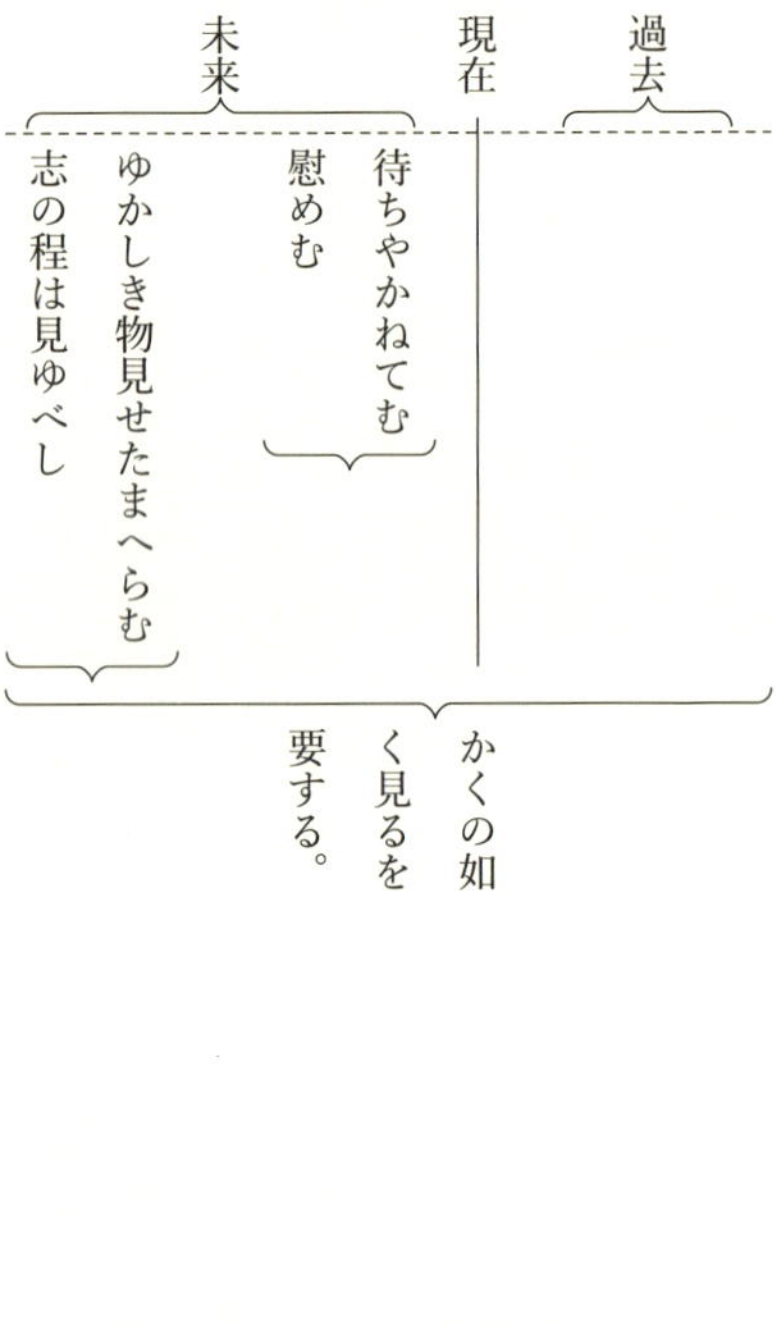

〈中略〉

(1)つ……語源果つ　(い)意志的動作又は強度の意識的動作を表す動詞の下に付ける。

時鳥鳴きつる方を眺むれば、たゞ有明の月ぞ残れる。

此の鳴きつるは時鳥が自然的にその作用をしたのではなく、有意的に、其の動作をした者と見たのである。稀に空はれつなどといふのも、故らに空が心あつて其の動作をしたものと見たのである。(ろ)つの現在に対する関係は極めて少く、過去に近いので　き　けり　と殆んど同意義の如き用例が多い。〈以下略〉

(2)ぬ……語源往ぬ　(い)自然の作用を表す動詞の下に付けて用ゐることが多い。自然の作用とは、自動詞の意ではなく、自動詞の中の一部で、古人の所謂おのづから然る詞を指すのである。(ろ)動作を表す動詞の下にも用ゐられるが、手　足　口　等の局部的動作には用ゐず、全身的動作にのみ用ゐる。蓋し全身の動作は、局部的動作に比して、自然的な点があるからである。例へば　空はれぬ　雨ふり出でぬ　をかしうなりぬ　春過ぎぬ　やみぬるかな　等は(い)の自然的作用に属し　まかでぬ　入り給ひぬ　おはしましぬ　等は(ろ)の全身的動作に属する。〈以下略〉

松尾捨次郎(一九三六・九)

時枝誠記(一九五四・四)も原則的にはここに入れることができるだろう。ヌは「自然的、経験的」事柄に、ツは「作為的、瞬間的」事柄に下接すると言うが、ヌの〝経験的〟、ツの〝瞬間的〟という特徴は、あまり説明が見られず、また厳密な議論に堪えそうには思われない。さらに、ここでは完了という概念を、ほとんど過去と同義に解して、ヌ・ツの定義から排して、新たに〝確定的〟という概念を導入している。これもほとんど定義らしいものもなしに用いられており、これを「当該事態の発生が確実である(と話し手が認識している)こと」というようにムード的に了解すれば、確かに過去の出来事だけではなく、未来の仮定されたり推量された出来事にも用いられることが説明できるかもしれないが、話し手が経験した過去の出来事は〝確定的〟であるはずなのに、必ず完了助動詞が用いられるわけではないなど、必ずしも満足な説明とは言い難い。

つ

「つ」は、「ぬ」「たり」「り」とともに、実現の確定的と考へられるやうな事実の判断に用ゐられる。「つ」は、主として、作為的、瞬間的な性質の事柄に用ゐられる。

実現の確定的と認定される事柄は、多く完了した事柄に多いので、この助動詞は、完了の助動詞といはれてゐるが、確定的と想定される事柄は、過去のことに限らず、現在将来の事柄にもあることである。

わが心なぐさめかねつ‖更級やをばすて山に照る月を見て(古今集、雑上)

「わが心なぐさめかねつ」といふことは、過去にあった確定的な事実として取上げられたので、その陳述に

「つ」が用ゐられたのである。

　布勢の浦を行きてし見て《ママ》ば、百しきの大宮人に語りつぎて《ママ》む（萬葉集、四〇四〇）

「布勢の浦を行きて見ること」も「大宮人に語りつぐこと」も、将来に属することであるが、それがともに作者によって、実現の確定的なこととされた事実であるが故に、「つ」が用ゐられたのである。

〈以下略〉

ぬ

「ぬ」は、「つ」「たり」「り」とともに、実現の確定的と考へられるやうな事実の判断に用ゐられる。「ぬ」は、自然的、経験的な性質の事柄に用ゐられる。

　冬ごもり春さり来れば、鳴かざりし鳥も来鳴きぬ（萬葉集、一六）

「鳥も来鳴く」といふことは、既に実現した事実であるが故に「ぬ」が用ゐられたのである。

　妹が見し楝《あふち》の花は散りぬべしわが泣く涙いまだ干なくに（萬葉集、七九八）

右の歌の「楝の花の散る」ことは、現在の事実でなく将来に属することであるが、それが確定的事実として取上げられたために「ぬ」が用ゐられた。更にそれが、必至の事として想定された事実であるが故に「べし」が用ゐられてゐる。

「ぬ」が、将来或は推測の事実の陳述に用ゐられる時は、推量の助動詞「む」「べし」「らむ」とともに用ゐられる。

　玉の緒よ、絶えなば絶えね、ながらへば、忍ぶることの弱りもぞする（新古今集、恋一）

右の「絶えなば」の「な」は、「ぬ」の未然形に「ば」が附いたものであるから、「絶える」ことが、確定的事実であることを条件とするいひ方である。「絶えね」は、「ぬ」の命令形である。

時枝誠記（一九五四・四）

亀井孝（一九五五・三）に示されたヌ・ツの区別も、「「ぬ」の方は、ものごとが、おのづから結局そうなってしまう推移の気持をこめて表現し、「つ」の方は、もっぱら、ものごとの完全な実現の積極的な確認に重点を置いて表現する。」という記述は、ここに位置付けられるように思われる。

つ（完了）

作用、動作、行為などを、それが、すでに起っているか、あるいはこれから起るかには関係なく、前者のばあいには、これを完全に実現された事実、後者のばあいには、これを完全に実現される事実として述べるに用いる。

〈用例略〉

□完了の助動詞の表現するところは、過去とか未来とかの時とは、直接には、関係ない。表現の重点は、作用、動作、行為を完成されたもの、あるいは完成されるものとして、把握するところにある。たとえば、「許してよ」といえば、単なる「許せ」の意味のうえに、すっかり許してしまってほしいという感じがこめられてくる。あるいはまた、「わが心なぐさめかねつ」といえば、単なる「なぐさめかぬ（なぐさめがたい）」の意味のうえに、なぐさめきることの、とても、できない感じがこめられてくる。完了の助動詞は、単に、事件の完了を客観的に述べるだけでなく、表現に主観的な感情の色づけを加えるものである。

□完了の助動詞には、「つ」と「ぬ」との二つがある。その相違については、「ぬ」の考を参照。

ぬ（完了）

〈前半省略〉

□完了の助動詞には、「ぬ」と「つ」との二つがある。その相違は、微妙であるが、「ぬ」の方は、ものごとが、おのづから結局そうなってしまう推移の気持をこめて表現し、「つ」の方は、もっぱら、ものごとの完全な実現の積極的な確認に重点を置いて表現する。

亀井孝（一九五五・三）

山崎良幸（一九六五・一二）は、さまざまな角度から非常に丁寧な論述になっているが、結局はヌ・ツが下接する動詞の特徴から議論を進めており、ヌは「環境的条件の影響を蒙ることの少い、いわば必然的、宿命的な事実」に、ツは「積極的、行動的で、しかも意欲に充ちた行為」に用いられるとする点で、従来の議論の延長線上に位置付けられる。

次の表は私がかつて「詞と辞の接続における意味的関係」をさぐるがために、「ぬ」「つ」とその上接語との接続関係を源氏物語によって調査したものであるが、「ぬ」「つ」の表現性そのものを知る上にも役立つかと思うのである。

〈表省略〉

この表を見ると次のような現象が見られるのである。第一に、ある幾つかの語は、その用例数実に百を越えているのに、すべて「ぬ」にのみ接続して、一つとして「つ」には接続していない。逆にまた、ある幾つかの語は、その数ある用例すべて「つ」にのみ接続していて、一つとして「ぬ」には接続していないのである。第二に、「ぬ」「つ」の上接語が表のように排列された場合、番号数が多くなるに従って、「ぬ」にのみ接続して、「つ」には接続しない語に共通に見られる性格が次第にうすれて行き、逆に「つ」にのみ接続して、「ぬ」に接続しない語に共通に見られる性格が次第に濃くなって行くという現象が見られるのである。そこでかりに前者の性格をAとし、後者の性格をBとするならば、それぞれ次のように規定することができるであろう。

A（1）　環境的条件の影響を蒙ることの少い、いわば必然的、宿命的な事実が多い。

（2）多くは長い時間の中にあって、必然的推移を辿る。

B（1）積極的、行動的で、しかも意欲に充ちた行為に関することが多い。

（2）一時的乃至は瞬間的行為を意味し、長い時間的推移を辿ることは少い。

（3）言語主体の意志の積極的な関与を意味する助動詞がしばしば来る。

一体われわれの判断は、必ずしもいつも、われわれ自身の恣意に委ねられているわけではなく、それはしばしば判断の対象となる現象的事実の制約をうけざるを得ないであろうと思う。例えば死とか、時間的推移とか、天体の運行などのような事実に対する場合は、われわれはひとえに、これらを宿命的または必然的事実と観じて、外側からそれを静かに見まもり、或はそれに随順するというような態度をとるよりほかないであろう。「ぬ」だけに接続して、「つ」に接続しない語の中に、動詞「なる」のあるのが先ず注意されるし、また受身の意を表わす接尾語「る」「らる」の含まれているのも興味あることだと思う。逆に「つ」だけに接続して、「ぬ」に接続しない語の中には、「あり」「たり」「ざり」のような、言語主体の積極的な肯定判断や否定判断を表わす助動詞の含まれていることや、また「言ふ」という動詞のあることが注意されなければならないであろう。更に使役の意を表わす接尾語「す」「さす」のあるのは、「る」「らる」の場合と正に対蹠的であって、それは「ぬ」と「つ」の表現性の相違のあり方をわれわれに示唆してくれているように思われるのである。

山崎良幸（一九六五・一二）

次の小路一光（一九六六・三）も、ヌが「自然の現象や人事に関する現象または状態」に、ツが「意志的または作為的動作」に用いられるとする点は、上接動詞の特徴と考えられるが、ヌが「話者の傍観的立場において述べる」「客観的表現」に、ツが「話者自身に関する（ことを）話者の主体的立場において述べる」「主観的表現」に用いられるとする点は、第2・2・2節に見る山田孝雄（一九〇八・九）のムード的使い分けを受けているように思われる。

「つ」は主として話者自身に関する意志的または作為的動作を、話者の主体的立場において述べる場合に用いられる、いわば主観的表現であり、「ぬ」は主として自然の現象や人事に関する現象または状態を、話者の傍観的立場において述べる場合に用いられる、いわば客観的表現である。（甲）

〈中略〉

「つ」及び「ぬ」は、動作または作用・状態等に関して、その実現または実現すると思われることを確認する意を表わすものである。（乙）

〈中略〉

翻って「つ」・「ぬ」の意義・用法を万葉集の用字によって考えてみると、まずその用法は前項に定義した（甲）及び（乙）を綜合して次のようにいえると思う。

「つ」は主として意志的動作の実現を確認して、これを主観的に表現するのに対して、「ぬ」は主として自然的現象または作用の表現を確認して、これを客観的に表現する。

小路一光（一九六六・三）

2・2　ムード説

ここで〃ムード〃という術語を用いてまとめようとする説は、厳密な意味で、ヌ・ツを、形態論的なムードの範疇に含まれるものとして扱おうとするものでも、意味・機能的に発話者の発話時現在における心的働きを表わす形式として扱おうとするものでもない。第2・1節でまとめた、ヌ・ツはそれが下接する動詞の意味・機能によって使い分けられるとするものでも、次に第2・3節にまとめる、ヌ・ツに何らかの時間的な意味・機能の違いがあるとするものでもない説を、ルーズな意味で〃ムード〃説と呼んでおく。

2・2・1　ヌ―軟・緩／ツ―鋭・緊

大槻文彦は『広日本文典』では、ヌ・ツの意味は、ヌについて「其意、略、「つ」ニ同ジ。」というようにほぼ同義であるとして、その違いには触れていないが、『同別記』では、音声の聴覚的印象として、ヌが〝軟〟でツが〝鋭〟であることを根本に置き、そこからその意味として、ヌが〝緩〟でツが〝緊〟というニュアンスの差が派生し、それによってヌが自動詞に、ツが他動詞に下接する傾向を説明しようとするが、このような考え方は現代の理論的研究には耐ええない。

つ‖。　動作ノ果《ハ》テヽ止《トヾ》マル意ヲイフ語ナリ、此ノ語、諸動詞ノ第五活用ニ連ル。

〈以下略〉

ぬ‖。　動作ノ往《ユ》キ畢《ヲハ》レル意ヲイフ語ニテ、其意、略、「つ」ニ同ジ。此ノ語モ、諸動詞ノ第五活用ニ連ナレド、奈変ノ「往に」「死に」ニノミハ、絶エテ、連ナラズ。此ノ語ノ第六活用ナル命令法ハ、「押しね‖、」「受けね‖、」ナド用ヰルモノナリ。

〈以下略〉

たり‖。「て、あり、」ノ約マレルニテ、「て」ハ、前々条ノ「つ」ノ活用ナレバ、亦、動詞ノ第五活用ニ連ル。

〈以下略〉

せり‖。「為《シ》てあり、」ノ意ニテ、「為《ス》」トイフ動詞ノ、半過去ノ意ヲナス語ナリ。此ノ語ハ、独立動詞ノ如キ力アリテ、他ノ動詞ニハ付カズ、甚ダ、余ノ助動詞ト異ナリ。

〈以下略〉

○又、一種ノ半過去アリ。四段活用ノ動詞ノ「咲く、」「指す、」「勝つ、」等ヲ、常ニ、「咲けり、」「指せり、」「勝てり、」ナド用ヰル、是等ノ意義ハ、「咲き、て、あり、」「指し、て、あり、」「勝ち、て、あり、」ナド解スベクシテ、其動作ヲ、半過去ニイフモノナリ。此ノ語尾活用ヲ成スハ、四段活用ニ限リ、其活用ノ状ハ、略、「あり」ニ同ジ。

大槻文彦(一八九七・一)『広日本文典』

○「つ」ト「ぬ」トノ、自他所属ノ別ニツキテ考フルニ、元来、「つ」ノ音ハ鋭ニシテ、「ぬ」ノ音ハ軟ナレバ、必シモ自他ニハ関セズシテ、唯、語意ノ、其場合ニ因リテ、緩緊アルニ従フモノカ、サレド、自動ハ自ラ緩ニシテ、他動ハ自ラ緊ナレバ、自ニ「ぬ、」他ニ「つ、」相伴フ場合、自然ニ多キナルベシ。又、「たり」ハ「つ」ノ活用ノ「て」ト「あり」ト約マレルモノナレド、自ニモ他ニモ連ルナリ。

大槻文彦(一八九七・一)『広日本文典別記』一六三節

2・2・2　ヌ―傍観的／ツ―直写的

山田孝雄(一九〇八・九)は、ヌ・ツの違いを、当事者の立場から描くのか、傍観者の立場で描くのか、という違いであると見て、次のように説明する。「「つ」は其事実状態を直写的に説明するものにして、その事実状態が文主によりてあらはさるゝことの確めを主者自らの側より直写的にあらはすなり。」「之に反して「ぬ」は傍観的に其の状態動作を説明して其の動作状態の確めをあらはす。」

ただし、ヌ・ツにはそのような違いがあると言いつつも、ヌ・ツはともに完了を表わすと考えており、次のように完了と過去とを区別すべきことを明確に主張している。「かの回想をあらはす「き」は其営為せられたる事の何時にありしかをとはず現在の意識にては既に過去時に属せる時に営為せられたることを回想して其の回想せることをあらはすなり。「つ」「ぬ」は其の営為せることがなほ強く知覚内に活動せるが、しかも其の事実は既に完結せることを示す。」

「つ」と「ぬ」とは共に事実状態の陳述の確めに与りて力あり。二者はこの点に於いて一致すれど又その間に差あり。即「つ」は其事実状態を直写的に説明するものにして、その事実状態が文主によりてあらはさるゝことの確めを主者自らの側より直写的にあらはすなり。

〈用例略〉

之に反して「ぬ」は傍観的に其の状態動作を説明して其の動作状態の確めをあらはす。

〈用例略〉

以上の例を対照比較して其の意義の差異を見るべし。古来「つ」を他動に「ぬ」を自動にといふ区別を設けれど、その当らぬことは定論あり。又「ぬ」を状態「つ」を動作といふ区別をなせる人あれど、「ぬ」も「つ」も共に状態動作をあらはすものなれば、かゝる区別をたてむよすがもなし。又この二つにつきて時の差別あるを説く人あれど、吾人の見地よりすれば動詞の時と称するものは根本的に誤なるが上に、なほ、しかく時間経過の差異の認めらるゝものもなし。試に二者相交換して使用しみよ、直写的と傍観的との差別の外に時限の差異などは認められざるなり。但直写的と傍観的との本性の滅却すべからぬものは交換すべからずと知るべし。

なほこの差別は他の複語尾又は助詞につけたるものにては一層明かなるべし。

いつまでか野べに心のあくがれむ花しちらす《ママ》ば千代もへぬべし。

ちりぬべき花の限りはおしなべていづれともなくをしき春かな。

わらはごとには何かはせむおんなおきなにをしつべし。

この「ぬべし」は其の事実を傍観的に推量し「つべし」は、直写的に推量せるなり。其の他

をし鳥のつたふ岩根に浪かけてうきぬしづみぬ身をぞうらむる。

うきつしづみつ流れ行く。

の区別に至りては共に状態をあらはすものにして一は傍観的一は直写的と区別する外に之に明解を与ふる説あ

るまじきなり。

近来この「ぬ」「つ」を以て過去をあらはすものとし「き」と同一種類に列するものあり。然れどもこは元来完了と称せらるゝが如く其の事実の過去にありたることをあらはすにあらずして、事実状態を確定的に陳述するものなれば、かの完了と称するもの略之に該当す。かの回想をあらはす「き」は其営為せられたる事の何時にありしかをとはず現在の意識にては既に過去時に属せる時に営為せられたることを回想して其の回想せることをあらはすなり。「つ」「ぬ」は其の営為せることがなほ強く知覚内に活動せるが、しかも其の事実は既に完結せることを示す。「き」は唯現実には存在せぬ事実なれども嘗て現実に存在せし動作状態なることをあらはすなり。この故に過去の回想なる「き」にて実際の完了を示すことはなしうべし。「ぬ」「つ」を以て其の範囲の広漠なる「き」を代表することは難し。

されば「ぬ」「つ」と「き」とを混用すること古来頗多し。これにつきて怪むものはこの関係を三思せよ。

君が名も我が名もたてじ浪速なるみつ‖ともいふな、あひき‖ともいはじ。

かゝれば「ぬ」「つ」は現実意識に残留せる活動をあらはし、「き」は全く回想をあらはすものなりと知るべし。

然れども、「つ」「ぬ」の本性は事物の動作状態の完了を述ぶるにあらずして、之を確めて述ぶるものなり。確めて述ぶるにより、自然之を客観的に見るときは完了となる。この故にかの完了なりと直に断じ去るが如きは不都合なりといふべし。即普通の陳述をなせる場合には之を主観を離れて完了ともいふことをうべけむも、そは皮相の見にすぎず。いでや二三の例を示さむ。

第一、この複語尾は決して完了の事実をのみのぶるにあらずして吾人の思想内にあらはれたるものをのぶ。たとへば

雨ふりぬ‖べし。ほと〳〵しく舟を覆しつ‖べし。

などの「ぬ」「つ」は決して事実の完了をあらはさざるにあらずや。

第二、未顕の事実を仮説的にあらはすことあり。

雨ふりなば、　逢ひみてば慰むやとぞ思ひしに。

などは決して完了の事実にあらざるなり。然るに事実の完了をあらはす詞といふによりてこの「なば」「てば」の如きものを説明するに窮せざるもの未曽て一人もあらざりしなり。

第三、予想予期せることをあらはす事あり。

頼めこし言の葉今はかへしてむ。

心は花になさばなりなむ。

の「てむ」「なむ」は如何、それ亦完了せる事実ならぬは明なり。今若「つ」「ぬ」を完了をあらはすものとする人あらば、その人はこの三例に対して明快なる解釈を下すべき義務あるなり。然して事実上かの完了説の主張者の言論をきくに、この三例につきては何等の説明をあたふることなく、甚しきものは「な」「に」「て」を以て別種の語として顧みざるなり。これらを別種とするの愚はこと〴〵しくとがめずもあれ「つべし」「ぬべし」の類は如何。恐らくはこれをも別種の語となすべからむ。悲しむべきかな。

今吾人の如く思想の確めを発表するものとすれば、この詞などは破竹の勢を以て解すべし。蛇足の感はあれど試みに上の三例に俚言をあてゝ解釈を試みむ。

「かへしてむ」は「かへしてしまはう」の意

「なりなむ」は「なつてしまうであらう」の意

「ふりなば」は「仮にふつたとしてみれば」の意

「逢ひみてば」は「若しも逢ひみたとしてみれば」の意

「ふりぬべし」は「きつとふるであらう」の意

「覆しつべし」は「覆してしまうであらう」の意
これはたゞこの場合にあてたるのみ。すべて「きめて見る」「きつと云々」「さういふ事になる」の意を含めて義を取ることをうるなり。以上の所見によりて、吾人は之を確述の複語尾と称し、あへて完了をあらはすものと称せざるなり。

山田孝雄（一九〇八・九）

2・2・3　ヌ―逸走的／ツ―対抗的

松下大三郎（一九二八・四）は、ヌは〝逸走的〟でありツは〝対抗的〟であると、あまり耳慣れない術語を用いている。それを説明して、逸走的とは「毫も事件を対手にする意味がなく、事件は我と無関係のものと見られ、我に対抗せずにすら〳〵と逸走するとして取扱はれる。事件に対して無関心で冷淡である。」のに対して、「対抗的とは事件を我に対して打突かつて来るものとして之を対手にする意である。他物の動作が我に何等かの利害が有るとか何等かの興味を与へるとか見た場合である。」と述べているところからすると、山田孝雄（一九〇八・九）の、ヌが傍観的でツが直写的であるという説に近いように思われる。ただ、山田孝雄（一九〇八・九）が、表現のしかたという観点に立っているのに対して、松下大三郎（一九二八・四）は、表現される事態そのものが表現主体と関わりが深いかどうかという観点に立っている。

□完了態は我（時の基準）を事件の直後に置いて其の事件が我と別れるのを送るものとして事件観念を取扱ふものである。我（時の基準）を置く位置即ち事件の直後が実際の現在であるならば時相上の完了が事件の実際の完了と一致する。例へば

花咲きぬ。　風吹きぬ。
花咲きつ。　風吹きつ。

花咲きたり。　　風吹きたり。

〈以下例省略〉

の‖等は完了態であるが、その完了は実際の完了と一致する。

但し既然とは違ふ。既然は「花が咲いてゐる」などの如く事件の行はれた後の静止を表すものであるが、完了は完了した事件を表すものである。

完了を示す基準たる完了の直後が実際の現在でない場合は、時相上の完了は実際の動作の完了と一致しない。例へば

一明日さへ降らば若菜摘みてむ。　君渡りなば楫隠してよ。

二咲くと見しまに且つ散りにけり。　散りあへぬ間に見てましものを。

三舎人の衣も今は著つべし。　花咲かずともありぬべし。

行ったり来たりする。　そんなことが云へた義理でない。

の‖は完了態であるが、(一)は完了をいふ基準を未来に置き(二)は過去に置き(三)は時に拘らない抽象界に置いてゐるから、事件の実際の完了としては頭へ響かない。完了ではあるが空な完了である。完了は現在の完了であつてこそ実際の完了である。過去や未来や又は抽象界に於ける完了は事件の完了ではなくて、単にそうときめていふだけであつて、単に判断上の完了である。

〈中略〉

完了態は其の意義の工合に由つて次の三種に分けられる。

一、対抗的完了「…つ」

二、逸走的完了「…ぬ」

三、一般的完了「…たり」、「…り」、「…て侍り」、「…て候ふ」

「つ」と「ぬ」の別は従来「つ」は故意で「ぬ」は自然だと解釈され、又「つ」は完了の即時で「ぬ」は完了の若干後だと解釈されたが其れでは不十分である。私は「つ」は対抗的で「ぬ」は逸走的だと思ふ。

対抗的完了□対抗的とは事件を我に対して打突かつて来るものとして之を対手にする意である。他物の動作が我に何等かの利害が有るとか何等かの興味を与へるとか見た場合である。自己の動作でもそれを一つの他物の如く取扱ひ其の動作に対して自己が何等かの興味を以て接する。要するに自他の動作を対手にするのである。

〈中略〉

逸走的完了□「ぬ」を附けた完了態は「つ」を附けたものとは違つて、毫も事件を対手にする意味がなく、事件は我と無関係のものと見られ、我に対抗せずにすら〳〵と逸走するとして取扱はれる。事件に対して無関心で冷淡である。

〈中略〉

一般的完了　「たり」を附けた完了態と既然性転活用（…り）を使つた完了態及び「て」の下へ「侍り」「候ふ」を附けた完了態（「て」なしの場合もある）は逸走的でもなく対抗的でもない。即ち何等特殊の意味のない無色的な単純な完了である。

〈中略〉

綿密完了　既に完了態になつて居るものを一つの実質と見て、更に之を完了態にすることが有る。之を綿密完了と云ふ。

松下大三郎（一九二八・四）

2・3　アスペクト説

ヌ・ツに共通する意味・機能に関しては、過去と完了との区別がついていなかったにしても、何らかの時間関係を表わしているという説は、近世(以前)から見られ、例外的な場合(時枝誠記(一九五四・四)の「確述」説のようなムード説など)を除いては、近現代にも共通している。しかしながら、ヌとツとの相違に関しては、それを上接する動詞の意味・機能に求めようとする本居宣長以来の呪縛が強く、それをヌ・ツそのものの何らかの時間関係のありかたの違いに求めようとする考え方の出現は、かなり遅れる結果となった。ここでは、そのような考え方をひとまとめにしてアスペクト説と呼ぶことにしたい。

2・3・1　ヌ―完了＋非結果存続／ツ―完了＋結果存続

小林好日(一九四一・八)は、『万葉集』に関しておそらく初めての網羅的な用例調査を行い、「「つ」は動作の完了と共に動作の惹き起す結果の観念を持つてゐるものである。動作の完了が主観的には過去の意味を齎すことは、「ぬ」の場合と違はない。その差は唯その結果の観念を伴ふところに在る。」という結論を得ている。ただし、その後のアスペクト説の流れは、この説とは丁度逆に、ヌは結果存続を伴うが、ツは結果存続を伴わないとする説が主流となる。

この「動詞に現れ得る」動作態を以て、国語に現れる文法的範疇としての動作態を吟味する時は、さきに述べた助動詞の「り」や波行延言と呼ばれたものは、継続態存在態若しくは反復態を現すものであるが、こゝに述べる「ぬ」「つ」はそれ〲完了態已然態を現すものである。

「ぬ」は完了の限界がある。かの慣習的の事実を述べて、「年毎に春は花咲く」と云ふ時、「咲く」は明かにこの態である。しかも今日は唯その完了態であることを前後の関係に由つてのみ知るのみであるが、「ぬ」がこの動作態を現すものとして普通に用ひられてゐた時代には、かゝる場合に「年毎に春は花咲きぬ」とも云つたことは、額田王の「鳥も来鳴きぬ」から考へて疑はれない。この歌は春来れば鳥の来鳴く動作の完了、言ひかへれば来鳴く動作の行はれるべきことを述べたばかり。今の口語ではさう云ふことを表すべき特殊の形式は無いから、「春くれば鳥も来鳴くぞ」と云ふに止る。成章の口訳をもつてすればかう云ふ場合の「ぬ」はまづ「ヤウニナル」「ダンニナル」と云ふに当る。

〈中略〉

「つ」は動作の完了と共に動作の惹き起す結果の観念を持つてゐるものである。

動作の完了が主観的には過去の意味を齎すことは、「ぬ」の場合と違はない。その差は唯その結果の観念を伴ふところに在る。

陁倶符羅爾阿武柯枳都枳都《タクブラニアムカキツキツ》(紀)
加理許母能美陀禮婆美陀禮佐泥斯佐泥弖婆《カリゴモノミダレハミダレサネシサネテバ》(記)

に於ける「かきつきつ」は動作の結果が動作の完了と共に生じ、「さねてば」は即ち動作の結果たる寝てある状態を意識の表に浮べて、さぬる状態の完了を述べたのである。

この関係はもと「つ」の中止形であつた「て」の意味を研究すれば更に明かになるやうである。「て」は古くより接続的の弖爾乎波になつたけれども、「行きて見る」と云ふ様な文に於て、「行く」と「見る」を同時的の動作として「て」を以て単に之を接続したものと見ることは出来ない。明かに「行きて」は「見る」の従属分《ママ》で、「行きて」と云つて、行く動作の結果を示し出したものである。成章の「あゆひ抄」に

何て詞のこゝろたとへば紙にものをかきつけたるやうに、なすわさをしはてて後も猶其あとあるをたてゝ

いふ詞也
と云つてあるのは、最もよくこの弖爾乎波の性質を説明したものと云はれる。成章がまた「しるして」といつたのもこの動作態の性質から出る。「行きて見る」といふ言ひ方は、「つ」の動作態に動作の惹き起す結果の観念を含むためで、是に対立する「ぬ」に「行きに見る」と云ふやうな変化の無いことも、「ぬ」の動作態からである当然の結果であらう。

〈中略〉

世には「つ」「ぬ」を区別するに、或は一は他動詞につき、一は自動詞につくと云ひ、或は一は有意的動作を云ふに用ひ、一は自然的動作に用ひると云つて之を分たうとした事がある。これには多少の理屈がないではない。自動詞に「ぬ」が附くと云ふことは、全く事実の真相を誤つてゐるが、他動詞に「つ」が附くと云ふのは、間違ではない。又有意的自然的と云ふことで、「つ」「ぬ」を分たうとしたことも稍事実を捉へたところがあるやうである。抑〻かくの如き現象の出て来る所以は、「つ」と「ぬ」との動作態に在ると云ひたい。他動詞はその定義の如く、他の事物を処分する性質のもの、随つて処分せられるものに必ずその結果の生ずることを予想するものである。それ故かくの如き動作を表す場合「つ」を要することは最も睹易い道理であらう。次に有意的動作もその動作の行はれむとすることを欲するものであるから、従つてその結果の予想されるものが多い。

小林好日(一九四一・八)

奇しくも、春日政治(一九四二・一二)も、訓点資料(『金光妙最勝王経』の古点)をもとにした議論であり、和文におけるヌ・ツについての議論ではないが、「ヌが動作の完了と共に跡を遺存しない義をもつ」のに対して、「ツが単なる完了と異なり、完了と共にその跡(動作による結果)の存続を表す」という結論に達している。

ヌとツ　所謂完了の助動詞ヌとツとの語法的職能については、多くの判然としない点を残してゐる。今この古点に於て使用されてゐる実例について略述することにする。

　先づ漢字をこの助動詞に訓んだ例について、その意義を考へることから入らう。ヌに訓まれる漢字は主として已字であつて、それに少数の訖字・去字がある。

〈中略〉

去字は「離也」広韻「行也」玉篇「亡也」後漢書注などいふ訓があつて、サル・ナクナル等の義がある。即ち動作の了ると共に、その跡を遺さないことである。それ故去字をヌと訓ずることは、ヌが動作の完了と共に跡を遺存しない義をもつ場合があるものらしい。この点がやはり次の在字から観たツと異なる一つではなからうか。国語の動詞「死ヌ」「去《イ》ヌ」が語尾にこのヌと同一のものをもつてゐるのも、共に跡を遺さない義を表してゐると見られる。萬葉集の用字を見ると、助動詞ヌに宛てた唯一の本訓文字は去字であつて、而もナ・ニ・ヌ・ヌル・ヌレ何れの活用にも用ゐられてゐて、他の字を宛てたものは殆どないのである。（無論已字・訖字などもない。）かくてヌの意義少くもその一義に、動作の完了と共にその跡を存続しない意味があつたのではなからうか。而も萬葉集の用字などに徴すると、それは比較的古くもつてゐた意義ではなかつたらうかと考へさせられる。

　次にツと訓んだ漢字に在字がある。

〈中略〉

元来在字は玉篇によると、

在　在改切　爾雅云存也　終也　察也　居也

とある。この訓の中「終也」は爾雅の釈詁にあるものであるが、この訓は已字・訖字などに通ふ義のあることを示すものであつて、やはり動作の終了を表す義があると考へられる。しかし、「居也」「存也」とかいふ訓から見れば、存在の義のあることは勿論であつて、単に完了を表す已字・訖字とは相異するものと考へざるを得

ない。即ち現代語に訳すれば、

棄在　棄テテアル（又ハ棄テテオク）
聚在　聚メテアル（又ハ聚メテオク）
安在　安《オ》イテアル
生在　生マレテヰル
堕在　堕チテヰル

などいふべきであらう。テアル・テヰルは動作が了つて其の跡の存続することを表す語である。

往昔に諸の天衆、金剛山に集在せりキ。　一五九ノ二

といふ一例は、在字の意義をよく表して、存在形として助動詞リを取らせてゐるのである。（キは副詞「往昔ニ」に対して過去を表してゐることは勿論である。）「集マツテヰタ」と解すべきである。かくてこの在字を我が助動詞ツに訓んだことは、我がツが単なる完了と異なり、完了と共にその跡（動作による結果）の存続を表す一用法のあつたと考へてよい点である。而も去字をヌと訓んだものとは対蹠的であると言つてよい。

春日政治（一九四二・一二）

2・3・2　ツ―つきはなし

橋本進吉（一九三〇＝一九六九・一一）の議論の説明は直観的ではあるが、むしろ小林好日（一九四一・八）の議論とむしろ逆に、ツには結果存続がないということを〝つきはなし〟というような言い回しで示しているのであろう。そのような点で、中西宇一（一九五七・八）、井手至（一九七七・五）によって定式化されるアスペクト説の先駆けであるということもできる。

小林氏が、助詞になつた、「つ」の連用形「て」の用法から「つ」の意味を考へたのは適当な方法であるが、「つ」には完了と共に結果の概念を伴ふと解したのは、まだ考へる余地があらうとおもふ。歴史時代に於ては、「て」はその用法上既に「つ」から独立したものがあるのであつて、その意味も、必しも全部「つ」の意味と同じでないであらうが、一の動作を終つて、次の動作にうつる場合に用ゐられるものに於ては（「行きて見る」「折りてかざさむ」）、小林氏がいふやうに、結果を考へるよりも、むしろ、前の動作が済んだ事をいつて、之をつきはなすやうな意味が強いのではあるまいか。前の動作をつきはなして、さて次の動作にうつるので、次へうつるからして、小林氏は結果の観念を伴ふと考へたのであらうが、これは、「て」が連用形で次の用言につらなる為で、終止形の「つ」には、そんな意味はないのであらう。「―てあり」（「たり」）には、前の動作がすんでその結果が状態として存在する事を示すが、それは、「―て」の力ではなく「あり」の力であらうとおもふ。

さうして、「つ」は有意の動作につく事が多いのは事実である。それをヤツテノケルといふやうな意味があるのではあるまいか。

動作が実現してはなれる意味、これが「つ」の特質ではあるまいか。「ぬ」にも、動作の完了し、実現する意味はあるが、それからはなれる意味は「つ」の特質であらうとおもはれる。

橋本進吉（一九三〇＝一九六九・一一）

2・3・3　ヌ―将来から過去（逆行的）／ツ―過去から将来（順行的）

出来事を時間の流れに逆らって（逆行的）現在から過去をとらえるのがヌであり、時間の流れにしたがって（順行的に）過去から現在をとらえるのがツであるという説は、すでに江戸時代に林国雄（一八二六）によって提出されていたが、それをアスペクト論の枠組で再提起したものとして長船省吾（一九五九・一二）があり、さらにそれを洗練化したものとして野村剛史(一九八九・九)がある。ただし、長船省吾(一九五九・一二)は、逆行的／順行的という概念を一見対称的であるかのように議論しているが、方向が逆であると考える必要がないように思われる記述もある。すなわち、時間の流れのとらえかたとして、静止している話し手の周りを時間が移動するのか、静止した時間の中を話し手が移動するのか、という二つのとらえかたがあることは、メタファーの問題としてジョンソンとレイコフ『レトリックと人生(Metaphors We Live By)』(一九八〇)でも議論されているが、前者が逆行的な場合、後者が順行的な場合に相当する。

内在的時間直線上を運動する対象の動作を心の目で見ている主体が、その動作の終了した時点に自分を置いて、動作が始まってからの動作全体をふりかえってみる。その際主体の心の目に見える動作の様相が「完了態」である。(チャールストン前掲書九八頁)

さて(二)の(1)で述べたように、一つの動作が終了するまでに行う運動のとる方向には、相反する二つのものがある。(a)t＋1→t→t－1(b)t－1→t→t＋1。(a)の方向をとって時間直線上を動く動作の終了した時点(t－1)に主体が自己を置きその心の目で、この動作の開始から終了に至る動作全体をふりかえつてみる。この種の動作の完了態は、「過去的」時点→「現在的」時点→「将来的」時点の方向へ進行する動作の完了した様相として、主体の心の目にうつる。従つてこの種の完了態を「過去的」時点から「将来的」時点へ向う動作の完了態(t＋1→t－1の完了態)と呼ぶことにする。次に、(b)の方向をとる動作の終了した時点(t＋1)に主体が自己を置いて、この動作全体をふりかえつてみる。この種の動作の完了態は、「将来的」時点→「現在的」時点→「過去的」時点の方向へ進行する動作の完了した様相として主体の心の目にうつる。これを、「将来的」時点から「過去的」時点へ向う動作の完了態(t－1→t＋1の完了態)と呼ぶことにする。

〈中略〉

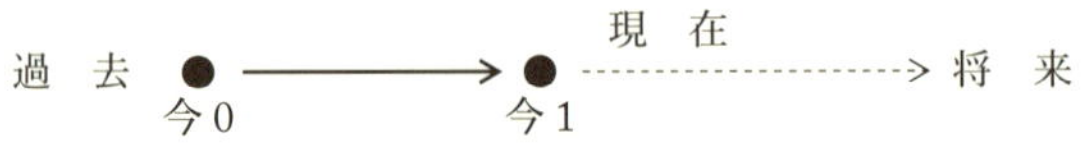

（図2）

（図3）

ところで、意志的動作というのは、その動作の主体の自由選択によつて決定せられた目標へ向う主体の意志によつて開始せられ指導せられている動作を意味し、無意志的動作とは、目標に向う意志によつて開始指導せられることなく、意志以外の何らかの力によつておのずから生起し進行する動作を意味する。従つて、「意志的」「無意志的」というのは、動作を生起進行終了させる原因の相違を表わしている。しかるにアスペクトは、どんな原因によるにせよ一たび生起し進行し終了する動作の様相の相違を意味する。従つて、アスペクトの観点から見れば、「つ」は「過去的」時点→「現在的」時点→「将来的」時点の方向をとる動作の完了態を表わし、逆に「ぬ」は「将来的」時点→「現在的」時点→「過去的」時点の方向をとる動作の完了態を表わすというべきである。たまたま前者の方向をとる動作の著しいものが意志的動作であるから、意志的動作の完了は「つ」によつて表現せられるのであるが、逆に「つ」は意志的動作の完了だけを表現するというのは正しくない。

長船省吾（一九五九・一二）

さて本稿は、以上（図2、3）二様の実現の時間的様相を、上代におけるツとヌに当てたいと思う。ツとヌは共通して、現在への動きの実現の意味をもつ。その実現の見え姿の違いとして、過去から将来へと流れる時と共に現在において実現した動きが「〜ツ」の表す意味であり、将来から過去へと流れる時と共に現在において実現した動きが「〜ヌ」の表す意味である、と考えるのである。より詳細には、現在から将来への動きは我々は決して体験することはできないのであるから、「〜ツ」は基本的に過去から現在への動きの実現であり、「〜ヌ」は大きく分けて、動きの（将来から）現在への立ち現れとして、また（現在から）過去への沈下としての実現ということになる。既に述べたように、ヌにおける以上の二面は、一つの動きに両立することもある。

野村剛史(一九八九・九)

2・3・4　ヌ―状態の発生／ツ―動作の完了

ヌ・ツの相違を、アスペクトの違いに求める説は、確かに小林好日(一九四一・八)、春日政治(一九四二・一二)に先鞭が付けられていたにも拘わらず、アスペクト説を最初に提唱した研究として言挙げされることの多い中西宇一(一九五七・八)が、それまでの説とどの点で異なっていたのかに関しては、さまざまな側面があるだろう。第一に、もちろん中古和文の実情に即した説明理論となっていたことが挙げられるだろう。中西宇一(一九五七・八)の議論でも、ひたすら中古和文の実例を列挙することによって説得しようとしている。また第二に、近世以来の研究史との相性のよさが挙げられるだろう。自動詞は自然的・状態的な変化を表わすことが多く、変化の結果が生じたことをヌが表わしていると思われる例が多く見られる。他動詞は意志的な動作を表わすことが多く、その動作が完了したことをツが表わしていると思われる例が多く見られる。すなわち、中西説は、従来の説の説明能力を拡大した結果、到達した説であると了解される余地が大きかったのである。

しかしながら、改めて中西宇一(一九五七・八)の議論のしかたを振り返って見ると、必ずしも実例の証拠を挙げて当該の結論を導き出すような議論にはなっていない。むしろ、最初に結論が示され、むしろヌ・ツはそのような違いがあるから、具体的な解釈はこうであるべきだ、というような演繹的な議論のしかたが採られている。かく言う筆者も、実は中西宇一(一九五七・八)の議論の延長線上にヌ・ツの本質をとらえようと考えているのであるから、その議論を全面的に否定しようというつもりはもとよりないが、決して中西宇一(一九五七・八)が十全な議論を展開しているわけではないことも承知しておくべきではなかろうか。

「つ」と「ぬ」は共に動作の完了を示すとせられてきたが、「ぬ」は状態の発生を、「つ」は動作の完了を示すと考えられる。

たとえば

わが待ちし秋萩咲きぬ今だにもにほひに行かなをちかた人に　（萬・十・二〇一四）

わが待ちし秋は来りぬ妹と吾何事あれど紐解かざらむ　（萬・十・二〇三六）

このような「咲きぬ」「来りぬ」は「今、咲きぬ」「今、来りぬ」の意味で、この場合現前するものは「今、秋萩が咲いている」「今、秋が来ている」状態であると考えられる。したがってこれはかゝる「今秋萩が咲いている」「今秋が来ている」状態を現前として、そのような状態になつた、すなわち今はそのような状態になつてあることを意味すると考えられる。すなわちAからBへの変化においてBの状態が発生したことを意味するものであり、したがつて「秋萩咲きぬ」は「今は秋萩が咲いているという状態になつた」という、現前の状態が発生したことを示すものであるということができる。

はしきやしあはぬ君ゆゑいたづらにこの川の瀬に玉藻ぬらしつ　（萬・十一・二七〇五）

いたづらに地に散らせばすべをなみ攀ぢて手折りつ見ませ吾妹子　（萬・八・一五〇七）

このような「ぬらつ《ママ》」「手折りつ」のごとく、これは現前する状態に全く関係なく、したがつて、「今、ぬらしている」という継続状態にあるのではなく、これの言及するところはもつぱら動作それ自体であり、すなわち「ぬらす」「手折る」という動作をなし終えたこと、したがつて今はすでにそのような動作が終了してあることを意味すると考えられる。

〈中略〉

さて以上の事から、「今」における発生としての「ぬ」、および完了としての「つ」の意味を図示すれば次のごとくなる。

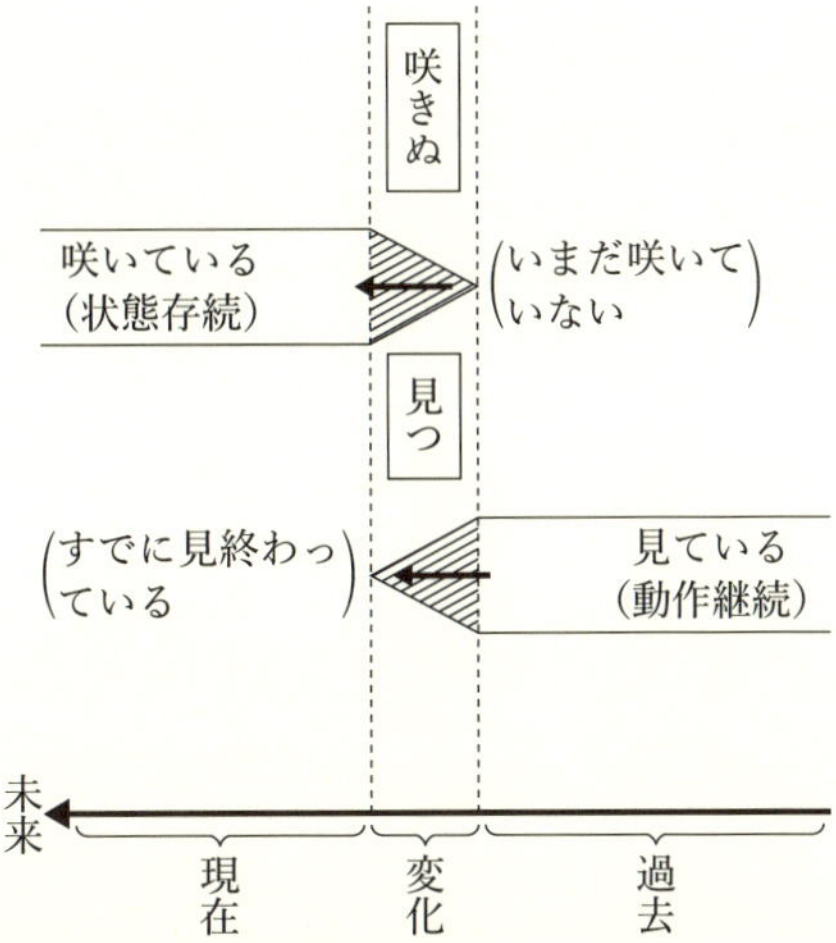

すなわち、「ぬ」「つ」いずれも過去から現在への変化を意味し、その変化の方向は「ぬ」が未来に向う変化の方向を示し、「つ」は過去から終る変化の方向を示す。すなわち一は発生変化を示し、他は完了変化である。したがつて「つ」における完了動作は過去より変化時までに亘り、「ぬ」における発生状態は変化時より現在、さらに未来に亘ってその状態を持続するものとなるといえよう。

中西宇一（一九五七・八）

（ただし、中西宇一（一九九六・七）ではかなり手が加わっている。）

2・3・5　ヌ―（動作・状態動詞）帰結／ツ―（動作・状態動詞）過程

井手至（一九六六・五）も中西宇一（一九五七・八）とならんで、アスペクト説を代表する説と見なされている。しかしながら、井手至（一九六六・五）も、動作動詞だけを見ている分には、中西宇一（一九五七・八）と大きな違いは見られない。どうして井手説が中西説とならぶ代表的なアスペクト説と見なされるようになったかに関しては、両者を隔てる十年間弱のアスペクト説の展開を見据える必要がある。その間、特に宮田和一郎（一九六三・六）、種友明（一九六五・三、一九六六・一二）、伊藤慎吾（一九六六・三、一九六七・三）などによって、存在動詞アリや形容詞、形容動詞（状態動詞）の振舞いが、中西説では説明できないことが明らかになり、アスペクト理論が再び混沌化しそうになった段階で、動作動詞と状態動詞とを区別して改めて定式化し直したのが、井手至（一九六六・五）であったのである。

さて、古代日本語の動詞には、大別して動作（作用）を表わす動詞と状態を表わす動詞とがある。動作には、人為的制御の可能と判断された動作、つまり作為的意志的動作といわれるものと、人為的制御の不可能と考えられた動作、いわゆる無作為的自然推移的動作とがあるが、動作動詞は人為的制御の如何を問わずひろく動作（作用）を表わす動詞を含む。一方、人・事物・情態があるという状態を表わすのが状態動詞で、これには「あり・侍り」等をはじめ、語源的に「あり」の要素を含むカリ活用形容詞、ナリ活用形容詞がある。

〈中略〉

まずはじめに、動作を表わす動作動詞について、ツ・ヌの使いわけを、本動詞としての棄ツ・去ヌの意味を勘案しつつ、以下に考えてみよう。

甲 吾が思ひを人に知るれや玉くしげ開き阿気津と夢にし見ゆる（万葉、五九一）

〈以下用例略〉

乙…愛しけくもいまだ言はずて阿開你けり吾妹（継体紀、九六）

〈以下用例略〉

古代前・後期を通じてツ・ヌのつき方に時代的変動のない動詞のうち、語基を同じくするものを甲 乙に分けて掲げたが、甲にはツがつき、乙にはヌがつく。甲乙両例の動詞を見くらべるとよくわかるように、語基は同じでも、甲のツのついた動詞は、過程をもった動作が行為そのものとして営為されること、つまり動作過程を主として動作を表現したものであるが、乙のヌのついた動詞は、動作の過程を捨象して動作の結果から動作を表現したものである。甲の動詞を過程から動作を表現したものという意で動作過程表現型の動作動詞と呼べば、乙は動作結果表現型の動作動詞ということができよう。このように、動詞の表わす意味内容からみて、動作過程表現型の動作動詞にツがつき、動作結果表現型の動作動詞にヌがつくということは注目すべき現象である。

〈中略〉

動作動詞におけるツ・ヌの使いわけは以上に述べたとおりであるが、次に状態動詞におけるツ・ヌの使いわけについて考えてみることにする。

古代日本語の状態動詞「あり」や、カリ活用形容詞、ナリ活用形容詞へのツ・ヌのつき方はやや複雑で、従来の研究では、この点の解明が不十分であった。最近、宮田和一郎氏、伊藤慎吾氏の調査研究の発表などもあり、状態動詞へのツ・ヌのつき方の実態が明らかになってきたが、それによると、たとえば、「あり」は、ツがつく時には、殆んどの場合

丙 朕をも導き護ります己が師をやたやすく退けまつらむと念ひて在都。（続紀宣命、二八詔）

〈以下用例略〉

のように、～ツ・～ツル・～ツレ・～ツ（ラム）・～ツ（メリ）の形をとる傾向がある。またヌがつく時には

丁 ますらをの心はなくて秋萩の恋のみにやもなづみて有南

〈以下用例略〉

のように、～ナム・～ナマシ・～ニキ・～ヌベシ・～ヌベカリ等の形をとるものが殆んどで（ほかに～ナマホ

シ・～ニケリ・～ニケム等の形があり得たかと思われる)、その他の形をとる場合は例外的にしか存在しなかった。

〈中略〉

さて、存在動詞「あり」の丙の用例は、人・事物・情態があるという状態が存在するということを表わす。これに対して、丁の「あり」は、そのような状態が静止的なある情態にあるということを表わす。すなわち、丙の「あり」は、状態をその存在するという面からとらえて表現したもの、動作の場合に対比させて試みにいうならば状態をその過程からとらえて表現したものである。しかし、丁の場合は、具体的には、「ありニキ・ありナム・ありヌベシ」のごとき表現におけるように、それぞれ、過去における状態、未来における状態、超時的な推量の客体としての状態について言い表わしたもので、それらの「あり」は、いずれも、静止し膠着した情態においてとらえられた状態である。助動詞ツは、棄《ウ》ツを語源として、動作過程表現型の動作動詞の動作の完了を表わすものであったが、状態動詞「あり」にツのついた丙の場合も、状態が現に存在しているとする話手の心理的次元において、これを積極的にうち切るという形で完了表現となったものであろう。「ありツ」がその下にさらに助動詞「らむ」および「めり」を伴なって、「ありツらむ」「ありツめり」という推量表現を行ない得るのは、「めり」が現に視覚的に事物の存在していることを確認しつつわざと朧ろに言いなすもの、「らむ」が事物が現在存在しているであろうと推量するものであるという、それぞれの助動詞の意味機能に即応したものであるからである。ところが、他方、去《イ》ヌに語源をもつヌは、動作結果表現型の動作動詞の表わす動作の完了を追認する形で表わしたが、状態動詞の完了についても、ヌは同じ方式でそれを表現する。丁の「あり」は、既述のように、行きつく所に落着いた状態の帰結(静止的な情態)から状態を表わしたものであるから、その完了も丙の場合のように棄《ウ》ツを語源とするツによって表わすことはできない。丁の「あり」の完了表現は、存在するという姿をとる過程的な状態が結果的、最終的に静止的情態へと膠着する瞬間において、これを追認するという形で行なわれる。「あり・去ヌ」に語源をもつ「あり・ヌ」という言語形式は、逆にこのような完了の認定のあり方をあらわに示すものということができよう。「あり」の意の敬語動詞、語源的に「あり」の要素を含むカリ活用形容詞・ナリ活用形容動詞・助動詞「なり・たり・り・ざり・べかり」等についても「あり」の場合に準じてツ・ヌが使いわけられたものと考えられる。

このようにして、ツ・ヌの使いわけから見た場合、状態動詞には、状態をその過程（存在という面）から表現した場合と、状態をその帰結たる膠着的な情態から表現した場合とがあると認められる。すでに、動作動詞について、動作を過程から表現した場合と、動作結果から表現した場合とがあると指摘しておいたが、その前者、つまり動作過程表現型に対応する状態動詞、状態の過程より状態を表現する場合を状態過程表現型と称し、後者、つまり動作結果表現型に対応する状態動詞、状態の帰結より状態を表現する場合を状態帰結表現型と名付ける。状態の過程たる存在から状態を表現する型と状態の帰結たる情態から状態を表現する型—状態動詞における意味的二類型は、動作動詞における二類型に対応する。そして、ツ・ヌはその対応に即して使いわけられている。

動詞
- 動作動詞
  - 甲　動作過程表現型……ツがつく
  - 乙　動作結果表現型……ヌがつく
- 状態動詞
  - 丙　状態過程表現型……ツがつく
  - 丁　状態帰結表現型……ヌがつく

井手至（一九六六・五）

2・3・6　ツ—現在と断絶した特定の過去の経験の実感的回想

ヌ・ツに関して、一九八〇年代にもさまざまな議論が展開されたが、進藤義治(一九八四・一二、一九八五・三、一九八六・三、一九八七・三、一九八八・三)などでは、およそヌもツも下接する特定の動詞に限って、その違いがどこにあるかを検討しており、議論としては局所的な議論であるが、面白い指摘も少なくない。そのような議論の中間的なまとめとして、ツは「主観的に現在と隔絶した過去の或時点・時期に、自らの体験したことを実感的に回想確認するニュアンスを表わす場合に使われる」ものであるという。

> 「過ぐす」は話手の過去に於ける体験した時間の回想であり、現在を離れた過去時点に於て自分が然然《しかじか》の行為、思い、状態で一定の時間を経過したことの自覚という主観的感覚を表出する表現に「過ぐす」+「つ」という結合が用いられている。
>
> 〈中略〉
>
> 往還系概念の動詞「参る」等に「つ」の下接する場合の文例が、殆ど会話文中の例であり、且、「参りつ(つる・つれ)」の行為主は話手自身乃至、話手が目撃した人物の参入行為を語る文であり、総じて体験の実感を回想確認するニュアンスを伴った表現の使用例であること、「思ふ」系の動詞に「つ」の下接する例の殆どは、人物が主観的に、現在と断絶した過去時点に於て(今はもうそう思っていないのだが)曽《かつ》てそのような意識体験を持ったことを実感的に回想確認する表現に使われていること等と共通する性質にある。「参る+つ」、「思ふ+つ」「過す+つ」いずれも、主観的に現在と隔絶した過去の或時点・時期に、自らの体験したことを実感的に回想確認するニュアンスを表わす場合に使われるのが一般である。
>
> 進藤義治(一九八六・三)

2・3・7　ヌ―過程の始発／ツ―過程の終結

吉田茂晃（一九九二・一）は、中西宇一（一九五七・八）を基本的には受け入れながらも、井手至（一九六六・五）の批判も勘案して、「動作」と「状態」の区別を廃して「過程」で一本化し、そのうえで過程の「始発」を表わすのがヌで過程の「終結」を表わすのがツであるというように、単純化して見せた。

ヌとツという二つの助動詞について、中西宇一氏は、

【1】ヌは〝状態の発生〟を表わす動詞に下接し、ツは〝動作の完了〟を表わす動詞に下接すると説かれた。この説は、基本的に正しかったのではないかと思うけれど、以下に述べるような問題もはらんでいる。

第一に、この点についてははやく井手至氏の批判があるのだが、もしも中西氏の説のとおり、動詞自体が〝発生〟を表わす場合にヌが付き、動詞自体が〝完了〟を表わす場合にツが付くと考えることにするならば、たとえば「来」のようにヌとツの両方が付き得る動詞については、その動詞を〝発生〟を表わす動詞と考えるべきなのか、それとも〝完了〟を表わす動詞と考えるべきなのか――という問題を抱えこむことになってしまう。

この問題は、まったく余分な問題なのであって、問題が起きること自体を避けることができるし、また避けるべきである。すなわち、動詞そのものに、〝発生的―完了的〟の区別があると考えるのでなく、ヌやツが付くことによってはじめて〝発生〟なり〝完了〟なりが表わされるのだ、と考えるのが合理的であろうと思われる。

第二に、ヌによって〝発生〟するものは〝状態〟であり、ツによって〝完了〟するものは〝動作〟であるとする区別も、積極的に有意義な区別であるとは認めがたい。たとえば「ありなば」における「あり」はヌに上

接し、「ありつる」における「あり」はツに上接するけれども、必ずしも前者が〝状態〟であり後者が〝動作〟であるという別が存するわけではあるまい。〝状態―動作〟という区別を廃して、〝過程〟ということで一本化しておいたほうがよいのではなかろうか。

たしかに、ヌを用いる述語は〝状態〟を表わすことが多く、ツを用いる述語は〝動作〟を表わすことが多いであろうけれど、それは、〝状態という過程〟では〝発生〟という局面が特徴的であり（したがって注目を受けやすく）、〝動作という過程〟では〝完了〟という局面が特徴的であるという現実を反映した、単なる傾向差にすぎず、必然的な区別でも絶対的な区別でもないと見なし得るであろう。また、現にヌの述語が〝状態〟を表わし、ツの述語が〝動作〟を表わしている場合においてさえ、（〝状態〟も〝動作〟も〝過程〟の一種にはちがいないわけであるから）それらを一括して〝過程〟と呼ぶことそのことは誤ってはいないはずである。

以上のことを踏まえて、本稿では、中西氏の説【1】に若干の修正を加えることにしたい。つまり、

【2】動詞にヌの下接した述語は〈過程の始発〉を表わし、動詞にツの下接した述語は〈過程の終結〉を表わす

と、とりあえず考えておくのである。中西氏の「発生」を「始発」、「完了」を「終結」と呼び換えたのは、「状態の発生」と「動作の完了」としてヌ・ツを異質なものと捉えるのでなく、同じ「過程」の両端として、両者をより対応的に捉えようという意図に基づくものである。　吉田茂晃（一九九二・一）

2・3・8　非過去のヌ・ツ―（1）具体的な運動1具体的―事実的意味・2総計的意味、（2）抽象的運動1実物教示的―例示的意味・2潜在的意味、（3）パーフェクト的意味

鈴木泰（二〇〇二・八）は、ヌとツとの区別ではなく、ヌ・ツがともに理論的には発話時と同時に成り立つはずのない〝完成相〟に属すにも拘わらず、非過去の、すなわちキ・ケリを伴わないφ形で用いられることが少なくない

が、その場合にどのような意味を表わすことになるかを問題にしている。まず(1)「具体的な運動」を表わす場合があり、それには最も典型的な1発話時の直前・直後に一回的で完成的な「具体的—事実的意味」、2ある回数繰り返される「総計的意味」があり、また(2)「抽象的な運動」を表わす場合としては、1繰り返される動作の一例が示される「実物教示的—例示的意味」、2現在または未来に実現の可能性があることを表わす「潜在的意味」があり、(3)ある動作の限界到達とその後の結果的状態を表わす「パーフェクト的意味」の場合があると論じる。

このような議論の発想も、単に「完了」と呼ばれていた従来の枠組からは生じえない。現在のありさまを描くのには、φが担う不完成相、タリ・リが担うパーフェクトの方がふさわしく、完成相のヌ・ツは現在のありさまを描くのには適していない、という了解が背後になければ生まれてこない議論である。

さて、ツ・ヌ形が完成相であるということは、発話の瞬間と同時の運動を表わさないということからみちびかれることである。しかし、完成相であると考えられるにもかかわらず、この形が現在の運動を表わすことがある。具体的な運動であって、運動の始めから終わりまでが発話時という瞬間におさまることは普通ありえないから、完成相であって、しかも発話時と同時の運動を表わすということは矛盾である。従って、そうした運動は当然、具体的な運動ではなく、抽象的な(非アクチュアルな)運動であるということになる。つまり、反復運動や一般的、ないしは可能的な運動であるということにならざるをえない。発話時を含む時点の運動を表わすツ・ヌ形の用法は、これまでの研究では、ほとんど注目されてこなかったが、本稿はそれにどのようなものがあるかを明らかにしたいと思う。

〈中略〉

(1)具体的な運動を表わす用法

1-1〈具体的—事実的意味〉

ツ・ヌ形は、一回的具体的で完成的な事実を表示する。この意味が、ツ・ヌ形にとって主要で基本的な意味であることは、コンテキストに依存することが最も少なく、また、どんな動詞によっても表されることから明らかである。しかし、この用法には、〈発話時以前〉に起こった運動を表わすものと、〈発話時以後〉に起こる運動を表わすものとの二つがある。ツ形は、ほとんどが発話時以前の運動を表わし、以後の運動を表わすものは少ない。一方、ヌ形は、もちろん発話時以前の運動を表わす用法が多いが、以後の運動を表わすものもかなり見られる。

〈発話時以前〉

①「雨もやみぬ。日も暮れぬべし」と言ふにそそのかされて、出でたまふ（源氏・手習）［「雨もやんだ、日も暮れてしまう」と言うのにせきたてられて御出になる］

〈以下用例略〉

以上は、具体的な運動の完成を表わしているが、以下のものは運動性にとぼしく、アスペクト的な完成の意味はない。いずれも、「なる」という運動の結果としてある事態が成立することを表わしている。

〈中略〉

つまり、以下のものは、事態の成立、ないしは不成立の決定といったモーダルな意味を表していて、運動の完成を表すものではないが、その決定は発話時以前に行われているので、発話時以前に完成する具体的運動を表わす意味の変種であると考え、ここにおく。

⑤「明日になりぬ」と言ふ。（宇津保・国譲・下）［立坊決定の日が明日に迫ったという］

〈以下用例略〉

1-2〈総計的意味〉

総計的意味は、原則としてコンテキストに、「二回、三度、幾度か」などの制限的な回数性を表わす語彙的な指標が登場し、完成相が具体的事実の総計の意味になるものである。もともと、この意味は、一回的な具体的事実を表わしているわけではないので、抽象的運動を表わす用法のくりかえしの意味との関連が深い。

①「…院の御方なむ、この月となりて、三夜ばかり参上り給ひぬる。今日は、渡り給ひて、日一日なむ。さては、上り給ふ人もなし。…」(宇津保・国譲・上)［嵯峨院の小宮は三日ばかり春宮の寝所へ参上した。］

〈以下用例略〉

（2）抽象的運動を表わす用法

2-1〈実物教示的—例示的意味〉

繰り返されるたくさんの動作の一つが、他の同様の動作についての実物教示的な理解を与える、一種の例としてとりたてられる用法である。この用法においては、運動の反復性は、典型性と具体性の独特の組合わせの基盤の上に伝えられている。動詞形式は、一つの具体的な事実を全体として提示する。しかしながら、それは〈具体性のみせかけ〉である。コンテキストは、その運動が繰り返されることを示す。具体性、一回性を通じて、典型が伝わるのである。

①また、あまたの声して、詩誦し、歌などうたふには、たたかねどまずあけたれば、ここへとしも思はざりける人も、立ちとまりぬ。(枕草子・七五・内裏の局)［細殿では、大勢で詩や歌を朗唱したりするときは、叩かなくとも遣り戸を開けておくので、特に尋ねて来た人でなくとも立ち止まる］

〈以下用例略〉

2-2〈潜在的意味〉

この用法は、現在または未来にその運動の実現の潜在的な可能性、または不可能性があることを表現するものである。現在の瞬間には具体的運動は実現しておらず、現在に属しているのはその実現の可能性のみである。ツ・ヌ形が表わす運動は、以下の例から知られるように、現在において実現の可能性のある運動ではなく、むしろ未来にその実現の可能性のある運動である。その本質において、潜在的な運動はどんな瞬間にも存在しうる恒常的なものであるから、恒常性を表わしているという意味では、〈実物教示的－例示的意味〉にちかい。同じ恒常的な事実を、〈実物教示的－例示的意味〉は、一回性をこえた典型として描写し、〈潜在的意味〉は、実現の可能性として描写するものであるという違いがあるにすぎない。したがって、この用法と〈実物教示的－例示的意味〉との区別は困難な面もある。また、この用法は、運動をいつ起こるか分からないものとしてとりあげるものであるが、それが未来のある一定の時期に確実に起こることを示しているものと解釈されるときは、〈具体的－事実的意味〉の発話時以後に起こる運動を表わす用法に属することになる。

①儀式など例に変らねど、この世のありさまを見はてずなりぬるなどのみ思せば、よろづにつけてものあはれなり。（源氏・御法）［この世の方々の行く末も最後まで見届けないで終わってしまうのかという、紫の上、晩年の心境］

〈以下用例略〉

（3）パーフェクト的意味

①「内裏よりかかる仰せ言のあれば、さまざまにあながちなるまじらひの好みと、世の聞き耳もいかがと思ひたまへてなんわづらひぬる」と聞こえたまへば、（源氏・竹河）［玉鬘は、長女が院に入内した上に、帝から次女も所望してきているので、世間体を思って悩んでいる］

〈以下用例略〉

これらは、一見して具体的か、抽象的か判断のしにくい用法である。これらを、単に具体的な運動の完成を表わすものであるとすると、発話時の前で運動は終結していると考えられるので、現代語に訳すなら、「思いわずらった、迷った、心配した」などという訳が適切であるということになると思われる。しかし、場面との関係からいうと、発話時において、そうした感情が具体的に存在することを表わしていると見なし「思いわずらっている、迷っている、心配している」と訳す方が適切である。しかし、現在における運動の完成を表わすというのは、具体的運動については考えにくい。が、かといって、その表現内容は抽象的用法であるとするには具体的でありすぎる。

ここで、こうした矛盾の生じない見方として登場するのが、これをパーフェクトであるとするものである。これらの動詞をいずれも限界性をもった動詞であると認定し、これらの用法は限界到達と、その後の結果的状態を表わしているものと考えるのである。〈中略〉なお、これらに用いられている動詞は、いずれも内的な思考や感情を表わす動詞で、基本的に一人称である。なお、一人称の現在の内的な思考や感情は、その数はツ・ヌ形より少ないが、はだかの形でも次のように表わすことができる。

⑥「はかばかしう後見なき人のまじらひはなかなか見苦しきをと、かたがた思ひたまへなむわづらふ」と申したまへば、（源氏・竹河）［院から娘を所望されているが、ちゃんとした後見人がいないと、却って見苦しいとあれこれ考えあぐねていると、玉鬘は夕霧に相談する］

〈中略〉

まず、非限界的運動は本来終結するということを想定しない運動であるから、未来の一定の時点にその完成を位置づけたり、将来にその完成の可能性を想定したりはしにくいはずである。これが、ツ形が、〈具体的―事実的意味〉の〈発話時以後〉の運動を表わす用法や〈潜在的意味〉を表わしにくい理由であろう。逆に、限界動詞の場合には、必ず限界に到達し完成するはずの運動であるから、未来の一定の時点にその完成を位置づけたり、将来にその完成の可能性を想定したりすることはむずかしいことではない。これが、ヌ形が〈具体的―事実的意味〉の〈発話時以後〉の運動を表わす用法や〈潜在的意味〉を表わしやすい理由であろう。次に、非限界的運動の場合、どういう形で完成相が認められるかを考えてみると、非限界動詞としての本来の用法では、最後までそれが行われなくとも、ともかく終了していれば、それは完成したといえるわけであり、そうした事態は現実の中ではしばしば起こっていることであると考えられるので、ツ形によって表される非限界的運動の完成は、実際に生起した具体的運動である〈具体的―事実的意味〉の〈発話時以前〉の運動を表わす用法と〈総計的意味〉が多くなるのではないかと考えられる。これらにたいして、〈実物教示的―例示的意味〉の場合は、それが限界的か非限界的かにかかわらず、その運動が抽象的存在として、すでに完成したものとして設定されているために、ツ形もヌ形も均等に出現するのではないかと思われる。　鈴木泰（二〇〇二・八）

2・4　テクスト機能説

ここでテクスト機能説と節を改めたが、この説は文レベルでのアスペクト説と二者択一的に対立しているわけではなく、むしろ、文レベルでのアスペクト機能を根底に置いて、そのテクストへの拡張としてテクスト機能を説明しようとするものである。テクスト機能といっても、ある場面あるいはプロットの冒頭および結末を画する機能をアスペクト機能から導き出そうとするものである。

2・4・1　ヌ―退場・消失／タリ・リ―登場・出現（移動動詞において）

鈴木泰（一九九二・五）は、『源氏物語』の他の文中に用いられた移動動詞に承接した完了助動詞を調査した結果、ヌはある場面における退場・消失を表わし、タリ・リは登場・出現を表わすという結論を得る。

（一）会話文の場合

～ツ形で焦点になっている方法、様態、資格などは、動作が完成するに際して必要な付帯的な状況であるのに対して、～タリ・リ形で焦点になっている評価は、動作が完成し結果が出現して始めて成立するものである。又主体は、この場合は動作が完成した結果、場面に存在しているものとして問題になっている。つまり、この両者はともに動作の完成後の姿、いいかえれば結果にかかわっていると言える。これに対して、〜ツ形の焦点になっていることがらは、動作の過程にかかわっていると言える。以上のことから、〜ツ形と〜タリ・リ形は同じく、到着を表し、かつ動作主体に関して出現的であるように見えるが、〜タリ・リ形の方は結果として動作主体が場面中に存在することまで表しているのに対して、〜ツ形の方は動作の完成でのところまでしか表していないといえそうである。

　では、〜ヌ形はどうであろうか。〜ヌ形も基本的には発話時の直前に起こった動作を表している。しかし、〜タリ・リ形や〜ツ形においては観察の行われる時点と発話の時点とが乖離することがなかったのに対して、〜ヌ形にはそれがよく見られる。一般に、発話時点とは別の観察時点に起こった出来事は、観察時点が発話時点と時間的に大きく隔たっていて、完全に断絶しているなら、その出来事の結果によって発話時点が拘束されることはない。〜キ形で表される出来事はまさにその場面に当たるが、〜ヌ形の場合はそうではない。〜ヌ形の場合の観察時は、左馬守の体験談の例を除いて、せいぜい昨夜というぐらいしか発話時と隔たってはいない。つまり、〜ツ形の場合ほどではないが、やはり発話時の直前に起こった動作を表すという意味で、現在とかかわりをもつ。発話時において、出発地点における移動主体の不在を表すということは、現在とかかわるというその性質の端的な現れであろう。このように、現在と何らかのかかわりをもつ過去を、鈴木重幸(一九七九)に従って、ペルフェクト(パーフェクト)的過去というなら、〜タリ・リ形は結果性においてパーフェクト性をもち、〜ツ・ヌ形は直前性においてパーフェクト性をもつといえるであろう。

(二)地の文の場合

　地の文においては、〜タリ・リ形が到着を表し、〜ヌ形が出発を表すという差が残るということが考えられる。そこで、〜タリ・リ形と〜ヌ形について、

(A)到着の局面を表す場合
(B)出発の局面を表す場合
(C)移動の局面を表す場合
の、三つに分けて考えたい。すると、それぞれの例数は以下のようになる。

	(A)	(B)	(C)	計
〜タリ・リ形	二二〇	〇	二七	二四七
〜ヌ形	九	一三五	六八	二一二

〈中略〉

以上のような事実から、地の文における移動動詞の〜タリ・リ形は、(A)の動作主体を物語の中に導入し、新たな場面を始発させるという場面切替上の役割をもつようになっていることが知られる。やや例外もあるが、それは数も少ないので、これを〜タリ・リ形の場面形成上の機能とすることに問題はないであろう。そして、この機能は、到着を表し、主体が場面に出現していることを表すという会話文におけるアスペクト的性格に対応するものであるから、会話文と同様に地の文の〜タリ・リ形もアスペクト的には、動作の完成とその結果として後続場面における主体の存在を表すものと考えてよいものと思われる。さきに、会話文の形態的なアスペクトが完成的と考えられる限りにおいて、地の文のそれと等しいといったが、このように結果性というパーフェクト的意味においても会話文のアスペクトと地の文のアスペクトは共通しているのである。

一方、〜ヌ形においては、(B)の動作主体を場面から退場させ、その場面を終結させることを大きな役割としていることは明らかである。それを、ここでは、〜タリ・リ形の場面形成上の機能との対立において、〜ヌ形の場面形成上の機能と考えておきたい。しかし、〜ヌ形には、このほかに出発と到着が渾然一体となった移動を表す例がかなりあり、それらは場面切替え的には働かないので、移動動詞の〜ヌ形における場面切替え上の機能は〜タリ・リ形の場合ほど強力なものではないということになろう。いずれにせよ、地の文における〜ヌ形のこうした性質は、〜ヌ形が会話文において、出発と通過の局面を表し、移動主体の観察場面からの消失を表したことと対応するものである。こうした対応が認められることから、地の文の〜ヌ形は、完成的意味だけではなく、パーフェクト的ニュアンスにおいても、会話文の〜ヌ形のアスペクト的意味と大きな差はないのではないかと考えられる。つまり、〜ヌ形はアスペクト的には、やはり変化の完成を表し、後続場面における主体の不在を表すということになるのではないかと思われる。　鈴木泰(一九九二・五＝改訂版一九九九・七)

2・4・2　ヌ―場面起こし・場面閉じ

西田隆政(一九九九・一二)は鈴木泰(一九九二・五)の議論を承けつつも、特にヌについては場面閉じ(＝移動における退場・消失)だけではなく、場面起こしの機能も持つと論じる。

二　助動詞「ぬ」の場面閉じ

このように、助動詞「ぬ」が場面を閉じている例の多い中でも、叙述の流れの中で必ずしもそうならない場合があるわけである。しかし、助動詞「ぬ」の文が、何らかの動作の完了を示すものである以上、常にその可能性を秘めていることになる。

とすると、助動詞「ぬ」には、語としてのアスペクト上の意味で動作の完了を示すだけでなく、テキスト上での意味としては、場面を閉じる機能を持つことになる。物語のテキストにおいては、助動詞「けり」に語りの機能があることは共通理解となっているところであるが、助動詞「ぬ」にもそれに準じる機能があるのではと思われるのである。

三　助動詞「ぬ」の場面起こし

このように、助動詞「ぬ」は場面の開始と終了の両方に関わると考えられる。とすると、場面閉じについてはすでに鈴木氏の述べられているところであるが、場面起こしについては「たり」「り」のそれとも比較して説明される必要がある。

「たり」「り」での場面起こしは、場面の開始という側面を重視してのものと思われる。特に、移動動詞の場合は、「動作主体を物語の中に導入し、新たな場面を始発させる場面切替上の役割をもつようになっている」と鈴木氏がされるように、前の場面に引き続いて、次の新しい場面を導き出すことに重点があると考えられる。

それに対して、「ぬ」での場面起こしは、時間の経過がそこに関わる例が多いことからして、その前の場面が終了し、次は違う場面が始まるという場面の変化に重点があるように思われる。今までと違った変化や進展が次にはあると暗示する場面起こしであろう。

〈中略〉

ただ、ここで注意すべきは、助動詞「ぬ」の場面起こしと場面閉じは全く別のものではないということである。場面閉じでは、場面を終了させることで次の新しい局面に結び付けていく。場面起こしでは、場面を開始させることで新しい局面を導き出していく。

西田隆政（一九九九・一二）

3　近現代のタリ・リ（およびφ）研究

3・1　タリ・リに関する初期の研究

そもそもタリもリも存在動詞アリを起源とし、リは、動詞連用形（-i甲）にアリが承接したものが、母音の連接を許さない上代語の音韻法則によって、i甲－aがe甲に変化して生じた、タリは、接続助詞テにアリが承接し、テ－アリがタリに変化して生じた、というような形態音韻論的説明は以前から見られた。そして、リはサ変動詞の未然形と四段動詞の命令形（あるいは已然形、というよりも本来は音韻変化）にしか下接しないという制約があったが、中古になると次第にタリがサ変動詞・四段動詞にも侵食するようになり、中世にはリが消滅するという事実も知られていた。また、それらの表わす意味としては、〈完了〉〈存続〉が充てられていた。およそ、タリ・リに関しては、以上のような初期の研究状況が一九七〇年頃まで続き、大きな進展が見られるのは一九九〇年以降である。

タリ・リの使用頻度の変遷をたどったものは、初期のものから近年のものまで見出すことができる。春日和男（一九五三・四）、橋本四郎（一九五八・一二a、b＝松村明編（一九六八・七））、伊藤慎吾（一九六一・一二）、国田百合子（一九六七・三）、種友明（一九六九・一二）、佐藤定義（一九七〇・一二）、有馬煌史（一九八〇・一）、田中みどり（一九八〇・三）、近藤明（一九八四・九）、南芳公（一九八八・三）、近藤政行（一九八八・一〇）などが挙げられるが、特に触れない。

3・1・1　タリ・リ―完了・存続

タリ・リの初期の研究は、先に示したような不活発な状況が長く続いたので、特に誰の研究を挙げるべきであるということもないが、次の時枝誠記（一九五四・四）の記述はその典型であると思われる。

たり

起源的には、接続助詞「て」と存在を表はす動詞「あり」との結合したものであるから、例へば、「咲きたり」（咲きて―あり）は、「咲いてゐる」の意味で、全体は、詞とみなされなければならないのである。しかしながら、「てあり」が結合して出来た「たり」は、話手の判断を表現する助動詞として用ゐられるやうになつた。一般に、詞は、それに、受身、可能、使役を表はす接尾語や、他の動詞が附いて、

笑ふ……笑はす……笑はる……笑はさる

読む……読みはじむ……読みあやまる

のやうに新しい複合動詞を構成するのであるが、「たり」は、他の助動詞と同様に、このやうな結合をすることはない。

「たり」は、話手によつて、既に完了したと考へられる事柄や、ある事柄が既に始つて、なほその状態が持続してゐるやうな事柄の判断に用ゐられる。

女郎花咲きたる野辺を行きめぐり君を思ひ出、たもとほり来ぬ（萬葉集、三九四四）

〈以下用例略〉

完了したと考へられる事柄や持続してゐる事柄は、多く過去に属する事柄であるが、

珠に貫く楝《あふち》を家に植ゑたらば、山ほととぎすかれず来むかも（萬葉集、三九一〇）

〈以下用例略〉

右のやうに、完了した事実として仮想する場合にも用ゐられることは、「つ」「ぬ」の場合と同じである。

「たり」は、現代語の「た」の源流となり、口語としては、他の過去及び完了の助動詞は、皆これに統合さ

れた。

リ

〈前略〉

白妙のわが下衣失はず、持てれ‖わがせこ直に逢ふまでに（万葉集、三七五一）

みつぼなすかれる‖身ぞとは知れれ‖ども、なほし願ひつ千歳の命を（同、四四七〇）

雪の木に降りかゝれる‖をよめる（古今集、春上）

右は、完了といふよりも継続を表はす場合であるが、

引き動かし給へど、なよ〳〵として我にもあらぬ様なれば、いといたく若びたる人にて、ものにけどられぬるなめりとせむ方なき心地し給ふ。からうじて紙燭もて参れり‖（源氏、夕顔）

右近はものも覚えず、君につと添ひ奉りて、わなゝき死ぬべし。また、これもいかならむと、心そらにてとらへ給へり‖（同、夕顔）

においては、動作の完了とともに、その状態の継続を表はしてゐる。　時枝誠記（一九五四・四）

3・2　タリ・リの意味・機能の相違

リには、形態音韻論的に、サ変動詞の未然形か四段動詞の命令形（あるいは已然形）にしか承接しないという制約があることは周知のことである。しかし、中古にはタリもサ変動詞・四段動詞にも下接することが多くなるが、そうなると、同じ動詞に下接するタリとリとの間には意味・機能の違いがあるかどうかが問題になる。そのような問題意識のもとに議論が組み立てられている一群の研究がある。

3・2・1　タリ―確認／リ―φ

語源的に、リは存在動詞「あり」に、タリは完了助動詞ツの連用形ないし接続助詞の「て」＋存在動詞「あり」に遡れるということから、タリ・リ両者に共通する存在・存続の意味の他に、タリには〝確認・完了〟の意味合いが余計に加わっていると論じられる。

「り」と「たり」との区別については、「た」の有無で決定され、「たり」は確認した結果の存在することが分明であり、「り」はそれが弱い、もし古意に遡つて言ふならば、「たり」は確認した結果の存在を示し、「り」は唯存在してゐることを言ふのみであるとすべきであろうといふ説に従ひたい。　木枝増一（一九三七・二）

この場合、「たり」と「り」との相違が問題となろうが、「り」のほうは、上にくる動詞に限定がある。「り」を接せしめえない動詞でも、「り」の接続によって果たしうる表現は要請されるはずだが、そのときは「たり」が代行するものと考えられる。そしてそのことは「たり」と「り」とが意味的にきわめて接近していることを物語るといえよう。けれども、事実として「たり」「り」の二形式が存在するからには、これらが全く等しい価値をになうものとは考えられない。発生的にはともに「あり」を要素としてもち、「たり」にはさらに「て」が加わっている。その「て」は接続助詞もしくは完了の助動詞「つ」の連用形と見られるものである。接続助詞「て」にしても、いずれは完了の「つ」につながるものである。「たり」には「つ」の果たしている動作・作用の完了・確認を示す気持ちが強いとみてよい。「て」を助動詞と切りはなして、純粋に接続助詞とみる立場に立っても、機能的には助動詞・助詞を接せしめる以外の連用形の働きに近接したものを備えていて、それに確認の気持ちが加わっているものと考えられ、「たり」はその気持ちを受けついでいるともいえるのである。　橋本四郎（一九五八・一二a＝松村明編（一九六八・七））

「り」と「たり」との違いについては［たり］の項で触れたが、動詞に「あり」が連続し、その「あ」が動詞語尾に融合した結果として「り」が分離したものであるから、動詞の表わす動作や作用を一つの静的な状態として述べるのに用いられるのであって、その意味からして「たり」との差を端的につかみ取るのは困難である。完了の助動詞に分類されてはいるけれども、動作や作用の完了を確認するという厳密な意味での完了を表わすことはまれで、あくまで状態化された意味を表現する点は「たり」より徹底していて、「つ」「ぬ」からの距離はさらに遠い。

橋本四郎（一九五八・一二b＝松村明編（一九六八・七））

3・2・2　タリ―一般的・傍観的／リ―特殊的・直面的

根来司（一九七〇・一二）は、特殊な経験を表わす場合にリが用いられ、それを一般化するとタリが用いられるようになるという説を展開した。

ここで問題になるのは「たり」と「り」の相違であるが、それはここに「まゐりたり」とあるのを「まゐれり」と比べてみると、「まゐれり」はもと「まゐりあり」であり「まゐりたり」はもと「まゐりてあり」であるといわれるように、「り」は上の語に密接しているだけに上の語との関係が緊密であるが、「たり」は「り」に比して上の語との関係が弛緩しているのである。

人づての仰せ書きにはあらぬなめり、と胸つぶれて、とくあけたれば、紙にはものも書かせ給はず、山吹の花びらただ一重を包ませ給へり。それに「いはで思ふぞ」と書かせ給へる、いみじう日ごろの絶え間嘆かれつる、みな慰めてうれしきに、長女もうちまもりて、「御前には、いかがもののをりごとにおぼしいで聞えさせ給ふなるものを。たれもあやしき御長居とこそ侍るめれ。などかはまゐらせ給はぬ」といひて、「ここなる所にあからさまにまかりてまゐらむ」といひて往ぬるのち、御返り事書きてまゐらせむと

するに、この歌の本さらに忘れたり。（殿などのおはしまさで後）

この比較的長い「殿などのおはしまさで後」の日記的章段で「り」が見えるのはこのくだり二例だけであるが、ここが「たり」でなく「り」でしるされているのはなぜであろうか。それは清少納言が人づての仰せ書きではないと胸がどきどきして急いで開けたところ、紙には何もお書きにならず山吹の花びらただ一ひらをお包みになっておられる、そしてその花びらに「いはで思ふぞ」とお書きになっていられるというように中宮の手紙にじかに対しているからで、「り」で記すと傍観者であることを許さず直面し対峙するようになるのである。〈中略〉このように源氏物語で「り」が用いられると話主がその特殊な事件に交渉を持ち作中の人物をも対峙させるのであるが、これが「たり」であるとそうはいかない。〈中略〉このように「たり」が用いられると特殊な行動とはかかわりがうすくなり、一般的なことへと解き放たれてゆき現実性が失われてゆくのであった。

〈中略〉

五月ばかりなどに山里にありく、いとをかし。草葉も水もいと青く見えわたりたるに、上はつれなくて草生ひ茂りたるを、ながながとただざまにいけば、下はえならざりける水の深くはあらねど、人などのあゆむにはしりあがりたる、いとをかし。左右にある垣にあるものの枝などの車の屋形などにさし入るを、急ぎてとらへて折らむとするほどに、ふと過ぎてはづれたるこそいとくちをしけれ。蓬の車に押しひしがれたりけるが、輪の廻りたるに、近ううちかかりたるもをかし。（五月ばかりなどに山里にありく）

この五月の山里歩きを描いた随想的章段はおそらく話主清少納言の特定の場所での特殊な経験にもとづくものであろうが、これはそれを経験どおりに記しているのではなかろう。見られるようにこの文章には「たり」が多く目につくが、「たり」は上述のように自分の経験にもとづいてはいてもそれをそのまま記すのではなくただ状態としてながめているようにしるすのである。さらにいえば「たり」には視覚を拡げる働きがあり、これが用いられると現に話主がいるところから遠くに離されたようになり、その結果それが特殊性を排して一般的におし拡げられるようになるのである。さすればこの章段も清少納言の経験そのものではなく特殊な経験を一般化していると考えてさしつかえなかろう。

根来司(一九七〇・一二＝一九七三・一二)

3・3　タリ・リ(およびφ)の理論的究明

一九九〇年以前までのタリ・リの研究は、以上見てきたように、意味としてはいずれも〈存続〉というような意味を表わし、接続面で、リはサ変動詞の未然形と四段活用動詞の命令形(已然形)にしか下接しないという制約がある、という程度の了解が続いていたように思われる。場合によっては、サ変・四段動詞にはタリもリも下接することができるわけだが、両者は意味が異なるかどうかが問題にされることもあったものの、概して理論的究明という点では、ヌ・ツに比して注目を惹かなかったように思われる。

それが一九九〇年代に入ると、現代語のテイルを中心としたアスペクト研究の進展を受けて(現代語のテイル・テアルと比較したものとしては、鈐本有理(一九九二・一二)などもある)、特に理論的にタリ・リの究明に力が入れられるようになったように思われる。

3・3・1　リ─現実性

吉田茂晃(一九九三・七)は、まず理念的にあらゆる事柄を《未実現＝非存在》のものと《既実現＝存在》のものとに分け、後者をさらに「実現してはいるが終結はしていない」事柄である《現存》と「実現して、しかも終結している」事柄である《既存》とに分けると、現代語のテイルが表わす〈進行〉〈結果〉〈状態〉および〈反復〉は《現存》側に、〈経験〉は《既存》側に振り分けられるが、いずれも〝継続性〟という特徴を持っていると了解される、それに対して、上代語のリ（タリには触れない）は《既実現＝存在》の領域を、テイルほど限定されず、非分析的に広く表わすことができるという意味で〝現実性〟を表わすということができると論じている。

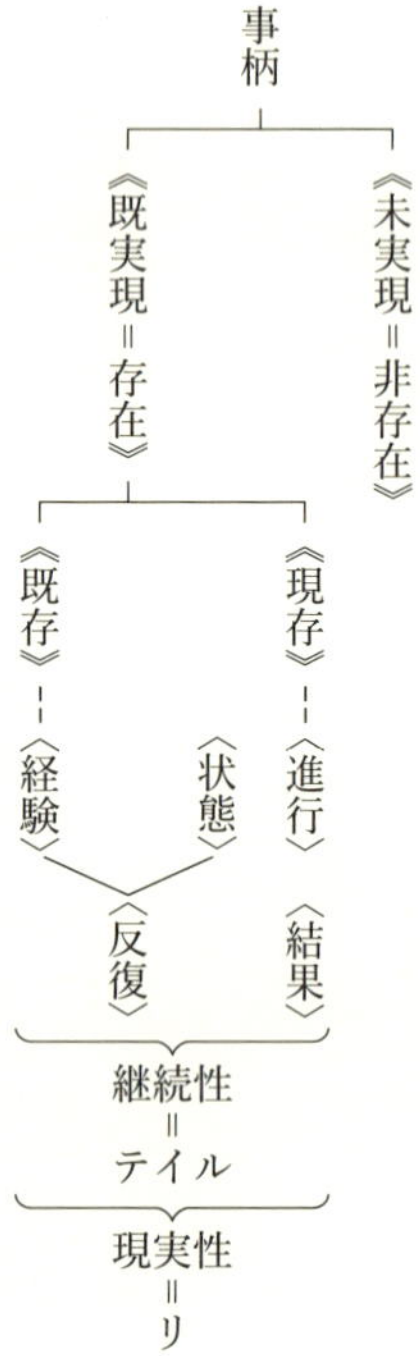

このように、最初に理念的な枠組を設定して、それに古典語のタリ・リ、現代語のテイルをあてはめてその特徴を探ろうとする姿勢が特徴である。

手始めに、文末用法の「り」の表現性を、現代語の「ている」の分析法に倣って、

〈進行〉…子犬がエサを食べている。
〈結果〉…庭にタンポポが咲いている。
〈状態〉…道が大きく曲がっている。
〈反復〉…この村ではお盆ごとにボタモチを食べている。
〈経験〉…秀吉はその翌年に没している。

という五つの類型に分けてみる。なお、これらは、

〈進行〉—動的なことがらが展開中であること
〈結果〉—静的なことがらが展開中であること

〈状態〉―静的なことがらのうち、とくに何らかの変化の結果とは言いがたいことがらが展開中であること

〈反復〉―同一範疇に属することがらが複数回すでに生起し、将来にわたって繰り返される情勢にあること

〈経験〉―ことがらが(歴史的な)事実として記憶/記録されていること

を、それぞれ表わすものである、としておく。

〈中略〉

「り」は［連用形動詞＋あり］の熟合によって生じたと説かれている。連用形動詞に下接・熟合したというその「あり」が、存在詞「あり」そのものであったか否かという点については、しばらく判断を保留したいと思うのだけれども、ともあれ、「り」が《存在》を原義とするものであるということは認めておいてよかろう。《存在》を原義とするという点では、「居る」であることが確実な「いる」をその構成要素とするところの、「ている」と同様である。

したがって、「り」や「ている」といった要素は、元来、述語動詞によって指し示される内容が〝ことがらとして存在するということ〟を表わすべき要素であったのではないかと考えることができる。あらゆることがらは、《未実現＝非存在》のものと《既実現＝存在》のものとに二分することができる(二分されざるを得ないと言ってもよい)のであるが、「り」や「ている」による文は、ことがらについての《既実現＝存在》性を語るものであったのではないか―ということである。

しかしながら、ひとくちに《既実現＝存在》と言っても、その具体的なありかたは多様である。「り」や「ている」など、〝ことがらとしての存在〟を表わす要素の個々が《既実現＝存在》という捉えかたで一括できるような世界のどの部分を担うかは、その語の生い立ちや他の要素との相互制限関係など、歴史的な偶然の要

因に支配されるところが大きい。結論を先取りして言うなら、「り」や「ている」の表現内容は、《既実現＝存在》的世界のほぼ全域を覆うほど広いものではあるが、なおそこには実現させ得るニュアンスの偏りがそれぞれある。

〈中略〉

「り」や「ている」がそれを根元的意味とするところの《既実現＝存在》の世界は、［実現してはいるが終結はしていない］ことがらの世界と［実現して、しかも終結している］ことがらの世界とに二分される。前者は、とりもなおさず現在時においてことがらが展開中であるということを表わしており、後者は、ことがらの記憶や記録だけが現在時に至っても保存されているということを表わしている。前者を《現存》と、後者を《既存》と呼び分けることにしておこう。

前節で「り」の表現性の分類に用いた五類型のうち、〈進行〉〈結果〉〈状態〉の三つは《現存》に属している。「舟そ騒ける」〈進行〉」は展開が動的であるのに対して「露置けり」〈結果〉」は展開が静的であるという相違はもちろんあるけれども、具体的なことがらとして、〝現在展開中〟であるという点では両者の間に選ぶところはない。「青菅山は…神さびて立てり」〈状態〉」も、その内容が何らかの変化の結果であるとは言いがたいという特殊性はあるものの、より重要な〝現在展開中〟という要因を以て〈進行〉〈結果〉と一括することができる。

〈中略〉

さて、以上の〈進行〉〈結果〉〈状態〉に対して、《既存》の表現であるのが〈経験〉である。

いったん実現して《存在》の世界に届いたことがらも、終結すれば再び《非存在》の世界に還ることになる。しかしながら、それは完全な〝無〟に帰するのではなく、「そういうことがらがたしかにあった」という、歴史的事実としての事実性を永遠不変の存在としてあとに残してゆく。その意味においては、終結済みのことがらというものは、〝残像として〟あくまで《存在》の世界に留まっているのだとも言えよう。その〝残像としての《存在》性〟を表現するために用いられた場合の「り」や「ている」を、〈経験〉という名称で呼ぶわけである。

〈中略〉

残る〈反復〉については事情がやや複雑である。というのも、〈反復〉は〝複数のことがらの一括表現〟であるため、《既存》と《現存》との境界が曖昧にならざるを得ないからである。《既存》の側に属する〈反復〉もあり得るだろうし《現存》の側に属する〈反復〉もあり得よう、また、どちらに属するのか微妙なものや両者の橋渡し的なものもあり得る。さらに、〈反復〉は、〝将来にかけても同種のことがらが生起する可能性があること〟を暗示する場合が多いので、《未実現＝非存在》との関係が微妙になることすら、可能性としては考えられないわけではない。ただし、ことを万葉集の文末「り」に限って言うなら、〈反復〉の用例はすべて《現存》の世界に納まっていると見ておいてよさそうである。

〈中略〉

以上に見てきたように、「ている」は「り」よりも用法がやや狭いのであるが、その狭さをひとことで言うなら―「ている」における《現存》は継続性表現に限られる―ということであろう。それとの比較において言えば、「り」は、《現存》についても、《既存》についても、ほとんど無制限にその全領域を表わすことができるらしい、と言える。ただし、表現領域の広さの代償として、「ている」のような継続相表現要素としての積極性は「り」にはなく、《既実現＝存在》の世界をあくまで非分析的に表わすことになる。

そういう点から言うなら、「り」は、「〝完了・存続〟の助動詞」と呼ぶよりも「〝現実性〟の助動詞」と呼ぶほうがふさわしいのではあるまいか。

吉田茂晃（一九九三・七）

3・3・2　タリ・リ――存在様態

奇しくも野村剛史(一九九四・一)のアプローチも、古典語のタリ・リを現代語のテイルと比較し、その異同を理論的に究明しようとするものである。ただし、そこで採られている手法はプロトタイプ論的なものである。すなわち、テイルのプロトタイプは、他の研究者はあまり設けることをしないが、「存在様態」(「庭に木が三本立っている。」の類)であり、それを中心に「動作の継続」「完了」「性質・単なる状態」「結果の状態」が派生されると了解される。なお、「反復継続」は「動作の継続」に、「経験」は「完了」(または「結果の状態」)に含まれている。それに対して、タリ・リもプロトタイプは「存在様態」であるが、現代語のように〈意志性・活動性〉を持つ典型的な「動作の継続」は見出しがたく、動作の成立とその状態の持続を表わしていると思われる。しかしそうすると、「結果の状態」との違いが小さくなるので、両者を合わせて「動作の成立、結果・持続」とまとめることができる。このように、タリ・リは「存在様態」を中心に、「完了」「動作の成立、結果・持続」「性質・単なる状態」が派生される形で、〈完了〉的色彩が濃厚であることがわかる。なお、「動作の継続」を表わすのは、φであろうと指摘する。

リ・タリはアリを含み、同様にアリを含む現代語のテイルとの同質性・異質性が問題になる。ここではまず、リ・タリと現代語のテイルとの比較を行う。そのために以下簡単に、現代語の「動詞＋テイル」の本稿なりの把握を示す。

図式的ではあるが、本稿の筆者は現代語の「動詞＋テイル」の意義を概ね次の様に把握している。

・現代語のテイル

②動作の継続　　①存在様態　　③完了

⑤性質・単なる状態　　④結果の状態

それぞれについて例文を掲げる。

①庭に木が三本立っている。

②少年がグランドを走っている。

③既にその家から引っ越している。

④水が白く濁っている。

⑤山田さんは四角い顔をしている。

〈中略〉

例えば「机の上にリンゴが三つ転がっている。」は、存在文「机の上にリンゴが三つある。」と、文の種類として決定的な異なりが認められないと思われる。存在文とは存在措定を行う文(「ガ存在スル」という判断が行われる文)である。すなわちガアルを表す文である。①「庭に木が三本立っている。」の如き文は、素朴に考えてこの存在文であろう。存在文の認定は文法上重要である。だからまずそれだけで、①の分類項としての設定には意味があろう。ただし「立っている」には、単なる「ある」には認められない意義、「存在の様態」「物がどのようにあるか」が述べられている。この点に①テイルと単なるアルという両者の相違を認めておかねばならない。①「立っている」は、様態をも示した存在文なのである。

一方、⑤の(場合によっては④も)テイルには、形容詞述語としての色彩が強い。これは①に基づいて、次の様に説明される。①は存在措定が行われる文である。この主語の(存在者の)存在が前提化されているとき(主語ハが典型的)、存在措定は不用である(ただし存在の場所などには情報価値があることがある)。そこでテイルには、存在措定抜きの存在様態性(属性的性格)が前面化する。ここにテイルの形容詞性があらわになる。特にその様態性が一定の恒常性を持つときに、テイルの形容詞性は最もあらわである。これが⑤である。さてこの時、先の「①存在様態」のテイルは、しばしばこの⑤とともに「単なる状態を表す」テイルに分類されてしまう。しかしこれはまず、存在論的に問題であろう。何故なら、「存在はレアールな(物の属性的な)述語ではない」のであって、それは「物の措定に過ぎない」からである。「物の属性的な述語」とは、「デアル述語」であろう。それに対して「物の措定」とは、ガアルである。①と⑤を「単なる状態」にまとめるのは、存在論的にはガアルとデアルの融合である。これは文法論的には、存在文と形容詞文、存在詞と形容詞の融合をもたらすはずである。そのような立場もあり得るであろう。しかしそれには理屈が必要である。すなわち①と⑤を「単なる状態」に融合させるに際しては、論者はより自覚的であるべきである。本稿の場合はそのような立場には依らないので、①と⑤の区別はもとより必然的である。

他方、②、③、④などの「動詞＋テイル」には動詞文的性格が強く、特にこの点においてテイルを「動詞のアスペクト形式」とする観点も重要である。もっともここで言われるアスペクトとは、動きの過程的位置を表す概念の謂いであり、それを本稿では「動作様態」と称する。テイルは継続や結果状態や完了などの動作様態を表すのである。しかしこの「動作様態」は、一面「物が、どのようにあるか」を表している。というより、そうであることによって「動作様態」を表し得ていると述べるべきであろう。すなわち②～④(その意味の分化についてはここでは述べ得ない)は、「存在様態＝動作様態」として「動きの過程的位置」を表しているのである。

このようにしてテイルの存在様態性は、①をガアル的核としながらも、属性的(形容詞的)⑤、及び動作様態的②～④へと分化・変容する。だから①～⑤は相互にいかにも連続している。例えば「庭に(もう)桜が咲いている。」などは、①とも③とも④とも分類可能であろう。さらに⑤の動詞出自性をも考慮に入れれば、テイル形式は、全体として「存在様態＝動作様態」としての性格を持つ形式として、用言述語の体系の中に位置付ける必要があるということになろう。存在様態性は、その広がりの中心概念である。そのうち取り分けガアル的存在措定の濃厚な場合が、改めて特に①ということになる。なお、しばしば「反復継続」と呼ばれるタイプ、また「経験」と呼ばれるタイプは、本稿では付随的なタイプとして、それぞれ②継続、③完了(④結果でもよい)に分類していることを付け加えておく。

〈中略〉

以上、「②動作の継続」を除いて、上代リ・タリは現代語のテイルと基本的に一致するように思える。しかしながら「②動作の継続」に関する限り、それを表す用例はどうも少ないようである。少なくとも、以下相当数挙げる「②動作の継続」とも思える用例は、「典型的継続」と考えるには、実は問題が残る。

②動作の継続

月読の光は清く照らせれど惑へる情念ひあへなくに　671

偲はせる君が心をうるはしみこの夜すがらに眠も寝ずに　3969

〈以下用例略〉

以上、全体像を示すために自然現象・人の行為・心理に渡って多めの用例を挙げた。これらは一応「動作の継続」とも言えそうなものであるが、保留無しにそう記述するのは危険であろう。なぜなら、現代語の典型的「継続」テイルには、先の「グランドを走っている」のように何か「意志性・活動性」といった性格が認められるのだが、これらのリ・タリには、全体にそのような「意志性・活動性」といった性格がほとんど認められないからである。

〈中略〉

とすれば、既に一応継続的と考えられたリ・タリには、現代語の「ずっとこの町に住んでいる」のような成立・持続型(「そこに住んだ」ことに成立とその状態の持続。現代語でも結果・継続の区別がやや曖昧になろう。)風の性格を認めるべきなのではないかと考えられる。そう考えれば、先の「②動作の継続」は、リ・タリに関して「②動作の成立・そのまま持続」(動作の成立とその状態の持続)に置き換えられ、「④結果の状態」(動作が成立・終結、結果が持続)との距離は、現代語に比べ遙かに小さなものとなる。

〈中略〉

このように上代リ・タリには、①、④、⑤などの他に、「動作の成立・結果の状態」と「動作の成立・そのままの持続」を表すものが認められる。後者はテイル②「動作の継続」とは異なるが一つのパターンをなしているとも認められ、これを独立にリ・タリ②とすることもできようが、宇和島地方のトルの場合にも「開始後」と「完了後」との区別が曖昧な場合が認められるように、「結果の状態」と「そのままの持続」は、「動作の成立」において相互に近親的なものである。少なくとも、テイルの典型的「結果」と典型的「継続」ほどに違わない。本稿はこの「動作の成立」の近親性に着目し、両者を「動作の成立、結果・持続」とまとめてしまいたいと思う。これは、岐阜県土岐市のトルについて、「語意的意味の実現している状態」とした丹羽の規定に近いだろう。

以上の考察をもとに、上代のリ・タリの意味を現代のテイルと比較しながらまとめれば、大体次の様になろうか。なおテイルの所でも触れたように、a～dは「a存在様態」を中心に連続する。だからa～dの間に明瞭な境界線を引くことは、もとより困難である。

・上代のリ・タリ

b完了　a存在様態　d性質・単なる状態

c動作の成立とその結果状態・そのままの持続

このように見ると、リ・タリは現代語のテイルと比べて「完了」的色彩が濃厚である。リ・タリがしばしば「完了の助動詞」に分類されてきた由縁であろう(またそれ故、リ・タリはテイル以上に、意味的によくまとまった印象を与えると思われる)。すると、「動作の継続」型の意味は、どのような形式がこれを表したのかが問題になるが、それは既に指摘があるように、次のような動詞の裸の形が表したのであろう。

月読の光を清み夕凪にかこの声呼び浦み漕ぐかも　3622

淡島の逢はじと思ふ妹にあれや安眠も寝ずて我が恋渡る　3633

野村剛史（一九九四・一）

3・3・3　φ—不完成相（継続・過程・反復・性質・意向）

鈴木泰（一九九二・五＝改訂版一九九九・七）に集大成された、中古語のテンス・アスペクトに関する数々の研究の中には、丁寧な実例の分析に基づく多くの知見が含まれている。その中でも、特にタリ・リに関わる問題としては、現代語のテイルが持っている〈動作の進行〉の意味は、タリ・リの典型的な意味とは言いがたいが、その意味は中古語ではφが担っているという指摘がある。もちろんφは〈動作の進行〉を専一に担う形ではないが、「不完成相」が具体的に実現されたものとしての《継続》《過程》《反復》《性質》《意向》の一つとしての《継続》がそれにあたると思われる。

会話文における基本形のアスペクト的意味

Takeuchi, L. 1987 によれば、imperfective（不完成相）は、そのヴァリアントとして、decisive、inchoative、conative、progressive の四種をもつという。このうち、progressive は《継続》となづけることができよう。decisive と conative は、双方とも動作主体にその動作を行なおうとする意志のあることを表すものであるので、両方を一緒にして、《意向》となづけようと思う。また、inchoative については、《意向》が意志的運動が実現の寸前にあることを表すのに対して、無意志的運動が実現の寸前にあることを表すものとして、《始動》と名づけられるものと考えられる。ところで、《始動》の例と考えられるものは、次のように和歌などには少数ながら存在するが、源氏物語には存在しない。（なお、歌集の底本は岩波書店『新日本古典文学大系』とする）

死ぬ死ぬと聞く聞くだにも逢ひ見ねば命を何時の世にか残さむ（後撰和歌集・巻一一・恋三・七〇八）

花散ると厭ひし物を夏衣たつや遅きと風を待つ哉（拾遺和歌集・巻二・夏・八二）

いまさらに恋しといふも頼まれずこれも心の変ると思へば（千載和歌集・巻一四・恋歌四・八九一）

Takeuchi はあげていないが、この他に本書では、不完成相のヴァリアントとして、変化が実現の過程にあることを表す《過程》と繰り返しを表す《反復》と恒常的な属性を表す《性質》を設けて、それぞれどのような例があるかを見て行きたい。また、完成相と認めなければならない例もあるので、更に《完成》の意味も認めておきたい。

（1）継続

A　主体動作客体変化動詞

①いつしか、雛をしすゑて、そそき居給へる、三尺の御厨子一よろひに、品々しつらひすゑて、また小さき屋ども作り集めて奉り給へるを、所狭きまで遊びひろげ給へり。「儺やらふとて、犬君がこれをこぼち侍りにければ、つくろひ侍るぞ」とて、いと大事とおぼいたり。［紫の上、こわれた雛を直しているところだと言って、大騒ぎをする］（紅葉賀・二・五六）

B　主体（＝人）動作動詞

④院も御覧じて、「いとみだりがはしき御有様どもかな。おほやけの御近きまもりを、わたくしの随身に領ぜむとあらそひ給ふよ。三の宮こそいとさがなくおはすれ。常に兄にきほひまうし給ふ」と、いさめ聞えあつかひ給ふ。［源氏、また夕霧を一人占めにしようと争っているなと匂宮をしかる］（横笛・七・七〇）

C　主体変化動詞

⑥「…この中将の、いとあはれにあやしきまで思ひ扱ひ、心をさわがい給ふ、見侍るになむ、さまざまにかけ止められて、今まで長びき侍る」と、ただ泣きに泣きて、御声のわななくも、をこがましけれど、さる事どもなれば、いとあはれなり。［大宮、源氏に心境を述べ、夕霧が面倒を見てくれるのを頼りに生き延びて

いるのだと言う」（行幸・五・八五）

D　主体動作主体変化動詞

⑦惟光に、「この西なる家に、なに人の住むぞ。問ひ聞きたりや」と宣へば、［源氏、惟光に隣の家には誰が住んでいるのかと様子を聞く］（夕霧・一・一〇八）

E　主体（＝物）動作動詞

⑧「しばしも弾き給はなむ。聞きとることもや」と心もとなきに、この御事によりぞ、近くゐざり寄りて、「いかなる風の吹きそひて、かくは響き侍るぞとよ」とて、うち傾き給へるさま、火影にいと美しげなり。［玉鬘、源氏の和琴の演奏に耳を傾け、どういう風の吹き回しでこんなに響いているのでしょうかと感心する］（常夏・五・四三）

F　かかわり動詞

⑩「…ただ今は、はかばかしからずながらも、かくてはぐくみ侍らば、せまりたる大学の衆とて、笑ひあなづる人もよも侍らじと思う給ふる」など聞え知らせ給へば、うち嘆き給ひて、［源氏、夕霧の教育方針を語り、大学生になっても私が後見していれば嘲り笑う者はいないと思いますと言う］（乙女・四・七三）

G　動作相動詞

21　「あはれに、はかなかりける契となむ、年頃思ひわたる。…思ひ忘るる時なきに、さてものし給はば、いとこそ本意かなふ心地すべけれ」とて、御消息奉れ給ふ。［源氏、右近に夕顔を年来思い続けていると述べる］（玉鬘・四・一四二）

H　状態動詞

23　君は、車をそれと聞き給へるより、「ゆめ、その人にまろありと宣ふな」と、まづ口がためさせ給ひてければ、［薫、浮舟の一行に自分がいると知らせるなと、口止めをする］（宿木・九・一二一）

(2) 過程

①「いでや、をこがましき事も、えぞ聞えさせぬや。いづ方につけても、あはれをば御覧じ過ぐすべくやはありけると、いよいよ恨めしさも添ひ侍るかな。…」と、うち傾きつつ、恨み続けたるもをかしければ、かくなむと聞ゆ。〔柏木、玉鬘の扱いに対して、ますます恨めしさがつのると不満をのべる〕(藤袴・五・一一三)

(3) 反復

①宮入り給ひて、「常陸殿といふ人やここに通はし給ふ。心ある朝ぼらけに、急ぎいでつる車ぞひなどこそ、ことさらめきて見えつれ」など、なほ思し疑ひて宣ふ。〔匂宮、常陸守の北の方の車を見て、常陸殿という人を通わせているのかととがめる〕(東屋・九・一五七)

(4) 性質

①月ごろのつもりを、つきづきしう聞え給はむも、まばゆきほどになりにければ、さか木を、いささか折りて持給へりけるをさし入れて、「変らぬ色をしるべにてこそ、斎垣も越え侍りにけれ。さも心憂く」と聞え給へば、「神垣はしるしの杉もなきものをいかにまがへて折れるさか木ぞ」と聞え給へば、「をとめ子があたりと思へばさか木葉の香をなつかしみとめてこそ折れ」〔源氏、野の宮に六条御息所を尋ね、榊を折って添え、あなたが居るあたりだと思うと懐かしいので榊を折るのですと、詠む〕(賢木・二・一三六)

(5) 意向

①おとども御文あり。「みづからも参るべきに思ひ給へつるに、つつしむ事の侍りてなむ。男の子ども雑役にとて参らす。うとからず召し使はせ給へ」とて、源少将、兵衛の佐など奉れ給へり。〔夕霧、大君院参に際し、自分の代わりに息子たちを手伝いにやるむね消息する〕(竹河・八・七四)

(6) 完成

①「いとあさましき御ことかな。人もこそおのづからほのかにも漏り聞き侍れ」などは宣へど、〔女二宮と

の結婚に不平を言う薫に、そんなことを言うと世間の人が耳にすることがあるかも知れないと中君が諫める」（宿木・九・一一三）

〈中略〉

以上をもとに、A～Hの各動詞類が不完成的意味のどのアスペクト的意味をもち、どのアスペクト的意味はもたないかを表にすると次のようになる。そのアスペクト的意味がその種の動詞に、○は存在すること、―は存在しないこと、◎はその類の動詞にそのアスペクト的意味が最も多く認められることを示す。

	継続	過程	反復	性質	意向
A	○	―	○	○	◎
B	◎	―	○	○	○
C	○	○	○	◎	―
D	○	○	○	○	◎
E	◎	―	―	○	―
F	◎	―	○	○	○
G	◎	○	○	○	○
H	◎	―	○	○	―

鈴木泰（一九九三・二b＝改訂版一九九九・七）

3・3・4　タリ・リ―メノマエ性（／ヌ・ツ―非メノマエ性）

その後、鈴木泰（一九九五・一〇、一九九六・六、一九九六・一一）では、〈メノマエ性〉という概念を提示して、タリ・リが用いられるのは、ヌ・ツとの対比の上で、〈メノマエ性〉を持つ場合であると論じる。これまで、特に移動動詞、通達動詞などを中心的に検証されているが、たとえば移動動詞の場合、到着点にいる人物の視点から他者の到着が描かれる場合にタリ・リが用いられ、ヌ・ツは用いられないという。山本博子(二〇〇三・三、二〇〇四・四)は、キを伴ったタリキと単なるキとの間で、〈メノマエ性〉という特徴の違いがあるかどうかを検証しようとしたものである。

会話文の移動動詞のメノマエ性

会話文の場合の~タリ・リ形はTakeuchiの指摘するようにすべての例において、話手の視点は到着地点にあって、到着の局面を表している。到着点とは、移動動作の完成の結果をありありとメノマエのものとして目撃しうる場所であるから、そこに視点があるということは、~タリ・リ形がメノマエ性という特徴をもつことの証拠であるといってもよいであろう。

①「つれづれにこもり侍るも、苦しきまで思う給へらるる頃ののどけさに、折よく渡らせ給へる」と、喜び聞え給ふ。［兵部卿の宮の訪問にたいして、ひまをもてあましていた折、ちょうどよいところにおいで下さったと源氏がお礼をいっているところ］(梅枝・五・一六四)

〈以下用例略〉

①右近立ち出でて、この御使いを西面にて問へば、申しつぎつる人も寄り来て、「中務の宮参らせ給ひぬ。大夫は唯今なむ、参りつる道に、御車ひき出づる、見侍りつ」と申せば、［明石中宮急病の御見舞いのため、中務の宮が参内されたのを、ここへ来る途中見たと、使いが匂宮邸で右近に報告しているところ］(東屋・九・一六二)

〈以下用例略〉

会話文の場合の～ヌ形は、これもTakeuchiの指摘するように、話手の視点は出発地点におかれ、出発の局面を表している。出発点とは、移動動作の完成の結果をメノマエのものとして目撃できない場所であるから、～ヌ形の場合そこに視点があるということは、～ヌ形が非メノマエ性という特徴をもつことの証拠であるといってよいであろう。

〈中略〉なお、～タリ・リには人称制限があり、一人称の動作は一例もなかったが、～ヌ形にはそうした制限がなく、一六例中、一人称が六例あることも～ヌ形がメノマエ性を表さないからそうした分布になるのだと思われる。

①「殿に召し侍りしかば、けさ参り侍りて、ただ今なむまかり帰りはんべりつる。…」といふを聞くに、ふくろふの鳴かむよりも、いとものおそろし。［殿の呼出しがあったので、今朝参上して、たった今帰りましたと、京から帰ってきた内舎人が言うのを聞くのは右近には大変恐ろしかった］（浮舟・一〇・七三）

〈以下用例略〉

これら～ツ形の例は話手が丁度いま到着したことを報告するものばかりで、到着の報告があった以上、主体は到着地点にいると推測されるので、メノマエ性があるようにも見える。しかし、本当に、～タリ・リ形と同様に～ツ形もメノマエ性という特徴をもつといえるかというと、その点については疑問がある。その理由は、～タリ・リ形の場合は一人称の例がなかったが、～ツ形の場合には一八例中一二例が一人称であるという事実があることである。二三人称の動作は話手が目撃できる出来事であるから、～タリ・リ形の表す動作が二三人称に限られるということはそのメノマエ性を証拠だてるものであったが、一人称の動作は話手が目撃できない出来事であるから、～ツ形の表す動作が基本的に一人称であるということは、むしろ～ツ形が非メノマエ性という特徴をもつということを示すものである。つまり、～ツ形は到着は表してもメノマエ性という特徴はもたないとひとまずはいえよう。

移動動詞の語形	話手の位置	局面	動作主体
〜タリ・リ形	到着地点	到着	話手以外
〜ヌ形	出発地点	出発	制限なし
〜ツ形	到着地点	移動	話手が多い

語りの文の移動動詞の用法と視点

語りの文において話手に擬せられるのは語り手であるから、語りの文では〜タリ・リ形の表すメノマエ性は語り手にとってのメノマエ性ということになるのかというと、そうではなく、登場人物にとってのメノマエ性ということになる。つまり、移動動詞にあっては、到着点にいる登場人物の視点から移動動作がながめられた場合は〜タリ・リ形がもちいられ、出発点にいる登場人物の視点から移動動作がながめられた場合は〜ヌ形がもちいられることになる。これは、移動動作が行われる前後の場面において、移動する主体を迎える側の場面にカメラをおいたときには〜タリ・リ形がもちいられ、移動する主体を見送る例の場面にカメラをおいたときには〜ヌ形がもちいられるといってもよいだろう。つまり、会話文でみられた〜タリ・リ形と〜ヌ形のメノマエ性をめぐる対立は語りの文では、完全に視点のちがいの問題となる。そうした対立がより鮮明にみてとれるように、以下においては同じ動詞が〜タリ・リ形と〜ヌ形の双方に用いられている例をとりあげ、ちがいをみてみたいと思う。

〈中略〉なぜ〜タリ・リ形がこのように場面を始発させる機能をもつのかというと、〜タリ・リ形のメノマエ性という特徴が、主体の到着を待ち、その移動動作を対象としてながめる、来るべき場面を自ずと要求する

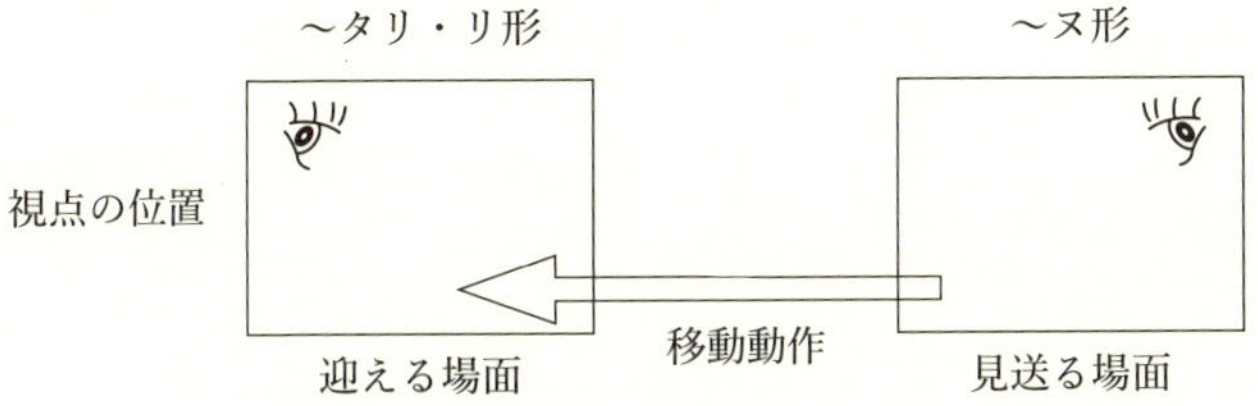

からであろう。Takeuchi のいう後続の出来事と結びつける linking function というものも～タリ形のこうした機能をいったものであろう。〈中略〉移動動詞の～ヌ形がこのように場面を終結させる機能、Takeuchi が concluding function というところの機能をもつのは、～ヌ形が移動の完成は予想しているが、そのさきどのようになるかについては何も示唆しないからであろう。　鈴木泰（一九九五・一〇）

3・3・5　タリ・リ―弱進行態（・結果の状態・単純状態）／φ―強進行態

金水敏（一九九五・一〇）は、おそらく鈴木泰（一九九二・五）などで切り開かれた、中古語では、典型的な〈動作の進行〉はタリ・リが表わすことはなく、φが担うという知見を、さらに理論的に究明したものと位置付けられる。すなわち、タリ・リにも〈動作の進行〉を表わすものがないわけではないが、〈意志性・活動性〉（野村剛史（一九九四・一））が感じられないなどの点で、典型的な〈動作の進行〉とは言いがたい。そこで、〈意志性〉のような非アスペクト的な概念でなく、〈限界性〉というアスペクト的な概念を用いて、〈動作の進行〉を、「非限界動詞について、動作・運動が開始した後、その動作が終了するまでの局面の持続を指し示す」〈弱進行態〉と、「限界動詞の開始後・完成前の局面を指し示す」〈強進行態〉とに二分する。そして、タリ・リは〈弱進行態〉を表わし、φは〈強進行態〉を表わすと論じる。

宇和島方言にも古典語にも適用可能なように、松下の概念に修正を加えなければならない。そこで、いま仮に「弱進行態」および「強進行態」という操作概念を設定してみよう。弱進行態は、非限界動詞について、動作・運動が開始した後、その動作・運動が終了するまでの局面の持続を指し示す。また強進行態は、限界動詞の開始後・完成前の局面を指し示す。シトルとショルの意味区分は次のようになる。

シトル(完了後の状態)……全既然(既然態)
ショル(開始後の状態)……弱進行態　……ショル(未完了過程)
　　　　　　　　　　　　強進行態　……ショル(　〃　)

〈中略〉

このようにして見ると、シテイルが表す進行態、シトル、ショルがそれぞれ表す進行態をすべて同じ進行態としてひとくくりにすることはまったく意味がないということが分かる。ある言語(方言・時代語)のアスペクト体系を既然態対進行態という対立で捉えるのではなく、弱進行態を間において、既然態と強進行態がどのように分布するかという観点で捉えることが重要である。もう一つ、その言語が意味的アスペクト体系を持つのか、統語的アスペクト体系を持つのかという問題が、それと深くからみあっている。

そこでわれわれは万葉集と源氏物語を対象として簡単な調査を行い、古典語におけるこれらの問題を検討してみた。その結果明らかになったことは、「〜たり」「〜り」「〜(て・つつ)ゐる」が表すという進行態は、弱進行態のみであって、強進行態ではないということである。

〈中略〉「〜り」は結果の状態、単純状態、弱進行態を表す(状態)パーフェクト相と分析でき、「〜たり」との機能分担は鮮明ではない。そもそも「〜り」は文献時代の当初から分布が欠如的であり、「〜たり」とのアスペクト的対立を担うことができなくなって、衰退する途上にあったのである。(迫野(一九八八)、金水(一九九三))。古典語において不完成的意味を表す手段があるとすれば、それは鈴木(一九九二)が述べたように、基本形(「〜つ」、「〜ぬ」、「〜たり」、「〜り」、「〜き」、「〜けり」を伴わない動詞形態)を用いることであろう。

古典語では、基本形が不完成的意味を表し得たために、不完成的意味を表すための有標の形式を発達させる必要がなかったのだと考えられる。

金水敏(一九九五・一〇)

おわりに

近年、現代語文法の成果を生かして改めて古典語文法にアプローチしようという機運が見られる。しかしながら、現代語文法の成果を古典語文法に適用するのに性急なあまり、従来の膨大な古典語文法研究の業績に目を向けないようなことがあってはならないと思われる。そこで、本章では、筆者が古典語の完了助動詞の研究に手を付けるに先だって、従来の研究史をたどってみようと試みたものであるが、最後に示した文献リストも可能な限り網羅的に列挙したものであり、その中から逸することのできない研究は最も中心となると思われる部分をできるだけ長めに切り出した。資料集としてご活用戴ければ幸いである。

○参考文献

富士谷成章(一七七三)『脚結抄』成(一七七八・三)刊(『国語学大系　手爾波二』(一九四四・八)厚生閣、竹岡正夫・中田祝夫著『あゆひ抄新注』(一九六〇・四)風間書房、竹岡正夫著『富士谷成章全集　上』(一九六一・三)風間書房、影印(一九七七・四)勉誠社文庫)

本居宣長(一七七九)『詞玉緒』序(一八八五・五)刊(『本居宣長全集　五』(一九〇二)吉川弘文館、『増補本居宣長全集　九』(一九二七)吉川弘文館、『本居宣長全集　五』(一九七〇・九)筑摩書房　所収)

本居宣長(一七九二)『玉霰』刊(『本居宣長全集　五』(一九〇二)吉川弘文館、『増補本居宣長全集　九』(一九二七)吉川弘文館、『本居宣長全集　五』(一九七〇・九)筑摩書房、影印『玉あられ・字音仮字用格』(一九七六・一一)勉誠社文庫)

東条義門(一八一〇)『活語指南』初稿『詞の道しるべ』成、(一八一八)改稿し『活語指南』と改題、(一八四四)刊(三木幸信編『義門研究資料集成　上』(一九六六・八)風間書房　所収)

林　国雄(一八二六)『詞緒環』上巻　成、(一八三八)刊(『マイクロフィルム版静嘉堂文庫所蔵　国語学資料集成』(一九七三・一一)雄松堂)

富樫広蔭(一八二六・一二)『詞玉橋』一巻　脱稿、(一八二九)訂正、(一八四四)再校訂、二巻(一八二六・一二)起稿、(一八四六・四)改訂、(一八九一)刊(『国語学大系　語法総記一』(一九三八・四)厚生閣　所収、影印『詞玉橋・詞玉襷』(一九七九・五)勉誠社文庫)

鶴峯戊申(一八三一)『語学新書』成、(一八三三)刊(『国語学大系　語法総記一』(一九三八・四)厚生閣　所収、『マイクロフィルム版　静嘉堂文庫所蔵　国語学資料集成』(一九七三・一一)雄松堂)

黒沢翁満(一八三三)『言霊のしるべ』上編成、((一八五二)上編刊、(一八五六)中編刊、下編未完)(『国語学大系　語法総記二』(一九三八・六)厚生閣　所収、『マイクロフィルム版　静嘉堂文庫所蔵　国語学資料集成』(一九七三・一一)雄松堂)

橘　守部(一八三五)『助辞本義一覧』成、(一八三八・三)刊(橘純一編『橘守部全集　十二』(一九二一・九)国書刊行会、『新訂増補橘守部全集　十二』(一九六七・九)東京美術　所収)

東条義門(一八三五)『玉の緒繰分』序(一八四一)刊(三木幸信編『義門研究資料集成　中』(一九六七・六)風間書房　所収)

幻裡菴(日善)(一九世紀前半)『玉緒延約』成(『マイクロフィルム版　静嘉堂文庫所蔵　国語学資料集成』(一九七三・一一)雄松堂)

中島広足(一八四九)『片糸』成、(一八五三・二)刊(『マイクロフィルム版　静嘉堂文庫所蔵　国語学資料集成』(一九七三・一一)雄松堂)

堀　秀成(一八五四)『三代集類辞』刊

生川正香(一八六四・六)『辞の二路』刊(塚原鉄雄編　影印『言葉の二道』(一九七三・一二)新典社)

大国(野々口)隆正(一八六七頃)『神理入門用語訣』(『大国隆正全集　四』(一九三八・四)有光社、『増補大国隆正全集　四』(二〇〇一・九)国書刊行会　所収)

中村尚輔（一八六八・二）『玉緒縒添』河内屋喜兵衛（『マイクロフィルム版　静嘉堂文庫所蔵　国語学資料集成』（一九七三・一一）雄松堂）
田中義廉（一八七四・一）『小学日本文典』雁金屋清吉（『マイクロフィルム版　静嘉堂文庫所蔵　国語学資料集成』（一九七三・一一）雄松堂）
中根　淑（一八七六・三）『日本文典』森屋治兵衛
堀　秀成（一八七七・六）『助辞音義考』成（『音義全書　上』（一九一三・一〇）神宮奉斎会）
田中義廉（一八七七・一〇）『日本小文典』文会舎
物集高見（一八七八・七）『初学日本文典』出雲寺万次郎
大槻修二（一八八一・五）『小学日本文典』柳原喜兵衛・三木美紀
里見　義（一八八六・三）『日本文典』叢書閣
大槻文彦（一八九〇・一一）『語法指南』小林新兵衛
手島春治（一八九〇・一二）『日本文法教科書』金港堂
那珂通世（一八九〇頃）『国語学』金港堂
高津鍬三郎（一八九一・六）『日本中文典』金港堂
林　甕臣（一八九一・六～一八九二・五）『開発新式日本文典』国文語学会（一八九三・四）刊
落合直文・小中村義象（一八九二・三）『中等教育日本文典』博文館
秦政治郎（一八九三・八）『皇国文典』目黒書房
関根正直（一八九五・三）『普通国語学』六合館
大槻文彦（一八九七・一）『広日本文典』『同別記』吉川半七（複製（一九九六・四）勉誠社）
落合直文（一八九七・八）『日本大文典』博文館
三土忠造（一八九八・四）『中等国文典』冨山房
松下大三郎（一八九九・一、二）「日本語の『時』正・承前」『国学院雑誌』第五巻第一・二号
岡澤鉦次郎（一九〇〇・一一）『初等日本文典』吉川半七
藤井　籛（一九〇一・二）『日本文典』冨山房

三矢重松（一九〇一・四）「日本語の動作と状態」『国学院雑誌』第七巻第四号
松平圓次郎（一九〇一・五）『新式日本中文典』大日本図書
岡澤鉦次郎（一九〇一・六、八、九、一一、一二、一九〇二・三、四、六）「文典の時の論　一〜八」『国学院雑誌』第七巻第六、八、九、
　一一、一二号、第九巻第三、四、六号
草野清民（一九〇一・八）『草野氏日本文法』冨山房（複製（一九九五・一〇）勉誠社）
芳賀矢一（一九〇五・二）『中等教科明治文典』冨山房
和田萬吉（一九〇五・一二）『日本文典講義』早稲田大学出版部
山田孝雄（一九〇八・九）『日本文法論』宝文館
三矢重松（一九〇八・一二）『高等日本文法』明治書院
岡澤鉦次郎（一九一〇・一〇、一一、一二、一九一一・一、三、五、六、九）「「ぬ」「つ」の区別に関する研究（他人の説）上一・二・中
　一・二・三・四・五・六」『国学院雑誌』第十六巻第一〇、一一、一二号、第十七巻第一、三、五、六、九号
岡澤鉦次郎（一九一一・一〇、一一）「「ぬ」「つ」の区別に関する現代の諸説　一・二」『国学院雑誌』第十七巻第一〇、一一号
吉岡郷甫（一九一二・七）『文語口語対照語法』光風館
小林好日（一九一六・八、九、一九一七・二、五、六）「助動詞「ぬ」「つ」の本質一・二・三・四・五」『国学院雑誌』第二十二巻第八、
　九号、第二十三巻第二、五、六号
松下大三郎（一九二三・六、七）「動詞時法の研究」『国学院雑誌』第二十九巻第六、七号
安田喜代門（一九二四・五）「国語法上の諸問題（その三）助動詞「つ」の研究」『国学院雑誌』第三十巻第五号
小林好日（一九二七・一一）『国語国文法要義』京文社
安田喜代門（一九二八・三）『国語法概説』中興館
松尾捨治郎（一九二八・四）『国文法論纂』文学社
松下大三郎（一九二八・四）『改撰標準日本文法』紀元社（復刊（一九七四・一〇）勉誠社）
橋本進吉（一九三〇）「助動詞の研究」（講義案）（橋本進吉『助詞・助動詞の研究』（一九六九・一一）岩波書店　所収）

新井無二郎（一九三三・一）『国語時相の研究』中文館書店
橋本進吉（一九三五・二）『新文典別記 上級用』冨山房
小林好日（一九三五・一二）「動作態と国語の文法範疇」藤岡博士功績記念会編『藤岡博士功績記念 言語学論文集』岩波書店
山田孝雄（一九三六・六）『日本文法学概論』宝文館
松尾捨治郎（一九三六・九）『国語法論攷』文学社（追補版（一九七〇・一一）白帝社）
徳田　浄（一九三六・一〇）『国語法査説』文学社
小野志真男（一九三七・一）「接続より見たる助動詞「たり」と「り」」『国文学攷』第三巻第一輯（広島文理科大学）
木枝増一（一九三七・二）『高等国文法新講 品詞篇』東洋図書
慶野正次（一九三七・七）「助動詞「ぬ」「つ」「た」について」国語解釈学会編『国語解釈』第二巻第七号
慶野正次（一九三七・一〇）「助動詞「ぬ」の再検討─宮田和一郎氏に答ふ─」国語解釈学会編『国語解釈』第二巻第十号
小林好日（一九四一・八）「上代における助動詞「つ」「ぬ」の本質」『国語学の諸問題』岩波書店
堀　重彰（一九四一・九）『日本語の構造』畝傍書房
春日政治（一九四二・一二）『金光明最勝王経古点の国語学的研究』岩波書店（復刊（一九六九・九）勉誠社）
福田良輔（一九四七・三）「古事記の「為」の字─特に所謂完了の助動詞を表記するものについて─」『国語国文』第十六巻第三号
大野　晋（一九五二・二）「古文を教へる国語教師の対話─文法史の知識はどのやうに役立つか─」『国語学』第八輯
松尾　聡（一九五二・二）『古文解釈のための国文法入門』研究社出版
宮田和一郎（一九五二・九）「語法的にみた助動詞「り」の性格」『国語国文』第二十一巻第九号
春日和男（一九五三・四）「助動詞「たり」の形成について─「てあり」と「たり」─」『万葉』第七号
柿下好澄（一九五三・七）発表要旨「文語「過去及完了の助動詞」の用法」『国語学』第十二輯
春日和男（一九五三・七）発表要旨「助動詞「たり」の形式について」『国語学』第十二輯
宮田和一郎（一九五三・一一）「時の助動詞「たり」─中古語法覚書（一一）─」平安文学研究会編『平安文学研究』第十三輯
風間力三（一九五三・一二）「文語表現における継続態・存在態」『日本文芸研究』第五巻第四号（関西学院大学）

高辻義胤（一九五四・三）「完了意識の断続とその形態―特に助動詞「つ・ぬ」をテーマとして―」『愛媛国文研究』第三号
木枝増一（一九五四・四）『高等国文法要説　品詞篇』堀書店
時枝誠記（一九五四・四）『日本文法　文語篇』岩波書店
伊藤慎吾（一九五四・一二）「助動詞ツ、ヌの特殊な用例の研究―有リ、侍リ、給フなどに接続する用例について―」『滋賀大学学芸学部紀要』第四号
亀井　孝（一九五五・三）『概説文語文法』吉川弘文館
大野　晋（一九五五・七）「万葉時代の文法」『時代別作品別解釈文法』至文堂
新沼恵子（一九五六・三）「『大鏡』、『増鏡』の用例からみた確認の助動詞「つ」、「ぬ」について」『国語国文学研究文集』第一輯（北海道教育大学）
松井耀子（一九五六・三）「助動詞「つ」、「ぬ」について―成尋阿闍梨母日記、讃岐典侍日記及び弁内侍日記の中における―」『国語国文学研究文集』第一輯（北海道教育大学）
中西宇一（一九五七・八）「発生と完了―「ぬ」と「つ」―」『国語国文』第二十六巻第八号
小松登美（一九五七・一一）「〈古典解釈のための助動詞〉「つ」「ぬ」」『国文学　解釈と鑑賞』第二十二巻第十一号
佐竹昭広（一九五七・一二）「上代の文法」明治書院編『日本文法講座3　文法史』明治書院
津之地直一（一九五八・三）「万葉集における「あり」融合の助動詞―り・たり・なり攷―」『愛知大学文学論叢』第十六号
福田良輔（一九五八・一一）「古代日本語における接尾辞「リ」について」『国語国文』第二十七巻第十一号
中西宇一（一九五八・一二 a）「いわゆる完了の助動詞―一「ぬ」の研究―」『国文学　解釈と教材の研究』第四巻第二号
中西宇一（一九五八・一二 b）「いわゆる完了の助動詞―二「つ」の研究―」『国文学　解釈と教材の研究』第四巻第二号
橋本四郎（一九五八・一二 a）「いわゆる完了の助動詞―三「たり」の研究―」『国文学　解釈と教材の研究』第四巻第二号（松村明編（一九六九・四）所収）
橋本四郎（一九五八・一二 b）「いわゆる完了の助動詞―四「り」の研究―」『国文学　解釈と教材の研究』第四巻第二号（松村明編（一九六九・四）所収）

林　巨樹(一九五八・一二)「いわゆる完了の助動詞—三「たり」の研究—」『国文学 解釈と教材の研究』第四巻第二号
長船省吾(一九五九・一二)「助動詞「つ」と「ぬ」—アスペクトの観点から—」『国語国文』第二十八巻第十二号
伊藤慎吾(一九六一・一二)「源氏物語に見えた助動詞タリについて—その用例を統計的に考察する—」『滋賀大学学芸部紀要』第十号
蜂矢宣明(一九六一・一二)「「袖不振来」と「七日越来」」『山辺道』第八号(天理大学)
伊藤慎吾(一九六二・二、一九六三・三、一九六五・三)「源氏物語に見える助動詞ツ、ヌの用例—実態を究めて諸説を検討する—上・中・下」『武庫川女子大学紀要 人文科学編』第十・十一・十二集
村井菫直(一九六二・五)「「つ・ぬ」下接の助動詞について」『国文学攷』第二十八号(広島大学)
宮田和一郎(一九六三・六)「助動詞「つ」「ぬ」の論」平安文学研究会編『平安文学研究』第三十輯
山崎良幸(一九六三・六)「過去の助動詞き・けり・ぬ・つ・たり・り」『国文学 解釈と鑑賞』第二十八巻第七号
宮田和一郎(一九六三・一一、一二)「語法的にみた助動詞「つ」「ぬ」上・下」『国文学 解釈と教材の研究』第八巻第十四・十五号
宮田和一郎(一九六三・一二)「他動詞と「つ」との接続」平安文学研究会編『平安文学研究』第三十一輯
宮田和一郎(一九六四・六)「自動詞と「ぬ」との接続—付、助動詞と「ぬ」—」平安文学研究会編『平安文学研究』第三十二輯
大坪併治(一九六四・一〇a)「過去(回想)・完了の助動詞—ぬ〈古典語〉—」『国文学 解釈と教材の研究』第九巻第十三号(松村明編(一九六九・四)所収)
大坪併治(一九六四・一〇b)「過去(回想)・完了の助動詞—つ〈古典語〉—」『国文学 解釈と教材の研究』第九巻第十三号(松村明編(一九六九・四)所収)
春日和男(一九六四・一〇)「過去(回想)・完了の助動詞—たり〈古典語〉—」『国文学　解釈と教材の研究』第九巻第十三号
木下正俊(一九六四・一〇)「助動詞「ツ」と「ヌ」の区別は何とみるべきか」『国文学 解釈と鑑賞』第二十九巻第十一号
塚原鉄雄(一九六四・一〇)「過去(回想)・完了の助動詞—たり・り〈古典語〉—」『国文学 解釈と教材の研究』第九巻第十三号
種　友明(一九六五・三)「助動詞「ぬ」と「つ」の意味について」『新国語』第三号(国学院大学)(種友明(一九九八・二)所収)
佐藤宣男(一九六五・八)「「持てり」と「持たり」」『国語学研究』第五集(東北大学)
山崎良幸(一九六五・一二)『日本語の文法機能に関する体系的研究』風間書房

真鍋次郎(一九六六・一)「四八番の歌私按」『万葉』第五十八号
伊藤慎吾(一九六六・三、一九六七・三)「助動詞ツ、ヌ、タリ、リの関連について―源氏物語の用例より見る―上・下」『武庫川女子大学紀要　人文科学編』第十三・十四集
小路一光(一九六六・三)「いわゆる完了の助動詞「つ」「ぬ」の意義・用法―万葉集の用例よりみて―」『国文学研究』第三十三号(早稲田大学)
井手　至(一九六六・五)「古代日本語動詞の意味類型と助動詞ツ・ヌの使いわけ」『国語国文』第三十五巻第五・六号(『遊文録　国語史篇』(一九九五・三)和泉書院　所収)
高辻義胤(一九六六・六)「万葉「夜ふけの歌」私解―主として語法的見地からする―」『国語展望』第十三号　尚学図書
川上徳明(一九六六・九)「助動詞「つ・ぬ」の確述的用法について(発表要旨)」『国語学』第六十六輯
種　友明(一九六六・一〇)「助動詞「つ」と「ぬ」―その活用と意味との関係―」『和洋国文研究』第四号(種友明(一九九八・三)所収)
国田百合子(一九六七・三)「「たり」起源考―「たり」と「てあり」について―」『日本女子大学紀要』第十六号
梅村輝雄(一九六七・七)「完了の助動詞「ぬ」の接続について」『国語教育』第十五号(高知大学)
遠藤好英(一九六七・八)「今昔物語集における助動詞「り」について―その文章史的一考察―」『国語学研究』第七集(東北大学)
竹内美智子(一九六八・一〇)「特集・日本語の助動詞の役割　完了と存続(つ・ぬ・り・たり)」『国文学　解釈と鑑賞』第三十三巻第十二号
土田知雄(一九六八・一一)「高市黒人の歌風についての一考察―多用語を中心にして―」『解釈』第十四巻第十一号
小路一光(一九六九・三)「平家物語における助動詞「ツ」「ヌ」の意味・用法について」佐々木八郎博士古稀祝賀記念事業会編集委員会編『軍記物とその周辺　佐々木八郎博士古稀記念論文集』早稲田大学出版部
冨田大同(一九六九・三)「古代語法研究のおと―誰者・(つ)らむ―」『明石工業高等専門学校研究紀要』第六号
松村明編(一九六九・四)『古典語現代語　助詞助動詞詳説』学燈社
井手　至(一九六九・五)「特集　助動詞小辞典・文語編　つ・ぬ」『月刊　文法』第一巻第七号
徳田政信(一九六九・五)「特集　解釈上の問題点」『月刊　文法』第一巻第七号

遠藤好英（一九六九・八）「今昔物語集の助動詞「リ」の文章史的考察―『リケリ』の形をめぐって―」日本文芸研究会編『文芸研究』第六十二号
梶原滉太郎（一九六九・一〇）「中世説話における助動詞「つ」と「ぬ」について」『国語学研究』第九集（東北大学）
中川浩文（一九六九・一〇）「〈新説紹介〉「つ」の消長をめぐって」『月刊　文法』第一巻第十三号
種　友明（一九六九・一二）「萬葉集のリ・テアリ・タリ―その用字法を中心として―」『国語研究』第二十九号（国学院大学）（種友明（一九九八・三）所収）
森　昇一（一九六九・一二）「完了の助動詞「たり」と「り」と」『野州国文学』第四号（国学院大学栃木短期大学）
有馬煌史（一九七〇・三、一九七一・三）「平安朝日記文学中における〝り・たり〟の弁別意識について（1）・（2）」『岐阜工業高等専門学校紀要』第五、六号
岩井良雄（一九七〇・三）『日本語法史　奈良・平安時代編』笠間書院
浅井峯治（一九七〇・八）「文語助動詞「り」の接続について―研究と教育の接点―」『中京大学文学部紀要』第八号
伊牟田経久（一九七〇・一二）「「つ」「ぬ」の発生と変遷」『月刊　文法』第三巻第二号
後藤和彦（一九七〇・一二）「「たり」と「けり」の関係」『月刊　文法』第三巻第二号
佐藤定義（一九七〇・一二）「「り」は助動詞か―その史的考察―」『月刊　文法』第三巻第二号
鈴木丹士郎（一九七〇・一二）「「つ」と「ぬ」のつき方」『月刊　文法』第三巻第二号
根来　司（一九七〇・一二）「「たり」と「り」の世界」『月刊　文法』第三巻第二号（根来司（一九七三・二）所収）
森　昇一（一九七〇・一二）「「たり」と「り」について」『月刊　文法』第三巻第二号
森野宗明（一九七〇・一二）「「つ」と「ぬ」の相違」『月刊　文法』第三巻第二号
北原保雄（一九七一・二）「古典語における「時」の表現―ぬ・つ・たり・り・き・けり―」『高校通信東書国語』第九十四号
遠藤好英（一九七一・三）「助動詞「り」の文章史的研究（1）」『宮城高専研究紀要』第七号
千葉昭夫（一九七一・一二）「『平家物語』冒頭の解釈について」『愛媛国文研究』第二十一号
遠藤好英（一九七二・三）「三宝絵の文章の基本的性格―助動詞「り」による下巻の特色を中心に―」『研究論文集』第三十八・三十九号

（宮城学院女子大学）
伊藤慎吾（一九七二・一〇）「同じ動詞につく助動詞ツ、ヌについて―源氏物語の用例を再検討する―」『武庫川女子大学紀要　国語国文学篇』第十九集
飛田良文（一九七二・一二）「完了の助動詞」鈴木一彦・林巨樹編『品詞別日本文法講座第八巻　助動詞Ⅱ』明治書院
根来　司（一九七三・二）『平安女流文学の文章の研究　続編』笠間書院
吉岡泰夫（一九七三・二）「状態の助動詞「り」が表わす態について」『国語国文学研究』第八号（熊本大学）
種　友明（一九七三・三）「助動詞リとタリの意味について―その上代の場合―」今泉博士古稀記念国語学論叢編集委員会編『今泉博士古稀記念　国語学論叢』桜楓社
吉田金彦（一九七三・三）『上代語助動詞の史的研究』明治書院
川上徳明（一九七三・四）「助動詞「つ」「ぬ」の確述的用法」王朝文学協会編『王朝』第六冊
此島正年（一九七三・一〇）『国語助動詞の研究―体系と歴史』桜楓社
徳岡孝夫（一九七三・一〇）「「ぬ」のたそがれ」『言語生活』第二百六十五号
梶原滉太郎（一九七四・三）「中世話話における「たり」と「り」」『ことばの研究』第五集（国立国語研究所）
大野　晋（一九七四・一二）『岩波古語辞典』基本助動詞解説　岩波書店
鶴　久（一九七五・一〇）「〈国語教育質問箱〉完了の助動詞「リ」は已然形に接続するのか、命令形に接続するのか―（解答）」『香椎潟』第二十一号（福岡女子大学）
阿部健二（一九七五・一二）「「―り」の助動詞群形成時における一問題―音韻変化の持つ意味―」『新潟大国文学会誌』第十九号
岡本　勲（一九七六・一）『金色夜叉』の文語―「ぬ」と「つ」をめぐって―」『中京大学文学部紀要』第十巻第三号
伊藤慎吾（一九七六・二）「完了態を表現する方法についての一私見―源氏物語に見える用例より―」『武庫川女子大学紀要　国語国文』第二十三号
岡本　勲（一九七六・四）「鏡花の文語に於る「ぬ」と「つ」」『中京大学文学部紀要』第十一巻第一号
岩井良雄（一九七六・六）『源氏物語語法考』笠間書院

桑田　明（一九七六・六）「国語学会中国四国支部大会研究発表要旨「ぬ」「つ」の意味」『国語学』第百五輯
山口明穂（一九七六・八）『中世国語における文語の研究』明治書院
桑田　明（一九七六・一二）「「ぬ」「つ」の意味」佐伯梅友博士喜寿記念国語学論集刊行会編『佐伯梅友博士喜寿記念 国語学論集』表現社
高木陽助（一九七七・三）「土佐日記における助動詞「り」の多用について」『国語国文 研究と教育』第五号（熊本大学）
岡本　勲（一九七七・五）「透谷の文語―回想完了の助動詞をめぐって―」『国語国文』第四十六巻第五号
近藤洋子（一九七七・一〇）「完了の助動詞タリ・リの上接語〈調査報告〉―正法眼蔵随聞記を中心に―」東海学園国語国文学会編『熊谷武至教授古稀記念 国語国文学論集』笠間書院
根来　司（一九七七・一〇）「枕草子における「たり」「り」」『源氏物語枕草子の国語学的研究』有精堂
桑田　明（一九七八・一）『日本文法探求 下』風間書房
松尾捨治郎（一九七八・七）『萬葉集語法研究 助動詞編』笠間書院
黒瀬久美子（一九七八・九）「『源氏物語』における「り・たり」の研究」『香川大学国文研究』第三号
伊藤慎吾（一九七八・一〇）『源氏物語の助動詞完了態用例の新研究 上』風間書房
滋野雅民（一九七九・二）「今昔物語集に見られる「コソ有ヌレ」について」中田祝夫博士功績記念国語学論集刊行会編『中田祝夫博士功績記念 国語学論集』勉誠社
山西正子（一九七九・二）「連体形「タル」のあらわれかた―『中華若木詩抄』のばあいを出発点に―」中田祝夫博士功績記念国語学論集刊行会編『中田祝夫博士功績記念 国語学論集』勉誠社
遠藤潤一（一九七九・八）「助動詞《り・たり》と一表現法―平家物語の「うれしげに思ひて」をめぐって―」田辺博士古稀記念国語学論集編集委員会編『田辺博士古稀記念 国語助詞助動詞論叢』桜楓社
山口雄輔（一九七九・八）「物語を止める助動詞としての「けり」「ぬ」他―天草版と仮名草子本伊曽保物語との比較を中心に―」田辺博士古稀記念 国語学論集編集委員会編『田辺博士古稀記念 国語助詞助動詞論叢』桜楓社
有馬煌史（一九八〇・一）「平安朝文学における「給へり」「たり」の拮抗関係について」国語学懇話会編『国語学論集』第二集 笠間書院

今井敦子（一九八〇・三）「源氏物語におけるアスペクト的な文末表現の研究」『研究会報告』第一号（大東文化大学）
岩井美輝子・佐々木恵彌子・増井庸子（一九八〇・三）「院政初期における助動詞タリ・リの文体論的考察―『今昔物語』を中心に―」『大谷女子大国文』第十号
田中みどり（一九八〇・三）「「り」に就いて」『仏教大学研究紀要』第六十四号
桑田　明（一九八〇・一一）「姨捨山の月の歌をめぐって」『就実国文』創刊号
小松光三（一九八〇・一一）『国語助動詞意味論』笠間書院
田村忠士（一九八〇・一二）「中古仮名文学に現れた完了の助動詞「つ・ぬ」の命令表現―源氏物語の用例を中心に―」平安文学研究会編『平安文学研究』第六十四輯
滋野雅民（一九八一・七）「今昔物語集における「ツ」「ヌ」ともにつく動詞」馬淵和夫博士退官記念国語学論集刊行会編『馬淵和夫博士退官記念　国語学論集』大修館書店
桑田　明（一九八一・一一）「「ぬ」「つ」三考」『就実国文』第二号
岡本　勲（一九八二・三）「明治の新聞の文章」『中京大学文学部紀要』第十六巻第三号
岡本　勲（一九八二・七）「明治普通文の「たり」と「り」」『中京大学文学部紀要』第十七巻第一号
桑田　明（一九八二・一一）「「ぬ」「つ」四考「き」「けり」再考」『就実国文』第三号
進藤義治（一九八四・二）「栄花物語の「つ」と「ぬ」―「あり」に承接する例を中心に―」『名古屋平安文学研究会会報』第十一号
近藤　明（一九八四・九）「助動詞「り」「たり」の勢力関係の変遷―平安時代和文を中心として―」日本文芸研究会編『文芸研究』第百七集
竹岡正夫（一九八四・一〇）「助動詞「つ」の意味―平安朝歌合判詞から―」中古文学会編『中古文学』第三十四号
近藤　明（一九八四・一二）「助動詞「リ」「タリ」の活用形の偏在をめぐって」『国語学研究』第二十四集（東北大学）
進藤義治（一九八四・一二）「源氏物語文中の往還系概念動詞に下接する「つ」「ぬ」」『名古屋大学国語国文学』第五十五号
青木和男（一九八五・三）「古典語動詞のアスペクト」『研究会報告』第六号（大東文化大学）
清瀬良一（一九八五・三）「天草版平家物語の文語的表現―完了・過去の助動詞を視点にした場合―」『国語国文学報』第四十二号（愛知

学芸大学）
進藤義治（一九八五・三）「源氏物語文中の「思ふ」に下接する「つ」「ぬ」」『南山国文論集』第九号
斉藤和磨（一九八五・八、一九八六・一、二）〈教材研究〉古文解釈のためのニュアンス文法事始め―まず助動詞「ぬ」と「つ」の違いを追求する　第一・二・三部―」教育システム開発センター編『国語フォーラム』第三巻第五、九、十号
此島正年（一九八五・一二）「古代完了辞の命令形」『国語研究』第四十九号（国学院大学）
近藤　明（一九八六・三）「助動詞「つ」「ぬ」の否定法・接続法・中止法」『山形女子短期大学紀要』第十八号
進藤義治（一九八六・三）「源氏物語の「つ」と「ぬ」の違いについて―「過ぐしつ」と「過ぎぬ」をめぐって―」『南山国文』第十号
潘　金生（一九八六・三）「比較〝つ〟与〝ぬ〟、〝たり〟与〝り〟、以及〝つ〟、〝ぬ〟与〝たり〟、〝り〟之間的主要異同」『日語学習与研究』第三十五号（対外経済貿易大学）
竹内美智子（一九八六・五）『平安時代和文の研究』明治書院
鈴木　泰（一九八六・八）「古典語文法の問題をさぐる　古典語文法研究の歴史から―完了の助動詞ツ・ヌの場合―」『国文学　解釈と鑑賞』第五十一巻第八号
井島正博（一九八六・一〇）「時間の起点を表わすノチとヨリとの相違」松村明教授古稀記念会編『松村明教授古稀記念　国語研究論文集』明治書院
進藤義治（一九八七・三）「源氏物語文中の受身「る」に下接する「つ」」『南山国文論集』第十一号
徳田政信（一九八七・三）「松下文法における時制の助動詞―ツ・ヌおよびキ・ケリとマシの本質追考―」『中京大学文学部紀要　国文学科編』第二十一巻第二の一号
岡本　勲（一九八七・九）「文体の違いと語法の差―明治文語の「ぬ」と「つ」をめぐって―」『文学・語学』第百十四号
糸井通浩（一九八七・一〇）「勅撰和歌集の詞書―「よめる」「よみ侍りける」の表現価値―」『国語国文』第五十六巻第十号
岡本　勲（一九八七・一〇）「明治作家の「たり」と「り」」『中京大学文学部紀要』第二十二巻第一号
糸井通浩（一九八七・一一）「王朝女流日記の表現機構―その視点と過去・完了の助動詞―」『国語と国文学』第六十四巻第十一号
迫野虔徳（一九八八・二）「「たり」の展開」『文学研究』第八十五号（九州大学）

近藤　明（一九八八・三）「接尾語カヌの下接語の時代的変化─助動詞ツとの菅家の衰退─」『国語学』第百五十二集
進藤義治（一九八八・三）「源氏物語の文章に見られる「見る」に「侍り」を介して下接する「ぬ」」『南山国文論集』第十二号
南　芳公（一九八八・三）『紫式部日記』におけるタリとリについて」『語学文学』第二十六号（北海道教育大学）
山下和弘（一九八八・六）「「テ＋イル」と「テ＋アル」」『語文研究』第六十五号（九州大学）
竹内美智子（一九八八・九）「平安時代和文における散文性の形成」『国語学』第百五十四集
近藤政行（一九八八・一〇）「院政鎌倉期の助動詞「り」「たり」について」『国学院雑誌』第八十九巻第十号
桑田　明（一九八八・一一）「成存立につながる意味の語形式─「つ・ぬ」「たり・り」「ず・ざり」「き・けり」の意味─」『就実国文』第九号
麦倉達生（一九八八・一一）「古代日本語における完了の助動詞〈ツ〉と〈ヌ〉の使い分けの基準」『彦根論叢』第二百五十一・二百五十二号（滋賀大学）
太田　亨（一九八九・三）『醒酔笑』における「つ」と「ぬ」の用法について」『言語・文化研究』第七号（東京外国語大学）
鎌田広夫（一九八九・三、一九九〇・三、一九九一・三）「天草本平家物語の助動詞「た」について　1・2・3」『二松』第三・四・五号（二松学舎大学）
山口明穂（一九八九・三）『国語の論理』東京大学出版会
竹内美智子（一九八九・六）「中古における助動詞「ぬ・つ」の用法─前田家本枕草子の場合─」『国語と国文学』第六十六巻第六号
山下和弘（一九八九・六）「「タリ」と「テアリ」」『語文研究』第六十六・六十七号（九州大学）
川上徳明（一九八九・七、一九九〇・七）「「今はただ思ひ絶えなむ」の歌の解〈上・下〉─助動詞「ぬ」の意味を中心に─」『解釈』第三十五巻第七号、第三十六巻第七号
野村剛史（一九八九・九）「上代語のツとヌについて」『国語学』第百五十八集
近藤　明（一九八九・一二）「助動詞ツ・ヌに否定辞が下接する場合─ヌ＋デを中心に─」『国語学研究』第二十九集（東北大学）
遠藤和夫（一九九〇・三）「所謂「完了」の助動詞「り」の接続」『和洋国文研究』第二十五号
内藤聡子（一九九〇・七）『源氏物語』における「つべし」「ぬべし」」『愛知大学国文学』第三十号

江口泰生（一九九〇・一二）「上接語・出現位置からみた「たり」の用法」筑紫国語学談話会編『筑紫語学研究』第一号
山下和弘（一九九〇・一二）「「テ＋イル」と「テ＋アル」の連体用法」筑紫国語学談話会編『筑紫語学研究』第一号
宇都宮睦男（一九九一・三）「訓読語の一性格―過去・完了の助動詞を中心として―」『国語国文学報』第四十九号（愛知教育大学）
鈴木　泰（一九九一・六）「完了の助動詞のアスペクト的意味―源氏物語の移動・移し替え動詞の場合―」『国語学』第百六十五集
三宅　清（一九九一・七）「準体と連体―助動詞「つ」「ぬ」をめぐって―」『岡山大学教育学部研究集録』第八十七号
吉田茂晃（一九九二・一）「「完了の助動詞」考―万葉集のヌとツ―」『万葉』第百四十一号
黒田　徹（一九九二・二）「万葉集における動詞のテンス・アスペクト」『日本文学研究』第三十一号（大東文化大学）
武藤昭広（一九九二・三）「形容詞・形容動詞に接続する助動詞「つ」―『源氏物語』の用例から―」『語学と文学』第二十二号（九州女子大学）
北原保雄（一九九二・五）「文法セミナー19　完了の助動詞「り」の接続は？」『国語教室』第四十六号　大修館書店
鈴木　泰（一九九二・五）『古代日本語動詞のテンス・アスペクト―源氏物語の分析―』ひつじ書房（改訂版（一九九九・七）ひつじ書房）
鍵本有理（一九九二・一二）「万葉集動詞のアスペクト―タリに上接する場合を中心に―」『国文学』第六十九号（関西大学）
鈴木　泰（一九九三・一）「古代語の文法現象」『国文学　解釈と鑑賞』第五十八巻第一号
山田　潔（一九九三・一）「複合助動詞「つらむ」の用法に関する一考察」『学苑』第六百三十八号（昭和女子大学）
金　沅基（一九九三・二）「平安初期の訓点資料における「リ」と「タリ」についての一考察―」『中央大学大学院研究年報　文学研究科篇』第二十二号
鈴木　泰（一九九三・二ａ）「時間表現の変遷」『月刊　言語』第二十二巻第二号
鈴木　泰（一九九三・二ｂ）「源氏物語会話文における動詞基本形のアスペクト的意味」『武蔵大学人文学会雑誌』第二十四巻第二・三号
大木一夫（一九九三・三）「古代語助動詞ツ・ヌとアスペクトの決まり方について―『枕草子』を例として―」『国語学研究』第三十二集（東北大学）
黒田　徹（一九九三・三）「古代語動詞のテンス・アスペクト研究のために」『研究会報告』第十四号（大東文化大学）
高橋敬一（一九九三・三）「『宇治拾遺物語』における進行態表現形式「～キル」「～テキル」について」『活水論文集　日本文学科編』第

三十六号（活水女子大学・活水女子短期大学）
配島成光（一九九三・三）「完了の助動詞「つ」「ぬ」の文法上の考察―特に万葉集を中心に―」『国学院短期大学紀要』第十一号
堀口和吉（一九九三・三）「助動詞「～ぬ」「～つ」弁」『山辺道』第三十七号（天理大学）
渡瀬　茂（一九九三・三）「臨場的場面の「つ」と「ぬ」―『源氏物語』における―」『富士フェニックス論叢』第一号
高橋敬一（一九九三・四）「今昔物語集における「～居ル」「～テ居ル」について」『活水論文集　日本文学科編』第三十七号（活水女子大学・活水女子短期大学）
小林恵子（一九九三・五）「完了の助動詞ヌとツについて」鶴久教授退官記念論文集刊行会編『鶴久教授退官記念　国語学論集』桜楓社
西田隆政（一九九三・五）「源語須磨の表現構成―助動詞「ぬ」による段落構成―」中古文学会編『中古文学』第五十一号
上原作和（一九九三・七）「前期物語のテンス・アスペクト」『国文学　解釈と鑑賞』第五十八巻第七号
加藤康秀（一九九三・七）「古今集のテンス・アスペクト」『国文学　解釈と鑑賞』第五十八巻第七号
金水　敏（一九九三・七）「古事記のテンス・アスペクト」『国文学　解釈と鑑賞』第五十八巻第七号
黒田　徹（一九九三・七）「万葉集のテンス・アスペクト」『国文学　解釈と鑑賞』第五十八巻第七号
竹内美智子（一九九三・七）「土佐日記のテンス・アスペクト」『国文学　解釈と鑑賞』第五十八巻第七号
山口敦史（一九九三・七）「中古漢文訓読文のテンス・アスペクト―『日本霊異記』を中心に―」『国文学　解釈と鑑賞』第五十八巻第七号
山下健吾（一九九三・七）「源氏物語のテンス・アスペクト」『国文学　解釈と鑑賞』第五十八巻第七号
吉田茂晃（一九九三・七）「「存続の助動詞」考―万葉集の「り」について―」『万葉』百四十七号
金水　敏（一九九三・一〇）「状態化形式の推移補記」松村明先生喜寿記念会編『松村明先生喜寿記念　国語研究』明治書院
鈴木　泰（一九九三・一〇）「時の助動詞からみた古典のテキスト」日本国語教育学会編『月刊国語教育』第十三巻第九号
木下書子（一九九三・一二）「天草版平家物語における「つらう」について」筑紫国語学談話会編『筑紫語学研究』第四号
野村剛史（一九九四・一）「上代語のリ・タリについて」『国語国文』第六十三巻第一号
金水　敏（一九九四・三）「書評　鈴木泰　著『古代日本語動詞のテンス・アスペクト―源氏物語の分析―』」『国語学』第百七十六号
渡瀬　茂（一九九四・三、一九九五・三）「王朝散文の動詞終止形　上・下」『富士フェニックス論叢』第二、三号

橋本　修（一九九四・八）「上代・中古和文資料における、ノチ節のテンスとアスペクト」『文芸言語研究　言語篇』第二十六号（筑波大学）
金水　敏（一九九四・一〇）「日本語の状態化形式の構造について」『国語学』第百七十八集
近藤泰弘（一九九四・一〇）「書評　鈴木泰　著『古代日本語動詞のテンス・アスペクト―源氏物語の分析―』」『国語と国文学』第七十一巻第十号
山田　潔（一九九五・一）「複合助動詞「つらう」の用法」『学苑』第六百六十一号（昭和女子大学）
上原作和（一九九五・六）「完了の助動詞「り」の接続を教えるまでに」『国文学　解釈と鑑賞』第六十巻第七号
金水　敏（一九九五・七）「「進行態」とはなにか」『国文学　解釈と鑑賞』第六十巻第七号
金水　敏（一九九五・一〇）「いわゆる「進行態」について」築島裕博士古稀記念会編『築島裕博士古稀記念　国語学論集』汲古書院
鈴木　泰（一九九五・一〇）「メノマエ性と視点（Ⅰ）―移動動詞の〜タリ・リ形と〜ツ形、〜ヌ形のちがい―」築島裕博士古稀記念会編『築島裕博士古稀記念　国語学論集』汲古書院
泉　基博（一九九五・一一）「『十訓抄』における「つ」と「ぬ」―史的変遷を中心にして―」宮地裕・敦子先生古稀記念論集刊行会編『宮地裕・敦子先生古稀記念論集　日本語の研究』明治書院
滋野雅民（一九九六・一）「「つ」「ぬ」の承接からみた『今昔物語集』の「来」の訓じ方」『山形大学紀要　人文科学』第十三巻第三号
川岸克己（一九九六・三）「助動詞タリ・リの対立構造」『学習院大学上代文学研究』第二十一号
井島正博（一九九六・六）「相対名詞または格助詞による時の副詞節」山口明穂教授還暦記念会編『山口明穂教授還暦記念　国語学論集』明治書院
鈴木　泰（一九九六・六）「メノマエ性と視点（Ⅱ）―移動動詞の基本形を中心に―」山口明穂教授還暦記念会編『山口明穂教授還暦記念　国語学論集』明治書院
鈴木　泰（一九九六・七）「アスペクト―チベット語と古代日本語の evidentiality に関連して―」『国文学　解釈と鑑賞』第六十一巻第七号
中西宇一（一九九六・七）『古代語文法論　助動詞編』和泉書院
山下和弘（一九九六・七）「中世以後のテイルとテアル」『国語国文』第六十五巻第七号
鈴木　泰（一九九六・一一）「メノマエ性と視点（Ⅲ）―古代日本語の通達動詞の evidentiality（証拠性）―」鈴木泰・角田太作編『日本語文

法の諸問題―高橋太郎先生古稀記念論文集―』ひつじ書房
小林正治（一九九六・一二）「モダリティとしての「つ・ぬ」」『グループ・ブリコラージュ紀要』第十四号
高橋敬一（一九九七・三）『宇治拾遺物語』における「テアリ」について」『活水論文集　日本文学科編』第四十号（活水女子大学・活水女子短期大学）
渡瀬　茂（一九九七・三）「垣間見の「たり」と「り」」『富士フェニックス論叢』第五号
山口堯二（一九九七・一〇）「完了辞・過去辞の通時的統合―「た」への収斂―」川端善明・仁田義雄編『日本語文法　体系と方法』ひつじ書房（山口（二〇〇三・九）所収）
福沢将樹（一九九七・一二）「タリ・リと動詞のアスペクチュアリティー」『国語学』第百九十一集
木村恭子（一九九八・一）「ニタリとタリのアスペクト的相違―『源氏物語』を資料として―」『国文』第八十八号（お茶の水女子大学）
金　平江（一九九八・二）「完了の助動詞「り・たり・つ・ぬ」に関する一考察―『源氏物語』の時を表わす「ほど」の句を中心に―」『中央大学大学院研究年報　文学研究科篇』第二十七号
種　友明（一九九八・三）『古典語・方言の研究　種友明論攷集』おうふう
鄭　霞清（一九九八・三）『平家物語』における助動詞「―タリ・リ」―文末に使われた場合―」『甲南国文』第四十五号（甲南女子大学）
福沢将樹（一九九八・五）「過去と完了―語り手と視点―」『国語国文研究』第百九号（北海道大学）
鈴木　泰（一九九八・一〇）「これだけ文法が分かれば古典が読める―〈2. 最小限、古典文法の何が分かればよいか〉「たり」と「り」＝継続と完了の表現　ex「かの中納言の手に似たる手して書きたるか」―源氏物語・若菜下―」『国文学　解釈と教材の研究』第四十三巻第十一号
中沢宏隆（一九九八・一一）「「たり」と「り」について」『国語』第五十一号（香川県高等学校国語教育研究委員会）
山下太郎（一九九八・一二）「和泉日記の橘花章段―助動詞「たり」による展開―」『解釈』第四十四巻第十一・十二号
鎌倉暄子（一九九九・三）「いわゆる完了の助動詞「つ」「ぬ」の本質について―「らし」「けらし」との関連において―」『香椎潟』第四十四号（福岡女子大学）
鄭　霞清（一九九九・三）『平家物語』における助動詞「―ツ」・「―ヌ」―文末に使われた場合―」『甲南国文』第四十六号

手坂凡子(一九九九・三)「虎明本狂言のテアルについて」『国語研究』第六十二号(国学院大学)
堀口和吉(一九九九・三)「「～り・～たり」「～けり」の表現」『山辺道』第四十三号(天理大学)
吉田茂晃(一九九九・三)「中古期仮名文における〈タリケリ〉について」『山辺道』第四十三号(天理大学)
釘貫　亨(一九九九・七)「完了辞リ、タリと断定辞ナリの成立」『万葉』第百七十号
中沢宏隆(一九九九・七)「「来つ」「来ぬ」の用例に見られる「つ」と「ぬ」の差異について―万葉集・八代集の和歌の場合―」『国学院雑誌』第百巻第七号
鎌倉暄子(一九九九・一二)「いわゆる完了の助動詞「つ」「ぬ」の本質について―「らし」「けらし」との関連において―」『香椎潟』第四十五号(福岡女子大学)
鈴木　泰(一九九九・一二)「古代日本語のアスペクト―現代日本語と比較して―」『台湾日本語文学報』第十四集
西田隆政(一九九九・一二)「源氏物語における助動詞「ぬ」の文末用法―場面起こしと場面閉じをめぐって―」『文学史研究』第四十号(大阪市立大学)
高山百合子(二〇〇〇・二)「完了辞・過去時の統合をめぐって―「た」への統合史・素描―」『国語と教育』第二十四号(長崎大学)
市原　敦(二〇〇〇・三)「完了の助動詞の使い分け―『土佐日記』をテキストにして―」『国語研究』第三十七号(石川県高等学校国語研究会)
西田隆政(二〇〇〇・三)「助動詞「つ」「ぬ」と係り結び―源氏物語を中心に―」表現学会編『表現研究』第七十一号
鈴木　泰(二〇〇〇・五)「メノマエ性」『日本語学』第十九巻第五号
佐野　宏(二〇〇〇・七)「助動詞「り」の承接語形について」『万葉』第百七十四号
鈴木徳子(二〇〇〇・七)「中古語におけるタリ、リ、テアリ―そのアスペクト的意味と現実性をめぐって―」『国文』第九十三号(お茶の水女子大学)
山本博子(二〇〇〇・七)「中古語におけるキ形とニキ形・テキ形の違い」『国文』第九十三号(お茶の水女子大学)
福嶋健伸(二〇〇〇・八)「中世末期日本語の～テイル・～テアルについて―動作接続を表している場合を中心に―」『筑波日本語研究』第五号

金　光珠（二〇〇一・三）「中世末期日本語の「スル」のテンス・アスペクトの意味・用法について―『捷解新語』と『大蔵虎明本狂言』の用例の分析を通して―」『麗沢大学大学院言語教育研究科年報』第三号
重見一行（二〇〇一・三）「現代語訳を通して見た中古助動詞「ぬ」の表現意義」前田富祺先生退官記念論集刊行会編『前田富祺先生退官記念論集　日本語日本文学の研究』前田富祺先生退官記念論集刊行会
中野はるみ（二〇〇一・三）「「～てしまう」に含まれる「つ」「ぬ」のモダリティー」『長崎国際大学論叢』第一号
山口堯二（二〇〇一・五）「完了辞の統合にかかわる補助動詞の推移」『京都語文』第七号（仏教大学）（山口堯二（二〇〇三・九）所収）
鈴木　泰（二〇〇一・九）「時間的局在性とテンス・アスペクト―古代日本語の事例から―」『日本語文法』第一巻第一号
西田隆政（二〇〇二・三）「源氏物語における「たり」「り」の文末用法―係り結びの使用頻度と文体差との関連をめぐって―」『甲南女子大学研究紀要　文学・文化編』第三十八号
三宅　清（二〇〇二・三）「古代語の複合辞に関する一考察―「つらむ」と「つらう」―」『学芸国語国文学』第三十四号（東京学芸大学）
山本博子（二〇〇二・三）「中古語におけるキ形とニキ形・テキ形のアスペクト的意味の違い」『人間文化研究年報』第二十五号（お茶の水女子大学）
鈴木　泰（二〇〇二・八）「古代日本語における完成相非過去形（ツ・ヌ形）の意味」『国語と国文学』第七十九巻第八号
福嶋健伸（二〇〇二・八a）「中世末期の日本語の～タについて―終止法で状態を表している場合を中心に―」『国語国文』第七十一巻第三号
福嶋健伸（二〇〇二・八b）「中世末期の日本語の～タにおける主格名詞の制限について―終止法で状態を表している場合を中心に―」『筑波日本語研究』第七号
鈴木徳子（二〇〇二・一二）「地の文におけるアスペクト形式タリ、リをめぐって―タクシス（時間的順序）の観点から―」『国文』第九十八号（お茶の水女子大学）
山口明穂（二〇〇二・一二）「『源氏物語』の解釈と助動詞「つ」「ぬ」」紫式部学会編『むらさき』第三十九輯
近藤　明（二〇〇三・三）「助動詞「リ・タリ」に否定辞が下接する場合」『国語学研究』第四十二集（東北大学）
土岐留美江（二〇〇三・三）「古代語・現代語における動詞基本形終止文の機能」『愛知教育大学研究報告　人文・社会科学』第五十二号

西田隆政（二〇〇三・三）「平安和文における文の終止―源氏物語を資料として―」『甲南女子大学研究紀要　文学・文化編』第三十九号

矢澤真人（二〇〇三・三）「日本の文法教科書」（ネット版）

山本博子（二〇〇三・三）「中古語におけるキ形とタリキ形の違い」『人間文化研究年報』第二十六号（お茶の水女子大学）

山田裕次（二〇〇三・六）「降る・降りつ・降りぬ・降りたり」『解釈』第四十九巻第五・六号

土岐留美江（二〇〇三・七）「古代語と現代語の動詞基本形終止文―古代語資料による「会話文」分析の問題点―」社会言語科学会編『社会言語科学』第六巻第一号

山口尭二（二〇〇三・九）『助動詞史を探る』和泉書院

釘貫　亨（二〇〇三・一〇）「奈良時代語の述語状態化標識として成立したリ、タリ、ナリ」『国語学』第五十四巻第四号

福島健伸（二〇〇四・二）「中世末期日本語の～テイル・～テアルと動詞基本形」『国語と国文学』第八十一巻第二号

山口明穂（二〇〇四・二）『日本語の論理』大修館書店

青野順也（二〇〇四・三）「上代語の「てあり」と「たり」」『国学院大学大学院紀要　文学研究科』第三十五号

浅川凡子（二〇〇四・三）「版本狂言記の夕の丁寧表現」『国学院大学大学院紀要　文学研究科』第三十五号

高瀬正一（二〇〇四・三）「近世擬古文における「つ」と「ぬ」について―上接動詞との関連―」『国語国文学報』第六十二号（愛知教育大学）

寺島　徹（二〇〇四・三）「俳諧における完了の助動詞「つ」「ぬ」―江戸中期の用法と解釈について―」『愛知教育大学大学院国語研究』第十二号

山本博子（二〇〇四・四）「中古語におけるタリキ形の意味―キ形との比較を通して―」『国語と国文学』第八十一巻第四号

鈴木　泰（二〇〇四・六）「テンス・アスペクトを文法史的にみる」尾上圭介編『朝倉日本語講座6　文法Ⅱ』朝倉書店

鈴木　泰（二〇〇四・八）「日本語の時間表現」『日語日文学研究』第五十輯（韓国日語日文学会）

市原　敦（二〇〇四・九）「中古和文における「完了」と「過去」―～ヌ形、～タリ・リ形、～ツ形、～キ形について―」『金沢大学語学・文学研究』第三十二号

近藤　明（二〇〇四・九）「助動詞「リ・タリ」が命令形になる場合」『金沢大学語学文学研究』第三十二号

鈴木　泰(二〇〇四・九)「古代日本語におけるテンス・アスペクト体系とケリ形の役割」論集編集委員会編『国際基督教大学大学院教授飛田良文博士退任記念 日本語教育学の視点』東京堂出版
鈴木　泰(二〇〇四・一二)「「見ゆ」と「見えたり」のちがいについて」紫式部学会編『むらさき』第四十一輯
金　平江(二〇〇五・三)「助動詞「ぬ」と「つ」の意味―動詞「見ゆ」を中心に―」『中央大学国文』第四十八号
藤井貞和(二〇〇五・三)「助動詞「ぬ」の性格」『立正大学文学部論叢』第百二十一号
山田裕次(二〇〇五・六)「「つ」と「ぬ」―「見つ」「見えつ」「見ぬ」「見えぬ」の場合―」『解釈』第五十一巻第五・六号
鈴木　泰(二〇〇五・七)「テンス・アスペクト研究と連語―古代日本語の「思ふ」―」『国文学　解釈と鑑賞』第七十巻第七号
井島正博(二〇〇五・一〇)「古典語完了助動詞の研究史概観」『成蹊大学一般研究報告』第三十六巻
土岐留美江(二〇〇五・一〇)「平安和文会話文における連体形終止文」『日本語の研究』第一巻第四号
井島正博(二〇〇五・一一)「中古語存続助動詞の機能」『国語と国文学』第八十二巻第十一号
山田昌裕・井野葉子(二〇〇五・一一)「「ぬ」「つ」完了の違い―光源氏―」西沢正史監修『人物で読む『源氏物語』第三巻　光源氏Ⅱ』勉誠出版
上野左絵(二〇〇六・三)「明和・安永期洒落本におけるタとテイル―アスペクトを中心に―」『国語学　研究と資料』第二十九号(早稲田大学)
金　平江(二〇〇六・三)「「かぬ」に接続する助動詞「つ」―『三代集』の用例を中心にして―」『中央大学国文』第四十九号
近藤　明(二〇〇六・三)「助動詞「り」「たり」と主観の表現」『徳島文理大学文学論叢』第二十三号
高瀬正一(二〇〇六・三)「『玉勝間』における「つ」と「ぬ」について―上接動詞との関連―」『国語国文学報』第六十四号(愛知教育大学)
植田　麦(二〇〇六・四)「日本書紀の「今」―相対化される時空―」上代文学会編『上代文学』第九十六号
近藤泰弘(二〇〇六・四)「中古語の文法―アスペクトの副詞節を中心に―」『日本語学』第二十五巻第五号
福嶋健伸(二〇〇六・四)「日本語の謎―文法・アスペクト研究に残る謎は何か　中世末期日本語の謎解き」『国文学　解釈と教材の研究』第五十一巻第四号

山下和弘(二〇〇六・五)「タリからテアルへ」筑紫国語学談話会編『筑紫語学論叢』第二号　風間書房
斎藤文俊(二〇〇六・六)「漢文訓読史上の鈴木朖―過去・完了の助動詞の用法の変遷―」鈴木朗学会編『文莫』第二十八号
山田裕次(二〇〇六・六)「「ぬ」小考」『解釈』第五十二巻第五・六号
平田一郎(二〇〇六・八)「完了助動詞の選択―中古日本語のbe動詞文―」鈴木右文・水野圭三・高見健一編『中島平三教授還暦記念論文集　言語科学の真髄を求めて』ひつじ書房
坂元宗和(二〇〇六・一〇)「助動詞ツと助詞ツを生んだ古動詞ツ」『国学院雑誌』第百七巻第十号
神永正史(二〇〇六・一二)「平安中期のテアリ―タリとの比較から―」『筑波日本語研究』第十一
黒木邦彦(二〇〇七・三)「中古日本語のトキ節に見られる文法的特徴」『語文』第八十八輯(大阪大学)
山田裕次(二〇〇七・七)「「経つ」「経ぬ」の例から見た「つ」と「ぬ」」小久保崇明編『日本語日本文学論集』笠間書院
井島正博(二〇〇七・八)「中古語完了助動詞の体系」『国語と国文学』第八十四巻第八号
小田　勝(二〇〇七・一〇)『古代日本語文法』おうふう
井島正博(二〇〇七・一一)「中古語完了助動詞と動詞の自他」『武蔵大学人文学会雑誌』第三十九巻第二号
山田裕次(二〇〇七・一二)「「つ」「ぬ」小考」『解釈』第五十三巻第十一・十二号
井島正博(二〇〇八・三)「中古語完了助動詞の非現実用法」『東京女子大学日本文学』第百四号
鈴木　泰(二〇〇九・二)『古代日本語時間表現の形態論的研究』ひつじ書房
糸井通浩(二〇〇九・一一)「古典に見る「時」の助動詞と相互承接―『枕草子』日記章段における―」『国語と国文学』第八十六巻第十一号
仁科　明(二〇〇九・一一)「『存在』と『痕跡』―万葉集の「り」「たり」について―」『国語と国文学』第八十六巻第十一号
野村剛史(二〇〇九・一一)「ツとヌ再訪―テクル・テイクと対照しながら―」『国語と国文学』第八十六巻第十一号
李　忠均(二〇〇九・一一)「『天草版平家物語』における「シテ＋存在詞」形式の意味」『国語と国文学』第八十六巻第十一号
井島正博(二〇〇九・一二)「中古語完了助動詞のいわゆる確述用法」紫式部学会編『むらさき』第四十六輯
小田　勝(二〇一〇・一)「相互承接からみた中古語の時の助動詞」月本雅幸・藤井俊博・肥爪周二編『古典語研究の焦点』武蔵野書院

小田　勝（二〇一〇・九）『古典文法詳説』おうふう
藤井貞和（二〇一〇・一二）『日本語と時間―〈時の文法〉をたどる―』岩波新書

終　説

中古語の過去・完了表現の研究を結ぶにあたり、過去・完了表現の、上代から近現代までの展開のありさまについて、およその展望を素描しておきたい。この問題は、本格的に論じようとすれば、上代から現代にわたる厖大な用例調査をもとに行わなければならないが、言うまでもなく今はその用意はない。将来の研究のために、若干の先行研究の引用によっておよその見通しをつけるに過ぎない。とはいうものの、過去・完了表現に関しては、かなり明確な変化の規則性を見出すことができるように思われる。

ヨーロッパの言語において、時を表わす表現は、アスペクトから始まり、テンスへと拡張していく、という指摘は、たとえばヴァンドリエスなどに見られる。

フランス語又はドイツ語の如き国語では動詞は主として時を表はす。動詞のことをドイツ語では Zeitwort と云ふ。フランス語には過去・現在・未来のみならず、時の相対的差別に相当する色々な時の段階(une gamme)があつて、過去の中の未来や未来の中の過去を表はす方法がある。この点でフランス語ほど富んでゐる国語は少ない。ドイツ語には過去が一つしかなくて、フランス語の半過去(imparfait)と定過去(passé défini)とを一つにして ich liebte「私は愛した」といふ、〈中略〉

然しラテン語で時の表はし方は一つの更新であつた。比較文法によると、印欧語は主としてアスペクト(aspect)を表はしたものである。

一四五頁

ヴァンドリエス（一九五〇）『言語学概論―言語研究と歴史―』（藤岡勝二訳（一九三八・一〇））

コムリー（一九七六）の中でも、たとえば、古代ギリシア語と現代ギリシア語とを比較してみると、いわゆる過去形のなかった古代ギリシア語に対して、現代ギリシア語ではもともとアスペクトの形から過去形が派生したことを示している。そして、過去形と非過去形それぞれに対して、改めて完結相・不完結相というアスペクト対立が生じているという。

現代ギリシア語の過去テンスの語尾は、古代ギリシア語のインパーフェクトの語尾とアオリストの語尾との折衷になっている。そして、現代語における不完結相の語幹と完結相の語幹とのあいだのちがいは、歴史的にみれば、古代ギリシア語における現在の語幹とアオリストの語幹とのあいだのちがいからおこってきている。非過去テンスにおいては、現在の形式と未来の形式とのあいだのテンスの区別だてはうしなわれて、純粋にアスペクト的な区別だてがこれにとってかわっている。

一五三頁

コムリー（一九七六）『アスペクト』（山田小枝訳（一九八八・一〇））

また、宗教学の市川裕教授に伺ったところ、『聖書』に用いられた古代ヘブライ語の完了形と現在分詞形というアスペクトの対立が、現代ヘブライ語では過去形と現在形および現在進行形というテンスの対立に変化したという。また、言語学の林徹教授によると、日本語のキ・ケリの相違を目睹回想・伝承回想と細江逸記が考えるもとになったトルコ語の過去時制の二類型は、現在の研究においてもほぼそのように考えて大過ないということだが、これも歴史的にはアスペクトを表わす表現であったということだ。

さて、日本語に関して、小林好日（一九四一・八）は、上代語のヌ・ツの意味を論じる中で、完了アスペクトは過去テンスへと移行する理論的根拠があると述べ、キは文献時代以前にアスペクトを表わしていた可能性があると指摘している。

以上「ぬ」「つ」の動作態につき、余の論じたことを約むれば、畢竟「ぬ」は動作の完了を云ひ、「つ」は完了と共にその結果の観念を伴ふものである。是を従来のやうに、その結び付く動詞の種類によつて分たうとし、若しくは動作の有意自然などの差によつて分たうとするのは、皆いづれも非であると云ふのである。最後に今一応「つ」「ぬ」の持つてゐる過去の意味に就いて考へたい。「ぬ」「つ」が表す過去の意味は決してハイゼの所謂主観的の時、若しくはヴントの所謂関係的概念としての時ではなくて、動作の完了を現すことが、おのづから過去の意味を伴ふのである。かの「き、し、しか」のやうに主観的に話す時の現在を本として之より過去であることを示すのとは趣がちがふ。現在行はれる動作について完了を示すときは、主観的に過去の領域に入らざるを得ない。論理的に現在を過去と未来との中間の一点とすれば、完了を認めることは話をすることより前に在る。従つて動作の完了を云ふ時は、動作は既に過去に在るのである。更に之を心理的にとり、現在を以て過去及び未来の或長さを合して成る或延長を持つものと考へても、同様に完了の瞬間は現在よりも前、云ひ換へれば過去とならざるを得ない。何となれば過去或は未来の或延長は、その中間なる現在に由つて繋がれて、はじめて一連の現在となるに過ぎないからである。

〈中略〉

かくの如く完了態已然態は、密接に時階上の過去と関係があるから、直説法にあらはるゝ過去の観念が重くなると共に、自ら時階の方に移り行くことは当然かも知れない。「き、し、しか」も嘗ては亦同じ径路をとつて古く時階上の過去となつたものゝやうにも想像される。しかしそれは文献以前のことである。

三二九・三三〇頁

小林好日（一九四一・八）『国語学の諸問題』

春日政治（一九四二・一二）は、『西大寺本金光明最勝王経』の訓点を研究する中で、上代語のケリについて、過去を表わしている用例はむしろ少数で、大多数の用例は「動作の過去より継続して今に存在することを表すのであつて、「前カラシ（アリ）続ケテ今ニアル」の義である」というように、アスペクトという術語こそ用いていないものの、実質的にはアスペクトを表わしているという議論をしている。

さてケリといふ語は上代の文献について見るに、過去と解しても通過し得る例はむしろ少い。記・紀の歌謡はもとより、万葉集の歌、古事記・宣命等の仮名書きされてゐるこの語を検して見るに、皆さうである。自分は元来この点に大きな疑問をもつのであつて、ケリは原義が過去ではなく、少くも過去のやうに用ゐたのはむしろ二次的の意義ではなからうかと思ふ。ケリは古来キと同じく過去を表すのが原義であつて、それが詠嘆にも用ゐられるといふのが普通の見方であつて、勿論キとケリとの差異は論ぜられてはゐるが、過去を表すのが主なる助動詞ならば、何を以て古代の用法に過去の例が少いだらうか。又過去の語が如何にして詠嘆にも用ゐられるかが考へにくい。

〈中略〉

即ちケリはキアリであつて、「来《ク》」を形式動詞とする時は、動作の過去より継続して今に存在することを表すのであつて、「前カラシ（アリ）続ケテ今ニアル」の義である。時からいへば動作の初を過去に想定するけれども、今に存在するのであるから現在でなくてはならない。元来アリの融合して出来た助動詞のセリ・ザリ・タリ・メリなど時は皆現在である。

春日政治（一九四二・一二）『西大寺本金光明最勝王経古点の国語学的研究』二四三・二四四頁

これらを承けて、山口佳紀(一九八五・一)は、キについては、上代以前にアスペクトを表わしていた形跡が上代語に見られ、ケリについては、むしろ上代の用例の大半がアスペクトを表わしているという議論を展開している。

結論的に言えば、過去を表わす形式は、アスペクトを表わす形式の一種から転成したものと思われる。

小林好日(『国語学の諸問題』三二九頁)は、ヌは動作の完了を示すもの(完了態)であり、ツは動作の完了と共に動作の惹き起こす結果の観念をもつもの(已然態)であると説くが、現在行われる動作について完了を示すことは、主観的に過去の領域に入らざるを得ず、ツ・ヌが「動作態」(アスペクト)的意味から「時階」(テンス)的意味へと移り行くことは当然かもしれないと述べる。そして、

「き、し、しか」も嘗ては亦同じ径路をとつて古く時階上の過去となつたものゝやうにも想像される。

と記している。

現代語で、過去を表すために用いられるタが、古く存続あるいは完了を表わすために用いられたタリから来ていることは、しばしば指摘される所である。過去はテンス的意味であり、存続・完了はアスペクト的意味である。

それでは、いわゆる過去の助動詞キが、かつてテンス的でなく、アスペクト的であったことを示すような徴証はないであろうか。

〈以下活用形ごとの論証〉

こうして見ると、キの諸活用形の用例の中には、過去の意を表わしているとは思えないものがあることが分る。しかも、

シ・シカ……動作・作用が起こって、それが続いている、あるいは、その結果が残っている。リ・タリに近い。

キ・ケ……過去から現在にまで動作・作用が続いている。ケリに近い。

のように、意味上、二系列に分れているように感じられる。これは、しかし偶然でなく、前者が語源的にス(為)に遡り、後者がク(来)に遡るということと関係があるのではないだろうか。

〈中略〉

次に、しばしばキと対比されるケリについて考えてみる。

ケリに関しては、春日政治『西大寺本金光明最勝王経古点の国語学的研究』(研究篇二四〇頁以下)における所説が、最も注目される。春日によれば、ケリは、上代においては、過去と見るべき用例は少なく、その点から見て、ケリの原義は過去ではない。語源は「来アリ」であって、「前カラシ(アリ)続ケテ今ニアル」の義である。時から言えば、動作の初めを過去に想定するけれども、今に存在するのであるから、現在でなくてはならない。更に言えば、ケリの原義は、継続的存在であって、本来、時の為の語ではないのであるが、そのままで用いれば、時としては現在と考えるべきものである。春日の所説をまとめれば、以上のようになる。

〈以下、意味用法ごとの論証〉

四九九～五一一頁

山口佳紀(一九八五・一)『古代日本語文法の成立の研究』

このように、中古、中世には専らテンスを表わすキ・ケリが、上代、ないし上代以前にはアスペクトを表わしていた、もしくはその可能性があると論じられている。

中世、特に室町時代は、近現代語にまで続く言語の大変革期であることはよく知られているが、過去・完了表現に関しても同様である。過去のキ・ケリや完了のヌ・ツが口頭語からは消滅、ないし用法を特殊化させて細々と残るに留まるのに反し、タリはタと約まって過去テンスにまで拡張する。一方、アスペクトの領域には新たにテイルという形式が生じる。その概略は従来から知られていたが、詳細については現在研究が進行中である。

ここで引用は一気に現代語に移るが、工藤真由美(一九八二・三)では、テイルの基本的意味として「動きの継続」「変化の結果の継続」の二つを挙げ、派生的意味として「反復」「現在有効な、過去の運動の実現」「単なる状態」の三つを挙げる。そのうち、「現在有効な、過去の運動の実現」は、従来「経験」と呼ばれていたものであるが、過去テンスと関わりが深いことが指摘されている。

「現在有効な、過去の運動の実現」について。この派生的意味には、次の二つの用法がある。①は過去に実現した運動が、記録として現在残されていることを表わしているものであり、②は、過去に実現した運動が現在の状態になんらかのかかわりをもっていることを表わしているものである。

〈用例略〉

どちらの用法も、動き動詞からも変化動詞からも作られる。そして「反復」の場合には、スルとシテイル(あるいはシタとシテイタ)の対立がよわまるのだが、「現在有効な、過去の運動の実現」においては、以上の例において、シテイルが過去を示す形式と共存していることから明らかなように、基本的にシテイルとシタとの対立がよわまってくる。

この派生的意味は、基本的意味の「変化の結果の継続」から派生してきたものと思われるが、この基本的意味においては、以前に実現した一つの運動の変化の側面が継続していることの方を問題とするのに対して、「現在有効な、過去の運動の実現」の場合には、以前に実現した運動そのものが問題となっていて、「変化性」もそしてその「継続性」も問題となっていない。

工藤真由美(一九八二・三)「シテイル形式の意味記述」七八・七九頁

その後、工藤真由美(一九八九・一二)では、それまでの「現在有効な、過去の運動の実現」という術語を「パーフェクト」と呼び代え、テンス的側面とアスペクト的側面との両面があることを強調するものの、結局「ひとまとまり性」「持続性」とならぶものとして「パーフェクト性」を立てて、アスペクト体系の中に位置付けており、この枠組がほぼそのまま『アスペクト・テンス体系とテクスト—現代日本語の時間の表現—』（一九九五・一一）に踏襲されている。

〈パーフェクト〉の規定に当たって、

①発話時点、出来事時点とは異なる〈設定時点〉が常にあること。（以下、それぞれに対してST、ET、RTという略称を使うことがある。）

②設定時点に対して出来事時点が先行することが表わされていて、テンス的要素としての〈先行性〉を含んでいること。

③しかし、単なる先行性ではなく、先行して起こった運動が設定時点との〈むすびつき＝関連性〉をもっているととらえられていること。つまり、運動自体の〈ひとまとまり性〉と共に、その運動が実現した〈後の段階＝効力〉をも同時に捉えるというアスペクト的要素を持っていること。

は、平等に強調されなければならないであろう。　六七頁

こうして、パーフェクトとは①②③の要素、つまり〈設定時点にたいする出来事時点の先行性〉というテンス的要素と〈運動自体のひとまとまり性＋その効力〉というアスペクト的要素を相互前提的にふくみこんだ複合的な時間概念であるととらえなければならないであろう。　七二頁

工藤真由美（一九八九・一一）「現代日本語のパーフェクトをめぐって」

確かに、パーフェクトとはどのような内実であるのかに関する議論に関しては、従うべきところも多いのである

が、これを「パーフェクト」という概念として独立させ、「ひとまとまり性」「持続性」とならべてアスペクト体系の中に位置付けてしまうことには、弊害も出てくるのではないだろうか。共時的な理論として見る分には、パーフェクトがテンスに属すかアスペクトに属すかという根本的な問題はあるものの、とりあえず体系の中に押さえ込むことはできるかもしれない。しかし通時的に見た場合、まさにテイルがアスペクトからテンスへと移行しているありさまを表わしているのが、この〝パーフェクト〟用法だと考えられるのである。そうであるならば、〝パーフェクト〟用法を、スタティックな体系の中に収めるのではなく、言語変化というダイナミックな観点からとらえるべきなのではないだろうか。〝パーフェクト〟用法の中には、どちらかと言えばアスペクト(結果存続)に近いもの(「マラソン大会のために充分走り込んでいる」「試験の準備は済んでいる」「もう昼ご飯は食べている」)から、テンス(過去)に近いもの(「犯人は昨日ここを通っている」「江戸時代にも浅間山は噴火している」)までの広がりがあることからも、そのことは裏付けられるように思われる。

さて、以上の先行研究の指摘をもとに、過去・完了助動詞の歴史的展開のありさまの見通しをつけておきたい。キ・ケリは上代以前にはアスペクトを表わしていた可能性が高い。ケリの上代の諸用法は、テンスというよりもアスペクト的要素が強いようである。山口佳紀(一九八五・一)では、上代のケリの用法を六つに分けるが、そのうち五つまでが「今まで気づかなかったことに気づく、或いは意識してこなかったことをはっきり意識する」(五一三頁)というように括ることができるという。そしてこれらは、「過去から現在に亘って継続し、今なお存続する事態を、現時点で事新しく述べ立てることは、それに初めて気づいたというニュアンスを伴いやすいであろう」(五一四頁)と述べ、アスペクト的用法とまとめることができるという。そして、六つめの用法、「過去の事態を伝聞として述べる」(五一三頁)ものは、テンス的用法と言えるが、これは四つめの「過去に起こった動作・作用を、初めて気づいたこととして述べる」(五一二頁)用法の展開と考えられるという。キは上代でも過去テンスとして用いられるのが通例であるが、山口佳紀(一九八五・一)によれば、アスペクトを表わしていた形跡が若干認められるという。

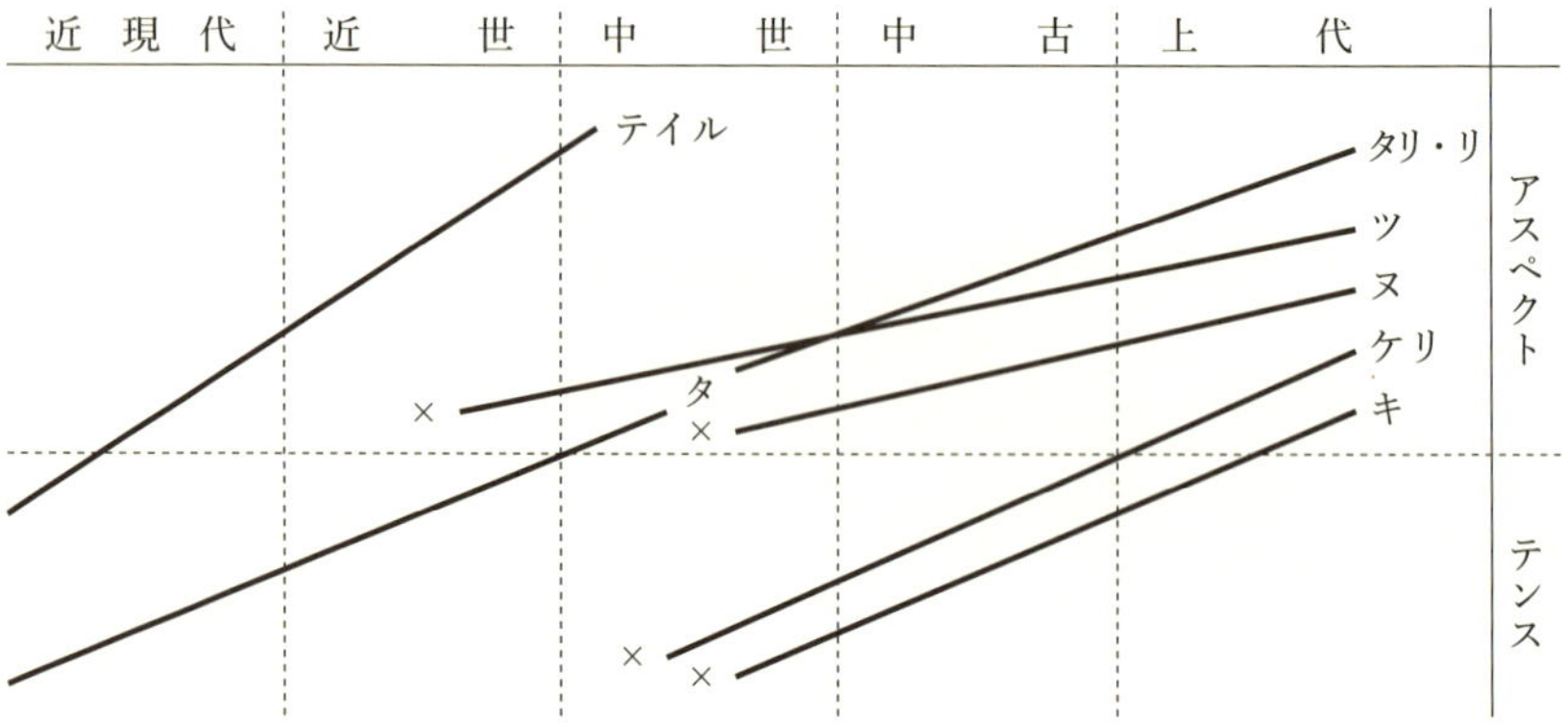

中古および院政・鎌倉時代には、キ・ケリともに過去テンスを表わすために用いられるが、室町時代になると、口頭語としては用いられなくなる。

ヌ・ツは、上代、中古、院政・鎌倉時代を通して、完了アスペクトを表わしているが、ヌは室町時代に消滅する。ツは近世までかろうじて生き延びるが、用法が偏っている。

タリ・リも、上代、中古、院政・鎌倉時代と、存続・完了アスペクトを表わす形式として用いられるが、室町時代になると、形がタと約まり、過去テンスにも拡張して近世、近現代まで生き続けている。ただアスペクト用法は、「曲がった釘」のように連体用法は用いられるが、「＊その釘は曲がった」(結果的状態の意味で)のように終止用法はなくなるというように、若干後退する。

テイルは、中古、院政・鎌倉時代にも用例は皆無ではないが、まだ「坐る」というような実質的な意味を伴うなど、文法化は進んでいない。室町時代になってアスペクトを表わす形式として、アスペクト体系の中に参画するようになって、近現代に至る。ただ、近年「経験」と呼ばれる用法を拡張させてきたが、これはテイルが過去テンスを表わすようになってきたものと了解される。

以上の経緯を、簡略に図示すると以下のようになる。ただ、この図ではそれぞれの形式のアスペクト・テンス領域での展開を直線で表わしているために、どの程度盛んに用いられているのか、あるいはアスペクト・テンスにわたってどの程度の幅で用いられているのか(タ・テイルは近現代では過去テンスのみを表わすようになったわけではない)などを正確に反映したものではない。また、テアル・テシマウなどこれ以外のアスペクトを表わす形式は除外されている。

この図を見て気が付くことは、日本語も時を表わす形式は、まずアスペクトを表わすものとして出発し、次第にテンスを表わすようになって、そして消滅していくということである。そのような観点で近現代語を見ると、現在、主としてタがテンス、テイルがアスペクトというように役割分担しているようにも見えるが、それは一過的なことであって、将来、タがアスペクト・テンス体系の中から消滅し、テイルがテンスを中心として表わすようになり(その兆候が「経験」用法である)、アスペクトを表わす新たな形式が現われる可能性を示唆しているように見える。ただ、これはすでに実証的な研究の領域を踏み越えた指摘であり、この程度に留めておきたい。

結　語

本論は、以下に示した既発表の論文をもとに、全体の構成を考えてまとめ直したものである。論には前後二十年以上の発表日時の差があり、その間、筆者自身の考え方の変化、あるいは論文の体裁・文体の変化などがあったため、およそ古い論文ほど多く加筆修正することになった。中古語の過去・完了表現に関して、論じ残したことは少なくはないかもしれないが、筆者としては、是非論じなければならないと思った骨格となる部分はおよそ描くことができたのではないかと思っている。ただ、矛盾のない一貫した議論が展開できたのか、議論が不充分な点や、充分に論証できていない点が少なくないのではないか、といった心配も小さくはない。

第一部　中古語を中心とする過去表現

第一章「中古語過去助動詞の機能」『国語と国文学』第七十九巻第一号　二〇〇二・一

第二章「中古語過去助動詞の意味解釈」『国語と国文学』第八十六巻第十一号　二〇〇九・一一

第三章「中古和文の表現類型」『日本語文法』第二巻第一号　二〇〇二・三

第四章「キ・ケリと連体ナリとの関係」(国語学会口頭発表) 一九八五・一〇

第五章「中古和文の時制と語り─『今は昔』の解釈におよぶ─」『日本語学』第二十四巻第一号　二〇〇五・一

第六章「中古和文の地の文と会話文」『築島博士傘寿記念　国語学論集』汲古書院　二〇〇五・一〇

第二部　中古語を中心とする完了表現
第七章「中古語存続助動詞の機能」『国語と国文学』第八十二巻第十一号　二〇〇五・一一
第八章「中古語完了助動詞の体系」『国語と国文学』第八十四巻八号　二〇〇七・八
第九章「中古語完了動詞と動詞の自他」『武蔵大学人文学会雑誌』第三十九巻第二号　二〇〇七・一一
第十章「中古語完了助動詞の非現実用法」『東京女子大学日本文学』第百四号　二〇〇八・三
「中古語完了助動詞のいわゆる確述用法」『むらさき』第四十六輯　二〇〇九・一二
第十一章「完了助動詞のテクスト機能」　書き下ろし

第三部　上代・中古語における副詞節のテンス・アスペクト
第十二章「時間の起点を表わすノチとヨリとの相違」『松村明教授古稀記念　国語研究論集』明治書院　一九八六・一〇
第十三章「相対名詞または格助詞による時の副詞節」『山口明穂教授還暦記念　国語学論集』明治書院　一九九六・六
第十四章「古典語におけるトキ副詞節」（国語学会口頭発表）一九九二・五

第四部　古典語過去・完了助動詞の研究史
第十五章「古典語過去助動詞の研究史概観」『武蔵大学人文学会雑誌』第三十二巻第二・三号　二〇〇一・三
第十六章「古典語完了助動詞の研究史概観」『成蹊大学一般研究報告』第三十六巻　二〇〇五・一〇

また、本論で用いた資料、索引類は以下のものである。

○資料

古事記歌謡・土佐日記(青谿書屋本)・竹取物語(武藤本)・伊勢物語(三条西家本)・大和物語(尊経閣旧蔵本)・落窪物語(寛政六年本)・蜻蛉日記(桂宮本)・更級日記(御物本)・栄花物語(梅沢本)・今昔物語集(鈴鹿本)(以上『日本古典文学大系』岩波書店)万葉集・源氏物語(大島本)・枕草子(三条西家本)・大鏡(平松家本)(以上『日本古典文学全集』小学館)、古今和歌集(元永本)築島裕他編『東京国立博物館蔵本古今和歌集総索引』汲古書院・『土左日記総索引』桜楓社・『伊勢物語総索引』明治書院・『大和物語総索引』笠間書院・『落窪物語総索引』明治書院・『改訂新版かげろふ日記総索引 本文篇・索引篇』風間書房・宇津保物語『うつほ物語の総合研究1』勉誠出版・『源氏物語絵巻詞書総索引』汲古書院・『源氏物語彙用例索引』勉誠社・『更級日記総索引』武蔵野書院・堤中納言物語 森口年光編『堤中納言物語総索引』勉誠社、続日本紀宣命 北川和秀編『続日本紀宣命 校本・総索引』吉川弘文館、延喜式祝詞 沖森卓也編『東京国立博物館蔵本延喜式祝詞総索引』汲古書院、仏足石歌 山田孝雄編『古京遺文』勉誠社・歌経標式『歌経標式注釈と研究』桜楓社・琴歌譜『天理善本叢書』(影印)八木書店・不空三蔵表制集紙背文書 九曽神昇編『平安時代仮名書状の研究』風間書房・春日政治『西大寺本金光明最勝王経古点の国語学的研究』勉誠社・中田祝夫『古点本の国語学的研究訳文篇』勉誠社・大坪併治『訓点資料の研究』風間書房・築島裕『興福寺蔵大慈恩寺三蔵法師伝古点の国語学的研究』東大出版会・中田祝夫『東大寺諷誦文稿の国語学的研究』風間書房(漢文訓読資料に関しては、声点・異訓などは除いた)慈覚大師伝・智証大師伝 佐伯有清編『慈覚大師伝の研究』『智証大師伝の研究』吉川弘文館(ただし、本文は歴史的仮名遣いに改め、漢字を宛てた場合もある。)

さらに、古典語の過去・完了助動詞に関する研究文献は、それぞれ第十五、十六章で時代順に列挙したが、それ以外に本論で言及した研究文献を以下に示す。

○参考文献

山田孝雄（一九〇八・九）『日本文法論』宝文館

三矢重松（一九〇八・一二）『高等日本文法』明治書院

Joseph Vendryes（一九二一）*Le Langage : Introduction linguistique à l'histoire.* Première. Préhistoire, protohistoire ; III, Paris（藤岡勝二訳『言語学概論―言語研究と歴史』（一九三八・一〇）刀江書院）

石坂正蔵（一九三三・三）「書記古訓の「ハヘリ」「ハムヘリ」の解釈」『国語と国文学』第十巻第三号（『敬語史論考』（一九四四・八）大八洲出版　所収）

橋本進吉（一九三六）「日本文法論」（講義案）（『国文法体系論』（一九五九・一〇）岩波書店　所収）

松尾捨治郎（一九三六・九）『国語法論攷』白帝社（追補版（一九七〇・一一））

時枝誠記（一九四一・一二）『国語学原論―言語過程説の成立とその展開―』岩波書店

三尾　砂（一九四八・二）『国語法文章論』三省堂

Hans Reichenbach（一九四七）*Elements of Symbolic Logic.* the Free Press, New York（石本新訳『記号論理学の原理』（一九八二・七）大修館書店）

金田一春彦（一九五〇・八）「国語動詞の一分類」『言語研究』第十五号（金田一春彦編『日本語動詞のアスペクト』（一九七六・五）むぎ書房　所収）

時枝誠記（一九五〇・九）『日本文法　口語篇』岩波書店

宮坂和江（一九五二・二）「係結の表現価値―物語文章論より見たる―」『国語と国文学』第二十九巻第二号

阪倉篤義（一九五二・一一）「「はべり」の性格」『国語国文』第二十一巻第十号

阪倉篤義（一九五三・六）「歌物語の文章―「なむ」の係り結びをめぐって―」『国語国文』第二十二巻第六号（『文章と表現』（一九七五・六）角川書店　所収）

三上　章（一九五三・六）『現代語法序説』刀江書院（復刊（一九七二・四）くろしお出版）

芳賀　綏（一九五四・四）「〝陳述〟とは何もの？」『国語国文』第二十三巻第四号
金田一春彦（一九五五・三）「日本語動詞のテンスとアスペクト」『名古屋大学文学部研究論集　文学四』第一〇号（金田一春彦編『日本語動詞のアスペクト』（一九七六・五）むぎ書房　所収）
遠藤嘉基（一九五七・一、六）「新講和泉式部物語　十六・十七」『国語国文』第二十六巻第一・六号（『新講和泉式部物語』（一九六二・九）塙書房）
奥村恒哉（一九五七・四）「古今集の詞書の考察―書式及び「はべり」の使用に関する諸問題―」『国語国文』第三十三巻第四号
原田芳起（一九五八・一一）「「うちに」の接続機能とその意味―中古特殊語法私考―」平安文学研究会編『平安文学研究』第二十二輯
峰岸　明（一九五九・三）「今昔物語集に於ける変体漢文の影響について―〈間〉の用法をめぐって―」『国語学』第三十六輯
佐藤良雄（一九六二・一二）「文典用語の相互影響―特に動詞過去の用語について―」『日本大学人文科学研究所研究紀要』第四号
永野　賢（一九六四・一一）「「まで」と「までに」」『口語文法講座3　ゆれている文法』明治書院（『伝達論にもとづく日本語文法の研究』（一九七〇・五）東京堂　所収）
鈴木重幸（一九六五・三）「現代日本語の動詞のテンス―言いきり述語に使われたばあい―」『国立国語研究所論集　ことばの研究』第二集　秀英出版
松村　明（一九六八・七）「より〈古典語・現代語〉」『古典語現代語　助詞助動詞詳説』学燈社
高橋太郎（一九六九・八）「すがたともくろみ」教育科学研究会分講座テキスト（金田一春彦編『日本語動詞のアスペクト』（一九七六・五）むぎ書房　所収）
望月郁子（一九六九・九）「類義語の意味領域―ホドをめぐって―」『国語学』第七十八集
渡辺　実（一九七一・九）『国語構文論』塙書房
柏原司郎（一九七二・三）「〈焼けない前〉と〈焼けぬ先〉と」『語学文学』第十号（北海道教育大学）
南不二男（一九七四・三）『現代日本語の構造』大修館書店
奥津敬一郎（一九七四・九）『生成日本文法論』大修館書店
高橋太郎（一九七六・五）「日本語動詞のアスペクト研究小史」金田一春彦編『日本語動詞のアスペクト』むぎ書房

井上和子(一九七六・四)『変形文法と日本語 下』大修館書店
Bernard Comrie(一九七六・六) *Aspect.* Cambridge University Press, Cambridge(山田小枝訳『アスペクト』(一九八八・一〇)むぎ書房)
奥田靖雄(一九七七・四)「アスペクトの研究をめぐって―金田一的段階―」『宮城教育大学国語国文』第八号(奥田靖雄『ことばの研究・序説』(一九八五・一)むぎ書房 所収)
紙谷栄治(一九七七・一一)「助動詞『た』の一解釈―形式名詞『とき』につづく場合を中心に―」『京都府立大学学術報告』第二十九号
Harald Weinrich(一九七七) *Tempus. Besprochene und erzählte.* Welt(三版)(初版(一九六四))(脇坂豊他訳『時制論―文学テクストの分析―』(一九八二・五)紀伊国屋書店)
奥田靖雄(一九七八・六、九)「アスペクトの研究をめぐって 上・下」『教育国語』第五十三、五十四号(奥田靖雄『ことばの研究・序説』(一九八五・一)むぎ書房 所収)
鈴木重幸(一九七九・一〇)「現代日本語のテンス―終止的な述語につかわれた完成相の叙述法断定のばあい―」言語学研究会編『言語の研究』むぎ書房
近藤泰弘(一九七九・一二)「構文上より見た係助詞「なむ」―「なむ」と「ぞ―や」との比較―」『国語と国文学』第五十六巻第十二号(二〇〇〇・二)所収)
George Lakoff and Mark Johnson(一九八〇) *Metaphors We Live By.* The University of Chicago Press, Chicago(渡部昇一・楠瀬淳三・下谷和幸訳『レトリックと人生』(一九八六・三)大修館書店)
草薙 裕(一九八一・七)「従属節および関係節におけるテンス・アスペクト」馬淵和夫博士退官記念国語学刊行会編『馬淵和夫博士退官記念国語学論集』大修館書店
北原保雄(一九八一・一一)『日本語助動詞の研究』大修館書店
工藤真由美(一九八二・三)「シテイル形式の意味記述」『武蔵大学人文学会雑誌』第十三巻第四号
布山清吉(一九八二・一一)『「侍り」の国語学的研究』桜楓社
屋名池誠(一九八二・一二)『現代東京方言述部構造の記述的研究』東京大学修士論文
草薙 裕(一九八三・九)「テンス・アスペクトの文法と意味」『朝倉日本語文法講座3 文法と意味I』朝倉書店

寺村秀夫(一九八四・九)『日本語のシンタクスと意味Ⅱ』くろしお出版
高橋太郎(一九八五・二)『現代日本語のアスペクトとテンス』秀英出版
福永　進(一九八五・七)「栄花物語の歴史叙述―「今」の表現性をめぐって―」『国語と国文学』第六十二巻第七号
小峯和明(一九八五・一一)『今昔物語集の形成と構造』笠間書院
井島正博(一九八六・三)「格文法の再構成」『防衛大学校紀要』第五十二輯
寺本正彦(一九八七・三)『校注古典叢書　今昔物語集　解説』明治書院
望月満子(一九八七・三)「アトとノチの語義について―その史的推移―」『国語学』第百四十八集
森野　崇(一九八七・六)「係助詞「なむ」の伝達性―『源氏物語』の用例から―」『国文学研究』第九十二号(早稲田大学)
森野　崇(一九八七・一二)「係助詞「なむ」の機能―そのとりたての性質と待遇性をめぐって―」『国語学　研究と資料』第十一号
井島正博(一九八八・三)「動詞の自他と使役の意味分析」『防衛大学校紀要』第五十六輯
井島正博(一九八九・三)「物語と時制―近現代小説を材料にして―」『東洋大学日本語研究』第二輯
工藤真由美(一九八九・一一)「現代日本語のパーフェクトをめぐって」『ことばの科学』第三集　むぎ書房
井島正博(一九九〇・三)「アスペクトの表現機構」『東洋大学日本語研究』第三輯
井島正博(一九九一・三)「従属節のテンス・アスペクト」『東洋大学日本語研究』第四輯
井島正博(一九九三・三a)「視点の表現機構」『成蹊大学文学部紀要』第二十八号
井島正博(一九九三・三b)「物語と視点」『成蹊国文』第二十六号
井島正博(一九九四・三)「語用論からみた命題の類型」『成蹊国文』第二十七号
工藤真由美(一九九五・一一)『アスペクト・テンス体系とテクスト―現代日本語の時間の表現―』ひつじ書房
近藤泰弘(二〇〇〇・二)『日本語記述文法の理論』ひつじ書房
高山善行(二〇〇二・二)『日本語モダリティの史的研究』ひつじ書房
渡辺　実(二〇〇二・二)『国語意味論』塙書房
須田義治(二〇〇三・一一)『現代日本語のアスペクト論』海山文化研究所(改訂版『現代日本語のアスペクト論―形態論的なカテゴリー

と構文論的なカテゴリーの理論―』(二〇一〇・六)ひつじ書房)
服部　隆(二〇〇六・三)「明治期の日本語研究における時制記述」『上智大学国文学科紀要』第二十三号

あとがき

筆者は、テンス・アスペクトについてかなり以前から関心を持っており、一九九〇年前後に現代語で三本ほど論文を書き、古典語に関してもそのころ数本書いてはいる。その当時は、現代語について設けた枠組を古典語に適用すれば、面白い議論ができるとは思いつつも、その後、他のさまざまなテーマに関心が移っていき、暫くはテンス・アスペクトについて論じることはなかった。

それが二〇〇〇年に、藤井貞和先生から、『国文学　解釈と教材の研究』の源氏物語の特集の一つとして、物語の時制について見開き四ページで書くようにとのお話があり、久し振りで古典語のテンス研究の面白さを思い返すことになった。

さらにその前後に、坂梨隆三先生からは、東京大学に転任した顔見せの意味でも『国語と国文学』に何か投稿するようにとの御慫慂があったが、暫くはどのテーマにしようかと、投稿を躊躇していた。そのうち折角書くなら、いずれ書いてみようと思っていた中古語のテンスについて、物語理論に基づいた理論的基盤の上に体系化してみようと考えるようになり、二〇〇二年に本書のテンス理論の基礎になる論文が掲載された。その際、同時期に『日本語文法』から論文依頼があり、中古語のテンスのテクスト論的な振舞いについてまとめたものを発表した。

そのように、中古語のテンス・アスペクトについて、今度は少し腰を据えて考えてみようとしている折も折、二〇〇三年に中古語のテンス・アスペクト研究の第一人者である鈴木泰先生がお茶の水女子大学から転任していらっしゃった。先生との普段のやりとりも大いに刺激になったが、『国語と国文学』の古典語文法特集号の執筆者に加えていただいたりして、考えをまとめる場を与えても下さった。さらに、非常勤をしている、東京女子大学の金子彰先生には『東京女子大学日本文学』に、武蔵大学の小川栄一先生にも『武蔵大学人文学会雑誌』に、また古巣である成蹊大学の『成蹊国文』、『成蹊大学一般研究報告』にも、それぞれの時点でまとまった考えを発表する機会を与えていただいた。

ただ、そのままだったら、論文の形では発表は続けるにしても、本の形になるのはずっと先のことになったかもしれないが、二〇〇九年の春が鈴木先生の御定年であることはわかっていた。それで、中古語のテンス・アスペクトについて博士論文を鈴木先生に見ていただくとすれば、それに間に合うようにまとめなければならないことになった。そこでいつものゆっくりペースを改めて、欠けていた部分を急いでまとめ上げて、何とか二〇〇八年のうちに博士論文を提出することができた。

奇しくも、鈴木先生ご自身も中古語のテンス・アスペクトに関する二冊目の主著を刊行なさり、それを博士論文としてご提出になった。博士論文の審査は、私のものの方を先にして下さったが、私の博士論文が本の形になるのは、二〇〇九年度の初めに博士号をいただいてから二年近くも経ってからになってしまった。その間、さらに審査の際にいただいた御指摘をもとに新たに書き足したりして修正を加えてきたが、二〇〇九年秋に出版助成に応募するにあたり、踏ん切りをつけて何とか最終稿の体裁をつけることになった。

その時々でさまざまな研究分野に関心が移り、一つのテーマに踏み留まって本にまとめるというようなことをこれまでしてこなかった筆者にとって、本書がこの年齢にして初めての著書となる。それでもこの著書をまとめることができたのは、以上のように、何人もの先生方が折々に背中を押して下さったお蔭である。この場を借りてお礼を申し上げたい。

それから私事にわたるが、何と言っても、子供のころから日本語の文法の面白さを教えてくれ、高校二年の時に将来は日本語の文法の研究をしようと志すきっかけを与えてくれたのは、父、一喜である。その八十歳になる父が、本書の初校を戻し、再校を待つ二〇一〇年末に動脈瘤の手術を受けることになった。一時は、生きている間にこの最初の本を見せることができないのではないかと恐れたが、何とか命をとりとめることができた。七十五歳になる母、加与子も子供のころから私を支え、応援し続けてくれている。本書はこの両親に捧げたい。

最後に、本書をひつじ書房で出版させていただくにあたっては、松本功社長にいろいろと便宜をはかっていただいた。何か本を出しませんか、とお誘いを受けたのは随分以前のことであったが、その際は現代語文法の本を期待しておいでのようだった。しかし、今回古典語文法の本を出したい、と持ちかけた際も、気持ちよく応じて下さった。また、編集を担当して下さった板東詩おりさんも、本当に隅々まで目が行き届き、不用意な誤りが少なくなっているとすれば、板東さんのお蔭である。お礼申し上げたい。また校正には、お忙しい中、千葉大学の岡部嘉幸、早稲田大学の仁科明の両氏のお手を煩わせた。ひやりとするような間違いも何箇所かご指摘いただいた。お二人にもお礼申し上げたい。それでもまだ誤植等が見出されるかもしれないが、それは筆者自身の責任である。

また本書は、平成二十二年度日本学術振興会研究成果公開促進費(学術図書)の交付(課題番号二二五〇八一)を受けて刊行された。

二〇一一年一月　新しい年を迎えて　　　井島正博

索引

事項索引

人名索引

【著者紹介】

井島正博（いじま　まさひろ）

〈略歴〉1958年生まれ。熊本県出身。
1984年東京大学修士課程修了。防衛大学校助手、山梨大学講師・助教授、成蹊大学助教授を経て、東京大学大学院人文社会系研究科准教授。博士（文学）。
〈主な著書・論文〉「可能文の多層的分析」仁田義雄編『日本語のヴォイスと他動性』（くろしお出版、1991年）、「組立モダリティ表現」東京大学国語研究室創設百周年記念国語研究論集編集委員会編『東京大学国語研究室創設百周年記念　国語研究論集』（汲古書院、1998年）、「否定疑問文の語用論的分析」益岡隆志・野田尚史・森山卓郎編『日本語文法の新地平2　文論編』（くろしお出版、2006年）、「山田文法における格理論─近現代文典の流れの中における」斎藤倫明・大木一夫編『山田文法の現代的意義』（ひつじ書房、2010年）。

ひつじ研究叢書〈言語編〉第87巻

中古語過去・完了表現の研究

発行　2011年2月14日　初版1刷
定価　6400円＋税
著者　© 井島正博
発行者　松本 功
本文フォーマット　向井裕一（glyph）
印刷所　三美印刷株式会社
製本所　田中製本印刷株式会社
発行所　株式会社 ひつじ書房
〒112-0011 東京都文京区千石2-1-2 大和ビル2階
Tel.03-5319-4916　Fax.03-5319-4917
郵便振替 00120-8-142852
toiawase@hituzi.co.jp　http://www.hituzi.co.jp

ISBN978-4-89476-498-9　C3080